Pitt Reitmaier, Lucete Fortes

Cabo Verde

Salziges Gedicht
Am Ende des Strandes bin ich geboren,
und so trag ich in mir alle Meere der Welt.
Meine Post sind die Wellen,
sie bringen und nehmen mit sich
Gruß und Geheimnis.
Meine Briefe (meine winzigen Briefchen der Sehnsucht)
sind salzige Seufzer,
von Nixen gepflückt vom Kamme der Wellen.
In den Schneckenhäusern und Muscheln aller Meere der Welt
sind sie verschlossen, meine Liebeslieder.
Denn am Ende des Strandes bin ich geboren,
und so trag ich in mir alle Meere der Welt.

Ovídio Martins, 1928

Impressum

Pitt Reitmaier, Lucete Fortes
Reise Know-How Cabo Verde, Kapverdische Inseln

erschienen im
Reise Know-How Verlag Peter Rump GmbH,
Osnabrücker Str. 79, 33649 Bielefeld

© Reise Know-How Verlag Peter Rump GmbH
2001, 2004, 2005, 2007, 2009, 2011, 2013, 2015
9., neu bearbeitete und aktualisierte Auflage 2018

Alle Rechte vorbehalten.

Gestaltung:
Umschlag: G. Pawlak, P. Rump (Layout);
   M. Luck (Realisierung)
Inhalt: G. Pawlak (Layout); M. Luck (Realisierung)
Fotonachweis: P. Reitmaier (pr), F. Dürmer (fd),
   I. Wagnsonner (iw)
Titelfoto: P. Reitmaier (Motiv: Santo Antão –
   Blick von Campo Redondo auf das Coroa-Massiv)
Karten: P. Reitmaier/L. Fortes; der Verlag; C. Raisin

Lektorat: M. Luck

Druck und Bindung: Media-Print, Paderborn

ISBN 978-3-8317-3085-8
Printed in Germany

Dieses Buch ist erhältlich in jeder Buchhandlung Deutschlands, der Schweiz, Österreichs, Belgiens und der Niederlande. Bitte informieren Sie Ihren Buchhändler über folgende Bezugsadressen:

Deutschland
   Prolit GmbH, Postfach 9,
   D-35461 Fernwald (Annerod)
   sowie alle Barsortimente
Schweiz
   AVA Verlagsauslieferung AG
   Postfach 27, CH-8910 Affoltern
Österreich
   Mohr Morawa Buchvertrieb GmbH
   Sulzengasse 2, A-1230 Wien
Niederlande, Belgien
   Willems Adventure, www.willemsadventure.nl

Wer im Buchhandel trotzdem kein Glück hat, bekommt unsere Bücher auch über unseren
Büchershop im Internet:
www.reise-know-how.de

Wir freuen uns über Kritik, Kommentare und Verbesserungsvorschläge, gern auch per E-Mail an info@reise-know-how.de.

Alle Informationen in diesem Buch sind von den Autoren mit größter Sorgfalt gesammelt und vom Lektorat des Verlages gewissenhaft bearbeitet und überprüft worden.

Da inhaltliche und sachliche Fehler nicht ausgeschlossen werden können, erklärt der Verlag, dass alle Angaben im Sinne der Produkthaftung ohne Garantie erfolgen und dass Verlag wie Autoren keinerlei Verantwortung und Haftung für inhaltliche und sachliche Fehler übernehmen.

Die Nennung von Firmen und ihren Produkten und ihre Reihenfolge sind als Beispiel ohne Wertung gegenüber anderen anzusehen. Qualitäts- und Quantitätsangaben sind rein subjektive Einschätzungen der Autoren und dienen keinesfalls der Bewerbung von Firmen oder Produkten.

Pitt Reitmaier
Lucete Fortes

CABO VERDE
KAPVERDISCHE INSELN

Vorwort

Cabo Verde ist ein reiches Land. Reich an Musikern, an Poeten, an transnationaler Lebenserfahrung und Toleranz im Umgang mit Fremdem. Reich an faszinierenden Landschaften, an Bergen und Schluchten, Wüsten und grünen Tälern, weiten Stränden und kleinen Buchten. Auf und unter dem Meer setzt sich der Reiz des kleinen Landes ins Unendliche fort.

Cabo Verde ist anders. Es hat seine eigene Geschichte und Kultur, seine eigenen Probleme und Lösungen. Wo sonst auf der Welt haben drei Kontinente, vom Übergang des Mittelalters zur Neuzeit und von der industriellen Revolution zur modernen Globalisierung, ihre Geschichte(n) an einem gemeinsamen Ort geschrieben? Aus der Begegnung der Kulturen rund um den Atlantischen Ozean erwuchs eine neue, eine **kreolische Kultur,** so stark wie das Meer und so vielfältig wie die Landschaften.

Cabo Verde ist eine Muschel, klein und unscheinbar, der Glanz von Algen verdeckt, die Perlen tief im Inneren versteckt, eine Muschel, die schwer zu öffnen ist. Reisende können sich die Inseln selbst erschließen, können aktiv werden, um die Armut zu verstehen und den Reichtum zu erkennen, müssen lesen und forschen, um Kultur und Geschichte(n) einordnen zu lernen, müssen aufhorchen und die inneren Saiten spannen, um Gefühle und Musik aufzunehmen und mitzuschwingen in der fremden Kultur.

Mit diesem Buch möchten wir unsere Leserinnen und Leser auf dem Stück des Weges, das sie an der Seite der faszinierenden **Cultura Caboverdeana** gehen, begleiten. Wir möchten sie in Gedanken zu den Ursprüngen und Zusammenhängen, zum Wesen und zum Schein, zu Problemen und Lösungen einbeziehen, die übergehen in Begegnungen und einen Blick zurück auf die eigenen Spuren im Sand.

Die **kosmopolitische Offenheit** der Kapverdianer, ihr Charme und der beständige Wechsel zwischen tiefem Ernst und spielerischer Leichtigkeit sind aus dem Text nicht zu erfahren. Sie werden Ihnen dennoch nicht entgehen, wenn Sie der Kommunikationsstärke der Kapverdianer mit Offenheit begegnen.

P.S.: Kreolische Kulturen zeichnen sich aus durch **beständigen Wechsel und rasche Veränderung.** Einflüsse aus der ganzen Welt werden schnell aufgegriffen, eingebunden, vermischt und farbenfroh belebt an die Welt zurückgegeben. So auch im Tourismus, wo Probleme und Lösungen jeden Tag neu erscheinen.

Jede Auflage dieses Buches bedarf schon zum Zeitpunkt des Erscheinens erneuter Aktualisierung. Wir bitten Sie, die Leserinnen und Leser, um konstruktive Kritik und Mithilfe. Beachten Sie die Aktualisierungen auf unserer Website www.bela-vista.net/adenda.aspx und schreiben Sie uns: rkh@bela-vista.net.

Pitt Reitmaier und *Lucete Fortes*

Inhalt

Vorwort	4
Kartenverzeichnis	8
Verzeichnis der Exkurse	9
Hinweise zu diesem Buch	10
Die Inseln im Überblick	11
Inselhüpfen? Weniger ist mehr!	14

1 Sal 17

Einleitung	19
Geschichte	20
Informationen zur Insel	22
Cidade dos Espargos	23
Pedra de Lume	25
Palmeira	28
Buracona	28
Santa Maria	28
Strände & Wasserverhältnisse	32
Sport & Aktivitäten	32
Praktische Infos	33

2 Boa Vista 43

Einleitung	44
Geschichte	46
Informationen zur Insel	53
Sal Rei	55
Inselrundfahrten	60
Spaziergänge & Wanderungen	63
Strände & Wasserverhältnisse	66
Sport & Aktivitäten	67
Praktische Infos	68

3 Maio 77

Einleitung	79
Geschichte	79
Cidade do Porto Inglês	85
Inselrundfahrt	85
Strände & Wasserverhältnisse	87
Praktische Infos	88

4 Santiago 93

Einleitung	95
Geschichte	97
Praia	98
Cidade Velha	109
Von Praia nach Tarrafal	117
Tarrafal	131
Von Tarrafal an der Ostküste nach Praia	133
Strände & Wasserverhältnisse	136
Reiseplanung Santiago	136
Praktische Infos	136

5 Fogo 149

Einleitung	151
Geschichte	151
Informationen zur Insel	156
Cidade de São Filipe	158
Rund um die Insel	161
Die oberen Ringstraßen	164
Ausflüge in die Chã das Caldeiras und zum Pico	164
Strände & Wasserverhältnisse	178
Praktische Infos	178

6 Brava 187

Einleitung	189
Geschichte	189
Informationen zur Insel	190
Furna	191
Cidade Nova Sintra	191
Ausflüge & Wanderungen	191

Strände	198	Cidade da Ribeira Brava	301
Praktische Infos	198	Der Osten	302
Ilhéus Secos ou do Rombo	201	Cidade da Ribeira Brava – Preguiça	303
		Der Westen	303
7 São Vicente	**203**	Tarrafal de São Nicolau	305
		Wanderungen	306
Einleitung	204	Strände	308
Geschichte	205	Praktische Infos	308
Informationen zur Insel	209		
Mindelo	213		
Calhau	222	**10 Praktische Tipps A–Z**	**317**
São Pedro	223		
Strände	224		
Sport & Aktivitäten	224		
Praktische Infos	225	Als Gast in Cabo Verde	318
		Anreise	323
8 Santo Antão	**237**	Ausrüstung	326
		Diplomatische Vertretungen	329
Einleitung	238	Einkaufen	331
Geschichte	239	Einreiseformalitäten	332
Informationen zur Insel	242	Essen und Trinken	333
Cidade do Porto Novo	247	Feiertage und Feste	340
Porto Novo – Ribeira Grande	249	Finanzen und Geld	341
Cidade da Ribeira Grande	257	Fotografieren	344
Ponta do Sol	259	Gesundheit	346
Ausflug nach Fontainhas	261	Infos für LGBT	356
Durch die Ribeira Grande nach Garça	262	Notfall	356
		Öffnungszeiten	357
Ribeira da Torre	266	Reisen im Land	358
Zentrales Hochland, Lagoa	267	Reiseplanung	364
Der Westen und Süden	267	Reisezeit	366
Wanderungen	276	Reiseveranstalter in Cabo Verde	366
Strände & Wasserverhältnisse	279	Reiseversicherungen	368
Praktische Infos	280	Sicherheit und Kriminalität	369
		Sport und Freizeit	371
9 São Nicolau	**293**	Strom	395
		Telefon und Post	395
		Trinkgeld	397
Einleitung	294	Unterkunft	397
Geschichte	295	Zeitunterschied	399
Informationen zur Insel	299	Zoll	400

11 Land und Leute — 403

Geografie	404
Klima	409
Flora	413
Fauna	421
Naturschutz	432
Geschichte	435
Politik und Staat	476
Wirtschaft	480
Entwicklungszusammenarbeit	502
Bevölkerung	510
Gesellschaft und Familie	532
Gesundheitswesen	536
Bildungswesen	540
Medien	542
Religion	544
Kunst und Kultur	547

12 Anhang — 573

Reise-Gesundheitsinformationen	574
Sprache	575
Literaturtipps	583
Wanderführer & Karten	587
Video	588
Register	599
Die Autoren	612

Karten

Kapverdische Inseln	Umschlag vorn
Archipel-Übersicht	12
Sal	**18**
Cidade dos Espargos	24
Santa Maria	Umschlag hinten
Boa Vista	**44**
Sal Rei	56
Maio	**78**
Cidade do Porto Inglês	84
Santiago	**94**
Cidade Velha	110
Praia Übersicht	100
Praia Zentrum/Plateau	101
Tarrafal de Santiago	132
Fogo	**150**
Cidade de São Filipe	159
Brava	**188**
São Vicente	**204**
Mindelo	214
Santo Antão	**238**
Cidade do Porto Novo	246
Cidade da Ribeira Grande	256
Ponta do Sol	258
São Nicolau	**294**
Cidade da Ribeira Brava	300
Tarrafal de São Nicolau	304

Exkurse

Boa Vista
Tückische Riffe	48
Barraca	50

Santiago
Luís Vaz de Camões	106
1585: Sir Francis Drake in S. Jacobs	118
Tabanka	124

Fogo
Museen in Cidade de São Filipe	160
Wein aus Fogo	166
Vulkanhöhlen in der Chã das Caldeiras	168
Pico de Fogo	170
Bordeira do Fogo	174

Brava
Eugénio da Paula Tavares	194

São Vicente
Die Leute von São Vicente	210
Flug über den Atlantik	218
Museu de Arte Tradicional	220

Santo Antão
Pedra da Nossa Senhora	254
Grogue aus Santo Antão	264
Puzzolana	269
Das Wasserrecht in Rª da Cruz	270
U-Boote in Tarrafal de Monte Trigo	274

São Nicolau
Ilhas Desertas	314

Praktische Tipps A–Z
Rezepte aus Cabo Verde	336
Kleine Kunstwerke	395

Land und Leute
Aloe Vera	413
Gefährliche Tiere	422
Große Entdeckungs- und Forschungsreisende	438
Eine kurze Geschichte des Zuckers	446
Relation Journalière – Duplessis 1699	450
Amílcar Cabral (1924–1973)	462
Mais und Bohnen – eine intelligente Symbiose	486
Die Rabelados – eine Glaubensgemeinschaft	516
Das Museumsschiff „Ernestina-Morrissey"	528
Panos aus Baumwolle	547
Baltasar Lopes da Silva (1907–1998)	566
Jorge Barbosa (1902–1971)	566

Hinweise zu diesem Buch

Internet-/E-Mail-Adressen
Die Internet- und E-Mail-Adressen in diesem Buch können – bedingt durch den Zeilenumbruch – **so getrennt werden, dass ein Trennstrich erscheint, der nicht zur Adresse gehören muss!**

Unterkunftspreise nach Kategorien
In den verschiedenen Kategorien galten im Frühjahr 2018 etwa folgende Preise; bei den Hotelbeschreibungen im Buch zeigen die Ziffern ⑤ (teuer) bis ① (günstig) die jeweilige Kategorie an:

⑤**Luxushotels:** ab 90 €/ab 10.000 CVE
④**Gehobene Mittelklasse** (Hotel, Residencial): 55 bis ca. 90 €/6000 bis ca. 10.000 CVE
③**Mittelklasse** (Hotel, Residencial): 38 bis ca. 60 €/4200 bis ca. 6600 CVE
②**Günstige Mittelklasse** (Hotel, Residencial): 25 bis ca. 40 €/2800 bis ca. 4500 CVE
①**Besonders günstig und einfach:** 17 bis ca. 28 €/1800 bis ca. 3000 CVE

Die Preise beziehen sich auf ein mit zwei Erwachsenen belegtes **Doppelzimmer** *(Quarto duplo)* inkl. MwSt. **Frühstück** ist bei den meisten Häusern im Preis enthalten. Einzelzimmer *(Quarto de solteiro)* sind in Cabo Verde 20–40% günstiger, Suiten und Apartments 30–50% teurer, Extrabetten kosten 15–40% des Preises eines Doppelzimmers. Kinder im Vorschulalter sind meist frei, das Kinderbettchen (port.: *berço* sprich: *bärssu*) nicht immer.

Eine **Tourismusabgabe** von 220 CVE = 2 Euro pro Übernachtung und Person ab 16 Jahren wird für maximal zehn Nächte (in der gleichen Unterkunft) erhoben und ist beim Einchecken zu entrichten.

Weihnachten, Ostern und Juli/August sind **Hochsaison** mit erhöhten Preisen in den höheren Kategorien, während die meisten Häuser der unteren Kategorien den Preis konstant halten.

Wanderungen
Die **Nummerierung** der in diesem Reiseführer beschriebenen Wanderwege (Spaziergang 101, Wanderung 106, Weg 101 usw.) entspricht der in den Wanderkarten von *Lucete Fortes* und *Pitt Reitmaier* verwendeten (siehe auch S. 587). Es gibt nur ausnahmsweise Markierungen an den Wanderwegen vor Ort.

Sonstiges
■**Updates nach Redaktionsschluss:** Auf der Produktseite dieses Reiseführers im Internetshop des Verlages finden sich zusätzliche Informationen und wichtige Änderungen.

4 Die **Ziffern** in den farbigen Kästchen bei den „**Praktischen Informationen**" zu den Orten verweisen auf den jeweiligen Legendeneintrag im Stadtplan.

☐ Archipel-Übersichtskarte S. 12 **Die Inseln im Überblick** **11**

Die Inseln im Überblick

Jede der Inseln ist eine kleine Welt für sich und bietet einige Möglichkeiten perfekt und schließt andere aus. Es ist unabdingbar, sich die zu den Urlaubs-Erwartungen **„passenden Inseln"** auszusuchen. Wer sich gut informiert und „seine" Insel(n) bewusst gewählt hat, kehrt zumeist begeistert aus dem Urlaub zurück. Wer die Reiseroute eher zufällig wählt, mag bitter enttäuscht werden, wenn er auf den „falschen" Inseln landet.

Reisen im Land kostet sehr viel Zeit. Für eine individuell geplante **Inselrundreise** empfiehlt sich:

- mindestens **zwei, besser drei Wochen** einzuplanen;
- **max. zwei Inseln pro Woche** zu besuchen;
- sich möglichst auf eine, **höchstens auf zwei Inselgruppen** zu beschränken, die untereinander leicht zu erreichen sind: Sal, São Vicente, Santo Antão; Sal, São Nicolau; Sal, Boa Vista; Santiago, Fogo, Brava; Santiago, Maio.
- Das famose **„Islandhopping"** mit kurzem Aufenthalt auf vielen Inseln führt zu hohen Kosten und tiefem Frust, weil man seinen Urlaub vorwiegend mit Warten in den Büros der Fluggesellschaften und auf den Flughäfen verbringt.

1 Sal (SL) 17

Hinweis: Die Kürzel hinter dem jeweiligen Inselnamen beziehen sich auf die Tabelle auf S. 14.

Sonne, Sand und Meer kennzeichnen die flache Badeinsel. Sal (dt.: Salz) bietet sich für alle Arten von Wassersport an. Wind- und Kitesurfer, Wellenreiter und Taucher finden optimale Bedingungen an kilometerlangen hellen Sandstränden vor. Moderne Hotels, kleine Pensionen und Restaurants in der **Tourismusstadt Santa Maria** (S. 28) empfangen die Sonnenanbeter. Die Salinen in Pedra Lume, der Hafenort Palmeira und die Flughafengemeinde Espargos bieten sich für Ausflüge an.

2 Boa Vista (BV) 43

(dt.: schöner Anblick) Die Insel mit ihren hellgelben Sanddünen ist ein kleines „Insel-Sahel". Mehrere, bis über 20 km lange, gleißende Sandstrände mit großen Hotelanlagen, stetiger Wind und eine reiche Unterwasserfauna sind das ideale Umfeld zum **Baden, Surfen und Tauchen.** Das wüstenhafte Innere lockt Streckenwanderer, Radsportler und Ultra-Marathonläufer.

3 Maio (MA) 77

(dt.: Monat Mai) Die flache und trockene Insel mit ausgedehnten feinsandigen Stränden ist schwerer erreichbar als Sal und Boa Vista und findet somit weniger Beachtung. Kleine Pensionen, ein Hotelneubau und private Feriendomizile in oder nahe **Cidade do Porto Inglês (Cidade do Maio)** (S. 85) bilden die touristische Infrastruktur. Wer **Baden und Wandern** an einsamen Stränden liebt und Ruhe und Entspannung abseits der Touristenzentren sucht, wird Maio schätzen.

4 Santiago (ST) 93

Die **größte,** mittelgebirgige **Insel** war und ist Sitz der **Hauptstadt Praia** (S. 98). In **Cidade Velha** (früher Cidade da Ribeira Grande de Santiago; S. 109) geht der Besucher auf Tuchfühlung mit der

Geschichte. Hier machten die großen Entdecker Station, hier nahm der transatlantische Sklavenhandel seinen Anfang. Große und kleine Strände mit zunehmend besser entwickelter Infrastruktur bieten sich zum Baden, Surfen und Tauchen an. Dank des neuen internationalen Flughafens beschleunigt sich die Entwicklung des Tourismus. Schöne Wanderungen und Mountainbikefahrten machen Santiago zur Insel mit den vielfältigsten Möglichkeiten für einen Aktivurlaub.

5 Fogo (FG) 149

(dt.: Feuer) Der 2829 Meter einsam aus dem Meer ragende **aktive Vulkan** zeigt bizarre Mondlandschaften schwarzer Lava und Aschen. Die weiten Wälder, hoch gelegene Hangwiesen mit reicher endemischer Vegetation sowie abwechslungsreiche Kulturlandschaften finden dagegen noch lange nicht die gleiche Aufmerksamkeit bei den Reisenden. Fogo ist eine Insel für Kulturbeflissene und **Bergwanderer.** Während die Besteigung des Vulkans mehr Kondition als alpinistische Erfahrung verlangt, bleiben die Klettersteige und Bolder den alpinistisch Ambitionierten vorbehalten! Baden ist eher schwierig. Ein Bummel durch die historische Altstadt von **São Filipe** (S. 158) und Wanderungen durch 500 Jahre alte Kulturlandschaften bringen Geschichte und Kultur auf Tuchfühlung. Eine Schnellfähre verbindet Fogo mit Praia (Santiago) und Brava.

6 Brava (BR) 187

(dt.: die Wilde, oder besser die Tapfere?) Die kleinste der bewohnten Inseln ist **kühler und grüner** als ihre Nachbarinnen und bietet interessante Mittelgebirgswanderungen (bis zu einer Woche). Die kleine Stadt **Cidade Nova Sintra** (S. 191) liegt hoch über dem Meer, in ihrer architektonischen Substanz seit der Kolonialzeit weitgehend unverändert. Nur abgelegene Strände erlauben sicheres Schwimmen. Eine Schnellfähre verbindet Brava mit der Insel Fogo. Da die Fähre über Nacht in Brava bleibt, müssen Besucher mindestens eine Übernachtung auf der Insel einplanen. Ein Zeitpuffer von zwei bis drei Tagen bis zum Rückflug nach Europa ist sinnvoll.

Santo Antão
8 Cidade da Ribeira Grande
Cidade las Pombas
Cidade do Porto Novo
Tarrafal de Monte Trigo Mindelo
Ilhas de
São Vicente Santa Luzia
7 Branco Razo Ribeira Brava
Ilhas Desertas Tarrafal
São Nicolau
9

Ilhas de
Cidade do Mosteiros
Ilhéus Secos ou do Rombo
Fogo
Cidade Nova Sintra Cidade de São Filipe
6 *Brava* 5

7 São Vicente (SV) 203

An der größten und schönsten Hafenbucht des Landes, dem Porto Grande, liegt **Mindelo** (S. 213), die **zweitgrößte Stadt des Archipels,** ein wirtschaftlicher und kultureller Mittelpunkt. Die britisch und mediterran geprägte historische Altstadt im Kolonialstil des 19. Jahrhunderts bietet interessante Baudenkmäler, Restaurants, Geschäfte und Bars. Die weiten Strände werden zunehmend erschlossen. Der Strand von Baia das Gatas ist ganzjährig auch für Kinder geeignet. Das Inselinnere ist vorwiegend trocken und bietet doch einige interessante Tagestouren für Wanderer. Auf einer Inselrundfahrt sollte man den Hausberg Monte Verde mit seinem einmaligen Panorama nicht auslassen.

8 Santo Antão (SA) 237

Die faszinierende Bergwelt der im Nordosten dauerhaft grünen Insel macht sie zur **Wanderinsel.** Der landschaftliche Reichtum reicht von tropischen Tälern bis zu vulkanischen Mondlandschaften, und entsprechend umfasst das Spektrum der Wege einfache Spaziergänge im Tal genauso wie Wanderungen auf gepflasterten Maultierwegen und anspruchsvolle Mehrtagestouren im Hochgebirge. Ländliche Infrastruktur, familiäre Quartiere und bezaubernde Dörfer an steil aufragenden Küsten begeistern jeden Naturfreund. Mountainbiking, Canyoning und Tauchen sind in den letzten Jahren hinzugekommen.

9 São Nicolau (SN) 293

Noch kommen wenige Reisende, um den **beschaulichen Charme** São Nicolaus zu entdecken, nicht zuletzt, weil die Flugverbindungen spärlich sind. Die Bergwanderungen sind ähnlich schön, aber weniger spektakulär und deutlich weniger anstrengend als auf Santo Antão. Große Sandstrände, einsame Badebuchten und rekordverdächtige Reviere für Sportfischer verwöhnen die Freunde des Meeres. Das weitläufige Netz kleiner Straßen und großer Maultierwege wartet darauf, von Mountainbikern entdeckt zu werden.

Inselhüpfen? Weniger ist mehr!

Neun bewohnte Inseln, nicht weiter als eine Flugstunde voneinander entfernt und mit dieser Vielfalt an Landschaften, Kultur und Freizeitmöglichkeiten, lassen den Wunsch keimen, möglichst rasch von einer Insel zur nächsten zu hüpfen, um möglichst viele kennenzulernen. Der Wunsch mag verständlich sein, doch die Sprünge sind nicht so einfach!

Fährverbindungen zwischen São Vicente und Santo Antão sind absolut pünktlich. Von São Vicente aus erreicht man São Nicolau einmal pro Woche per Fähre. Zwischen Praia und Fogo/Brava und auch zwischen Praia und Maio sind die Fähren weniger komfortabel, werden aber von seefesten Urlaubern genutzt. Alle anderen Schiffsverbindungen sind nicht planbar.

Flugverbindungen bedingen Wartezeiten in Reisebüros und an Flughäfen. In einem kleinen Land mit nur einer Airline und mehreren Flughäfen, die nur tagsüber angeflogen werden können, muss der gesamte Flugplan geändert werden, wenn auch nur eine Maschine länger als erwartet im Hangar steht oder ein Pilot ausfällt. Dann kommen auch Sportgepäck, Fahrräder und Koffer nicht unbedingt mit der gleichen Maschine an. Mit mehreren Flügen in rascher Folge wachsen die Probleme.

Wie einen Cabo-Verde-Urlaub planen, ohne zu „hüpfen" und ohne viel zu warten? Das Hauptinteresse sollte darüber entscheiden, welchen Internationalen **Flughafen** man für die Einreise bevorzugt:

Welche Insel bietet was?

© Reitmaier / Fortes — CaboV-17 9/18

mehr ■ ▨ □ weniger

	SL	BV	MA	ST	FG	BR	SV	SA	SN
Badebetrieb mit Strandleben	■	■	▨	▨			▨	▨	▨
Baden an einsamen Stränden			■						■
Windsurfen	■	■	▨				▨	▨	
Wellenreiten	■	▨					▨		
Tauchen	■	■					▨	■	
Segeln	▨	■					▨		
Sportfischen	▨	■					■		
Wandern, hochgebirgsmäßig				■	■	■	■	▨	▨
Wandern, mittelgebirgsmäßig				■	▨	■	■	■	■
Wandern in der Ebene	▨	■	■						
Mehrtägige Wanderungen (Trekking)				■	▨	■		■	■
Klettern					■	▨			
MTB (mit eigenem Bike)	▨	▨	▨	■	■		■	■	■
Historische Monumente und Museen				■	■	▨	■		■
Kapverdianische Kulturveranstaltungen	▨	▨		■	■	■	■	▨	■
Clubhotels all inclusive	■	■							
Moderne Großhotels	■	■					■		
Moderne kleine Hotels / Pensionen	■	■	■	■	■	■	■	■	■
Traditionsunterkünfte		▨	▨	■	■	■		■	■

■ **Surfer, Wind- und Kitesurfer mit eigenen Boards, Bade- und Strandtouristen:** Aeroporto Internacional Amílcar Cabral auf Sal (SID) oder Aeroporto Internacional Aristides Pereira auf Boa Vista (BVC). Von Sal sind São Vicente und Praia meist direkt erreichbar, auch gibt es täglich Flüge zwischen Boa Vista und Sal, während es keine für Urlauber geeigneten Fährverbindungen von diesen beiden Inseln aus gibt, genauso wenig wie zwischen den Strandinseln Sal, Boa Vista und Maio. Von Boa Vista laufen Inlandsflüge über Sal.

■ **Bergwanderer, Mountainbiker mit eigenem Rad, Kitesurfer und Kulturinteressierte:** Aeroporto Internacional Cesária Évora auf São Vicente (VXE) und Aeroporto Internacional Nelson Mandela in Cidade da Praia (RAI) auf Santiago. Von São Vicente erreicht man leicht und zuverlässig in 1 Stunde per Fähre die Wanderinsel Santo Antão und findet Wanderangebote für mehr als einen Jahresurlaub! Per Fähre können Wanderer einmal wöchentlich von Santo Antão über São Vicente nach São Nicolau umsetzen.

Auf Santiago gibt es schöne Bergwanderreviere, von Praia geht eine regelmäßige, recht zuverlässige Schnellfähre auf die Vulkaninsel Fogo und zur kleinen Wanderinsel Brava. Mountainbiker, die über diese Flughäfen einreisen, können auch in der Gruppe nahezu sicher sein, dass kein Fahrrad zurückbleibt, und ersparen sich so Verpacken und Abfertigen, also Zeit und Kosten. Ein neuer Direktflug Praia – São Nicolau erleichtert die Kombination der beiden Wanderinseln.

Wer als Wanderer und Mountainbiker den Urlaub um ein paar Tage am Strand erweitern möchte, findet auf jeder Inselgruppe ein breites Angebot. Santiago glänzt mit den Stränden von Tarrafal de Santiago, Praia Baixo und den Stadtstränden von Praia. Auf Santo Antão ist der schwarze Strand von Tarrafal de Monte Trigo beliebt, und São Vicente bietet beeindruckende Strände in São Pedro, Palha Carga, Calhau und Baia das Gatas mit Windsurf-, Kitesurf- und Tauchschulen. Zu den günstigeren Flugkosten für Ein- und Abreise über die Strandinseln kommen meist zwei Übernachtungen und Inlandsflüge, sodass die direkte Einreise nach São Vicente oder Praia Zeit spart und das zu den gleichen oder niedrigeren Gesamtkosten.

Sich auf **eine, höchstens zwei Inselgruppe zu beschränken,** verspricht einen erlebnisreichen und frustarmen Urlaub! Weniger ist eindeutig mehr in Cabo Verde – und keine der „verpassten" Inseln schwimmt bis zum nächsten Urlaub davon …

Karneval in Mindelo

Buracona | 28
Cidade dos Espargos | 23
Einleitung | 19
Geschichte | 20
Informationen zur Insel | 22
Palmeira | 28
Pedra de Lume | 25
Praktische Infos | 33
Santa Maria | 28
Sport & Aktivitäten | 32
Strände & Wasserverhältnisse | 32

1 Sal

Sonne, Sand und Meer kennzeichnen die flache Badeinsel. Sal bietet sich für alle Arten von Wassersport an. Wind- und Kitesurfer, Wellenreiter und Taucher finden optimale Bedingungen an kilometerlangen Sandstränden vor. Moderne Hotels, kleine Pensionen und Restaurants in der Tourismusstadt Santa Maria empfangen die Sonnenanbeter. Die Salinen in Pedra de Lume, der Hafenort Palmeira und Cidade dos Espargos bieten sich für Ausflüge an.

Sal

◁ Siestazeit in Santa Maria

Sal: Übersichtskarte

Einleitung

Sal ist keine Liebe auf den ersten Blick. Kaum fordern die Signalleuchten zum Anlegen der Sicherheitsgurte auf, erscheint ein **Fleck flacher brauner Mondlandschaft** wie verloren im Atlantik, lang gestreckt wie das Deck eines riesigen Flugzeugträgers, an dessen Seiten sich Vulkankegel und -schlote wie Aufbauten erheben, um Antennen und Radarschirmen Halt zu geben.

Im Kreis nahe der Ostküste, der für einen Moment wie ein Porzellanschälchen mit dunklem Rand ins Auge fällt, erscheint ein Netz von Wegen. Die Schale wird zum Krater, der Grund zu Salinen. Die Maschine legt sich sanft in die Kurve, und für Minuten bleibt die weite Bucht von Santa Maria im Blick. Bei türkisblau leuchtenden Poollandschaften großer Hotels entdecken die Passagiere die ersten Fleckchen Grün.

Schneller und schneller fliegen Strände und Wüstenlandschaft vorüber, zwei fächerförmige Buchten, Ferienhäuschen mit roten Dächern, Mondlandschaft, Plastiktüten im Zaun, Asphalt – applaudierende Passagiere. „Bitte bleiben Sie angeschnallt …".

Name und Form erklären, was die Insel geprägt hat: das Salz (port.: *sal*) aus natürlichen **Salinen** und die lange zentrale Hochebene als idealer Standort für den Internationalen **Flughafen Amílcar Cabral,** bis 2006 einzige Verbindung Cabo Verdes zu den Flughäfen der Welt.

Nach der Ankunft scheiden sich die Geister: Wen es in Nebelwälder über grünen Tälern, auf Wege zwischen Zuckerrohrfeldern und Kaffeepflanzungen, unter Mango- und Drachenbäume zieht, wer den Blick über die Inseln, hoch über den Wolken wandernd, genießen will, wer das Flair kolonialer Städte und Plätze oder an Bergrippen klebender Dörfchen sucht, Ausflüge in Geschichte und Gegenwart der kapverdischen Kultur, Museen und die Übernachtung in einem Sobrado, will schnell weiterfliegen.

In Sal bleibt, wer als **Windsurfer, Taucher** oder **Sonnenanbeter** sein Eldorado an weiten hellen Stränden gefunden hat. **Die Sonne scheint an 350 Tagen im Jahr,** und Schatten abseits von Hotels, Bars und Restaurants gibt es nur, wenn man ihn selbst mitbringt. Von November bis Juni hält ein kräftiger Passatwind die Segel stramm gefüllt, lässt die bunte Meute vor dem Horizont dahinfliegen und hebt die Kitesurfer hoch in den Himmel.

Santa Maria, ein bis in die 1970er Jahre winziges Dörfchen von Salinenarbeitern, Fischern und Hirten, ist zur synthetischen **Tourismusstadt** geworden. Goldgräberstimmung herrscht noch immer an diesem Ort, den vor 25 Jahren kaum ein Reisebüro zu nennen wusste. Die ganz großen Goldgräber bauen Luxus-Clubhotels mit Süßwasserpools und Tausenden von Betten, die großen bauen Apartments, Pensionen und Hotels. Die kleinen Goldgräber verwandeln verschlafene Hinterhöfe in Cafés, Boutiquen, Töpfereien und Souvenirläden. Und die ganz kleinen Goldgräber, mit von Wind und Salz zerzaustem Blondschopf, verdienen sich ihr Studium in den Semesterferien unter den weltweit gleichen Wimpeln des internationalen Windsurf-Business. Kurz: Der Boom in Santa Maria geht weiter.

Geschichte

Die Kapitäne *Diogo Gomes* und *António Da Noli,* unterwegs im Dienste der portugiesischen Krone, sichteten die Insel **1460.** Sie nannten sie zunächst Llana oder Plana (flach). Erst nach der Entdeckung der Salinen von Pedra de Lume wurde ihr Name in Sal (Salz) geändert. Sal war unbewohnt und diente bis zum 17. Jahrhundert als Weideland. Erst als der Bedarf an Salz und Nutztieren stieg, weitete sich die Besiedlung durch Sklaven von der benachbarten Insel Boa Vista her aus. Salz war nicht nur ein wertvoller Rohstoff. Es diente den Schiffen auch als Ballast. Die Kolonialregierung schenkte Sal nur wenig Aufmerksamkeit, die Bewohner fristeten ihr Dasein in ärmlichen Verhältnissen.

Im Jahre 1720 gelangte der englische Kapitän *Roberts* nach Sal und Boa Vista auf der Suche nach Fleisch und Salz, Proviant für eine Reise in die Karibik. Er beschrieb eine Ansiedlung von Fischerhütten in Palmeira, einige Hirten weideten ihre Ziegen. Sonst sei er kaum Menschen begegnet.

Der heutige Ort **Santa Maria** wurde **1830** von *Manuel António Martins* **gegründet,** der die natürlichen Salinen modernisierte und die Konkurrenten auf der Insel Maio ausstach. Teilweise wurde noch mit Sklaven gearbeitet. Mehr als **30.000 Tonnen Salz** passierten jährlich das Dock in Santa Maria. Bis 1887 wurde das Salz hauptsächlich nach Brasilien verschifft. Doch als Brasilien die Einfuhrzölle für Salz erhöhte, um die eigene Salzindustrie zu unterstützen, gab es auf Sal einen ersten wirtschaftlichen Einbruch. 1903 schlossen sich die Salzhändler von Santa Maria mit einer französischen Salzfirma zusammen. Doch die ging schon 1907 bankrott. Bald darauf, im Jahre 1914, gingen die Unternehmer von Sal eine Kooperation mit einer deutschen Firma ein. Als auch dieses Projekt scheiterte, mussten viele Arbeit auf an-

> Am Strand von Santa Maria

deren Inseln suchen. Die Zurückbleibenden bestritten ihren Lebensunterhalt durch den Export von Pökelfisch nach São Tomé und auf die anderen Inseln. 1927 blühte der Salzexport in den Belgisch-Kongo unter portugiesischer Regie auf. Santa Maria erwachte wieder zum Leben. Die harte, ungesunde Arbeit wurde zuletzt von portugiesischen politischen Sträflingen verrichtet. Seit 1984 dienen die Salinen nur noch der Eigenproduktion.

1930 gründeten Portugiesen eine **Thunfischfabrik** in Santa Maria. Die in Dosen gefüllten Fische wurden nach Italien, Portugal und in die USA exportiert. Als Italien Mitte der 1960er Jahre plötzlich eine Hähnchenwelle erlebte, die den Thunfischkonsum weitgehend ersetzte, war die Fabrik nahe dem Ruin. In den 1990ern brachte die Umstellung auf Verpackungs- und Hygieneverordnungen der EU weitere Probleme und das Aus für einige Fabriken, so auch auf Sal, wo die Fabrik am Portinho für Hotelbauten Platz gemacht hat.

1939 wollten sich die faschistischen Achsenmächte den militärisch-geostrategischen Vorteil Cabo Verdes für den Zweiten Weltkrieg sichern. Die italienische Regierung unter *Mussolini* unterstützte Portugal beim **Bau eines internationalen Flughafens** auf Sal, nicht zuletzt um eine vom französischen Kolonialgebiet unabhängige Möglichkeit zum Auftanken der Flugzeuge auf den Routen nach Südamerika zu besitzen. Für die zivile Luftfahrt wurde er nach Kriegsende 1949 fertig gestellt.

Nach der Unabhängigkeit wurde der Flughafen zum **Aeroporto Internacional Amílcar Cabral.** Er war der einzige im subsaharischen Afrika, der dem Apartheidregime Südafrikas Überflug und Zwischenlandung gestattete. Für das junge Cabo Verde bedeutete dies regelmäßige Flugverbindungen nach New York, Frankfurt, Amsterdam und dringend benötigte Devisen.

Bis heute ist der Flughafen eine wichtige internationale Drehscheibe. Zwei Start- und Landebahnen, moderne Flugsicherungsanlagen, eine eigene Stromversorgung, Wasserversorgung durch die Entsalzungsanlage in Palmeira und Runway-Beleuchtung ermöglichen einen reibungslosen Flugverkehr bei Tag und Nacht von der kleinsten einmotorigen Maschine bis zu den größten Flugzeugen der Welt, den Antonovs, die man regelmäßig auf Sal sieht. Außer der nationalen Airline Binter CV landen hier die Maschinen eines guten Dutzends internationaler Passagiergesellschaften.

1967 baute der belgische Industrielle *Vynckier* ein kleines **Gästehaus am Strand von Santa Maria.** Der Bau der **Pousada Morabeza** nach 1974 wurde notwendig, um Besatzungen der südafrikanischen Fluglinie SAA unterzubringen. Das Morabeza wuchs zum Hotel, der **internationale Tourismus** nahm seinen Anfang. 1986 baute die kapverdische Regierung das Bungalowhotel Belorizonte. Infrastruktur, Strom, Wasser, Hafen und Flughafen wurden systematisch verbessert, und 1989 folgte ein weiterer Hotelneubau durch die russische Aeroflot, die ebenfalls Quartiere für ihre Crews brauchte bei Flügen von Moskau nach Buenos Aires.

Internationale Hotelketten bieten seit den 1990er Jahren Komplettanlagen mit Luxus „all inclusive" an. Mit einem Hilton Hotel mit Casino Royal hat Sal seinen Platz im Reigen internationaler Strandresorts der mittleren Oberklasse.

Informationen zur Insel

Sal ist die **flachste und sonnenreichste Insel. Windreichtum und Wasserarmut** geben der Vegetation kaum eine Chance. Doch der erste Eindruck täuscht: Sal war früher durchaus in der Lage, seine Bevölkerung mit landwirtschaftlichen Produkten zu versorgen. Nördlich von Espargos liegt die weite, abflussfreie **Senke der Terra Boa** (Gutes Land), die mit nur einem Regenguss pro Jahr eine Ernte ermöglicht.

Die **Demografie** Sals spiegelt die Sonderstellung der Insel als Flughafen- und Tourismusresort in rasanter Entwicklung wieder. In wenig mehr als zehn Jah-

Inselkarte S. 18, Stadtplan S. 24

ren hat sich die Bevölkerung durch Zuwanderung von Arbeitskräften verdoppelt. Die rund **30.000 fest auf Sal ansässigen Menschen** sind außergewöhnlich jung: Nur 3% sind älter als 40 Jahre. Sie sind extrem aktiv, und sie haben Arbeit. 92% sind von der Sozialversicherung erfasst (zum Vergleich: Inselinneres von Santiago um 16%). Und es gibt, im Gegensatz zu dem – so häufig übertrieben dargestellten – Frauenüberschuss des Landes, auf Sal einen deutlichen Männerüberschuss.

Gelbe und braune Farben dominieren den Inselrücken, aus dem sich nur im Norden vulkanische Hügel erheben und im höchsten Punkt, dem **Monte Grande (405 m),** sowie im Monte Leste (263 m) und Rocha da Salina (280 m) „gipfeln". Brandungshöhlen und Strandlinien an den Vulkankegeln und ein flacher Kalksockel belegen, dass die Insel weitaus älter ist als die westlichen Inseln und zudem für lange Zeit viel tiefer lag.

Den **Norden** Sals umgeben **steile Felsenküsten,** denen kleine Riffe und winzige Felsinseln vorgelagert sind. Diese Region durchziehen breite Muldentäler wie die Terra Boa, während das Regenwasser von den Tafelbergen des Südens in weiten Sandbuchten versickert.

Die **spärliche Wildvegetation** beschränkt sich hauptsächlich auf einjährige Arten, darunter die Sonnenwende, Salbei und eine Reihe von Gräsern, daneben auch die verholzende endemische Wolfsmilch *(Euphorbia tuceyana).* Auffallend sind die bis zu 40 cm hohen gelben, wunderschönen Kerzenblüten *(Cistanche phelypaea).* Die öde Wüstenlandschaft ist von ein paar Akazien und Palmen durchsetzt, die der beständige Wind nach Südwesten beugt. Zum Schutz vor Wasserverdunstung und Ziegenfraß muss jeder junge Baum durch ein altes Ölfass oder durchbrochenes Mauerwerk geschützt werden, um gedeihen zu können.

Cidade dos Espargos

In der Mitte der Insel, rund 3 km nordöstlich des Flughafens, liegt die **größte Stadt der Insel,** Cidade dos Espargos, benannt nach den wie Spargel aus dem Sand sprießenden gelben Blüten der Wüstenpflanze **Cistanche phelypaea.** Sie hat kein eigenes Blattwerk und

◩ Cistanche phelypaea –
der „Spargel" von Cidade dos Espargos

1

Cidade dos Espargos

© Reitmaier / Fortes

■ Übernachtung
1 Res. Monte Sintinha
3 Casa Angela Residencial
5 Res. Paz e Bem

■ Essen und Trinken
1 Bar Violão
2 Churrasqueira Benvass
4 Sivy
6 Salinas
7 LikeTerra
8 Caldera Preta
9 Esplanada Bom Dia
10 Cholcolate Restaurant/ Bistrot Gourmet
11 Nortenha

kämpft sich doch erfolgreich durch den Sand, indem sie Wurzeln und Reste anderer Pflanzen nutzt – sicherlich keine schlechte Namenswahl als Symbol für die trotz aller Unbilden der Natur florierende Gemeinde. Und wie die Cistanchen schießen auch die Einwohnerzahlen in die Höhe dank Flughafen und Tourismus. Die fast **30.000 Einwohner** leben, wie alle Flughafengemeinden, ein internationales Leben. Der Airport gibt den Rhythmus vor, selbst die kleinsten Dinge des Alltags folgen ihm. Man lebt zugleich in der Kleinstadt und im Vorort einer fiktiven Großstadt, die aus allen Flughäfen rund um den Atlantik besteht. Fällt der Dollar, kauft man Kinderkleider in Boston, steigt er wieder, bringt man sie aus Rotterdam mit.

Die typischen ebenerdigen Häuschen mit Ziegeldach sind nur noch im Norden, in **Preguiça**, zu finden. Mehrstöckige Betonbauten beherrschen das Bild, durchsetzt mit Läden und Restaurants; im Osten, in **Hortelã**, schließt sich der Ring der Neubauviertel rund um den **Monte Curral**, der wegen der modernen Antennen der Flugüberwachung auch „Monte Radar" genannt wird.

Ein neues **Insel-Krankenhaus** an der Straße nach Pedra de Lume und **Apotheken** im Zentrum helfen im Notfall. Von der Hauptkreuzung am Ortseingang, neben dem Landratsamt Paços do Concelho, starten die **Sammeltaxis** zum Flughafen, nach Santa Maria und Palmeira.

Pedra de Lume

Pedra de Lume (feuriges Gestein) ist eine natürliche, ehemals industriell genutze **Saline im Krater des gleichnamigen niedrigen Vulkans.** Der Name bezeichnet auch das kleine Dorf der Salzarbeiter und Fischer.

Die Einsturzcaldeira misst etwa 900 m im Durchmesser, ihr Boden liegt unterhalb des Meeresspiegels. Da das umgebende Gestein porös ist, kann Meerwasser einsickern und verdunsten und das Salz erscheint als schneeweiß gleißende Schicht auf der Oberfläche.

In der Zeit des Sklavenhandels wurde das Salz vorwiegend für den Eigenbedarf und zum Pökeln von Schiffsproviant verwendet. Mit der Ausweitung des Kolonialhandels in die tropischen, extrem salzarmen Regionen Afrikas und dem wachsenden Schiffsverkehr via Cabo Verde stieg die Nachfrage nach Salzexporten.

Nachdem **1833** entdeckt wurde, dass sich im Untergrund von Pedra de Lume **eine bis zu 60 m starke Schicht Steinsalz** als Evaporitgestein angelagert hatte, begann die industrielle Nutzung. Windräder trieben Pumpen an, mit denen Meerwasser beschleunigt durch die Salzlager geleitet und als angereicherte Sole an die Oberfläche zur Verdunstung gebracht wurde. Nach etwa zwei Monaten bereits konnten respektable Mengen Salz geerntet werden.

Als erster entwickelte der Portugiese **Manuel António Martins** den **Salzhandel** auf Sal ähnlicher vorbestehender Aktivitäten auf Maio und Boa Vista. Den schwierigen Transport vom Krater zum

Hafen bewältigte man mit Lasttieren. Später wurde der Tunnel unterhalb des Kraterrandes gegraben. Im Jahre 1919 kauften ein Geschäftsmann aus Santa Maria und eine französische Salzhandelsgesellschaft die Saline von den Erben Martins'. Sie beschäftigten zur Blütezeit mehrere hundert Arbeiter, die Tag für Tag das neu kristallisierte Salz zusammenkratzten. Eine technische Errungenschaft war **1922** der Bau einer 1100 m langen **Seilbahn,** die in der Lage war, 25 Tonnen Salz pro Stunde abzutransportieren. Noch heute ist ihr morsches Gebälk zu besichtigen. Schüttelsiebe und Förderbänder zerkleinerten das Salz bevor es in Säcke abgefüllt wurde. In der Bucht von Pedra de Lume warteten Stahlbarken auf die Ware und brachten sie zu größeren Schiffen auf Reede. Zu den Exportzielen zählten vor allem französische und belgische Kolonialgebiete in Afrika, wie Niger, Kongo, Zentralafrika und Tschad, aber auch Guinea-Bissau und Brasilien. Mitte des 20. Jahrhunderts ließen zunehmende Konkurrenz (Südafrika, Namibia, Algerien) und fortschrittlichere Konservierungsmethoden die Salzpreise auf weniger als die Hälfte fallen. So wurde die Salzgewinnung seit den 1970er Jahren nach und nach verringert und schließlich im Jahre 1984 bis auf eine minimale Eigenproduktion ganz eingestellt.

Pedra de Lume

Mit der **Aufgabe der Saline** zerfielen der Ort Pedra de Lume, die Seilbahn, die Arbeiterunterkünfte und die Lagerhallen zur filmreifen **Geisterstadt.** Vor 25 Jahren noch fühlte man sich wie in „High Noon" im Staub des einsamen, sonnendurchglühten Kirchplatzes. Heute kommt eher der Eindruck eines Filmmuseums auf; ein italienischer Tourismusunternehmer hatte Ort und Saline gekauft, den Weg entlang der Seilbahn herrichten lassen, sodass man ohne Mühe in den Krater gelangt. Unmittelbar neben der ehemaligen Verladestation kann man sich in der Sole gesund baden, die so hoch konzentriert ist, dass sie ohne Schwimmbewegungen trägt.

Durstig durch den Verlust von Körperwasser im Salz, von Sonne und Wind, findet man rasch seinen Weg zurück zur Süßwasserdusche und in das kleine Snackrestaurant Salinas Relax.

Pedra de Lume sollte sein Gesicht durch eine große Ferienanlage mit Marina und Golfplatz verändern. Der **Verkauf des Areals** einschließlich des Kraters in den 1990er Jahren an einen italienischen Bauunternehmer mit langer Vorgeschichte auf den Inseln war Thema lokal- und kulturpolitischer Auseinandersetzungen. Der Landrat der Insel, *Dr.*

Pedra de Lume: Saline im Krater

Jorge Figueiredo, setzte schließlich politisch und vor Gericht durch, dass der Krater 2012 als historisches Erbe unter Denkmalschutz gestellt wurde und der Verkauf rückgängig gemacht werden musste.

Ein Schlendern am **alten Salzhafen,** zwischen den verrosteten Schaluppen, beendet den Ausflug.

Palmeira

Das ehemalige Fischerdorf Palmeira ist zur Technikzentrale der Insel geworden. 1983 wurde hier die **Meerwasser-Entsalzungsanlage** (Umkehrosmose) gebaut, die Espargos und den Flughafen mit Trinkwasser versorgt. Der Hafen, seinerzeit mit Unterstützung der UdSSR geplant, wurde 1986 eingeweiht und 2014 deutlich vergrößert. Am 112 m langen Kai können Schiffe bis zu 600 BRT im regionalen Schiffsverkehr anlegen und um Kerosin zu liefern, das durch Pipelines zum Flughafen gelangt. In der **Langusten-Farm** warten die Tiere auf ihr Flugzeug, das sie in wenigen Stunden in Europas Feinschmeckerlokale bringt. Segler aus aller Herren Ländern beleben die Bucht, die in Ruhe versinkt, solange kein Schiff zu entladen ist. Die Ortschaft wirkt von Jahr zu Jahr aufgeräumter. Die kleinen Blechhütten werden nach Osten verdrängt von ansehnlichen einstöckigen Häusern und angelegten Plätzen. Ihre Bewohner leben vom Hafen, der lokalen Industrie und vom Fischfang.

Kurz vor dem Ortseingang biegt eine Piste nach Süden zur Bucht **Baía da Fontana** mit Sandstrand ab.

Buracona

Nach Norden, an der Küste entlang, führt die Piste nach etwa 5 km zur Buracona, in deren natürlichem Pool sich das Meer bricht. Für Taucher sind die **Höhlen und unterseeischen Blöcke** faszinierend. Nur ein paar Meter entfernt durchbricht ein ovales Loch die Felsdecke, das **Olho Azul** (Blaues Auge). Zwischen 11 und 13 Uhr bricht sich das Sonnenlicht im Meerwasser und bringt es zu intensivem, türkisblauem Leuchten (bitte die Warnmarkierungen beachten!). Da Buracona als Ausflugsprogramm der Großhotels besucht wird, findet sich vor Ort auch ein Ausflugslokal. Nachdem Holzwege über das Plateau gezogen und Rettungsschwimmer positioniert wurden, wird ein Eintritt von 3 Euro pro Person verlangt. Souvenirshops bieten kapverdische Handarbeiten an.

Baden in den Buchten des Nordens kann lebensgefährlich sein!

Santa Maria

Das kleine Städtchen Santa Maria im Süden der Insel ist Nutznießer und Opfer des Stereotyps vom Strandurlaub im Süden. Um kilometerlange weiße Strände, den türkisblauen, glasklaren Atlantik und tiefblauen Himmel auf die Platte zu bannen, braucht man weder die Geduld eines Landschaftsfotografen noch ein paar gnädige Bäume, die Uferautobahn und Marmorschleifereien verdecken. **Sand, Himmel und Meer** können hier nicht anders. Zu Uferautobahn und Industriegebiet hat es nie gereicht, und statt Bäumen kriechen salzliebende Pflänzchen am Boden. Sand, Himmel und Meer im Überfluss und die ehemals vernichtende Geißel des Ostwinds „o flagelo do vento leste" erlebten binnen weniger Jahre eine völlige Umkehr der Werte. Was Hunderttausende umgebracht oder vertrieben hatte, lockt plötzlich Millionen aus dem industrialisierten Norden. Und kein Ort entspricht den Erwartungen nach Sand, Himmel und Meer so eindeutig – und so ausschließlich – wie Santa Maria.

Eine Viertelstunde genügt, um auf doppelspuriger Schnellstraße die 16 km vom Flughafen nach Santa Maria zu überbrücken. Nach den ersten Metern passiert man ein flaches, mit einer hohen Mauer umgebenes Gelände, in dem sich ein Flachbau versteckt. Dies war der **Präsidentenpalast,** der ab und an den Präsidenten beherbergte. *Aristides Pereira* hatte ihn für Wichtigeres bauen lassen. Er genoss das Vertrauen gegensätzlicher Parteien und organisierte hier Ende der 1980er Jahre geheimdiplomatische Verhandlungen zwischen südafrikanischen, angolanischen, mosambikanischen, amerikanischen und kubanischen Delegationen, die zur Deeskalation von Bürgerkriegen und zur Beendigung der Apartheidspolitik in Südafrika beitrugen.

Die Straße schwingt sich hinab zur Westküste und begleitet die Feriensiedlung **Murdeira Village.** Hier kauft sich ein Häuschen, wen es regelmäßig an

Santa Maria, 1987: Der alte Salzverladepier Pontão, noch mit den Schienen der Lorenbahn

Sand, Sonne und Meer zieht. Die Siedlung, einst für den Tourismus gedacht, hat sich zum internationalen Dorf entwickelt, wo ebenso viele Kapverdianer wie Europäer wohnen. So gibt es ein Restaurant mit Pool, einen Minimercado und ein Hotel. Auch eine private französische Schule samt Kindergarten hat hier ihren Platz gefunden.

Kein Strand oder Baum entlang der Straße. Einige zerfetzte Dattelpalmen ziehen hinter den Weidemauern ehemaliger Oasen vorbei. Verirrte Plastiktüten fliegen auf und fangen sich an rostigen Zäunen. Nichts als Nichts und ausgedörrtes Land bis zum Horizont, regelmäßig von Telefonmasten zerteilt. Einsam zeugt die **Kapelle Fátima** von der Existenz von Menschen, die man in der flimmernden Mittagshitze nirgends erkennt. Unter staubigen Schattennetzen gedeihen **Gemüse und Obst.**

Die flotte Fahrt des Taxis wird durch einige scheinbar sinnlos in die Wüste gesetzte Kreisverkehre gebremst. Baustellen rechts der Straße wandeln sich, je näher man Santa Maria kommt, zu **Feriensiedlungen und Ressorthotels.** Die Bankenkrise 2008 hat einige Projekte ins Stocken geraten lassen. Die Vorhersage, nach der das 1990 nur 800 Seelen zählende Dorf bis zum Jahr 2015 zur Tourismusstadt mit 100.000 Menschen anwachsen könnte, ist nicht eingetroffen, und doch ist spürbar, wie ungebremst sich Santa Maria ausbreitet. Nur in der Mittagshitze kann man noch das **ehemalige Fischer- und Salinenarbeiterdorf** erahnen. Einstöckige Häuserzeilen, in Pastell getüncht, ziehen sich in mehreren Straßen parallel zum Strand. Hölzerne **Windpumpen** vor dem Hotel Morabeza und das schön renovierte **Wäghaus an der Landungsbrücke Pontão** erinnern an die Zeiten des Salzhandels. Auf Schienen kamen die mit Segeln unterstützten Loren an und wurden gewogen, bevor sie vom Pontão aus ihre Fracht in den Bauch der Schiffe kippten. Der Zahn der Zeit hatte dem hölzernen Pontão derart zugesetzt, dass er inzwischen auf massive Betonstelzen gesetzt wurde. So dient er wieder den Fischern als Anlegestelle, wo ihnen die Touristen beim Anlanden des Fangs, beim Putzen des Fischs und beim Reparieren der Netze zuschauen. Doch sobald sich die Sonne senkt, öffnen sich Türen und Tore, und es erscheinen Andenkenshops, Hamburger- und Snackrestaurants, Bars, Pensionen, SB-Läden und Internet-Cafés. Die Zeiten des absoluten Mangels sind vorüber, und wer nicht im Tourismus arbeitet, findet sein Auskommen in der blühenden Bauindustrie. Armut sieht man kaum, denn wer sich mehr als zwei Quadratmeter in Santa Maria leisten kann, kann nicht arm sein …

Direkt vor dem Ort beginnt der **weite, feinsandige Strand, 100 bis 200 m breit,** wüstenhaft und ohne jeden Schatten. 8 km erstreckt er sich bis zur Südwestspitze der Insel nahe dem Leuchtturm. Vor den großen Hotels vermögen die Gäste ihn nur locker zu bevölkern. Wenige hundert Meter abseits wirkt er einsam wie immer. Die **Hotels** liegen hinter Glaswänden und Hecken vor dem Wind geschützt. Nur **Windsurf- und Tauchschulen** krabbeln bis fast in die Brandung.

Wer keinen Sport treibt, wer dem Stereotyp von Sand, Meer und Himmel nicht völlig ergeben ist, muss sich auf **Müßiggang** einstellen. Ausflüge auf der Insel beschränken sich auf einen Rundgang an den Salinen von Pedra de Lume, eine Stunde „watching a ship roll in" am Hafen von Palmeira, einen Streifzug durch den Hauptort Espargos und die Beobachtung faszinierender Lichterspiele im Wasser von Buracona – das war's. Keine Baudenkmäler, keine Schluchten und Berge im Hinterland. Santa Maria ist Strandurlaub pur, internationaler Tourismusrummel „wie überall", seit 2017 ergänzt um ein Casino Royal.

Und gerade deswegen ist Santa Maria das **Eldorado der Wassersportler!** Das klare Wasser mit 22–26°C lädt ständig zum Baden ein. Faul am Strand zu liegen ist schon schwieriger, denn außerhalb der Sommerferien bläst der Nord-Ost-Wind kräftig und treibt Wellen und Sand vor sich her. Dann ziehen sich die Gemütlichen an den geschützten Pool zurück, die Unermüdlichen sausen weiter und weiter über die Glattwasserpisten. Wer nicht selbst taucht oder fischt, hat seinen Spaß, Taucher und Fischer an der Pier zu beobachten. Noch ist Platz am Meer für jeden.

Die **großen Hotels** erstrecken sich in einer langen Geraden entlang der Bucht nach Westen, bis über den letzten Leuchtturm hinaus, und haben in einem globalen Stilgewirr aus modernen europäischen, alten maurischen, westafrikanischen und bengalischen Elementen Kunstlandschaften für Urlauber geschaffen. Die Neubaugebiete an der Westküste werden durchbrochen von einem Windkorridor, der sich von der Costa da Fragata bis zum Weltklasse-Surfrevier der Praia da Ponta Preta zieht.

◨ Surfer am Strand von Santa Maria

Strände & Wasserverhältnisse

Das beste an Sal sind seine Strände; **das ganze Jahr über ist Badesaison. Kilometerlange, goldgelbe, feinsandige, schattenlose Strände** breiten sich in beide Richtungen des Ortes aus. Außer einigen salzliebenden Wüstenpflanzen gibt es kaum Vegetation, keine Palmen, keinen Strauch. Das Landschaftsbild nach Westen wird belebt von größeren **Dünen** bei **Algodoeiro**. Im Osten brechen sich die Wellen wütend an der zunehmend **felsigen Küste** in Richtung der **Serra Negra** (dt.: Schwarzwald).

Wassersportler und Badegäste kommen in Santa Maria gleichermaßen auf ihre Kosten, wenn auch nicht immer gleichzeitig. Freuen sich die einen über einen strammen Passat, der sie durch die Wellen powern lässt, sehen sich die Strandgäste genötigt, den Windschutz am Hotelpool aufzusuchen, um nicht selbst zur Wanderdüne zu werden. Lässt der Wind hingegen nach – was im Sommer regelmäßig geschieht –, dann können sich auch Anfänger auf dem Brett versuchen, und die Badegäste räkeln sich genüsslich am Strand.

Die **Strömungen** nahe der Hotelstrände sind zumeist gering, sodass auch weniger Geübte wieder sicher aus dem Wasser finden. Je näher man jedoch der **Ponta do Sinó** oder der **Ponta do Léme Bedje** kommt, um so stärker und unberechenbarer werden die Strömungen. Ein in den Sand getriebener moderner Zweimaster mag als Warnung dienen.

Sport & Aktivitäten

Geübte **Wind- und Kitesurfer, Taucher und Sportangler** werden exzellent bedient von diesem Revier. Für den Anfänger jedoch können Wind und Strömung zu heftig sein. So ist Santa Maria ein Treffpunkt der absoluten Könner geworden. Die besten **Surfspots** liegen zwischen der **Ponta do Léme Bedje** und den Hotels mit leicht ablandigem Wind von links. Hinter der Ponta do Léme Bedje, an der weit geschwungenen **Costa da Fragata**, ist der Wind noch etwas stärker und auflandig von links – ein perfekter Spot für Kitesurfer.

Bei Santa Maria lässt sich an den wenigen felsigen Stellen sehr schön **schnorcheln und tauchen.** Die **nördliche Inselhälfte** bietet zudem Blöcke, Felsen, Grotten und Buchten. Die Tauchstationen bei den Hotels steuern zum Teil Spots rund um die Insel an.

■ Zu **Sport-, Tauch- und Surfstationen** siehe Kapitel „Sport und Freizeit/Praktische Tipps A–Z".

Freizeitangebote auf und unter dem Wasser

■ Katamaran- und Speedboatfahrten, teilweise zur Wal- und Delfinbeobachtung
■ Jet-Ski-Exkursionen mit erfahrenem Guide
■ Segelboot-Tagesfahrten
■ Sportfischen Big Game
■ Ausfahrten mit einheimischen Fischern

Freizeitangebote an Land

- Inselrundfahrten halb- und ganztägig
- Zu Fuß durch Santa Maria oder Cidade dos Espargos mit Führung
- Besuch einer Grundschule in Santa Maria, zweimal wöchentlich
- Besuch der Schildkrötenaufzucht
- Geländeausfahrten
- Quad-Geländeausfahrten mit Führung
- Mountainbike- und Elektrobike-Verleih
- Heilbäder und Anwendungen in der hochkonzentrierten Salzsole von Pedra de Lume
- Tennis, Bogenschießen
- Reiten
- Gemeinsames Kochen in der Gruppe („Cachupa Academy")
- Noite Caboverdeana
- Abschiedsdinner (allabendlich)

Tagesausflüge auf andere Inseln

Diese Ausflüge sind eine **beliebte Abwechslung.** Nach höchstens einstündigem Flug findet man sich in einer anderen Welt wieder, besichtigt eine historische Altstadt, fährt im Kleinbus in die spektakuläre Landschaft der Lavaflüsse am Fuß des Vulkankegels von Fogo, schaut von der Fortalezza Real auf Cidade Velha auf Santiago oder streift durch die Altstadt von Mindelo auf São Vicente. Abholung im Hotel. Die Tagesausflüge folgen einem genau vorgegebenen Zeitplan, der garantiert, dass die Gäste am Abend zurück im Hotel sind.

Die Touristeninformation in Santa Maria, die Hotelrezeptionen und Reiseagenturen vor Ort beraten und vermitteln.

> Porto Antigo

Praktische Infos

An- und Weiterreise

Wenn Sie auf Sal bleiben, treffen Sie unmittelbar nach der Zollkontrolle am Flughafen (Tel. 2411309) auf ihren Abholer, oder Sie nehmen ein Taxi. Wenn Sie am nächsten Morgen bereits weiterfliegen, werden Sie vermutlich lieber im nahen und preisgünstigen Espargos übernachten wollen. Für einen Strandurlaub geht es wahrscheinlich gleich weiter nach Santa Maria.

Wenn Sie sofort auf andere Inseln weiterfliegen, folgen Sie der Haupthalle bis zu ihrem südlichen Ende. Dort finden Sie die Abflughalle für die nationalen Flüge, wo Sie sofort einchecken sollten, auch wenn der Abflugtermin noch ein paar Stunden auf sich warten lässt.

In der Haupthalle finden Sie alles vom Geldwechsel über Friseursalon und Restaurant bis zum kostenlosen WLAN-Internetzugang und einigen Musik- und Andenkenläden. Im Laden der Telecom können Sie auch ins Ausland **telefonieren,** eine Telefonkarte oder ein SIM-Karte fürs Mobil kaufen.

Da Sie, außer in Praia und auf Boa Vista, an den anderen Flughäfen keine Banken vorfinden, sollten Sie noch in Sal **Geld wechseln.**

Fluggesellschaften

- **Binter CV,** am Flughafen, Tel. 2412171.
- **TAP,** am Flughafen, Tel. 2411195.
- **29 TUI,** Stadtbüro im Aparthotel Leme Bedje in Santa Maria.

Flugverbindungen zu anderen Inseln

(Änderungen vorbehalten, auch kurzfristig)

- **Santiago/São Vicente/Boa Vista:** mehrmals täglich.
- **São Nicolau:** drei- bis viermal pro Woche.
- **Fogo:** täglich über Santiago.
- **Maio:** mehrmals pro Woche, teils via Santiago.
- Flüge aus Sal, die vor 13 Uhr in São Vicente ankommen, erlauben es (außer sonntags), die **Nachmittagsfähre nach Santo Antão** zu erreichen.

Fährverbindungen, Segelboote

- **Fährverbindungen** sind unregelmäßig, eine regelmäßige Verbindung durch eine neue Schnellfähre wird schon länger erwartet.
- Der **Hafen in Palmeira** ist der offizielle und beste **Landeplatz für Segler** mit der Möglichkeit, Wasser, Diesel und Lebensmittel aufzunehmen. Neuankömmlinge melden sich sofort bei der Hafenpolizei und beim Zoll am Flughafen. Boot nicht unbewacht lassen! In der Bucht von Santa Maria können Segelboote nur bei geringem Schwell (Seegang) sicher ankern.

Reisen auf der Insel

Aluguers/Taxis/Busse

- Für **kleinere Hotels** macht die Abholung am Flughafen wenig Sinn, denn es stehen moderne Taxis in großer Zahl für Fahrten nach Espargos (3 km, 5 Min., ca. 300 CVE) und Santa Maria (18 km, ca. 30 Min., ca. 1000 CVE) bereit. Nachtzuschlag 100%.
- Zwischen 7 und 18 Uhr verkehren **Kleinbusse von Espargos nach Santa Maria.**
- Von und zu internationalen Ankünften und Abflügen verkehren **Transferbusse der größeren Hotels.**
- Weitere **Aluguer-/Taxi-Stationen:** in Espargos gegenüber der Câmara Municipal und in Santa Maria neben dem Restaurant Soleil.
- Eine **Inselrundfahrt** (ca. 6 Stunden) kostet rund 10.000 CVE.

Mietwagen

- **15 Alucar,** im Hotel Morabeza in Santa Maria, Tel. 2421187.
- **Mendes & Mendes,** am Flughafen vertreten durch **CiTS – Cabo Verde Touristic,** Tel. 2418097.
- **22 Global Africa Rent,** Santa Maria, Zona Tanquinho, Tel. 9915563.
- Die **großen Hotels** am Strand von Santa Maria vermieten oder vermitteln Mietwagen, Fahrräder und Quads.

Unterkunft

Auf Sal gibt es **Unterkünfte von der einfachsten bis zur höchsten Kategorie** (zur Kategorisierung in diesem Reiseführer s. „Praktische Tipps A–Z/

☐ Inselkarte S. 18, Stadtpläne S. 24 (Espargos), Umschlag hinten (Santa Maria) **Prakt. Infos**

Unterkunft"). Quartiere in **Espargos** sind günstiger, nur 2 km vom Flughafen entfernt und somit ideal zum Zwischenübernachten. **Santa Maria** liegt am riesigen Sandstrand, 16 km vom Flughafen und 18 km von Espargos. Die internationalen Hotels der gehobenen Preiskategorie finden sich am westlichen Strand, während die kleineren internationalen und kapverdischen Hotels und Pensionen im Ort und am östlichen Strand angesiedelt sind. Pensionen der unteren Preisklassen können einfach sein, doch in aller Regel sind auch sie mit modernen Materialien renoviert und blitzsauber. Reservierung ist sinnvoll bzw. zu Ferienzeiten unabdingbar. Die großen Hotels und Club-Hotels werden über europäische Reiseveranstalter im Paket mit dem Flug günstiger angeboten als vor Ort.

■ **www.bela-vista.net/Pension-Sal-d.aspx**
Unsere **Unterkunftsliste** mit Fotografien und Beschreibungen.

Santa Maria
(Stadtplan Umschlag hinten)

15 Hotel Morabeza⑤
Am Strand von Santa Maria, 5 Min. vom Ort, unweit des Pontão, Tel. 2421111, 2421020
164 Zimmer (DZ/EZ/Apartments), Zimmer mit TV, Ventilator, Bad oder Du/WC, Veranda oder Balkon; Restaurant/Bars im Hotel, Imbiss am Strand; Meerwasser-Pool; Disco, Surfen, Tauchen, Fischen, Trimaran-Fahrten, Tennis mit Flutlicht, Minigolf, Billard, Bogenschießen. Reisebüro und Mietwagenverleih.
10 Hilton Cabo Verde Sal Resort⑤
Tel. 3344444, www3.hilton.com/en/hotels/cabo-verde/hilton-cabo-verde-sal-resort-SIDCVHI/index.html
In Santa Maria hat die Hilton-Hotelkette das erste Hotel in einem portugiesischsprachigen afrikanischen Land eröffnet. Es verfügt über 240 Zimmer und Suiten, Restaurant und Casino sowie ein Wassersportzentrum in der ersten Reihe.

7 Club-Hotels RIU Funaná⑤,
6 RIU Palace⑤
Tel. 2429060, 2429040, www.riu.com,
Buchungen über www.tui.de
Zwei ineinander übergehende Luxus-Strandhotels mit 1000 Zimmern, 20 Min. vom Ort. Umfassendes All-inclusive-Angebot mit diversen Pools und Restaurants, darunter auch ein kapverdisches. Sport und Animation, Surf- und Tauchstationen. Für Gäste, die das Hotel aus früheren Jahren kennen: Die Namen wurden getauscht; das ehemalige RIU Garoupa wird als RIU Funaná geführt, während das einstige Funaná grundlegend umgestaltet wird zum RIU Palace.
2 Meliá Tortuga Beach Resort⑤
und **3 Meliá Dunas Beach Resort & Spa**⑤
www.tortugabeachresort.com,
Buchungen über www.melia.com
Luxussuiten, Apartments and Villas, YHI Spa, Kinderbetreuung ab 5 Jahren, Konferenzräume, diverse Restaurants und Bars.
4 Meliá Llana Beach Resort⑤
Buchung und Infos über www.melia.com
Ausschließlich für Erwachsene.
5 TUI Sensimar Resort⑤
Buchung und Infos über www.tui.com
Am Strand von Ponta Preta, „only adults".
9 Crioula Club & Resort Hotel⑤
Tel. 2421070
Italienisches 4-Sterne-Clubhotel.
13 Hotel Oásis Salinas Sea⑤
Tel. 2422300, www.oasisatlantico.com
Auf Familien ausgerichtetes Hotel mit Kinderbetreuung; diverse Restaurants und Bars.
8 Clubhotel Vila do Farol⑤
15 Min. vom Ort entfernt, Tel. 2421725
Italienisches Luxushotel am Strand mit großem Swimmingpool.
67 Hotel Odjo d'Agua⑤
Tel. 2421400, 2421430
Schöne Lage auf einer Klippe, direkt in der Bucht am Ort, strandnah, im Stil einer Hacienda angelegt, 18 Einheiten (teils mit Kitchenette und Wohnzim-

mer), Veranda und Meerblick, Du/WC, Ventilator, Telefon, TV. Gutes Restaurant und Bar. Süßwasserpool. Babysitterservice. Frühstück kostet extra.

30 Budha Beach Fashion Club⑤
Praia António Sousa, Tel. 2421028,
www.budhabeachhotel.com
Große Suiten mit Meerblick in der ersten Reihe, 10 Min. zur Ortsmitte, spanisches Management, Restaurant/Bar der gehobenen Preisklasse.

12 Hotel Oásis Belorizonte④
Tel. 2421045, www.oasisatlantico.com
Bungalowhotel der Mittelklasse im Besitz der spanischen Gruppe Barceló-Oasis am Strand, 10 Min. vom Ort. Holzbungalows in einer weitläufigen, schattigen Gartenanlage, jeder mit Veranda, Deckenventilator, TV, Telefon, Bad oder Du/WC. In den Superior-Zimmern für bis zu vierköpfige Familien auch AC. Restaurant und Bar, beide mit Terrasse zum Süßwasser-Pool, internationale und kapverdische Küche. Inkl. Frühstück und Transfer.

33 Hotel Aquamarina Suites The Senses Collection④
Rua 1 de Junho 175, Tel. 2422509,
www.aquamarinasuitesthe.com
23 gemütliche Zimmer und ein Restaurant in bester zentraler Lage. Innen dekoriert mit afrikanischen Elementen, netter Innenhof.

31 Residencial Cabo Verde Palace④
Praia António Sousa, Tel. 2421238
Großzügig-luxuriöse Bauweise, die Zimmer gleichen Apartments, alle mit eigener Küchenzeile, einige mit Meerblick, 300 m zum Strand, 10 Min. zur Ortsmitte. *Milu* und *Walter,* Besitzer des Restaurants Funaná da Vila, bieten hervorragenden Service und ein reichhaltiges Frühstück.

1 Aparthotel Ponta Preta④
Tel. 2429020
Gut ausgestattete Apartments für 2 bis 6 Personen, alle mit Küche, AC, Safe etc. Mindestens 1 Woche Miete, Kaution. Italienisches Management.

62 Aparthotel Porto Antigo④
Rua 15 de Agosto, Tel. 2421815, Mobil 9991701,
www.portoantigo.com
Sehr gut ausgestattete Apartments für 2 bis 6 Personen, alle mit Küche, AC, Süßwasser-Pool am ehemaligen Fischereihafen von Santa Maria, in dem sich ein heller Sandstrand gebildet hat, der einzige (bedingt) kindersichere! Verkehrsfreier Bereich mit angenehmer Atmosphäre, ital. Management.

21 Hotel da Luz③
Tel. 2421138
Familiär geführtes Hotel im Ort, 5 Min. vom Strand; 35 zweckmäßig eingerichtete Zimmer mit Du/WC; Restaurant und Bar, Fernsehraum, Telefon; vier große Apartments mit zwei vollwertigen Schlafzimmern, besonders geeignet für Familien; empfehlenswerte Alternative zu den großen Strandhotels, sehr freundlicher Empfang und Betreuung, gute Küche. Inkl. Frühstück.

51 Hotel Les Alizés③
Tel. 2421446
„Petit Hotel de Charme" im Ort, 100 m vom Strand, 10 freundliche Zimmer mit Du/WC, TV, Minibar, Balkon, Frühstück auf der Terrasse mit Meerblick.

34 Residencial Nha Terra③
Tel. 2421109
Sehr hübsches und freundliches Gästehaus, nur 3 Min. vom Strand, Pool, kleiner Garten, Zimmer mit Du/WC.

25 Aparthotel Santa Maria Beach③
Tel. 2421450
Gut ausgestattetes Hotel im Familienbetrieb am östlichen Strand, 5 Min. zum Ortszentrum, Zimmer mit Du/WC. Auch für Familien und Gruppen geeignete Apartments und größere Zimmer.

23 Residencial Cristal de Sal③
Tel. 2421851
Moderne Pension am östlichen Strand mit einfachen Zimmern, Junior-Suites und einem Apartment für bis zu 6 Personen, alle mit Du/WC. 50 m zum Strand und zu den Surfstationen, 5 Min. zum Ort. Man spricht Deutsch.

29 Aparthotel Leme Bedje③
Tel. 9991701
Aparthotel am östlichen Strand mit modernen Apartments, besonders bei jugendlichen Surfern

☐ Inselkarte S. 18, Stadtpläne S. 24 (Espargos), Umschlag hinten (Santa Maria) **Prakt. Infos**

beliebt, weil nahe bei den Surfstationen gelegen, in den Ort sind es 5 Min.

42 Hotel Central③
Rua das Salinas, Tel. 2421503, 2421510
Im Ort, 2 Min. vom Strand, moderne, kleine Anlage mit 26 Zimmern auf 3 Etagen, Dachterrasse mit Restaurant. Einfache Zimmerausstattung mit Du/WC, Klimaanlage, Telefon.

20 B&B Sakaroulé③
Tel. 2421682, www.sakaroulecaboverde.com
Mitten im Ort, 300 m zum Strand, 4 DZ plus 3 Zimmer mit Kitchenette. Französisch-italienische Leitung, Kite- und Surfausrüstung kann eingelagert werden.

46 Residencial Alternativa②
Rua Amílcar Cabral, Tel. 2421216
Einfache und preisgünstige Pension mit 9 Zimmern mit WC.

19 Residencial Soares②
Einfache, günstige Unterkunft. Zentrale Lage.

Ferienwohnungen
■ **Murdeira Village**④
Tel. 2415220, www.murdeiravillageresort.com
40 Apartments, Restaurant, Bar, Swimmingpool, Hotelservice.

■ **Proatlantic Vacation Cabo Verde**④
Murdeira Village, Tel. 9912914, www.cabo-verde.de
Apartmentvermietung und Serviceleistungen rund um den Urlaub.

■ **Sal 4 Rent**
Rua 1 de Junho, Tel. 2421658, www.sal4rent.com
Verwaltet und vermietet private Apartments im Auftrag der Besitzer.

Cidade dos Espargos (Stadtplan S. 24)

1 Residencial Monte Sintinha②
Travessa Santa Lucia, Tel. 2411446
Sehr angenehme, gut geführte Pension eines bekannten Musikers in der Ortsmitte, Restaurant mit sehr guter kapverdischer Küche, Frühstücksbuffet. Gepflegte Zimmer mit TV, AC, WC/ Du.

5 Residencial Paz e Bem②
Rua Jorge Barbosa, Tel. 2411782
Modernes Gästehaus, einfach ausgestattet, geführt von Franziskaner-Schwestern, Zimmer mit WC. Bar.

3 Casa Angela Residencial②
Rua Abel Djassy 20, Tel. 2413190
Einfaches, sauberes Gästehaus mit 19 Zimmern.

Restaurants und Bars

Hotels und viele Pensionen verfügen über ihr eigenes Restaurant. In den gehobenen Strandhotels isst man in der Regel gut und international in verschiedenen Preisklassen.

Im **Ortskern von Santa Maria** macht sich die Snack- und Hamburger-Kultur breit, hinzu kommen italienische Restaurants. Treffpunkt der deutschsprachigen Gemeinde ist „Zum Fischermann" (Turi Fogo, s.u.).

Auch typisch kapverdische **Restaurants mit traditioneller Küche** sind einen Besuch wert. Sie haben sich nach Espargos zurückgezogen, mit Ausnahme des Café Creol (s.u.).

Senegalesische Fertigküchen bieten jeweils ein typisch westafrikanisches Gericht an und improvisieren Sitzplätze für die Gäste im Haus. *Djebudjen* (Reis mit Trockenfisch), *Maffé* (Reis mit Fleisch und Erdnusssoße) oder *Yassa* (Reis oder Couscous mit Huhn und Zwiebelsoße) können Sie, der Tradition vom Kontinent folgend, mit den Fingern essen, so Sie wollen.

Santa Maria (Stadtplan Umschlag hinten)

14 Hotel Morabeza
Beach Club Bar & Restaurant
Am Strand vor dem gleichnamigen Hotel. Sehr gute Küche und Getränke in bester Lage.

66 Odjo d'Agua
Schöne Lage auf einer Klippe direkt in der Bucht am Ort, strandnah. Gutes Hotel-Restaurant und Bar.

26 Sabores e Livros Bar & Restaurant
Rua 15 Agosto, Porto Antigo III, Tel. 5943663, www.saboreselivros.com. Tapas und Sushi Bar sowie Book's Lounge.

16 Baraonda
Am Ortsausgang Richtung Flughafen, Tel. 9859350 Italienisches Restaurant, u.a. mit guter Pizza, in den Sommermonaten geschlossen.

18 Mexico en Cabo Verde
Rua da Música 14 (nahe Disco Pirata), Tel. 2421300 Mexikanisches Restaurant mit entsprechender Dekoration und Küche, auch vegetarische Gerichte.

40 Americo's Bar & Restaurante
Kapverdisches Restaurant gegenüber der Kirche, luftiger Gastraum unter großem Ziegeldach, gute Küche.

28 Angulo Surf Center – Pizzeria
Gute Pizzas und abends Restaurantbetrieb direkt am östlichen Strand, wo tagsüber gesurft wird.

68 Le Privé
Mobil 9923392, www.leprivesal.com. Französisches Restaurant/Bar mit fantastischem marokkanischem Innenhof nahe Porto Antigo.

65 Papaya
Restaurant/Bar am Porto Antigo. Gute internationale und italienische Küche, handgemachte Pasta, angenehmes Ambiente, auf der östlichen Mole des ehemaligen Fischereihafens gelegen mit Blick auf Meer und Strand. Professionell geführt, mittlere Preislage.

75 Barracuda
Am Strand, 100 m östlich des Pontão. Spanisches Restaurant.

59 Bons Amigos
Bar mit sehr günstigen einfachen Gerichten.

73 Blue Bar
Kleine, nette Bar, keine Küche.

43 Buddy Bar
Sportsbar mit Snacks, irischer Eigentümer, viele Gäste aus Großbritannien.

41 Bar Casinha
Rua Kuome Nkruma. Reggae-Bar.

55 Bar Tam Tam
Kapverdische Kneipe, jeden Tag Live-Musik.

71 Ocean Café Pub
Bar mit Live-Musik und Küche. Italienische Leitung. Auch Shop und Apartmentvermietung.

44 Restaurante Funaná/Centroshop
Rua 1 de Junho, Tel. 2421637. Snacks, Pizza, Grillgerichte; Selbstbedienung und zum Mitnehmen nach Kilopreis. Souvenirshop.

47 Restaurante 32
Rua 1 de Junho. Kapverdische Küche in schlichtem, rustikalem Ambiente. Lokale Künstler stellen ihre Werke aus. Mit Shop.

48 Caffé Coloniale
Rua 1 de Junho. Italienisches Café/Bar.

17 Restaurante Bodega
In der 1. Etage über der Disco Pirata gibt es Steaks und Hamburger. Französisch-italienische Leitung.

58 Tasca do Careca
Travessa Patrice Lumumba
Kleines kapverdisches Restaurant mit Tagesgerichten zu günstigen Preisen.

61 Sarabudja
Restaurant mit kapverdischer und portugiesischer Küche. Neue Leitung.

72 La Ville
Restaurant in erster Reihe, italienische Eigentümer und Speisen.

76 Palm Beach
Italienischer Besitzer. In dem Lokal mit Beach-Atmosphäre stehen Bambusmöbel. Vielseitige italienische Küche.

74 Sal Beach Club
In der ersten Reihe. British Sportsbar mit Snacks. Englischer Eigentümer.

63 Cam's,
kapverdische Küche, gute Preise.

69 Restaurante Ângela
Noch im provisorischen Zelt samt Küche und Buffet untergebracht – aber schon beliebt. Die Speisen werden nach Gewicht bezahlt. Kapverdische Gerichte, ab und an Live-Musik.

☐ Inselkarte S. 18, Stadtpläne S. 24 (Espargos), Umschlag hinten (Santa Maria) **Prakt. Infos**

57 Café Creol
Travessa Patrice Lumumba. Kleines traditionelles kapverdisches Restaurant mit typischen Speisen und günstigen Preisen.

70 Café Cultural
Kapverdische Küche direkt an der Praça.

49 Carangeijo
Rua 1 de Junho, Tel. 2421231. Gute Pizzeria.

39 Bar Calema, Musik-Bar.

35 Bar Chill Out
Rua 1 de Junho. Cyber-Café und gemütliche Bar.

45 Chez Pastis
Rua Amílcar Cabral. Sowohl Küche als auch Service sind sehr gut, allerdings teuer.

78 Cretcheu
Am Strand zwischen dem Ort und der Einfahrt zum Hotel Morabeza, Tel. 2421266. Sehr guter „Italiener", aber nicht ganz billig.

53 Compad
Rua 5 de Junho, Mobil 9991206. In diesem Restaurant gibt es portugiesisch-kreolische Gerichte der mittleren Preislage.

37 Giramondo
Rua 1 de Junho. Eisdiele und Bar, große Auswahl.

36 Restaurante Mediterráneo
Rua 1 de Junho. Italienische Küche.

27 Columbus
Strandrestaurant vor dem Hotel Leme Bedje, Mobil 9957690. Café, Pizzeria und italienische Küche mit Meeresfrüchten.

30 Fashion Beach
Praia António Sousa, Tel. 2421028. Spanisches Restaurant/Bar der gehobenen Preisklasse.

38 Leonardo
Rua 1 de Junho (bei der Caixa Económica). Gute italienische und internationale Gerichte in gepflegter Atmosphäre.

60 Lomba Branca
Rua 1 de Junho, Tel. 2421516. Restaurant und Café der Padaria-Pastelaria Dado (Bäckerei).

77 Creparia Sal Doce
Im Gebäude der historischen Salzwaage, Crêpes, salzig und süß.

52 Pasteleria Relax
Kleine Snack-Bar in der Ortsmitte.

32 Zum Fischermann (Turi Fogo)
mit **Concha-Bar** (Barbetrieb ab 22 Uhr)
Mobil 9917600. Reines Fischrestaurant mit großer Auswahl. Gut, sehenswert, deutschsprachig. In den Sommermonaten geschlossen.

Cidade dos Espargos (Stadtplan S. 24)

1 Bar Violão
Tel. 2411446, Praçinha dos Quebrados. Restaurant des Residencial Monte Sintinha, sehr gute kapverdische Küche, freundlicher Service und mit etwas Glück authentische Live-Musik – schließlich befindet man sich im Hause eines bekannten Musikers, der mit Freunden spielt, übt, komponiert.

2 Churrasqueira Benvass
Rua Beleza, gegenüber Casa Angela Residencial, Tel. 2414345. Restaurant und Pizzeria.

11 Nortenha
Monte Curral, Tel. 2413443, Mobil 9926804. Neues, großzügig gebautes Restaurant mit gutem Service und qualitativ hochwertigen Speisen.

4 Sivy
Praça 12 de Setembro. Einfaches Restaurant, Straßencafé.

8 Caldera Preta
Rua Jorge Barbosa, Tel. 2413839. Musik-Restaurant der Sängerin *Mirri Lobo* mit windgeschütztem Außenbereich.

9 Esplanada Bom Dia
Tel. 2411400. Straßencafé mit Snacks.

6 Salinas
Am Ortseingang, Mobil 9965385. Einfaches, typisch portugiesisches Restaurant.

7 LikeTerra
Restaurant mit Innenhof bei der Biblioteca Municipal. Kapverdische und internationale Speisen à la carte sowie Tagesgerichte, am Wochenende Live-Musik.

🔟 Cholcolate Restaurant/Bistrot Gourmet
Tel. 411723, beim Estádio Marcelo Leitão. Gute kapverdische Küche, Pizzas, Kuchen und Backwaren.

Palmeira

■ **Porto Sol**
In der Ortsmitte, Tel. 2418545. Ristorante, Pizzeria, Spaghetteria – italienische Küche und Weine.

Buracona

■ **Burakona**
Mobil 95311531. Ausflugslokal, Snacks und Mahlzeiten, eingerichtet auf große Besucherzahlen.

Nachtleben in Santa Maria

■ Die Club- und Discoszene verändert sich ständig. Noch ist die **17 Disco Pirata** am Ortseingang der Hit. Einheimische, Wassersportler und Gäste besuchen auch fleißig die Diskotheken der großen Hotels und den ab Mittag bis ins Morgengrauen geöffneten **4 Bikini Beach Club** am Wellenbrecher vor dem Hotel Meliá Llana.

■ **Casino Royal Sal**
Tel. 2421970, Avenida dos Hoteis, Santa Maria, Hotel Hilton, www.casinoroyal.cv
2017 eröffneter Casinobetrieb mit Black Jack, Poker, (elektronischem) Roulette und einer Hundertschaft verschiedener Slot Machines. Shuttle für Gäste – fragen Sie an der Rezeption Ihrer Unterkunft.

Reisebüros und organisierte Touren

Die großen Hotels und alle Reisebüros haben **Inselrundfahrten** (ab 1500 CVE), **Bootsausflüge** nach Boa Vista (ab ca. 7500 CVE), eintägige Ausflüge per Flugzeug zu den anderen Inseln (250 Euro p.P.) sowie Mietwagen und Wassersport im Angebot.

■ **Posto de Informação Turística**
Santa Maria, am Kreisverkehr am Ortseingang, Tel. 2422750.
■ **Porto Seguro/Turismo/Informação**
Santa Maria, Kiosk an der Strandpromenade, Mobil 9592030. Beratung und Reservierung für Ausflüge, Inselrundfahrten, Wal-, Hai-, Vogel-und Schildkrötenbeobachtung, Tagesausflüge auf andere Inseln, mehrsprachig und kompetent.
■ **Morabitur – Viagens e Turismo, Lda**
Santa Maria, Djadsal Moradias, Tel. 2422070, www.morabitur.com.
■ **Barracuda Tours**
In Santa Maria im Gebäude des gleichnamigen Strandlokals östlich des Pontão, Tel. 2422033/34, Mobil 9831225, www.barracudatours.com.
■ **Cabetur**
Internationaler Airport Amílcar Cabral, Tel. 2411545.
■ **CiTS – Cabo Verde Touristic**
Internationaler Airport Amílcar Cabral, Tel. 2418097, www.abaufdiekapverden-cits.com.
■ **Somitur**, *Manuel António Lopes Pires*
Rua 5 de Junho, Espargos, Tel. 2411580, 2412302.
■ **Anne's Insel Info, Anne Seiler**
Am Fischersteg in Santa Maria, Mobil 9865118, deutschsprachig.

Banken und Geldwechsel

Neu ankommende Gäste dürfen wir auf das **Kapitel „Praktische Tipps A–Z/Finanzen und Geld"** verweisen. Banken gibt es in Espargos und Santa Maria. Auch Hotels tauschen Devisen, mitunter zu weniger günstigem Kurs. Am Flughafen gibt es eine Wechselstube und ein Büro von Western Union (geöffnet 8–15 Uhr, bei Ankunft internationaler Flüge auch länger).

☐ Inselkarte S. 18, Stadtpläne S. 24 (Espargos), Umschlag hinten (Santa Maria) **Prakt. Infos**

■ **Banco Comercial do Atlântico (BCA)**
Espargos, Rua dos Espargos, Tel. 2411490;
Santa Maria, Rua Amílcar Cabral, Tel. 2421264.
■ **Banco Interatlântico (BI)**
Espargos, Rua 3 de Agosto, Tel. 2418082;
Santa Maria, Rua 1 de Junho 1, Tel. 2428180.
■ **Caixa Económica**
Espargos, Rua Jorge Barbosa, Tel. 2412608;
Santa Maria, Rua 1 de Junho 12, Tel. 2421616.

Post und Telefon

■ **CTT Espargos,** Tel. 2411189.
■ **CTT Santa Maria,** Tel. 2421200.
■ **Telefon- und Prepaid-SIM-Karten** gibt es in allen Orten. Telecom-Schalter für Ferngespräche auch im Flughafengebäude.

Notfall

■ **Krankenhaus**
Espargos, Tel. 2411130 (24-Stunden-Dienst).
■ **Gesundheitszentrum**
Santa Maria, Tel. 2421130.
■ **Clinitur,** Santa Maria, www.clinitur.com, Tel. 2429090. Private Gemeinschaftspraxen.
■ **Apotheken** gibt es in Santa Maria, Espargos und Palmeira.
■ **Polizei,** Tel. 2411132, in Santa Maria, Espargos und Palmeira. **Notruf: Tel. 132.**

Einkaufen

■ Es gibt mehrere **kleine Supermärkte** und Souvernir-Shops in den Orten.
■ Im **Duty-Free-Shop** (für Ausreisende) **im Flughafen** werden CDs mit kapverdischer Musik, Parfums, Tabakwaren und Alkoholika (auch Grogue) gegen Devisen verkauft.

■ **CD-Shop Tropical Dance** nahe des Hotels Morabeza in Santa Maria.

Souvenirs

50 Kapverdisches Kunsthandwerk und andere Waren aus Cabo Verde zu Festpreisen und ohne aufdringliches Verkaufsgespräch gibt es bei **Genuine Cabo Verde,** Av. 1 de Junho, Santa Maria.
64 Schnitzereien und Batik vom Kontinent werden im **African Souvenir Market** in Santa Maria, Rua 15 de Agosto, und von fliegenden Händlern angeboten.
56 Töpferwaren in portugiesischem und kapverdischem Stil werden in der **Oficina d'Arte** in Santa Maria hergestellt und verkauft, Rua 1 de Junho Ecke Travessa Patrice Lumumba.

Feste

■ **Februar:** Karneval (Faschingsdienstag).
■ **19. März:** Fest des S. José in Palmeira.
■ **3. Mai:** Feier zu Ehren von St. Cruz.
■ **Juni/Juli:** Feste zu Ehren der hl. S. António, S. João und S. Pedro; gefeiert wird in Pedra de Lume, Alto S. João und Hortela.
■ **15. August:** Fest zu Ehren Sra. do Piedade in Pedra de Lume.
■ **15. September:** Gemeindefest (Inselfest).

Einleitung | 44
Geschichte | 46
Informationen zur Insel | 53
Inselrundfahrten | 60
Praktische Infos | 68
Sal Rei | 55
Spaziergänge & Wanderungen | 63
Sport & Aktivitäten | 67
Strände & Wasserverhältnisse | 66

2 Boa Vista

Die Insel mit ihren hellgelben Sanddünen ist ein kleines „Insel-Sahel". Mehrere, bis über 20 km lange, gleißende Sandstrände mit großen Hotelanlagen, stetiger Wind und eine reiche Unterwasserfauna sind das ideale Umfeld zum Baden, Surfen und Tauchen. Das wüstenhafte Innere lockt Streckenwanderer, Radsportler und Ultra-Marathonläufer.

◁ Dünen bei Cabo Santa Maria

Boa Vista

Map labels:
- Ponta do Sol
- Leuchtturm 146
- Vigia
- Praia de Evatão
- Praia da Cruz
- Nossa Senhora de Fátima
- Cabo Santa Maria
- Ponta Antónia
- Porto do Derrubado
- Praia Porto do Derrubado
- Praia do Galeão
- 125 Monte Preto
- Espingueira
- Costa de Boa Esperança
- Salinas
- Leuchtturm
- Praia de Cabral
- Leuchtturm
- Ilhéu de Sal Rei
- Praia de Estoril
- Praia de Carlota
- RIU Karamboa
- Praia de Boca Salina
- Fábrica da Chave
- Hotels
- Praia da Chave
- Sal Rei
- Bofareira
- Calhau 326
- Estância de Baixo
- Rabil
- Deserto Viana
- Campo da Serra
- Ribeira do Norte
- João Galego
- Fundo das Figueiras
- Cabeço dos Tarafes
- Odjo d'Mar
- Morro de Areia
- Monte Trigo
- Santo António 379
- Fonte Vicente
- Monte Estância 387
- Praia da Varandinha
- Leuchtturm
- Varandinha
- Rocha Estância 354
- Povação Velha
- Morro das Cabeças 149
- Farrapa
- Praia de Santa Mónica
- Praia de João Barrosa
- Curral Velho
- Ponta Manga Larga
- RIU Touareg
- Praia de Lacação
- Ponta Pesqueiro Grande

Einleitung

Sahara im Atlantik: Auf Boa Vista begegnen sich zwei Giganten, deren widersprüchliches Temperament bereits im Anflug auf den **Internationalen Flughafen** den besonderen Reiz der Insel spürbar werden lässt. Durch die Fenster links grüßt der unendliche Atlantik, durch die Fenster rechts schweift der Blick über Wüstenlandschaften, weite Felder sichelförmiger Wanderdünen, Oasen mit struppigen Dattelpalmen und einige kleine Vulkanschlote. An endlos scheinenden Sandstränden finden die beiden

© Reitmaier / Fortes CaboVF01 9/18

Praia das Gatas

Ilhéu do Baluarte

Porto Ferreira

Leuchtturm
154
Morro Negro

Ponta de Ervatão

Riesen im Rhythmus der Brandung zusammen.

Boa Vista befindet sich mitten im touristischen Aufschwung. Aus der von der Dürre gepeinigten Insel mit nur minimalen Entwicklungschancen in der Viehzucht und Fischerei und beständig sinkender Bevölkerung ist ein **Eldorado** des **Strandtourismus** geworden. Wo bis vor kurzem nur der Wind durch die Dünen zog, summt ein tausendstimmiges Gewirr europäischer Sprachen durch Poollandschaften, Wandelhallen und Themenrestaurants, folgt dem gleißenden Licht an den Strand und zieht sich, sobald die Sonne untergegangen ist, zurück hinter die Mauern, innerhalb derer für alles gesorgt ist, was laut Prospekt zu einem Traumurlaub gehört.

In **Cidade de Sal Rei,** in luxuriösen wie einfachen italienischen und kapverdischen Gästehäusern, in Osterias, Pizzerias, Esplanadas, Pastelarias und selbst im Container-Restaurant am alten Hafen ist vom Massentourismus der Clubhotels weitaus weniger zu spüren, als man vermuten sollte. **Mediterrane Lockerheit** belebt die Szene und den Umgang. Fast nichts ist perfekt und dadurch liebenswert und authentisch. Wer den Reiz des Reisens in spontanen Begegnungen und neuen Erfahrungen sieht, und wem es mehr bedeutet, andere Kulturen und Lebenswelten kennen zu lernen, findet hier ein weites Feld und für jeden Geschmack und Geldbeutel die passende Infrastruktur. Auch die **Weite, Ruhe und Einsamkeit,** die den Charakter Boa Vistas prägen, sind nur wenige Schritte abseits der Touristenpfade nach wie vor zu finden.

Der Drang der Gäste und Investoren nach Meer, Sonne und Sand scheint auch in Zeiten der Wirtschaftskrise übermächtig. Baukräne und breite Straßen nehmen den Süden der Insel bereits in Besitz.

Geschichte

Mehrere Kapitäne behaupten, Boa Vista als erste kapverdische Insel entdeckt zu haben. *Cadamostos* Matrosen sollen die Insel nach einem schweren Sturm als „Buena Vista" (schöner Anblick) bejubelt haben. Ganz amtlich im Auftrag *Heinrichs des Seefahrers* nahm am 14. Mai **1460** der Genuese **António da Noli** die Insel für Portugal in Besitz. Der nach dem Heiligen der Seeleute seiner Heimatstadt gewählte Name São Cristovão konnte sich allerdings nicht durchsetzen. Ähnlich wie Maio wurde die Insel sehr früh mit Hirtensklaven besiedelt, die im Auftrag des Lehnsherrn massenhaft Häute und Talg und auch Schlachtvieh als Schiffsproviant für Rª Grande (Santiago) lieferten. Als **Christoph Kolumbus** 1498 auf seiner dritten Amerikareise hier Halt machte, traf er auch auf eine Lepra-Siedlung – man war damals der Meinung, Lepra mit dem schleimig dicken Blut von Schildkröten heilen zu können.

Die offizielle Geschichtsschreibung verlegt den Termin der ersten Besiedlung gut 150 Jahre weiter, als freie und gesunde Bürger im **Salz** und **Fleischhandel** ein Motiv sahen, nach Boa Vista zu ziehen. Hauptabnehmer ab etwa 1620 waren englische Kapitäne, die den im Bauch jedes historischen Großseglers ruhenden Ballast von Wackersteinen gegen Salz austauschten und einen nicht zu verachtenden Zusatzgewinn machten. Englische Händler siedelten sich an und produzierten das Salz mit Sklavenarbeit. Die erste Ortschaft der Insel, Povação Velha, wurde gegründet. So avancierte Boa Vista zur wirtschaftlich und politisch wichtigsten Insel nach Santiago. Selbstverständlich lockte der neue Reichtum mehrmals Piraten an. Schon 1643 raubten sie Povação da Estância, wie der Ort damals hieß, aus.

Zu Beginn des 18. Jahrhunderts wurde **Porto Inglês** (dt.: englischer Hafen), das heutige Sal Rei, zum Hauptort der Insel, und der Salzhandel blühte bis zur ersten Hälfte des 19. Jahrhunderts. 1818 wurde die Stadt von Piraten dem Erdboden gleichgemacht und anschließend eine Bastion auf dem Ilhéu de Sal Rei errichtet, deren Kanonen bis heute im Sand liegen.

◁ Praça Santa Isabel in Sal Rei

1843 wurde die Insel Sitz der **portugiesisch-britischen Kommission zur Abschaffung der Sklaverei,** was weder die britischen noch die portugiesischen Landbesitzer und Salzfabrikanten davon abhielt, die Sklaverei auf Boa Vista bis zum letzten Tag beizubehalten. Eine gemischte Komission war notwendig, um die politische Hoheit der Portugiesen mit der wirtschaftlich dominierenden Kraft Englands in Übereinstimmung zu bringen, und sie befand sich auf Boa Vista als der wirtschaftlich wichtigsten kapverdischen Insel der Zeit. In Sierra Leone und Luanda wirkten ähnliche Komissionen, die in der Eindämmung des Schmuggels mit Sklaven offensichtlich eine prominentere Rolle spielten als die Komission auf Boa Vista, die sich in flagranti beim Schmuggel mit großen Mengen Trockenfrüchten aus Afrika erwischen ließ.

1845 wurde ein **Unglücksjahr** für Boa Vista – und beendete seine Vorrangstellung auf dem Archipel. Es war ein Hungerjahr, und das Elend grassierte, als das englische Dampfschiff „Eclair" einlief. Einige Mannschaften waren auf der Reise fieberhaft verstorben, andere lagen sterbenskrank mit schwärzlichem Erbrechen und Blutungen an Bord. Dennoch verhängten die beiden Ärzte, *Dr. Kenny* aus England und *Dr. Almeida* aus Portugal, keine Quarantäne, sondern ließen die Leichen und deren Besitz auf der Insel Sal Rei begraben. Ihre Kojen wurden über Bord geworfen. Wie zu erwarten, gruben die Verelendeten die Habselig-

Traditionelles Restaurant in Rabil

Tückische Riffe

Das Leben der Insel wurde von **Schiffstragödien** geprägt. Für viele Schiffe im Laufe der Jahrhunderte mag Boa Vista das erste Land gewesen sein, das sie nach Monaten sichteten. Aber die Küsten der Insel haben viele Schiffe auf Grund laufen lassen. Die tückischen Riffe und Strömungen entlang der Nord- und Ostküste und heftiger Wind, der außerdem durch Staub die Sicht erschwerte, wurden ihnen zum Verhängnis. Der Monte Negro im Osten, eine eisenhaltige Felsformation, wurde oft für magnetisch gehalten und dafür verantwortlich gemacht, dass so mancher Kompass an der Küste durchdrehte. Der Name bezeichnet die schwarze Lava, die hier zutage tritt. Ein Leuchtturm steht an dieser Stelle und markiert den äußersten östlichen Punkt des Archipels, der dem afrikanischen Kontinent am nächsten liegt. Die Bewohner, die unter Hunger und Dürre litten, stürzten sich hoffnungsvoll auf die Wracks und suchten nach Verpflegung und Gütern. Andere ließen sich für die Versorgung der Schiffbrüchigen gut bezahlen. Ungezählte Schiffswracks liegen im Norden und Osten in Küstennähe auf Grund. Am 10. August 1779 segelte hier auch Kapitän *James Cook* auf seiner dritten und letzten Reise in die Südsee mit seinem Schiff „Resolution" vorbei und kam einem der Riffe so nahe, dass er der Kentergefahr nach mehrstündigem Kampf nur knapp entging. 1787 strandete dann der englische Frachter „Hartwell" an einem Riff im Nordosten Boa Vistas, das heute den gleichen Namen trägt. Eine der größten Tragödien ereignete sich im Jahr 1863, als das Schiff „Cicilia" auf Grund lief und 72 Menschen zu Tode kamen.

keiten der Seeleute schon in der nächsten Nacht aus und fischten auch die Matratzen aus dem Meer. Als Wochen später die **Gelbfieberepidemie** die ersten Todesfälle forderte, meinte man, wenigstens die Opfer zu Schuldigen erklären zu dürfen. Dass Gelbfieber ausschließlich durch Mücken übertragen wird, war damals noch nicht bekannt. Die Epidemie raffte die armen Hungernden, die an den Wasserstellen in Kontakt mit den Mücken kamen, in Windeseile dahin, die Bevölkerung ging von 7000 Seelen zurück auf 2700.

Auch unter der wohlhabenden Bevölkerung gab es Opfer, unter ihnen die 20-jährige **Julia Maria Pettingall,** Tocher von *Charles Pettingall*, dem Vorsitzenden Richter der „Gemischten Komission zur Abschaffung der Sklaverei". Der behandelnde Arzt vertrat später die Meinung, sie sei wohl weniger am Gelbfieber als an seiner Behandlung gestorben – und man wagt ihm nicht zu widersprechen, wenn man liest, mit welch drastischen Aderlässen Schwerstkranke zu dieser Zeit geschwächt wurden.

Die Epidemie veränderte nicht nur Gesellschaft und Ökonomie der Insel. Auch die Komission beendete danach ihre Arbeit. Die von ihr erarbeiteten Gesetze wurden erst 1858 verabschiedet und traten mit der auf 20 Jahre vorgesehenen Verzögerung im Jahr 1878 in Kraft, auch auf Boa Vista. Anders in São Vicente, São Nicolau und Santo Antão. Der Kohlehandel der Briten schrie nach billigen Arbeitskräften und jeder, der schaufeln konnte, wurde gebraucht. So wurde dort das Inkrafttreten vorgezogen auf die Jahre 1857 bis 1859.

Eine der schillernden Persönlichkeiten in der Geschichte des Barlavento ist

John Rendall, ein britischer Händler und Konsul, der in Sal Rei ein Geschäftshaus besaß und von dem berichtet wird, dass er heftig in den Schmuggel involviert war und auch die Steuererklärungen gegenüber der portugiesischen Obrigkeit nicht besonders liebte. Er floh 1845 vor der Gelbfieberepidemie nach Santo Antão und lernte so den Porto Grande und die ersten Anfänge des Kohlehandels kennen. 1850 kehrte er dem ausgebluteten, aber wohlgeordneten Sal Rei den Rücken und zog in das elende, winzige Mindelo, um die erste Kohleverladestation zu bauen. Er wird uns im Kapitel zu São Vicente erneut begegnen.

1872 ließ sich die aus Marokko stammende **jüdische Familie Ben O'Liel** in Sal Rei nieder und verhalf dem Handel der Insel zu neuem Aufschwung, nachdem sämtliche Engländer dem Ruf der Kohle nach Mindelo gefolgt waren. Weitere jüdische Handelshäuser sollten folgen und sind, größtenteils in Ruinen, am Nordende der Praça bis heute zu finden. Doch die Dürre nahm zu in der zweiten Hälfte des 19. Jahrhunderts und brachte selbst für die drastisch verkleinerte Bevölkerung neue Existenznöte. Pedra de Lume auf Sal hatte Boa Vista den Rang im Salzhandel abgelaufen, und die Viehzucht ging zurück. Der Export von **Purgier- und Rizinusöl** und der Handel mit **Baumwolle** und **Urzela** konnten den gewünschten Ausgleich nicht schaffen. Lediglich die **Kalkbrennerei** und die Verarbeitung der reichlichen Tonvorkommen brachten noch nennenswertes Geld in die Kassen. An der Praia da Chave baute Ben O'Liel die Ziegelei **Fábrica da Chave,** die auf alle Inseln, nicht zuletzt in das im Kohlehandel boomende Mindelo, und nach Europa lieferte. Schwere Maschinen, Portale der Brennöfen und der Fabrikschlot stehen einsam im Sand als Zeugen der Dampfmaschinenzeit des 19. Jahrhunderts. Für den Feldbrand von Kalk und Tonprodukten wurden binnen weniger Jahre die fast die ganze Insel bedeckenden Tarrafes *(Tamarix senegalensis)* mitsamt der Wurzeln verbrannt; das mannshohe Strauchwerk wich Dünenfeldern. Die Wüstenbildung vollzog sich in kürzester Zeit, die Salinen wurden unter Flugsand begraben. Zeitgenössische Berichte klagen, dass im ehemals „königlichen" Salz von Sal Rei mehr Kalk und Sand als Salz seien. Die rund **4000 Bewohner im Jahre 1900** reduzierten sich in den Dürrekatastrophen des 20. Jahrhunderts auf 2500. Boa Vista hatte einmal mehr im Interesse anderer Nationen seine Ressourcen binnen weniger Jahrzehnte verspielt.

Mitte der 1990er siedelten sich die ersten modernen Hotels an, und der Bau von Großhotels, Straßen und einem internationalen Flughafen kündigte sich an. Tausende von Arbeitern wurden benötigt. Da die gebotenen Löhne für ungelernte Arbeiter unter dem Existenzminimum einer noch so kleinen Familie im Barlavento bleiben, wurden Arbeitsmigranten aus den afrikanischen Nachbarländern und von der Insel Santiago rekrutiert. Diese Art von **Gastarbeiter-Billiglohn-Politik** hatte Lissabon nach 1968 einen Slumgürtel von rund 200.000 Einwohnern, vorwiegend Kapverdianern, beschert. Nun sollte sich die Erfahrung im eigenen Lande, im kleinen Sal Rei, wiederholen. Arbeitsmigranten verschiedenster Kulturen und Lebensformen, hart arbeitend und dennoch ohne bezahlbaren Wohnraum, bauten sich die **Slumsiedlung Barraca** im Bereich

Barraca

2009

Boa Vista ist nicht nur die Trauminsel sonnenhungriger Europäer. Arbeitsuchende vom afrikanischen Festland und aus Santiago verbinden den Namen der Insel nicht weniger intensiv mit Hoffnungen und Träumen. Wo bis vor wenigen Jahren versandete Salinen in Wind und Hitze dösten, erklingt ein **vieltausendstimmiges Sprachgewirr** aus Kreol, Portugiesisch, Mandinka, Mandjak und Wolof **im Stadtviertel Barraca;** in aus Kartons und Holzabfällen zusammengenagelten Hütten ohne Wasser, Kanalisation oder Stromanschluss; in Moscheen aus Schalbrettern und Plastikplanen und in langsam entstehenden Sozialwohnungen. Eine Stunde nach Sonnenaufgang wird es ruhig in Barraca. Alle streben zur Arbeit in die Hotels und auf die Baustellen. Erst abends füllen sich die Gassen und Höfe mit dicht gedrängtem Leben.

Mim é di Bubista! „Ich bin aus Boa Vista!" erklärt *Domingos** in seinem Heimatdialekt Badiu. Vor neun Jahren ist er von Praia nach Boa Vista gekommen. Durch Großbrände in Barraca hat er zweimal alles verloren, was er nicht auf dem Leibe trug. Hier ist er als zuverlässiger Lkw-Fahrer bekannt, und auf seine Empfehlung hin hat auch sein Neffe *Mário* sofort Arbeit gefunden. Seine Frau *Guida* hatte als erste Arbeit gefunden und ihn nachgeholt. Hier sind die Kinder geboren. Der Dreijährige soll nächstes Jahr in den Kindergarten, denn nichts ist wichtiger als ein guter Start in eine gute Ausbildung. „Irgendwie werden wir die 10 Euro für den Kindergarten zusammenbekommen. Und eines Tages wird dieses Stadtviertel seinen Namen nicht mehr als Schimpfwort tragen, sondern mit Stolz!"

Nu bem pa busca vida! „Wir sind gekommen, um (besser) zu leben! In Santiago hatten wir keine Arbeit." Auch für *Guida* liegt die Zukunft auf Boa Vista.

Vale a pena – Sim! „Es lohnt sich – aber sicher!" Die Familie in Guinea-Bissau ist stolz auf den hageren Endfünfziger mit harten Händen und sanfter Stimme. *Sr. Varela* ist zum dritten Mal auf Boa Vista. Nach jeweils zwei Jahren ist er für einige Monate nach Hause gereist. Die Sechstagewoche auf dem Bau erlaubt ihm, monatlich 100 Euro an die Familie zu überweisen. 90 Euro benötigt er für Unterkunft – ihm bleiben noch 70 Euro für Essen, Kleidung und persönlichen Bedarf. *Sr. Varela* will in Boa Vista bleiben, so lange seine Kräfte es erlauben. „Und was danach kommt, wenn ich zu alt sein werde? Die Kinder sind dann groß … Das wird man sehen, wenn es so weit ist."

2013

Vier Jahre sind vergangen. *Guida, Domingos, Mário* und die vier Kinder leben unverändert in Barraca – im gleichen Gebäude. Das Viertel trägt bei Kirche und Stadtverwaltung einen neuen Namen: **„Bairro da Boa Esperança".** *Domingos* arbeitet weiter als Lkw- und Bagger-Fahrer, doch das letzte Jahr war hart. *Guida* und er mussten wegen Krankheit jeweils für einige Wochen nach Praia; die Kosten haben die Reserven verschlungen und das zum Schuljahresbeginn, wenn die Familienkasse traditionell überstrapaziert ist.

* Alle Eigennamen verändert

Abgekämpft seien sie und müde. Mit knapp 2 Euro Stundenlohn und 55-Stundenwoche gehört *Domingos* zu den besser Verdienenden im Viertel. *Guida* hat beschlossen, auf die 210 Euro, die sie als Zimmermädchen verdiente, zu verzichten und lieber zu Hause Häkelarbeiten zu machen und sich um die Kinder zu kümmern. Die älteste Tochter geht aufs Gymnasium, die anderen beiden in die Grundschule in Sal Rei, der Jüngste in den Kindergarten.

Die Nachbarn haben es schwerer. Von den Bauarbeitern sind **viele ohne Arbeit,** andere verdingen sich als Spüler und Helfer in der Gastronomie für weitaus geringeren Lohn. In vielen Familien haben nur noch die Frauen eine geregelte Arbeit.

Während *Guida* und *Domingos* ihr weiterhin nicht legalisiertes Haus wohl behalten werden, so meinen die Städteplaner, wird eine ganze Reihe neu entstandener elender Behausungen wohl weichen müssen. Auch im letzten Jahr hat es gebrannt; glücklicherweise konnten die Leute aus Barraca schnell mit Sand und Schaufeln löschen.

Irmã Paula leitet das katholische **Schulzentrum** Boa Esperança mit großer Hingabe. Grundschüler und Kindergartenkinder werden betreut in der klassischen Verknüpfung von schulischer, sportlicher und kulturell-künstlerischer Förderung, wie sie sich bei armen städtischen Minderheiten rund um die Welt bewährt.

Welchen Anteil der Bevölkerung im Schulalter das Zentrum erreicht, wie viele Kinder unbeschult bleiben, wie die muselmanischen Familien ihre Kleinkinder betreuen, das bleibt für ihn noch offen, doch 97% der Schüler des Zentrums schaffen die Prüfungen am Schuljahresende! Ein stolzer Wert!

Lehrplan und Prüfungen entsprechen dem der staatlichen Schulen, Lehrkräfte und ein Teil der Investitions- und laufenden Kosten werden vom Staat getragen. Die resolute Direktorin der Schul- und Sportbehörde in Sal Rei betont, dass der Lehrerschaft alle schulpflichtigen Kinder, die ausbleiben, bekannt sind und per Hausbesuch nachgeholt werden.

Der Anteil der Nicht-Beschulten sei ähnlich gering wie auf den ländlichen Inseln. „Straßenkinder oder Kinder auf der Straße fallen uns nicht ins Auge." Doch Schulräume fehlen, die Klassen sind zu groß, und Kinder mit besonderem Erziehungsbedarf (z. B. mit Behinderungen) müssen gesondert unterrichtet werden – im Versammlungsraum des Schulamts.

Die Diskussion um die **Einwohnerzahl** Barracas geht weiter. Bei der Volkszählung 2010 seien in Barraca 2800 Menschen gezählt worden, berichtet die Presse, zu einem Viertel in eigenem, legalisierten **Wohnraum.** Die meisten drängen sich jedoch als Familie oder Wohngemeinschaft in nur ein Zimmer. Die Mieten in den Baracken sind kaum niedriger als in der Stadt. 70–100 Euro werden für ein Zimmer bezahlt, hinzu kommen 15–40 Euro für den Strom aus dem privaten Generator des Nachbars – ohne Vertrag.

Bei einer Zählung im Jahr 2012 blieben viele Bewohner wegen abgelaufener Aufenthaltsgenehmigungen fern. Heute wird von **8000 Menschen** in Barraca ausgegangen. Übereinstimmung herrscht, dass über drei Viertel der Mitarbeiter der Hotelbranche in Barraca wohnt und Legalisierung und sozialer Wohnungsbau langsamer fortschreiten als die Wohnraumnot.

In den kaum schulterbreiten Gassen des Guineeviertels erinnert man sich noch an Herrn *Varela* (s.o.), des älteren Herrn mit harten Händen und sanfter Stimme. Er ist nach Guinea-Bissau zurückgekehrt.

Eine statistische Kennziffer ist sicher: 60% der der auf Boa Vista verkauften Mobilkarten werden in Barraca vertelefoniert.

O Sodade, bo ka ti tá matam!
Heimweh, Du bringst mich nicht um!

der ehemaligen Salinen (siehe Exkurs). Mit 6000 bis 8000 Einwohnern wurde hieraus die zahlenmäßige Bevölkerungsmehrheit – die Einwohnerschaft von Barraca ist gut doppelt so groß wie die von ganz Sal Rei vor dem Boom. Mehrere Brände und die großflächige Überschwemmung des ehemaligen Salinenareals im Sommer 2010 beschleunigten die Debatte um die Zukunft der Slumsiedlung.

Drei Viertel der Slumbewohner wollen auf Boa Vista bleiben, und alle drängen auf menschenwürdige Unterkunft mit Leitungswasser, Abwasserentsorgung und Stromanschluss, mehr Sicherheit und Entwicklungsmöglichkeiten für ihre Kinder. Kirchen und Tourismusindustrie, Gemeinde und Regierung sind aktiv geworden, es werden Sozialwohnungen gebaut. Es bleibt nur zu hoffen, dass die sozio-ökonomischen Probleme nicht schneller zunehmen als die Mittel und Möglichkeiten zu ihrer Lösung.

Den Eintritt in eine neue Runde vorwiegend **fremdbestimmter Entwicklung** kommentiert *Germano Almeida* sarkastisch: „(…) wenn schon die Kultur der Insel zum unvermeidbaren Untergang verdammt sei, (müssen) jedem Einwohner wenigstens sieben Handbreit Grund und Boden verbleiben, um sich begraben zu lassen."

Barraca: Bairro da Boa Esperança

Informationen zur Insel

Boa Vista ist die östlichste Insel. Sie gehört zur Gruppe der Barlavento-Inseln. 50 km Luftlinie trennen sie von Sal und nur 455 km vom afrikanischen Kontinent. Mit **620 km²** Fläche ist sie (nach Santiago und Santo Antão) die drittgrößte Insel; sie dehnt sich rund 31 km von Nord nach Süd und 29 km von Ost nach West aus.

Das Landschaftsbild ist geprägt von abwechselnden Abschnitten von **Sand-, Geröll- und Gebirgswüste,** nur selten durchbrochen von Dattelpalmhainen und Galeriewäldern entlang der Ribeiras. Flugsand häuft sich hinter jedem Hindernis zu kleinen und großen Dünen und muss ständig aus den Dörfern herausgeschafft werden.

Weite Ebenen über dem für die östlichen Inseln typischen Kalksockel prägen die Landschaft. Sie werden nur selten unterbrochen von niedrigen Gebirgsketten und in 180 Millionen Jahren weitgehend abgetragenen Vulkanschloten. Jüngere Vulkane fehlen. An den harten Basaltsäulen des **Pico Santo António (379 m)** wie am Plateau der **Rocha d'Estância (354 m)** hat sich die Erosion die Zähne ausgebissen und wird noch ein paar Millionen Jahre zulegen müssen, um auch sie einzuebnen. Die höchste Erhebung ist der **Monte Estância (387 m)** im Südosten. Die Hügel Boa Vistas sind von Geröll und Schotter bedeckt. Um wesentliche Steigungsregen zu provozieren oder um Nebelwälder zu unterhalten, sind die Berge zu niedrig, sodass sich die durchschnittlichen Niederschläge auf etwa 100 mm pro Jahr beschränken. Ackerbau ist nur in den weiten Tälern möglich, wo sich das Grundwasser für mehrere Monate staut oder dank tonigen Untergrunds in den Bachbetten gehalten wird. Im Tal der **Ribeira do Norte** konnten sich drei Dörfer ansiedeln: **João Galego, Fundo das Figueiras** und **Cabeço dos Tarafes.** Nahe dieser Orte gibt es zahlreiche Höhlen in den Berghängen und wie ein Wunder inmitten der völlig trockenen Landschaft den einzigen ganzjährig Wasser führenden Natursee Cabo Verdes, das **Odjo d'Mar,** eine Stunde zu Fuß westlich von Cabeço dos Tarafes. In einigen der am Talgrund liegenden Oasen mit dichter stehenden Kokos- und Dattelpalmen drehen sich Windräder und unterhalten bewässerten Gartenbau, keinesfalls genügend, um auch nur den Eigenbedarf der Insel zu decken.

Für das europäische Auge bleibt im ersten Moment unverständlich, wie sich Tausende von Ziegen und Kühen sowie freilaufende Pferde und Esel in der kargen Landschaft ernähren können. Alleine die Zementsäcke und Papierreste können nicht für den erstaunlich guten Ernährungszustand und prall gefülle Euter verantwortlich sein. Die Reste der Vegetation, Stroh und Heu, nehmen nach dem Abtrocknen die silbergraue Farbe der flimmernden Luft an und sind aus der Entfernung so wenig zu sehen wie die sich blattlos in die Luft reckenden Purgiernusssträucher.

Einer der für die Kapverden typischen, vom Passatwind geschaffenen Sandkorridore zieht von der Praia da Boa Esperança nach Südwesten und bildet östlich von Estância de Baixo ein weites Dünenfeld, die **Wüste Viana**. Hat man auf einem Spaziergang die gewohnten Landmarken aus dem Blick verloren und hat der beständige Nord-Ost-Wind die Spuren verweht, dann verflüchtigt sich schnell die Orientierung in den weichen Wellen hoher Dünen, und es folgt eine halbe Stunde Sahara-Erfahrung.

Mit Palmwedelhecken und Steinmauern sowie durch Wiederaufforstung werden die Dünen befestigt und das Versanden der Orte reduziert. In den **Dattelhainen** findet man neben der Dattelpalme vom Kontinent *(Phoenix phoenix)* auch die kleinere, ruppigere endemische *Phoenix atlantica. Phoenix dactylifera* wächst mit bis zu sechs Stämmen aus einer gemeinsamen Mitte und schafft schattige Ruheplätze für die Ziegen. Daneben gedeihen strauchige Wolfsmilchgewächse und zahlreiche Gräserarten.

Rund um die Insel reihen sich **55 km feinsandige, weiße Strände**, im Süd- und Nordosten mit locker eingestreuten Kokospalmen, teils von Felsen und Höhlen durchbrochen und ansonsten ohne Schatten. Kleine Inseln und Klippen, darunter das etwas größere **Ilhéu de Sal Rei**, sind als Vogelschutz- und Landschaftsschutzgebiete ausgewiesen. Kliffs, flach ansteigende Strände und wechselnde Meeresströmungen erklären, weshalb Boa Vista für die Schifffahrt als mit Abstand schwierigste Küstenregion gilt.

Die meisten der auf über **30.000** geschätzten **Einwohner** der Insel konzentrieren sich auf den **Hauptort Cidade de Sal Rei** und die zweitgrößte Siedlung **Rabil**. Arbeit finden die Menschen in erster Linie in der Tourismus- und der Bauindustrie, nur in den Dörfern spielen Viehzucht und Emigration noch eine Rolle. Der Fischfang mit kleinen Booten, auf handwerklichem Niveau, versorgt nicht mehr als die Insel selbst. Die Thunfischfabrik in Cidade de Sal Rei bleibt geschlossen.

Trinkwasser auf Boa Vista ist **rar und teuer,** denn es kommt zu 100% aus der industriellen Entsalzung des Meerwassers. Die Entsalzungsanlage der spanischen Firma *Águas y Energia de Boa Vista AEB* wurde zwischen der Stadt und dem Flughafen errichtet. Sie versorgt Sal Rei und Rabil rund um die Uhr mit Strom und die gesamte Insel mit Brauchwasser. Tankwagen transportieren das Wasser zu den öffentlichen Wasserausgabestellen (port: *chafariz*) der Dörfer. Die lokalen Dieselgeneratoren in den Dörfern, die Strom von 12 bis 24 Uhr liefern, sollen verstummen, sobald ein flächendeckendes Inselnetz verwirklicht ist, das auch regenerative Energien nutzen soll. Auf dem Bergrücken nördlich von Sal Rei sind die ersten Windgeneratoren erfolgreich in Betrieb. Die großen Hotels betreiben eigene Anlagen zur Entsalzung und Stromgewinnung. Aus Kläranlagen gewinnen sie das Wasser für Grünanlagen und Gärten.

Nach der Ankunft auf dem Flughafen Rabil werden die Gäste der großen Hotels mit Bussen abgeholt. Individualreisenden fahren mit einem Aluguer über 7 km Asphalt, begleitet von Dattelhain und Dünen, nach Cidade de Sal Rei.

▷ Handelshaus Ben O'Liel in Cidade de Sal Rei

Cidade de Sal Rei

Der Name des **Hauptortes der Insel** verdankt sich der Reklame für das einst hier gewonnene Salz. Es war so viel sauberer, so „königlich", dass es als „Sal Rei" beworben wurde.

Die Stadt ist im Grunde eine **englische Gründung,** weshalb sie zuerst „Porto Inglês" hieß. Nach dem Abzug der Engländer in der zweiten Hälfte des 19. Jahrhunderts verstärkten zweistöckige **jüdische Handelshäuser** die Stadt. Nördlich der **katholischen Kirche Santa Isabel** am zentralen Platz Largo de Santa Isabel kann man sie, wenn auch zurzeit noch in erbärmlichem Zustand, bewundern. Nahe dem Hafen erstrahlt das historische **Zollgebäude** *(alfândega velha)* in neuem Glanz als Centro Cultural der Gemeinde. Mit Pastellfarben getünchte einstöckige Häuschen, eng gedrängt, mischen sich zwischen die wenigen größeren Gebäude entlang schmaler Altstadtgassen. Die eingesprengten modernen Bauten der Banken und Pensionen, das neue Stadion und dem historischen Vorbild folgende, frisch renovierte Stadthäuser zeigen, wie Sal Rei rasch zu einem schmucken Tourismusstädtchen mit mediterranem Flair heranwächst.

Nach der Unabhängigkeit sorgten der Hafenausbau, die öffentlichen Einrichtungen, die Verwaltung und der schon zuvor hier konzentrierte Handel dafür, dass Sal Rei zum Hauptentwicklungspol der Insel wurde. Kleine und mittelgroße Pensionen entstanden und erlaubten ein gemächliches Wachstum. Die Einwohnerzahl (einschließlich der Arbeitsmigranten) erholte sich zwischen Unabhängigkeit und der Jahrtausendwende

Sal Rei

Übernachtung
1. Hotel Marine Club
2. Aparthotel Pôr do Sol
7. Residencial Rosa Crioula
10. Residencial Bom Sossego
15. Guesthouse La Boaventura
16. Migrante Guesthouse
23. Hotel Dunas
27. Residencial Santa Isabel
29. Residencial Boa Esperança
30. Hotel Boa Vista
33. Residencial Criola
38. Residencial Orchidea
39. Aparthotel Cá Nicola
40. Boa Vista Apartments
41. Hotel Estoril
42. Residencial Casa Velha

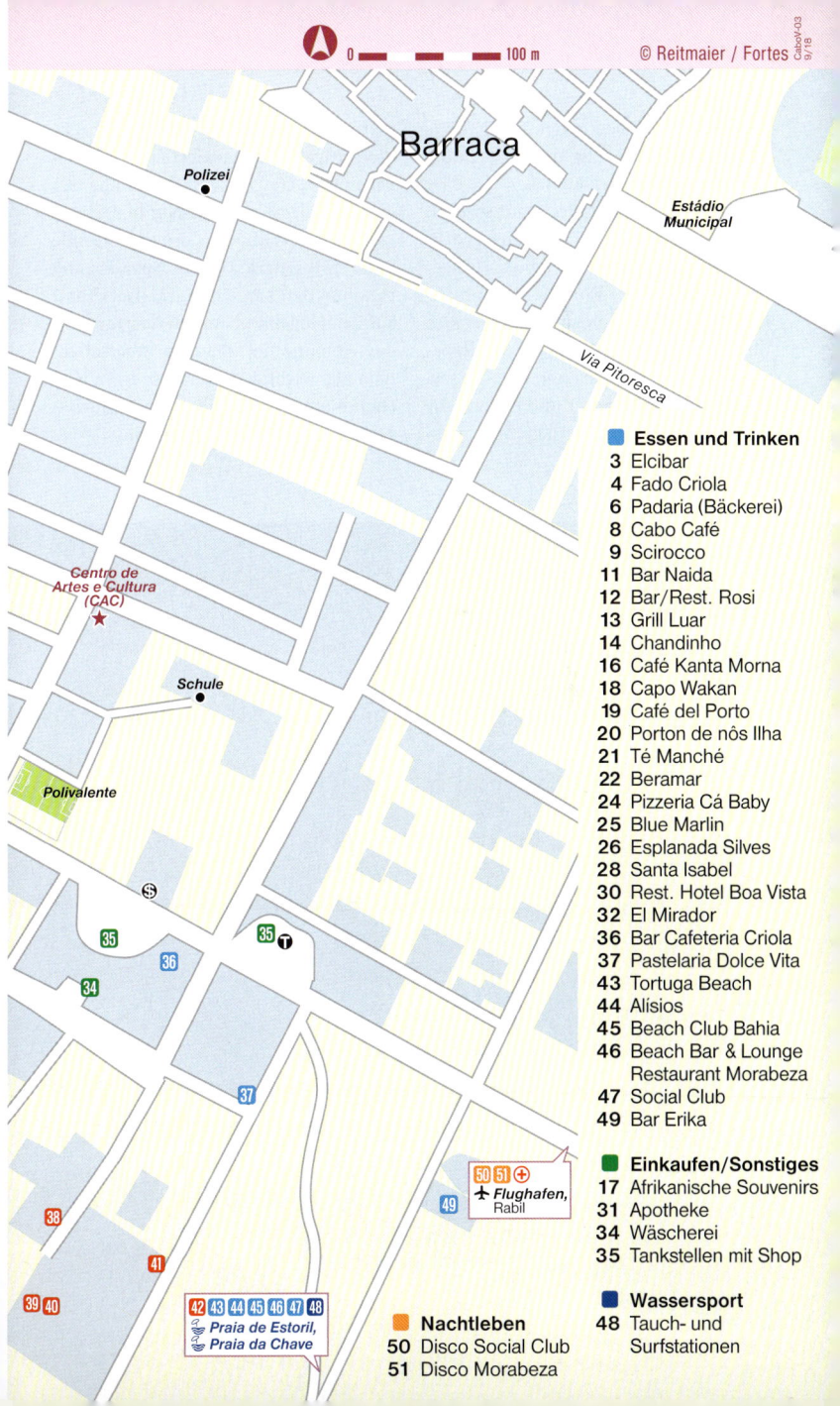

Barraca

© Reitmaier / Fortes

Essen und Trinken
- 3 Elcibar
- 4 Fado Criola
- 6 Padaria (Bäckerei)
- 8 Cabo Café
- 9 Scirocco
- 11 Bar Naida
- 12 Bar/Rest. Rosi
- 13 Grill Luar
- 14 Chandinho
- 16 Café Kanta Morna
- 18 Capo Wakan
- 19 Café del Porto
- 20 Porton de nôs Ilha
- 21 Té Manché
- 22 Beramar
- 24 Pizzeria Cá Baby
- 25 Blue Marlin
- 26 Esplanada Silves
- 28 Santa Isabel
- 30 Rest. Hotel Boa Vista
- 32 El Mirador
- 36 Bar Cafeteria Criola
- 37 Pastelaria Dolce Vita
- 43 Tortuga Beach
- 44 Alisios
- 45 Beach Club Bahia
- 46 Beach Bar & Lounge Restaurant Morabeza
- 47 Social Club
- 49 Bar Erika

Einkaufen/Sonstiges
- 17 Afrikanische Souvenirs
- 31 Apotheke
- 34 Wäscherei
- 35 Tankstellen mit Shop

Nachtleben
- 50 Disco Social Club
- 51 Disco Morabeza

Wassersport
- 48 Tauch- und Surfstationen

Polizei
Estádio Municipal
Via Pitoresca
Centro de Artes e Cultura (CAC)
Schule
Polivalente
Flughafen, Rabil
Praia de Estoril, Praia da Chave

auf etwa 2500, bevor der touristische Bauboom sie in wenig mehr als einem Jahrzehnt verfünffachen ließ.

In der Architektur der Stadt spiegelt sich ihr Leben. Die Zeiten der erdrückenden Subsistenzkrise, von Hunger und zwangsweiser Emigration sind vorüber. Vieles läuft noch ruhig vor sich hin. Fischer breiten ihre Netze zur Reparatur aus, Kinder spielen in den Gassen. Kreolische Handwerker und italienische Kleinunternehmer unterhalten sich gestenreich. Im Osten der Stadt, in schachbrettartigen Neubauvierteln, wachsen Pensionen, Geschäfte und Wohnhäuser aus dem salzigen Grund. Nur in der Mittagshitze verfällt alles in flimmernde Stille. Mit einem kleinen **Spaziergang** rund um den Largo de Santa Isabel und auf den Hügel im Norden, überragt von der Antenne der Telecom, überschaut man alle wichtigen Einrichtungen: Kirchen, Banken, Geschäfte, Gesundheitszentrum, TACV-Büro und Post.

Die Salinen sind versandet. An ihrem Südrand breitet sich ein **Elendsviertel (Barraca)** aus, wo die Bauarbeiter aus Guinea-Bissau, dem Senegal und Santiago leben (siehe Exkurs weiter vorn). Während junge, instabile Familien von den anderen Inseln die Behörden mit sozialen Problemen konfrontieren, ist die islamische Gastarbeiter-Männergesellschaft in sich straff organisiert und regelt ihre Probleme weitgehend selbst.

Noch in der Stadt beginnen die weiten **Sandstrände** mit der **Praia de Estoril,** im Süden gefolgt von der **Praia de Carlota,** die sich jenseits der Dünen um die weithin sichtbaren Ruinen des Schornsteins der Fábrica da Chave in die **Praia da Chave** verlängert. Im Norden geht man 20 Min. die **Praia de Cabral** entlang bis zum Hotel Marine Club.

Blick über die Ostküste vom Leuchtturm Morro Negro

Inselrundfahrten

Boa Vista bietet nicht nur weite Strände, sondern auch interessante Orte im Inselinneren und mehrere Dörfer und Oasen, die einen Besuch lohnen. **Pisten und Staubstraßen** sind teilweise in so schlechtem Zustand, dass man einen Geländerwagen benötigt und nur sehr langsam vorankommt. Mietwagenunternehmer und Reiseveranstalter bieten Ausflugsfahrten *(excursões)* in vielfältigen Varianten an. Für Einzelreisende und Paare ist dies eine preisgünstige und hilfreiche Alternative zum Mietwagen. Es empfiehlt sich auch, Inselrundfahrten auf Regionen zu beschränken und sich zwischen den Ausflugstagen etwas zu erholen. Boa Vista ist zu groß, um die Insel an nur einem Tag kennenzulernen.

Westliche Runde
Rabil, Estância Velha (Estância de Baixo) und Deserto Viana, Povoação Velha, Varandinha, Praia de Santa Mónica.

Nördliche Runde
Floresta Clotilde, Wrack der „Cabo Santa Maria", Bofareira, Spingueira, João Galego, evtl. Fundo das Figueiras, Praia das Gatas.

Südöstliche Runde
Über Rabil oder Bofareira nach João Galego, Fundo das Figueiras, Cabeço dos Tarafes, Ervatão, Morro Negro, Porto Ferreira.

Südwestliche Runde
Über Rabil nach Povoação Velha, Varandinha, Praia de Santa Mónica, evtl. Lacacão; zurück über São Vicente.

Igreja São Roque aus dem Jahr 1906

Rabil

Rabil (altport. für: Fregattvogel) war bis Anfang des 19. Jahrhunderts Hauptort Boa Vistas. Bis heute ein ruhiges Dorf, ist die Hauptattraktion die **älteste erhaltene Kirche der Insel, São Roque,** erbaut 1806. Vom Dorf hat man einen schönen Blick hinunter auf die fruchtbaren Oasen am Grunde der Ribeira do Rabil. In der **Töpferschule** *(Escola de Olaria)* am südlichen Ortsausgang weisen alte Pressen auf die Fertigung von Dachziegeln hin. Heute werden Vasen und Amphoren, große traditionelle Wasserkrüge *(pôte)* und durchlöcherte Backformen *(binde)* für das Dämpfen von Couscous hergestellt. Im Design behält man kapverdische Traditionen bei, aber auch die Erwartungen der Touristen werden berücksichtigt. Das Angebot ist nicht groß, lohnt aber einen Besuch (keine festen Öffnungszeiten).

Der Ausflug nach Rabil lässt sich mit einer schönen Strandwanderung kombinieren (siehe unten).

Povação Velha

Povação Velha (dt.: alte Siedlung) entstand als **erste freie Siedlung** zu Beginn des Salzhandels. Von den Stränden aus ist der Ort nicht zu sehen. Povação Velha besitzt einen hervorragenden Aussichtspunkt, die **Rocha d'Estância (354 m),** von der man das Meer bis hin nach São Nicolau und Maio überblickt. Die Lage gab Schutz vor Piratenüberfällen oder zumindest die Chance, sich rechtzeitig in den Bergen zu verstecken. Drei Reihen kleiner Häuschen, einige Bars und Läden drängen sich im Tal, während die frei auf einen Vorsprung platzierte Kirche der Mutter Maria aus dem frühen 19. Jahrhundert die Landschaft nach Süden überblickt.

Die meisten Besucher durchfahren den Ort auf ihrem Weg zu den Stränden von **Santa Mónica** und **Varandinha,** die sich zum Faulenzen am Strand genauso wie für ewige Strandwanderungen eignen, zum Schwimmen aber zumeist zu heftige Strömungen haben.

Am Strand von Santa Mónica wird an einem Meliá-Großhotel gebaut, das 2018 den Betrieb aufnehmen soll.

Man erreicht Povação Velha von Sal Rei in etwa 30 Min. Nur am späten Vormittag gibt es Sammeltaxis, sodass die meisten Gäste ein Fahrzeug mieten oder Ausflugsfahrten nutzen.

Curral Velho

Curral Velho (dt.: altes Weidegatter) besteht heute aus wenigen halbverfallenen Häusern auf einem Kalksockel hinter dem weiten Strand von Praia de Curral Velho, der nahe der Lagune mit Dattelpalmen bewachsen ist. In westlicher Richtung, am weiten Strand von Lacacão, schließt sich das 2011 eröffnete **Hotel RIU Touareg** an.

Eine asphaltierte Verbindungsstraße wird vom Flughafen in Richtung Povaçao Velha und weiter an der westlichen Flanke des Monte Santo Antonio über 25 km nach Süden führen. Abzweige signalisieren, dass dies nur der Anfang weiterer Erschließung ist.

Im Osten liegt der **Strand von João Barrosa,** wo in Sommernächten bis zu 2000 Schildkröten bei der Eiablage gezählt werden.

Norte

Im Osten der Insel liegen drei Ortschaften in der Weite der Rª do Norte: **João Galego, Fundo das Figueiras** und **Cabeço dos Tarafes**. Dank der konzentrierten Siedlungsform sind diese seit Langem mit Telefon, Strom und Schulen versorgt und dank der Emigration vergleichsweise wohlhabend und propper. In früheren Jahrhunderten lebten die Menschen hier von der auf der Insel bestimmenden Weidewirtschaft, aber auch vom Ackerbau.

Am nördlichen Ortseingang von Fundo das Figueiras zweigt eine beschilderte Piste nach **Praia das Gatas** (dt.: Strand der Katzenhaie) ab. Ähnlich wie die gleichnamige Bucht in São Vicente, ist sie durch vorgelagerte Riffs von der Brandung abgeschirmt. Einige Fischer nutzen die aufgelassenen Gebäude als Unterkunft und breiten ihren Fisch zum Trocknen aus. Delfine kommen mitunter nah ans Land, weiter draußen nisten Seevögel an felsigen Küsten und auf vorgelagerten Inselchen.

Das **Odjo d'Mar** ist der **einzige ganzjährig wasserführende Natursee Cabo Verdes** – und dies mitten in der trockensten Gebirgswüste. Am Fuß einer Felswand gräbt sich zur Regenzeit der Wasserfall ein tiefes Auffangbecken (3,70 m), dessen Inhalt in den trockenen Monaten zurückgeht, aber durch Quellen teilweise erhalten bleibt.

◁ Fábrica da Chave

Bofareira

Das kleine Dorf liegt im Gegensatz zu Norte wirklich im Norden der Insel, etwa eine halbe Stunde vom Strand und der Stadt durch weite, sanft an- und absteigende Wüstenlandschaften getrennt. Eine neue Asphaltstraße mit hübschen Ausblicken in die Wüstenlandschaften verbindet den Ort mit dem Kreisverkehr bei der Rª Grande zwischen Flughafen und Stadt.

Die Strände und der ehemalige Hafen von **Espingueira** lohnen einen Abstecher. Das italienische Hotel und Restaurant Spinguera ist nur nach Voranmeldung auf Tagesgäste eingestellt.

Spaziergänge & Wanderungen

Wir beschränken die Auswahl in diesem Buch auf **einige einfache Ausflüge.** Wanderer finden weitere Touren in der Wanderkarte von Boa Vista und in unserem **Internet-Wanderführer** zur Insel (www.bela-vista.net/boa-vista.aspx).

Spaziergang 101: Kapelle N.S. Fátima und historische Gräber

■ **45 Min.,** feste Sandalen, Orientierung einfach.

Ausgangspunkt ist der höher gelegene Ortsteil **Riba d'Olt** im Norden von Sal Rei. Über die lange gepflasterte Gerade oder entlang der Praia de Cabral nähert man sich dem Hotel Marine Club. Unmittelbar vor der Einfahrt liegen rechter Hand historische Gräber. In dem allein stehenden Grab ruht *Julia Maria Pettingall*. Die Gräber der jüdischen Familie *Ben O'Liel* liegen innerhalb des von einer Mauer geschützten, 2012/13 renovierten **jüdischen Friedhofs** (s. „Geschichte").

Das Hotel Marine Club hat einen Fußweg entlang der Klippen gebaut, sodass man bequem am Meer dem Spazierweg folgen kann, ohne durch den Gästebereich zu gehen. Er beginnt am Eingang des Restaurants. Nach etwa 15 Min. ist die renovierte Kapelle erreicht. Der Rundweg um die etwa **130 m hohe Rochinha** (kleiner Fels mit netter Aussicht) führt durch eine ehemalige Müllkippe und ist somit wenig empfehlenswert.

Wanderung 106: Fábrica da Chave, Rabil

■ Streckenwanderung, **2½ Std.,** feste Sandalen, Orientierung einfach.

Ausgangspunkt ist das **Hotel Estoril Beach Resort.** Südlich am Strand entlang sind schnell das Restaurant Tartuga Beach, die Surfstationen und das Restaurant Morabeza erreicht. Kurz danach beginnen die höheren Dünen. 2,8 km weiter staut sich hinter den Dünen das Brackwasser der Rª Grande zu einer **Lagune,** an der man sehr schön Vögel beobachten kann. Sie liegt etwa 250 m vor dem RIU Karamboa Hotel – steigt man etwas auf die Dünen, kann man sie kaum verfehlen. Hier ist der größte Golfplatz des Landes geplant. Vor den Strandanlagen des RIU-Hotels zieht der Strand weiter südwärts. Die Dünen auf der Halbinsel von Portinho, ummittelbar bevor man die Fábrica de Chave erreicht, sind zumeist fest, sodass man sie leicht erklimmt und den Blick aufs türkisgrüne Meer und das Ilhéu de Sal Rei genießt. Weiter im Süden, auf dem Fels über der Praia de Chave, erheben sich wie Trutzburgen der Moderne drei Hotelanlagen.

Über die Zufahrtsstraße des Hotels Parque das Dunas erreicht man in einer weiteren ½ Stunde den Flughafen oder Rabil.

Wanderung 102/103: Leuchtturm Ponta do Sol, Wrack der „Cabo Santa Maria"

■ Rundwanderung, **ca. 6 Std.,** 20 km, Wanderstiefel, Orientierung mit Karte und Kompass, mind. 4 Liter Wasserreserve pro Person, einheimische Begleitung aus Sicherheitsgründen empfohlen.

Das Wrack der „Cabo Santa Maria"

Spaziergänge & Wanderungen

Ausgangspunkt ist der höher gelegene Ortsteil **Riba d'Olt** im Norden von Sal Rei. Über die lange, gepflasterte Gerade nähert man sich dem Hotel Marine Club und biegt etwa 200 m davor nach Osten auf die breite Zufahrtsstraße zum neuen Friedhof ab. Von dort führt eine Staubstraße bergauf zu den alten Müllhalden, die sich in ihrer Scheußlichkeit immer mehr steigern, bis der Pass unter Windrädern erreicht ist und man in das Naturschutzgebiet eintritt. Für die Bergbegeisterten ist der **Pico Vígia** ein netter Ausflug mit dem besten Rundblick der Insel. Der Leuchtturm sitzt über dem Steilabbruch. Während man staunend auf die in der Tiefe brüllende Brandung und die Riffe schaut, finden sich zumeist Rotschnabeltropikvögel *(Phaethon aethereus)* mit langen Schwänzen ein, um ihr Flugkünste im Aufwind zu zeigen. Wüstenraben beschweren sich heftig über jeden Eindringling.

Auf dem Rückweg, ab der Supermüllhalde Curral Preto, sieht man das Wrack der „Cabo Santa Maria" in der Ferne an der **Praia do Sobrado** liegen. Der Abstieg frei durchs steinige Gelände ist unangenehm, sodass man einer nach Süden ziehenden Zufahrt zu fast am Strand liegenden Kalksteinbrüchen folgt. Kurz nachdem die Lava-Hochflächen verlassen sind und man sich in sandigem Gelände befindet, kann man weglos zum Strand absteigen.

Die **„Cabo Santa Maria"** war ein moderner spanischer Frachter, der am 15. März 1968 wegen eines Navigationsfehlers strandete. Sie hatte Autos, Getränke, Melonen, Kork und Käse an Bord. Obwohl nicht leckgeschlagen, wurden keine Versuche zum Freischleppen unternommen, sondern das Schiff relativ rasch aufgegeben. Noch sieht man Reste der Winden am Strand, mit denen über eine Seilbahn Fracht und Ausrüstungen geborgen wurden.

An der alten Weidemauer oberhalb des Strandes findet sich ein **Schild,** von dem aus man die größtenteils **unter Sand verborgene Straße** entdeckt. Sie wurde gepflastert, um schwerere Ausrüstungsgegenstände abtransportieren zu können. Nach dem Überschreiten des Kamms sieht man Sal Rei am Horizont, geht durch einen Hain einheimischer Dattelpalmen und gelangt so an die alte

Straße Rabil – Sal Rei, der man in nördlicher Richtung folgt. In Gegenrichtung begangen, wird die versandete Straße zum Wrack zu einem gut dreistündigen Ausflug (hin und zurück).

Strände & Wasserverhältnisse

Boa Vista hat die größten und schönsten Strände Cabo Verdes. Einige werden dezidiert zu Badestränden deklariert und von Hotels umgeben, während andere, abgelegene Strände in 14 Landschafts- und Naturschutzgebieten erhalten und geschützt bleiben sollen. Dank des ablandigen Windes und der schützenden Dünen sind die Strände im Westen besser zum Baden geeignet. Die von der Stadt leicht zu Fuß zu erreichende **Praia de Carlota** (im nördlichen Abschnitt auch **Praia de Estoril** genannt) ist touristisch erschlossen mit mehreren Strandrestaurants, Surf- und Tauchstationen.

Unverändert breit, feinsandig und hell setzt sich ab der Mündung der Rª Grande die **Praia da Boca de Salina** vor dem Hotel RIU Karamboa fort, bis zu der Gruppe hoher Dünen auf der Halbinsel von Portinho. Hier versteckt sich die aufgelassene Ziegelei Fábrica da Chave. Die **Praia da Chave** zieht über 4 km weiter nach Südwesten, breit ausladend vor dem Kalkplateau.

Die **Praia da Varandinha** ist genauso wie der westlichste Punkt der Insel, das erhabene **Kap Varandinha,** ein beliebtes Ausflugsziel mit Aussichtsplateau, Kalkfelsen und -höhlen.

An Varandinha schließt sich der fast 35 km lange Reigen **südlicher Strände** an. Mit ablandigem Wind nach Südwesten schauend, feinsandig, hell und breit, ist die Ähnlichkeit mit der St. Monica Bay in Kalifornien so groß, dass der Fantasiename **Praia de Santa Mónica** die traditionellen Ortsbezeichnungen endgültig verdrängt hat. Je nachdem, wie großzügig Strandabschnitte einbezogen werden, reichen die Längenangaben von 8 bis 35 km.

Die **Praia de Curral Velho** ist im landnahen Teil locker mit Schatten spendenden Dattelpalmen bewachsen. Doch nicht nur die Touristen suchen den Schatten, sondern auch Ziegen und stachelige Kletten, sodass eine feste Unterlage angebracht ist. Die Lagune zwischen dem auf einem Korallenriff aufsitzenden schmalen Dünenstreifen und Curral Velho entstand durch die unterschiedlichen Meereshöhen in der Geschichte der Insel.

Das Ilhéu de Curral Velho ist für Touristen tabu. Hier brüten Hunderte von Brauntölpeln und die letzten Exemplare des selten gewordenen Fregattvogels mit schlanken, schwarzen Flügeln von bis zu 2,50 m Spannweite. Nach Osten schließt sich der Schildkrötenstrand **Praia de João Barrosa** an. Im Osten der Insel ist die Küste eher felsig, durchbrochen von Buchten mit Sandstränden (kräftige Brandung!), landschaftlich besonders beeindruckend zwischen dem Aussichtsberg und Leuchtturm **Morro Negro** und **Porto Ferreira.**

Die Bucht von **Praia das Gatas** ist flach, zum Schnorcheln geeignet und bisher nicht touristisch erschlossen.

Im Norden breitet sich an der **Costa de Boa Esperança** eine weitere Kette langer heller Sandstrände aus, im Osten beginnend bei der wie eine Hand nach Norden greifenden Halbinsel **Ponta Antónia**. Die Buchten zwischen ihren felsigen Fingern und die beim ehemaligen Kalk- und Fischerhafen liegende sanftere **Praia do Derrubado** sind vom Hotel Spinguera aus leicht zu Fuß zu erreichen. Bis zum westlichen Extrem, der Halbinsel **Ponta do Sol**, zermahlt eine zumeist heftige Brandung den Kalk zu gigantischen Mengen hellen Sandes, der vom Passat landeinwärts getragen und zu Wanderdünen gehäuft zum **Erg Deserto Viana** wird, bevor er an den westlichen Stränden ins Meer gelangt und von der Strömung wieder zurück an seinen Ursprungsort im Norden verfrachtet wird.

Mittendrin liegt das Wrack des Frachters **„Cabo Santa Maria"**, von Salz und Seegang arg mitgenommen und zunehmend zerfallend.

Sport & Aktivitäten

Wind- und Kitesurfen

Windsurfer finden auf Boa Vista **ideale Bedingungen**. Zwischen November und April bläst der Nordostpassat stetig und kräftig in die Segel. Für Könner bis zum Profi bieten sich Spots mit Flachwasserpisten bei kräftigem exakt ablandigem Wind wie an der **Praia de Carlota**. An den vor der **Praia de Cabral** gelegenen Riffen brechen sich über masthohe Wellen, die der Urlaubssurfer besser den Profis überlässt. Für Anfänger eignet sich die teils stehtiefe **Praia de Estoril** direkt vor den Surfstationen, zumal das in Lee gelegene Inselchen **Ilhéu de Sal Rei** vor der Dünung schützt und den Unerfahrenen rettet, so er nicht mehr an Land zurückfindet. In den Wintermonaten ist der Wind für Anfänger meist zu stark, sodass man schon sicher auf dem Brett stehen sollte, bevor man sich entscheidet, in dieser Zeit zu surfen. Auch an den Stränden im Süden sieht man Urlauber auf dem Surfbrett, während der Osten das Revier der Cracks ist.

▪ Zu **Surfstationen** siehe „Praktische Tipps A–Z/ Sport und Freizeit/Wassersport".

Tauchen

Boa Vista mit seiner riesigen Küstenlinie, den felsigen Bänken und Blöcken und vorgelagerten Inselchen bietet schöne Tauchplätze in großer Zahl **für alle Könnerstufen**. In der Tauchsaison von März bis Dezember bieten personell und materiell gut ausgestattete Tauchstationen bei den Clubhotels Kurse und Gruppen-Tauchgänge an, während von Weihnachten bis Ende Februar die Bedingungen meist zu schwierig sind.

▪ Zu **Tauchplätzen und -stationen** siehe „Praktische Tipps A–Z/Sport und Freizeit/Tauchen".

Walbeobachtung

Siehe Kapitel „Praktische Tipps A–Z/ Sport und Freizeit/Walbeobachtung".

Wandern

Vermutlich gibt es noch mehr Menschen, die es wie wir nicht allzu lange am **Strand** aushalten, ohne anzufangen, den Strand abzulaufen. Boa Vista hat uns bisher bei jedem Aufenthalt dazu verführt, mal „um das nächste Kap" zu schauen und dann noch ein Kap und noch eins und … Im **Inselinneren** ermöglichen die steil aus der flachen Landschaft ragenden kleinen Zeugenberge faszinierende Fernblicke, zwischen den Dörfern bieten sich heiße, aber dank des flachen Terrains nicht übermäßig anstrengende Streckenwanderungen durch die Wüste. Mit unserer Wanderkarte im Maßstab 1:50.000 und GPS-Wegpunkten wird die Orientierung erleichtert.

■ Komplette **Wanderführertexte** stehen online unter www.bela-vista.net/Boa-Vista-Wandern.aspx; Hinweise zur Sicherheit beim Wandern und Kriminalität ebenfalls auf www.bela-vista.net.

Ultramarathon

Der Boa Vista Ultramarathon wird jährlich im **November/Dezember** ausgetragen, 2018 bereits zum 18. Mal. Der **Ultramarathon** geht in max. 40 Stunden über 150 km losen sandigen und steinigen Untergrund „non-stop" mit Eigenverpflegung im Rucksack, der **Salzmarathon** über 71 km in max. 16 Stunden und der **Eco-Marathon** über die klassische Distanz von 42 km. Italienische und kapverdische Läufer tauchen in der Liste der Sieger mit beeindruckender Konstanz auf.

■ **Infos:** www.boavistaultramarathon.com

Praktische Infos

An- und Weiterreise

Mit dem Flugzeug

■ Der **internationale Flughafen** in Rabil (BVC) liegt 6 km südlich von Sal Rei, Tel. 2511415.
■ **Lokale Flüge** gehen täglich ein- bis zweimal **nach Sal** (ca. 15 Min. Flugzeit).
■ **Fluggesellschaft: Binter CV,** Tel. 4360060.

Mit dem Schiff

■ **Hafen in Sal Rei,** unregelmäßige und touristisch uninteressante Schiffsverbindung nach Praia; die Überfahrt dauert 10 Std.
■ **Segler** können am Hafen in Sal Rei anlegen, die Ankunft sollte wegen der Felsen und Klippen in Hafennähe bei Tageslicht erfolgen. Versorgungsgüter sind teurer als in São Vicente oder Praia.

Reisen auf der Insel

Straßen/Verkehrsmittel

■ Sal Rei und die Großhotels sind über **Asphaltstraßen** angebunden. Weitere Asphaltstraßen von Rabil nach Lacacao sind weitgehend fertiggestellt. Ansonsten gibt es Pisten. Wegen Sandverwehungen werden **Allradfahrzeuge** bevorzugt.
■ **Öffentliche Verkehrsmittel** beschränken sich auf Aluguers (Sammeltaxis) zwischen Rabil und Sal Rei. An Werktagen kommen frühmorgens Sammeltaxis aus den Dörfern in die Stadt und kehren am frühen Nachmittag in die Peripherie zurück.
■ **Taxis und Pick-up-Taxis** sind eine gute und günstige Wahl. Die Preise müssen vor der Fahrt individuell ausgehandelt werden.

☐ Inselkarte S. 44, Stadtplan Cidade de Sal Rei S. 56   **Praktische Infos**   69

Mietwagen

- **Mendes e Mendes,** Tel. 2511145, im Hotel Boa Vista in Cidade de Sal Rei.
- **La Perla,** Tel. 2512293, Cidade de Sal Rei, Largo Santa Isabel.

Unterkunft

Boa Vista bietet in Cidade de Sal Rei Unterkünfte für alle Geschmäcker und Geldbeutel (zur Erläuterung der Kategorisierung in diesem Reiseführer siehe „Praktische Tipps A–Z/ Unterkunft"). Das Preisniveau liegt deutlich über dem Landesdurchschnitt und ist vergleichbar mit Südeuropa.

- **www.bela-vista.net/ Pension-Boa-Vista-d.aspx**
Aktualisierte **Unterkunftsliste.**

Cidade de Sal Rei

23 Hotel Dunas④
Rua Amílcar Cabral, Tel. 2511225
Hotel in der Altstadt von Sal Rei, 17 Zimmer (meist mit Meerblick), Du/WC, Telefon, TV, Frigobar, Frühstücksrestaurant.

1 Hotel Marine Club④
Außerhalb der Stadt an der Praia da Cruz,
Tel. 2511285, www.marineclubresort.com
Süßwasser-, Meerwasser- und Kinderpool, sehr komfortable Zimmer und Villen mit zwei Schlafzimmern, gutes Restaurant, Strandliegen und -schirme. Animation vorwiegend italienischsprachig.

39 Aparthotel Cá Nicola④
An der Praia de Carlota, Tel. 2511793,
www.canicola.com
Sehr schöne und komfortable Apartments.

2 Aparthotel Pôr do Sol④
An der Praia de Cabral, www.pordosol.com
Sehr schöne und komfortable Apartments und Stadthäuser.

42 Residencial Casa Velha④
Tel. 2511783, www.casavelha.it
Die italienisch geführten Apartments liegen nahe der Praia de Carlota.

38 Residencial Orchidea④
Praia de Carlota, Mobil 9935242, 9927285,
www.guesthouseorquidea.com
Eines der angenehmsten Gästehäuser, komfortable Apartments für 2–3 Personen mit Meerblick, Terrasse, schattiger Innenhof und Garten.

40 Boa Vista Apartments④
Praia de Carlota, Tel. 00386-41616439
Komfortabel ausgestattete Apartments.

41 Hotel Estoril④
Praia de Carlota, Tel. 2511082
Italienisches Hotel in rustikaler Steinbauweise, 22 Zimmer mit Du/WC, Ventilator oder AC. Bar, Restaurant, Sportmöglichkeiten. Anbau mit großzügigen Apartments für 2–5 Personen. 200 m zum Strand.

16 Migrante Guesthouse④
Tel. 2511143, www.migrante-guesthouse.com
Italienische Pension der Oberklasse mit 5 Zimmern in schön renoviertem *Sobrado* (historischem Stadthaus). DZ mit Du/WC, Telefon, Ventilator. Restaurant, Bar, Innenhof.

30 Hotel Boa Vista③
Tel. 2511145. Kapverdisches Hotel im Ort mit viel Erfahrung, ca. 200 m vom Strand entfernt, 34 geräumige DZ und 6 EZ mit Du/WC, Telefon, Ventilator. Restaurant, Bar, Dachterrasse, Wassersport, Mietautos und Ausflüge über das hauseigene Reisebüro Clamtour.

7 Residencial Rosa Crioula②
Tel. 2511783
Kapverdische Pension, große Zimmer mit Du/WC.

15 Guesthouse La Boaventura②
Tel. 9509167
Geräumige Zimmer für 1–4 Personen mit Du/WC; WLAN, Bar-Restaurant.

33 Residencial Criola②
Nahe der Praia de Carlota, Tel. 2511373
Im Haus der italienischen Organisatoren des Ultramarathons, Bar, Caféteria.

27 Residencial Santa Isabel②
Am Largo Santa Isabel, Tel. 2511252
Einfache kapverdische Pension mit traditionellem Restaurant, die Zimmer haben TV, Du/WC, Ventilator oder AC.

10 Residencial Bom Sossego②
Hinter der Kirche, Tel. 2511155
7 Zimmer, Du/WC (teils am Flur), Ventilator.

Das riesige Club-Strandhotel
RIU Karamboa im Westen der Insel

29 Residencial Boa Esperança②
Rua Amizade de Seixal, Tel. 2511170, 2511380
7 einfache Zimmer.

Praia de Boca Salina

■ **Hotel RIU Karamboa**⑤
Urbanização Morrinho de Baguinhco,
Tel. 2519100, www.riu.com
Club-Strandhotel mit 750 Zimmern, all inclusive, 2-stöckiger Zentralbereich, 3-stöckige Nebengebäude und Bettentrakte, kapverdische, afrikanische, asiatische Küche und Themenbüfetts, diverse Bars und „swim-in Bar" am Pool, Surf- und Tauchstation, zu buchen zumeist im Verbund mit TUI-Flügen.

Inselkarte S. 44, Stadtplan Cidade de Sal Rei S. 56 — Praktische Infos

Boa Vista

Praia da Chave

■ **Hotel New Horizon**④
Tel. 2511407, www.decameron.com
Dieses Clubhotel besticht durch seine sehr schöne Lage über dem makellos weißen Sandstrand. 300 Zimmer, All-inclusive-Angebote mit Animation, Sport, Diskothek, diversen Restaurants und Cafés. 20 Min. per Taxi nach Sal Rei.

■ **Hotel Iberostar**④
Tel. 2512170, www.iberostar.com
Auch dieses Clubhotel zeigt sich in sehr schöner Lage über dem Sandstrand. 273 Zimmer, All-inclusive-Angebote mit Animation, Sport, Diskothek, diversen Restaurants und Cafés. 20 Min. per Taxi nach Sal Rei.

Espingueira

■ **Hotel Spinguera**⑤
Tel. 2511941, www. spinguera.com
Eine italienische Künstlerin verwirklicht gemeinsam mit ihrem als Bauunternehmer in Cabo Verde erfahrenen Vater ihre ganz eigene Auffassung von Entspannung und Urlaub. Bewusst wird die einsam an der Nordküste gelegene und vor Jahrzehnten in Ruinen gefallene Kalkarbeitersiedlung Espingueira nicht zum „Paradies" erklärt, sondern es wird in der Abgeschiedenheit und Kargheit der Landschaft, in der künstlerischen Weiterführung der Stilelemente des harten und einfachen Lebens, der Kultur und Geschichte des Ortes Respekt gezollt. Mobil, Internet, TV und Klimaanlage gehören genauso wenig

Praktische Infos

zum Repertoire des Hauses wie all inclusive, Pool oder lärmige Animation. Fünf Gästehäuser für max. 14 Gäste, beste italienische und kapverdische Küche, exzellenter Service, nachhaltiges Energiekonzept. 30 Min. Anfahrt ab Sal Rei.

Povação Velha

■ **Restaurante/**
Bar Esplanada Fon' Banana③
Tel. 2511871, Mobil 9824213
Zimmer mit Bad inkl. Frühstück. Di, Do und So abends „Noites Caboverdeanas" mit traditioneller kapverdischer Live-Musik. Bitte anmelden! Das Menü (z. B. Langusten 40 Euro, Ziegenlamm 30 Euro) schließt den Transfer von und zum Hotel mit ein – Voranmeldung! Tagsüber Snacks und Tagesgerichte für Ausflugsgäste.

Praia de Lacação

■ **Hotel RIU Touareg**⑤
Tel. 2512340, www.riu.com
Club-Strandhotel mit 1150 Zimmern (4000 sollen es werden …), all inclusive, 2-stöckiger Zentralbereich, 3-stöckige Nebengebäude und Bettentrakte, kapverdische, afrikanische, asiatische Küche und Themenbüfetts, diverse Bars und „swim-in Bar" am Pool, Surf- und Tauchstation, zu buchen zumeist im Verbund mit TUI-Flügen in Reisebüros weltweit.

Restaurants und Bars

Boa Vista bietet eine **breite Auswahl italienischer, portugiesischer und kapverdischer Restaurants.** Das preisliche Spektrum ist beeindruckend, dabei muss teuer nicht immer besser sein. In kapverdischen Familienbetrieben werden oftmals sehr schmackhaft und gekonnt einheimische Gerichte, v.a. mit Fisch und Meeresfrüchten, zubereitet. Langusten sind nicht immer vorrätig, und Vorbestellung ist in den kleinen Restaurants immer sinnvoll. Frischer Ziegenkäse ist eine Spezialität der Insel. Die Restaurants der Clubhotels sind in der Regel den dortigen Gästen vorbehalten.

Cidade de Sal Rei

22 Beramar
Mobil 9746514. Kleineres Restaurant an der südlichen Zufahrt zum alten Hafen mit Blick auf die Bucht, mittags Salate und leichte Speisen, abends frische Fischgerichte und italienische Küche unter Verwendung frischer lokaler Lebensmittel. Sa Ruhetag.

25 Blue Marlin
Largo Santa Isabel, Tel. 2511099
Kleine Osteria italiana mit sehr guter Küche. Vorbestellung unabdingbar.

14 Chandinho
Av. dos Pescadores, Tel. 9860718
Sehr gute italienische Küche.

11 Bar Naida
Am Largo Santa Isabel. Frühstück, Mittag- und Abendessen; gut, preiswert und kapverdisch; Vorbestellung empfohlen.

4 Fado Criola
Riba d'Alt, Mobil 9314703
Kapverdisches Seafood.

9 Scirocco
Riba d'Alt, Mobil 9838847
Gut zubereitetes Fast Food.

8 Cabo Café
Rua dos Emigrantes, Tel. 5992524
Italienische und kapverdische Küche.

16 Café Kanta Morna
Av. Amílcar Cabral, Tel. 2511143
Café mit angenehmem Ambiente.

13 Grill Luar
Grillrestaurant mit Blick über den Hafen, schwieriger Zugang über eine steile Treppe.

Inselkarte S. 44, Stadtplan Cidade de Sal Rei S. 56   **Praktische Infos**

24 Pizzeria Cá Baby
Zona João Cristovão. Pizzas und sonstige Gerichte der italienischen Küche.

12 Bar/Restaurante Rosi
Av. Amílcar Cabral, Tel. 2511242
Kapverdischer Familienbetrieb mit günstigen Tages- und (auf Bestellung) frischen Fischgerichten und Langusten.

28 Santa Isabel
Rua Amizade Seixal, Tel. 2511252
Kapverdischer Familienbetrieb mit preiswerten Tagesgerichten und (auf Bestellung) Fisch und Langusten.

19 Café del Porto
Av. dos Pescadores, Tel. 3552381
Italienische und kapverdische Küche.

36 Bar Cafeteria Criola
Einfaches Fast Food an der Praia de Diante.

49 Bar Erika
Café und leckere italienische Pasticceria.

26 Esplanada Silves
Largo Santa Isabel, Mobil 9759169
Café, gute Pizzas, Snacks, Fr, Sa und So abends Live-Musik, Treffpunkt aller Nationalitäten.

32 El Mirador
Tel. 5304188, nahe dem alten Hafen
Mittlere Preislage, gute spanische Küche, Fischgerichte, Meeresfrüchte, Tapas.

20 Porton de nôs Ilha
Portugiesisches Dach-Restaurant am alten Hafen mit Blick über Bucht und Hafen, mittlere Preislage, gute Fischgerichte und Meeresfrüchte.

21 Té Manché
Container-Restaurant am alten Hafen mit frischem Fisch, frittierten Muränen und Sundowner.

18 Capo Wakan
Italienisches Restaurant/Bar am alten Hafen.

Strandrestaurants
43 Tortuga Beach
Praia de Estoril. Strandbar, Grill, Sonnenschirme, Liegestühle.

44 Alísios
Praia de Estoril, Mobil 9877881, 9721716
Gut und preiswert.

45 Beach Club Bahia
Praia de Estoril, Mobil 9817191, 9514288.

46 Beach Bar & Lounge Restaurant Morabeza
Praia de Estoril, Mobil 5954631,
www.morabezaboavista.com.

47 Social Club
Praia de Estoril. Strandbar, Restaurant, Disco.

3 Elcibar
Praia de Cabral, Vila Cabral 2, Mobil 9942360
Strandbar/Restaurant an einem Pool, leichte Gerichte und Salate.

Bäckereien/Konditoreien
6 Padaria (Bäckerei)
Im Ortsteil Riba d'Olt (auf dem Hügel).

37 Pastelaria Dolce Vita
Zona João Cristovão. Italienische Pizzeria und Bäckerei mit dem Ambiente einer portugiesischen Konditorei.

Rabil

■ Casinha da Erna
Mobil 9361036. Klein, aber fein! Fleisch und Gemüse aus *Ernas* Landwirtschaft. Sehr gute kapverdische Küche, ausgezeichneter Ziegenkäse.

■ Sodade di Nha Terra
Tel. 2511048. Von außen unscheinbares Restaurant mit guten Tagesgerichten; auf Vorbestellung gibt es auch gehobene kapverdische und internationale Küche.

■ Pérola d'Chaves
Praia da Chave, Mobil 9824213
Strandbar/Restaurant zwischen der großen Düne und dem Schornstein der Fábrica da Chave. Internationale und kapverdische Speisen, gute Getränke an einem der schönsten Strände der Insel. Gastronomie-Fachfrau *Cristina Brito* hat lange in Hannover gelebt und ist u.a. perfekt deutschsprachig.

Fundo das Figueiras

- **Bar Restaurante Nha Terra**
Tel. 2521114. Kapverdische und teils internationale Küche, tagsüber Snacks für Ausflugsfahren.
- **Restaurante Reencontro**
Mobil 9929556. Gute kapverdische Küche, tagsüber Snacks für Ausflugsfahren, eine Voranmeldung ist sinnvoll.

Povação Velha

- **Restaurante/Bar Esplanada Fon' Banana**
Tel. 2511871, Mobil 9824213 (s.o.).

Nachtleben

Die Diskotheken 50 **Social Club** und 51 **Morabeza** liegen an der Praia de Estoril (beide mit Strandbetrieb).

Bank

- **Banco Comercial do Atlântico (BCA)**
Sal Rei, Largo Santa Isabel, Tel. 2511182.
- **Banco Comercial de Negócios (BCN)**
Sal Rei, Largo Santa Isabel, Tel. 2511651.
- **Banco Interatlântico (BI)**
Sal Rei, Tel. 2518080.
- **Caixa Económica, auch Western Union**
Flughafenfiliale, Tel. 2511130; Sal Rei, am Ortseingang nahe der Shell-Tankstelle, Tel. 2511190.

Post und Internet

- **CTT,** Tel. 2511122, am Nordende der Stadt, Mo bis Fr 8–15 Uhr.
- Kostenfreie **Internet-Hotspots:** Largo Santa Isabel in Sal Rei und am Flughafen in Rabil.

Notfall/Polizei

- **Gesundheitszentrum** am Ortseingang von Sal Rei vom Flughafen kommend, Tel. 2511167. Der „Upgrade" zum Inselkrankenhaus hat begonnen.
- **Dr. Marley:** Rabil, Mobil 9552422, Privatpraxis; er hat auch Sprechstunden in den **RIU-Hotels.**
- **Polizei:** Sal Rei, in der Nähe des Ortsteils Barraca, Tel. 2511132.

Einkaufen

- **Städtischer Markt** *(Mercado municipal)* am Hauptplatz.
- Diverse **kleine Geschäfte** in Sal Rei. Obst und Gemüse werden teilweise eingeflogen, was sich in den Preisen niederschlägt. Reisende, die erst nach Ladenschluss von ihren Ausflügen zurückkehren, finden das Nötigste bis 22 Uhr in den China-Läden am Largo Santo Isabel und den 35 Enacol- und Shell-Tankstellen am Ortseingang.
- 17 **Afrikanische Souvenirs:** Ein Souvenir- und Krämerladen mit Produkten vom Kontinent findet sich in der Av. Amílcar Cabral.

Feste

- **1. Januar:** Fest der Nossa Senhora dos Pobres (Heilige Jungfrau der Armen) in Barraca.
- **6. Januar:** Zum Fest der Heiligen Drei Könige besuchen Musikgruppen die Häuser und spielen traditionelle Musik.
- **Februar:** Karneval – buntes Treiben am Faschingsdienstag.
- **3. Mai:** Fest von Santa Cruz, Messe und Prozession mit Trommeln und Pfeifen, man gedenkt auch der Sklavenbefreiung.
- **8. Mai:** Fest S. Roque in Povação Velha mit Messe, Prozession und Tanz.
- **12. Mai:** Fest zu Ehren Cruz nho Lolo mit Ziegenwettstreit und Prozession nahe Estância de Baixo.

- **13. Juni:** Fest des Heiligen António; Pilgerung zur Wallfahrtskapelle in der Nähe des Felsens von Santo António.
- **4. Juli:** Hauptfest der Insel zu Ehren der Schutzheiligen von Boa Vista, Santa Isabel. Es ist das größte Fest auf Boa Vista. Besucher von anderen Inseln kommen zu diesem Anlass auf die Insel.
- **24. Juli:** Fest zu Ehren São João Baptistas mit Prozession in Fundo das Figueiras.
- **15. August:** Fest zu Ehren Nossa Senhora da Piedade in João Galego.
- **19. August:** Rabil feiert das S. Roque-Fest.
- **August:** Musikfest am Strand von Santa Cruz.
- **8. Dezember:** Fest in Povação Velha.

Kultur

- **Centro de Artes e Cultura (CAC)**
www.municipiodaboavista.cv, Tel. 2519690
In diesem Kulturzentrum finden Theateraufführungen, Musikveranstaltungen, Ausstellungen, Filmvorführungen und Kurse für Erwachsene statt.

Sonstiges

Wanderkarte/-führer

- **Wander-/Freizeitkarte Boa Vista 1:50.000,** *Pitt Reitmaier, Lucete Fortes,* AB-Kartenverlag Karlsruhe. www.bela-vista.net/Boa-Vista-Karte.aspx.
- **Internet-Wanderführer Boa Vista,** *Lucete Fortes, Pitt Reitmaier,* www.bela-vista.net/Boa-Vista-Wandern.aspx.

Ausflüge, Wanderungen und Walbeobachtung

An der Rezeption der **Großhotels** werden Ausflugsfahrten mit Pick-ups und Land Rovern in straffer konzerneigener Regie angeboten. Individuell abgestimmte Exkursionen sind die Spezialität **kleiner Firmen.** Deutsch geführte Touren in überschaubaren Gruppen ermöglichen stressfreie Ausflüge, Fotostopps, wo immer man will, und Antworten auf fast jede Frage in freundschaftlichem Dialog. Organisiert werden auch Bootsausflüge und Walbeobachtung in kleinen Gruppen. Die deutschsprachigen Veranstalter arbeiten allesamt ohne Büro. Entweder man ruft an (provisionsfrei) oder bucht über die Hotelrezeption (mit Provision) und wird dann an der Unterkunft abgeholt.

- **CaboKaiTours**
Mobil 9793090, www.cabokaitours.com. Individuelle Rundfahrten, Wanderungen, Reitausflüge, Wal- und Schildkrötenbeobachtung mit *Kai Andrea.* Auch geführte Quad-Touren (siehe auch www.quadzoneboavista.com, nur italienisch). Es ist übrigens in ganz Cabo Verde verboten, die Küstenzonen (Strände plus 80 m breiter Geländestreifen entlang der Küstenlinie) sowie Natur- und Landschaftsschutzgebiete zu befahren. Bei technischen Problemen off the road sollte man auf längere Wüstenwanderungen eingerichtet sein. Auch auf den Strand-Inseln gibt es keinen freien Verleih von Quads mehr.
- **Baobab Tour**
Tel. 2511111, Mobil 9523007, www.mybaobab-tour.com. Individuelle Rundfahrten und Wanderungen mit *Franca.*
- **Boavista-Tours**
Mobil 9857286, www.boavista-tours.com. Individuelle Rundfahrten mit *Andrea* und *Frank.*

Einleitung | 79
Geschichte | 79
Inselrundfahrt | 85
Praktische Infos | 88
Strände & Wasserverhältnisse | 87
Cidade do Porto Inglês | 85

3 Maio

Die flache und trockene Insel mit ausgedehnten feinsandigen Stränden ist durch regelmäßigere Flug- und Schiffsverbindungen leichter erreichbar geworden und findet zunehmend Beachtung. Kleine Pensionen, ein Hotelneubau und private Feriendomizile in oder nahe Cidade do Porto Inglês bilden die touristische Infrastruktur. Wer Baden und Wandern an einsamen Stränden liebt und Ruhe und Entspannung abseits der Touristenzentren sucht, wird Maio schätzen.

Brandung an der Praia da Vila

Maio: Übersichtskarte

Einleitung

Maio löst noch immer alle Versprechen bezüglich **Einsamkeit und Ruhe** abseits der lärmenden Geschäftigkeit der anderen flachen Inseln ein. Die Landschaften wirken auf den ersten Blick wüstenhaft flach, vegetationsarm, monoton. Auf den zweiten Blick jedoch, auf Fahrten mit dem Mietwagen ins Inselinnere, auf weiten Wanderungen am Meer und durch die Hügelketten, zeigt Maio eine ungeahnte **Vielfalt an Landschaften.** Zieht man mit im ruhigen Trott der Ziegen und Rinder durch lockeres Buschwerk, dann schweifen die Gedanken in die weiten Dornbuschebenen des Sahel. Beschwerlich führt der Schritt im Flugsand auf große Dünen und, vorbei an Gruppen einheimischer Palmen, weiter an gleißende Strände, deren Ende am Horizont nur zu ahnen ist. Die heiße Mittagsluft flimmert in den Salzwiesen des Nordens, die unberührte Stille wird nur durchbrochen von einem Stier, der wachsam den Kopf hebt, dessen dunkler Körper aber im gedrungenen Buschwerk salzliebender Pflanzen verborgen bleibt. In von Kalkfelsen begleiteten Tälern erheben sich riesige Kokospalmen, in den trockenen Bachbetten weiden tagsüber Esel, und nachts ruhen sich hier große Gruppen von Perlhühnern aus von ihren Zügen durch die Akazienwälder.

Alle Schaltjahre schlägt das globale „Beach tourism business" seine begehrliche Pranke auf den Strand und reißt einige Kratzer, die sich mit einem Schorf leerstehender Betonschächtelchen überziehen. Schnell verhärten sie zu narbigen Ruinenfeldern, die bisher kaum mehr vermögen als den Blick zurück auf eine wahrlich mächtige Natur zu lenken.

In Jahrmillionen ausgewitterte **Vulkanschlote** erheben sich als schroffe Spitzen über die Ebene, verbunden durch ein zentrales **Hügelland,** wo nur vereinzelt ein Purgiernussstrauch oder Feigenbaum überlebt. Die Menschen rücken zusammen in kleinen Dörfern, in denen nur selten ein Fremder übernachtet, von jedermann freundlich begrüßt und von den Kindern neugierig beäugt.

Maio ist eine **Liebe auf den zweiten Blick,** ein Trumpf des Unspektakulären in der Hand der Nachdenklichen, der Leseratten, der Wüsten- und Strandwanderer!

Jene, die dem **spröden Charme** des *Sahel insular* (Insel-Sahel) erlegen sind, nehmen die Widrigkeiten der Anreise wieder und wieder auf sich. Ihnen bleibt nicht verborgen, dass die bewässerten Felder zahlreicher werden, dass junge Familien mit wenig Wasser größere Felder zu bestellen verstehen als ihre Eltern, dass mehr Holzkohle gebrannt wird, ohne die flirrenden Kronen der Akazien zu zerstören, dass weitaus mehr Gemüse auf dem Markt erscheint als zur Zeit des ersten zögerlichen Kennenlernens.

Geschichte

Am 1. Mai **1460** von **António da Noli** im Auftrag *Heinrichs des Seefahrers* entdeckt, erhielt die Insel ihren Namen. Großes hatte man nicht vor mit der flachen Insel in unmittelbarer Nähe der weitaus attraktiveren Insel Santiago. So schickte der König lediglich einige **Esel,**

Ziegen und Rinder und setzte einen Lehnsherr ein. Mit vertraglicher Präzision wurde schon im Jahr 1504 festgelegt, dass er ein Viertel des Wertes der Häute und ein Zehntel des Wertes des Talgs an den König abzuführen hatte, und falls jemand beim Schwarzschlachten erwischt wurde, war der neunfache Wert des Schlachttiers fällig. Somit gut geschützt, vermehrten sich die Tiere schnell, und jährlich wurden Tausende von Tieren als Proviant für die Sklavenschiffe nach Ribeira Grande, dem heutigen Cidade Velha, auf Santiago gebracht. Feste Bauten als Zeugen einer tiefer greifenden Entwicklung dieser ersten Phase der Entwicklungsgeschichte Maios gibt es nicht. Die wenigen Bewohner waren halbnomadisch lebende Hirtensklaven im Besitz der Großgrundbesitzer von Santiago, die mit den Tieren zogen und sie mit dem Lasso einfingen.

Mit dem Niedergang des Sklavenhandels auf Santiago in der ersten Hälfte des 17. Jahrhunderts infolge der Besetzung Portugals durch Spanien (1580–1640) und durch häufige Piratenüberfälle verlor Maio seine Bedeutung als Weidegrund. Die wenigen verbliebenen Einwohner wurden sesshaft in einer ersten festen Ansiedlung am Monte Penoso, im Umfeld der damals strohgedeckten Kapelle da Nossa Senhora do Rosário mit Fluchtmöglichkeiten in die Berge. Neben der Subsistenzwirtschaft bauten sie **Baumwolle** an, die an die Weber nach Santiago verkauft wurde, um aus ihr die klassischen schwarz-weißen Tücher zu weben, die an der afrikanischen Küste begehrt waren. Die Gemeinde erhielt erste Anerkennung durch die Entsendung eines Priesters nach **Penoso** im Jahr 1677.

Das 18. Jahrhundert brachte keine guten Neuigkeiten für die Einwohner von Maio, die unter dem Druck der Piratenüberfälle vorübergehend in den Süden nach Casas Velhas zogen, später nach Penoso zurückkehrten. Unverändert waren, in der Sprache der portugiesischen Herren, „die meisten Eingeborenen so schwarz wie auf Santiago, wobei es auch einige Mulatten und ganz wenige Weiße" gab, gleichzusetzen mit Sklaven, Freigelassenen und Besitzern. Um 1770 herum, als die **Compania Grão Pará e Maranhão** das Monopol auf den portugiesischen Sklavenhandel bekam, zogen die Preise an, die Sklaven wurden nach Lateinamerika verkauft. Als sich 1773 bis 1775 eine Dürre zur Hungerkatastrophe auswuchs, tauchten englische und französische Schiffe an der Küste auf, und freie Bürger verkauften sich in die Sklaverei, um nicht zu verhungern. Die Baumwollfarmen verschwanden.

Küstenlandschaft im Norden Maios

Mit dem Aufblühen kolonialer Siedlungen und intensiven Kolonialhandels in Afrika, der Unabhängigkeit Brasiliens, durch die andere Nationen die Möglichkeit zum Handel mit diesem riesigen Land bekamen, und den schnell wachsenden Transportmöglichkeiten durch die Dampfschifffahrt kam den östlichen Inseln plötzlich neue Bedeutung als Salzlieferanten zu. Die **große natürliche Saline** im Südwesten wurde zum Schauplatz wilder Verteilungskämpfe, wenn nach den Überschwemmungen durch im August von Süden einschlagende Brecher bis zum nächsten Mai das meiste Wasser verdunstet war und die Ernte begann. Dank der regulierenden Kraft des Rechts entstanden die brav in Rechtecke geteilten modernen Salinen in Privatbesitz. Einige wenige Familien mit wohlklingenden Namen rissen den Handel an sich und füllten jährlich Hunderte von Schiffen. Englische Firmen versuchten, sich endgültig zu installieren und die Insel zu übernehmen; die Siedlung im Südwesten wurde zum **Porto Inglês.** Nachdem die Engländer versucht hatten, die portugiesische Staatsmacht mit Waffengewalt zu vertreiben, bekamen sie ein kleines Fort mit acht Kanonen an den Strand gesetzt und mussten wieder ihre Salzsteuer bezahlen.

Der **Salzhandel** kehrte in geordnete portugiesische Bahnen zurück, und der Besitzer des am Kirchplatz noch heute zu bewundernden klassischen einstöckigen Sobrado, *Luis António Cardoso,* baute eine 160 m lange **Landungsbrücke aus Zedernholz.** Die Reste findet man noch heute wenige Meter nördlich des modernen Hafens. Was nicht auf den Köpfen von Frauen transportiert wurde, zogen Maultiere an den Hafen, die mit Heu aus Argentinien gefüttert wurden. Die Gewinne waren astronomisch für das halbe Dutzend, das etwas zu gewinnen hatte, für die Herren mit den klingenden Titeln eines Konsuls von Österreich, Brasilien, Belgien, der Hansestädte, von Dänemark, Russland und Norwegen. Doch der Boom dauerte kaum 40 Jahre.

Für Maio kam der **Zusammenbruch im Jahr 1885** in Form des weitaus potenteren Konkurrenten in Pedra de Lume auf der Insel Sal – und auch der konnte sich nur noch weitere 50 Jahre halten, bis die Fortschritte im Salzbergbau und die Eisenbahn dazu führten, dass die Weltmärkte mit billigem Salz überschwemmt wurden und handwerklich gewonnenes Meersalz seine Konkurrenzfähigkeit verlor. So beeindruckend die internationale Karriere der auf einem kleinen Eiland im Atlantik ansässigen Unternehmer war, so fragwürdig bleibt der Versuch, von einem goldenen Zeitalter des Salzhandels berichten zu wollen. Sklaven und Arme plagten sich bis zur Erschöpfung ohne jeden Gewinn. Noch im Jahr 1911, drei Jahrzehnte nach Beendigung der Sklaverei, berichtet der Landrat von Maio in seinem Jahresbericht vom Elend und der Ausbeutung der Salzarbeiter, die gezwungen sind, als Pächter im Salz zu arbeiten. Sie wurden nicht mit Geld, sondern in frech übverteuerten Lebensmitteln entlohnt und erhielten so wenig mehr als die Hälfte des ihnen zustehenden Anteils.

Maio war und blieb der **elende Hinterhof Santiagos,** zuerst bevölkert von Sklaven, dann von Armen und Entrechteten, die hierher verbannt wurden, und von nur ganz wenigen Reicheren, welche die Situation unkontrolliert auszunutzen verstanden. Noch 1856, als die **Sklaverei** auf Santo Antão bereits seit fast 80 Jahren beendet war und in Santiago schnell zurückging, lebten auf Maio 406 Sklaven und 118 Besitzer. Während die Herren Konsule 20 bis 40 Sklaven hielten, verteilte sich der Rest auf kleine Betriebe. 1858 war das Jahr, in dem das Ende der Sklaverei Gesetz wurde. Noch weitere 20 Jahre sollten die Sklaven ihren Herren dienen, bevor sie endgültig frei sein sollten. Nur wenige erlebten das Ende der Übergangsfrist, denn allein in den folgenden zwölf Jahren starben 117 an Cholera, Pocken und den Folgen des Elends.

Bis ins Jahr 1917 wurde Maio von Praia aus verwaltet, bis es als letzte Insel zu einem selbstständigen Landkreis *(Concelho)* wurde. Mit den Dürren der 1940er Jahre und der großen Saheldürre seit 1968 waren viele Einwohner zur **Emigration** gezwungen, und die meisten Familien leben heute teilweise auf Maio, teilweise in Praia.

Maio ist unverändert arm. In Kenntnis der Geschichte gewinnt man trotz aller Bescheidenheit der heutigen Situation den Eindruck, dass Maio mehr als andere Inseln **durch die Unabhängigkeit gewonnen** hat. Am Tage der Unabhängigkeit, am 5. Juli 1975, gab es nur eine Schule bis zur 4. Klasse. Heute hat jedes Dorf seine sechsjährige Grundschule, und Schulbusse bringen die Kinder zum Gymnasium nach Cidade do Porto Inglês. Wo früher ein Pfleger die Insel versorgte, arbeiten heute zwei Ärztinnen. Das Gesundheitszentrum auf dem Hügel über der Stadt wird über kurz

Praia da Vila bei Cidade do Porto Inglês

Cidade do Porto Inglês

🟧 Übernachtung
- 2 Casita Verde
- 3 Residencial Inés
- 4 Residencial Solemar
- 5 Pensão Porto Inglês
- 6 Hotel Big Game
- 8 Kaza Tropikal
- 13 Residencial Jardim do Maio
- 14 Hotel Marilu
- 23 Apartments HP Ocean View
- 24 Apartments Stella Maris, Casita Solemar

🟦 Essen und Trinken
- 1 A Caminhada
- 6 Big Game
- 7 Neptun
- 9 Bar/Restaurant Tropical
- 10 Strandbars
- 11 Bar/Restaurant Sete Sois
- 12 La Paloma
- 14 Hotel Marilu
- 15 Esplanada Wolf Djarmai, Bar/Restaurant Folgada/TOT
- 21 Bar/Restaurant Piratos Farol
- 22 Kulor Café

🟩 Sonstiges
- 16 Rent a Car
- 17 Agentur Polar
- 18 Autowerkstatt TOT, Maio Car
- 19 Pick & Pay
- 20 Tripelda Tours
- 22 Kulor Café

© Reitmaier / Fortes

oder lang zum Inselkrankenhaus ausgebaut werden. Alle Dörfer sind elektrifiziert, per Telefon erreichbar, und die Ringstraße ist teilweise asphaltiert. Der **Tourismus** hat wegen der bislang schlechten Verkehrsanbindung langsam und ruhig eingesetzt – angenehm ruhig in den Augen der Liebhaber der Insel.

Cidade do Porto Inglês

Die **meisten Bewohner** leben im Hauptort Cidade do Porto Inglês (Cidade do Maio) im Südwesten der Insel direkt am Meer. Im Zentrum des ruhigen Städtchens befindet sich ein zentraler Platz, umgeben von Kirche, Hotel, Bank, Markt und ein paar Kneipen. Hier trifft man sich abends zum Plausch. Treppen führen hinauf zur 1872 erbauten weißen **Barockkirche** mit ihren mächtigen Türmen. In der Nähe des Hafens liegt ein **weiter Sandstrand,** auf dem die Fischerboote anlanden. Von der einstigen Blüte der Stadt kündet heute noch das alte kanonenbestückte **Fort** aus dem 18. Jahrhundert, das die Bucht vor der Besetzung durch die Engländer bewahrt hat und sich heute mit städtischen Parkanlagen, die zur Uferpromenade anwachsen, aussichtsreich umgibt. Die Ruhe der kleinen Stadt mit ihren bunt bemalten Häusern, geraden und sauberen Straßen speist sich aus der malerischen Szenerie eines beschaulichen Alltags.

Die Weite der Strände und des Hinterlandes laden ein zu langen Spaziergängen in alle Richtungen.

Inselrundfahrt

Von Cidade do Porto Inglês geht die Fahrt **entlang der flachen Westküste.** Gen Norden liegen meerwärts auf Höhe des Flughafens die weitgehend stillgelegten Salinen. Sie erstrecken sich 5 km die Küste entlang.

Nach dem Abzweig zum Flughafen sieht man stillgelegte Hotelanlagen am Strand liegen. Kurz darauf folgt der nächste Ort an der Küste, **Morro,** der zu beiden Seiten der Landstraße liegt. In einer Handwerks-Kooperative wird getöpfert – lassen Sie sich das **Artesanato** zeigen. In Richtung Küste geht es hinab durch einen Palmenhain ans Meer zu einem wunderschönen Strand.

Von Morro kann man den **Monte Batalha** (294 m) in 2 Stunden auf teils beschwerlichem, aber sicherem Weg besteigen; es öffnet sich ein schöner Blick über das Inselinnere und zur Nachbarinsel Santiago. Eine andere Wanderung führt von Morro entlang der Küste zum Fischerdorf Calheta oder durch die **Ribeira do Morro,** in der die geologische Geschichte mit den ältesten Böden des Archipels zutage tritt.

Weiter nach Norden ziehend, berührt die Straße das Dorf **Calheta,** das sich bis zur Küste erstreckt. Der mit viel Mühe aufgeforstete Wald intensiv gelb blühender Akazien erfreut das Auge nach einer weiten Strecke ausgedörrter Dornbuschsteppe. Zwischen den Bäumen verstecken sich rauchende Kohlenmeiler und große Gruppen von Perlhühnern *(galinha de mato).* Calheta lebt vom Fischfang und der Emigration. Der Weg durch den Ort endet am Meer, von wo man über die Uferpromenade von Baixona hinaus weite Strandspaziergänge in beide Richtungen unternehmen kann. Nach Norden wird die Küste von Dünenfeldern und Salzwiesen begleitet, bis hin zum kleineren, aber besonders netten **Strand von Calhetinha.** Folgt man weiter der Küste, lässt sich der Küstenspaziergang zu einer der schönsten Wanderungen auf Maio durch die Dünenfelder im Nordwesten von Morrinho erweitern (3 Std.). Eine Fahrspur führt zurück nach Morrinho, vorbei an mehreren Köhlereien auf freiem Feld.

Die nächste Ansiedlung im Norden ist **Morrinho.** Pisten in nordwestlicher Richtung führen in hohe Dünen und zu dem einsamen, wilden Strand **Praia de Santana.** Die Salzwiesen sind eine ganz besondere, topfebene Landschaft mit dunklen salzliebenden Büschen unter dem strahlend blauen Himmel. Einige Kühe streifen durch die Dünen, Ziegen klettern bis hoch in die Büsche und entspannen sich danach im Schatten der in Gruppen stehenden Palmen.

Die Strände im Norden der Insel sind mit Vorsicht zu genießen wegen der Strömungen. In den Monaten nach einem Regen können die Sandwege nicht befahren werden. Sie liegen auf einer dünnen Salzschicht, fest genug für Fußgänger, aber tückisch für Fahrzeuge, die sich bis über die Achsen in metertiefen Salzschlick eingraben und erst Wochen später geborgen werden können.

Ponta Cais, die Nordspitze mit vorgelagerten Riffen, war der Untergang vieler Schiffe. Lieder besingen die Strandung von Walen.

Zurück auf der Hauptstraße erreicht man wenig später die Siedlung **Cascabulho,** wo eine Piste in den äußersten Norden Maios, zum traumhaften, von Kalkfelsen durchbrochenen Sandstrand **Praia de Galeão,** abzweigt. Den gelben Sandstrand in der 6 km weiten Bucht säumen herrliche Dünen. Schwimmen im Meer ist hier wegen der Brandung und den vielen Felsen fast nirgends möglich, doch macht es Spaß, in den natürlichen Pools zu planschen und vom Schatten einer Höhle aus auf die Weite des Atlantiks zu schauen.

Zwischen Cascabulho und der grünen Oase Pedro Vaz durchquert man dichte, während der Trockenzeit silbern schimmernde Akazienwälder. Nach Norden zieht eine gepflasterte zweite Straßenschleife um das Dorf **Santo António** am Fuß des weithin sichtbaren gleichnamigen Berges (252 m). Der Abstecher lohnt, nicht zuletzt, um die in den Galeriewäldern der Rª Santo António eingebettete Kapelle zu besuchen. Von der Pflasterstraße zwischen Santo António und Pedro Vaz zweigt ein Schotterweg ab zum einsamen – auch mit Allradfahrzeug kaum erreichbaren – weiten Strand von **Praia Gonçalo.**

Die Straße entlang der Ostküste zieht küstenfern von Pedro Vaz über einen kleinen Pass, den Cruz Grande, und trifft wenig später auf die **Kapelle N.S. do Rosário** mit einem schattigen, zur Rast einladenden Kirchgarten. Das Kirchlein erinnert an die älteste permanente Siedlung. Auch im 18. Jahrhundert sind die Bewohner des Südens vor Piratenüberfällen hierher geflohen.

Im Südwesten erhebt sich als lang gestreckter Rücken der höchste Berg der Insel, der seinem Namen **Monte Penoso** (dt.: der mühsame Berg) alle Ehre macht. Man stolpert weite Strecken fast weglos hinauf, um über die Weite der völlig leblosen muldenförmigen Zentralebene hinüberzuschauen zum **Monte Batalha** und den in der Ferne erscheinenden Bergen von Santiago.

Etwa 4 km südlich von Pedro Vaz, in der Ansiedlung **Alcatraz,** widmen sich die Bewohner der Ziegen- und Rinderhaltung.

Weiter führt die Straße, vorbei am **Monte Branco** (Weißer Berg), nach Süden und tritt über einen kleinen Pass ein in die zentrale Hochebene. Man meint sein eigenes Herz schlagen zu hören, so ruhig kann es hier sein. Kein Vogelzwitschern durchbricht die Stille der in der Hitze flirrenden Luft, und nur ein vom Nord-Ost-Wind gebeugter uralter Feigenbaum zeugt am Wegesrand von ungebrochenem Überlebenswillen.

Bei **Figueira Seca** trifft die Ringstraße auf die größere Straße nach **Rª Dom João,** einer Taloase am Ende der gleichnamigen Ribeira. Ein schwieriger Fußpfad führt in zehn Minuten zu einem schönen Strand mit herrlich klarem Wasser.

Die **Praia do Fundo** vor vielfarbigen Wänden und die weiter im Nordosten liegende **Praia Flamengo** sind lohnende Ausflüge für Beachcoomber.

Betonbrücken nach dem Vorbild gemäßigter Zonen tun sich schwer in diesem *Sahel insular,* wo sich die Hälfte der Jahresniederschläge an nur einem Tag unter ihnen durchzuzwängen sucht und sie letztlich mit sich reißt.

Auf der Fahrt Richtung Stadt zweigt nach **Figueira da Horta** eine Stichstraße ab nach **Barreiro.** Das Dorf verteilt sich auf zwei Felskämme. Folgt man dem dazwischen liegenden Tal, dann kann man in einem schönen Spaziergang durch den intensiven Gartenbau im Talgrund zur **Praia Lagoa** gelangen und von dort zurück zum südlichen Ortsteil **Ramarela** aufsteigen.

Weitere schöne Strände breiten sich südlich der Hauptstraße bei Lagoa und Praia da Ponta Preta aus. Dazwischen liegt der geisterhafte Ort **Casas Velhas,** dessen Häuser im 19. Jahrhundert nach einer Epidemie aufgegeben wurden.

Strände & Wasserverhältnisse

Die **Praia da Vila** zieht sich breit und mächtig vom Abbruch des Kalksockels, auf dem **Cidade do Porto Inglês** errichtet wurde, einen Kilometer nach Nordwesten bis zum Hafen. Der helle feine Sand und das klare Wasser innerhalb der Stadtgrenzen machen ihn zum meistbesuchten Strand. Dank der Lage ist er dem Passatwind weniger ausgesetzt, und Baden und Schwimmen ist fast ganzjährig möglich – so lange nicht ein Schwell aus dem Süden für gewaltige Brandung sorgt. Mehrere Strandbars bieten Getränke, Snacks und schattige Sitzplätze. Ein Kiosk verleiht Liegestühle unter Sonnenschirmen, Surfboards, Fahrräder und Mopeds. Investitionsruinen im nordwestlichen Teil des Stadtstrandes dämmern einer hoffentlich glücklicheren Zukunft entgegen.

Weiter entlang der Westküste verlängert sich der Stadtstrand als heller, der Küstenwüste und den natürlichen Salinenseen vorgelagerter Sandstrand. Nördlich des Hafens unbebaut bis auf die stillgelegten Hotelanlagen, ermöglicht der Strand herrliche Spaziergänge und Wanderungen, um dann in Felsküste überzugehen.

Praia da Calhetinha liegt einsam und verwunschen **westlich der Wanderdünen von Morrinho.** Die Strandbucht ist nur zu Fuß zu erreichen, und es bietet sich an, den Badetag mit einer Dünenwanderung zu verbinden. Zufahrt ab der Kapelle von Morrinho in westnordwestlicher Richtung, vorbei an Köhlereien auf freiem Feld.

Die **Strände im Norden, Praia Real** und **Praia de Galeão,** sind **wilde Küstenlandschaften,** in denen sich Brandungshöhlen, Felsen und Überhänge mit kleinen und größeren Sandstrandbuchten abwechseln. Auch wenn die vorgelagerten Riffe den Wellengang etwas dämpfen, ist die Brandung an manchen Tagen zu kräftig, um sicheres Baden zu erlauben. Die Zufahrt mit Geländewagen ist möglich.

Bei **Praia Gonçalo** an der **Ostküste** zwischen Pedro Vaz und Santo António liegt der Strand **Praiona.** Kahle Palmstämme zeugen von einer einst üppigen Oase.

Die **Praia da Ponta Preta** ist der westlichste Teil einer Kette von Sandstränden im Süden und von der Stadt sowohl zu Fuß (20 Min.) als auch mit dem Auto leicht erreichbar (Zufahrt siehe Stadtplan). **Vorsicht:** Immer wieder kommt es hier zu tödlichen Badeunfällen!

Die weiten, flachen Strände und das klare Meer bieten ideale Verhältnisse für naturnahe Stranderlebnisse am und im Wasser. **Meeresschildkröten** erscheinen zwischen Juli und September zur Eiablage, und **strandnahe Kalkbänke** in 3 bis 8 m Tiefe mit reicher Fauna laden ein zum Schnorcheln. **Vogelliebhaber** finden insbesondere an der Westküste und in den Salinen von Vila beste Bedingungen zur Beobachtung.

Außerhalb der Stadt hält sich die touristische Infrastruktur noch in Grenzen. Alles, was man braucht (Schatten, Sonnenschutz, Getränke), muss man selbst mitbringen. In Pedro Vaz gibt es einen kleinen Supermarkt.

Vorsicht bei starker Brandung und Strömungen! Nehmen Sie nichts mit, außer positiven Erinnerungen und Fotos! Vermeiden Sie Störungen der Pflanzen- und Tierwelt, und lassen Sie nichts zurück außer Fußspuren im nassen Sand und Luftblasen im Wasser!

Praktische Infos

An- und Weiterreise

Mit dem Flugzeug

■ **Flugverbindung** Mo, Mi und Fr **von und nach Praia/Santiago,** Flugzeit ca. 10 Minuten.
■ Der **Flughafen** von Maio befindet sich 3 km nördlich des Hauptorts Cidade do Porto Inglês.
■ **Fluggesellschaft: Binter CV,** Flugtickets im Reisebüro *Tripelda Tours,* Mobil 9113294 (nur vormittags).

Fährverbindungen, Segelboote

■ Regelmäßige **Fährverbindung** So, Mi und Fr **von und nach Praia/Santiago,** Fahrzeit 3½ Std.; Tickets bei der Agentur *Polar* in Praia auf dem Plateau (Tel. 2615223) und in Maio bei *Sr. Guels* nahe *Polivalente,* Mobil 9946246. Wann bzw. ob der Hafen von Cidade do Porto Inglês eine Anlegestelle für

☐ Inselkarte S. 78, Stadtplan Cidade do Porto Inglês S. 84   **Praktische Infos**

Roll-on/Roll-off-Fähren bekommen wird, bleibt weiter offen.
■ Lande- und Ankerplatz für **Segelboote** am **Hafen von Cidade do Porto Inglês.** Segler können sich hier mit dem Nötigsten versorgen.

Reisen auf der Insel

■ Wer gebucht hat, wird meist von **Fahrzeugen der Quartiere** am Flughafen erwartet, ansonsten kommen **Sammeltaxis/Aluguers** zur Ankunft des Flugzeuges. Für die Rückfahrt zum Flughafen oder Hafen verabredet man sich mit seinem Quartier.
■ **Individuelle Taxidienste** werden ebenfalls von als Aluguer gekennzeichneten Fahrzeugen übernommen.
■ Für **Fahrten ins Inselinnere** sind Sammeltaxis wenig geeignet, denn sie kommen am frühen Morgen in die Stadt und fahren am Nachmittag und Abend zurück aufs Land. Fragen Sie Ihren Vermieter nach einer Option!
■ **Mietwagen:** **18** **Maio Car,** Tel. 2551700, Mobil 9943895, Autowerkstatt TOT nahe der SHELL-Tankstelle; **Aluguer Bem Vendo,** Mobil 9959713.

Inselrundfahrten

■ Rundfahrten werden nach Vereinbarung von **Sammeltaxis** durchgeführt (7000–9000 CVE) und von Pensionswirten vermittelt.
■ **Deutschsprachige Rundfahrten** (Route und Preise nach Absprache) veranstalten: **Elisabeth/Casita Verde,** Mobil 9960633; **Hans-Peter,** Mobil 9861606; **Detlev,** Mobil 5873328 (auch Ausflüge mit einem Segelboot).

Unterkunft

Zur Kategorisierung der Unterkünfte siehe Kapitel „Praktische Tipps A–Z/Unterkunft".

Cidade do Porto Inglês

6 **Hotel Big Game**④
Av. Amilcar Cabral, Mobil 9710593
Hotel mit Restaurant, italienische Leitung, Mindestaufenthalt zwei Nächte. Sportfischen.

24 **Apartments Stella Maris**③
Im Süden von Cidade do Porto Inglês (Ponta Preta) auf dem Felsplateau eingefriedete Wohnanlage mit Pool. Moderne Apartments für 2 und 4 Pers. im italienischen Stil. Kontakt, Dienstleistungen und Preise über die Residenciales Solemar und Inés (s.u.).

24 **Casita Solemar**③
In der Wohnanlage Stella Maris, Mobil 9730946 oder 9818559, www.kapverden-ferienhaus.de
Hübsches, gut ausgestattetes Ferienhaus für 4 Personen unter deutscher Leitung.

2 **Casita Verde**③
Av. Amílcar Cabral, Ortsausgang Richtung Morro, Mobil 9960633, www.casita-verde.de
2 künstlerisch eingerichtete Zimmer in einem schönen Haus in Strandnähe, eigene Du/WC, fließend Warmwasser, Kühlschrank, reichhaltiges Frühstück, Schattenplätzchen, Hängematten, paradiesischer Garten, Inselrundfahrten.

13 **Residencial Jardim do Maio**③
Av. Amílcar Cabral, Tel. 2551199
4 Zimmer mit eigener Du/WC, Frühstücksterrasse mit Blick auf Hafen und Meer.

14 **Hotel Marilu**③
Stadthotel im Zentrum, Tel. 2626570.

23 **Apartments HP Ocean View**③
Ponta Preta, Mobil 9861606,
www.caboverde-maio.com
Apartments für bis zu 4 Personen mit 2 Schlafzimmern, gut ausgestatteter Küche, Du/WC und Wohnzimmer.

5 **Pensão Porto Inglês**③
Tel. 2551698. Gut ausgestattete Zimmer.

■ **Residenciales** **4** **Solemar** und **3** **Inés**②
Av. Amílcar Cabral, Tel. 2551312, Mobil 9937022
Moderne Zimmer und Apartments sowie Ferienhäuser, alle mit Küchenzeile. Frühstücksdienst, Air-

portshuttle, Vermittlung von Mietwagen und Ausflugsfahrten.
8 Kaza Tropikal ②
Rua Jaime Mota, Mobil 9594151,
www.tropikalmaio.com
4 gut eingerichtete Zimmer mit eigener Du/WC, Balkon, günstig, ohne Frühstück.

Außerhalb

■ Torre Sabina ③
Calheta, Tel. 2561299, www.inseltraum.biz
Turmschlösschen über 3 Etagen oder Übernachtung in einer Kapelle für 2 Personen mit eigener Du/WC, Meerblick, Veranda, gepflegter Palmengarten und Sonnenterrasse direkt am Strand, deutschsprachige Tourberatung, WLAN.

Restaurants und Bars

Die Palette der Restaurants wächst und richtet sich zunehmend an internationale Gäste.

6 Big Game
Av. Amílcar Cabral. Sehr gute italienische Küche, hausgemachte Pasta, kapverdische Tagesteller am Mittag, ab 18 Uhr gibt es Abendessen, Langusten auf Bestellung.

15 Esplanada Wolf Djarmai
Mobil 9745194 *(Natália)*, nahe der katholischen Kirche unter den großen Akazien. Gute und günstige kapverdische Küche und Snacks, Sa Ruhetag.

9 Bar/Restaurant Tropical
Am Stadtstrand (Plexiglas-Bar). Sehr gute Speisen und Pizzas, „Happy Hour Caipirinha Time" 17–19 Uhr (Sonnenuntergang), den ganzen Tag geöffnet, Mo Ruhetag.

15 Bar/Restaurant Folgada/TOT
Rua Francesco Peneira. Einfaches und preisgünstiges kapverdisches Lokal, ganztags ohne Ruhetag, Vorbestellung empfohlen.

22 Kulor Café
Nettes Restaurant und Bar, serviert werden gute internationale und kapverdische Gerichte, So Ruhetag, gut sortierter Supermarkt im Hause.

21 Bar/Restaurant Piratos Farol
Sehr schöner Weitblick über Bucht und Hafen, gute kapverdisch-brasilianische Küche, Mittagstisch, abends ab und an Live-Musik. Verkauf lokaler Handarbeiten im Nachbarhaus.

7 Neptun
Av. Amílcar Cabral, neben der BCN-Bank. Gutes Lokal mit kapverdischen Fleisch- und Fischgerichten.

12 La Paloma
Rua 1° de Maio. Gute, einfache kapverdische Küche, Fleisch- und Fischgerichte, auch vegetarisch. Mittagstisch, So Ruhetag.

11 Bar/Restaurant Sete Sois
Sete Luas, Av. Amílcar Cabral. Kapverdische Küche und Ausstellungen, nur geöffnet bei Kulturveranstaltungen.

1 A Caminhada
Außerhalb von Cidade do Porto Inglês in Morro. Kapverdische Küche und Wandertouren.

Banken

Öffnungszeiten der Banken: Mo bis Fr 8–15 Uhr.

- **Banco Comercial do Atlântico (BCA)** Tel. 2551148, am Hauptplatz.
- **Banco Caboverdeano de Negócios (BCN)** Tel. 2551184, Av. Amílcar Cabral.
- **Caixa Económica de Cabo Verde** Tel. 2551409, neben der Katholischen Kirche.

Post und Telefon

- **CTT und öffentliches Telefon,** Tel. 2551189, auf dem Hügel im oberen Teil der Stadt, an den Parabol-Antennen von überall her zu erkennen; Mo bis Fr 8–15 Uhr.
- **CV Telecom,** Av. Amílcar Cabral neben der BCN-Bank.
- **SIM- und Guthabenkarten** gibt es in kleinen Läden mit entsprechendem Hinweisschild.

Notfall/Polizei

- **Gesundheitszentrum** auf dem Montinho de Lume in Cidade do Porto Inglês, Tel. 2551130.
- **Pflegerposten** befinden sich in Calheta und Pedro Vaz.
- **Polizei:** In der Oberstadt von Cidade do Porto Inglês, Tel. 2551132, Notruf Tel. 132.

Einkaufen

- **SB-Märkte:** 19 **Pick & Pay** und 22 **Kulor Café** in Cidade do Porto Inglês (Konserven und frische Lebensmittel), ferner SB-Märkte in Morro (ohne Frischwaren) und Pedro Vaz.
- **Mercado Municipal in Cidade do Porto Inglês,** Praça Bom Sossego: Frischgemüse, Früchte und Fleisch.
- **Bäckereien in Cidade do Porto Inglês** nahe der Post und neben dem Mercado Municipal.

Feste

- **2. Sonntag im Januar:** Fest zu Ehren von Nossa Senhora do Socorro in Cascabulho.
- **11. Februar:** Fest zu Ehren von Nossa Senhora de Lourdes – Prozession und Gemeindefest in Calheta.
- **19. März:** Fest zu Ehren von São José – Prozession und Gemeindefest in Calheta.
- **3. Mai:** Fest zu Ehren von Santa Cruz – Gemeindefest in Cidade do Porto Inglês.
- **13. Mai:** Fest zu Ehren von Nossa Senhora de Fátima in Morro.
- **13. Juni:** Fest in Santo António.
- **24.–26. Juni:** Fest zu Ehren von São João in Ribeira Dom João.
- **26. Juli:** Fest zu Ehren von Nossa Senhora Santa Ana in Morrinho.
- **29. Juli:** Fest zu Ehren von São Pedro in Pedro Vaz.
- **8.–13. Sept.:** Musikfestival im *Polivalente* (Fußballplatz) – Gemeindefest in Cidade do Porto Inglês.
- **21. November:** Fest Cristo Rei – Gemeindefest mit Garküchen und abendlicher Disco in Figueira da Horta.

Cidade Velha | 109

Einleitung | 95

Geschichte | 97

Praia | 98

Praktische Infos | 136

Reiseplanung Santiago | 136

Strände & Wasserverhältnisse | 136

Tarrafal | 131

Von Praia nach Tarrafal | 117

Von Tarrafal
   an der Ostküste nach Praia | 133

4 Santiago

Die größte, mittelgebirgige Insel war und ist Sitz der Hauptstadt Praia (155.000 Ew.). In Cidade Velha geht der Besucher auf Tuchfühlung mit der Geschichte. Hier machten die großen Entdecker Station, hier nahm der transatlantische Sklavenhandel seinen Anfang. Schöne Strände laden zum Baden, Surfen und Tauchen ein. Herrliche Wanderungen und Mountainbikefahrten machen Santiago zur Insel mit den vielfältigsten Möglichkeiten für einen Aktivurlaub.

◁ Kirche in Santa Catarina

Santiago: Übersichtskarte

Einleitung

Santiago ist die Hauptinsel des Archipels. Sie übertrifft nicht nur mit ihrer Fläche (991 km²) die anderen Inseln, sondern sie beherbergt auch mehr als die Hälfte der Bevölkerung des Landes. Von den fast **300.000 Einwohnern** leben mehr als 155.000 in der **Hauptstadt Praia** im trockenen Südosten der Insel. Die Stadt wächst rasant und zieht als wirtschaftliches Zentrum und Regierungssitz Menschen aus dem Inselinneren und von den anderen Inseln an. Die etwas Wohlhabenderen kommen in Vorstadtsiedlungen unter, deren gedrängte vielstöckige Betonarchitektur an das moderne Portugal erinnert. Die Armen folgen ihren ländlichen Gewohnheiten und überziehen die Steilhänge mit Favela-ähnlichen Einfachstsiedlungen.

Die Oberflächengestalt Santiagos wird bestimmt durch zwei vulkanische Gebirgsstöcke und dazwischen liegende Hochflächen *(Achadas)*. Im Zentrum dominiert ein Gebirge mit der Gipfelpyramide des **Pico d'Antónia (1394 m)**, der höchsten der Insel. Von Praia aus sieht man ihn meist wie eine Haifischflosse aus den Wolken ragen. Im Norden erstreckt sich die Gebirgskette der **Serra Malagueta (1064 m)** von der West- zur Ostküste, eine Barriere, die die nördliche Halbinsel schwer zugänglich machte. Zu beiden Seiten des Kamms streben Kerbtäler mit steilen Hängen zum Meer hin. Halbfeuchte Nebelwälder auf den Höhen und die Landwirtschaft in den tieferen Abschnitten prägen die Landschaft, zusammen mit kleinen Dörfern, die sich meist auf einer Bergrippe *(cutelo)* hinziehen.

Die charkteristische Landschaftsform Santiagos sind aber die **Achadas,** nur unmerklich ansteigende Lavaebenen, aus denen die Erosion tafelförmige Berge mit steilen Begrenzungen herausgetrennt hat. Zwischen den beiden Gebirgsstöcken breitet sich wie eine grüne Hängematte eine solche Ebene aus, in der die Stadt Assomada liegt. Auf der Achada Falcão ist sie mit Vulkankegeln durchsetzt. So ist das **Zentrum der Insel** feuchter, grüner und vegetationsreicher mit Sträuchern, Akazien, Tamarisken, Euphorbien und wilden Feigenbäumen.

In das Bergland bis hinauf nach Norden schneiden sich eine Reihe von **Tälern (Ribeiras)** ein, die zur Küste hinabführen. Sie ermöglichen zum Teil Bewässerungsfeldbau. Sehr fruchtbar sind die nach Osten hinausziehenden Ribeira de Santa Cruz und Ribeira dos Flamengos, die nach Calheta de São Miguel bzw. nach Pedra Badejo hinabführen. Nach Westen hinaus zieht die Ribeira Grande de Santiago, wo die Besiedlung Cabo Verdes ihren Ausgang nahm.

Der Süden nahe Praia und die nördliche Halbinsel um den Monte Graçiosa herum werden fast ausnahmslos von bräunlich vertrockneten Achadas bestimmt. Einige jüngere Eruptionskegel und alte verwitterte Vulkanschlote lockern aber auch diese Landschaft auf.

Santiago ist mit großem Abstand die **landwirtschaftlich produktivste Insel.** Zum einen sind die Berge hoch genug, um Niederschläge aus den Passatwolken zu provozieren und Nebelwälder zu erhalten, zum anderen erreichen die tropischen Platzregen im Sommer die Insel doch deutlich häufiger als die nördlichen Inseln. Die Hälfte der kultivierten Flächen des Archipels befindet sich auf dieser Insel. Im Bewässerungsfeldbau dominieren Zuckerrohr, Bananen und die verschiedensten Gemüse- und Obstpflanzungen, im Trockenland hauptsächlich Mais und Bohnen.

Die **dichte Besiedlung** Santiagos gründet heute auf zwei Faktoren: den relativ guten landwirtschaftlichen Möglichkeiten und dem Sog der Hauptstadt. Administrativ gliedert sich die Insel in **neun Landkreise** *(concelhos):* Praia, São Domingos, Santa Catarina (Hauptort Assomada), Santa Cruz (Hauptort Pedra Badejo), Calheta de São Miguel, São Salvador do Mundo (Hauptort Picos), São Lourenço dos Órgãos (Hauptort João Teves), Ribeira Grande de Santiago (Hauptort Cidade Velha) und Tarrafal.

Afrikanische Kultur und Tradition haben Santiago stärker geprägt als jede andere Insel. Als erster und wichtigster Handelsplatz im transkontinentalen Sklavenhandel waren Cidade Velha und die gesamte Insel früher, länger und intensiver in Kontakt mit dem afrikanischen Festland und seinen Kulturen. So sind die „Badios" aus Santiago dunkelhäutiger als die „Sampadjudos" der anderen Inseln. Musik und Tänze wie Batuco und Funana lassen die afrikanischen Wurzeln deutlich sicht- und hörbar werden.

Dennoch wäre es falsch, Santiago auf ein häufig zitiertes „Africa light" verkürzen zu wollen. In der kreolischen Kultur, deren Wiege Santiago ist, haben sich die afrikanischen Elemente mit mediterraner Kultur und dem Katholizismus als Staatsreligion getroffen. Humane Prinzipien aus maurischer Tradition und der Doktrin der Jesuiten sowie aufgeklärte feudale Prinzipien aus der Feder des *Marques de Pombal, Napoleons* und Königin *Victorias von England* waren genauso bestimmend wie die bürgerliche republikanische Bewegung Portugals und eine internationale, antifaschistisch sozialkritische Strömung, die 1974 gleichermaßen zur Unabhängigkeit des Landes und zur Ablösung des faschistischen Regimes in Portugal geführt haben. Als **originär kreolische Gesellschaft,** als stärkste europäische Kolonialsiedlung, Bischofssitz und als politisches Zentrum sowohl der portugiesischen Herrschaft wie auch des Widerstands stand Santiago immer im Mittelpunkt und reagierte zumeist selbstbewusst mit farbenfroher Kreativität. Wenn es denn eines Slogans für diese Insel bedarf, dann auf keinen Fall „Africa light", sondern vielmehr „Crioulo fortissimo".

Geschichte

Die Geschichte Cabo Verdes ist in erster Linie die Geschichte Santiagos. Über die ersten 250 Jahre, in der Zeit der Entstehung kreolischer Familien und Kultur, als Zentrum des Sklavenhandels und einer mit Sklaven betriebenen feudalen Landwirtschaft, war nur Santiago in bestimmendem Maß besiedelt. Im Kapitel zur Geschichte der Inseln haben

Cidade da Ribeira Grande de Santiago

Praia

wir versucht, die wesentlichen Entwicklungen dieser Zeit darzulegen.

Nach einer Verwüstung der damaligen Hauptstadt Ribeira Grande im Jahre 1712 durch den französischen Piraten *Jacques Cassart* gewann **Praia** an Bedeutung. Trotz der mehr hilflosen als planmäßigen Versuche von 1838, die Hauptstadt nach Mindelo zu verlegen, behielt Praia bis heute seine Dominanz. 1769 wurde es zur Vila und erlangte 1858 mit damals rund 4000 Einwohnern das Stadtrecht *(Cidade)*. Kleine dörfliche Gemeinschaften und starker Kollektivgeist vertrugen sich gut mit den gesellschaftlichen Idealen der neuen PAIGC im Kampf um die Unabhängigkeit und später als Regierung, die auf Santiago ihre stärkste Bastion errichten konnte.

Santiago war im 20. Jahrhundert massiv benachteiligt gegenüber den anderen Inseln, hatte weitaus weniger Schulen, Straßen und Gesundheitseinrichtungen. Die Hauptstadt hatte noch nicht einmal einen Hafen mit einem richtigen Kran, der auch nur einen Klein-Lkw hätte an Land hieven können. Die Badios wurden vom Regime rassistisch diskriminiert und aktiv behindert, da man in ihnen den politischen Gegner sah. Diese **Benachteiligung** hat bis heute ihre Auswirkungen und konnte trotz großer Anstrengungen nicht völlig ausgeglichen werden. Da zudem die Ärmsten der Armen vor der Dürre nach Praia flüchteten, konzentrierten sich hier die Probleme in unerträglichem Maß. Es kam zu einer Umkehrung der Gesundheitsindikatoren. Üblicherweise liegt die Säuglingssterblichkeit im ländlichen Raum höher als in der Stadt. In Praia erreichte sie noch in den 1990er Jahren das Doppelte des Landesdurchschnitts.

Praia ist die **Hauptstadt Cabo Verdes** und liegt im Südosten der Insel. Als Zentrum von Regierung und Verwaltung erfuhren Praia und die Insel Santiago einen enormen Entwicklungsschub. Entsprechend stieg die Einwohnerzahl der Stadt: 1970 waren es knapp 25.000 Menschen, die in Praia lebten, 2016 über 155.000, mehr als die Hälfte der Inselbevölkerung. Weitere 16.000 Menschen kommen täglich als Pendler in die Stadt.

Die schachbrettartig angelegte **Altstadt** Praias liegt **auf einem flachen Felsplateau** marinen Sedimentgesteins rund 40 m über dem Meer. Außerhalb dieser natürlichen Bastion breiten sich neuere Stadtteile aus.

Praia gilt nicht als Touristenstadt und bemüht sich auch erst in den letzten Jahren, eine zu werden. In den Hotels trifft man vorwiegend Geschäftsleute, Parlamentarier von anderen Inseln, Teilnehmer von Kongressen und Lehrgängen und internationale Berater. Die europäischen Urlauber zieht es mehr aufs Land, an die Strände und in die Einsamkeit der Gebirge. Lebt und arbeitet man länger in Cabo Verde, dann beginnt man dies anders zu sehen und ist ab und an froh, der kleinbürgerlichen Enge peripherer Städtchen, wo jeder jeden kennt, zu entkommen. Praia ist unter der Woche quirlig, stickig, laut und heiß, ist anonyme Großstadt im Taumel wirtschaftlicher und politischer Ränkespiele, ist völlig unromantische Realität und voller Leben. Praia ist reich – hier werden 43% des Bruttoinlandsproduktes generiert –, Praia ist arm – 28% der Praienses leben von weniger als 271 Escudos (2,50 Euro) pro Tag. Die Jugend zwischen 15 und 24 Jahren ist zu 63% arbeitslos. Nirgends im Land sind die Gegensätze zwischen Arm und Reich krasser als in Praia.

Der **Kulturbetrieb** in Praia folgt einer speziellen Philosophie: Ausgerichtet auf die eigene Bevölkerung und die kapverdische Diaspora, entwickelt er sich in Zusammenarbeit mit internationalen Künstlern panatlantischer Dimension und läuft bisher kaum Gefahr, zur folkloristischen Einheitskost fürs All-inclusive-Publikum zu verkommen.

Kurz: **Praia ist faszinierend** – und so steigt auch die Zahl der Touristen, die länger in der Stadt verweilen.

Bei Einkäufen und Behördengängen passiert man schöne Fassaden aus der portugiesischen Kolonialzeit, betritt Gebäude mit historischer Bedeutung, saust im Taxi an der Hafenbucht entlang und verliert sich auf der Suche nach einer Adresse in den Vorstädten.

Ein Spaziergang übers Platô (Plateau)

Zwischen der südlichen und der nördlichen Zufahrtsrampe ballt sich das städtische Leben auf nur **einem Kilometer Nord-Süd-Ausdehnung und etwa 300 Metern in West-Ost-Richtung.** Firmen, Büros, Banken, Pensionen, Bars, Kneipen und das umwerfend nostalgische Kino sowie die staatliche Uni und die pädagogische Hochschule teilen sich den Raum mit chinesischen Läden, Supermärkten, dem großen Gerichtsgebäude und dem Zentralhospital des Sotavento (HAN). Die kleinen ebenerdigen Wohnhäuser werden rasch von Geschäften und Büros verdrängt. Keine tausend

Die Praça de Albuquerque – Zentrum des Platôs von Praia

Praia Übersicht

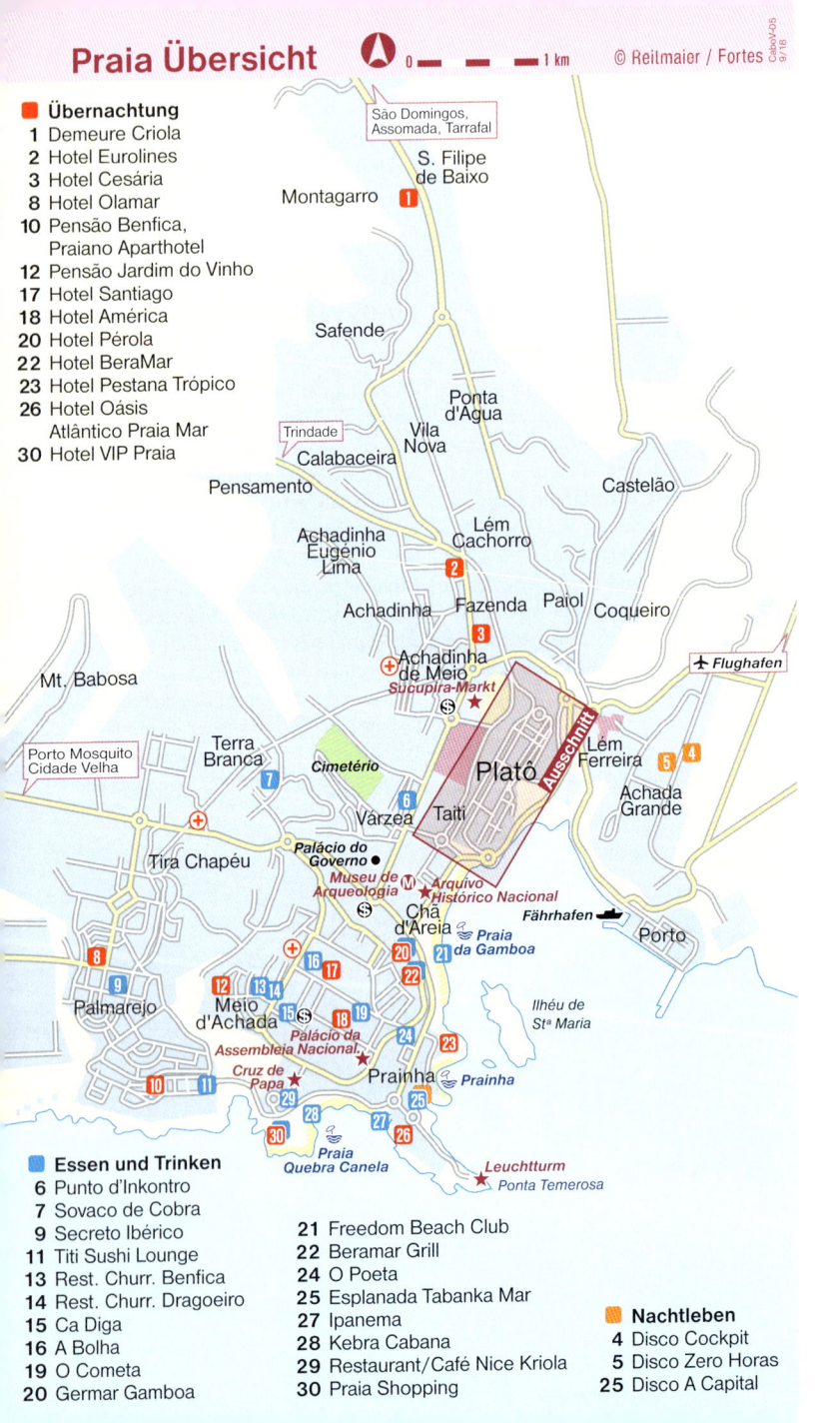

0 — — 1 km © Reitmaier / Fortes

■ Übernachtung
1. Demeure Criola
2. Hotel Eurolines
3. Hotel Cesária
8. Hotel Olamar
10. Pensão Benfica, Praiano Aparthotel
12. Pensão Jardim do Vinho
17. Hotel Santiago
18. Hotel América
20. Hotel Pérola
22. Hotel BeraMar
23. Hotel Pestana Trópico
26. Hotel Oásis Atlântico Praia Mar
30. Hotel VIP Praia

■ Essen und Trinken
6. Punto d'Inkontro
7. Sovaco de Cobra
9. Secreto Ibérico
11. Titi Sushi Lounge
13. Rest. Churr. Benfica
14. Rest. Churr. Dragoeiro
15. Ca Diga
16. A Bolha
19. O Cometa
20. Germar Gamboa
21. Freedom Beach Club
22. Beramar Grill
24. O Poeta
25. Esplanada Tabanka Mar
27. Ipanema
28. Kebra Cabana
29. Restaurant/Café Nice Kriola
30. Praia Shopping

■ Nachtleben
4. Disco Cockpit
5. Disco Zero Horas
25. Disco A Capital

Praia Platô

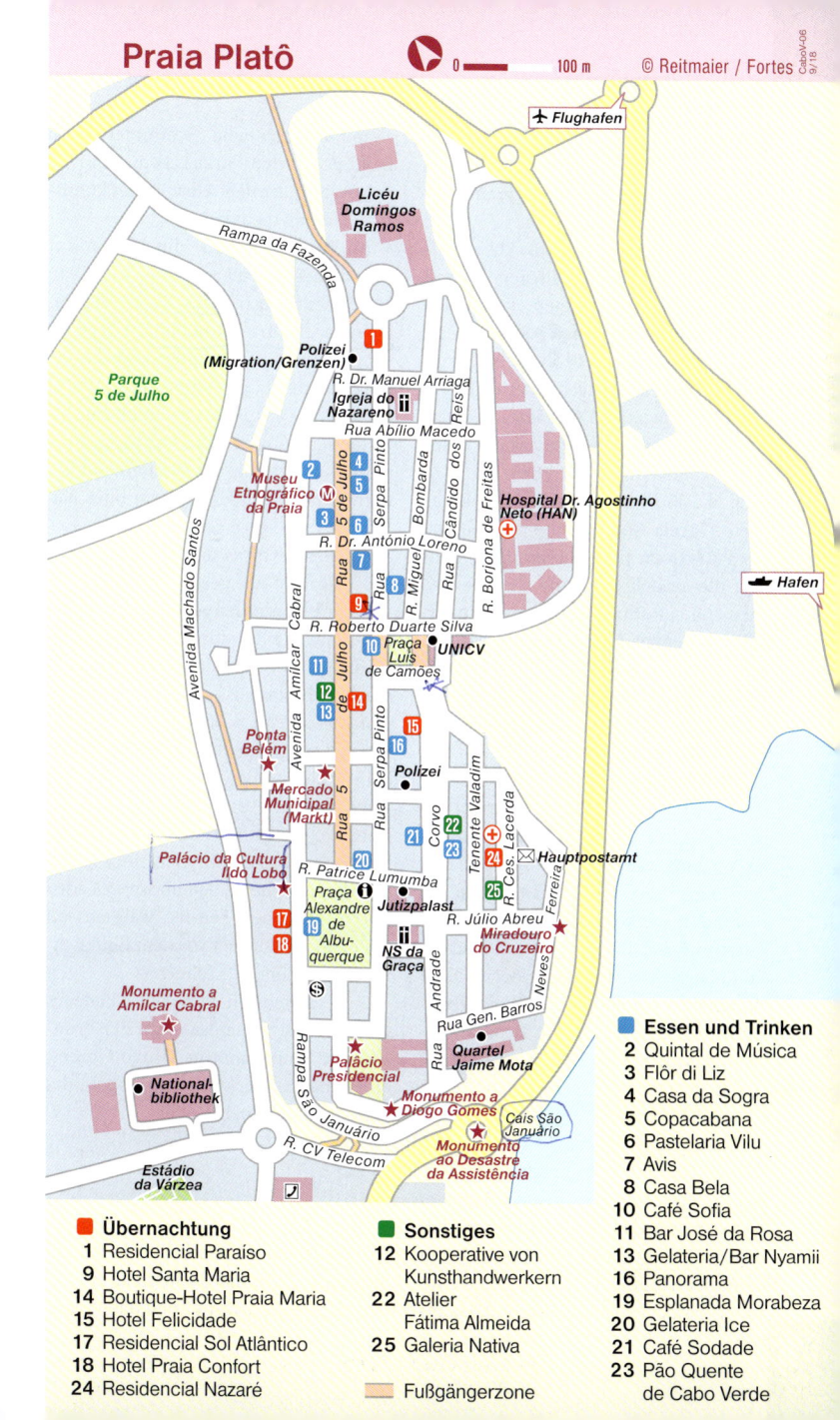

0 — 100 m © Reitmaier / Fortes

Flughafen

Licéu Domingos Ramos

Rampa da Fazenda

Parque 5 de Julho

Polizei (Migration/Grenzen)

R. Dr. Manuel Arriaga

Igreja do Nazareno

Rua Abílio Macedo

Museu Etnográfico da Praia

Rua 5 de Julho · Serpa Pinto · Bombarda · Cándido dos Reis · R. Borjona de Freitas

Hospital Dr. Agostinho Neto (HAN)

R. Dr. António Loreno

R. Miguel

R. Roberto Duarte Silva

Praça Luís de Camões — UNICV

Hafen

Avenida Machado Santos

Avenida Amílcar Cabral

Rua 5 de Julho

Ponta Belém

Mercado Municipal (Markt)

Serpa Pinto · Corvo · Tenente Valadim

Polizei

Palácio da Cultura Ildo Lobo

Hauptpostamt

R. Patrice Lumumba

Praça Alexandre de Albuquerque

Jutizpalast

R. Júlio Abreu

Miradouro do Cruzeiro

NS da Graça

Rua Andrade · Neves Ferreira · R. Ces. Lacerda

Rua Gen. Barros

Monumento a Amílcar Cabral

Nationalbibliothek

Quartel Jaime Mota

Palácio Presidencial

Rampa São Januário

Monumento a Diogo Gomes

Cáis São Januário

Monumento ao Desastre da Assistência

Estádio da Várzea

R. CV Telecom

🟥 Übernachtung
1. Residencial Paraíso
9. Hotel Santa Maria
14. Boutique-Hotel Praia Maria
15. Hotel Felicidade
17. Residencial Sol Atlântico
18. Hotel Praia Confort
24. Residencial Nazaré

🟩 Sonstiges
12. Kooperative von Kunsthandwerkern
22. Atelier Fátima Almeida
25. Galeria Nativa

Fußgängerzone

🟦 Essen und Trinken
2. Quintal de Música
3. Flôr di Liz
4. Casa da Sogra
5. Copacabana
6. Pastelaria Vilu
7. Avis
8. Casa Bela
10. Café Sofia
11. Bar José da Rosa
13. Gelateria/Bar Nyamii
16. Panorama
19. Esplanada Morabeza
20. Gelateria Ice
21. Café Sodade
23. Pão Quente de Cabo Verde

Menschen wohnen noch auf dem Plateau, und am Sonntagmorgen ist es dort genauso menschenleer wie in Frankfurts Bankenviertel.

Zentrum der ab 1808 im klassizistischen Stil auf dem südlichen Plateau planvoll neu geordneten kolonialen Hauptstadt ist die **Praça Alexandre de Albuquerque**. Eine Bronzebüste erinnert an den Namensgeber, Vizeadmiral *Caetano Alexandre d'Almeida Albuquerque* (1824–1916), der Gouverneur in Indien, Angola und von 1869 bis 1876 auch in Cabo Verde war. Die katholische Kirche **Igreja Nossa Senhora da Graça**, der **Palácio da Justiça** (Gerichtsgebäude), die pastell-orangene Fassade des ehemaligen **Rathauses Câmara Municipal** und weniger repräsentative ehemalige Geschäfts- und Lagerhäuser tragen den Stil der kolonialen Gründerzeit weiter, ergänzt um neuere oder durch Renovierungen im Stil veränderte Gebäude wie den Justizpalast, die Apotheke und das Bankgebäude der BCA. So atmet der heute propere Platz den **Geist kolonialer Vergangenheit** nicht weniger als den der jungen Republik. Ist das der gleiche Platz, den wir wenige Jahre nach dem Zusammenbruch des portugiesischen Kolonialreichs voller Schlaglöcher, ohne ein einziges bepflanztes Beet, mit grünlich-brackigem Wasser im Brunnenbecken, das die Frauen auf dem Kopf nach Hause trugen, kennenlernten? Eine Apotheke, die rund ums Jahr Medikamente vorrätig hat, einen malerischen Springbrunnen und genügend Wasser, um die vertrockneten Beete würdig zu gestalten, ein Café, einen Infokiosk und Läden voller Lebensmittel gab es nur im Land der Träume. Übervolle Regale im Supermarkt, Geldautomaten und das allabendlich bläuliche Schimmern von Laptops auf den Parkbänken am Internet-Hotspot kamen selbst in den kühnsten Visionen nicht vor.

Im Westen begrenzt die Av. Amílcar Cabral das Plateau mit einer Zeile von Geschäftshäusern. Haus Nr. 17, der **Palácio da Cultura Ildo Lobo,** ist der Kultur gewidmet (Ausstellungen, Musikveranstaltungen, Filmvorführungen, Workshops und Diskussionsabende). Ein Infostänader kündigt das aktuelle Programm an, das die Kunstszene und vor allem die Jugend der Stadt im Blick hat. Urlauber sind gern gesehene Gäste.

Südwärts, vorbei an der Bronzebüste des Vizeadmirals, gelangt der Besucher vor den **Präsidentenpalast** und kann einen scheuen Blick durch den hübsch bepflanzten Eingangsbereich auf den Ende des 19. Jahrhunderts als Gouverneurssitz errichteten Palast werfen. Das Ziegeldach ist umgeben von einer Ziersäulenbalustrade, zwei große Bäume, weinrote Bougainvilleen und Rabatten um die Rotunde der Zufahrt betonen die symmetrische Fassade. Im Oberstock scheinen die innenliegenden massiven Läden durch die hohen Fenster, während im Unterstock Jalousien vor dem Einfall direkten Sonnenlichts schützen.

Am südlichsten Punkt des Plateaus genießt man gemeinsam mit der Bronzestatue **Monumento a Diogo Gomes**, einem der Entdecker des Archipels, das Panorama der Bucht.

Nach Osten

Es genügen zwei Minuten, um vorbei am **Supremo Tribunal de Justiça,** in dem der oberste Gerichtshof und das Verfassungsgericht untergebracht sind, zum **Aussichtspunkt Miradouro do Cruzeiro** zu gelangen. Eine Reihe rostiger Kanonen schaut hinaus auf die Bucht.

In der Rua Cesário Lacerda, neben dem höchsten Gericht, liegt das **zentrale Postamt** – hier bekommen Philatelisten die begehrten Sondermarken.

Nach Norden

Nach Norden führen mehrere parallele Geschäftsstraßen. Neben modernen Betonbauten sind noch einige der angestammten **Sobrados** erhalten, in denen der Laden im Parterre gleichmäßig angeordnete hohe Türen, aber keine Fenster besitzt und der Wohnstock darüber das Muster wiederholt in Form von Balkontüren, die jede auf einen Zierbalkon führen.

Die **Praça Luis de Camões** lädt ein zum Verweilen und Schauen.

Im Straßencafé an der Ecke sitzt jeden Morgen das gleiche Grüppchen munterer Rentner zum verlängerten Frühstück; dazwischen Urlauber, die beim Espresso im Reiseführer blättern.

Doch spätestens zur großen Pause nimmt die Jugend die Praça Luis de Camões in Besitz. Studentinnen und Studenten der Pädagogischen Hochschule und der **Universidade de Cabo Verde UNICV** wuseln vorüber. 2006 öffnete die **erste staatliche Universität** ihre Pforten im lang gestreckten Betonbau, der über Jahrzehnte dem Außenministerium gedient hatte. Das Konzept einer auf mehrere Inseln verteilten Hochschule mit intensiver Vernetzung und Fernunterricht wird mit Partnern der Kanaren und Azoren realisiert. Seit 2015 werden auch Mediziner ausgebildet (in Zusammenarbeit mit der Uni Coímbra in Portugal).

Nordöstlich der UNICV öffnet sich der Platz vor dem **Hospital Dr. Agostinho Neto (HAN)**, dem mit 352 Betten größten des Landes und einzigen Zentralhospital des Sotavento. In den 1890er Jahren als typisches Kolonialhospital im Pavillonstil geplant, basiert die Architektur auf der Krankheitslehre der Epoche, nach der Miasmen, aus dem Untergrund entweichende schlechte Gerüche, die Ursache von Krankheiten waren. Man baute 10 m hohe, riesige Bettensäle mit einem Maximum an gesunder Luft und platzierte Krankenhäuser in den Kolo-

Monumento a Diogo Gomes

nien möglichst in windiger Höhe. In Praia wurde die Anordnung auf dem Plateau seither heftig kritisiert, bedeutet sie doch, dass seit über 100 Jahren der Platz für einen weiteren Ausbau eingeschränkt ist. Bei den nie enden wollenden Umbauten und Renovierungen fand sich ein interessanter Kompromiss für den architektonisch ansprechenden, denkmalgeschützten Zentralbau. Das Äußere konnte unverändert bleiben, obwohl die Innenhöhe halbiert und im neu entstandenen Stockwerk die Administration und ein großer Versammlungssaal einzogen.

Die **Igreja do Nazareno** steht gegenüber der mit massiven Pollern und Stahlträgern gesicherten US-Botschaft an der Rua Abílio Macedo. Die umgebenden Wohnhäuser gefallen durch den einheitlichen kolonialen Baustil und gepflegte Vorgärtchen.

Das **Gymnasium Licéu Domingos Ramos** belegt den nördlichsten Vorsprung des Plateaus. An dem hübsch bepflanzten Platz warten ambulante Händlerinnen mit Bonbons und Kleingebäck auf die nächste Pause. Zu den Stoßzeiten strömen Tausende von Fußgängern zu den Wohnvierteln im Norden. Ein Denkmal erinnert einmal mehr an die Gnade des Entdecktwerdens.

Die **Fußgängerzone Rua 5 de Julho,** begrünt und abends beleuchtet, ist mit Straßencafés, Läden und Restaurants die Freizeit- und Bummelmeile der Stadt. Zwischen traditionellen Handelshäusern liegt das **Museo Etnográfico da Praia.** 1997 war es als erster Anfang kapverdischer Museumskultur eröffnet worden. Die Auswahl der Ausstellungsstücke ist erheblich gewachsen, nachdem Stücke aus anderen Sammlungen, insbesondere die vom Meeresgrund gehobenen Schätze von ethnografischer Bedeutung, hinzugekommen sind. Thementafeln erläutern den Kontext der Exponate und legen besondere Schwerpunkte auf Landwirtschaft, Weberei, Töpferei und Korbflechterei (geöffnet Mo bis Fr 8–12 und 14–18 Uhr).

Der **Mercado Municipal** zwischen Avenida Amílcar Cabral und Rua 5 de Julho ist der älteste Gemüse- und Obstmarkt der Stadt. Die architektonische Urform ist kaum mehr zu erkennen, nachdem die Stadtverwaltung ein zweites Stockwerk aus Stahl bauen ließ, um der Enge Herr zu werden. Erhalten geblieben sind ein Häuschen für Fisch, ein zweites für Fleisch und der überschattete, von Eisengittern umgebene Hof, auf dem von Steintischen herab Gemüse und Obst verkauft werden. Kleidung und andere Waren gibt es auf dem Sucupira (s.u.). Auf der landwirtschaftlich produktivsten Insel haben die Gemüse- und Obstmärkte Praias mehr und Besseres zu bieten als auf den anderen Inseln. Den Marktfrauen fehlt es weder an Selbstbewusstsein noch an Lautstärke, und Preise wollen ausgehandelt werden.

◁ Blick auf das Platô

Sonstige Sehenswürdigkeiten

Monumento ao Desastre da Assistência

Im Zentrum des großen Kreisverkehrs am Fuß der Rampe ragt ein modernes Kunstwerk des Architekten und Städteplaners *Carlos Hamelberg* in den Himmel; es erinnert an den **20. Februar 1949**, den **schwärzesten Tag der Stadt**. Rund 2500 zum Gerippe abgemagerte Bürger schleppten sich täglich auf den angrenzenden Bauhof in der Hoffnung, dank der Armenspeisung *(assistência)* zu überleben. Die von der schwersten aller Hungerkatastrophen Gezeichneten waren bereits zurück auf dem Weg in die Stadt, als eine der hohen Mauern einstürzte. 47 Menschen konnten lebend geborgen werden, während für 232 jede Hilfe zu spät kam.

Praia da Gamboa und Chã d'Areia

Zwischen der vom Kreisverkehr fast völlig versteckten ehemaligen Anlegestelle, dem **Cais de São Januário,** und den verfallenden Landungsbrücken breitet sich die Praia da Gamboa aus. Die **Freilichtbühne** ist alljährlich Schauplatz des **größten** Musikfestivals der Insel mit einem tollen Programm kapverdischer und internationaler Künstler.

Die **doppelspurige Uferstraße** eilt dem nächsten Kreisverkehr zu. Seewärts liegen die Reste des alten Hafens und Zollhauses sowie eines Schlachthofs. Spaziergänger schauen den Fischern bei der Reparatur der Netze zu, Jogger genießen die Weite des Strandes. Landeinwärts zieht sich der Stadtteil Chã d'Areia (flaches Sandland) bis zum nächsten Kap. Das E-Werk, einst am Stadtrand gebaut, war niemals wirklich in der Lage, der Stadt in ihrer rasanten Entwicklung zu folgen und ist verstummt.

Die hübsche Fassade des **Arquivo Histórico Nacional** ist zwischen kunstlosen Zweckbauten leicht zu erkennen.

Die Seitensträßchen führen zum **Museu de Arqueologia** mit einer reichhaltigen Sammlung.

■ **Museu de Arqueologia,** Chã d'Areia, Zona exEstado Maior, Mo bis Fr 8–12 und 14–18 Uhr. Die interessantesten und reichsten Fundstätten in Cabo Verde liegen auf dem Meeresgrund, und die schönsten und wertvollsten Artefakte stammen von dort – und sind in diesem Museum zu sehen.

Lusitanien römischer Name für Portugal

Luís Vaz de Camões

Luís Vaz de Camões (1524–1580) wird als der größte portugiesischsprachige Dichter angesehen, seine **Lusiaden** *(os Lusíadas)* gelten als das herausragende Epos der Neuzeit, in dem er die portugiesische Expansion, vor allem die Expedition *da Gamas'*, beschreibt. Präzision und Feinfühligkeit des 1002-Strophen-Werks erinnern an *Homers* Odyssee.

Die Sympathie für *Camões* in der Peripherie des einstigen Weltreichs gilt nicht zuletzt auch seinem **Lebensweg.** Nach dem Studium der Geisteswissenschaften und der Literatur der Antike diente er, nicht ungewöhnlich für einen verarmten Adligen, in der nordafrikanischen Garnison Ceuta. 1547 verlor er ein Auge in einem Gefecht mit den Mauren. 1553, nach einem Jahr Haft wegen Körperverletzung, verpflichtete er sich für drei Jahre zum Dienst in Asien und kam so aus dem Gefängnis frei. Aus drei wurden 17 Jahre. Von Goa (Indien) per Strafexpedition nach Macau (China) verfrachtet, wurde er aus dem Dienst entlassen. Jahrelang lebte er in einer Höhle und verfasste somit den größten Teil der Lusíadas in China. Auf der Rückreise kam seine in Liebessonetten besungene chinesische Lebensgefährtin beim Schiffbruch in der Mündung des Mekong zu Tode. *Camões* gelang es, das Lusíadas-Manuskript zu retten.

Zurück in Goa, wurde er in den Schuldturm geworfen, bis er einem einflussreichen Freund für zwei Jahre nach Mosambik folgen konnte. Zur Zeit seiner Rückkehr im Jahr 1570 litt Lissabon unter der Pest. 1572 erschien die Erstauflage der Lusíadas, die als Nationalepos gefeiert wurden. Die als Schmach empfundene Annexion des Landes durch Spanien erlebte er nicht mehr. *Camões* starb am Vorabend.

Prainha

Am Ende des Strandes beginnt der Stadtteil Prainha mit einem felsigen Kap. Nicht ohne Grund erinnert die Rückfront, und nur diese, des vornehmen Hotels Pestana Trópico an einen Hochsicherheitstrakt, befand sich doch an diesem Ort das städtische Gefängnis.

Prainha erstreckt sich bis zum **Leuchtturm der Ponta Temerosa**. Als die junge Republik einen Ort für die Ansiedlung diplomatischer Auslandsvertretungen brauchte, entwickelte sich Prainha rasch zum Nobelviertel. Die Hauptstraße führt vor das **Hotel Oasis Atlántico,** das sich an der Basis des Kaps Ponta Temerosa in einer Gartenanlage ausbreitet. Der Abstecher zum Leuchtturm ist nur tagsüber zu empfehlen. Die Uferstraße führt vorüber am sehr beliebten kleinen Sandstrand, der dem Viertel den Namen gab.

Quebra Canela

Quebra Canela (dt.: Knochenbrecher) ist der größere **Stadtstrand,** an dem man sich nach der Arbeit oder am Wochenende trifft: Angenehme strandnahe Restaurants und ein Café auf der Höhe des **Cruz de Papa** mit Blick aufs Meer ziehen nicht nur Badegäste an. Quebra Canela versteckt sich bereits hinter dem Kap und bleibt dem Blick des bronzenen *Diogo Gomes* (s.o.) verborgen.

Ilhéu de Santa Maria

In der Bucht liegt das Inselchen der Heiligen Maria, auch unter dem in Hafenstädten häufigen Namen „Lazareto" bekannt. Dies war der einzige Ort, den die Matrosen einlaufender Schiffe betreten durften – für vierzig Tage, „uma quarentena de dias", was den Ursprung des Wortes **Quarantäne** erklärt.

Auf der Insel soll ein großes Kasino mit Hotel, Marina und höchsten internationalen Luxusstandards entstehen. Baubaracken lassen vermuten, dass das Großprojekt eines Investors aus Macau (China) nach zwei Jahrzehnten des Stillstands wieder Fahrt aufnimmt.

Die **Kaserne Quartel Jaime Mota** zur Linken von *Diogo Gomes* dient den Wachmannschaften des Präsidentenpalastes, ein Gebäude, das sicherlich ein Jahrhundert lang keine wesentliche Renovierung erlebt hat. So lange die angedachte Umwandlung in eine Nobelherberge auf sich warten lässt, darf ein verrottender sowjetischer Radpanzer als „alternatives Denkmal" darauf hinweisen, dass auch große Pläne ein unvorhergesehenes Ende finden können.

Von den vielen anderen Stadtvierteln, allesamt nach der Unabhängigkeit entstanden, sind zwei hervorzuheben:

Várzea und Taiti

Der Name erklärt die Lage: Das **„Tiefland"** legt sich zwischen das Plateau und die Achadas, die zum Inselinneren hin ansteigen. Dass der ursprünglich dichte Dattelhain Taiti nahe dem Platô über fünf Jahrhunderte als gutes Ackerland diente, ist an starken Bäumen und einigen Gärten noch heute zu erkennen. Erst nachdem die Hänge rundum dicht besiedelt waren, zerschnitt die Hauptverkehrsader **Avenida Cidade de Lisboa** die Ebene und verlieh ihr hauptstädtische Aufgaben.

Im **Parque 5 de Julho** treffen sich Geschäftsleute und Studenten zur Mittagszeit im Schatten der Bäume. Abends belebt sich die Szenerie im beleuchteten Skatepark, auch Konzerte und Veranstaltungen finden immer öfter statt.

Der **Sucupira** ist beliebt und berüchtigt als der „afrikanische" Markt, wo mit unendlicher Fantasie einfach alles – neu oder gebraucht, ganz oder kaputt – gesucht, gefunden, besorgt, gehandelt, vermittelt oder verkauft wird, vom Knopf bis zum begehbaren Kühlschrank. Auch typische Töpfer- und Flechtwaren aus Cabo Verde sowie aktuelle und antiquarische kapverdische Musik sind zwischen all den Billigtextilien aus Asien und gebrauchten Kleidern aus den USA zu finden.

An der Seitenstraße im Süden liegt ein zentraler **Aluguer**-Sammelplatz für alle Fahrten ins Inselinnere.

Auf der Avenida Cidade de Lisboa nach Süden fahrend, ziehen **große öffentliche Gebäude** vorüber. Die **Bibliotéca Nacional** mit gut sortiertem Buchhandel im Erdgeschoss, das **Auditório Nacional Jorge Barbosa,** ein großes **Monumento a Amílcar Cabral** und das **Estádio da Várzea,** Spielplatz der nationalen Fußballmannschaft „Tubarões Azuis" (dt.: Blaue Haie), reihen sich im Osten aneinander. Zur anderen Seite liegt der Regierungspalast. Sie alle sind, wie das Parlamentsgebäude auf der Achada Santo António, Geschenke Chinas an die junge Republik. Der **Palácio do Governo** erlöste die Ministerien aus der Enge angemieteter Wohnungen und Lagerräume. Machtvolle Fronten und breite Treppen symbolisieren den wachsenden ökonomischen und politischen **Einfluss Chinas** in Afrika. Dabei war chinesische Entwicklungszusammenarbeit schon immer etwas anders. Auf der Baustelle wohnten chinesische Arbeiter in Bretterbuden, zogen Kohl und Karnickel und beschleunigten die Fertigstellung in Abend- und Wochenendschichten. Irgendwo im Kleingedruckten gab es einen Paragrafen, der chinesischen Staatsbürgern die zeitweise Ansiedlung als Händler erlaubte. Als das Parlament und der Regierungspalast eröffnet waren, blieben einige da und verkauften für Pfennigbeträge chinesisches Süßgebäck aus dem Aluminiumtopf – und legten so den Grundstein für Handelshäuser, die heute den Markt beherrschen.

Achada de Santo António

Im Viertel Achada de Santo António, kurz ASA, wohnt ein **Drittel der Bevölkerung Praias.** Das lebhafte Universalviertel mit Wohnblocks, Märkten, Büros, Bars, Kneipen und Nachtklubs prägt das Leben der Stadt rund um die Uhr. Zum alten Stadtkern hin wenden sich dicht bebaute Wohnstraßen mit der Kapelle Santo António als Orientierungspunkt. Den südlichen Rand der Achada hat die Politik für sich reserviert, beginnend mit dem kosmopolitischen **Restaurante O Poeta** und fortgesetzt mit den großen Botschaften. Von Balkon und Garten schaut man weit übers Meer und, sobald sich die Ausfahrt öffnet, auf den **Palácio da Assembleia Nacional,** das imposante Parlamentsgebäude. Der weite Bogen der Straße davor endet am Gebäude der **Vereinten Nationen,** und im Kern füllen

Büros, Rundfunk und Fernsehen, die größte Polizeistation, Bank- und Geschäftshäuser sowie Bars und Restaurants die Achada.

Cruz de Papa

Als breite Zunge ragt die Hochfläche der Achada nach Süden. Der Panoramablick ist beeindruckend und hat besondere Bedeutung. Beim ersten Besuch eines Papstes auf den Inseln richtete **Johannes Paul II.** am 26. Januar 1990 hier eine Predigt an die Jugend Kapverdes. Ein monumentales Kreuz und ein Standbild des ehemaligen Papstes erinnern an den historischen Moment. Sobald es kühler wird, genießen Besucher die Aussicht und Weite des großzügig ausgebauten Platzes mit Panoramarestaurant. Großhotels mit glänzenden Namen sollen schon bald aus der Freifläche am Meer emporsprießen, jedoch keinesfalls höher als das Papst-Standbild, hoffen gute Katholiken. Kostenfreier Internet-Hotspot!

Cidade Velha

Ein sehr interessanter Tagesausflug führt in die **ehemalige Hauptstadt Cabo Verdes,** die zu ihrer Blütezeit Cidade da Ribeira Grande und danach Cidade Velha hieß. Seit 2006 heißt der Landkreis wieder **Ribeira Grande de Santiago.** Dies gab und gibt Anlass zu Verwechslungen mit Ribeira Grande auf Santo Antão. Historisch interessierten Lesern empfehlen wir, vor dem Besuch des Ortes Literatur zur Geschichte des Landes zu konsultieren, um das Gesehene in vollem Umfang genießen zu können. Die UNESCO ordnet Cidade da Rª Grande de Santiago ins Weltkulturerbe ein dank seiner Schlüsselrolle bei der „Entdeckung" und Kolonisierung Amerikas, Afrikas und des Fernen Ostens und in der Entwicklung des Sklavenhandels.

Die **Anfahrt** aus der Stadt (15 km) erfolgt mit Taxi (2000 CVE einfach) oder Aluguer ab dem Sucupira-Markt oder dem Kreisverkehr *(rotunda)* von Terra Branca (150 CVE). Anfangs zieht die Straße recht beengt zwischen dem Industrieviertel von Terra Branca und den Neubauvierteln von Palmarejo und Citadela aus der Stadt. Am Stadtrand linker Hand liegt die neue Universität Institut Piaget. Rechter Hand, nicht zu übersehen und noch weniger zu überriechen, schwelt die Mülldeponie vor sich hin.

Bei **Anfahrt aus dem Norden der Insel oder vom Flughafen** muss man sich nicht mehr durch Praia zwängen, sondern nutzt die Ring-Schnellstraße Circular. Die Straße schlängelt sich durch weitgehend trockene Küstenlandschaft, vorbei an der Hotel- und Tourismusschule und dem Ort São Martinho Grande, bevor sie aufsteigt zur Achada da Forte, von der aus das **Forte Real São Filipe** über die Bucht wacht. Es empfiehlt sich, den Besuch der Stadt mit der Übersicht am Fort zu beginnen.

Zieht man es vor, gleich in den Ort zu fahren, steigt man am besten in der Ortsmitte aus und reiht dann in einem historischen Spaziergang die erhaltenen Monumente entsprechend den Zeiträumen ihrer Entstehung auf. In der folgenden Beschreibung folgen wir dieser Logik. Der Eintritt für die gesamte Anlage (500 CVE) ist am Fort zu entrichten.

Cidade Velha
Rª Grande de Santiago

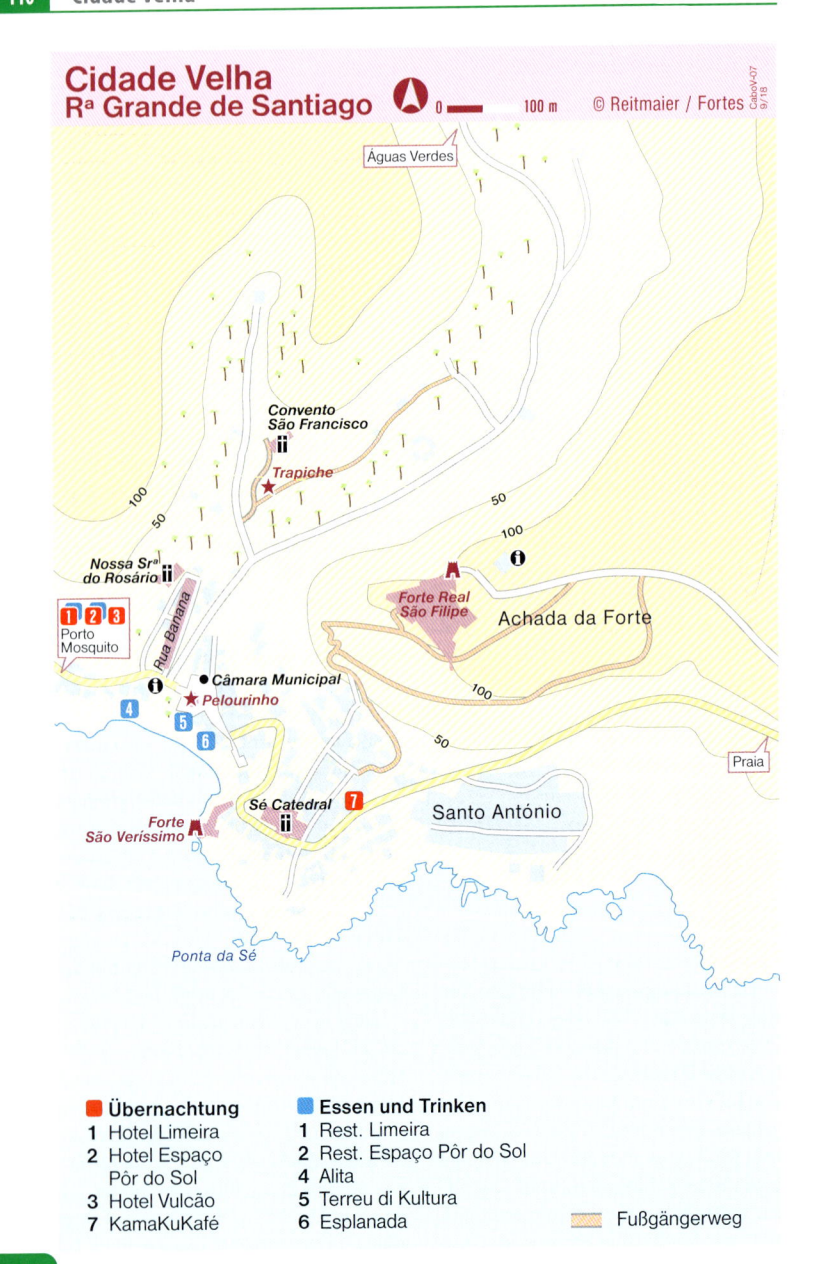

0 — 100 m © Reitmaier / Fortes

Map labels:
- Águas Verdes
- Convento São Francisco
- Trapiche
- Nossa Srª do Rosário
- Porto Mosquito
- Rua Banana
- Forte Real São Filipe
- Achada da Forte
- Câmara Municipal
- Pelourinho
- Praia
- Forte São Veríssimo
- Sé Catedral
- Santo António
- Ponta da Sé

■ Übernachtung
1 Hotel Limeira
2 Hotel Espaço Pôr do Sol
3 Hotel Vulcão
7 KamaKuKafé

■ Essen und Trinken
1 Rest. Limeira
2 Rest. Espaço Pôr do Sol
4 Alita
5 Terreu di Kultura
6 Esplanada

Fußgängerweg

Historischer Spaziergang

Der beherrschende Motor der frühen Entwicklung von Ribeira Grande war der transkontinentale Sklavenhandel von der Westküste Afrikas nach Nord- und Südamerika.

Am 1520 errichteten **Pelourinho (Pranger)** wurden über Jahrhunderte Sklaven verkauft. Das heute inmitten des Ortes malerisch unter Palmen stehende Monument mit achteckigem Sockel und spiraliger gedrehter Säule entspricht weitgehend einem Exemplar in Lissabon. Das einfachere Original hatte einen quadratischen Grundriss.

Durchquert man vom Pranger aus den Talgrund und wendet sich unmittelbar nach der Ufermauer rechts, dann erreicht man die **Rua Banana.** Die Reihe kleiner Häuschen lag in den 1980er Jahren in Ruinen und wurde im Rahmen eines UNESCO-Projekts wissenschaftlich dokumentiert, abgetragen und mit den Originalsteinen exakt wieder aufgebaut. Die Häuser sind das beste Zeugnis ursprünglich einfachster Kolonialarchitektur der ersten Jahre, bevor Gold und Waren aus den Kolonien reichlich flossen. Der Grundriss mit einem das Haus durchquerenden Korridor und rechts und links jeweils einem Zimmerchen stammt aus dem mittelalterlichen Portugal. Gekocht und gearbeitet wurde vorwiegend auf der Straße vor und im Hof hinter dem Haus. Arme Bauernhäuser in den Gebirgsregionen Portugals genauso wie in Cabo Verde haben diese Form bis heute beibehalten. In der Rua Banana mag *Vasco da Gama* 1497 empfangen worden sein, als er auf seiner Entdeckungsfahrt nach Indien Station in Ribeira Grande machte. *Christoph Kolumbus* hingegen, der ein Jahr später auf seiner dritten Reise nach Amerika in der Bucht ankerte, verbot seinen Matrosen von Bord zu gehen, weil die Bewohner einen so schrecklich kranken Eindruck auf ihn machten, dass er um die Gesundheit seiner Mannschaft fürchtete.

Wendet man sich am nördlichen Ende der Rua Banana nach links und steigt einige Treppen empor, so steht man vor der **Kirche Nossa Senhora do Rosário.** Gegebenenfalls gewährt die in der gleichen Straße wenige Meter meerwärts wohnende Küsterin Einlass gegen einen bescheidenen Obolus. *Vasco da Gama* konnte hier noch nicht um göttlichen Beistand bitten, doch der Grundstein des einfachen ziegelgedeckten Hallenbaus war bereits gelegt (1495). Somit ist Nossa Senhora do Rosário der älteste koloniale Kirchenbau der Welt und die älteste jemals im subsaharischen Afrika errichtete (nicht-koptische) Kirche. Dank des gotischen Gittergewölbes der Taufkapelle und des massigen Taufbeckens aus Alabaster zählt der Bau zu den historisch wertvollsten Baudenkmälern in dem nach König *Manuel* benannten **manuelinisch-gotischen Stil.** Die Abschlusssteine im Gittergewölbe tragen aus der arabischen Zeit der iberischen Halbinsel übernommene, knotenförmig verschlungene Pflanzenmotive. Sie haben Ähnlichkeit mit denen im Kloster von Jerónimos in Lissabon. Bei Prozessionen wird die Jesus-Figur mit einer Perücke aus dichtem krausem Naturhaar geschmückt.

Vom Portal zum Altar zieht sich eine Reihe von Sarkophagdeckeln, unter denen Klerus und Adlige des 15. bis 18. Jahrhunderts beerdigt liegen. Auf dem erhöhten Altarpodest ausgelegte Grabsteine wurden bei einer gründlichen Renovierung im Jahr 2003 vom Vorplatz in die Kirche verlegt. Die meisten der aus portugiesischem Hartkalk gehauenen Steine sind bis heute lesbar. **Sir Francis Drake** hat die Kirche im Jahr 1585 besucht. Als vornehmster Korsar der Queen konnte er nicht anders, als den bescheidenen Altarschmuck und die Glocke mitgehen zu lassen. Mehr war nicht zu holen, denn **Manuel Serradas** war zwei Jahre zuvor hier gewesen, hatte den silber gefassten Kirchenschmuck entfernen und Gold und Silber einschmelzen lassen. *Drake* hatte, was den Kirchenschmuck betraf, wenig mehr Glück als sein Cousin **John Hawkins,** der nur zwei Monate nach *Manuel Serradas* leer ausgegangen war.

Talaufwärts weisen Schilder den Weg zum Convento de São Francisco. Der Aufstieg beginnt an einer mit Grünspan überzogenen **Kupferhaube,** die den sichtbaren Oberteil eines großen Kupferkessels zur Destillation des Grogue bildet. Die dahinter stehende, mit Maultieren oder Ochsen betriebene **Zuckerpresse (trapiche)** entspricht keinesfalls der historischen Tradition. Solange der weiße Rum ausschließlich aus Zuckerrohr hergestellt wurde, waren die Trapiche als massive Holzkonstruktion ausgeführt, die während der Ernte mehrmals umgesetzt wurden. Ortsfeste Trapiche aus Beton wie das gezeigte Exemplar tauchten nur dort auf, wo das Zuckerrohr über weite Strecken transportiert werden konnte oder die Straßenanbindung wichtiger wurde wegen des anzuliefernden Zuckers aus dem Sack.

Im Rahmen eines beispiellosen wirtschaftlichen Aufstiegs durch den Menschenhandel erhält Ribeira Grande 1533 das Stadtrecht, zählt 1550 bereits 500 Häuser und bringt die zweithöchsten Steuereinnahmen in den portugiesischen Staatssäckel, direkt nach dem unvergleichlich größeren Lissabon. Doch **das Leben in Ribeira Grande ist gefährlich.** Die tropische Malaria und Epidemien fordern einen hohen Blutzoll. Piraten bedrohen die Sicherheit der nur durch eine schwächliche Mauer zum Meer hin gesicherten Stadt. *Forros de São Tiago,* die freigelassenen Nachfahren der ersten Siedlergeneration, haben bestimmenden Einfluss in Landwirtschaft und Handel des Inselinneren und werden von der Obrigkeit als politisches Ri-

△ Convento de São Francisco vor der Restaurierung

siko gesehen. Sklaven und Verbannte nutzen jede Gelegenheit, in die Berge zu fliehen, und sichern ihr Überleben durch Überfälle auf Gutshöfe. Als Ursache von Gefahren und Elend gilt das „sündige" Leben einer kreolischen Gesellschaft. Nicht genug, dass die Familiengründung weißer Männer mit schwarzen Sklavinnen auf den Segen der Kirche verzichtet – sie widersetzt sich auch den Geboten zu Monogamie und Rassentrennung. Um die Sündhaftigkeit des kreolischen Lebens zu mindern und den strafenden Gott günstiger zu stimmen, sollte neue Glaubensstrenge gepredigt werden. Um Priester auch vor Ort ausbilden zu können, wird 1642 der **Convento de São Francisco** auf halber Hanghöhe gebaut, finanziert von der Großgrundbesitzerin *Joana Coelha*. Bis ins 19. Jahrhundert diente er als Ausbildungs- und Gebetsstätte. Danach verfiel er, scheunentorgroße Löcher klafften in den Bruchsteinmauern. Die Dachkonstruktion und der Fliesendekor der *Azulejos* waren verschwunden. Und doch war der Charme der einschiffigen Kirche unter Palmen noch zu ahnen. Bäume wuchsen im Innenraum und dienten den Kühen als Unterstand. Doch nachdem die meterhohen Dung- und Erdschichten abgetragen waren, gelang es den spanischen Restauratoren, beide Eindrücke zu erhalten: den einer vom Wind durchzogenen Ruine und den eines mit neuer Überdachung im alten Stil wiedererstandenen Gebetsraumes.

Tiefer im Tal, ebenfalls auf der rechten Seite, liegt die **Pousada**. Die Herberge wurde dem historischen Vorbild getreu als Geviert bruchsteingemauerter Häuser aufgebaut. Nachdem sie kurz als moderne Unterkunft diente, musste sie jedoch vor allem wegen der abgeschiedenen Lage wieder schließen.

Besucher, die es zu einem weiteren Spaziergang gelüstet, folgen der Talsohle bergauf inmitten von Mangobäumen und Feldern, auf denen Zuckerrohr, Maniok, Süßkartoffeln und aus Europa bekannte Gemüse gedeihen. Nach etwa einer halben Stunde kommt man an einen großen alten **Affenbrotbaum** (*Adansonia digitata,* kreol: *calbaceira*). Das Tal endet in **Águas Verdes** als dichter Palmenhain über bewässerten Feldern.

Zurück im Dorf, bieten sich die Läden oder die Esplanadas am Meer zu einer Pause mit Getränk an. Der historische Spaziergang findet seine chronologische Fortsetzung, indem man der Hauptstraße bergauf folgt. An der Kurve unter dem Eingangsbereich der Sé Catedral, am letzten Wohnhaus der die Straße begleitenden Häuserzeile, kann man darum bitten, durch den Vorplatz gelassen zu werden, um ins **Fort São Verissimo** zu gelangen. Die am Boden vor sich hin rostenden sechs Kanonen und der Blick lohnen die Mühe.

Die Kirchenruine **Sé Catedral** liegt deutlich erhöht über dem Meer. Der große einschiffige Hallenbau war 1555 begonnen worden, zu einer Zeit, als die Stadt Ribeira Grande in voller Blüte stand und sich mit einer über der Stadt prunkenden Kathedrale schmücken und ihren Fortbestand durch Gottgefälligkeit sichern wollte. Mit enormem Aufwand wurden Kalksteine aus Maio und Portugal herangeschafft für die Portal- und Fenstereinfassungen, die Mauerkanten und filigranen Innenausbauten. Die massiven Mauern wurden aus lokalen Basaltbruchsteinen mit einem Mörtel aus gebranntem Kalk aus Maio und lokal gewonnener Puzzolana und schwarzem Lavasand zusammengefügt.

Entsprechend dem Wandel der Liturgie im 17. Jahrhundert mussten die Baupläne während der Bauzeit verändert und ein heute noch erkennbares großes Fenster im Osten gebrochen werden. **Erst 1693** war der Bau **vollendet,** und Klerus, portugiesische und einheimische Bürger fanden sich zur Messe ein, streng getrennt durch die Gitter der noch heute erkennbaren Lettner. Vollendet zu einer Zeit, als Cidade da R^a Grande bereits als ungesund und trotz des Forts als kaum zu schützender riskanter Hafen galt, spielte der Bau nur kurz die zugedachte Rolle einer imposanten hauptstädtischen Kathedrale. Über die Innenausstattung ist wenig bekannt, es ist aber anzunehmen, dass der politische und wirtschaftliche Niedergang der Stadt keine besonders reiche Dekoration erlaubten. Bis ins 19. Jahrhundert wurde die Kathedrale trotz fortschreitenden Zerfalls genutzt, bevor sie in **Ruinen** fiel. Bei den aktuellen Restaurierungen fanden sich keine Veränderungen am Mauerwerk, die die These stützen würden, dass ein Großbrand die Kathedrale auf einen Schlag und unwiederbringlich zerstört hätte. 1844 wird sie noch als „uma bonita igreja", „eine schöne Kirche", beschrieben. 1875 stellte das Bauamt von Praia einen Antrag auf Überlassung der Kathedrale als Steinbruch, der vom Bischof abgelehnt wurde. Das scheint aber kaum gestört zu haben, denn massenhaft wurden behauene Kalksteine in die Stadt geschafft und sind dort in Bauten aus dieser Zeit überall zu finden. Das heutige

cv091 pr

Bild der reichlich um die Ruine aufgeschichteten Kalksteine täuscht: Die meisten wurden 1922 von der nicht mehr existierenden Kirche São Pedro hierher geschafft.

In Kooperation mit der portugiesischen Entwicklungszusammenarbeit wurden die Ruinen fachkundig saniert. Bei der **Restaurierung** wurden die ursprünglichen Techniken des Bruchstein-Kalkmörtel-Mauerwerks verwendet und ein Höchstmaß historischer Authentizität angestrebt. In der ersten Phase wurden die brüchigen, teilweise bereits eingestürzten Mauern gesichert und der weitere Verfall verhindert. In einer zweiten Phase wurden der Innenraum und der Bereich der ehemaligen Eingangstreppe neu gestaltet, sodass sie nicht nur für Besucher attraktiv und zugänglich sind, sondern auch für öffentliche Anlässe und als Open-air-Theater. Der Ruinen-Charakter wird dadurch unterstrichen, dass der Blick durchs Kirchenschiff hindurch aufs Meer offen bleibt.

Hangaufwärts schließen sich mehrere Reihen kleiner Häuschen an. Sie stehen auf den Fundamenten der alten Stadt.

Wer den Aufstieg zum Fort Real São Filipe zu Fuß wagt (ca. 20 Min.), folgt dem gepflasterten Weg, der seinen Anfang vom Chor der Kathedrale nimmt. An der folgenden Weggabelung hält man sich links, gelangt auf einen Serpentinenweg und schließlich eine steil ansteigende Treppe.

Baubeginn der Sé Catedral war 1555

Forte Real São Filipe

Aus welcher Richtung auch immer man sich heute der Cidade da Rª Grande nähert, erkennt man die **Festung Philipps II.** aus weiter Ferne. Werke und Bollwerke, gut 120 m über dem Meer, und zum Horizont gerichtete Kanonen lassen die enormen Kräfte ahnen, die in der Hoffnung aufgewandt wurden, dem Ansturm der Piraten nicht hilflos ausgesetzt zu sein.

Nach verlustreichen Plünderungen und Zerstörungen gab *Philipp II.* den Auftrag, die schwachen Verteidigungsanlagen durch eine **Fortaleza Real de San Felipe** zu ersetzen. Da gleichzeitig Festungsbauten gleichen Namens die Pazifikküste Südamerikas schützen sollten, reichten die Mittel nur für einen Bau aus Feldsteinen und Lehm. Tropische Platzregen drohten ihn rasch einzuebnen. Cidade da Rª Grande blieb eine leichte Beute holländischer, französischer und britischer Freibeuter, weshalb Mitte des 17. Jahrhunderts die Bollwerke mit Kalkmörtel und teils behauenen Steinen erneut hochgezogen wurden. Der aktuelle Grundriss basiert weitestgehend auf dieser Ausbaustufe.

Über Rampen erreicht der Besucher vom Innenhof der Zitadelle das nach Nord-Ost ragende höchste und **stärkste Bollwerk (B;** siehe Skizze nächste Seite). Durch den lanzenförmigen Grundriss sollte das Fort einem erneuten Angriff über die Achada da Forte, wie dem durch *Francis Drake,* gewachsen sein. Das **halbhohe Bollwerk (C) Meio baluarte do Sul** mit dem schönsten Blick über Stadt und Bucht war leichter ausgeführt. Am Steilabfall zum Tal genügte eine **Mauer aus Feldsteinen (M).**

Die Kuppel im Innenhof überspannt die große **Zisterne (G),** in die über Kanäle Regenwasser geleitet wurde, um Garnison und Fluchtburg zu versorgen. Östlich schloss sich das **Pulver- und Munitionslager (L)** an. Die Grundrisse lassen die kleinen **Quartiere der Truppe (I)** und die größeren der **Kommandantur (H)** erkennen.

Der französische Freibeuter „General" Jacques Cassart nahm die Festung 1712 im Handstreich und zerstörte danach die Stadt. Der **Umzug der Hauptstadt nach Praia** war unausweichlich geworden.

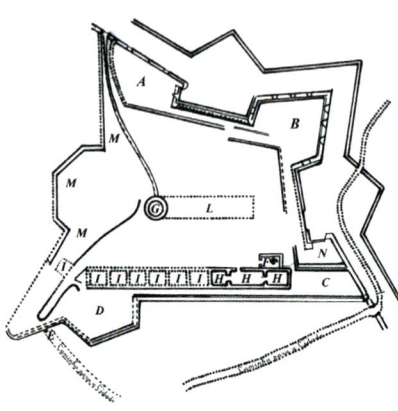

Forte Real São Filipe: Bollwerk gegen Piraten

Von Praia nach Tarrafal

Santiago

■ 73 km ohne Abstecher

Begleitet von den sich rasch nach Norden ausbreitenden Garagen, Industriehallen und Wohnsiedlungen der Achada São Filipe, führt die gut ausgebaute Straße aus der Stadt. Die Schilder nach São Domingos, Assomada und Tarrafal weisen den Weg durch zwei Kreisverkehre der Ringstraße, die der Stadt deutliche Entlastung gebracht hat, indem sie den Flughafen mit dem Inselinneren und Cidade Velha verbindet. Der zumeist trockene Hang ist locker mit Akazien und Grevileen durchsetzt, und erst beim **Ribeirão Chiqueiro** kommen Felder und Gärten hinzu. Der Abzweig zur Ostküste bleibt rechts liegen und die Straße führt hinab ins grüne Tal von São Domingos, durchquert Bananen-Plantagen auf von Steinmauern begrenzten Feldern, Obstbaum- und Zuckerrohrpflanzungen.

Die erste größere Ortschaft ist **São Domingos** (315 m), eine der ältesten Siedlungen der Insel. Um den Ort kennenzulernen oder in die Serra do Pico d'António zu fahren, nimmt man nicht die neue Umgehungsstraße, sondern eine Nebenstraße (s.u.). Am Ortseingang bietet die *Cooperativa de Artesanato* einheimisches Kunsthandwerk an, Töpferwaren, geschnitzte Kokosnussschalen, Taschen aus Sisalfasern. Am traditionellen Webstuhl werden wieder *Panos de Santiago,* die kunstvollen schmalen Baumwolltücher, hergestellt.

Zum **500-jährigen Jubiläum** der Província Cabo Verde im Jahr 1960 ließ die Salazar-Regierung in Portugal die Befestigungsanlage wieder aufbauen, als Symbol der Macht des *Estado Novo.* Dem Sänger *Ildo Lobo* und den *Tubarões* war es vorbehalten, in der Morna „Porton d'nos Ilha" der Festung eine romantische, fast schon liebevolle Bedeutung zu verleihen.

Auf der Hochebene im Eingangsbereich findet sich ein kleines **Informationszentrum** mit frischen Getränken und etwas Infomaterial.

1585: Sir Francis Drake in S. Jacobs

Am Morgen des 15. November 1585 tauchen Segel am Horizont auf, und bald wird klar, dass sieben große und 22 weniger massige Segelschiffe Kurs auf Santiago halten. Das Kommando über 2300 Männer führt *Sir Francis Drake*. Mit einem Paket von Anteilsscheinen, nach den Regeln, die kein Geringerer als *Thomas Gresham*, der Gründer der Londoner Börse, für das Konsortium eingeführt hatte, war die **private Armada** finanziert worden.

In den protestantischen Ländern gilt *Drake* als Held, als der **erste englische Weltumsegler,** als einer, der auf Sklavenexpeditionen und Kaperfahrten die **Navigation** und die **trickreiche Kunst großer und kleiner Gefechte** auf See besser beherrscht als die verhassten Spanier. Am Abend geht die Flotte an der Südküste zwischen Praia und Rª Grande vor Anker. *Francis Drake* ist kein Unbekannter in S. Jacobs, wie die Engländer die Insel und die Stadt nennen.

Weltumsegelung 1577–1580
Vor nur sieben Jahren, im Januar 1578, war er schon einmal vor Maio und danach im Hafen der Cidade da Rª Grande eingelaufen. Sechs portugiesische Schiffe brachte er auf, darunter die Karavelle „Stª Maria", und nahm ihnen eine Ladung Wein ab. Die Männer hatte er freigelassen, mit Ausnahme des Kapitäns *Nuno da Silva*, der die Küste Brasiliens bereits befahren hatte und ihm als Pilot dienen sollte.

Sein **Ziel war die Pazifikküste Südamerikas,** die seine Flotte durch die Magellanstraße mit einem unfreiwilligen Ausflug ans Kap Hoorn erreichte. Von der Westküste Südamerikas, zwischen Feuerland und Nicaragua, kamen Berichte und Legenden, wie trickreich und systematisch er die spanischen Offiziere überlistete, die dort noch nie einen englischen Korsaren gesehen hatten und keinen erwarteten. Er hatte von der Galeone „Nuestra Señora de la Concepción" erfahren, die mit 2,6 Tonnen Rohsilber, 13 Truhen Silbermünzen, 80 Pfund Gold und großen Mengen Edelsteinen Kurs auf Panama hielt. Im Handstreich gelang die Kaperung und die „Golden Hinde" *Drakes* setzte die Reise mit der Beute fort – nicht zurück zum Kap Hoorn, worauf die spanische Admiralität gehofft hatte, um ihm die Beute wieder abzujagen, und auch nicht per Karavane durch Panama, sondern den Pazifik querend. Voller Schadenfreude trugen Wirtshausgespräche die Galeone unter ihrem Spitznamen *Cacafuego*, das „Feuerscheißerchen", rund um die Welt, während *Drake* bei der Rückkehr nach Plymouth am 26. September 1580 erleichtert erfuhr, dass **Elizabeth I.** noch an der Macht war und ihm die wahrscheinliche Anklage wegen Piraterie unter einer katholischen Königin **Maria Stuart** erspart bleiben würde. Die Gewinnausschüttung von 4700% an die shareholders der Expedition ist bis heute nicht vergessen, während *Elizabeth I.* die Offenlegung des Gesamtwerts der Beute und ihres Anteils verbot. Im April 1581 war *Sir Francis Drake* **zum Ritter geschlagen** worden.

16. November 1585
„Aus sicherer Entfernung sind 600 Soldaten zu beobachten, die in drei Zügen auf die Stadt zuhalten", so berichtet die lokale Obrigkeit. In der Erinnerung britischer Offiziere sind es über 1000 Mann. „The naughtinesse of the way" erlaubt keine geschlossene Formation, und der Anmarsch zieht sich hin bis in die Abendstunden. So wartet die Armee die Nacht auf der Hochfläche ab.

17. November 1585

Im Morgengrauen rücken *Drakes* Truppen in geschlossener Formation an den Rand der Achada da Forte vor, ohne auf einen Gegner zu treffen. Die Stadt liegt still vor ihnen im Tal. Als die Offiziere zwei Salven hineinfeuern lassen, regt sich kein menschliches Leben. Zur Feier des leichten Erfolgs am Krönungstag der Queen dröhnt ein Salut aus 50 vorgefundenen Kanonen das Tal hinauf und wird beantwortet von den Kanonen der Flotte auf See.

Zehn Tage bleiben die Engländer in der Stadt und **genießen das Leben** „am kleinen Fluss mit sauberem Wasser", der hinter dem Strand einen Weiher bildet, aus dem sich die Schiffe, „ganz einfach und mit großer Freude", mit Wasser versorgen. Jeder Captain hat sein eigenes Haus, und mancher schlägt seine erste Kokosnuss auf, trinkt staunend „half a pint" Kokosmilch, „von so kühlem, erfrischendem Geschmack und so angenehm wie sonst kaum etwas. Aus den harten Schalen werden in England in Silber gefasste Trinkbecher gemacht." Begeistert entdecken sie Gärten „und Plantagen mit den verschiedensten Früchten, Kräutern, mit Zitronen- und Orangenbäumen, Kokospalmen, Kochbananen, Kartoffeln, Gurken, kleinen runden Zwiebeln, Knoblauch und vielem anderen", an das sich der englische Chronist nicht mehr erinnern können wird, bis er seinen Bericht verfasst.

Die Menschen S. Jakobs bleiben versteckt, und nur ein einsamer „Portingall" kommt mit weißer Fahne auf die westliche Befestigung zu. Welcher Nation die Besetzer seien, möchte er wissen, und ob denn Krieg herrsche zwischen Spanien, zu dem Portugal und die Kolonien zu dieser Zeit gehörten, und England. Captain *Sampson* und Captain *Goring* antworten, dass sie davon nichts wüssten. Beim „edlen und barmherzigen Gouverneur *Sir Francis Drake*" solle der Gouverneur Cabo Verdes vorsprechen, wenn er zu Gunsten seiner Leute verhandeln wolle. Ansonsten würden sie „in drei Tagen über Land marschieren, alle Siedlungen niederbrennen und das Schwert an alle lebenden Seelen legen."

24. November 1585

Morgens um acht zieht eine Hundertschaft *Drakes* in São Domingos ein. Mit Schüssen und Rufen fordern sie „den Feind", den versteckt vermuteten Bischof und Gouverneur, zu Verhandlungen auf. Erst auf dem Rückmarsch können sie einige „Feinde" in großer Entfernung entdecken.

26. November 1585

Schüsse fordern die Engländer auf, am Marktplatz von S. Jakob anzutreten. Pinassen bringen sie zu den Schiffen. Am Nachmittag ankert die gesamte Flotte in der Bucht von Praia. *Drake* selbst geht an Land und befiehlt die **Stadt** zu **plündern und niederzubrennen.** In der gleichen Nacht setzt die Flotte die Segel, um die Kaperfahrt in der Karibik fortzusetzen.

Die Flüchtlinge, Alte und Kinder, Männer und Frauen von Rª Grande, Praia und São Domingos, kehren zurück in rauchende Trümmer. Von den Engländern, die in S. Jakob keinen Mann durch Krankheit verloren hatten, werden 300 bei der Ankunft in der Karibik durch eine Epidemie dahingerafft.

Weiterführende Literatur

■ *Bigges, Walter and Croftes,* A Summarie and True Discourse of Sir Frances Drakes West Indian Voyage London, 1589

■ *Christiano José de Senna Barcellos,* Subsídios para a História de Cabo Verde e Guiné. Instituto da Biblioteca Nacional do Livro (Herausgeber), Praia 2003

Abstecher zur Serra do Pico d'Antónia

Am Ortsende von São Domingos zweigt eine gepflasterte Nebenstraße zum **Naturpark** Serra do Pico d'Antónia ab. Vorbei an Bohnen- und Maisfeldern führt sie zwischen steilen Klippen und Felsformationen nach **Rui Vaz.** Die malerische **Kapelle** und das **Berghotel Quinta da Montanha** prägen den Ort. Rui Vaz war schon immer ein beliebtes Ausflugsziel, um der Hitze der Stadt im Sommer zu entfliehen, und das Restaurant mit großer Terrasse und Blick über die Berglandschaft nimmt die Tradition mit guter kapverdischer und portugiesischer Küche und Zutaten aus der eigenen Landwirtschaft auf. Führer für Wanderungen im Naturpark werden an der Rezeption vermittelt.

Die Straße zieht durch dichten halbfeuchten Nebelwald als Forst- und Zubringerstraße für die Radaranlagen und Antennen bergauf dem Gipfel des **Monte Tchôta** (1050 m) entgegen. Der Blick reicht bis zum höchsten Gipfel der Insel, dem **Pico d'Antónia** (1394 m), dessen Spitze oft nebelverhangen ist. Der Aufstieg dorthin ist alpinistisch anspruchsvoll und birgt einige Orientierungsprobleme.

Die Hauptstraße nach Assomada überquert einen Pass und zieht durchs Hügelland bergab bis zum Kreisverkehr von Orgãos Pequenos, besser bekannt als **Varianta dos Orgãos.** Der Abstecher zur Talsperre in der Rª Seca über die zur Küstenstraße ziehende kleinere Verbindungsstraße folgt weiter unten.

Im **Straßendorf João Teves** gilt es besonders vorsichtig zu fahren, da es als Unfallschwerpunkt gilt.

Abstecher nach São João dos Orgãos

Wo eine Brücke am Ortsausgang von João Teves die Hauptstraße über die Ribeira führt, zweigt eine Nebenstraße auf 320 m Höhe nach São João dos Orgãos ab. Bereits in der Kolonialzeit war hier eine Station für die Viehzucht in Betrieb. Die massiven Mauern der Ställe und Silotürme sind nicht zu übersehen. Seit der Unabhängigkeit ist hieraus die **landwirtschaftliche Versuchsanstalt INIDA** (Instituto Nacional de Investigaçao Agrária) geworden, deren Büro nahe der Kirche (sofern es geöffnet hat) gutes Infomaterial über Flora und Fauna Cabo Verdes anbietet. Hier werden Bewässerungstechniken, Methoden der Schädlingsbekämpfung und Nutzpflanzen untersucht, die eventuell an die Bedingungen angepasst sind. Von Anfang an standen Ausbildung und Beratung im Vordergrund, und das Institut wird mehr und mehr zu einem Teil des Universitätsnetzwerks. Ein Spaziergang von wenig mehr als einer Stunde genügt, um die lohnendsten Eindrücke mitzunehmen. Er beginnt an der Kapelle und führt auf der kleinen Straße bergauf, durchschreitet die Schranke und trifft auf einen ausgeschilderten Abzweig zum Jardim Botánico.

Im **Botanischen Garten** liegt die Betonung auf endemischen Pflanzen. Einige sind vom Aussterben bedroht. Fragen des Erhalts, der Wiederaufforstung und der Verwendung zur Begrenzung der Erosion werden untersucht.

▷ Miradouro: Blick auf São Jorge dos Orgãos und Monte João Teves

Miradouro, die große Aussichtsplattform, bietet einen selten schönen Blick auf den die Landschaft bestimmenden Felsklotz Monte João Teves, ins Tal der Rª Longueira und die Weite des Talkessels. Steile Wände des Monte Tchôta und Pico d'Antónia grenzen ihn im Westen ein. Folgt man der kleinen Fahrstraße bergauf und biegt, wo sie steil zu werden beginnt, nach rechts auf den Platz ein, ist der Miradouro in knapp 10 Min. erreicht.

Die Hauptstraße führt weiter, nun über die Brücke von João Teves, zum Marktflecken **Picos,** dem Sitz des 2005 geschaffenen Verwaltungsbezirks São Salvador do Mundo. Die kleine Stadt auf einer vorspringenden Hochfläche mit den Türmen der Erlöserkirche vor dem wie eine Karnevalskappe geformten bizarren Felsen Manhanga ist eines der bekanntesten Landschaftsmotive.

Assomada (540 m)

■ **40 km von Praia,** ca. 1 Std. auf direktem Weg, Aluguer-Verbindungen.

Santa Catarina ist mit rund 50.000 Einwohnern der größte ländliche Verwaltungsbezirk im Herzen der Insel, und entsprechend war Assomada schon vor der Unabhängigkeit ein bedeutender **Handels- und Marktplatz,** an dem aber kaum jemand wohnte. Danach haben die Emigrantenfamilien die fruchtbare Hochebene mit einem Gewirr mehrstöckiger Betonbauten überzogen, die halbfertig vor sich hindämmern. Schwarzer Schimmelpilz gibt ihnen das Aussehen jahrhundertealter Ruinen. Der Eindruck des Zerfalls täuscht, denn dazwischen breiten sich neue Straßen mit Justizpalast, der Keimzelle einer Universität, Polizei, Pensionen, Hotel, Werkstätten, Supermärkten und Wohnblocks aus. Assomada ist die am schnellsten wachsende Regionalstadt Cabo Verdes.

Es empfiehlt sich, einen Besuch Assomadas auf einen Mittwoch oder Samstag zu legen, um den großen, afrikanisch farbenfrohen **Markt** zu erleben. Landestypische Früchte und Gemüse, lokale Töpferwaren, Körbe, Stoffe, Möbel, jede Menge chinesischer Textilien und Schuhe werden im 2011 renovierten Markt, auf den Straßen und im Gewirr des halbdunklen Basars angeboten.

Das **historische Stadtzentrum,** das sich nach Süden an den Markt anschließt, lohnt einen Rundgang. Nur teilweise renoviert, zeigen sich die kolonialen Gebäude in ursprünglichem Stil und Farben: die langen, regelmäßig von hohen Holztüren unterteilten Handelshäuser, ein kleines Kino im Stil des *Estado Novo* und pastellfarbene Wohnhäuser von Kolonialbeamten. Die **Praça Gustavo Monteiro,** auf der die Standbilder eines portugiesischen Paters und *Amílcar Cabrals* friedliche Koexistenz beweisen, wird eingerahmt von der Igreja Stª Fátima und dem neuen Rathaus. Unter einem ausladenden Walmdach gibt das **Centro Cultural Norberto Tavares** der jungen Stadt und dem Platz neue Bedeutung. *Norberto Tavares* (1956–2010) war einer der führenden Musiker und Komponisten, die der Musik Santiagos, Batuko und Funaná, neue Impulse gaben und bekannt machten. Das Gebäude, in der Kolonialzeit Telefonstation und Finanzverwaltung, hat den Zuschnitt eines typischen tropischen Verwaltungsbaus des 19. Jahrhunderts erhalten, wie man sie auch in Guinea, Mosambik, São Tomé oder Angola in jeder Distriktstadt fand. Lokale Veranstaltungen und wechselnde Ausstellungen richten sich vorwiegend an die Jugend.

Abstecher in die Ribeira dos Engenhos

Wo, aus Praia kommend, die ersten Häuser von Assomada beginnen, zweigt eine Straße ab und zieht in Serpentinen hinunter in das Tal von Engenhos, der ältesten großflächigen bewässerten Landwirtschaft und Rum-Produktion des Landes. Im letzten Teil des Abstiegs durchquert man **Fonte Lima,** einen Ort, der für seine **Töpferwaren** bekannt ist. Frauen der **Cooperativa de Cerámica** formen große Wasserkrüge *(pôte)* und *bintos* zur Zubereitung von Couscous, und zwar ohne Töpferscheibe, indem sie beständig um das Werkstück herumlaufen.

In Telhal steht rechts der Ribeira die **Casa Serra,** das Gut der Familie *Coelho Serra*, **eines der eindrucksvollsten Zeugnisse der agrarischen Gesellschaftsordnung Santiagos.** Schon im Übergang vom 19. zum 20. Jahrhundert mechanisierten sie die Landwirtschaft mit Dampfmaschinen und den ersten Glühkopf-Dieselmotoren. Noch liegen die Wunderwerke der damaligen Moderne wie eine wertlose Schrottsammlung im Hinterhof, teils nie benutzte Ersatzteile von musealem Wert. Ein **strenges Regime** sorgte dafür, dass hart gearbeitet wurde. Die Glocke über dem Eingang schlug den Rhythmus eines zwölfstündigen Arbeitstages für Erwachsene und Kinder. Löhne wurden nicht in Geld, sondern in Gutscheinen *(vales)* bezahlt, die nur in *Sr. Serras* Laden gültig waren. Pächter mussten ihre volle Pacht bezahlen, auch wenn das in trockenen Jahren bedeutete, dass ihnen nicht genug zum Überleben blieb. Die Legende berichtet, dass mancher *proprietário* seine Pächter nur empfing, wenn sie ein Jacket trugen, womit ein paar Escudos extra zu berappen waren für den Kostümverleiher. Das Gut diente lange als Schule und ist somit recht gut erhalten geblieben. Zur Zeit steht es weitgehend ungeschützt und leer, ein Museum soll eingerichtet werden.

Im weiteren Verlauf des Tals wird intensiv **Gemüse** für den Markt in Praia angebaut. Die Bäuerinnen bewässern ihre Felder aus den Brunnen mit Gießkannen. Nirgendwo sieht man mehr **Graukopflieste**, sogenannte Eisvögel.

Dringt man weiter vor bis **Chão de Tanque**, kann man dem lokalen **Muséu da Tabanka** einen Besuch abstatten. Es informiert mit einer sehenswerten Dokumentation über Ursprung, Symbolik und Ablauf der Tabanka-Feste, eine an diesem Ort besonders lebendige Tradition (siehe Exkurs unten).

Die Straße führt weiter zur wüstenhaften Westküste und zum Fischerort Rincão. Der weitere Verlauf der Rª dos Engenhos als **Rª Mato Sancho** von Mina di Ouro bis nach Águas Belas ist eine der schönsten Talwanderungen der Insel. Zurück steht die direkte Straße nach Assomada zur Verfügung.

Von Assomada weiter nach Norden fahrend, ist die **Kirche Santa Catarina** der nächste Höhepunkt. Die gepflasterte **Subida Calvária** ist Schauplatz farbenprächtiger Prozessionen. Die Kirche von Santa Catarina erscheint wie eine bescheidene Kapelle auf ihrem vorgelagerten Hügel, umspielt von Zypressen, die Glocken niedrig in die Umfassungsmauer gehängt. Ein Hauch oberitalienischer Romantik und ländliche Bescheidenheit ist zu spüren. Doch lange war sie – und offiziell ist sie es weiterhin – die wichtigste Kirche im Inselinneren, die **Igreja Matriz**, geschickt zwischen das damals nahezu bevölkerungslose Verwaltungszentrum von Assomada und die bevölkerungsreiche Hochebene von Achada Falcão platziert, deren Rand auch eine soziale Grenze markiert. Während die Güter der (ehemaligen) Landbesitzer oben auf der Hochfläche standen, zogen sich die Häuschen der Sklaven und armen Pächter am Hang hinunter in **Chorórό de Fonte Ana**, heute bekannt durch eine der besten Batuco-Gruppen. Der Blick ruht auf dem weiten Tal der **Boa Entrada**, gekrönt von einem bizarr geformten Fels gleichen Namens. Im Tal ist mit etwas Geschick der Kapokbaum „Poilon" zu erkennen.

Nur 300 m in Verlängerung der Subida Calvária talwärts fällt die **Vila Cantor** ins Auge, wo in der späten Kolonialzeit der Priester mit seiner Familie wohnte. Als Privathaus ist es der Öffentlichkeit nicht zugänglich. Den großen Vorplatz überschatten Lemba-lemba-Bäume mit satt dunklem Blätterdach und riesigen Luftwurzeln, die bis zum Boden schaukeln. Die Lehm-Bruchsteinmauern in den Wirtschaftsräumen liegen frei; von der Original-Einrichtung sind nur Reste erhalten wie der tönerne *pôte*, aus dem viele Generationen getrunken haben.

Bei **Poilão de Boa Entrada**, tief im Tal, imponiert der uralte **Kapokbaum „Poilon"** mit mächtigen Brettwurzeln. Mit fast 30 m ist er der höchste Baum Cabo Verdes, und in seiner Krone brüten zwei der rar gewordenen einheimischen Purpurreiherpaare.

Wanderung Weg 401: Igreja Matriz Santa Catarina – Poilon – Assomada

■ **Streckenwanderung:** 2½ Std.

Es bietet sich eine Strecke an, auf welcher die Subida Calvária, die Kirche Santa Catarina und die Vila Cantor, der landwirtschaftlich intensiv genutzte Grund der Rª Boa Entrada und der Kapokbaum eine Halbtageswanderung ergeben.

Tabanka

Im portugiesischsprachigen Afrika wird ein Dorf, seine Dorfgemeinschaft sowie ihr Gefühl von Zusammengehörigkeit als Tabanka bezeichnet. Über Cabo Verde ist Tabanka, den Pfaden des Sklavenhandels folgend, in die kreolische Welt, in die Karibik und nach Brasilien gelangt. In Cabo Verde wird Tabanka weiter als **Fest,** als **Schauspiel, prozessionsartiger Umzug** und als **Tanz** zelebriert. Tabanka ist keine eigene Musikgattung, sondern beginnt und endet immer mit Batuko und integriert ihn.

Wie andere Elemente des Brauchtums – so meinen einige Autoren –, sei auch die Tabanka auf den meisten Inseln verbreitet gewesen, doch unter den Verboten der Kolonialherren konnte sie sich nur auf Santiago als **Teil der Badio-Kultur** behaupten. Die aktivsten Tabanka-Gruppen im Inselinneren finden sich heute in den an steilen Hängen angesiedelten Dörfern, in denen früher Sklaven und Freigelassene lebten, am Rande der Gesellschaft und der Achaten, auf denen die Wohlhabenden und Mächtigen ihren Sitz hatten.

Der Zeit feudaler Herrschaft und einer weniger durch Barmherzigkeit als durch ihren Alleinvertretungsanspruch auffallenden Kirche sind Rahmenhandlung und die Figuren der sozialen Spitze und herrschenden Norm entliehen, während sich in Detailhandlungen und insbesondere der Musik, den Sprechgesängen und Tänzen auch afrikanische Traditionen erhalten haben.

Ablauf einer Tabanka

■ Am Tag des Heiligen des Kirchsprengels wird die **Heiligenfigur gestohlen,** wobei die Diebe *(ladrões)* arbeitsteilig vorgehen – einer späht aus, der andere klaut.

■ Mit Trommelwirbeln wird Kontakt mit dem Schutzheiligen aufgenommen, ergänzt durch Gebete und Gesänge am heiligen Ort der Tabanka, der **Capela** oder auch **Corte** (dt.: Hof, Hofstatt). Dort werden alle Utensilien aufbewahrt, und dorthin kehren die Akteure immer wieder zurück. Trommelspiel und Gesänge scheinen auf den ersten Blick urafrikanische Tradition, doch sie beachten die Folge eines Rosenkranzes, wobei die Trommelklänge den Ave Marias und Glorias entsprechen *(Semedo e Turano,* 1997).

■ Die Dorfgemeinschaft organisiert sich und sucht die Figur fieberhaft *(Busca de Santo).*

■ Die **Diebe** *(ladrões)* werden von der Dorfgemeinschaft gestellt und gestehen in einem hochnotpeinlichen Verhör *(interrogatório do ladrões),* die Figur gestohlen und verkauft zu haben. Sie zeigen der Gemeinschaft den Weg zum Ort des Verkaufs im Hause der Königin *(Raínha de Agasalho)* bzw. des Königs *(Rei de Bandeira).*

■ In einem triumphalen Umzug *(cortejo)* – begleitet von Trommelwirbeln, Trillerpfeifen und Schellen – wird der Erfolg der Dorfgemeinschaft der Öffentlichkeit gezeigt. Die Wechselgesänge der **Finassom** feuern den **Batuko** an, mit frenetischem Trommeln auf die zwischen die Oberschenkel gepressten Stoffbeutel und mit dem Hüftschwung der Tänzerinnen. Paare tanzen eleganten **Funaná.** Märsche und Tanzschritte im Marschrhythmus entsprechen denen von Zunftumzügen *(irmandades)* im Portugal des 18. Jahrhunderts.

Der prozessionsartige Umzug sollte nach der reinen Tabanka-Lehre am siebten Tage nach dem Tag des Schutzheiligen stattfinden, doch in der Praxis zieht sich das Schauspiel über Wochen hin, da nur an den Wochenenden Zeit dafür bleibt.

Figuren des Tanzes

Die Persönlichkeiten, die in der Tabanka dargestellt werden, sind im Museú da Tabanka als Puppen mit Originalkostümen ausgestellt:

- Die **Mandora** ist die **zentrale Figur,** eine erfahrene Frau aus der Tabanka, der die Verantwortung für die gesamte Organisation des Festes zukommt. Sie bestimmt die Besetzung der Rollen im Ablauf der – wie ein Theaterstück ablaufenden – Festivität. Sie teilt ein, wer wann was zu tun hat und was die *Rainha de Agasalho* (s.u.) an Votivgeschenken bereitstellen soll.
- Zwei Könige, **Rei di Campo** und **Rei di Frenti,** die zweitwichtigsten Figuren nach der Mandora, begleiten den Umzug, geben den Ablauf vor und lenken die Tänze durch Trillerpfeifen.
- **Soldados** und **Comandantes** in Fantasieuniformen mit Holzgewehren begleiten die Gruppen zu deren Sicherheit.
- Die **Dama di Tabanka** oder auch **Pomba di Tabanka** (dt.: das Täubchen) ist ein 10 bis 12 Jahre junges Mädchen, das mit Charme im Umzug tanzt.
- Die **Rainha de Agasalho** (dt.: die Königin mit dem Umhang) trägt einen Früchtekorb bei sich und einen bunt geschmückten Hut. Sie trägt die Früchte, Mandioka, Maiskolben und Zuckerrohr herbei und was sonst noch benötigt wird für das Ausschmücken der Capela oder Corte – meist für sieben Jahre.
- **Médica ou Médico,** Ärztin oder Arzt, zu erkennen am weißen Kittel, kümmern sich beim *interrogatório do ladrões* (dt.: Verhör der Diebe) um die entstandenen Verletzungen.
- **O Padre,** in langem weißen Hemd und weißem Käppchen, erscheint eher wie ein Imam, doch die Tradition spricht ihm klar die Rolle eines katholischen Priesters zu, der am letzten Tag der Tabanka die Teilnehmer tauft.

So lassen sich in der Tabanka sowohl die Gesellschaftsordnung der damaligen Zeit erkennen als auch der Stolz und die Selbstachtung der Dorfgemeinschaft heutzutage.

Batuko und andere Musik- und Tanzformen bleiben als unverzichtbare Bestandteile mit der Tabanka verbunden, auch wenn moderne Batuko-Gruppen die strengen Vorgaben der Tabanka als altertümlich und überholt erleben. So sieht man häufig Batuko außerhalb der Tabanka, aber keine Tabanka ohne Batuko.

Die Tabanka war unter der Kolonialherrschaft zeitweise verboten.

Weiterführende Literatur

- *José Maria Semedo, Turano, Maria R.:* Cabo Verde, o ciclo ritual das festividades da Tabanca, Praia (1997)
- *Mai Palmberg, Annemette Kirkegaard:* Playing with Identities in Contemporary Music in Africa. Nordiska Afrikainstitutet (2002)

Muséu da Tabanka

- **Chão de Tanque,** Conçelho de Assomada, Santiago, traditionsreiches ziegelgedecktes Gebäude am Ortseingang, von Assomada kommend links. Öffnungszeiten 9–17 Uhr, Eintritt: 100 CVE.

Ausgangspunkt ist der Abzweig der Subida Calvária in Cabeça Carreira. Dieser folgt man bergab, besucht die Kirche und das ehemalige Pfarrhaus und steigt weiter ab bis auf den Talgrund. 300 m der Fahrspur talaufwärts folgend, steht man unter dem Poilon, zu dessen Brettwurzeln ein kleiner Weg abzweigt.

Für den Rückweg bieten sich zwei Alternativen an:

■ Sie steigen vom Fuß des Poilon nicht wieder ab auf den Talgrund, sondern folgen einem ansteigenden Feldweg westwärts. Dabei ist der Verlauf einer von der Hangschulter herunterziehenden Nebenstraße deutlich zu erkennen, an deren Ende einzeln stehende Häuser erreicht werden und der man auf die Hochfläche folgt. Die kleine Fahrstraße führt südwärts weiter nach Assomada. Im letzten Abschnitt verlassen die Fußgänger die Straße, queren ein Tal und erreichen so den kleinen Platz vor der Bank BCA.

■ Beim Begehen in Gegenrichtung ist die Bank BCA der Ausgangspunkt, und nordöstlich gehend nutzt man die Fußgängerabkürzung nach Gil Bispo, folgt der Straße Richtung Entre Picos und steigt erst ab ins Tal, wenn die neue Straßentrasse erreicht ist, die nur 150 m vor dem eindrucksvollen Fels der Boa Entrada abzweigt. Die anfangs einem ausgewaschenen Bachbett ähnelnde „Straße" am Talgrund endet in einem kurvigen, nahezu verkehrsfreien Sträßchen, das in Nhagar, dem nördlichsten Vorort Assomadas, auf die Hauptstraße trifft.

Auf der **Achada Falcão**, inmitten von Feldern, steht das Haus, in dem **Amílcar Cabral** einige Jahre seiner Kindheit verbrachte. In dem Privathaus der geschichtsbewussten älteren Dame blieb das Wohnzimmer nahezu unverändert erhalten. Offizielle Besuchszeiten sind nicht bekannt. Die Hauptstraße zieht am neuen Regionalkrankenhaus Santiago Norte vorüber, entlässt über eine weitere Varianta eine gute Verbindungsstraße, die bei Calheta de São Miguel auf die Küstenstraße trifft, und schwingt sich hinüber zur Achada Lém.

Abstecher nach Ribeira da Barca

Bei **Achada Lém,** nahe der Capela Santa Ana, gabelt sich die Straße und eine vergleichsweise große Pflasterstraße zieht hinunter an die Küste nach Porto da Ribeira da Barca (ca. 6 km), heute ein kleiner **Fischerort mit Geröll- und** etwas **schwarzem Sandstrand.** Im Ort laden Bars zur Entspannung bei frischen Getränken und Snacks ein. Der Hafen war bis zur Mitte des vergangenen Jahrhunderts von regionaler Bedeutung.

Mit dem **Fahrzeug** gelangt man weiter nach Süden über eine unbefestigte, von Kieslastwagen heftig malträtierte Straße nach **João Gago,** eine Strecke, die sich wegen der Aussicht aufs Meer auch als kleine Wanderung (30 Min.) anbietet. So richtig schön als Küstenwanderung wird der weitere Verlauf über den Pass zum Dorf **Achada Leite** (60 Min.) mit einer wie ein Tortenstück in den Atlantik hinausreichenden **Ponta Achada Leite** und in der Bucht verstreuten Basaltinseln. **Rocha Fundino** steht wie ein Turm majestätisch in ihrer Mitte.

Noch ein Stündchen weiter liegt **Águas Belas,** die Mündung der zuvor beschriebenen Rª do Engenho. Eine riesige **Brandungshöhle** aus rosarotem Fels und die im unteren Bereich der Ribeira anschließende, baumbestandene **Oase** sind die besonderen Reize, während der Strand fest im Griff der Baustoffsammler ist.

Alternativstrecke: Fundura – Figueira das Naus – Rª da Prata – Chão Bom

In **Fundura** zweigt eine durchgehend asphaltierte Straße nach Figueira das Naus ab, die im weiteren Verlauf mit sehr schönen Aussichten über Serpentinen nach **Rª da Prata,** einem Emigranten- und

Viehzüchterdorf, führt. Es besitzt einen weiten, mit Palmen bestandenen Strand namens Praia da Rª da Prata (dt.: silberner Strand). Im Ort gibt es zwei kleine Läden mit unregelmäßiger Aluguer-Anbindung, am Strand einen kleinen **Zeltplatz.** Auf dem weiteren Weg Richtung Chão Bom, vermutlich am späten Nachmittag nach einem ausgiebigen Bad, erkennt man am silbrigen Glanz des Meeres und der Palmblätter gegen die tiefstehende Sonne, wie der Ort zu seinem Namen gekommen ist.

Vor ihrer Asphaltierung war die Staubstraße nach Figueira das Naus ein beliebter Wanderweg gewesen, der vielleicht einen nahezu vollwertigen Ersatz findet, sobald die Landkreisverwaltung einen auf der nächsten Bergrippe hinabziehenden Weg nachbessert. Siehe Wanderung 504 weiter unten.

Die Hauptstraße in Richtung Tarrafal schwingt sich hinauf zur **Serra Malagueta,** begleitet von beeindruckender Fernsicht über die zentrale Hochebene. Etwa 500 m nördlich des Passes beginnen die Häuser des Dorfes **Serra.** Informationstafeln geben erste Hinweise und deuten auf das Gebäude des Naturparks hin, das keine 100 m abseits an der ersten nach Westen abzweigenden Seitenstraße liegt.

Eine sehenswerte **Ausstellung** vermittelt grundlegende Informationen zur Serra und den Besonderheiten des Human-Ökosystems. Bildtafeln und Broschüren sind teils auch in Englisch vorhanden. Bergführer stehen nach Voranmeldung bereit.

Das **geschützte Gebiet** umfasst auf 774 Hektar den halbfeuchten Nebelwald des Hauptkamms und für den Naturschutz besonders wertvolle Areale der teils felsigen Abhänge. Im Park sind 26 von 36 nur auf Santiago vorkommenden (endemischen) Pflanzenarten zu finden, 14 davon vom Aussterben bedroht.

Ein **Lehrpfad** ist auf Besuche von Schulklassen ausgerichtet; für Studentengruppen und Wanderer mit einfachen Ansprüchen steht ein Areal zum **Zelten** am Höhenweg nahe des Gipfels Malagueta zur Verfügung – dies ist aber kein Campingplatz nach europäischem Verständnis; Anmeldung bei der Parkverwaltung!

Ausgebildete Ökoführer begleiten auch Einzelwanderer oder Gruppen nach telefonischer Vereinbarung. Die Preise variieren nach der Zahl der Teilnehmer und der Länge der Wege – die Liste liegt aus.

Die **Wanderwege** sind nur teilweise beschildert, und bisher sind nur Wege ausgewiesen, die nicht aus dem Park herausführen. Die Nummerierung unserer Wandervorschläge folgt daher weiterhin der Wanderkarte „Santiago 1:50.000", *Pitt Reitmaier, Lucete Fortes,* AB-Kartenverlag, 2017.

Der Eintritt in den Park und Führungen im Gelände sind kostenpflichtig.

■ **Parque Natural Serra Malagueta**
Serra, Tel. 2653707
www.areasprotegidas.cv/serramalagueta

Wanderung 503: Serra Malagueta – Figueira das Naus

■ **Streckenwanderung:** 4 Std., einfache Orientierung. Bei klarer Sicht Blick auf Fogo. Für MTB geeignet mit 15 Min. Schiebestrecke.

Ausgangspunkt ist der Sitz der Parkverwaltung in Serra. Die Zufahrt zur Parkverwaltung und zur Baumschule für endemische Pflanzen verlängert sich als Staubstraße, die auf nahezu gleich bleibender Höhe in zwei großen Bögen in westlicher Richtung zieht. Wo die Staubstraße sich steil bergab zum Dorf Curral d'Asno (Weg 501) wendet, bleibt unser Fußweg für einen weiteren Bogen im Hang, auf fast gleicher Höhe. Am folgenden Bergrücken bleibt die Wahl zwischen mehreren kleinen Wegen. Um unnötigen Abstieg zu vermeiden, wählt man den nach Südosten aufsteigenden Weg, folgt ihm auf die Hochfläche und sieht im Westen bereits die aus Laranjeira heraufziehende Staubstraße. Dieser folgend, liegen die Kapelle und der Ort **Figueira das Naus** beständig vor Augen. Noch vor den ersten Häusern (Ortsteil Rufeu) trifft die Staubstraße auf die Abzweigung einer ebenso peripheren Straße hinab nach Achada de Meio. Wer weitere 2 Stunden zu Fuß absteigen möchte, folgt dieser als Weg 504 beschriebenen Strecke (s.u.).

In den Läden bei der Kapelle gibt es kühle Getränke und Kleinigkeiten zu essen.

Wanderung 504: Figueira das Naus – Achada de Meio – Rª da Prata

■ **Streckenwanderung:** 2 Std., Orientierung einfach, im Abstieg in die Rª de Cuba schlechter, steiler Geröllpfad, Trittsicherheit und Schwindelfreiheit sind hilfreich! In diesem Bereich für MTB nicht empfohlen. Sehr schöne Badegelegenheit am Strand.

Ausgangspunkt ist die Kapelle in Figueira das Naus. In östlicher Richtung der geteerten Hauptstraße folgend, zweigt eine Pflasterstraße (gemeinsamer Verlauf mit Weg 503) ab, zieht oberhalb des trapezförmig angelegten Friedhofs entlang und verlässt die Bebauungsgrenze des Orts nach dem Ortsteil Rufeu. An der folgenden Straßengabelung trennen sich die Wege 503 und 504. Wir wählen den Weg in nördlicher Richtung bergab, der, wie schon zuvor weithin erkennbar, als winzige Zubringerstraße auf der **Achada de Meio** absteigt. Von den letzten bewohnten Häusern, in Verlängerung des Straßenverlaufs nach Norden, geht der Weg als Ziegenpfad weiter und führt in nordwestlicher Richtung auf die Spitze der schmäler werdenden Achada Chão Grande. Der Abstieg in die **Rª de Cuba** ist gerollig und steil. In der Rª de Cuba verlässt ein breiter Fußweg die Fahrspur der Kiesfahrzeuge und zieht direkt am rechten Hang aus der Riberira heraus auf Kirche und Ort zu und trifft im Ort auf die geteerte Hauptstraße.

Im Ort gibt es zwei kleine Läden. Nachdem die weitere Strecke nach **Chão Bom** ausgebaut ist, reizt sie weniger zum Wandern. Aluguers verbinden den Ort unregelmäßig mit Tarrafal und Assomada.

Wanderung 505: Serra Malagueta – östlicher Höhenweg

■ **Streckenwanderung:** 1 Std., einfache Orientierung auf Forststraße und nahe dem Hauptkamm, für MTB geeignet.

Ausgangspunkt ist der Abzweig einer kleinen Forststraße von der Nationalstraße 1 auf der Passhöhe (850 m) der **Serra Malagueta,** ca. 100 m nördlich der Passhöhe. Fahrzeugen wird die Zufahrt durch eine Kette verwehrt. Der Zutritt zum Park ist kostenpflichtig. Nach 10 Min. mäßiger Steigung ist bereits der erste große Aussichtspunkt erreicht. Im weiteren Verlauf mögen Forstarbeiten dazu führen, dass Nebenwege größer erscheinen. Dies darf nicht dazu verleiten, den Höhenweg, der sich immer möglichst nahe am Bergkamm hält, zu verlassen. Der höchste Punkt des Sträßchens (1010 m) befindet sich unterhalb des Hauptgipfels der Serra (1069 m), doch ein Aufstieg lohnt kaum, weil dichter Bewuchs verhindert, mehr zu sehen als von den Aussichtspunkten entlang des Weges.

Nach Süden endet der Blick über die weiten Hochebenen von Santa Catarina an der steil aufragenden Pyramide des **Pico d'Antónia.** Westlich davon erkennt man die Strände um Calheta und ahnt die Insel Maio am Horizont. Im Norden verwehrt dichter Bewuchs zumeist die Sicht, doch ab und an öffnen sich die tiefen Kerbtäler und erlauben einen Blick auf die in der Tiefe liegenden Häuser und Felder von Principal.

Sacht führt die Fahrspur hinab in eine Zwischensenke, zur **Ruine** des ehemaligen Fortwächterhauses. Danach steigt sie wieder etwas an und endet nach weiteren 900 m an einer Wendeplatte *(viração)*, die beim Ausbau der **Antennenmasten** angelegt worden ist. Nur 20 m südlich auf kleinem Weg durchs Gebüsch öffnet sich erstmals die Fernsicht über das **Tal von Gom Gom.**

Damit endet der Ausflug für Spaziergänger und Mountainbiker, denn die anschließenden Wege sind geübten Bergwanderern vorbehalten und werden meist mit Führer gegangen: **507** – Abstieg über Gom Gom nach Principal (weitere 2½ Std.); **506** – Kammwanderung nach Mato Correia (weitere 3 Std.); **506 a** – nach Espinho Branco; **506 b** – nach Pilão Cão.

Die lange Gerade in Richtung Tarrafal wird von der Häuserreihe des Dorfs nach Norden begleitet und eröffnet den Blick auf die nördliche Halbinsel von Tarrafal, überragt vom 645 m hohen rundlichen Monte Graciosa. **Chão Bom,** das gute Land, breitet sich in der Küstenebene aus. 300 m nach dem Ortsende erscheint das ehemalige Konzentrationslager von Tarrafal.

Konzentrationslager Tarrafal

1936–54: Colónia Penal do Tarrafal

Am 29. Oktober 1936 traf der erste Transport mit 152 Gefangenen ein, deren Verbannung auf der Grundlage von zwei Ereignissen begründet wurde: Die Glasbläserstadt Marinha Grande war am **18. Oktober 1934** Zentrum eines zivi-

Gräber politischer Gefangener auf dem Friedhof von Tarrafal

len, „revolutionären Generalstreiks" gegen Ermächtigungsgesetze, Parteien- und Gewerkschaftsverbote, der als **Revolta da Marinha Grande** im Gedächtnis blieb. Die Gefangenen hatten bereits zwei Jahre in Festungsgefängnissen auf dem Kontinent und den Azoren hinter sich.

Die **Revolta dos Marinheiros** vom **8. September 1936** lag nur einen Monat zurück. Der Militärputsch General *Francisco Francos* hatte den Bürgerkrieg in Spanien ausgelöst und die ohnehin scharfe ideologische Trennlinie zwischen Offizieren der portugiesischen Kriegsmarine und unteren Rängen zum Glühen gebracht. Die Matrosen dreier Schiffe weigerten sich, zur Unterstützung der Franco-Truppen auszulaufen und entfachten eine Meuterei. Ein Militärsondergericht schickte 34 Aufständische mit dem ersten Transport nach Tarrafal. Fünf sollten die Zeit im Lager nicht überleben. Bis 1942 folgten weitere 185 politische Gefangene, danach 40. Der letzte trat 1951 den Leidensweg an. Die wenigsten der **340 Gefangenen** verbüßten eine von einem Gericht verhängte Strafe, sondern willkürlich als Präventivhaft, Schutzhaft oder als Sicherungsverwahrung deklarierte Zeiten ohne absehbarem Ende – in der Summe über 2000 Jahre.

Sie fanden sich wieder in einem 200 m langen und 150 m breiten Rechteck, umgeben von Stacheldraht und einem vier Meter breiten und drei Meter tiefen Graben, in Zelten, später in Holzbaracken. Die Regenzeit verwandelte das Lager in einen Sumpf, gefolgt von Monaten der Hitze und Dürre. Hier waren die Gefangenen der Willkür und sadistischen Brutalität des ersten Kommandanten **Manuel dos Reis** ausgeliefert. Als ehemaliger Direktor von Festungsgefängnissen bedauerte er das Fehlen feuchter, kalter Kasematten im Repertoir fortgesetzter Misshandlungen und erfand das Gegenteil: **Frigideira**, als Bratpfanne oder Kaserole zu übersetzen, nannten Gefangene und Wächter den fensterlosen Betonbau, in dem unerträgliche, stickige Hitze von 50°C und mehr herrschte. Die als verschärfte Einzelhaft bezeichnete Strafe wurde so häufig und so lange verhängt, dass bis zu einem Dutzend Gefangenen kaum Luft zum Atmen blieb, im infernalischen Gestank gärender Fäkalien. Die Gefangenen erhielten jeden zweiten Tag Brot und Wasser. Die Zwangsarbeit wegen Krankheit zu verweigern, wurde mit 20 Tagen Frigideira bestraft. 32 Gefangene starben und wurden auf dem Friedhof von Tarrafal begraben. Unter den vermerkten Todesursachen sind schwere Verlaufsformen der tropischen Malaria mit Abstand die häufigsten (19), bestätigt und nicht angezweifelt durch die Erinnerung der Mitgefangenen. Die Überlebenden nennen das Konzentrationslager **Campo da Morte Lenta,** Lager des langsamen Sterbens.

Besuchern stellt sich die Frage nach Zusammenhängen mit dem **Hitlerfaschismus** spätestens dann, wenn sie in der Ausstellung einen Brief entdecken, in dem der Kommandant des KZ Dachau auf den geplanten Besuch zweier portugiesischer Beamter eingeht mit der Frage, wo der Schwerpunkt ihres „Weiterbildungsinteresses" liege. Das „Dritte Reich" und die Weltpolitik waren im Alltag des Lagers ständig präsent. Der Lagerarzt *Dr. Esmeraldo Pais Prata* war ähnlich gestört wie seine Kollegen im

Dienste *Himmlers,* wenn er Behandlungen ablehnte mit den Worten: „Ich unterschreibe viel lieber Leichenschauscheine als Rezepte." Die Erfolge *Hitlers* in Guernica, Warschau und Paris ermunterten die Wächter, die Gefangenen zu verhöhnen und Willkür und Härte der Misshandlungen zu steigern. Mit der Niederlage *Hitlers* in Stalingrad traten Änderungen ein. Die Tage in der Frigideira wurden weniger, die Neuzugänge ebenso, und nach 1945 waren nur noch wenige Gefangene im Lager. *Salazar* entschloss sich unter dem Druck ausländischer Diplomaten, insbesondere der Vereinten Nationen und der USA, das Lager 1954 zu schließen. 1978 wurden die Verstorbenen exhumiert und nach Portugal zurückgeführt.

1961–74: Campo do Chão Bom

1961 wurde das Lager in ganz ähnlicher Form wiedereröffnet. Regimekritiker und -gegner aus Angola, Guinea-Bissau und Cabo Verde waren, nach Nationalitäten getrennt, in den heute noch zu besichtigenden Zellen untergebracht. Das Regime unterschied sich nur wenig von den oben beschriebenen Zuständen, selbst ein Ersatz für die nach 1945 abgerissene Frigideira wurde errichtet. Einzelne Schicksale sind gut beschrieben, doch die systematische Aufarbeitung steht noch aus.

Als am 25. April 1974 die **Nelkenrevolution** die faschistische Regierung in Portugal in Bedrängnis brachte, hoffte der Kommandant des Lagers auf eine Wende rückwärts und weigerte sich, die Gefangenen zu entlassen. Die Bevölkerung Santiagos zog in einer großen Demonstration am 1. Mai 1974 nach Chão Bom, um sie zu befreien.

Nach der Schließung diente die Anlage als Zeughaus für das Militär. Einige noch sichtbare Beschriftungen stammen aus dieser Zeit.

2009: Muséu da Resistência

Seit 2006 steht das Lager unter Denkmalschutz. In den Räumlichkeiten informiert eine **Ausstellung** über die Zeit von 1935 bis 1954 und die von 1961 bis 1974, die zum Museum erweitert wird und interessante Artefakte, Interviews und Dokumente auf vielen großen Fotos und Plakaten zeigt.

■**Infos im Internet:** www.maismemoria.org, Website der Initiative „NAM – Não Apaguem a Memória!" (dt.: Löscht die Erinnerung nicht!).

Tarrafal

Cidade do Tarrafal an der Nordspitze Santiagos ist Verwaltungshauptstadt des gleichnamigen Bezirks mit etwa **20.000 Einwohnern.**

Im Zentrum gewinnt der Hauptplatz durch die gepflegte Bepflanzung, einen Springbrunnen und Sitzbänke von Jahr zu Jahr an Würde und Charme. Die katholische **Hauptkirche Santo Amaro Abade,** die freundliche Fassade des **historischen Rathauses,** die typischen Kolonialläden entlang der Via Centro bewahren den Stil bescheidener Kolonialarchitektur. Der städtische Markt in der südwestlichen Ecke ist heute dem Kunst-

Tarrafal de Santiago

Übernachtung
1 Hotel Baia Verde
5 Hotel Vista Mare
6 Tarrafal Residence
7 Hotel Sol Marina
8 Hotel Cachoeira
10 Residencial La Marea
18 Pensão Tatá
19 Pensão Mille Nuits
20 Aparthotel King-Fisher
21 Casa Strela B&B
22 Villa Botânico

handwerk *(Mercado Antigo)* gewidmet, nachdem er der Versorgung der Wohnviertel nicht mehr gewachsen war und durch eine Markthalle *(Mercado Novo)* am Ortseingang ersetzt wurde. Auf dem Platz selbst teilt sich die **kompetente Touristen-Information** einen Kiosk mit einem Mobilfunkanbieter. Das alte **Zollgebäude** *(Alfândega Velha)* überblickt das Treiben am Strand und der Mole.

Die Besucher zieht es schnell an den hellen, weiten **Sandstrand.** Eine windgeschützte Bucht mit Palmen, ein Fischerhafen, klares Wasser und Berge im Umland – das macht Tarrafal so interessant. An Sommerwochenenden ist Hochbetrieb, wenn ganz Tarrafal und viele Gäste aus Praia und Assomada kommen. Es ist einer der wenigen Strände Cabo Verdes, an dem **Palmen** Schatten spenden. Der Palmenhain setzt sich in der Bungalowanlage des Hotels Baía Verde fort.

Über dem Ort thront der **Monte Graciosa (645 m),** ein von der Erosion weit-

☐ Inselkarte S. 94 **Von Tarrafal an der Ostküste nach Praia**

© Reitmaier / Fortes

Essen und Trinken
2 Esplanada Baía Verde
3 Sol & Luna
4 Esplanada Mar di Baxo
5 Rest. Vista Mare
9 Alto Mira
11 Boka Boka
12 Búzio
13 Restaurante Café Maracujã
14 Bar Rosa
15 Churr. Mangui Baxo
16 Lanchonete Cegonha
17 Baía do Tarrafal
18 Rest. Tatá
19 Rest. Mille Nuits

Wassersport
20 Tauchbasis King Bay Base N° 1

Barschen, Muränen und anderen Meerestieren auch große Thunfische mit, die gleich vor Ort zerlegt werden. Taucher erlegen noch immer große Langusten.

Nach Norden hin wird die Bucht von Tarrafal durch die **Landzunge Ponta Preta** begrenzt, wo ein Leuchtturm den Schiffen den Weg wies. Dorthin zu gelangen ist schwierig und keinesfalls ein Ausflug in Badeschläppchen! Ohne Begleitung ist er auch aus Sicherheitsgründen nicht zu empfehlen!

Tarrafal besitzt keine großen Hotels, denn der Tourismus wird weniger von den ausländischen Gästen als von denen aus der Hauptstadt bestimmt. Qualitativ reicht das Angebot von einfachen Pensionen bis zu feinsten Ferienwohnungen. Taucher, Sportfischer und Wassersportler finden beste Bedingungen vor.

Von Tarrafal an der Ostküste nach Praia

■ Rechnen Sie für die **80 km** lange Strecke etwa 2½ Std. reine Fahrzeit.

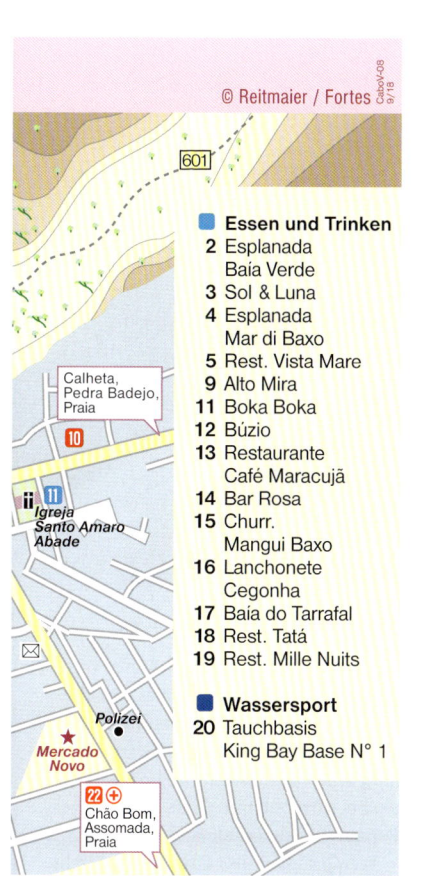

gehend freigelegter Vulkanschlot. Im Westen weist er hoch am Hang Brandungshöhlen auf, aus denen sich erkennen lässt, dass er zu früheren Zeiten weitaus tiefer im Meer lag.

Der sonst ruhige Alltag wird durch die **Ankunft der Fischer** unterbrochen. Die Verkäuferinnen nehmen den Fang entgegen, Privatleute kaufen direkt ab Boot, und alle gemeinsam schleppen die Boote an Land. Oft bringen sie neben kleineren Fischen, Makrelen, Sardellen,

Zunächst führt die Fahrt durch eine kahle, wüstenhafte Landschaft, bergauf und bergab, von einer Ribeira zur nächsten. Gelegentlich passiert man eine kleine Ortschaft, fruchtbare, oasenhafte Täler und schroffe, bizarre Inselberge. Ab **Porto Formoso** windet sich die Straße in engen Serpentinen die Küste entlang. In **Mangue de Sete Ribeiras** folgt sie einer Bucht, in die mehrere Täler einmünden.

Die Brandung an den Felsen ist eindrucksvoll. Dann verläuft die Straße nahe am Meer bis zur nächsten Bucht. Danach gilt es, auf ein Schild zu achten, das das **Rabelado-Dorf in Espinho Branco** anzeigt; keine 300 m von der Küstenstraße ist es erreicht und erlaubt einen Einblick in die Geschichte und Kunst der Religionsgemeinschaft (siehe Exkurs in „Land und Leute/Geschichte").

Auf einer Anhöhe über dem Meer liegt die kleine Distriktstadt **Calheta de São Miguel**. Aluguers fahren Richtung Assomada, Tarrafal und Praia sowie in die größeren Ribeiras dos Flamengo und do Principal, sodass Calheta als unmittelbarer Ausgangspunkt oder nach kurzer Anfahrt eine Vielzahl schöner Wanderungen bietet. Im Ort gibt es eine Pension, einige Bars und Restaurants. Die **Esplanada Silibell** von *Sibylle* und *Gerhard Schellmann* kombiniert das kulinarische Angebot mit deutschsprachiger Beratung für Reisende und Wanderer.

Wenig südlich des Ortsausgangs geht eine gute Verbindungsstraße ab, die durch die Rª dos Flamengos auf die Hochebene von Santa Catarina führt. Am Ortsende von **Cancelo** lohnt ein Halt, um den Blick auf die weite **Ribeira de Santa Cruz** zu genießen. Die großen Bananenplantagen sind einst ausschließlich für den Export angelegt worden.

Wenig später ist **Pedra Badejo**, der Hauptort des Concelho Santa Cruz (33.000 Einwohner), erreicht. Der Ort hieß bis zur Unabhängigkeit Santiago Major, und bis heute ist „Santiago" ge-

Blick auf den Monte Graciosa (rechts Tarrafal)

bräuchlich. Am Hafen kann man im großzügig renovierten Restaurant Falucho essen gehen. Am Stadtstrand wurde das ehemalige Gesundheitszentrum zu einem komfortablen Hotel mit schönem Blick auf die Bucht. Die beiden kleinen Lagunen östlich der Stadt sind interessante Vogelbiotope.

Nur 1 km weiter ist **Achada Fazenda** erreicht, wo die Verbindungsstraße ins Inselinnere zur Nationalstraße von Praia nach Assomada abzweigt.

Abstecher zur Talsperre Poilão

Die **erste Betonstaumauer Cabo Verdes** wurde an einer natürlichen Talenge der Rª Seca zwischen Lavada dos Orgãos und Poilão mit Unterstützung durch die VR China errichtet und nach nur 17 Monaten Bauzeit am 3. Juli 2006 eingeweiht. Die Krone der 26 m hohen Mauer ist 153 m lang. Der Stausee fasst 1,7 Mio. m³ Wasser, sodass rund 50 Hektar bewässerter Garten- und Landbau möglich sind. Am südlichen Ende der Staumauer überblickt ein kleiner **chinesischer Kiosk** den See, der als Standort zur Vogelbeobachtung beliebt ist.

Im weiteren Verlauf zieht sich die Straße von der Küste zurück. Kurz vor **Milho Branco** zweigt Richtung Küste eine Piste ab zum Hafenort **Praia Baixo mit Strand.** Weiter im Tal spenden Palmen Schatten. An Sommersonntagen ist allgemeiner Badebetrieb mit Gästen aus Praia. Die Küstenstraße trifft 2,5 km weiter südlich auf die Nationalstraße zwischen Praia und São Domingos.

Strand in der Bucht von Tarrafal

Strände & Wasserverhältnisse

Praia besitzt mehrere **stadtnahe Strände,** von denen **Prainha** und **Quebra Canela** die besten sind. **Praia Baixo** im Osten der Insel ist während der Woche viel ruhiger. **São Francisco** ist ein weiter, heller Sandstrand mit guten Bedingungen.

Tarrafal hat einen sehr schönen, in zwei Buchten geteilten hellen Sandstrand, teilweise unter Palmen. Unter der Woche sind Fischer und Gäste unter sich, am Wochenende gleicht er eher einem gut besuchten Stadtstrand.

Ribeira da Prata bietet einen riesigen Sandstrand mit Palmen. Sammeltaxis von Chão Bom befahren mehrmals am Tag die neue Asphaltstraße entlang der Küste und nach Figueira das Naus.

Reiseplanung Santiago

Eine Woche ist fast zu kurz, um nach Priorität gestaffelt das Interessanteste einplanen zu können:

■ Ein Tag in **Cidade Velha,** um Geschichte und Kultur kennen zu lernen. Die entsprechenden Kapitel vorher gelesen zu haben, erleichtert das Verständnis.

■ Mindestens ein Tag in **Praia,** dessen touristische Qualitäten häufig übersehen werden.

■ Zwei Tage **Rundfahrt** über die Insel.

■ Ein Tag **Wandern** in einem der Naturparks Serra de Malagueta oder Pico da Antónia; abseits der beschriebenen Wege empfiehlt es sich, mit Führer zu wandern; lokale Reisebüros bieten geführte Wanderungen an (siehe „Reisebüros").

■ **Wassersport, Baden, Tauchen, Schnorcheln;** noch gibt es keine Windsurfstationen und auch keinen gesicherten Transport für selbst mitgebrachte Boards.

Praktische Infos

Anreise mit dem Flugzeug

■ Der **Internationale Flughafen Nelson Mandela RAI** (Tel. 2616912, 2614163) befindet sich auf der im Nordosten Praias gelegenen Achada Grande (4 km zum Stadtzentrum).

Internationale Flugverbindungen

■ Mehrmals wöchentlich nach **Boston/USA, Ponta Delgada (Azoren), Amsterdam, Paris;** mehrmals wöchentlich nach **Lissabon** und mit Air Senegal nach **Dakar/Senegal, Guinea-Bissau, Accra/Ghana** sowie **Fortalezza und Recife/Brasilien.**

Inlandsflüge

■ Der Flughafen Praia ist ein wichtiges Drehkreuz im Flugverkehr zwischen den Inseln. Es bestehen täglich Verbindungen nach Fogo und mehrmals täglich **nach Sal und São Vicente,** mehrfach wöchentlich nach **Maio, Boa Vista** und **São Nicolau** via São Vicente oder Sal.

Weitere Informationen im Kapitel „Praktische Tipps A–Z/Reisen im Land".

☐ Inselkarte S. 94, Stadtpläne S. 100/101 (Praia), 110 (Cidade Velha), 132 (Tarrafal) **Infos**

Fluggesellschaften

■ **TACV Internacional**
Rua Serpa Pinto, Praia, Tel. 2608200, Mo bis Fr 8–12 und 14.30–18 Uhr, Sa 8–11.30 Uhr, Reservierungen unter Tel. 2608860.
■ **Binter CV**
Am Flughafen (Tel. 4360060) und in Reisebüros.
■ **Azores Airlines (SATA)**
www.azoresairlines.pt, Tel. (00351) 296209720.
■ **Air Senegal**
Av. Amílcar Cabral, Praia, Tel. 2617529.
■ **TAP Air Portugal**
APT Praia, Tel. 2615826.

Fährverbindungen

■ **Schnellfähren** verbinden Praia mit **Fogo** und **Brava** und alle 14 Tage mit **São Nicolau** und **São Vicente**. Die Fährverbindung nach **Sal** hat keinen festen Fahrplan und ist für Touristen nur ausnahmsweise nutzbar; erkundigen Sie sich vor Ort bei den Agenturen.
■ **Fahrpläne** online unter www.cvfastferry.com und www.bela-vista.net/Faehre.aspx.

Mit dem Segelschiff

Praia hat einen Naturhafen und (vorerst noch) keine Marina. Die geschützte Bucht von **Tarrafal** im Nordwesten Santiagos bietet sich ebenso zum Ankern an. Diesel erhält man an beiden Orten, während Lebensmittel und Ausrüstungsgegenstände nur in Praia aufzutreiben sind.

Reisen auf der Insel

Auf Santiago können Sie sich problemlos **im Aluguer oder Mietwagen** fortbewegen. Die Insel verfügt über ein **gut ausgebautes Verkehrsnetz** mit Asphalt-, kopfsteingepflasterten und einigen Staubstraßen.

Taxis, Busse, Aluguers

■ **Innerhalb Praias** verkehren **Busse** mit festen Preisen und festen Haltestellen in alle Stadtviertel. **Taxis** kann man überall in der Stadt anhalten (Stadtfahrt ca. 200 CVE). Die **Anmietung eines Taxis** für einen ganzen Tag kostet 8000–10.000 CVE. Der Fahrer erhält üblicherweise ein Gratisessen und -getränk.
■ **Aluguers verbinden die Orte der Inseln untereinander.** Ständig befahren ist die Route Praia – Assomada – Tarrafal, während die Route an der Ostküste weniger frequentiert ist und man eine halbe bis ganze Stunde auf ein Aluguer warten muss.

Haltestellen für Aluguers in Praia liegen am Sucupira-Markt. Die Fahrzeuge starten grundsätzlich erst dann, wenn sie voll sind. Vorher zirkulieren sie durch die Stadt, um genügend Kunden zu finden – das kann dauern.

Mietwagen

Eine Reservierung ist generell empfehlenswert. Die Preise beginnen bei 4500 CVE/Tag. Anmietung und Abgabe nur werktags! Miete und ab 300 Euro Kaution werden in cash over the counter bezahlt. Keine Kreditkarten.

Wenn Sie sich **in Tarrafal** ein Fahrzeug mieten wollen, erkundigen Sie sich in Ihrem Quartier.

■ **Alucar,** Chã de Areia, Praia, Tel. 2615801.
■ **Autobraza,** Vila Nova, Praia, Tel. 2631814.
■ **CLASSIC-Autorental,** Praia, Tel. 2615558.
■ **Inter Cidades Rent a Car,** Praia, Achada Santo António (beim Restaurante Poeta) und am Flughafen, Tel. 2612525; www.intercidadesrentacar.cv.
■ **Delcar,** Praia, Achada Santo António, Tel. 262 3717, Mobil 9918044, www.delcar.cv.

- **Ferreira Cars,** Praia, Tel. 2616949.
- **Hertz,** Praia, Büros im Hotel Pestana Trópico und am Flughafen, täglich 8–19 Uhr, Tel. 2612858, Mobil 9917907; www.hertz.pt
- **SOCIARPA Lda. de Santos Paiva,** Praia, Av. Amílcar Cabral, Tel. 2615790.

Unterkunft

Kleinere Hotels und Pensionen finden sich in allen Distriktstädten. Rui Vaz hat ein schönes Berghotel für Wanderer. In Praia liegen die moderneren und gehobeneren Hotels an der Küstenstraße nach Prainha. In zentral gelegenen Unterkünften kann es nachts laut sein. Die meisten Unterkünfte verlangen **Barzahlung** beim Einchecken. **Vorbuchen** ist sinnvoll, da hauptstädtische Aktivitäten wie Parlamentsvollversammlungen, Konferenzen etc. alle Quartiere für mehrere Tage belegen können. Es ist immer ratsam, sich vor dem Einchecken die Zimmer anzusehen, Du/WC zu überprüfen und einen Wasserhahn aufzudrehen.

Zur Kategorisierung der Unterkünfte siehe Kapitel „Praktische Tipps A–Z/Unterkunft".

- www.bela-vista.net/Pension-Santiago-d.aspx
Laufend aktualisierte **Unterkunftsliste.**

Praia

Stadtplan S. 100

30 Hotel VIP Praia⑤
Tel. 2603280, www.hotelvippraia.com
Elegantes und repräsentatives 5-Sterne-Hotel in unmittelbarer Nähe des Stadtstrandes von Quebra Canela mit Bar, Pool auf der Dachterrase, Meerblick, AC, Minibar und Sat-TV auf den Zimmern sowie Geschäfts- und Versammlungsräumen.

23 Hotel Pestana Trópico⑤
Tel. 2614200, www.pestana.com
Im vornehmeren Teil von Praia auf einem Felsvorsprung über dem Meer. 93 komfortable Zimmer mit Bad oder Du/WC, Klimaanlage, TV, Radio. Restaurant, Bar, Konferenzräume. Meerwasser-Pool mit großer Sonnenterrasse, kleiner Sandstrand nahebei. Ca. 15 Min. ins Zentrum von Praia.

26 Hotel Oásis Atlântico Praia Mar⑤
Tel. 2614153, 2614355,
www.oasisatlantico.com/en/praiamar
Im Stadtteil Prainha auf der Halbinsel beim Leuchtturm gelegenes Hotel der gehobenen Kategorie. Direkt vor dem Hotel die kleine Strandbucht Prainha und ein paar Meter weiter der Strand Quebra-Canela. 30 Zimmer und 16 Bungalows, ausgestattet mit Du/WC, Radio, Telefon, Klimaanlage und Balkon. Hotelgebäude, Restaurant und Bar gruppieren sich um einen Meerwasser-Pool; außerdem Disco, Tennis-Hartplatz, großer Fitnessraum. Tauchstation für Scuba-Taucher und Schnorchler. Das Hotel ist behindertengerecht ausgestattet.

22 Hotel BeraMar④
Chã de Arreia, Tel. 9917343
Komfortpension beim Kreisverkehr vor Prainha, gute Zimmer mit Du/WC, Balkon mit Meerblick, AC und Sat-TV. Bar und hervorragendes, reines Fischrestaurant mit kapverdischer und internationaler Küche.

10 Pensão Benfica④
Palmarejo de Baixo, Tel. 2627446
Neue hotelartige Komfortpension im küstennahen Teil von Palmarejo, komfortable Zimmer mit Du/WC, Balkon mit Meerblick, AC, Satelliten-TV. Bar und Restaurant mit kapverdischer und internationaler Küche.

20 Hotel Pérola④
Chã de Areia, Tel. 2601440, www.hotelperola.cv
Zimmer mit Du/WC, AC, Bar, Satelliten-TV. Terrasse mit Meeresblick. WLAN.

3 Hotel Cesária④
Fazenda, Tel. 2616556, www.hotelcesaria.com
Neues, komfortables Stadthotel in einer nachts ruhigen Nebenstraße von Fazenda. WLAN, Zimmer mit AC, Safe, Balkon.

☐ Inselkarte S. 94, Stadtpläne S. 100/101 (Praia), 110 (Cidade Velha) **Praktische Infos**

18 Hotel América④
Achada de Santo António, Tel. 2621431, 2616250
Modernes Hotel in ruhiger Lage auf einem Hochplateau über Prainha, geräumige Zimmer mit Du/WC, AC, TV, Telefon. Restaurant und Bar mit Dachterrasse, Diskothek.

17 Hotel Santiago④
Achada de Santo António,
Tel. 2604980, www.hotelsantiago.cv
Relativ neues Business-Hotel, alle Zimmer mit AC, Frigobar und WLAN. Restaurant und Bar auf der Dachterrasse.

10 Praiano Aparthotel④
Palmarejo de Baixo, Tel. 2605000, Mobil 9188554,
www.praianoaparthotel.cv
Apartments mit Küche, Esszimmer, AC, TV, WLAN, Frühstück falls gewünscht. Ruhige Lage 7 Min. vom Stadtstrand Quebra Canela.

8 Hotel Olamar③
Rua Santiago Palmarejo, Tel. 2604540
Mitten im Stadtteil Palmarejo, Zimmer und Suiten mit AC und TV.

2 Hotel Eurolines③
Fazenda, Av. Cidade de Lisboa, Tel. 2603010
Komfortable Zimmer und gutes Restaurant.

1 Demeure Criola②
Tel. 9116605, www.demeure-criola.com
Hübsche Pension im Stadtviertel Achada São Filipe abseits des Zentrums – praktisch für Gäste, die aus dem Inselinneren kommen oder dorthin weiterfahren möchten. Französisches Management, Frühstücksbuffet, Abendessen auf Bestellung, erfahren mit Wanderern und Sportfischern, eigenes Fischerboot. Mit Bus 11 kommt man günstig ins Zentrum.

12 Pensão Jardim do Vinho②
Tel. 2624760, www.ojardimdovinho.com
Hübsche Pension mit 5 Zimmern auf der Achada de Santo Antonio – Meio Achada. Französisches Management, im September geschlossen.

Stadtplan S. 101
18 Hotel Praia Confort④
Av. Amílcar Cabral 1, Tel. 2600200

Hotel auf dem Plateau mit 17 modernen Zimmern mit Blick auf den Praça Albuquerque. Lift, bedingt behindertengerecht, Frühstücksbuffet, WLAN.

15 Hotel Felicidade④
Rua Serpa Pinto, Tel. 2615585
Zentral auf dem Plateau gelegen, 24 Zimmer mit Du/WC. Gutes Dachgarten-Restaurant, Aufzug.

24 Residencial Nazaré③
Rua Cesário Lacerda, Plateau, Tel. 2601405
Pension in renoviertem Altbau, Frühstück auf der Dachterrasse mit Blick auf die Hafenbucht. Kleine Zimmer zum Innenhof/Lichtschacht.

9 Hotel Santa Maria③
Plateau, Rua 5 de Julho 17, Tel. 2614337
Zimmer mit AC, Frigobar und TV. Ohne Restaurant, Frühstück in der Bar in der Fußgängerzone.

14 Boutique-Hotel Praia Maria③
Plateau, Rua 5 de Julho, Tel. 2622099
Zimmer in der Fußgängerzone mit AC, Frigobar und TV. Unter neuer Leitung. Frühstücksbuffet, WLAN auf den Zimmern, Lift.

17 Residencial Sol Atlântico②
Plateau, Praça Alexandre Albuquerque 13,
Tel. 2612872, 2615066
Nicht beschildert, Eingang über Hausnummer 13 zwischen Opticamedica und Banco Angolano de Investimentos. Einfach, günstig, sauber.

1 Residencial Paraíso②
Rua Serpa Pinto 56A5, Tel. 2613539
Sehr einfache und günstige Pension am Nordende des Plateaus.

Cidade Velha (Stadtplan S. 110)

2 Hotel Espaço Pôr do Sol④
Tel. 2671622
Kleines, feines Hotel auf der nächsten Halbinsel etwa 2 km westlich von Cidade Velha. Sehr gut eingerichtete, komfortable Räume. Gutes **2 Restaurant** mit großer Terrasse. Süßwasserpool. Die Zimmer im EG sind bedingt behindertengerecht.

3 Hotel Vulcão④
Tel. 2673198, Mobil 9581388
Komforthotel an der nördlich an Cidade Velha anschließenden Bucht, mit Meerblick. Gute Zimmer, Apartments und Suiten. AC, Restaurant, Bar, Terrasse mit Pool, Bootsanleger.

1 Hotel Limeira④
Tel. 2671104
Resorthotel am Hang über der nördlich an Cidade Velha anschließenden Bucht mit weitem Meerblick. Komfortable Zimmer, Apartments und Suiten, AC, 1 **Restaurant,** Bar, Terrasse mit Pool.

7 KamaKuKafé③
Tel. 2671170, Mobil 9151674
Zimmer mit Frühstück am Ortseingang Richtung Praia. Kapverdischer Familienbetrieb (B&B). Ausblick aufs Meer.

Naturpark Serra do Pico d'Antónia

■ Quinta da Montanha③
Rui Vaz, Santiago, Tel. 2685002, Mobil 9924013
Sehr angenehmes Berghotel am Eingang zum Naturpark in Rui Vaz. Ausflüge und Höhenwanderungen in den Waldgebieten und geführter Aufstieg zum Pico d'Antónia. Auskunft für Wanderer sowie Wanderkarten. Komfortable Zimmer mit Bad und Balkon. Gutes Restaurant mit Speisen aus der großen eigenen Landwirtschaft, Sonntagsbuffet.

Assomada

■ Hotel Avenida③
Tel. 2653462, südlich der Ortsmitte
Alle Zimmer mit Bad, Telefon, TV, teilweise AC.

■ Pousada de Vassora③
Hotelähnliche Neubaupension am Hang bei Cabeça Carreira mit Blick über die Hochebene von der Dachterrasse aus. Großzügige DZ mit Du/WC, auf Wunsch HP und VP, kapverdische und internationale Küche für Hausgäste auf Bestellung. Mind. 2 Nächte.

■ Pensão Monraci②
Tel. 2651932, am Ortsausgang Richtung Praia
Zimmer mit Bad, Telefon, TV, Restaurant, Internet, inkl. Frühstück.

■ Pensão Café Paris – 2000②
Tel. 2653502, ruhige Lage östlich der Hauptstraße
Alle Zimmer mit Du/WC, inkl. Frühstück.

■ Pensão Crioula②
Preiswerte Zimmer in der Ortsmitte.

■ Residencial Asa Branca②
Tel. 2652372, einfache Unterkunft an der Durchgangsstraße Praia – Tarrafal.

◁ Markttag in Assomada

☐ Inselkarte S. 94, Stadtpläne S. 110 (Cidade Velha), 132 (Tarrafal) **Praktische Infos**

■ **Residencial Cosmos**②
Tel. 2652372, in der Stadtmitte
Neubaupension mit großzügigen DZ mit Du/WC im 3. Stock. Blick über Stadt und Markt, gepflegt, Sat-TV, Ventilator, Minibar.

Tarrafal (Stadtplan S. 132)

22 Villa Botânico⑤
Tel. 2661800
Zwei aufwendig eingerichtete Zimmer in deutscher Luxusvilla, gepflegter Garten mit Süßwasserpool, Frühstücksbuffet und Brunch. 10 Min. zu Fuß in die Stadt, 15 Min. zum Strand.

20 Aparthotel King-Fisher④
Tel. 2661007, Mobil 9535322, www.king-fisher.de
Komfortable Ferienhäuser, -wohnungen und Zimmer, alle mit eigener Sonnenterrasse, auf der Halbinsel Ponta Atum mit eigener Felsen-Badebucht; sehr ruhig, abgesehen vom Meeresrauschen; 5 Min. zum Strand und in die Ortsmitte; Selbstversorger und Pensionsgäste; hauseigene **20 Tauchbasis King Bay Base N° 1.** 4-Personen-Ferienhaus ab 840 Euro pro Woche, 2-Personen-Apartment ab ca. 750 Euro pro Woche, Mindestaufenthalt 4 Nächte, Frühstück extra, Restaurant.

1 Hotel Baía Verde③
Tel. 2661128, am Sandstrand der Bucht von Tarrafal
Die Anlage inmitten eines Palmenhaines verfügt über zwei Haupthäuser mit 26 DZ (AC) und 14 Bungalows (Ventilator), alle mit TV und Frigobar. WLAN an der Rezeption.

21 Casa Strela B&B②
Ponta de Atum, Tel. 2661071, Mobil 9178529, www.casastrela.com
Familiäres B&B unter schweizerischer Leitung, Dachterrasse mit Meerblick, Außendusche, Grillecke und Sonnenliegen. Freies WLAN, Warmwasser, gemeinsame Küche und Wohnzimmer mit Internet-TV. 3 DZ mit Gemeinschaftsbad, 1 DZ mit Du/WC. Gemeinsame Ausflüge, Exkursionen und Wassersport, MTB-Vermietung, Inselrundfahrten.

6 Tarrafal Residence②
Tel. 2662060, Mobil 9982626
Freundliche Pension in einem Neubau oberhalb der Strandbucht, gemütliche Zimmer, teils mit Balkon und Meerblick, alle mit Du/WC.

7 Hotel Sol Marina②
Tel. 2661219, oberhalb der Strandbucht
Günstige Pension mit sehr einfachen Zimmern, teils geräumig mit Balkon und Meerblick, alle mit Du/WC. Restaurant (schattig) nur saisonal geöffnet, gute kapverdische und internationale Küche, häufig mit traditioneller Live-Musik.

10 Residencial La Marea②
Tel. 2661700
Italienische Leitung, 3 Zimmer und Restaurant.

18 Pensão Tatá①
Tel. 2661125, im Ortszentrum
8 einfache Zimmer mit Waschgelegenheit, 600 m zum Strand. Restaurant.

19 Pensão Mille Nuits①
Tel. 2661463, im Ortszentrum
Einfaches Hotel mit Bar und Restaurant.

Ponta de Santa Cruz/Pedra Badejo

■ **Quinta dos Amigos**④
Achada Fazenda, Tel. 2692925
Komfortable Privatzimmer und Apartment mit Kitchenette auf dem Anwesen einer kapverdisch-deutschen Familie. Ruhige Sitzplätze, Pool, 5 Min. zum Strand. Zimmer mit Du/WC, Ventilator. Auch für Familien. Sonderarrangement für Langzeitgäste.

Calheta de São Miguel

■ **Pensão Mira Maio**②
Tel. 2731121
Einfach, unterschiedlich große Zimmer mit Du/WC, weiter Blick von der Dachterrasse, inkl. Frühstück.

Restaurants und Bars

Praia

Internationale Küche guter Qualität bieten sowohl die besseren Restaurants entlang der Hafenbucht als auch die in den internationalen Hotels – zu europäischen Preisen. Die Restaurants in Geschäfts- und Wohnvierteln kochen vorwiegend für den **einheimischen Geschmack,** und der verlangt Gerichte, die schmecken wie bei der Oma auf dem Lande, aber auch portugiesische Küche und Fast Food. Einige haben sich erfolgreich spezialisiert auf Fisch, Meeresfrüchte, italienische, senegalesische oder nordafrikanische Gerichte. Pizzerien und Lanchonetes, Grillbars und Garküchen ernähren die Eiligen zu günstigen Preisen. In Restaurants mit Live-Musik beginnt das Programm meist ab 20 Uhr.

**Praia: Wasserfront
und neue Stadtviertel (Stadtplan S. 100)**

25 Esplanada Tabanka Mar
Prainha. Internationales Restaurant, große Terrasse mit Blick auf Leuchtturm und Hafen an der Basis der Ponta Temerosa.

27 Ipanema
Prainha, nahe Hotel Praia Mar, Tel. 2622600. Konstant gute portugiesische und kapverdische Küche, Cocktails, professioneller Service, angenehmes Ambiente mit Terrasse zur Strandseite.

14 Restaurante Churrasqueira Dragoeiro
Achada de Santo António, Tel. 2623335. Gebratene Hähnchen, schnell und günstig.

13 Restaurante Churrasqueira Benfica
Achada de Santo António, Tel. 2622195. Gebratene Hähnchen, gut und günstig.

28 Kebra Cabana
Quebra Canela, Tel. 2626360. Bar/Restaurant, gute Fischgerichte mittags und abends, oft Live-Musik am Abend, beliebter Treffpunkt am Strand.

24 O Poeta
Achada de Santo António, Tel. 2613800. Das moderne Restaurant mit dem besten Fernblick über die Bucht von der überschatteten Terrasse ist dank konstant guter portugiesischer und kapverdischer Küche und professionellem Service ein kulinarischer Fixpunkt für die Abgeordneten des nahe gelegenen Parlaments, für Politik und Geschäftswelt von Praia. Vorbestellen oder etwas früher kommen sichert einen Platz auf der schönen Terrasse.

15 Ca Diga
Achada de Santo António, nahe dem UN-Gebäude. Preiswerte kapverdische und internationale Gerichte, auch Tagesgerichte.

30 Praia Shopping
Restaurants und Eisdielen im Einkaufszentrum beim Hotel VIP Praia in Quebra Canela. Nach dem Einkaufen gönnen sich hier die Mittel- und Oberschicht von Praia einen Sundowner auf der großen Terrasse am Meer, ein Eis für die Kinder oder ein Abendessen mit Familie und Freunden.

21 Freedom Beach Club
Strand von Gamboa, Tel. 2614454. Strandclub in rustikalem Ambiente, Cocktails, Pizzas und Grillgerichte, manchmal Live-Musik, trendiger Treffpunkt in Praia.

20 Germar Gamboa
Gamboa, Tel. 2612008. An der Uferstraße beim Hotel Pérola. Gepflegtes Restaurant mit umfangreicher Speisekarte und gutem Service.

22 Beramar Grill
Chã d'Areia, Tel. 2615150. In diesem reinen Fischrestaurant werden hervorragende Gerichte nach Art der Insel Fogo zubereitet.

16 A Bolha
Achada de Santo António. Internationales Restaurant mit überschattetem Außenbereich. Die Küche ist gut, die Preise bewegen sich im mittleren Bereich.

19 O Cometa
Achada de Santo António. Schmackhafte und preiswerte Schnellgerichte.

29 Restaurant/Café Nice Kriola
Achada de Santo António bei Cruz de Papa, Tel. 2620870. Modernes Restaurant/Café mit Blick über Quebra Canela aufs Meer.

☐ Inselkarte S. 94, Stadtpläne S. 100/101 (Praia), 110 (Cidade Velha) **Praktische Infos**

11 Titi Sushi Lounge
Complexo Ondas do Mar, R/C, Palmarejo Baixo, Praia, Tel. 5301850. Sehr schönes Ambiente, recht modern, Sushi und andere Speisen zu moderaten Preisen, sehr nette Bedienung.

9 Secreto Ibérico
Palmarejo, Rua Ilha de Santa Luzia (kleine Gasse, die beim Hotel Olamar abgeht), Tel. 2628886. Tapas-Restaurant in iberischer Tradition mit gutem Wein.

6 Punto d'Inkontro
Av. Cidade de Lisboa. Halb offenes Restaurant bzw. Pizzeria, schnell und gut und deshalb beliebt bei den Mitarbeitern des Palácio de Governo.

7 Sovaco de Cobra
Terra Branca. Grillbar und Crêperie mit allen erdenklichen Crêpes, würzig gegrillten Hähnchen und Rindfleischspießen, preiswert.

Praia: Sucupira-Markt (afrikanischer Markt) (Stadtplan S. 100)
■ **Kreolische und afrikanische Garküchen** auf dem Sucupira-Markt bieten spottbillige und authentische kulinarische Abenteuer nach dem Prinzip: Cook it, peel it or forget it!

Praia: Platô (Plateau) (Stadtplan S. 101)
21 Café Sodade
Rua Andrade Corvo 27A. Klein, eng,̀ laut und meistens voll, denn nicht nur der Kaffee ist gut, sondern auch die kleinen, süßen und salzigen Gerichte wie *mão de vaca (soul food)*. Hier trifft man sich.

5 Copacabana
Straßencafé. Brasilianische Gerichte und Cocktails, am Wochenende Karaoke.

4 Casa da Sogra
Tel. 2638810, Straßencafé und Restaurant.

13 Gelateria/Bar Nyamii
Straßencafé und Eisdiele in der Fußgängerzone.

20 Gelateria Ice, Eisdiele.

19 Esplanada Morabeza
Café mit Snacks und angenehmem Ambiente auf der Praça.

11 Bar José da Rosa, Straßencafé.
16 Panorama
Rua Andrade Corvo, Tel. 2614100. Gutes Restaurant mit reicher internationaler, portugiesisch betonter Speisekarte auf der Dachterrasse des Hotel Felicidade (Aufzug) – insbesondere abends interessanter Blick über die Dachlandschaft der Altstadt.

23 Pão Quente de Cabo Verde
Rua Andrade Corvo. Hier gibt es die zuckersüßen Sünden Portugals, Kuchen, *Pasteis de Nata, Suspiros* und Schneckchen. Die Räumlichkeiten sind zwar weniger charmant, doch der Besuch lohnt sich. Filialen in Achada de Santo António und Fazenda.

10 Café Sofia
Praça Luis Camões. Sehr angenehmes Straßencafé und idealer Treffpunkt auf dem Plateau. Cybercafé.

7 Avis
Rua 5 de Julho, Tel. 2613079. Relativ neues Restaurant und Straßencafé unter gutem alten Namen in der Fußgängerzone.

3 Flôr di Liz
Rua 5 de Julho, Tel. 2612598. Kapverdische und internationale Küche der mittleren Preisklasse.

6 Pastelaria Vilu
Rua 5 de Julho. Bäckerei, Pastelaria und die geheimnisvolle Welt der vielfältigen und leckeren Süßigkeiten Cabo Verdes.

2 Quintal de Música
Plateau, Av. Amílcar Cabral 70, Tel. 2611679. Musikrestaurant im Innenhof eines Altstadthauses mit vorwiegend traditoneller Live-Musik und gepflegter einheimischer Küche (günstiger Mittagstisch).

8 Casa Bela
Rua Miguel Bombarda 29. Kapverdische Gaststätte eines Musikers in einem schönen Altstadthaus. Gute Stimmung, fast täglich traditionelle Live-Musik.

Cidade Velha (Stadtplan S. 110)

4 Alita
Praça do Mar, Mobil 9163264. Strandcafé und Restaurant der Köchin *Alita*, die in Europa Erfahrung

gesammelt hat. Frische Getränke, frisch zubereitete Speisen, nachmittags gebratene Muränen, Meerblick unter Sonnenschirmen. Etwas abseits vom großen Trubel.

6 Esplanada
Strandcafé mit frischen Getränken und Meerblick unter Sonnenschirmen.

5 Terreu di Kultura
Tel. 9133013. Restaurant am Strand, eingerichtet in traditionellem Stil. Fisch und Meeresfrüchte, freitags Live-Musik, Samstagabend mit DJ.

Assomada

■ Restaurante Coco Nut
Nahe des Polivalente. Sehr gute nationale und internationale Küche, mehr als reichliche Portionen.

■ Restaurante Nova Alegria
In dem Lokal am Kreisverkehr der Hauptstraße werden gute Gerichte aufgetischt.

Tarrafal (Stadtplan S. 132)

9 Alto Mira
Pizza aus dem Steinofen und frische Fischgerichte vom Grill, gemütlicher Innenhof.

14 Bar Rosa, Cachupa rund um die Uhr.

11 Boka Boka
Einfaches kreolisches Restaurant nahe der Kirche, wechselnde Tagesgerichte.

17 Baía do Tarrafal
Spanisches Restaurant, die Tagesgerichte wechseln.

12 Búzio
Restaurant einer einheimischen Fischerfamilie, angenehmer Außenbereich, günstig, frische Fischgerichte und Meeresfrüchte ja nach Tagesfang.

13 Restaurante Café Maracujã
Kapverdisches Café und Restaurant, Eis, Crêpes, preiswertes Tagesgericht. Inês war lange in Marseille und das schmeckt man!

15 Churrasqueira Mangui Baxo
Gutes Grillrestaurant.

2 Esplanada Baía Verde
Restaurant auf dem Felsen über dem Strand, gehobene Preisklasse, für Gruppen empfiehlt sich eine Vorbestellung.

18 Restaurante Tatá und
19 Restaurante Mille Nuits
Bewährte Traditionsbetriebe in den gleichnamigen Pensionen.

4 Esplanada Mar di Baxo
Gemütliches Restaurant am kleinen Strand von Tarrafal mit lauschiger Terrasse zum Meer hin. Spezialitäten sind gegrillter Thunfisch und gekochter Tintenfisch. Mittlere bis gehobene Preisklasse.

3 Sol & Luna
Italienisches Restaurant mit guten Fisch- und Nudelgerichten im Holzbau am kleinen Strand westlich der Zufahrt zur Hafenmole.

16 Lanchonete Cegonha
Rua Amadora, Mangui Baixo, Tel. 2661156. Landestypische Gerichte: frischer Fisch, Cachupa, Bohnengerichte und Meeresfrüchte.

Calheta de São Miguel

■ Esplanada Silibell
Tel. 2732078, am südlichen Ortsende. Kapverdische Küche, deutschsprachige Touristinfo.

Praia de São Françisco

■ Beach Katumbela
Am Ende der Staubstraße vom Kreisverkehr von São Françisco de Baixo zum Strand
Kleines, einfaches Strand-Ausflugsrestaurant mit Snacks und Getränken als willkommene Erholung nach einem Besuch der Investitionsruinen von Sambala Village.

Bars und Nachtleben in Praia

Die Diskotheken sind ins Industrieviertel **Achada Grande Frente** umgezogen. Es wird zu moderner kapverdischer und westafrikanischer Musik getanzt, dazwischen läuft westlicher Pop. In den Musikbars der Stadt findet man ein leiseres, traditionelles Programm. Das Nachtleben am Wochenende **beginnt gegen Mitternacht** und dauert bis in die frühen Morgenstunden.

Praia, eine lebendige afrikanische Hauptstadt, ist nicht frei von **Kriminalität.** Diebe, alte *(piratas)* und junge *(piratinhas)*, suchen ihre Chance auf Märkten, bei den Hotels und an den Stränden. Heftiger geht es nachts zur Sache, wenn (betrunkene) Nachtschwärmer zu Fuß nach Hause gehen. Nach Anbruch der Dunkelheit sollte man auch den Mietwagen in der Garage lassen und grundsätzlich ein Taxi nehmen! Auch tagsüber steckt man nur das Nötigste ein; Wertgegenstände und die Originale der Papiere bleiben im Hotelsafe.

■ Aktuelle **Informationen** und Tipps zu Nachtleben und Kulturprogramm stehen meist auf **www.agendacultural.cv.**

25 A Capital (Plan S. 100)
(Teure) Disco beim Hotel Oásis Atlântico Praia Mar, entsprechendes Outfit wird erwartet.
5 Zero Horas und **4 Cockpit** (Plan S. 100)
Discos an der Achada Grande Frente.

Reisebüros

Für eine Reservierung von Quartieren, Flügen, Tagesausflügen etc. können Sie sich an nachfolgend genannte Reisebüros wenden. Bei organisierten Tagesausflügen erkundige man sich im Voraus, welche Sprache der Führer spricht.

■ **Reiseträume,** Spezialreisebüro für Cabo Verde mit Sitz auf Santiago: Ponta Calhetona – Calheta de São Miguel, Tel. 2732078; in Deutschland: Tel. 07431/763168; www.reisetraeume.de.
■ **Aliança Krioula,** Rua Serpa Pinto, Praia, Tel. 2615551.
■ **Praiatur,** Avenida Amílcar Cabral, Praia, Tel. 2615746.
■ **Soul Tours,** Spezialreisebüro für Cabo Verde mit Sitz auf Santiago: Ponta de Atum – Tarrafal, Tel. 2662435, Mobil 9178520, www.soultours.ch.
■ **Tropictour,** Rua 5 de Julho, Praia, Tel. 2611241.
■ **Verdeantours,** Rua Serpa Pinto, Praia, Tel. 2613869, 2613940.

Touristeninformation

■ In **Tarrafal** auf der Praça Central in einem Kiosk mit einem Handy-Anbieter. Kompetent und hilfreich, auch Verkauf von Wanderkarten.

Banken

■ **Banco Comercial do Atlântico (BCA),** mehrere Filialen in Praia, z.B. in der Av. Amílcar Cabral, Tel. 2615527, auf dem Hauptplatz des Plateaus, Mo bis Fr 8–14 Uhr; in Tarrafal am Kirchplatz, Tel. 2661160.
■ **Banco Interatlântico (BI),** mehrere Filialen in Praia, z.B. Av. Cidade de Lisboa, Tel. 2614008.
■ **Banco Africano de Investimentos,** Edifício das Comunidades, Achada de Santo António, Tel. 2602380; Plateau, Praça Alexandre Albuquerque, Tel. 2602370.
■ **Banco Caboverdeano de Negócios,** Edifício das Comunidades, Achada de Santo António, Largo Europa, Tel. 2604927; Plateau, Av. Amílcar Cabral 97, Tel. 2604973.
■ **Caixa Economica de Cabo Verde,** mehrere Filialen in Praia, z.B. Av. Cidade de Lisboa, Tel. 261 5563, Mo bis Fr 8–14 Uhr.

■ **Banco Totta de Cabo Verde,** Rua Roberto D. Silva, Praia, Tel. 2611662.

Post

■ **Postämter gibt es in allen Distriktstädten.**
■ **In Praia befindet sich das Hauptpostamt Cabo Verdes** hinter dem Justizpalast auf dem Plateau, Tel. 2613247.

Notfall

■ **Hospital Dr. Agostinho Neto (HAN)** Tel. 2612462, Zentralkrankenhaus am nördlichen Ende des Plateaus in Praia.
■ **Regionalkrankenhaus Santiago Norte** Tel. 2657598, Achada Falcão (Santa Catarina).
■ **Gesundheitszentren** in Praia, São Domingos, Pedra Badejo, Assomada, Calheta de São Miguel und Tarrafal.

■ **Apotheken** *(farmácia)* in Praia, Pedra Badejo, Assomada, Calheta de São Miguel und Tarrafal.
■ **Notfall-Tel.: 130.**

Polizei

■ **Achada de Santo António, Praia,** Tel. 2621231.
■ **Polizei in Tarrafal,** Tel. 2661132, neben der Shell-Tankstelle an der Hauptstraße Richtung Praia.
■ **Notfall-Tel.: 132.**

Einkaufen und Souvenirs

■ Praias **städtischer Markt** auf dem Plateau (Obst und Gemüse) grenzt an die Fußgängerzone Rua 5 de Julho und lohnt einen Abstecher.
■ Der **Sucupira** als größter „afrikanischer" Markt befindet sich beim Einkaufszentrum in Praias Stadtteil Várzea; Verkaufsstände ziehen sich entlang der Fußgängerrampen bis auf das Plateau.

- Der **Markt in Assomada** im Zentrum Santiagos findet Mi und Sa statt.

Kunsthandwerk in Praia (Stadtplan S. 101)
25 **Galeria Nativa,** Rua Cesário Lacerda, Tel. 261 6307; 22 **Atelier Fátima Almeida,** Rua Andrade Corvo, Tel. 2623660; 12 **Kooperative** von 20 Kunsthandwerkern Santiagos in der Rua 5 de Julho 10C neben der Gelateria Nyamii; auf der Praça Luís de Comões finden sich Stände verschiedener kleiner Anbieter. Kapverdisches Kunsthandwerk bestimmt das Angebot auf Santiago – im Gegensatz zu den Strandinseln, wo Massenware vom (afrikanischen) Kontinent vorherrscht. Besonders hübsch sind die handgearbeiteten künstlerischen Accessoires und Blusen, verfeinert mit *Panos di Terra*.

- In **Assomada** und **Fonte Lima** gibt es authentische Töpferwaren, in **Tarrafal** wird Kunsthandwerk auf dem alten Markt an der Praça verkauft.

Feste

Traditionelle Feste werden meist auf den Straßen mit **Musik, Tanz und Umzügen** begangen:

- **15. Januar:** Tarrafal und Bezirk, S.-Amaro-Fest.
- **17. Januar:** Gemeindefest in Cidade Velha.
- **20. Januar:** Cidade Velha, São-Sebastião-Fest.
- **1. Februar:** São Domingos, São-Severo-Fest.
- **13. Mai:** Assomada, N.S.-Fatima-Fest.
- **19. Mai:** Stadtfest im südlichen Bezirk Praias.
- **25. Juni:** Pedra Badejo und Bezirk Sta. Cruz, Santiago-Maior-Fest.
- **25. Juli:** Pedra Badejo, Gemeindefest.
- **15. August:** Gemeindefest Praias und Calhetas zu Ehren N.S. das Graças, der Inselpatronin.
- **29. September:** Gemeindefest in Calheta.
- **25. November:** Assomada und Bezirk Sta. Catarina, Fest zu Ehren der Sta. Catarina.

Wanderkarte

- **Wanderkarte Santiago 1:50.000,** *Pitt Reitmaier, Lucete Fortes,* mit 34 klassifizierten Wegen, Stränden und Tauchplätzen sowie Hinweisen für Mountainbiker. AB-Kartenverlag Karlsruhe, 2. Auflage 2017. In Cabo Verde erhältlich im Berghotel Quinta da Montanha in Rui Vaz sowie in der Touristeninformation in Tarrafal und in der Casa Strela; in São Vicente und Porto Novo/Santo Antão bei der Touristeninformation Lucete Fortes.
www.bela-vista.net/santiago-karte.aspx

Blick vom Monte Gamboa zum Pico d'Antónia

Ausflüge in die Chã das Caldeiras
  und zum Pico | 164
Cidade de São Filipe | 158
Die oberen Ringstraßen | 164
Einleitung | 151
Geschichte | 151
Informationen zur Insel | 156
Praktische Infos | 178
Rund um die Insel | 161
Strände & Wasserverhältnisse | 178

5 Fogo

Der 2829 m einsam aus dem Meer ragende aktive Vulkan fasziniert mit bizarren Mondlandschaften. Während seine Besteigung mehr Kondition als alpinistische Erfahrung verlangt, bleibt der Klettersteig über die Bordeira den alpinistisch Ambitionierten vorbehalten! In der Chã das Caldeiras ist in den letzten Jahren eine aktive Kletterszene entstanden. Baden am Strand kann man nur an wenigen Orten. Ein Bummel durch die historische Altstadt von São Filipe und Wanderungen durch 500 Jahre alte Kulturlandschaften bringen Geschichte und Kultur auf Tuchfühlung.

◁ Bordeira do Fogo (mit Blick auf Bangaeira vor dem Vulkanausbruch Ende 2014)

Fogo: Übersichtskarte

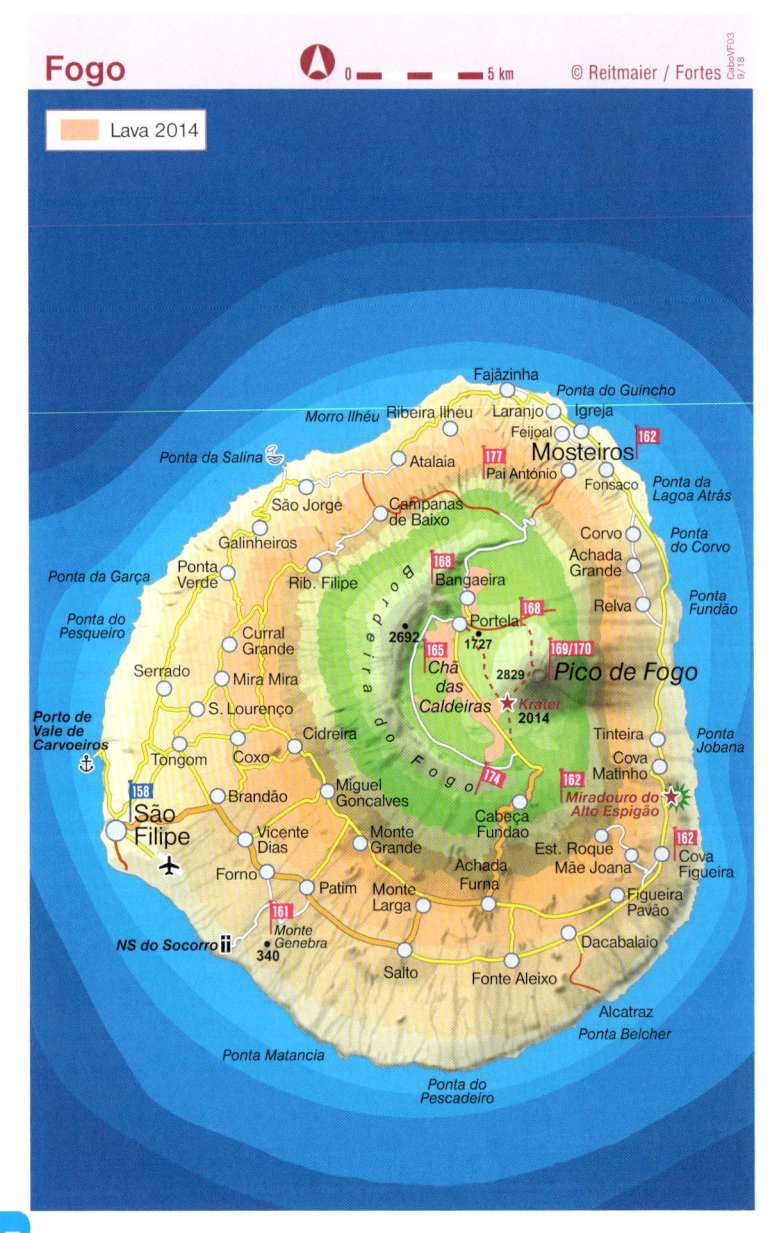

Einleitung

In klaren Nächten konnten sich die Transatlantiksegler am Glühen der Feuerfontänen und riesiger Lavaflüsse über Hunderte von Kilometern orientieren. Und so nannten sie die Insel, denen die Entdecker den Namen São Filipe gegeben hatten, das **Feuer** (fogo).

Als **ebenmäßiger Kegel** ragt die Insel fast 3000 m aus dem Meer. Von fern erscheinen die tieferen, sanften Hänge rötlich-verdorrt. Nicht selten durch einen Wolkenkranz getrennt, schimmern die steileren Hänge darüber in leichtem Grün. Nur im Nordosten verpasst der Passat der Insel einen ganzjährig sattgrünen Klecks aus Nebelwäldern.

Der riesige Kessel im Zentrum, die **Chã das Caldeiras,** ist aus der Ferne nicht zu sehen und kaum zu ahnen. Über Lavafeldern steht majestätisch ein zweiter Berg auf dem Berg, mattschwarz, vegetationslos, gigantisch und immer etwas distanziert und bedrohlich: der **Pico de Fogo.** Seine raue Schale verbirgt ein glühendes, weiches Herz – wie das der Bewohner von Fogo. Sie sind stark, eigenwillig und stolz.

Fogo hat viele Gesichter: die wilde, schwarzgraue Mondlandschaft eines aktiven Vulkans mit Basalt- und Lavaflüssen, die sich bis ans Meer hinabziehen; Steilküsten, durchsetzt mit schwarzen Lavastränden, Höhlen und Grotten; eine fast tropisch anmutende Vegetation im Nordosten mit Kaffee- und Bananenpflanzungen; halbfeuchte, dichte Nebelwälder mit Zypressen, Kiefern, Eukalyptus und vor Kraft strotzenden Sisalagaven; locker mit hübschem endemischem Feder-Buschwerk bestandene Hangwiesen; sanfte Hänge mit Weideland, Feldern und den Ruinen herrschaftlicher Gehöfte; nicht zuletzt die malerischen Städte São Filipe und Mosteiros.

Fogo ist eine Insel par excellence für Wanderer, Kletterer, Mountainbiker und Kulturinteressierte.

Geschichte

Fogo wurde nahezu zeitgleich mit Santiago und Maio am 1. Mai **1460** entdeckt. Nach dem Heiligen des Tages, *São Filipe*, benannt, wurde ihr zweiter Name, Fogo (dt.: Feuer) erst gebräuchlich, als der Vulkan diesem im Jahr 1680 alle Ehre machte.

Die Ansiedlung **erster portugiesischer Siedler** ist auf das Jahr 1500 datiert. Die portugiesische Krone hatte zu dieser Zeit schon 40 Jahre Erfahrung aus der Besiedlung Santiagos, und ihre Bilanz war negativ. Der Kreolisierungsprozess dort war voll im Gange. Freigelassene und Kinder kreolischer Eltern kamen zu Wohlstand und Einfluss. Der **aufblühende Sklavenhandel** sorgte für das Kommen und Gehen von Seeleuten aus aller Herren Länder, für ständig wechselnde Allianzen zwischen wechselnden Interessensgruppen, für schwer kontrollierbare Geschäfte und Absprachen. Die Herrschenden erlebten die Konkurrenz der „Forros de Santiago", der Freien Schwarzen, als Händler und Grundbesitzer als bedrohlich und fürchteten nicht ganz zu Unrecht, dass diese nach Unabhängigkeit streben könnten.

Auf Fogo sollte sich dies nicht wiederholen und die scharfen Trennlinien zwischen Klassen und „Rassen" einer Sklaven haltenden Pflanzergesellschaft erhalten bleiben. Der König vergab die Insel als Lehen *(doação)* an den **Grafen von Penela**. Sein „Feitor dos algodões" vertrat die königlichen Interessen im Handel. Baumwolle *(algodões)* und kunstvoll gewebte Baumwolltücher *(panos)* galten auf den Sklavenmärkten Guineas als sicherste Währung.

Fogo litt nicht weniger als Santiago und die anderen Inseln unter **Piratenüberfällen, Krisen und Dürrekatastrophen.** Bereits 1540 zog ein französischer Pirat nach Fogo und plünderte zwei Schiffe; eines wurde beim Laden der für Flandern bestimmten Baumwollfracht überrascht, das andere fuhr im Auftrag portugiesischer Händler, die Baumwolle für den Sklavenhandel kaufen wollten. Der Korsar zog mit reicher Beute an Waren und Münzen weiter nach Santiago, doch in die Bucht der Cidade da Ribeira Grande einzulaufen schien ihm zu gefährlich, da dort zwölf Schiffe lagen. Die Sklavenhändler Santiagos traf er dennoch hart, denn an der Ostküste Santiagos gelang eine weitere Prise, und in Guinea versenkte er eines ihrer Schiffe mitsamt der Mannschaft.

In der Zeit der Regentschaft der **spanischen Könige** (1580–1640) gingen die landwirtschaftlichen Erträge zurück und die Bedrohungen wuchsen.

1583 kreuzten die Schiffe **Manuel Serradas** auch hier auf, und *Serradas* verlangte die Anerkennung des Gegenkönigs **Dom António Prior do Crato**, nachdem er einen Monat zuvor Cidade da Rª Grande (siehe im Kapitel zu Santiago) fürchterlich geplündert hatte, weil sich Gouverneur und Bischof geweigert hatten, seine Forderungen zu erfüllen. Warum man in Fogo *Dom António* anerkannte, beschäftigt die Historiker. Sicher ist, dass das Thema des Fahnentausches in Tradition und Folklore auf keiner anderen Insel eine größere Rolle spielt.

Vulkanausbrüche bedeuteten immer wieder den Verlust der Ernten, wenn der Lavafluss nicht gar die Felder zerstörte. 1680 flohen die Bewohner deshalb nach Brava.

Praça 12 de Setembro und historisches Rathaus in Cidade de São Filipe

Die **Baumwollproduktion** hatte ihre Bedeutung bereits weitgehend eingebüßt, als die Krise der ersten Hälfte des 19. Jahrhunderts auch in Fogo zuschlug. In den Wirren des postnapoleonischen Machtvakuums verlor Portugal mit Brasilien seine wichtigste Kolonie und hoffte, an der afrikanischen Küste neue „**Brasilinhos**" (viele kleine Brasilien) erwerben zu können, um den Verlust auszugleichen. Für koloniale Abenteuer jedoch brauchte man Schiffe, Häfen und Kanonen und keine arme Insel wie Fogo. Die Staatskassen waren leer und die wenigen Investitionen in Cabo Verde gingen nach Boa Vista und São Vicente. Mit Erdnüssen, Purgiernüssen und Kaffee war nur ein bescheidener Ausgleich zu schaffen.

Als Statussymbole ließen sich die Vermögenden schöne **Herrenhäuser** mit Oberstock **(sobrado)** über der Werkstatt, den Kontoren, Lagern und dem Laden *(loja)* im Erdgeschoss bauen. Nicht selten wurden es zwei Sobrados, eines inmitten der Pflanzungen, ein weiteres in der Stadt. Ziegeldächer, Balkone und Veranden, schattige Innenhöfe und -gärten, große Zisternen garantierten ein angenehmes Wohnen und erfüllten darüber hinaus die Repräsentationspflichten. Die Sklaven wohnten vor den Stadtgrenzen in **Funcos**, fensterlosen runden Häuschen aus Feldsteinen unter einem Strohdach. Die Söhne der Großgrundbesitzer zeigten nur noch halbherzig Interesse an der Modernisierung der Landwirtschaft, und die Entwicklung des ländlichen Raums verlangsamte sich.

Um 1890 lebten rund 20.000 Menschen auf der Insel, eine Zahl, die nahezu konstant blieb bis in die Mitte des 20. Jahrhunderts, bedingt durch Hunger und Landflucht. Es kam zum „Rokoko-Effekt" anhaltenden Stillstands: Geschieht inhaltlich nichts Neues, wird der Stil verfeinert, und das gesellschaftliche Leben abstrahiert sich in symbolischen Handlungen, Festen, Zeremonien, die zur Folklore verknöchern. Auf der Lokalbühne des Insellebens eine führende Rolle zu spielen, wurde zur Quelle von Prestige und Ehre.

Während die Menschen auf den nördlichen Inseln und auf Santiago die bürgerliche Revolution und die **Errichtung der ersten portugiesischen Republik** am 5. Oktober 1910 als Befreiung und große Hoffnung erlebten, kam sie auf die kleinfeudalen Landbesitzer von Fogo nieder wie ein Hammerschlag. Die Landlosen meldeten Ansprüche auf Land an. Die Ländereien waren einst als Lehen an den Adel und die Kirche gegeben worden, und die Republikaner und mit ihnen die Armen argumentierten, dass der Besitz der Krone an die junge Republik als legitimen Nachfolger zu gehen habe. Auf Santiago begannen die kleinen Leute von *Ribeirão Manuel* die Purgiernussernte aus eigenen Stücken, wild entschlossen, ihren Herren keinen Pachtanteil mehr abzutreten. Der von der nun demokratisch regierten Kolonialmacht bestellte Gouverneur *Marinha de Campos* unterdrückte die Revolte gewaltsam. Es sollte noch lange dauern, bis Demokratie und Säkularisierung auch den Menschen in den Kolonien zugestanden wurden. Vorerst blieb tiefe **Enttäuschung,** wenige Jahre später noch verstärkt durch die Übernahme der Macht in Lissabon durch das faschistische Salazar-Regime, das den alleinigen Anspruch von Kirche und Großgrundbesitzern bestätigte.

Stilvolle Unterkünfte wurden in renovierten Sobrados (alten Herrenhäusern) eröffnet

Auch auf Fogo sah die Staatsmacht Grund und Boden als Privatbesitz an. Und doch kam das Ende schneller als vermutet – weder durch eine Landreform noch durch Pächteraufstände, sondern durch das Zusammenwirken der **Dekadenz** der lokalen Elite und zunehmender **Dürre**. Das Verbot der Erbteilung war weggefallen, und die Erben verstrickten sich in endlose Fehden, verspielten große Ländereien oder verloren sie an portugiesische Anwälte, die sich schamlos bereicherten. Nicht wenige der Grundbesitzer setzten Statthalter ein, zogen nach Praia, Portugal oder in die USA. Sie wurden zu *absentistas*, zunehmend desinteressiert an ihrem Erbe.

Eine neue soziale Schicht sollte dem anachronistischen Streit der „Portugiesen" um Land und Ehre ein Ende setzen: **Remigranten aus den USA** erwarben Land und Läden und als Demonstration ihres Erfolgs auch die *Sobrados*. Seit 1900 hatten die Söhne armer Familien, später auch Kinder aus der Mittelschicht, ihren Weg in die USA gefunden. Mit der Erfahrung eines harten sozialen Aufstiegs in den Knochen, überzeugt vom „you can do it, if you really want", waren sie nach Fogo zurückgekehrt. Der Oberschicht blieb kein Ausweg, als ihre Habe zu verkaufen und den Weg anzutreten ins verarmte Portugal, das ihre Heimat nicht war, obwohl sie es immer dafür gehalten hatten. Einige wenige arrangierten sich in neuer Demut vor Ort.

Über Jahrzehnte zerfielen viele **Sobrados** auf dem Land zu Ruinen. Waren sie noch bewohnt, dann von den Nachfahren der Familien, die einst als Wächter zurückgeblieben waren. Die besser erhaltenen *Sobrados* auf dem Land gehören Nachfahren von Remigranten.

Branco ta móra na sobrado
Mulato ta móra na loja
Nego ta móra na funco
Sancho ta móra na rotcha

Ta bem um dia
Nho Tasco Lambasco
Rosto frangido
Rabo comprido
Ta corrê co nego di funco
Nego ta corrê co mulato di loja
Mulato co branco di sobrado
Branco ta ba rotcha, el ta tomba …

Der Weiße wohnt im Sobrado
Der Mulato wohnt in der Loja
Der Schwarze wohnt im Funco
Der Affe wohnt im Fels

Der Tag wird kommen
Sr. Tasco Lambasco
die runzlige Fratze
mit langem Schwanz
verjagt den Schwarzen aus dem Funco
der Schwarze den Mulato aus der Loja
der Mulato den Weißen
aus dem Sobrado
Der Weiße geht in den Fels, er stürzt …

H. Teixeira de Sousa,
Sobrados, lojas e funcos. 1958

Der aus Fogo stammende Arzt und Schriftsteller **Henrique Teixeira de Sousa** (1919–2006) hat die sozialen Konflikte in mehreren Werken zum Kernthema gemacht. In seinem Roman „Ilhéu de Contenda" bearbeitet er ihre Auflösung, indem er die Geschichte des Guts Maria Chaves (s.u.) nur oberflächlich anonymisiert erzählt. Die Verfilmung durch *Leão Lopes* ist nicht weniger brillant als der Roman.

Die **Emigration nach Amerika** beherrscht das Leben bis heute. Was mit Walfang-Schiffen begann, setzt sich fort in transnationalen Familien, die seit über einem Jahrhundert zwischen Fogo und Massachusetts pendeln. Großvolumige Motorräder werden als Symbol des Migrationserfolgs vors Haus gerollt und gewienert, bevor sie für eine kurze Runde durch die Altstadt dröhnen.

Informationen zur Insel

Fogo gehört zur Inselgruppe Sotavento und liegt zwischen Brava im Osten und Santiago im Westen. Die **viertgrößte Insel** nach Santiago, Santo Antão und Boa Vista hat eine Fläche von **476 km²** als nahezu kreisrunder Vulkankegel mit einem Durchmesser von gut 25 km auf Meereshöhe und einem 9 km weiten Kessel auf der Höhe. Der Kesselboden, die **Chã das Caldeiras** (1600–1800 m), wird im Westen in weitem Halbkreis von steilen Wänden unter dem Grat der **Bordeira do Fogo** eingerahmt. Der junge Kegel des **Pico de Fogo** überragt die Chã das Caldeiras um 1100 m als **höchste Erhebung des Archipels (2829 m).**

Die **36.000 Einwohner** Fogos leben in drei Landkreisen *(concelhos):* Größter Landkreis und größte Stadt ist São Filipe im Südwesten (etwa 22.000 Ew.), gefolgt von Mosteiros (9000 Ew.) im Nordosten und Santa Catarina do Fogo (5000 Ew.) mit dem Hauptort Cova Figueira, der die östliche Flanke und die Chã das Caldeiras umfasst. Die Bevölkerungszahlen gehen seit Jahrzehnten zurück.

Fogo gilt als die **heißeste Insel Cabo Verdes.** Der Luv-/Lee-Effekt ist besonders stark ausgeprägt. Die steilen Flanken im Norden und Nordosten sind dem Nordostpassat zugekehrt und empfangen außer den sommerlichen tropischen Platzregen auch Steigungsregen und insensible Niederschläge aus dem häufigen Nebel. Dort liegen die Anbaugebiete für Kaffee und Obst und darüber ein **halbfeuchter Nebelwald.** Aufgrund der steilen Hänge ist auf der Nordostseite Fogos eine Besiedlung, abgesehen vom Plateau in Mosteiros, kaum möglich. Die Nutzung des Landes wird durch die extremen Hangschrägen enorm erschwert. Der gegen **Süden und Südwesten** hin flacher auslaufende Teil der Insel dagegen ist **sonnenreich, trocken** und die Vegetation **karg.**

Die **Wasserversorgung** der Insel ist schwierig, da Niederschläge an den steilen Hängen rasch ablaufen oder in lockeren vulkanischen Aschen versickern. Die größeren natürlichen Quellen finden sich auf Meereshöhe. Über Ringleitungen werden ca. 80% der Bevölkerung versorgt. Von den Zapfstellen wird das kostbare Nass auf dem Kopf, mit dem Esel oder in der Schubkarre nach Hause gebracht. In der Regenzeit wird Wasser von den Dächern, von zementierten Flächen oder aus dem Bachbett steiler Schluchten in **Zisternen** geleitet.

Die **Vegetation** der Insel folgt dem Rhythmus des sommerlichen Niederschlags, der nicht selten ausbleibt.

Der **trockene Südwesten** erscheint in den tief gelegenen Zonen wie abgebrannt. In jedem Jahrzehnt gibt es nur eine oder zwei Ernten, die das Prädikat „gut" verdienen. Samen warten jahrelang im Boden und überziehen die Insel nach einem Regen mit solch üppigem Grün, dass man sich für wenige Wochen von der Halbwüste auf die Azoren versetzt fühlt. Akazien, Purgiernuss und Rizinus begleiten die Wege zwischen Feldern, auf denen Kongobohnen, Erdnüsse und Mais gedeihen, und einzeln stehende große Bäume, darunter **Baobabs** (*Calabaceira,* Affenbrotbaum), Mandelbäume und Tamarinden, prägen die Landschaft.

Im **feuchteren Nordosten,** über Mosteiros, sind die Ernten verlässlicher, Süßkartoffeln, Maniok, Gemüse, Obst, Bananen und Papayas treten in den Vordergrund. Mango-, Cashew- und Jackfruchtbäume sind häufig. Zwischen 300 und 1000 m Höhe schließen sich große **Kaffeepflanzungen** an, dazwischen Orangen- und Zitronenbäumchen.

Der **halbfeuchte Nebelwald** belegt am Nordosthang die Höhen von 1000 bis 1500 m. In den 1940er Jahren wurde die vormals strauchige, durch Ziegen dezimierte Vegetation aufgeforstet und bildet heute **eines der dichtesten und größten zusammenhängenden Waldgebiete Cabo Verdes.** Die kräftigen Nadelhölzer und schillernden Eukalyptusarten sind teilweise mit Bartflechten und Moosen überzogen. Große Agaven begleiten und überwuchern die Wege.

An den hoch gelegenen Luvhängen der **Bordeira** bilden **endemische Pflanzenarten** eine Pflanzengesellschaft, die als **Federbuschvegetation** bezeichnet wird und durch Überweidung, Übernut-

Pechschwarz: Praia da Bila

zung durch Holzsammler und Aufforstung mit Exoten gefährdet ist. Besonders hübsche Büsche der einheimische Kapverden-Wolfsmilch Totolho *(Euphorbia tuckeyana)*, Losma *(Artemisia gorgonum)* und Língua de vaca *(Echium vulcanorum)* prägen das Landschaftsbild. Die Biosphären Fogos wurden nicht zuletzt mit Unterstützung der deutschen Entwicklungszusammenarbeit erforscht. Der 2003 eingerichtete **Parque Natural de Fogo** schützt ein Gebiet, das neben dem Pico und der Chã das Caldeiras auch die wie ein überdimensionales Kraterrandgebirge erscheinende Bordeira und die hoch gelegenen Luvhänge ab 1800 m und den Bereich des Nebelwaldes umfasst. Mit der intensivierten Viehwirtschaft mit Stallhaltung während der Trockenzeit wird ein Ausgleich angestrebt für das unvermeidbare Weideverbot. Ein Teil der Naturparkflächen ist land- und forstwirtschaftlich genutzt, sodass man einträchtig neben endemischen Arten Weinreben, Apfel- und Quittensträucher, Süßkartoffeln und Feigenbäume findet. Der vielerorts beschworene Kompromiss zwischen den Interessen des Naturschutzes und lokalen wirtschaftlichen Interessen scheint machbar. Im Gespräch mit der Bevölkerung bleibt kaum ein Zweifel, dass sich die Menschen im Park bereits als Gewinner sehen.

Die **Weinbaukooperative** und die privaten Weinbauern steigern ihr Angebot und dessen Qualität, die kleinen Vermieter und Restaurantbetreiber, die Bergführer und Sammeltaxifahrer nicht weniger.

Cidade de São Filipe

Mit knapp **10.000 Einwohnern** ist São Filipe der Hauptort des gleichnamigen Landkreises im Südwesten der Insel und breitet sich auf Höhen zwischen 40 und 200 m am Hang über dem Steilabbruch zur Küste aus. Meist rollt eine kräftige Brandung an den breiten schwarzen Lavastrand der **Praia da Bila.** Vom Miradouro da Bila Baxo reicht der Blick weit über Strand und Meer nach Brava.

Im 16. Jahrhundert entstanden, gilt São Filipe als **zweitälteste städtische Siedlung** Cabo Verdes nach Cidade da Ribeira Grande, erhielt jedoch erst 1922 das Stadtrecht. Die **historische Altstadt Bila Baxo** konnte ihren kolonial-kleinstädtischen Charme bewahren. Hübsch bepflanzte, gepflegte Plätze, kunstvoll gepflasterte Gehwege und Straßen mit wenig Verkehr zwischen Häuserreihen, die ihren Charakter seit den 1950ern kaum verändert haben, verbreiten eine freundliche, ruhige Atmosphäre, in der man sich treiben lassen kann.

Sobrados, repräsentative Herrenhäuser mit Oberstock und teils geschlossenen, teils offenen Balkonen vor hohen Flügeltüren, säumen die Plätze. Viele folgen der Tradition des Sotavento, das nach vier Himmelsrichtungen abfallende **Walmdach** *(quatro ventos)* nicht über den Baukörper hinauszuziehen, sondern die Außenmauern als Balustrade höher zu ziehen und das Dach in den Baukörper einzusenken, um das Regenwasser in Zisternen leiten zu können. Die Zeiten, in denen die *Sobrados* dem Verfall über-

São Filipe

0 — 100 m © Reitmaier / Fortes CaboV-09 9/18

🟥 Übernachtung
1. Hotel Xaguate
2. Residencial Girassol
7. Residencial Las Vegas
10. Pousada Belavista
11. Pensão Eliane Clarice
12. Hotel OlaMar
13. Hotel Santos Pina
14. Residencial Open Sky
15. Aparthotel Inácio
18. Hotel Colonial House (Zebra)
21. Hotel Savana
24. Casa Beiramar
26. Tortuga Bed & Breakfast

🟩 Sonstiges
9. Agenamar
18. Zebra Travel

🟧 Nachtleben
4. Fogo en Chama
5. Faixa di Terra

Regionalkrankenhaus
Apotheke
⚓ *Hafen,* São Lourenço, Campanas
Bairro Santa Filomena
Miradouro da Bila Baxo (Aussichtspunkt)
Brandão, Mosteiros, Cova Figueira
Mercado Municipal (Markthalle)

Historische Altstadt

Praia da Bila
Câmara Municipal (Rathaus)
Praça 12 de Setembro
Casa da Memória
Museu Municipal de São Filipe
Igreja Nossa Senhora da Conceição
Markt

🟦 Essen und Trinken
1. Restaurant im Hotel Xaguate
3. Fronteira
6. Calerom
8. Coral
16. Pizzeria/Gelateria Adriano
17. Tropical Club
18. Restaurante-Bar Colonial House (Zebra)
19. Vulcão
20. Pipi's Bar
21. Rest. Kachi
22. Café Fix
23. Leila
25. Seafood
26. Restaurante Tortuga

Museen in Cidade de São Filipe

Museu Municipal de São Filipe

Das Städtische Museum ist im *Sobrado* des letzten *Morgado* (Majoratsherrn) der Insel, *Francisco do Sacramento Monteiro* „Nho Francisquinho", in unmittelbarer Nachbarschaft des Kirchplatzes untergebracht. Schon die Begehung des Anwesens beeindruckt durch die Größe und **harmonische Architektur** der Salons, die Breite der Umgänge und Balkone und den Blick über die Altstadt. Im Innenhof vermittelt ein nachgebauter *Funco* einen Eindruck von den **Wohnbedingungen der Sklaven** im Zusammenhang mit einem kleinen **botanischen Garten,** in dem die wichtigsten Kulturpflanzen der verschiedenen Epochen und endemische Pflanzen gezeigt werden. In den Ausstellungsräumen findet sich eine reiche Auswahl lokaler **Einrichtungs- und Kunstgegenstände,** ein Webstuhl und andere Gebrauchsgegenstände und Werkzeuge. Erläuternde Tafeln gehen auf die zyklischen Subsistenzkrisen und schweren Hungerkatastrophen ein, auf Emigration und politische Entwicklungen. Fotografien, Instrumente und Dokumente erläutern die **Traditionen der Stadt,** die *Festa das bandeiras*, religiöse Bräuche und Alltägliches wie die Zubereitung von Kaffee und der für Fogo typischen Speise, der *Djagassida*. Eine detaillierte Fotodokumentation bereitet auf den Sobrado-Rundweg durch die Altstadt vor.

■ **Öffnungszeiten:**
Mo bis Fr 10–15 Uhr, Tel. 2381295.

Casa da Memória

Neben dem Museu Municipal trägt *Monique Widmer* in der Casa da Memória Zeugnisse der Geschichte der Insel Fogo zu einer permanenten Ausstellung zusammen. Schon das Haus atmet Geschichte und Kultur. 1820 als Handelshof gebaut, wurde es als *armazem* (Speicher) bezeichnet. Seine Besitzer trieben erfolgreich Handel mit Übersee und dem Inselinneren. Als in den 1960er Jahren der Handel zum Stillstand gekommen war, wurde der weite Innenhof als **erstes Kino der Insel** genutzt. Seit 2001 dient das Haus seiner neuen Bestimmung als privates Museum und Kulturzentrum.

Einrichtungsgegenstände, schwere Möbel aus dunklem Tropenholz, Porzellan mit reichen Ornamenten, Bestecke, Bücher, Gemälde und kunstvolle Krippenfiguren zeugen von der Kulturbeflissenheit, dem Bildungshunger und den Repräsentationspflichten der in sozialen Verpflichtungen und Gebräuchen straff organisierten Oberschicht.

Arbeitsgeräte, Kücheneinrichtungen mit hölzernen Mörsern und einfachem Steingut, Wasserbehälter, Werkzeuge und landwirtschaftliche Geräte zeigen das alltägliche Leben, die Arbeit in Handel und Seefahrt.

Die **Präsenz-Bibliothek** im Nebengebäude ist ein wahrer Schatz. Längst vergriffene Bücher zu Kultur und Geschichte, private Erbstücke und seltene Exemplare aus Antiquariaten finden sich perfekt geordnet und katalogisiert; *Monique* kennt jedes Buch und hilft den Suchenden. Kinder und Schüler haben ihren Spaß an Spielen, Puzzles und altersgerecht aufbereiteter Information. Eilige Gäste, die (vorerst) nur für einen Tagesausflug nach Fogo kommen, können an einer kompakten Einführung in verschiedenen Sprachen teilnehmen.

■ **Öffnungszeiten:**
Mi, Do, Fr 10–12 Uhr und nach Vereinbarung.

lassen wurden, gehören der Vergangenheit an. Viele sind bereits mit Sachverstand und Können renoviert worden. Einige finden als Pension oder Hotel großen Anklang bei Reisenden. Der Wert der Altstadt als Lebensraum, urbanes Zentrum und Bühne der Kultur steht außer Zweifel.

An der Stirnseite der Praça 12 de Setembro liegt das 1928 erbaute **Rathaus** mit Freitreppe und einem Musikpavillon. Wenig abwärts erstrahlt die katholische **Kirche Nossa Senhora da Conceição** in neuem Glanz mit zwei Glockentürmen und barocken Elementen. Rundum schmiegen sich ältere *Sobrados* in Gelb, Blau, Rosa und Türkis aneinander. Hinter den Eingängen verbergen sich kleine Innenhöfe, die Schatten vor der Mittagssonne spenden.

An der breiten Straße, die sich zu einem kleinen Platz öffnet, liegt das ehemalige **Stadtgefängnis**, untergebracht im Turm der Befestigungsanlage. Über die Mauern hinweg blickt man zum Steilufer gegenüber, auf dem sich der **Friedhof Cemitério Velho** befindet. Alte Gräber dieses „Friedhofs der Weißen" erinnern an reiche Grundbesitzer. Eine Straße führt hinab zum pechschwarzen Strand der **Praia da Bila**.

Rund um die Insel

Eine **Ringstraße** führt rund um die Basis der Insel durch teils spektakuläre, häufig wechselnde Landschaften. Von São Filipe verkehren **Aluguers** in das **50 km entfernte Städtchen Mosteiros,** die die Strecke in etwa 1½ Std. zurücklegen. Auf der nördlichen Strecke, hier als **Rückweg von Mosteiros** über Atalaia und São Jorge beschrieben, ist die Ringstraße weniger frequentiert, sodass es nicht immer einfach ist, die Runde flüssig zu schließen. Um die Strecke wirklich genießen und überall halten zu können, wo es landschaftlich interessant wird, empfiehlt es sich, ein **Fahrzeug mit oder ohne Fahrer** anzumieten und einen ganzen Tag für die Runde einzuplanen. Die lokalen Reisebüros bieten **organisierte touristische Ausflüge** an.

Die Rundfahrt ist gegen den Uhrzeigersinn beschrieben. Vom Zentrum der Stadt durchquert die Straße nach Osten ansteigend die Vorstadt **Santa Filomena**. Die Kette der fast 2700 m hohen Bordeira vor Augen, folgen wir ihr bis **Brandão** und biegen dort nach Südosten ab. Die kleine Kapelle Nossa Senhora de Fátima bleibt links liegen. Gut als Hauptstraße zu erkennen, zieht die untere Ringstraße weiter nach **Vicente Dias** und **Forno.**

Abstecher nach Monte Genebra und zur Kapelle Nossa Senhora do Socorro

In Forno zweigt die Nebenstraße Richtung Meer ab, durchquert den Ort **Luzia Nunes** und teilt sich etwa 700 m nach dem Ortsende. Links abbiegend, erreicht man die Wirtschaftsgebäude von Monte Genebra.

In **Monte Genebra** nimmt ein Rundgang eine gute Stunde in Anspruch. Ende der 1970er war in der Senke ein 15 Hektar großer staatlicher Gemüsebetrieb mit Hilfe der westdeutschen Entwicklungszusammenarbeit entstanden. Das Wasser musste aus einer 200 m tiefer gelegenen Quelle gepumpt werden. Zuletzt waren die Kosten der Bewässerung derart gestiegen, dass nur noch ausgelaugte Parzellen und ein Gewirr von Bewässerungsrohren anzutreffen waren. Dank einer Tiefbohrung, Mikrobewässerung, erneuerbarer Energien und des Managements durch die vor Ort Ansässigen selbst wird auf einem Teil des Geländes und in den Dörfern rundum wieder bewässerter Gartenbau betrieben. Der lohnende Blick vom vorgelagerten Monte Genebra (340 m) lässt in der Tiefe die Pumpstation von **Ponte de Trás** und die Kapelle erkennen.

Nossa Senhora do Socorro: Der zumeist wüstenhaft unbelebte Hang, von dem die Kapelle weit über den Atlantik schaut, bricht wenige Schritte weiter steil ab zur Küste. Ein gepflasterter Maultierweg zeigt den Weg zur ehemaligen Bootsanlegestelle.

Patim ist der erste etwas größere Ort an der Straße mit Laden und Bar. **Salto** und **Fonte Aleixo** werden durchquert, ohne auf die bergwärts ziehenden Straßenspangen einzubiegen, die zur oberen Rundstraße und von dort zur Chã das Caldeiras verlaufen. **Dacabalaio** ist die letzte Station, bevor die obere und die untere Ringstaße zusammentreffen. Wenige Meter weiter zweigt eine Nebenstraße ab zu den höher im Hang liegenden Orten Mãe Joana und Estância Roque. **Cidade da Cova Figueira** ist Sitz des 2005 neu geschaffenen Verwaltungsbezirks Santa Catarina do Fogo.

Miradouro do Alto Espigão

2,5 km nördlich von Cidade da Cova Figueira ist der Miradouro, die **Aussichtsplattform**, erreicht. Die **Sicht auf den Pico,** bisher nur zu ahnen, liegt frei. Breite Lavaflüsse ziehen von der Chã das Caldeiras bis zur Küste. Die weißen Häuschen des Ortes **Cova Matinho** stehen auf dem jüngsten, noch tiefschwarzen Lavafluss von 1951 – in der Erfahrung der Foguenses der beste Ort, denn die Gefahr, dass bei einem künftigen Ausbruch die Lava erneut die gleiche Bahn nimmt, ist gering. Die Lava begrub die kleine Siedlung Bombardeiro an der Küste. Die älteren Lavaflüsse erscheinen etwas heller und ergossen sich 1769 und 1857 in breiter Front ins Meer.

Die Bergrippe **Espigão** markiert den Abbruch der Flanke des Ur-Vulkankegels zur Senke, die der gigantische tektonische Bergrutsch hinterließ, nachdem er die instabile Ostflanke mitsamt dem Gipfel des Urvulkans auf den Meeresgrund befördert hatte. Im Vergleich mit dem Pico, der nach dieser Naturkatastrophe aus der Tiefe der Senke emporwuchs, lassen sich die Dimensionen erahnen. Die Abbruchkante zieht steil nach Westen und setzt sich, etwa dort, wo die Straße heute in die Chã das Caldeiras eintritt, fort im Halbkreis der Bordeira und erreicht nach steilem Abstieg bei **Fonsaco** wieder die Küste. Der Kraterrand des massigen Urvulkans lag rund 500 m höher und weiter westlich als der des Pico.

Bei **Relva** überquert die Straße Lavaflüsse der Jahre 1799 und 1847. Wenig später folgt eine grüne Welt subtropischer Gärten, Felder und Wälder.

Cidade dos Mosteiros

Cidade dos Mosteiros (deutsch: Stadt der Klöster) ist der Hauptort des gleichnamigen Landkreises, unterteilt in zwei nicht zusammenhängende Ortsteile, **Cidade dos Mosteiros** und **Mosteiros Tras. Igreja** war schon vor der Schaffung des Landkreises (1991) Außenstelle der Verwaltung, und inzwischen reihen sich rund um die Praça do Entroncamento Post, Gesundheitszentrum, Bank, Internet-Hotspot, Bars und eine kleine Pension sowie die katholische Kirche Igreja Nossa Senhora de Ajuda. Dem grünen Hang, an dessen Fuß sich das kleinstädtische Leben abspielt, verdankt Mosteiros seine Anziehungskraft.

Die kleinen Dörfer **Pai António** und **Feijoal** liegen in Höhen zwischen 200 und 400 m am Ende der Stichstraße, die von Mosteiros Tras steil in den Hang führt. Wanderer ziehen den mit Treppen ausgebauten Weg, der in São Miguel beginnt, vor.

Auf 150 m Höhe wird eine Pause am **Miradouro** (Aussichtsplattform) mit einem freien Panorama belohnt, bei guter Sicht liegt Santiago am Horizont.

Von **Feijoal**, dem tiefer gelegenen Dorf, bietet sich eine der lehrreichsten Wanderungen durch die Felder an, zum historischen Landgut **Casa Cabral** am Monte Queimado.

Ab Pai António verlängert sich die Straße als Wanderweg durch Kaffeepflanzungen und Nebelwälder von **Monte Velha** in die Chã das Caldeiras. Für den Aufstieg durch Monte Velha bis in die Chã das Caldeiras (1700 m) benötigt man ab Mosteiros gute 5 Stunden. Der Weg ist steil und mühsam aber technisch einfach.

Setzen wir unsere Rundfahrt fort: Ab Mosteiros wird das Gelände einsamer und steiler. Die Ringstraße quert mehrere fruchtbare Ribeiras und erreicht nach etwa 10 km das Dorf **Atalaia.** Mühsam windet sie sich weiter durch felsiges Gelände nach **Campanas de Baixo** und **São Jorge.**

Vom westlichen Ortsausgang von São Jorge zweigen erst ein Fußweg, danach eine Fahrstraße steil zur Küste ab, nach **Ponta da Salina.** Eine mächtige, glänzend schwarze Basaltwand, Grotten, Naturschwimmbäder, eine Naturbrücke und ein netter Sandstrand lohnen den Abstecher. Im Sand fallen grüne Sandkörner auf, und bei genauerem Hinsehen entdeckt man in den Basaltlaven der Felsen Einsprengungen gleicher Farbe.

Badebucht Salinas de São Jorge

Es ist das Inselsilikat Olivin, das sich im **Olivinsand** findet. An den einzigen **ganzjährig sicheren Badestrand** der Insel kommen am Wochenende Besucher für ausgedehntes Strandleben mit Musik und Picknick.

Die weitere Strecke durch die Campanas bis São Filipe berührt kleine Siedlungen und eröffnet bei Fernsicht einen schönen Blick im Gegenlicht auf die Insel Brava.

Die **Kirche von São Lourenço** grüßt vom Hang. Renoviert stehen die beiden Glockentürme an dem Ort, wo bereits im 16. Jahrhundert das älteste Zeugnis des Christentums auf Fogo erwähnt ist.

Beim **Gut Maria Chaves,** dem „Ilheu de Contenda" *Teixeira de Sousas,* hat der italienische Kapuzinerorden 250 Hektar unter den Pflug genommen, um 200.000 Liter Wein pro Jahr zu produzieren. Die Qualität des schweren Südweins aus den tiefen Lagen ist gut, doch nicht zu vergleichen mit dem einmaligen Bukett der Weine aus der Chã das Caldeiras.

Die oberen Ringstraßen

Über der unteren Ringstraße verläuft ein **Netz kleiner, meist gepflasterter Straßen durch die Campanas** (Hänge), das sich Besucher gerne auf eigene Faust erschließen. Eine detaillierte Inselkarte und die Gesellschaft eines kundigen Fahrers helfen dabei, neben den immer wieder begeisternden Ausblicken unerwartete Eindrücke zu gewinnen. Im nördlichen Teil ziehen die Straßen auf drei, im Süden auf zwei Höhenstufen von bis zu 1050 m.

Ruinen und verfallende *Sobrados* sind Zeichen der einstigen Bedeutung der Landwirtschaft. Bäume, vom Wind gebeugt, und zerzauste Vegetation auf sanften Hügeln zeugen von der zerstörerischen Kraft der Dürre und des Windes. Satellitenvulkane durchbrechen den Hang mit rundlichen Formen. Wer das Glück hat, die Campanas nach einer ergiebigen Regenzeit kennen zu lernen, kann die einstige mediterrane Fülle dieser Landschaft erahnen.

Ausflüge in die Chã das Caldeiras und zum Pico

Der Kessel der Chã das Caldeiras misst rund 8 km im Durchmesser. Nach Westen ist die bis 2692 m senkrecht ansteigende Wand der **Bordeira** gut erhalten. Sie entspricht dem Abbruch des beim gigantischen tektonischen Bergrutsches kollabierten Urvulkans, der den riesigen, etwa doppelt so tiefen Kessel als nach Osten offene Senke hinterließ. Vom Grund der Senke wuchs im Laufe neuer Eruptionen der junge, von Aschen und Lapilli überdeckte und nur im obersten Anteil felsige Vulkankegel des **Pico.** Lava und Asche füllten den Kessel der Chã, sodass der Boden als Hochebene auf 1600 bis 1700 m liegt und lange Zeit für eine Einsturzcaldera gehalten wurde. Der Gipfel des Picos überragt die Chã um rund 1100 m. Sein Krater im Gipfelbereich misst ca. 500 m im Durchmesser und sinkt 180 m tief ein. 1995 entstand der **Pico Pequeno** (2013 m) als Satellitenkrater im westlichen Hang des Pico zur Chã das Caldeiras, und 2014 gesellte sich der **Pico 2014** (2070 m) hinzu. Der Magmaherd unter der Insel soll einen Durchmesser von etwa 8 km haben. Ein Durchlass im Süden gewährt der Straße Eintritt in den Krater; nach Osten und Norden verlassen ihn eine kleine Forststraße und steile Fußwege.

Empfehlenswerte Ausflüge und Wanderungen

Fogo ist ein **riesiges Wanderrevier,** das bisher völlig verkannt wurde. Die meisten Besucher kommen, steigen auf den Vulkan und reisen wieder ab, ohne die **dichten Wälder von Monte Velha,** den fast unglaublichen Panoramablick von der Bordeira, die mit endemischen Pflanzen bestandenen Hangwiesen oder die **landwirtschaftlichen Zonen** mit ihrer großen Palette an Früchten kennen gelernt zu haben. Um sich die Insel zu erwandern, ist eine Woche das Mindeste, um Fogo wirklich kennen zu lernen, sind zwei bis drei Wochen angemessen.

Von São Filipe zur Chã das Caldeiras

Täglich gegen 11 Uhr außer sonntags fahren **Sammeltaxis** vom Markt von São Filipe **in die Chã das Caldeiras** (etwa 1½ Stunden, ca. 500 CVE pro Person). Um den Tag der Anfahrt besser zu nutzen und unterwegs anhalten zu können, empfiehlt es sich, ein Fahrzeug für 6000 bis 7000 CVE anzumieten.

Die Asphaltstraße steigt durch sanftes Hügelland nahezu in der Falllinie auf nach Monte Largo, wo sie die 1000-m-Marke erreicht. Danach quert sie nach **Achada Furna** und führt weiter in Serpentinen zum Eingang in die Chã das Caldeiras, der am **Monte Cruz** (1800 m) erreicht wird. Einige Einzelgehöfte begleiten die Straße, die sich durch Geröll, Schlacken und schwarzen Grus steil in den Berg windet. Das Grün der Hangwiesen verschwindet wenige Wochen nach dem Regen. Die ersten Weinberge erscheinen und eine letzte Kehre gibt unvermittelt den Blick auf den grauschwarzen Kegel des **Pico de Fogo** (**2829 m**) frei. Unser Fahrer ist so nett, an einer hölzernen Hinweistafel zu halten, die uns mitteilt, dass wir den **Naturpark** von Fogo betreten.

Das wellige Band grober Pflastersteine verschwindet unter den Lavaflüssen des letzten **Vulkanausbruchs vom Dezember 2014.** Groteske grau-braune Brocken sind zu Monumenten der Urgewalt erstarrt, wie Walkörper aus blau-schwarzem Teig, als unförmige Quallen, an der Oberfläche zu scharfen Nadeln zerrissen, zu Stricken gedreht oder fein gefältelt. Auf dem Mosaik eines schaumigen Magmapflasters klingen unsere Schritte dumpf und hohl. Aus dem kilometerlangen Geflecht der **Lavatunnel** dringen auch Monate nach dem Ausbruch noch Hitze und Schwefeldampf aus der Tiefe und umspielen die Beine.

Im Hang unter dem Pico dringt Rauch aus den neuen Kratern. Die einst geradlinige Pflasterstraße wird für Jahre unbefahrbar bleiben oder aufgegeben werden. Durch schwarzen Grus (port.: *Jora*) zieht eine Fahrspur unter die Bordeira nach **Cova Tina** und nach **Ilhéu de**

Wein aus Fogo

Der Weinbau hat eine **lange Tradition** in Cabo Verde und begann auf Fogo im Kirchsprengel São Lourenço im **16. Jahrhundert.** Mit den ersten Siedlern, zwei Söhnen *Armand Montronds,* kam er in die Chã das Caldeiras. Auf den anderen Inseln und in den tieferen Zonen Fogos verschwand der Weinbau, und nur der **Manecon der Chã** wurde noch produziert.

Agro-Coop ADEGA

In der Weinbaugenossenschaft, 1998 aus der Taufe gehoben und 2008 zur Agro-Coop erweitert, haben sich über **100 Winzer und Produzenten von Ziegenkäse und Obst** zusammengeschlossen. Seit den späten 1970ern förderten integrierte Entwicklungsprojekte den Weinbau in der Chã, gefolgt von der italienischen, nicht regierungsgebundenen Organisation COSPE mit finanzieller Unterstützung Italiens und der EU. Durch den Ausbruch des Pico de Fogo Ende 2014 wurden die Gebäude unter dem Monte Amarelo vollständig zerstört, die Weinfässer umgelagert in den Hang und später nach Cova Tina transportiert. 2015 wurde der Winzerbetrieb der Familie *Neves* in Cova Tina so weit vergrößert, dass er die Gesamternte verarbeiten kann. Die Arbeiten am neuen Winzerbetrieb der Genossenschaft zwischen Ilhéu Lorna und Monte Amarelo sollen 2018 abgeschlossen werden.

Vinho Chã®

In den letzten 20 Jahren hat sich die Anbaufläche auf über 200 Hektar verdreifacht. 2015 gab es einen Einbruch wegen des Vulkanausbruchs von etwa 10%, doch danach stiegen die Mengen weiter an mit Trauben, die auf den vulkanischen Hochlagen (zwischen 1400 und 1600 m) von Monte Lorna, Montinho, Bangaeira, Portela, Fernão Gomes, Forno, Pé de Plco, Penedo Rachado, Ilheu de Losna und Cova Tina geerntet und in Cova Tina verarbeitet werden.

Ohne Rankhilfe ducken sich die Reben in flache Kuhlen, etwas geschützt vor dem Wind. Die Bauern suchen hierfür Felder, an denen der fruchtbare Boden von einer nicht zu dicken Schicht (30–100 cm) **schwarzer Vulkanasche** überdeckt ist. Hier herrscht ein ganz besonderes **Mikroklima:** trocken, heiß am Tag, mit besonders vielen Sonnenstunden während der Wachstumsperiode und in kalten Nächten. Diese Art des Anbaus ist im Mittelmeerraum als *„alberello"* bekannt und bewährt. Zusammen mit der Fruchtbarkeit junger vulkanischer Böden sorgt das Klima in Jahren mit normalem Niederschlag für reiche Erträge und einen schweren Most mit hohem Zuckergehalt, der sich zu hervorragenden Weinen ausbauen lässt.

Zwei **Rebsorten** werden bevorzugt, die **„Tourigia nacional"** und die **„Moscatel de Setúbal".** Beide stammen ursprünglich aus Portugal und sind inzwischen perfekt an die lokalen Gegebenheiten adaptiert. Die Weine haben einen vollen Körper und reichlich Alkohol.

Die mitsamt der Schale vergorenen dunklen Trauben ergeben den tiefroten **Rotwein** von Fogo, **Tinto do Fogo,** dessen Geschmack ein wenig an Waldfrüche und Nüsse erinnert. Serviert bei 18 bis 20°C, entwickelt er sein bestes Aroma. Der **Weißwein** von Fogo, **Branco do Fogo,** steht goldfarben im Glas, riecht intensiv, typisch und aromatisch nach Muskat. Er ist der ideale Begleiter zu Meeresfrüchten, Fisch und hellem Fleisch und sollte bei einer Temperatur von 10 bis 11°C serviert werden.

Aus der Verarbeitung roter Trauben in der Weise, wie sie sonst für weiße Trauben angewandt wird, entsteht ein edler **Rosé,** der **Vinho Rosé do Fogo.** Die Nase erfreut er mit einem fruchtigen Aroma, das auf der Zunge zu einem frischen runden Genuss wird. Auch der Rosé sollte 10 bis 11°C haben, um seine Qualität voll ausspielen zu können.

Auf den heißen Lavasteinen der Chã trocknen die Trauben rasch – aus ihnen wird der **Vinho Passito do Fogo,** ein likörähnlicher Süßwein gemacht. Dass er einen Geschmack von Rosinen entwickelt, verwundert nicht. Doch darüber hinaus nimmt er geschmackliche Anleihen bei den im gleichen Klima perfekt gedeihenden Datteln und wilden Feigen. Die ideale Trinktemperatur liegt zwischen 12 und 14°C.

Die **Lagerung** der Weine bei den auf Fogo üblichen Temperaturen ist nicht problemlos, denn die Weine altern sehr viel schneller. Sobald sich die Möglichkeit ergibt, gehören die Flaschen in einen kühlen Keller waagerecht gelegt, sodass der Kork feucht bleibt und die vorschnelle Alterung und Oxidation verhindert werden.

Südtiroler Fachwissen und Beziehungen haben sich mit dem Erfahrungswissen der Winzer der Chã gut getroffen und dazu geführt, dass die Weine der **registrierten Marke „Chã"** zu ausgezeichneten Weinen geworden sind, die nicht nur in Cabo Verde in guten Restaurants zu finden sind, sondern auch an Liebhaber nach Italien verschifft werden.

Aus dem Trester der weißen Trauben destilliert die Weinbaukooperative einen schmackhaften **Grappa** mit 45 Vol.-%. Ein weniger bekanntes Produkt ist der **Quittenschnaps,** für den vollreife süße Quitten der Hochlagen aufgesetzt werden. Bei unserem letzten Besuch bekamen wir auch einen leckeren **Kräuterschnaps** zur besseren Verdauung serviert, der seinen Geschmack einheimischen Pflanzen wie dem mit dem Wermut verwandten Losna verdankt (www.chatourfogo.com).

Manecon ist keine Marke, keine Rebe, keine Qualitätsstufe und genauso wenig ein im Geschmack konstanter Wein. Manecon ist **Tradition pur** und die seltene Gelegenheit, einen Wein zu kosten, wie er im antiken Rom geschmeckt haben mag, und wie er zu den Zeiten der *Companhia de Comércio do Grão-Pará e Maranhão* (1755–78) in großen Mengen von Cabo Verde nach Guinea und Brasilien verschifft wurde (siehe auch im Kapitel zur Geschichte Santo Antãos). Manecon, ob aus roten oder weißen Trauben, war bis in die 2010er Jahre dunkel und schwer, trüb bis pastös, nicht selten mit deutlichem Beigeschmack nach Essig. Dank moderner Tanks und kontrolliertem Anbau wandelt er sich zu einem sehr guten, kräftigen Landwein.

Vulkanhöhlen in der Chã das Caldeiras

Eruptionshöhle Pico Pequeno (Pico 2 de Abril)

Der Ausbruch im Jahr 1995 hat eine **begehbare Höhle** zurückgelassen, die sich in mindestens fünf Nebengänge teilt und bis zu 15 m hoch und 350 m lang ist. Der Einstieg wird durch eine Leiter erleichtert.

Eruptionshöhle Monte Preto

Die etwa 180 m lange Höhle ist das Vermächtnis eines Ausbruchs, der im Norden und im Süden der Chã zutage trat. Im mittleren Bereich ist der Eruptionskanal als 20 bis 30 m große mandelförmige Öffnung allseits überhängend zum Himmel gerichtet. Nach Norden schließen sich Kammern und Gänge an, die **leichtes Klettern** erfordern (abgesichert durch Stahlkabel). Nach Süden verengt sich der Tunnel, kann aber kriechend noch weiter verfolgt werden, bis er in einem steilen Gerölltrichter wieder an die Oberfläche führt. Der Einstieg wird durch eine Leiter erleichtert.

Die Höhlen sind **in ihrem natürlichen Zustand belassen.** Besucher wenden sich an die Bergführer des Naturparks, denn der Besuch ist nur mit entsprechender Ausrüstung (Helm, Stirnlampe, Handschuhe) mit Führer erlaubt. Die Ausrüstung kann im Naturpark ausgeliehen werden.

Losna (kreol.: Djeu Lorna). Zerstörte Gebäude stecken tief in der Lava, die auch Felder und Weinberge vernichtet hat und der Bordeira so nahe gekommen ist, dass die Staubstraße wieder und wieder in den Hang ausweicht.

Portela und **Bangaeira,** die Dörfer am Nordwestrand der Caldeira, zeigen das volle Ausmaß der Zerstörungen vom Dezember 2014. Von den beiden größeren und den zwanzig kleinen Pensionen, von den Häusern der gut 1000 Einwohner zählenden Gemeinde stehen nur noch wenige. Vom topografischen Messpunkt und den weithin sichtbaren Antennen am Monte Amarelo hat man den besten Blick über das Elend.

Doch **das Leben kehrte rasch zurück** in die Chã das Caldeiras. Die Leute wollten nicht länger warten auf den Staat, die Politiker und all die schwerfälligen Organisationen der Katastrophenhilfe. In Eigeninitiative greifen sie zum Vorschlaghammer, bauen Wege und Straßen über die Lava und legen Zisternen frei. Schon am Osterwochenende 2015 waren über 100 Einwohner zurückgekehrt, die Pension Casa Lava und der Laden von *Luisa,* proper bunt gestrichen, wieder in Betrieb. An der Staubstraße stehen Tische, von denen die Familien lokale Souvenirs verkaufen. Besucher können wieder die Produkte in Cova Tina in der Adega kosten, „Chã-Wein" weiß, rot und rosé, schweren Manecon, Traubensaft, Marmelade und Grappa aus dem Trester. Die Menschen der Chã sind zurück in

> Krater und Pico 2014 mit Schwefelablagerungen vor der Bordeira do Fogo

der Chã – wo denn sonst? Die Beschlüsse von Präsidien und Parlamenten in den Niederungen der Hauptstadt und Inselstädte, die einen Naturpark ohne Bewohner, aber mit Hotelbauten zum Ziel hatten, konnten die Bewohner der Chã genauso wenig beeindrucken wie die Versprechungen von Politikern, denen sie mit Misstrauen und lokalem Zusammenhalt begegnen. Keines der nach dem Vulkanausbruch von 2014 gebauten Häuser hat eine Baugenehmigung, niemand hat einen Antrag gestellt, wieder in der Chã wohnen zu dürfen. Und inzwischen lenkt der Staat langsam ein mit „Obergrenzen" für die lokale Bevölkerung, mit Plänen für Kindergarten und Grundschule usw. – von der Bevölkerung mit einem gesunden Maß an Argwohn beobachtet.

Wanderungen und Klettererlebnisse

Besteigung des Pico de Fogo (Weg 205)

■ **4–7 Std. reine Gehzeit,** Weg mit Asche überdeckt, teils steinig, hinreichend sicher; 1200 m Höhenunterschied, **5 Liter Wasserreserve.**

Wer den Pico besteigt, sollte in der Nacht zuvor in der Chã das Caldeiras übernachten, denn gegen 6 Uhr muss man unterwegs sein, um den Schatten des frühen Morgens zu nutzen und nicht von der Hitze gefressen zu werden.

Die Parkverwaltung und der Zivilschutz schreiben vor, **mit Bergführer zu gehen!** Diese bieten ihre Dienste am Vorabend in den Unterkünften an.

Pico de Fogo

Der Pico de Fogo ist **mit 2829 m der höchste Berg Cabo Verdes** und der dritthöchste im Atlantik nach dem Teide (3707 m) auf der Kanareninsel Teneriffa und dem Pico Basilé (3011 m) auf der Insel Bioko (früher Fernando Póo). Seine Höhe über dem Meeresboden der Kapverden-Schwelle beträgt beeindruckende 8000 m.

Entstehung

Auf einen flachen **Schildvulkan** sattelte sich zu Beginn des Tertiärs vor 60 Mio. Jahren ein steiler Schichtvulkan von schätzungsweise 3500 m Höhe, der die Kegelform der Insel schuf, nach Westen flacher auslaufend als nach Osten. Die Außenhänge sind mit parasitären Aschekegeln bedeckt, zwischen denen sich schluchtartige Erosionsrinnen zum Meer ziehen. Die Brandung hat Abrasionsebenen auf Meereshöhe geschaffen, wie bei Mosteiros, und 30 bis 60 m hohe, pechschwarze Basaltsäulen freigelegt, besonders hübsch bei Salinas.

Der Gipfel, der 1 bis 2 km weite Krater und die Ostflanke des Urvulkans sind nicht mehr zu erkennen. Als **gigantischer tektonischer Bergrutsch** versanken sie im Meer. Die Schuttlawine am Meeresgrund lief 20 km nach Osten, bog nach Süden ab und breitete sich als bis zu 250 m dicke Schicht auf einer Fläche aus, die deutlich größer ist als die der Insel. Untersuchungen der Sedimente sprechen dafür, dass der Kollaps der Ostflanke vor 73.000 Jahren nicht in mehreren Schüben, sondern in einem gewaltigen Rutsch erfolgte und einen Tsunami auslöste, der Zerstörungen im gesamten Archipel verursacht haben muss. Auf der Nachbarinsel Santiago wurden Felsbrocken mit den Ausmaßen eines Doppeldeckerbusses von der Küste bis in eine Höhe von 220 m auf die Westflanke gerollt. Analysen der im Gestein gelösten Heliumisotope belegen ihren unterseeischen Ursprung und den Zeitpunkt des Verfrachtens.

Zurück blieben ein gewaltiger, nach Osten offener Kessel, in der Höhe begrenzt durch die halbkreisförmige, gut 20 km lange Abrisslinie der heutigen **Bordeira**, und steile Felswände, die einen Halbkreis von gut 8 km Durchmesser beschreiben.

Ausbrüche nach dem gigantischen Bergrutsch beschränkten sich auf das Innere des Kessels, von dessen Boden ein neuer Vulkankegel, der **Pico de Fogo,** emporwuchs, der heute die Bordeira um ca. 200 m überragt. Lavaflüsse und Aschen haben den Kessel gefüllt und die Ebene im Halbrund der Bordeira am Fuss des Pico geschaffen, die **Chã das Caldeiras.** Ältere Theorien, nach denen die Chã die Einbruchcaldeira des Urvulkans ist, gelten als überholt.

Ausbrüche in historischer Zeit

In den ersten Jahren des 16. Jahrhunderts wird über so starke und dauerhafte Ausbrüche berichtet, dass die Rauchsäule über dem Berg und die glühenden Lavamassen Tag und Nacht der Schiffahrt als Wegweiser dienten. **1680** folgte der **heftigste Ausbruch** in geschichtlicher Zeit, bei dem große Ländereien zerstört wurden. Die Bewohner flohen nach Brava. 1785 ergoss sich letztmals Lava aus dem Krater des Pico mit Lavaflüssen bis hinab nach Mosteiros.

> Pico de Fogo: Vulkan- und Ruinenlandschaft nach dem letzten Ausbruch Ende 2014

Die Ausbrüche von 1799, 1847, 1852 und 1951, alle aus Nebenkratern, waren schwächer und erfolgten im Bereich von Spalten, die von Nord nach Süd in der Caldeira verlaufen. Nur 1847 sorgte ein heftiges Erdbeben dafür, dass Menschen ums Leben kamen.

Die jüngsten Ausbrüche

Am **2. April 1995** öffnete sich die Westflanke des Pico de Fogo nahe der Basis, spie glühende Gase, Aschen und Gestein 500 m hoch in den Himmel und entließ einen 700 m langen Lavafluss, der glücklicherweise nur einige abgelegene Gehöfte, die Weinkooperative und die Straße zerstörte, bevor er 300 m vom Dorf Portela entfernt zum Stehen kam.

Die **Bewohner** von Chã das Caldeiras warteten die Entwicklung auf dem Monte Amarelo über dem Dorf ab und flohen am nächsten Morgen zu Fuß nach Nordosten und kamen bei Verwandten und Freunden unter, sodass niemand verletzt wurde. Regierung und Hilfsorganisationen richteten Notquartiere ein und bauten Ausweichsiedlungen in Monte Grande und Achada Furna. Doch die Leute aus Chã das Caldeiras, seit Generationen und Jahrhunderten mit „ihrem" Vulkan vertraut, zogen zurück in die Chã, um Wein anzubauen und Besucher an den neuen Pico Pequeno zu führen und Schwefelluft schnuppern zu lassen.

Am **23. November 2014,** nachdem zwei Nächte zuvor ein Grollen und Beben tief im Berg zu spüren war, brach die Süd-Westflanke, nur wenige 100 m vom Pico Pequeno entfernt, erneut auf. Gewaltige Rauchwolken und glühende Fontänen schossen in den Himmel, begleitet von infernalischem Rauschen, Zischen und Explosionen. Binnen zweier Tage öffneten sich acht Krater, von denen sich sieben bis zum 27. November wieder zu einem großen Krater vereinigten.

Obwohl so nahe beim Pico Pequeno von 1995 gelegen, nutzte der Ausbruch nicht die gleiche von Nordosten nach Südwesten verlaufende

cv15_003 pr

Schwachstelle, sondern eine größere Fissur in Nord-Süd-Richtung, ähnlich dem Ausbruch von 1951. So war auch die **Fließrichtung der Lava** eine andere: In den ersten Tagen glitt der Strom glühender Brocken gleichzeitig nach Süden und Nordwesten, begrub die gepflasterte Straße unter sich und erreichte bald auch die Staubstraße unter der Bordeira (Weg 206), die von der fliehenden Bevölkerung mehrmals weiter in den Hang verlegt werden musste.

Nach Portela vordringend, zerstörte die Lava am **30. November** als erstes das mit deutscher Entwicklungshilfe errichtete, wenige Monate zuvor eröffnete, aber nie wirklich in Betrieb genommene Gebäude des Naturparks. Die Brockenlava schob sich im weiten Rund unter der Bordeira voran und zerstörte dabei große Wein- und Ackerbauflächen.

Am **2. Dezember** erdrückte der glühende Strom die Grundschule, das Hotel Pedra Brabo und mehrere Pensionen, schließlich langsam und unaufhaltsam 70% des Dorfes **Portela.** Dann kam die Lava nahezu zum Stehen.

Die Menschen in **Bangaeira,** dem tiefer gelegenen Dorf, hofften nach den Erfahrungen mit dem Ausbruch 1995, bei dem fast nur visköse, langsam fließende Lava ausgetreten war, sie und ihre Häuser würden verschont bleiben. Herzzerreißende Szenen spielten sich ab: Evakuierte Bauern wurden von der Polizei daran gehindert, in die Chã zurückzukehren, und mussten ihre Habseligkeiten zurücklassen. Gestandene Männer flehten, stritten, weinten, weil sie ihre Tiere nicht retten konnten.

Es dauerte vier Tage, bis **flüssigere Lava** durch das Geflecht der Lavatunnel vordrang und die Weinbau-Kooperative, die Kapelle und die verbliebenen Häuser von Portela erreichte. Dann, in der Nacht zum 7. Dezember, floss die Lava über die Geländekante und schoss als reißender, vielarmiger, glühender Fluss das Gefälle hinab durch Bangaeira – das Werk totaler Zerstörung war in wenigen Stunden vollbracht.

In den folgenden Tagen wurde befürchtet, dass **schnell fließende Lava** in die Wälder des Monte Velha und bis Mosteiros vordringen könnte. Und tatsächlich ergossen sich neue Ströme durch Portela und Bangaeira und auch in südlicher Richtung nach Cova Tina und ins westlich gelegene Ilhéu Losna, wo Weinbauflächen und der Winzerbetrieb Sodade von der Lava verschlungen wurden.

Schließlich nimmt der Ausstoß von Schwefeldioxid und Kohlendioxid bis zum **8. Februar 2015** so weit ab, dass der **Ausbruch nach 77 Tagen** als **beendet** gilt.

Der neue, oberste Krater am Pico Pequeno hat sich in drei Jahren **stark verändert.** Das beständig vom Pico herabfallende Geröll hat ihn fast vollständig gefüllt, die Wände sind nicht mehr steil, sondern ausgewaschen von den guten Regenfällen 2016. Wo gelber Schwefel die Steilhänge bedeckte, leuchten weiße Ablagerungen. Im Norden des Kraterrands tat sich ein Spalt auf, aus dem ab und an Rauch dringt; wirft man etwas Stroh hinein, entzündet es sich sofort.

Fotos und Videos

- www.mrietze.com/web13/Fogo_f14.htm
- www.youtube.com/watch?v=eBSKNTsfv-E

Literatur

- *S.J. Day, S.I.N. Heleno da Silva, J.F.B.D. Fonseca:* A past giant lateral collapse and present-day flank instability of Fogo, Cape Verde Islands. Journal of Volcanology and Geothermal Research 94, 1999, 191–218.
- *LeBas M.J. et al.* (2007): Slop failures of the Flanks of the southern Cape Verde Rise. In: Vasilios L. (Hg): Submarine mass movements and the consequences. Dordrecht: Springer Verlag, 337–345.

Noch dick in Pullover und Windjacke gepackt, stemmen wir uns in den eiskalten Wind und streben raschen Schrittes nach Osten. Die Taschenlampe tut sich schwer, einen Kontrast zwischen stockdunkler Finsternis und dem schwarzen Lavagrus des Fahrwegs herzustellen. Rechtzeitig beim Einstieg auf den ansteigenden Fußpfad beginnt die Dämmerung, und nachdem die ersten 300 Höhenmeter geschafft sind, steht der Schatten des Vulkans auf der organgerot leuchtenden Felswand der Bordeira. Fotopause. Der Weg wird steiler und ist für eine halbe Stunde nicht mehr als eine wechselnde Trittspur in losen Aschen – drei Schritt vor, ein Schritt zurück …

Während wir heftiger atmen, erzählt Führer *Beto* in breitestem *Creoulo di Fogo* lächelnd von den amourösen Abenteuern seines französischen Urvaters. Graf *Armand Mont Rond* hatte einen Rivalen im Duell niedergestreckt (oder auch nicht), musste Frankreich verlassen und richtete sich auf Fogo heimisch ein. Wo immer *Betos* Finger hindeutet, hatte der Graf einer Geliebten ein Häuschen gebaut. *Mont Rond* als Urvater des sozialen Wohnungsbaus hilft uns über die Asthmastrecke loser Aschen. Ist das „**Sangue de Burcão**", das vulkanischheiße Blut in den Adern der Foguenses, wirklich ein Effekt des Magmas im Untergrund oder ein Erbe des energischen Grafen?

Im oberen Drittel wird das Terrain richtig steil, doch bieten aus den Aschen tretende Felsrippen festeren Tritt. Große Steinbrocken liegen lose. Entlang einer völlig brüchigen Felswand steigen wir weiter und blicken plötzlich in den gähnenden Krater. Wir streunen ein paar Meter in den Krater hinunter, dessen Boden rund 150 m tiefer liegt (2611 m). Boden und Wände sind von Schwefel in Grün- und Gelbschattierungen überzogen. **Fumarolen** (Austritt von Schwefeldämpfen) wabern dazwischen; in den Aschen glitzert Hornblende.

Die wohlverdiente Rast findet am **Kraterrand** (2770 m) statt mit Blick in die Chã das Caldeiras, auf Santiago und an Tagen mit exzellenter Fernsicht auch bis Santo Antão, São Vicente, São Nicolau und Boa Vista. Brava bleibt hier vom Gipfel verdeckt, doch man sieht es vom Gipfel oder im Abstieg.

Der **höchste Punkt des Pico** (2829 m) liegt auf der brüchigen Bergrippe, die uns während des Aufstiegs begleitet hat. Von Geröll befreit und teils gesichert ist der Pico-Gipfel seit 2011 auch für Wanderer erreichbar geworden.

Rund um den Krater des Pico de Fogo

■ **3 Std., Kletterpassagen**

Ein besonderer Genuss für Alpinisten ist die 2011 gesicherte **Rundroute** hoch oben auf dem Kraterrand des Pico. In mehreren Teilabschnitten sichert Klettersteig-Technik, wie sie sich schon auf der Bordeira bewährt hat, nun auch diese einmalig schöne Runde. In nur drei Stunden mit leichtem Rucksack machbar, wechseln sich wunderbare Ausblicke ab: über schwarze Aschenhänge und Fels, in den Krater, in die Chã das Caldeiras mit ihren verschiedenfarbigen Lavaflüssen unter dem Felspanorama der Bordeira und weit hinaus auf die Inselwelt aus immer neuen Sichtwinkeln – ein Schweben hoch über dem Atlantik, über den Wolken und den Inseln.

Bordeira do Fogo

Das Panorama nach beiden Seiten, der Pico in wechselnden Tönen zwischen Grau, Schwarz und Blau zur einen und die Hänge der Campanas, der Atlantik mit der Insel Brava unter ihrer Wolkenhaube zur anderen Seite, machen die Bordeira zu einem der einprägsamsten Bergerlebnisse Cabo Verdes, wenn nicht der Welt.

Für Wanderer teilt sich die Bordeira in **drei sehr verschiedene Abschnitte:**

Im Norden ist das Relief der oberen Hänge hügelig weich. Mensch und Weidetiere haben Pfade getreten, die **ohne Klettern** und **ohne Sicherung** vom Forstwächterhaus in Fernão Gomes bis zum Monte Gomes (Weg 210) ohne besondere Gefahr begehbar sind.

Im mittleren Bereich zwischen Monte Gomes und Ponte Alto do Sul sind die weicheren Flanken des Ur-Vulkans vollständig abgetragen, und zurück blieb ein zerklüfteter Grat, von Senken und Karen durchbrochen. Mehrmals gibt es nur auf dem *fio,* der mitunter nur schulterbreiten Klinge, ein Durchkommen. Zur Chã hin verabschiedet sich der Begehungs-Steinschlag über Hunderte von Metern lautlos in die Tiefe. Zur Außenseite des Halbrunds verwehren instabile Geröllhänge und Abbrüche einen sicheren Tritt. Die zu erkletternden Partien sind technisch höchstens mittelschwierig (**Klettersteigkategorie A und B**) und dennoch **ohne Sicherung nicht zu verantworten.** Zumeist führt die Route durch Hänge und Abbrüche kompakterer Aschen, aus denen sich die eingebetteten Steine beim Versuch, einen belastbaren Tritt oder Griff zu finden, nicht selten lösen. Wolken erscheinen aus dem blauen Himmel und nehmen binnen Sekunden die Sicht. Das Pfeifen und Rütteln eines scharfen Windes begleitet die Tour. Ein Pfad oder eine Trittspur ist nur ausnahmsweise zu erkennen, die Route ist nicht markiert – von einem „Wanderweg" kann nicht die Rede sein.

Insgesamt 660 Meter in absturzgefährdeten Bereichen sind mit Rostfreistahlkabeln gesichert. Zu etwa einem Drittel sind dies Stellen, an denen geklettert wird. Die Strecke darf vernünftigerweise **nur mit ausgebildeten Bergführern** des Naturparks (ein Führer für 2 Personen) von schwindelfreien, trittsicheren Alpinisten **mit Klettersteigausrüstung** begangen werden.

Im Süden, im Abstieg vom Ponto Alto do Sul, gleicht das Relief mehr einem Rücken. Teils felsig, teils von einer weichen Aschenschicht belegt, begleitet er den Abstieg bis Curral d'Asno, dem Ende des Bogens. In mehreren Etappen gleitet der Schritt durch lose grusige Aschenhänge, die ähnlich wie im Abstieg vom Pico mit weit geringerer Anstrengung im Abstieg begangen werden. Querende Felsrippen verlangen nach Trittsicherheit und einer stützenden Hand. Der überall gut zu erkennende Pfad kann von geübten Wanderern **ohne Klettern und ohne Sicherung** begangen werden.

Die **Gesamtstrecke** nimmt **zwei Tage** in Anspruch und wird leichter von Nord nach Süd mit **Übernachtung im Zelt in Cova Tina** begangen. Da es keinerlei Infrastruktur, keine Getränke und kein Wasser gibt, ist die Tour fast nur möglich, wenn ein Träger Wasser und evtl. einen Teil der Ausrüstung an den Ort der Übernachtung bringt.

Als **Eintagestour für Klettersteiggeher** bietet sich der Aufstieg über den Klettersteig von Ilheu Lorna zur Cova Tina an (209). Im obersten Drittel teilt sich der Steig y-förmig und eröffnet so **mehrere Möglichkeiten** weiterzugehen:

a.) den nördlichen Ast zu wählen und die Gratroute nach Norden (211 und 210) anzuschließen (insgesamt 8–11 Std.);

Ausflüge zum Pico

b.) über den südlichen Ast und weiter zum Ponto Alto do Sul aufzusteigen und nach Süden (212) abzusteigen (6–7 Std.);

c.) über den anspruchsvolleren nördlichen Ast aufzusteigen, die Vielfalt der Vegetation und Ausblicke um Cova Tina zu genießen, in etwa 30 Min. (reine Gehzeit) zum meist travessierenden südlichen Ast zu gelangen und über diesen und den Klettersteig zurück nach Ileu Lorna abzusteigen.

Anmerkung

Die **Sicherung der Bordeira** wurde 2006 von *Pitt Reitmaier* und *Lucete Fortes* angeregt, von der Naturparkdirektion *(Dir. Alexander Nevski Rodrigues)* und GOPA *(Dr. Berthold Seibert* und *Roberto Maldonado)* als Projekt vorbereitet und umgesetzt und von Bergführern der Chã das Caldeiras gebaut. Bauplanung und -leitung, Schulungen und eine kaum aufzählbare Vielfalt von Ideen und Arbeiten zur nachhaltigen Verbesserung des bergtouristischen Angebots realisierten zwei DAV-Ausbilder im Sportklettern und Boldering von blocSyndicate Ltd. aus Aachen (Bauingenieur *Mustafa Eren* und Sportwissenschaftler *Ibrahim Güngör*). Finanzielle Unterstützung leistete die KfW (Deutschland).

Mustafa Eren ist in der Chã das Caldeiras sesshaft geworden. Um ihn gruppiert sich eine neue Kletterer- und Bergführerszene mit großartigen Möglichkeiten. Mit dem Ausbau steinschlaggefährdeter Partien und der Sicherung der Routen zum Gipfel des Pico de Fogo und rund um den Kraterrand des Pico fand die Verbesserung des Wegenetzes ihre Fortsetzung.

Informationen im Internet

- www.bela-vista.net/Fogo-via-ferrata.aspx
- www.blocsyndicate.com

Abstieg vom Pico de Fogo

Der Abstieg ist ein **Vergnügen der besonderen Art**. Je höher die Stiefel, je länger die Socken, um so besser, denn hier wird nicht gegangen, sondern gerannt, gehüpft, geglitten in Bewegungen, die Ähnlichkeit mit Tiefschneefahren haben. Bis zu den Waden versinken die Beine in den grobkörnigen, scharfkantigen Aschen und wirbeln gewaltige Staubwolken auf. Absteigen kann man **direkt oder über den Pico Pequeno**. Die zweite Alternative dauert ein Stündchen länger, lohnt aber, denn wann hat man schon Gelegenheit, einem Vulkan, der kurz Luft holt, bevor er erneut spuckt, in den rot entzündeten Rachen zu spähen?

Krater 1995 und 2014 ab Portela (Weg 206)

■ **3 Std.** reine Gehzeit, 270 m Höhenunterschied, Weg über Aschenfelder und schneidende Laven. **2 Liter Wasserreserve.**

Die Erkundung der Ausbruchskrater aus den Jahren 1995 und 2014 ist **einer der Höhepunkte eines Besuchs in der Chã das Caldeiras** – technisch nicht schwierig, aber wegen des losen Grunds teils anstrengend und ohne Bergführer nicht empfehlenswert.

Von Portela kommend geht es durch schwarzen Grus stetig bergauf – der Panoramablick über die Chã wird immer besser –, bevor der Rand des **Kraters von 1995** (2020 m) erreicht ist. Der weglose Anstieg zum Pass zwischen dem neu entstandenen **Auswurfkegel von 2014** (2070 m) ist kurz, aber deftig. Die neuen Krater bilden eine absteigende

Reihe, wobei nur der höchstgelegene als steilwandiger, felsiger Trichter von 30 m Durchmesser erscheint, aus dem immer noch dichter Rauch mit Schwefelgestank emporsteigt. Die tiefer gelegenen Krater befinden sich in einer steilen Schlucht mit Fumarolen. Die neon- bis tief gelben Schwefelablagerungen durchkämmen Sammler auf der Suche nach Souvenirs und Ausgangsmaterial für Kunsthandwerk. An einigen Stellen ist der Boden so heiß, dass sich anvulkanisierte Sohlen lösen und in Spalten gelegte Grashalme zu brennen beginnen.

Der Trip wird zur **lohnenden Ganztagestour,** wenn man den Weg durch alte und ganz junge Pahoehoe-Lavafelder anschließt (Weg 206a) und auf der Staubstraße unter der Bordeira nach Portela zurückkehrt (Weg 208).

Wer mit dem Auto in die Chã kommt und den Weg in Gegenrichtung nutzt, sollte ganz früh aufstehen, denn der **Aufstieg von Süden** zum Krater 2014 liegt rasch in der prallen Sonne.

Staubstraße am Fuß der Bordeira (Weg 208)

■ **3 Std.** reine Gehzeit, 200 m Höhenunterschied, sicherer, wenig befahrener Weg; **2 Liter Wasserreserve.**

Von Portela zieht eine Aschepiste in einer weiten Runde am Fuß der Bordeira entlang. Der **Lavafluss vom Ausbruch Ende 2014** hat Felder überdeckt. Noch während der Evakuierung hat die Bevölkerung die Straße weiter und weiter in den Hang verlegen müssen, sodass ältere Karten und GPS-Tracks nicht mehr gültig sind.

Der Wanderer kommt vorüber an der 1995 von der Lava zerstörten ehemaligen Weinkooperative und wenig später an der ganzjährig Wasser spendenden Quelle **Fonte Galinha.**

Mit dem Rückweg über die Krater von 1995 und 2014 (Weg 206) findet ein lohnender, aber anstrengender Ganz-Tages-Rundweg seinen Abschluss.

Am Fuß der Bordeira nach Fernão Gomes (Weg 202)

■ **1 Std.** reine Gehzeit in einer Richtung, Spaziergang auf Staubstraße ohne nennenswerte Steigungen.

Im schmalen Streifen, den die Lavaflüsse von der Felswand trennen, zieht das Sträßchen durch den Ortsteil **Bangaeira** und danach durch locker mit Wein, Kartoffeln und Erdnüssen bestellte Felder, durchbrochen von Purgiernuss-Sträuchern, Feigenbäumchen und leuchtend rot blühenden Rizinus-Sträuchern. Nach einer Stunde ist die Schranke am Forstwächterhaus von **Fernão Gomes** erreicht, wo Holzsammler ihre Beute wiegen lassen und Touristen 100 CVE für den Eintritt in den **Naturpark** bezahlen. Das Gebiet darf nur mit Sondergenehmigung befahren werden.

Fernão Gomes – Monte Velha – Mosteiros (Weg 232)

■ **Im Abstieg 3½ Std., im Aufstieg 5½ Std.** reine Gehzeit, 1700 m Höhenunterschied, 3 Liter Wasserreserve, Trekkingstöcke. Bis Monte Velha 1 Std. reine Gehzeit auf sicherer Forststraße, 400 m Höhenunterschied.

Ausflüge in die Chã das Caldeiras und zum Pico

Im weiteren Abstieg nach Mosteiros kann der Weg feucht und rutschig sein. Holzstufen haben den Pfad wesentlich sicherer gemacht, wodurch auch die Orientierung bei Nebel einfacher geworden ist. Ausgangspunkt ist das Forstwächterhaus von Fernão Gomes.

Die Straße folgt dem Hang mit hübschen Blicken in den Wald, bevor sie zum Abstieg ansetzt. Einen Abzweig nach Montinho lässt sie in westlicher Richtung liegen und steigt in zwei großen Serpentinen im dichten Wald ab zur Forstarbeitersiedlung von Monte Velha und öffnet sich hier zu einem gepflasterten Platz mit einem riesigen Baum. Nach Nordosten steigt eine Steintreppe ab, die den weiteren Weg markiert.

Abstecher: Casa Presidente

Die Forststraße führt hinter einer Schranke noch ca. 300 m weiter zur „Casa Presidente". Das hübsch in dichte Vegetation eingebettete **Anwesen der Forstverwaltung** war nach der Unabhängigkeit ein Sommersitz des Präsidenten für diplomatische Kontakte in ruhigem Umfeld.

Schnell sind die ersten Holzstufen erreicht, die dem Erosionsschutz dienen und Auf- und Abstieg erleichtern. Bis zur Höhe von 1000 m zieht der Weg durch den dichten Nebelwald mit teils beeindruckend schönen, starken Bäumen, mit Moos und Bartflechten behangen. Danach sind Kaffee- und Bananenpflanzungen die ersten Zeugen der **intensiven Landwirtschaft**, gefolgt von Feldern mit Maniok, Süßkartoffeln, Bohnen und Mais unter robust ausladenden Mangobäumen und feingliedrigen Zitronenbäumchen. Nach etwa drei Stunden ist das Dorf **Pai António** erreicht und mit ihm das Ende einer kleinen Fahrstraße und der erste Laden mit Kühlschrank. Über die Fahrstraße geht es in etwa einer halben Stunde weiter hinab nach Mosteiros.

Am Abzweig zum Miradouro steigt ein mit Treppen ausgebauter Fußweg direkt zur Ringstraße hinauf, die im Ortsteil São Miguel erreicht wird.

Aufstieg zur nördlichen Bordeira (Weg 210)

■ **1½ Std.**, 350 m Höhenunterschied, schlechter Fußpfad, Trittsicherheit ist nötig. Ohne Kletterpassagen.

Bei Fernão Gomes steigt ein steiler, stark begangener Fußpfad nach Osten auf den Kamm der Bordeira auf. Nach 100 Höhenmetern (20 Min.) biegt der Weg nach Nordwesten ein, bleibt westlich der Bordeira und erlaubt so einen großartigen Blick aufs Meer und die Wälder um Montinho. Er kehrt zurück auf den Grat und steigt bis auf 2000 m an. Hier ist der Ort für das Traumpanoramafoto vom Pico! Der Rückweg kann auf gleichem Wege erfolgen. Der Steilaufstieg von Boca Rotcha ist in so schlechtem Zustand, dass er mehr Zeitvergeudung und Gefahr bedeutet als eine Abkürzung.

Alternativer Rückweg (Weg 221)

Weitere 3 Std. Schöner ist der Abstieg nach Montinho und die Ausweitung zur **Tagestour durch Monte Velha.** Der Abstieg durch die Hangwiesen nach Montinho beginnt weglos auf der nächsttieferen Ebene unterhalb des Feigenbaums. Parallel zu einer nach Norden absteigenden Baumreihe gelangt man – anfangs weglos – auf vorgelagerte Hügel, dann nordöstlich zu einem Wassertank. Von dort entlang der Wasserleitung ist das Forstwächterhaus in Montinho nicht zu verfehlen. Die Forststraße führt durch den Wald nach Fernão Gomes.

Ponte Alto do Sul – Cova Tina – Atalaia – Ponte Alto do Norte – Monte Gomes (Klettersteig 211)

■ **5–8 Std.,** 660 m Sicherungen, **Wasserreserve 5 Liter.**

Kletterpassagen des Schwierigkeitsgrades B; Klettersteigausrüstung zwingend vorgeschrieben.
 Begehen **nur mit ausgebildeten Führern** des Naturparks.

Strände & Wasserverhältnisse

Fogo ist **keine Badeinsel!** Schwimmen im Meer ist durch den steil abfallenden Meeresboden, Strömungen und Brandung riskant. Großfische, auch Haie, können relativ nah ans Ufer kommen. Auch die Praia da Bila unterhalb von Cidade de São Filipe ist nicht ungefährlich.
 Sicher und angenehm ist das Baden in **Ponta da Salina,** einer Bucht mit vorgelagerten Riffen. Sie ist leicht per Taxi oder Mietwagen zu erreichen, oder man nimmt ein Aluguer von São Filipe nach São Jorge und vereinbart Abholung für die Rückfahrt.

Praktische Infos

An- und Weiterreise

Mit dem Flugzeug

■ Der **Flughafen** auf Fogo liegt 2 km südlich von São Filipe. Herrlicher Landeanflug mit Blick auf den Vulkan (rechter Fensterplatz!).
■ Tägliche **Flugverbindungen zwischen Praia und São Filipe** (ca. 30 Min.).
■ **Nach der Ankunft** warten Aluguers nach São Filipe (5 Min., ca. 200 CVE; Taxi 250 CVE) und Mosteiros (2 Std., ca. 500 CVE).

◁ Glücklich zurück in der Chã das Caldeiras

□ Inselkarte S. 150, Stadtplan Cidade do São Filipe S. 159   **Praktische Infos**   179

Mit dem Schiff

- Der einzige **Hafen** von Fogo, **Porto do Vale dos Cavaleiros**, liegt ca. 3 km nördlich von São Filipe.
- **Fährverbindungen Praia – Fogo – Praia und Fogo – Brava – Fogo** bestehen sechsmal pro Woche mit der Schnellfähre, wobei die Fähre bei ruhigem Seegang über Nacht in Brava bleibt, sodass Brava nicht als eintägiger Ausflug von Fogo aus besucht werden kann.
- **Tickets und Auskünfte** bei der Schiffsagentur **9 Agenamar** in São Filipe (gegenüber dem TACV-Büro), Tel. 2811012. Tickets auch bei Qualitur und Zebra Travel sowie in Ticketbüros bei der Tankstelle Enacol und nahe der BCA.
- **Fahrpläne im Internet:** www.cvfastferry.com.
- **Segel-Jachten** können wegen Bauarbeiten nur eingeschränkt in der Hafenbucht ankern und Lebensmittel, Wasser und Treibstoff aufnehmen.

Reisen auf der Insel

Lokale Reiseagenturen

Unterkünfte, Ausflüge mit Kleinbus, Bergführer, Fähr- und Flugtickets etc. vermitteln bzw. organisieren in São Filipe:

- **Vista Verde,** Tel. 2812380, Mobil 9993788, www.vista-verde.com. Incoming-Agentur für verschiedene europäische Reiseagenturen.
- **Qualitur,** Tel. 2811089, Mobil 9971142, www.qualitur.cv.
- **18 Zebra Travel,** Mobil 9914566, www.zebratravel.net. Touristeninformation, Ausflugsfahrten mit eigenem Kleinbus.

Straßen

Die Straßen auf Fogo sind **gut befahrbar.** Die Asphalt- und Pflasterstraßen bilden einen Ring um die Basis der Insel und zwei Halbkreise im Westen und Süden auf unterschiedlicher Höhe.

Taxis/Sammeltaxis (Aluguer)

- **Innerhalb São Filipes** können Sie alles bequem **zu Fuß** erreichen.
- **Taxis,** knallgelb lackiert wie in Manhattan, sind in São Filipe jederzeit zu finden. Als Alternative zum Mietwagen empfiehlt sich die Anmietung eines Taxis sowohl für die Fahrt in die Caldeira als auch für eine Inselrundfahrt (Tagespreis 6000–8000 CVE).
- **Sammeltaxis** (Aluguer) verkehren nach Bedarf zwischen den Orten der Insel und in den Krater (nicht sonntags). Die Aluguers nach Chã das Caldeiras starten erst gegen 11.30 Uhr ab der Markthalle (500 CVE pro Person).
- Zur **Ankunft von Flugzeug und Fähre** stehen Aluguers und Taxis bereit.

Mietwagen

- **BBAS Rent a Car,** São Filipe, Tel. 2811089.
- **Inter Cidades Rent a Car,** São Filipe, Tel. 281 3334, Mobil 9189963, 9826934, www.intercidades-rentacar.cv.

Ein Geländewagen ist für 7500–25.000 CVE/Tag zu haben. Die Autos können auch mit Fahrer gemietet werden. Eine Kaution ab 50.000 CVE und der Reisepass müssen hinterlegt werden. Siehe auch „Praktische Tipps A–Z/Reisen im Land".

Unterkunft

Im historischen Stadtkern von **Cidade de São Filipe** finden sich moderne Pensionen, Hotels und stilvoll renovierte *Sobrados,* in denen der Gast die großen, hohen Räume und das Ambiente genießt. In **Cidade dos Mosteiros** kann in ländlichen Pensionen übernachtet werden. **Chã das Caldeiras** hatte beim Vulkanausbruch 2014 fast alle Unterkünfte verloren. Inzwischen sind neue entstanden, und es werden sicher rasch mehr werden.

Zur Kategorisierung der Unterkünfte siehe Kapitel „Praktische Tipps A–Z/Unterkunft".

Cidade de São Filipe

1 Hotel Xaguate⑤
Tel. 2815000, www.hotelxaguate.com
Das einzige größere Hotel der Insel liegt etwas oberhalb von São Filipe am nördlichen Ortsende an der Straße zum Hafen. Zweistöckiges Gebäude in kleiner Gartenanlage, 19 Zimmer mit Du/WC, teilweise Balkon, schöner Ausblick aufs Meer und Brava. Restaurant mit Terrasse und Bar. Meerwasserpool, Tennisplatz.

18 Hotel Colonial House (Zebra)④
Rua Câmara Municipal, Tel. 2813373,
www.zebratravel.net
Zentrales Hotel in einem der schönsten *Sobrados* (perfekt renoviert) mit Meerblick und Süßwasserpool. Sehr großzügige, komfortable Zimmer und Suiten mit Du/WC. Komplettangebot mit eigener Touristeninformation und Reisebüro. Sportfischen mit eigenem Boot. Freiluftrestaurant, Bar. Ausflugsfahrten mit eigenem Kleinbus.

21 Hotel Savana③
Tel. 2811490
Zentrales Hotel Garni in schönem *Sobrado* mit Meerblick und Süßwasserpool. Sehr großzügige, komfortable Zimmer und Suiten mit Du/WC.

13 Hotel Santos Pina③
Tel. 2814225, Mobil 9853552
Im Stadtzentrum beim Fischmarkt gelegenes Neubau-Hotel mit modernen Zimmern und Suiten mit AC, WLAN, Balkon und Du/WC. Frühstücksbuffet.

10 Pousada Belavista③
Tel. 2811220, 2811734
Pension im Zentrum in einem besonders schönen *Sobrado*. Sehr großzügige, komfortable Zimmer mit Du/WC, AC 500 CVE.

2 Residencial Girassol③
Große Zimmer am Ortsausgang in Richtung Hafen.

12 Hotel OlaMar③
Tel. 2813319. Neubau mit 18 großzügigen und modernen Zimmern mit Du/WC, AC, TV, Frigobar. Snackrestaurant. Blick über die Stadt aufs Meer.

24 Casa Beiramar③
Tel. 2813485, Mobil 9792322
Marisa und *Mustafa* haben die bekannten Unterkünfte Pedra Brabo und Casa Marisa in der Chã das Caldeiras durch den Ausbruch des Pico (für einige Zeit) verloren und setzen die gastronomische Tradition in diesem hübschen Sobrado fort. Terrasse mit Blick auf Meer und Brava, ruhig gelegen, Innenhof. Großzügige Zimmer mit Du/WC und WLAN. Durchgehend warme Küche, Tourberatung und -organisation, deutschsprachiges Management, gesprochen wird Portugiesisch, Englisch und Französisch.

14 Residencial Open Sky②
Bei Redaktionsschluss im Frühjahr 2018 im Umbau. Mittelklasse-Unterkunft in der Altstadt, Zimmer mit Du/WC, TV, AC, WLAN.

26 Tortuga Bed & Breakfast②
Mobil 9941512
Die einzige Strandpension am südlichen Ende der Praia da Bila, Schattenplätzchen und Hängematten im Garten, exzellente Fischgerichte und herausragende italienische Küche, einfache 1- bis 3-Bett-Zimmer und ein einfacher Garten-Bungalow, alle mit Du/WC, teils über den Flur, Airport- und Fährhafen-Transfer, 30 Min. zu Fuß in die Stadtmitte.

11 Pensão Eliane Clarice②
Tel. 2812181
Neubau im hoch gelegenen Ortsteil Santa Filomena mit Blick über die Altstadt und das Meer nach Brava. Kleinere Zimmer mit Du/ WC, AC, TV.

15 Aparthotel Inácio②
Tel. 2812134, Mobil 9783875
Rosafarbenes Neubauhotel am Ortsausgang Richtung Flughafen. Großzügige moderne Zimmer mit Du/WC, AC, TV, Frigobar. Frühstücksrestaurant (Buchung mit und ohne Frühstück) mit Blick über die Stadt. Die Rezeption ist nicht immer besetzt – im

☐ Inselkarte S. 150, Stadtplan Cidade do São Filipe S. 159

Laden von *Inâcio* im Nebenhaus nachfragen. Sehr gute Preise.
7 Residencial Las Vegas①
Tel. 2812223, Mobil 9856271
Zentrale Lage in der Altstadt, 1- bis 3-Bett-Zimmer mit Du/WC, teils AC (extra), teils mit Meerblick. Etwas verwinkelter Sobrado, sehr günstig.

Cidade dos Mosteiros (Igreja)

■ **Pensão Christine e Irmãos**②
Tel. 2831045. Privatpension an der Hauptstraße im Ort. Hübsche, luftige Zimmer und traditionelles Restaurant.
■ **Pensão Tchon di Café**②
Tel. 2831610. Pension nahe der Kirche, schön gelegen in einer kleinen Bananenplantage. Hübsche Zimmer und gutes Restaurant.
■ **Pensão e Restaurante Pirâmide**②
Tel. 2831395. Kleine Pension gegenüber dem neuen Rathaus. Zimmer mit Du/WC, Frigobar. Meerblick.

Pai António

■ **Pensão Gira Lua**③
Mobil 9534145
Moderne, hotelähnliche Pension nahe dem Wanderweg von der Chã das Caldeiras nach Mosteiros mit weitem Blick über Mosteiros und die Küste. Interessante Wanderungen durch Kaffeepflanzungen, Wälder und die landwirtschaftliche Tradition Mosteiros'. Sehr gut ausgestattete Zimmer, alle mit Du/WC. Halbpension ist empfehlenswert, Verkauf lokaler Produkte.

Chã das Caldeiras

Anmerkung: Es gibt kein Festnetz, doch Mobils funktionieren zuverlässig. Nach dem Vulkanausbruch ist Aufbauarbeit angesagt; peu à peu werden neue Unterkünfte eröffnet. Diese finden Sie aktuell auf www.bela-vista.net/Pension-Fogo-d.aspx.

Bitte beachten Sie: Wasser ist in der Chã äußerst rar. Die einzige Quelle liefert minimale Mengen, und so wird jeder Tropfen für Restaurants und Unterkünfte auf kleinen Lkws heraufbefördert und ist sehr teuer. Verwenden Sie Wasser so sparsam wie möglich! Prüfen Sie, ob die Toilettenspülung dicht ist, denn sonst kann in einer Nacht ein Tank Wasser verloren gehen! Das Prinzip, jeweils zwei Zimmer mit nur einer Toilette zu versorgen, bringt den Vorteil, dass das Hotelpersonal diese jederzeit kontrollieren kann, ohne Sie zu stören.

■ **Winzerhotel Oasis Cobatina**③
Cova Tina, Mobil 9814792
Neues, modernes Hotel der Winzerfamilie *Neves,* die die herausragenden Weine der Chã das Caldeiras keltert. Topsaubere Du/WC für jeweils zwei Zimmer. Weinproben und Restaurant (s.u.) – Halbpension ist zu empfehlen, da sich kein weiteres Restaurant direkt vor Ort befindet. Vermittlung von Bergführern und Transport. Hübsche und interessante Spaziergänge durch Landwirtschaft und die Mondlandschaft der Lavafelder sowie zum Pico Pequeno. Wer den Pico de Fogo von hier aus besteigen möchte, muss 15 Min. Anfahrt einkalkulieren.
■ **Casa Marisa 2.0**③
Portela, Mobil 5308440, 9995392,
www.fogo-marisa.com
Nach dem Vulkanausbruch hoch auf der jungen Lava wiederaufgebaute Pension, moderne Zimmer mit Du/WC, auch Halbpension (gutes Restaurant, s.u.). Kompetente Tour- und Kletterberatung, Vermittlung von Bergführern und Transport, Verleih von Kletterausrüstung. 10 Min. zu Fuß nach Portela. Das einzige Restaurant, das auch größere Ausflugsgruppen von anderen Inseln bedienen kann.
■ **Casa Lava**②
Portela, Mobil 9882157, 9771190
Bergwanderer-Unterkunft des erfahrenen Bergführers *Cecílio*. Das Haus ist eines der wenigen, die vom Lavafluss 2014 verschont wurden, zentral in Portela

gelegen, direkt am Aufstieg zum Pico do Fogo. Im Neubau Doppelzimmer mit eigener Du/WC und Schattenplatz vor dem Zimmer, aber auch günstigere 1- bis 3-Bett-Zimmer mit top sauberer Gemeinschafts-Du/WC. Auf Anmeldung gutes, reichliches Abendessen auch für externe Gäste aus der Hand von Profi-Köchin *Helena!* 2 Min. zu Fuß zum Musik-Restaurant Casa Ramiro (s.u.). Bergführer zum Pico und für andere Wanderungen, Transport von und zum Airport bzw. Fähre.

■ **Casa Alcindo e Letícia**②
Portela, Handy 9921409
Komfortable Wanderer-Pension und Restaurant (s.u.) in der Chã das Caldeiras in idealer Lage in Portela auf einem Hügel mit Blick auf den Vulkan, die Weinberge und die Bordeira. Gut durchlüftete, moderne Zimmer (alle mit Du/WC) im Haus des auf allen Inseln erfahrenen Bergführers *Alcindo*.

■ **Casa David Montrond**②
Portela, Handy 9914262, 9543450
Die komfortable Pension war vom Lavafluss 2014 so gut wie nicht betroffen. Moderne Zimmer mit eigener Du/WC.

■ **Casa Fernando**②
Bangaeira, Mobil 9863540, 9817635
Privatunterkunft im Haus des Bergführers *Fernando* mit einfachen Zimmern, saubere Du/WC auf dem Flur, Frühstück oder HP. Sitzplatz über der Lava mit Blick auf den Vulkan.

■ **Casa Zé Dolce**①
Portela, Handy 9527093
Sehr einfache und entsprechend günstige Unterkunft im Süden von Portela nahe dem ehemaligen Naturparkgebäude.

Restaurants

Cidade de São Filipe

[1] Restaurant im Hotel Xaguate
Sehr gute portugiesische Küche im Hotelrestaurant (s.o.) mit Blick auf Brava.

[18] Restaurante-Bar Colonial House (Zebra)
Rua Câmara Municipal, Tel. 2813373
Großzügiges Freiluftrestaurant, teils überschattet, Bar mit reicher Getränkeauswahl, gute kapverdische und internationale Küche, für die Qualität preiswert.

[23] Leila
Tel. 2811214, Restaurant für einfache Ansprüche gegenüber dem E-Werk.

[19] Vulcão
Gut, üppig und preiswert; eine Vorbestellung ist ratsam.

[3] Fronteira
Gute und günstige kapverdische Küche im Stadtviertel Xaguate, luftiger Außenbereich.

Auf diesem Hügel überseh' ich meine Welt!

Auf diesem Hügel überseh' ich meine Welt!
Hinab ins Tal, mit Rasen sanft begleitet,
Vom Weg durchzogen, der hinüber leitet,
Das weiße Haus inmitten aufgestellt,
Was ist's, worin sich hier der Sinn gefällt?

Auf diesem Hügel überseh' ich meine Welt!
Erstieg ich auch der Länder steilste Höhen,
Von wo ich könnt' die Schiffe fahren sehen
Und Städte fern und nah
von Bergen stolz umstellt,
Nichts ist's, was mir den Blick gefesselt hält.

Auf diesem Hügel überseh' ich meine Welt!
Und könnt' ich Paradiese überschauen,
Ich sehnte mich zurück nach jenen Auen,
Wo Deines Daches Zinne
meinem Blick sich stellt,
Denn der allein umgrenzt meine Welt.

Bettina von Arnim (1785–1859)

8 Coral
Günstige kapverdische Tagesgerichte, Cachupa, gut besucht, in authentischem Innenhofgebäude.

20 Pipi's Bar
Tel. 5303976. Restaurant, Bar und Café, geöffnet 11–2 Uhr, afrikanische und internationale Küche, gutes slowfood, frisch, aber es kann dauern, Blick auf Brava und die Dächerlandschaft der Altstadt.

25 Seafood
Modernes Restaurant mit guter kapverdischer Küche, große Terrasse mit Meerblick.

6 Calerom
Tel. 2813267. Restaurant mit guter kapverdischer und internationaler Küche, netter Innenhof, am Wochenende Live-Musik.

16 Pizzeria/Gelateria Adriano
Centro Cruz de Pau. Bar, gute italienische Pizzeria.

17 Tropical Club
Tel. 2812161, Mobil 9999420. Innenhof-Restaurant mit guter kapverdischer und internationaler Küche, Cocktails. Mehrsprachige Speisekarte mit großer Auswahl, vorbereitet auf Gruppen. Samstags Live-Musik.

26 Restaurante Tortuga
Mobil 9941512. Fischgerichte und italienische Küche am Strand Praia da Bila. Da alles frisch zubereitet wird, kann es keine feste Speisekarte geben. Was *Roberto* auf dem Markt und von den Fischern kauft, ist handverlesen und wird exzellent zubereitet. Tagsüber kleine (Nudel-)Gerichte, abends Drei-Gänge-Menü. Am Abend nur nach Voranmeldung – der Rücktransport in die Stadt wird arrangiert.

Cidade dos Mosteiros

■ Die oben genannten **Pensionen** bieten kapverdische und internationale Gerichte. Vorbestellung ist empfehlenswert.

Aufstieg zum Pico de Fogo

Chã das Caldeiras

■ In allen **Unterkünften** bekommt der Gast auf Bestellung Abendessen.

■ **Winzerhotel Oasis Cobatina**
Cova Tina, Mobil 9814792. Verkostung der herausragenden Weine der Chã das Caldeiras mit fachkundiger Beratung, Besichtigung des Winzerbetriebs, lokaler Ziegenkäse, kapverdische und internationale Küche nach Anmeldung.

■ **Restaurante Casa Marisa 2.0**
Portela, Mobil 5308440, 9995392. Gute kapverdische und internationale Gerichte, schattiger Außenbereich und geräumiger Speisesaal. Das einzige Restaurant, das auch größere Ausflugsgruppen bedienen kann.

■ **Bar-Restaurante Escoral**
Mobil 9771233, 9922884. Gegenüber der Casa Marisa am Hang gelegenes Restaurant mit leckeren Hähnchen vom Holzkohlegrill. Halteplatz aller Sammeltaxis, lokales Kunsthandwerk vor dem Haus.

■ **Restaurante Casa Lava**
Portela, Handy 9882157, 9771190. Günstige, gute und reichliche kapverdische und internationale Gerichte aus der neu eröffneten Küche von *Helena* – auf Anmeldung.

■ **Restaurante Alcindo e Letícia**
Portela, Mobil 9921409. Französische und internationale Küche aus den Töpfen der franz. Köchin *Letícia*. Auf Anmeldung.

■ **Bar-Restaurante Isabel**
Portela, neben der Adventisten-Kirche. Containerrestaurant mit einfachen Gerichten, gut besucht, denn es schmeckt und die Stimmung stimmt.

■ **Restaurante Casa Ramiro**
Sr. Ramiro und seine Geige sind zurück in der Chã bzw. in Portela! Und somit gibt es im Restaurant wieder jeden Abend traditionelle Musik unplugged. Gruppen sollten vorbestellen.

Nachtleben

4 Fogo en Chama und **5 Faixa di Terra**
Nach den lokalen Karnevalclubs benannte Bars mit Live-Musik an den Wochenenden, authentisch, lebendig, in der Neustadt von São Filipe oberhalb von Santa Filomena, Anfahrt mit dem Taxi (allein schon aus Sicherheitsgründen).

Einkaufen/Versorgung

Cidade de São Filipe

■ **Bäckereien** in der letzten Häuserreihe über dem Strand und am Kreisverkehr Richtung Hafen.
■ **Mercado Municipal** für Obst, Gemüse und Ziegenkäse sowie Fisch (im 1. Stock).
■ Bekannt ist Fogo für hochwertigen **Kaffee** und **Qualitätsweine.**

Chã das Caldeiras

■ **Minimercado Luísa,** bunt gestrichener Bau in Portela, der inmitten der Lava überlebt hat (nahe der Adventisten-Kirche).

Banken

Öffnungszeiten: Mo bis Fr 8–15 Uhr.

■ **Banco Comercial do Atlântico (BCA),** São Filipe, Tel. 2811255; Mosteiros, Tel. 2831492, gegenüber der Shell-Tankstelle.
■ **Banco Caboverdiano de Negócios (BCN),** São Filipe, Tel. 2812322, Achada Pato.
■ **Caixa Económica,** São Filipe, nahe der Telecom.

Post und Telefon

■ **CTT-Postamt** mit öffentlichem Telefon in São Filipe an der südlichen Spitze des Praça 12 de Setembro, Tel. 2811102; Mosteiros, Tel. 2831002. Die Post befördert z.B. in deutscher Postverpackung („Pack-Set F") Fogo-Wein nach Europa (ca. 18 Euro pro Flasche). Mengen-Freigrenzen beachten!

Notfall/Polizei

■ **Regionalkrankenhaus** in São Filipe, Tel. 281 1130, 2811177.
■ **Gesundheitszentren** in Mosteiros (Tel. 283 1034), Curral Grande und São Jorge.
■ **Polizei: São Filipe,** Tel. 2811132; **Mosteiros,** Tel. 2831073; **Cova Figueira,** Tel. 2821180.

Museen

■ **Casa da Memória,** Tel. 2812765. Privates Museum und Kulturzentrum zu Geschichte und Kultur von São Filipe (siehe Exkurs bei São Filipe).
■ **Museu Municipal de São Filipe,** städtisches Museum mit lokalen Exponaten im Zentrum der Altstadt, unmittelbar neben der Kirche (siehe Exkurs bei São Filipe).

Feste

■ **20. Januar:** São Sebastião
■ **1. Mai:** Nhô São Filipe
■ **24. Juni:** São João
■ **29. Juni:** São Pedro
■ **10. August:** São Lourenço
■ **25. November:** Santa Catarina

Festa Nhô São Filipe

Das **Fest zu Ehren São Filipes,** des Schutzpatrons der Insel, am **1. Mai,** auch **Festa das Bandeiras** genannt, ist das **größte Fest Fogos** und eines der größten Cabo Verdes. Traditionelles und Neues vermischen sich auf diesem lebhaften Volksfest mit Tanz, Prozession und Pferderennen. Zur Vorbereitung des Festessens stampfen die Frauen in einem großen Holzmörser den Mais, begleitet von einer besonderen Musik, dem Pilão, dessen Gesang und Trommeln eine eigene Tradition haben. In der Nähe der Kirche wird ein symbolischer Schiffsmast errichtet und mit Palmzweigen geschmückt, ebenfalls begleitet von Trommeln, Gesang und Klatschen. Bei der Festmesse zu Ehren des São Filipe werden die Fahnen geweiht und später zeremoniell ins Meer getaucht. In der Zeit der großen Lehnsherrn wurde das Fest jährlich von einer anderen Familie ausgerichtet. Seit der Verarmung des Adels kann jeder dieses Privileg übernehmen, so er die finanziellen Mittel zur Verfügung stellt. Während der Prozession werden die Banner *(bandeiras)* von den Organisatoren vorangetragen. Am Schluss werden sie denen überreicht, die das nächste Fest austragen. Findet sich kein Sponsor für das kommende Jahr, wird das Banner „beerdigt", d.h. zurück in die Kirche gebracht. Ausgelassenheit, alte Bräuche, schöne Kleidung und vor allem gutes Essen haben einen festen Platz bei diesen Feierlichkeiten, zu denen auch Emigranten aus Übersee kommen.

Wanderkarte

■ **Wanderkarte Fogo und Brava 1:50.000,** *Attila Bertalan, Pitt Reitmaier, Lucete Fortes,* 52 klassifizierte Wanderwege und Klettersteige. AB-Karten-Verlag. Erhältlich bei Zebra Travel in São Filipe und in der Casa Lava (Chã das Caldeiras).
www.bela-vista.net/Fogo-Karte.aspx

Ausflüge & Wanderungen | 191

Einleitung | 189

Furna | 191

Geschichte | 189

Ilhéus Secos ou do Rombo | 201

Informationen zur Insel | 190

Praktische Infos | 198

Strände | 198

Cidade Nova Sintra | 191

6 Brava

Das kleine Brava ist kühler und grüner als seine Nachbarn und lädt zu interessanten Mittelgebirgswanderungen ein. Das Städtchen Cidade Nova Sintra liegt hoch über dem Meer, in seiner architektonischen Substanz seit der Kolonialzeit weitgehend unverändert. Nur abgelegene Strände erlauben sicheres Schwimmen. Eine Schnellfähre verbindet Brava mit der Insel Fogo. Da die Fähre über Nacht in Brava bleibt, müssen Besucher mindestens eine Übernachtung auf der Insel einplanen.

◁ Der Hafen von Furna

Brava: Übersichtskarte

Brava — 0 — 2 km — © Reitmaier / Fortes

Ilhéus Secos ou do Rombo

- Ilhéu Grande — 201
- Ponta da Baía Grande
- Ponta Lena da Cruz — 97
- Ilhéu Luiz Carneiro
- Ilhéu Sapado
- Ilhéu do Rei
- Ponta Praia de Pó
- Ilhéu de Cima — 201 — 77
- Ponta do Morro Grosso

- Ponta da Vaca
- Ponta do Incenso
- Ilhéu da Areia
- Furna — 191
- **Leuchtturm** — Ponta Jalunga
- Monte Pesqueiro
- **Cidade Nova Sintra** — 191
- Fajã d'Água — 192
- Cova Rodela
- Santa Bárbara
- Fajã d'Água
- Lavadura
- Mato
- Vinagre — 193
- Lima Doce
- N.S. do Monte — 192
- Mato Grande
- Campo Baixo
- Fontainhas 976 — 196
- Cachaço
- Ponta de Rei Fernando
- Tántum
- 673
- Ponta Mórea
- 539
- Cova de Mar
- Ponta do Alto
- Quebra Cabeças
- **Leuchtturm**
- Ponta Nhô Martinho

Einleitung

Brava, mit **64 km² Fläche die kleinste der bewohnten Inseln,** erhebt sich mit einem massiven Bergrücken am westlichen Ende des Archipels fast 1000 m aus dem Atlantik.

Dank der inzwischen regelmäßig verkehrenden **Schnellfähre** ist Brava leichter und zuverlässiger erreichbar geworden, sodass die Zahl der Besucher zunimmt und mit ihr die der Unterkünfte und Restaurants. Am besten plant man einen Wanderurlaub auf Brava, indem man zwei Wochen für Fogo und Brava einplant und mit Brava beginnt. In jedem Fall sollte man einen Zeitpuffer von zwei Tagen gegen Ende der Reise einplanen, falls sich die Rückfahrt verzögern sollte.

Für **Bergwanderer** ist Brava, so lange die Insel grün ist, ein kleiner Traum. Es gibt viele schöne Wege, Ausblicke, Plätzchen zum Rasten und Entspannen und genüssliche Ruhe in den Dörfern und der Stadt Cidade Nova Sintra. Wer für seinen Urlaub Eisdielen, Discos, knatternde Scooter und Andenkenläden benötigt, wird enttäuscht sein.

Geschichte

Als Entdecker der Insel gilt *Diego Afonso,* auch wenn das Datum nicht sicher überliefert ist. Erst **1573** kamen die **ersten Siedler** aus Nordportugal, der Algarve und von Madeira. Brava war niemals in den Sklavenhandel integriert.

Während eines Vulkanausbruchs auf Fogo im Jahre 1680 nahm Brava **Flüchtlinge** auf, von denen viele blieben. Schiffe, darunter auch **Piraten,** ankerten, den Winden entsprechend, von November bis Juli im Schutz der Bucht von Furna und von August bis Oktober in Fajã d'Água, später auch in der Bucht von Ferreiros im Südwesten.

Die auf Brava den Siedlern zugeteilten Ländereien waren weitaus kleiner als die riesigen Morgados auf Santiago und Fogo; so bildeten sich kleinere und mittlere **landwirtschaftliche Familienbetriebe** heraus, die Mais, Zuckerrohr, Purgiernüsse und Kaffee anbauten.

1774 war die Bevölkerung auf 3200 Einwohner angewachsen. 1798 widersetzte sie sich erfolgreich einem Angriff französischer Piraten. Im 19. Jahrhundert blühte die Wirtschaft auf. Das gemäßigte Klima ließ die Insel in der zweiten Hälfte des 19. Jahrhunderts zum **Erholungs- und Heilbad der kolonialen Oberschicht** werden, zum Wohnsitz und zur Sommerresidenz von Gouverneuren, Händlern und Kapitänen aus Cabo Verde und Guinea.

Die Gemeinde Nossa Senhora do Monte, gegründet 1826, wurde einige Jahre später zur Residenz des Bischofs. 1843 wurde ein kleines Dock in Furna gebaut. Aus einem Priesterseminar entwickelte sich 1850 **eine der ersten höheren Schulen Cabo Verdes,** zu der Studierende von allen Inseln und von Guinea-Bissau kamen. Einige Jahre später richtete man eine Steuermannsschule in Cova Rodela ein.

Von São Nicolau und Brava begann die **Emigration** in die Walfanghäfen New Englands zu Beginn des 20. Jahrhunderts. Die Hungerkatastrophe der

1940er Jahre kostete die Hälfte der Einwohner das Leben; die Einwohnerzahl blieb danach auf niedrigem Niveau bzw. ging weiter zurück, so in den Jahren 2011–2015 um gut 4% auf 5700 Menschen. Und doch scheint die Insel noch immer relativ dicht besiedelt.

Informationen zur Insel

Brava ist der **südwestliche Außenposten des Archipels.** Die Insel gehört zur Gruppe der Sotavento-Inseln. Ihr Name stammt aus dem Portugiesischen und bedeutet so viel wie die „Unwirtliche", „Wilde" oder „Tapfere".

Die Insel teilt sich einen gemeinsamen Tiefseesockel mit Fogo und dem Cadamosto Seamount: Der Kanal zwischen den Inseln ist nur etwa 450 m tief, und es wird verständlich, weshalb vulkanische Aktivitäten auf Fogo in Brava als Beben zu spüren sind.

Über der fast runden Insel mit 10 km Durchmesser liegt häufig eine durch den Windschatten von Fogo verursachte Wolkenhaube. Dadurch verringert sich die Verdunstung, und die Insel kann sich **grüner als ihre Nachbarinnen** halten.

Obwohl klein, sind die Landschaften der Insel ungewöhnlich abwechslungsreich. Von der Fähre aus blickt man auf bis zu 100 m aufragende **Felsenküsten** und in unwirtliche Hänge übergehende Geröllstände. Der Naturhafen ist, genauso wie das Dorf, winzig. Eine steile Straße zieht sich mit weichen, geschwungenen Formen zum Hochplateau. Der Berg **Fontainhas** mit **976 m** ist der höchste dieses sanften **zentralen Hügellandes,** das mit schönen Ausblicken weit übers Meer, nach Fogo und die unbewohnten Inselchen einlädt. Kleine Einsturzkrater *(Covas)* sind zu weichen, flachen Kuhlen geworden, in denen Trockenfeldbau betrieben wird, besonders hübsch der Fundo Grande (800 m) südlich von Fontainhas, den wir auf einer der empfohlenen Wanderungen umrunden.

Am Eingang zum **Hochplateau** breitet sich der **Hauptort Cidade Nova Sintra** zwischen 420 und 500 m Höhe aus. Zum Meer hin schneiden tiefe schmale Täler, flankiert von steil aufragenden Felswänden, in das Inselmassiv ein. Am eindrucksvollsten und fruchtbarsten sind die Täler der **Fajã d'Água** im Westen und der **Ribeira dos Ferreiros** im Südwesten, wo sich Terrassenkulturen mit Zuckerrohr, Bananen, Gemüse und Kokospalmen bis zum Meer erstrecken. Die Fajã d'Água mündet in eine geschützte Bucht, wo Fischerboote ihren Anlegeplatz haben und in einem kleinen Dorf auch zwei Pensionen und einige Apartments zur Verfügung stehen.

In Jahren mit gutem **Regen** überzieht sich die ganze Insel mit reichen grünen Weidegründen für Kühe und Ziegen, und auf den Höhen gedeihen Mais, Bohnen, Süßkartoffeln und Maniok. Somit reicht die schönste Reisezeit zum Wandern von Oktober bis Februar. Von Ende Juni bis August locken lokale Feste und Prozessionen.

Neben der größten Siedlung Cidade Nova Sintra gibt es kleinere Orte in den Buchten von Furna und Fajã d'Água und zahlreiche winzige Streusiedlungen und Einzelgehöfte, die sich über die Hochebene verteilen. Ihren **Lebensunterhalt** bestreiten die Leute von Brava mit Landwirtschaft und Fischerei und mit den Geldsendungen aus der Emigration. Arbeit gibt es kaum, die Jugend hofft auf den Sprung in die USA.

Furna

Der Reisende betritt den Boden Bravas in **Porto da Furna.** Die Schnellfähre läuft bei Dunkelheit ein, da sie über Nacht in Brava bleibt, um für Notfälle zur Verfügung zu stehen. In dem kleinen **Naturhafen** legen die Fähren und Fischerboote an, kaum geschützt vor der wilden Brandung im Kanal.

Ein **Fort** aus dem Jahr 1839 überragt die Bucht, in deren Halbrund die Häuser des Ortes stehen. In den alten Lagerhäusern wurden früher Purgiernüsse, Färbeflechten, Tierhäute, Kaffee und Schnaps für die Ausfuhr gelagert.

Von der Hafenbucht windet sich eine steile, serpentinenreiche Asphaltstraße nach Cidade Nova Sintra in 520 m Höhe. Der alte, parallele Fahrweg eignet sich als Wanderweg.

Cidade Nova Sintra

Der hoch gelegene **Hauptort** der Insel mit ca. **1500 Einwohnern** nahm seinen Anfang als koloniale Siedlung mit schachbrettartig angelegten Straßen und Gassen und massiven Steinbauten, die heute zum Teil verfallen. Er erhielt seinen Namen von der portugiesischen Stadt Sintra nordwestlich von Lissabon.

Die Häuser mit ihren Ziegeldächern, die breiten Straßen, eingebettet in kleine Gärten verleihen dem Ort ein **luftiges Ambiente.** In den Mornas wurde Brava als „Blumeninsel" besungen. Nach ergiebigen Sommerregen bleibt die Insel auch heute noch vital grün bis ins neue Jahr. Hibiskus- und Bougainvillea-Sträucher, Mandelbäume und lilafarbene Jacarandas begleiten die alten Maultierwege.

Ruhig geht es am **zentralen Praça Eugénio Tavares** zu, an dem das Rathaus, die Nazarener-Kirche, Post und Telecom liegen. Die katholische Kirche befindet sich am Ostrand des Ortes, im Westen steht das einstige Wohnhaus des Dichters *Eugénio Tavares.*

Ausflüge & Wanderungen

Die **Orientierung** ist vergleichsweise **einfach,** das **Gelände steil.**

Cidade Nova Sintra – Fajã d'Água

Cidade Nova Sintra verlängert sich bergan nach Westen bis zur kleinen Ansiedlung Cova Rodela. Hier steht ein großer Drachenbaum direkt an der Hauptstraße. Nur 1 km weiter verzweigt sich die Straße, und nach Norden spaltet sich die Fahrstraße nach **Fajã d'Água** ab. Die

Fahrstraße windet sich durch wüstenhaft trockene Felslandschaften mit großflächigen geologischen Aufschlüssen mit den weichen Formen vulkanischer Schichtungen. Besonders imposant ist eine hoch über die Straße gehobene Schicht von Meeresmolassen mit gewaltigen, von der Brandung rund geschliffenen Felsbrocken. Der Wanderweg führt durch terrassierte Bewässerungskulturen mit halb aufgelassenen Dörfern.

Das Dorf selbst liegt **in einer der schönsten Buchten Cabo Verdes** und ist eingebettet in eine fast immer grüne Vegetation, geschützt vom Nordostwind: einige Dutzend Häuser vor dem Hintergrund hoher, steil ins Meer abbrechender Felswände, eine kleine Kirche, zwei Pensionen mit Restaurant und Bar und ein paar Fischerboote am Strand, überragt von Kokospalmen und terrassierten Hängen. Hier in der Bucht von Fajã gingen einst die Walfangschiffe vor Anker.

Von Fajã führt die Straße weiter zum felsigen **Naturschwimmbad** *(piscina)* und endet an dem seit Jahren geschlossenen Flughafen auf der Achada Espradinha.

Nossa Senhora do Monte

Das **Bergdorf** Nossa Senhora do Monte wurde 1862 zum Wallfahrtsort und kurze Zeit darauf zum **Bischofssitz**. Der Ort entlang der Straße von Cidade Nova Sintra über die Hochebene war früher deutlich dichter besiedelt. Neben den an das Alentejo erinnernden niedrigen, weiß getünchten Häusern liegen Ruinen unter Bougainvillea-Sträuchern. Viele Felder sind verlassen.

Die Straße teilt sich im Ort auf. Ein Arm zieht nach Campo Baixo, wo die Wege nach Tantum und in die Rª dos Ferreiros enden, ein weiterer umzirkelt die Hügel, um nach **Cachaço** zu gelangen, einem propperen Dorf am Fuß des Monte Miranda (673 m).

Spaziergänge

Aussichtspunkt Cidade Nova Sintra

■ **Stichweg** auf selten befahrener Straße und gepflastertem Weg, **1 Std.** inkl. Rückweg.

In Verlängerung der aufsteigenden Hauptstraße von Cidade Nova Sintra, etwas nach Westen versetzt, führt ein gepflasterter Weg zur, wie ein mittelalterlicher Turm erscheinenden, Aussichtsplattform *(Miradouro)*. Sie liegt, hat man die Höhe erreicht, etwas versteckt hinter den Häusern auf dem Kamm. Folgt man anschließend den Häusern auf dem Kamm, gelangt man auf die wenig befahrene Pflasterstraße nach N.S. do Monte. Nur ein Kilometer trennt uns von der hübschen Siedlung **Cova Rodela**. Die flachen Häuser unter ihrem Ziegeldach mit vier Schrägen erlauben, die Niederschläge in Zisternen zu sammeln. Die Fenster folgen nicht der typisch portugiesischen Tradition mit Fensterflügeln und davor gesetzten Fensterläden. Die untere Hälfte ist hochschiebbar, und die Läden liegen innen, ein Erbe aus dem New England des 19. Jahrhunderts. Nahe der Dorfmitte steht ein ein uriger Drachenbaum.

▷ Bucht und Ort Fajã d'Água

Vinagre

■ **Stichweg** auf selten befahrener Straße und gepflastertem Weg, **2 Std.** inkl. Rückweg.

Das Tal von Vinagre (dt.: Essig) trägt seinen Namen nach einer sauren Quelle, die in früheren Zeiten intensive Bewässerungslandwirtschaft erlaubt hat und der Heilkraft zugesprochen wird.

Ausgangspunkt ist die als Schiffsbug gestaltete Aussichtsplattform im Osten der Stadt. Der Ausblick auf Fogo ist beeindruckend, und man erkennt bereits den Verlauf des Weges auf der ehemaligen Pflasterstraße bergab bis zur Kapelle von **Santa Bárbara.** So folgt man nicht der modernen Fahrstraße südlich der Aussichtsplattform, sondern geht im Norden steil bergab. Nach 200 m kreuzt die moderne Fahrstraße, und wir folgen der alten bis Santa Bárbara. Dort genießt man den Ausblick nach Fogo erneut und schaut auch hinein in die Hafenbucht von Furna. Das Tal von Vinagre liegt im Süden in der Tiefe, und der gepflasterte Weg führt direkt zu einem massiven kolonialen **Wasserbehälter,** malerisch umrankt von großen Bäumen. Hier wurden Kranke zum Baden hergebracht, und keine 100 m tiefer, an einer **Wasserzapfstelle,** holen die Bürger von Brava bis heute das als bestes Wasser der Insel angesehene Nass. Es geht die Mär, dass wer hiervon trinkt, auf ewig mit Brava verbunden bleibe.

Der **Rückweg** führt anfangs über den gleichen Serpentinenweg, doch nachdem eine parallele Trasse sich wieder mit dem Weg vereinigt, biegt ein Weg mit deutlich älterem Pflaster links ab und steigt in der Falllinie bergauf. Er hält sich links der tiefen felsigen Schlucht, der Rocha Falcão, und findet in das enge

Eugénio da Paula Tavares

In der prosperierenden Zeit Bravas wurde am 18. Oktober 1867 der **Dichter und Musiker** Eugénio Tavares geboren. Die wohlhabenden Eltern blicken auf Generationen einflussreicher Vorfahren aus Portugal, Spanien und Italien zurück. Die Mutter, *Eugénia Nozolini Ruiz Tavares,* krank und schwanger, hatte sich vom Großgrundbesitz ihres Mannes aus dem von Unruhen geschüttelten Guinea zu den Eltern nach Fogo zurückgezogen. Weiter auf der Suche nach Heilung kam sie nach Brava, wo sie nach der Geburt *Eugénios* am Kindbettfieber starb.

Auf Brava nimmt die **Taufpatin,** die Witwe *Eugénia Martins da Vera Cruz Medina* den Waisen auf und wird ihm zur liebenden Mutter. Ihr erster Mann, der Dichter *Sérvulo de Paula Medina de Vasconcelos,* war von Madeira nach Cabo Verde verbannt worden, als Folge des Scheiterns der bürgerlichen 1848er Opposition. Sein Drama „Amor e Pátria" benennt bereits, was *Eugénio Tavares'* Poesie und Lieder bestimmen sollte. Nach der Heirat *Eugénia Medinas* in zweiter Ehe mit dem Kolonialoffizier und Arzt *Dr. José Martins de Vera Cruz* folgt die Adoption. Der vermögende Adoptivvater, mit 50 Jahren pensioniert, hat als Bürgermeister die Stadt weiter gestaltet, so auch den zentralen Platz, der heute den Namen seines Adoptivsohns trägt.

Eugéno Tavares schließt die Grundschule ab und erhält darüber hinaus privaten Unterricht in Philosophie, Latein und Literatur und lernt für den Rest des Lebens selbst zu lernen. Mit zwölf Jahren beginnt er **einfühlsame Gedichte** zu schreiben, mit 15 Jahren wird das erste veröffentlicht, eine Ode an „Badinha", seine Adoptivmutter.

In São Vicente, in der Zeit des Kohlehandels und der Transatlantikkabel, findet *Eugénio Tavares* Anstellung in einem Handelshaus und Konsulat der USA. Als **Journalist** begeistert ihn das „wahrlich einmalige Schauspiel einer fluktuierenden Bevölkerung, die die großen Transatlantikdampfer hier ausschüttet und die, am Morgen an Land gegangen und in der Nacht wieder abreisend, die Insel zum ungewöhnlichen, kosmopolitischen Jahrmarkt, zum Zeltlager der Massen macht, die hier vorbeiströmen auf ihrem Weg nach Südamerika oder auf der Heimreise nach Europa oder Asien."

In Tarrafal de Santiago arbeitet *Tavares* im Zollamt. Er sucht weiter das Zusammenleben mit allen Schichten und entdeckt eine starke und selbstbewusste, liebenswerte Kultur. Horrende Ungerechtigkeit, soziale Missstände und Hunger bleiben ihm nicht verborgen.

Zurück auf Brava lässt ihn das in São Vicente und Santiago Erlebte und Erlernte nicht mehr los. Er schreibt Gedichte und komponiert **Mornas in kreolischer Sprache** – langsame Rhythmen, weiche Klänge und tiefe nachdenkliche Texte verleihen den Gefühlen und der kreolischen Identität Ausdruck. In geschliffenem Portugiesisch schreibt er in seinen journalistischen Texten über die sozialen und politischen Zustände. Gouverneur *Serpa Pinto* reagiert mit Verboten und persönlichem Hass. Sein Nachfolger *Cesário Lacerda* bestellt ihn ein und verbietet ihm jede weitere Erwähnung der Hungerkatastrophe. *Tavares* antwortet in einem **offenen Brief:** „Herr Gouverneur (…) Lacerda (…): Ich fordere für das Volk das, wovon ich weiß, dass es das Recht des Volkes ist; denn aus der Tatsache, dass man es ihm verweigert, ableiten (zu wollen), dass man es ihm nicht schulde, kann sehr wohl durch das Nicht-Geben von heute das Geben-Müssen von morgen vorbereitet sein. (…) Ich fordere deshalb; ich bitte nicht. Wollen Sie wissen, wer ich bin, um Forderungen stellen zu können? Ich bin ein Wille und deshalb eine Kraft!"

Hora di Bai – die Flucht. Die Kolonialregierung antwortet auf den Willen mit ihrem Verständnis von Kraft und schickt das Militär, um *Tavares* verhaften zu lassen. Im Mai 1900 erscheint ein Kriegsschiff im Hafen von Furna, und die Truppe marschiert zum Hause *Tavares'*, findet ihn nicht und lässt das Haus, in dem er auf einer Geburtstagsfeier vermutet wird, umstellen. Als altersschwache Witwe verkleidet schlüpft *Tavares* durch die Reihe der Soldaten und kann an Bord der „B.A. Brayton" nach New Bedford (USA) entkommen. Die Morna „Hora di Bai" (Stunde des Abschieds) entsteht.

In den USA gründet *Eugénio Tavares* die **Zeitung „A Alvorada"** (Morgenröte), arbeitet als Journalist an der Sache der „ungeschützten Emigranten in den USA", der Autonomie Cabo Verdes und einer Republik Portugal. Um seine Frau und die beiden Adoptivkinder *Luisa* und *Luís* sehen zu können, reist er mehrmals heimlich nach Brava, geschützt durch den Adoptivvater *Dr. José Vera Cruz,* der wie viele Bürger Bravas auf Seiten der Republikaner steht.

Nachdem am 5. Oktober 1910 die **Republik Portugal** ausgerufen worden ist, kehrt *Tavares* zurück nach Brava und wird begeistert empfangen. Er bietet dem ersten republikanischen Gouverneur die Zusammenarbeit an, doch es müssen noch Jahre vergehen, bevor ein Gericht ihn von den Vorwürfen, die zu seiner Flucht geführt hatten, freispricht.

Heimkehr nach Brava. Im Jahr 1922 zieht sich *Eugénio Tavares* aus dem täglichen Journalismus zurück und widmet sich auf Brava der Musik und Poesie, gründet die Musikgruppe **„Troupe Musical Bravense".** Im Alter lebt er in seinem Haus in Praia da Aguada und stirbt am 1. Juni 1930 im Schaukelstuhl in seinem Haus in Cidade Nova Sintra.

■ Muséu Eugénio Tavares

Cidade Nova Sintra, Rua da Cultura (ex Rua 5 de Outubro). Die sehenswerte Sammlung befindet sich in dem Haus, in welches das Ehepaar nach der Heirat zog. Nach 22 Jahren Exil kehrte *Eugénio Tavares* 1922 zurück und lebte hier bis zu seinem Tod 1930. Reich dekorierte, schwere Möbel, Porzellan, Leuchter und ein Bilros-Bett mit spiralförmig gedrechselten dunklen Stäben im Kopfteil stammen aus Madeira. Sie zeigen den Lebensstil der „Insel der Kapitäne" zur Mitte des 19. Jahrhunderts. Die Einrichtung war ein Hochzeitsgeschenk der Adoptivmutter und stammte aus der Hinterlassenschaft ihres ersten Mannes *Sérvulo de Paula Medina de Vasconcelos.*

Hora di Bai – Stunde des Abschieds

Hora di bai, Hora de dor, Dja'n q'ré,
Pa el ca manchê!
De cada bêz, Que 'n ta lembrâ,
Ma'n q'ré, Fica 'n morrê!
Hora di bai, Hora di dor, Amor,
Dixa'n chorá!

Stunde des Abschieds, Stunde des Schmerzes,
Ich wünschte, das Morgengrauen käme nie!
Jedesmal, wenn ich daran denke,
Ich will nicht gehen, doch bleibe ich,
so soll ich sterben! Stunde des Abschieds,
Stunde des Schmerzes, Liebste, weine nicht!

Corpo catibo, Ba'bo que é escrabo!
Ó alma bibo, Quem que al lebabo?
Se bem é doce, Bai é maguado;
Mas, se ca bado, Ca ta birado!
Se no morrê, Na despedida,
Nhor Des na volta, Ta dano bida.

Gefangener Körper, so geh' doch, du Sklave!
Oh lebendige Seele, trägt er Dich mit sich?
So süß die Ankunft, so bitter der Abschied;
Doch wer nicht geht, kehrt nicht wieder!
Wenn wir sterben beim Abschied,
Der Herrgott, bei der Wiederkehr,
gibt uns das Leben.

Dicham chorá, Destino de home:
Es dor, Que ca tem nome:
Dor de crecheu, Dor de sodade
De alguem, Que'n q'ré, que q'rem …
Dicham chorá, Destino de home,
Oh Dor, Que ca tem nome!

Lass' mich weinen, Schicksal der Menschen,
Dieser Schmerz, er trägt keinen Namen:
Schmerz nach der Liebsten,
Schmerz jenes Sehnens
Nach all denen, die ich liebe,
die mich lieben …
Lass' mich weinen, Schicksal der Menschen,
Oh Schmerz, Du trägst keinen Namen!

Sofrí na vista, Se tem certeza,
Morrê na ausencia, Na bo tristeza!

Was ich hier litt, man weiß es genau,
Sterben weit von Euch, von Dir betrauert!

Kerbtal der **Ribeira da Cruz,** die zurück in die Stadt führt.

Wanderungen

Fontainhas

■ **Rundwanderung, 4 Std.** auf gepflasterten Wegen und selten befahrenen Straßen; 600 m Höhenunterschied.

Ausgangspunkt ist die Praça von Nova Sintra. Auf der Hauptstraße bergauf gehend, biegt man in die erste Querstraße südlich ein und trifft an ihrem Ende auf einen gepflasterten Maultierpfad. Dieser führt hinauf in den Ort **João de Nole.** An der zentralen Kreuzung, markiert durch eine Sitzbank aus Beton, biegt man rechts bergauf, an der nachfolgenden Gabelung erneut nach rechts und auf der Fahrstraße ein drittes Mal nach rechts. Die Fahrstraße mündet in einer Kurve der Straße nach Mato Grande, der wir für etwa 300 m leicht bergauf folgen. Eine kräftig gemauerte Treppe führt hinauf zum Pflasterweg zur **Kapelle Serrado** und weiter zur Antenne von **Cruz de Nho Basilo.** Von dort hat man den ersten großen Ausblick. Der Weg geht links ab, nachdem man die Hochfläche erreicht hat.

Der geodätische Punkt auf dem höchsten der Hügel ist bereits zu erkennen und markiert **Fontainhas**. Der Weg führt, von kratzigen Büschen überwach-

> Heilbad Vinagre

sen, zu einem einzelstehenden Haus unterhalb des Hügels und von dort in der Falllinie bergauf.

Im Rundblick liegt die locker bebaute Siedlungszone von Nossa Senhora de Monte im Nordwesten. Im Osten wird das Panorama durch den gewaltigen Vulkan von Fogo bestimmt.

Der Abstieg erfolgt über den gleichen Weg bis zum Haus, danach auf relativ großem Pfad nach Süden bis zur Caldeira des **Fundo Grande.** Absteigend zirkelt man auf dem Grat um die Caldeira und gelangt so in den Ort **Lima Doce** und weiter nach **Nossa Senhora do Monte,** von wo man entweder mit dem Aluguer oder zu Fuß zurück in die Stadt gelangt.

Cidade Nova Sintra – Fajã d'Água

■ **Streckenwanderung** bergab auf schlechtem Weg, **2–3 Std.;** Höhenunterschied 650 m; Rückfahrt mit Aluguer.

Ausgangspunkt ist die **katholische Kirche Nossa Senhora do Monte.** Vom Vorplatz der Kirche aus überblickt man den oberen Teil des Weges, der teils gepflastert in die Tiefe führt. Geschickt schmiegt sich der Serpentinenpfad an die Hänge. Oasen mit Palmen und Mangobäumen begleiten den Weg. Man passiert die größte Quellfassung der Insel, wo mit Unterstützung der EU ein Projekt zur Verminderung des gesundheitsgefährdend hohen Fluor-Gehalts des

Wassers realisiert wird – ein in Cabo Verde vielfach auftretendes Problem.

Im Ort **Lavadura** wählt man den absteigenden Weg. Auf den Felsen der rechten Talseite thronen die einsamen Häuser von **Lagoa** inmitten einer kleinen Oase. Nach dem Durchschreiten des Talgrundes hat man die Wahl, entweder im Talgrund direkt nach Fajã d'Água weiterzuziehen oder für eine schattige Rast unter riesigen Mangobäumen nach Lagoa aufzusteigen. Der Weg von dort nach Südwesten zum Talgrund ist steil und schlecht, aber gangbar.

Fajã d'Água liegt am groben Kieselstrand, der in der Regel kein Baden im Meer erlaubt. In den Felsen südlich des Dorfs kann man in natürlichen Pools planschen. Am Ortsausgang erinnert ein Denkmal an den Schoner **„Matilde"**, der am 23. August 1943 auf der Höhe der Hungerkatastrophe mit einer teilweise in Amerika geborenen Mannschaft nach New England fahren wollte, um Lebensmittel zu besorgen. In der Nähe der Bermuda-Inseln verschwand er spurlos mit 53 Menschen an Bord.

Strände

Es gibt nur wenige Kieselstrände auf Brava, daher eignet sich die Insel hervorragend für einen Wanderurlaub, aber nicht fürs Strandleben. Nett ist das natürliche Schwimmbecken **Piscina** südlich von Fajã d'Água (Zugang über Treppen). Der dunkle Sandstrand von **Porto do Portete** etwas weiter südlich ist für Schwindelfreie über einen teils steilen Weg in 30 Min. zu erreichen.

Praktische Infos

An- und Weiterreise

■ **Der Flughafen ist geschlossen.**

Mit dem Schiff

■ **Cabo Verde Fast Ferry:** Furna, in der Dorfmitte, Tel. 2852859, www.cvfastferry.com, Mo, Mi, Sa 6–9 und 19–22 Uhr, Di, Do 6.30–11.30 und 18–22 Uhr, Fr 6–9 und 19–23 Uhr, So geschlosssen.
■ **Ticketverkauf Cidade Nova Sintra: Pedro Agência,** Tel. 2851270; **Bravatur** im gleichnamigen Residencial; an der **Shell-Tankstelle,** Tel. 285 1919.
■ Die Buchten von Furna und Fajã d'Água bieten **Ankermöglichkeiten für Segelboote;** eingeschränkte Versorgungsmöglichkeiten.

Reisen auf der Insel

■ Ein Netz von **30 km gepflasterten Straßen und 20 km Staubstraßen** genügt, um die Insel fast vollständig zu erschließen.
■ Bei Ankunft von Schiff oder (evtl.) Flugzeug stehen **Sammeltaxis** bereit und bringen die Gäste über die pittoreske Pflasterstraße mit schönen Fernsichten nach Vila da Nova Sintra. Zwischen den Ortschaften verkehren (unregelmäßig) Aluguers.
■ Da das Verkehrsaufkommen gering ist, müssen Wanderer ab und an ein **Aluguer anmieten.**

Unterkunft

Unterkünfte in **Cidade Nova Sintra** reichen vom Hotel bis zu einfachen Pensionen, während in **Cova Joana, Cova Rodela** und **Fajã d'Água** familiär geführte Residenciais unterschiedlicher Qualität und Preislagen zu finden sind.

Zur Kategorisierung der Unterkünfte siehe Kapitel „Praktische Tipps A–Z/Unterkunft".

◼ Djabraba's Eco-Lodge③
Cidade Nova Sintra,
Tel. 2852694, Mobil 9794934, 9705292
Italienisches Hotel Garni am Ortseingang, komfortable Zimmer, Suiten, WLAN, Du/WC, TV, Frigobar, Bar, kein Restaurant.

◼ Hotel Paraíso③
Cova Rodela de Cima,
Tel. 2852646, www.hotelkaapverdie.nl
Kleines Neubauhotel eines kapverdisch-holländischen Ehepaares mit drei großzügigen DZ mit Du/WC und Balkon. Günstige Ausgangsbasis zum Wandern. HP kostet 1000 CVE extra pro Person.

◼ Sol na Baia, José Andrade③
Fajã d'Água, Tel. 2852070
Von kapverdischem Künstler restauriertes herrschaftliches Gebäude. Große Zimmer mit Du/WC, gepflegter Garten, Innenhof, schattige Terrasse, Frühstück. HP kostet 1000 CVE extra pro Person.

◼ Residencial Nova Sintra③
Cidade Nova Sintra, Tel. 2851375, Mobil 9730853
Moderne Neubau-Pension im Stadtzentrum mit geräumigen Zimmern, alle mit Du/WC, WLAN und TV. Reisebüro im Haus.

◼ Pousada Municipal Vivis Place②
Cidade Nova Sintra, Tel. 2851375
Grundlegend renoviertes traditionelles Gasthaus, Du/WC, TV, Frigobar, Bar, Restaurant.

◼ Residencial Bravatur②
Cidade Nova Sintra, Tel. 2851919, Mobil 9427878, www.bravaturbrava.wix.com/bravatur
Moderne Pension im Stadtzentrum mit guter Ausstattung, alle Zimmer mit Du/WC, WLAN und TV. Transportdienste und Verkauf von Fährtickets.

◼ Residencial Castelo②
Cidade Nova Sintra, Tel. 2852314, Mobil 9825786
Familien-Restaurant mit komfortablen und einfacheren Zimmern.

◼ Pensão Restaurante Paulo Sena②
Cidade Nova Sintra, Tel. 2851312, Handy 5807304
Familiäre Traditions-Unterkunft in einem der herrschaftlichen Häuser der Stadt. Urgemütliche Sofas, schwere Möbel aus der Zeit der Kapitäne, große, saubere, komfortable Gästezimmer mit hohen Decken, gut renoviert, mit eigener Du/WC, sehr günstig. Schattenplätzchen im Hof. *Sr. Paulo* kocht die typischen Gerichte der Insel höchstpersönlich – Brava wie zu Großmutters Zeiten.

◼ Pensão José②
Cova Joana (3 km oberhalb der Stadt), Tel. 2851081
Zimmer mit Du/WC, freundlich.

◼ Kaza di Zaza②
Fajã d'Água, Tel. 2855032, Mobil 9820785, www.kazadizaza.com
Apartments mit Blick über die Bucht beim Wohnhaus eines niederländischen Paares mit eigener Landwirtschaft. Du/WC und Küche, Frühstück oder HP extra. Beratung zu Wanderungen, Vermittlung von Bootsausfahrten.

◼ Manuel Burgo's Ocean Front Motel②
Fajã d'Água, Tel. 2851321, Mobil 9769909
Freundliche kleine Pension mit schönem Ausblick aufs Meer. Einfache, saubere Zimmer mit Du/WC. HP kostet 1000 CVE pro Person.

◼ Casa di Julia②
Privatzimmer in Fajã d'Água, Tel. 2851431
Auch für Dauergäste, Zugang zur Familienküche.

◼ Bragança Restaurante/Bar①
Cidade Nova Sintra, Tel. 2851305
Einfache Pension, renoviert, sauber.

Restaurants und Bars

In den wenigen Restaurants auf Brava empfiehlt sich **Vorbestellung;** das Tagesgericht ist zumeist das beste Gericht.

◼ Djabraba's Eco-Lodge
Cidade Nova Sintra, Tel. 2852694, Mobil 9794934.
Italienisches Restaurant beim gleichnamigen Hotel.

■ **Restaurante Paulo Sena**
Cidade Nova Sintra, Tel. 2851312. Freundlicher Traditionsbetrieb. Die Küche verzichtet auf eine Speisekarte und bietet stattdessen – von *Paulo* meisterhaft zubereitet – traditionelle kapverdische Gerichte, je nachdem, was Garten und Markt anzubieten haben.

■ **Bar-Restaurante Sossego**
Cidade Nova Sintra, zweite Querstraße nördlich des Praça westwärts. Kapverdische Gerichte.

■ **Fatimas Kitchen**
Restaurante/Bar, Tel. 2851623, in Cidade Nova Sintra an der Südseite der Praça Eugenio Tavares. Hübsches Plätzchen für eine Pizza oder einen Burger.

■ **Restaurante-Bar Luanda**
In Cidade Nova Sintra in der Rua da Cultura. Kapverdische Küche, gelegentlich Live-Musik, günstig.

■ **O Poeta**
Restaurante/Bar in Cidade Nova Sintra an der Nordseite der Praça Eugenio Tavares. Empfehlenswert.

■ **Bar Restaurante Tui**
An der Pousada Municipal um die Ecke, gute Küche.

■ **Snack-Bar Portalinho**
Mato Grande. Snacks und einfache Gerichte – hier kehren Wanderer ein.

■ **Pensão José**
Cova Joana, Tel. 2851081. Gute kapverdische und internationale Küche.

■ **Sol na Baia, José Andrade**
Fajã d'Água, Tel. 2852070. Französische Küche mit frischen Zutaten aus der eigenen Landwirtschaft, edel und nicht ganz billig.

■ **Manuel Burgo's Ocean Front Motel**
Fajã d'Água, Tel. 2851321, Mobil 9769909. Einfaches Restaurant mit kapverdischer Küche bei der gleichnamigen Pension.

■ **Restaurante-Bar Flowers of the Bay**
Am Ortseingang von Fajã d'Água, Tel. 2851321, Mobil 9898384.

■ **Restaurante-Bar Di Nhos**
Fajã d'Água, Mobil 9505704. *Anna* gilt als besonderes Talent in der Küche, wo sie auch ihre Speisen serviert. Telefonische Reservierung ist angesagt.

Nachtleben

In den kleinen Bars von **Cidade Nova Sintra** holen die Gäste am Wochenende abends die **Gitarren** für eine Tocatina heraus. Mit der Frage nach einer Disco erntet der Gast ein entwaffnendes Lächeln ...

Museum

■ **Museu Eugénio Tavares,** siehe Exkurs.

Bank, Post und Telefon

■ **Bank: Cidade Nova Sintra,** nördlich des Praça, geöffnet Mo bis Fr 8–15 Uhr.
■ **Post und Telefon: Cidade Nova Sintra,** nördlich des Praça.

Notfall/Polizei

■ **Gesundheitszentrum in Cidade Nova Sintra,** an der Hauptstraße südlich der Praça Eugénio Tavares, Tel. 2851130; **Notruf: Tel. 130.**
■ **Polizei: Cidade Nova Sintra,** Tel. 2851132; **Notruf: Tel. 132.**

Einkaufen

■ Es gibt **Minimercados** und **Gemischtwarenläden** in allen Ortschaften, teils mit interessantem Angebot aus den USA.
■ **Gemüsemarkt** in Cidade Nova Sintra, **Bäckerei** in der ersten Querstraße nach Westen oberhalb des Praça.

Feste

Feste auf Brava dauern **mehrere Tage.**

- Am **3. Mai** begeht man das Fest **Santa Cruz** in Gedenken an die Sklavenbefreiung.
- Am **24. Juni** wird das **Inselfest** zu Ehren des Heiligen São João gefeiert. Zu diesem größten Fest auf Brava finden sich Besucher von anderen Inseln und aus Übersee ein.
- An jedem Sonntag im **Juli** wird in wechselnden Orten der Heilige des jeweiligen Tages gefeiert.
- Am ersten Sonntag im **August** folgt in Furna das Fest **Nossa Sra. dos Navegantes** mit einer Prozession zu Land und auf dem Meer, eine Woche später das **Konakry-Fest.**
- Vom ersten Sonntag im **Dezember** an laufen die Vorbereitungen für die Feste zu Weihnachten, **Sylvester** und Dreikönig.

In den **Festen im Juli** vermischen sich religiöse Traditionen mit der prägenden Emigrationsgeschichte. Auf eindrucksvollen Bergvorsprüngen befinden sich Aussichtsplattformen in der Form von Segelschiffen. Am Vortag bereits wird das Schiffchen reich geschmückt, die Organisatoren sammeln Geschenke, Essen, Getränke und Geld. Das Stampfen des Maises im Mörser *(pilão)* ist Teil der Zeremonie. Am Festtag wird der Mast mit Votivgeschenken behängt, um den Mannschaften und Passagieren eine sichere Überfahrt zu garantieren. In traditionellen Seemannskostümen werden am letzten Dorf eine Grenzstation mit Zoll, am Schiff selbst Buden zum Verkauf von Tickets, Proviant und seemäßiger Ausrüstung eingerichtet. Begleitet von Trommeln, Gesang und Tanz zieht die Prozession zum Schiffchen.

Beim **Fest von Santani** (letzter Sonntag im Juli) in Mato Grande ist es verboten, das Wort „Escudo" auszusprechen. Alle Preise werden in Dollars angegeben (ohne Umrechnung), ein Spass, der bei einem Versprecher eine Runde für die Freunde kostet. Unter Aufsicht des Kapitäns spielen Schiffsärzte, Lademeister, Schiffsköche, Steuerleute, Segelmacher, Matrosen etc. die Geschichte glücklicher und tragischer Überfahrten nach Amerika nach, allesamt in nachempfundenen Kostümen.

Besonders ausgelassen wird die **Zeit um Sylvester bis zum Dreikönigstag** gefeiert. Schon Wochen zuvor konkurriert die Jugend in verschiedenen Gruppen um die schönsten Mädchen und die kreativsten Einfälle. Am Weihnachtstag präsentieren sich die Gruppen dann der Öffentlichkeit. Die Männer ziehen nach jeweils zwei Stunden zu einem anderen Ball weiter, während die Mädchen am gleichen Ort bleiben. In der Nacht zum Heiligdreikönigstag wiederholt sich das Spektakel. Gute Feste enden erst in den frühen Morgenstunden.

Wanderführer/-karte

- Siehe am Ende des Kapitels zu Fogo.

Ilhéus Secos ou do Rombo

Etwa **10 km nordöstlich von Brava** liegen drei kleine, seit 1990 unter **Naturschutz** gestellte **unbewohnte Lavainseln** inmitten wilder Brandung: Die westlichste, **Ilhéu Grande**, ist nur 2 km² groß, die östlichste, **Ilhéu de Cima**, 1,5 km²; dazwischen liegt das **Ilhéu Luiz Carneiro** mit einer Fläche von 0,2 km². Ihre Anordnung in Form eines offenen Rhombus auf einem gemeinsamen flachen Sockel gab der Gruppe ihren Namen. Die höchste Erhebung auf Ilhéu Grande beträgt ganze 96 m. In Zehntausenden von Jahren hatten Seevögel große **Guanolager** geschaffen, die bis ins 20. Jahrhundert abgebaut wurden.

Calhau | 222
Einleitung | 204
Geschichte | 205
Informationen zur Insel | 209
Mindelo | 213
Praktische Infos | 225
São Pedro | 223
Sport & Aktivitäten | 224
Strände | 224

7 São Vicente

An der größten und schönsten Hafenbucht des Landes, dem Porto Grande, liegt Mindelo, die zweitgrößte Stadt des Archipels. In der britisch und mediterran geprägten historischen Altstadt finden sich interessante Baudenkmäler, Restaurants, Geschäfte und Bars. Die weiten Strände der Insel werden zunehmend erschlossen. Das Inselinnere ist vorwiegend trocken und bietet doch interessante Tagestouren für Wanderer. Auf einer Inselrundfahrt sollte man den Monte Verde mit seinem einmaligen Panorama nicht auslassen.

◁ Theateraufführung der Gruppe „Juventude em Marcha"

São Vicente: Übersichtskarte, Einleitung

São Vicente

Map showing the island of São Vicente with locations: Ilhéu dos Pássaros (Leuchtturm), Salamansa, Mindelo, Porto Grande, Norte da Baía, Monte Cara, Lazareto, Rª Julião, Monte Verde 750, Mate Inglês, Leuchtturm, Flughafen Cesária Evora, São Pedro, Tope de Caixa 535, Madeiral, 699, Palha Carga. Canal de São Vicente. Scale 0–5 km.

Einleitung

São Vicente ist **klein, gebirgig, wüstenhaft** und **weltstädtisch,** ein faszinierender Kontrast. Zwischen vulkanischen Bergen und hellen Dünen gibt die Erde kaum einen Flecken Grün her. Doch so karg die Insel erscheint, so hat sich doch rund um die **schönste Hafenbucht des Archipels** eine quirlige, kosmopolitische Metropole entwickelt, die Leute von allen anderen Inseln und Emigranten aus der ganzen Welt anzieht: **Mindelo,** seit dem 19. Jahrhundert ein Schmelztiegel der Kulturen zwischen den Kontinenten,

Stadt wurde zum Treffpunkt von Literaten, Musikern und Kosmopoliten. Transatlantikkabel leiteten eine zweite wirtschaftliche Blüte im Interesse des britischen Weltreichs ein. Heute ist Mindelo, was es zuvor war: kultureller Mittelpunkt Cabo Verdes.

Geschichte

Länger als alle anderen Inseln Cabo Verdes schlummerte São Vicente nach der Entdeckung am 22. Januar **1462** vor sich hin. Die trockenen, steinigen Berge und wüstenhaften Ebenen boten nur halb verwilderten Ziegen eine Heimat, während für Menschen die Nachbarinseln Santo Antão und São Nicolau weitaus gastlicher waren. Der **große Hafen**, idealer Ankerplatz in einem versunkenen Krater im Westen der Insel und damit „mit dem Rücken zum Wind", genügte nicht, um Siedler anzulocken. Ja, er war über Jahrhunderte mehr Gefahr als Hilfe. Ungefragt und ungeniert nistete sich 1629 eine Flotte von 53 holländischen Schiffen für vier Monate ein, um anschließend Pernambuco in Brasilien zu erobern und die Spitzenposition im Handel mit Sklaven und Zucker zu besetzen. Hochseepiraten bereiteten hier ihre Überfälle auf die bewohnten Inseln vor. Der Hafen war optimal, bot Ziegen, Fisch und Schildkröten im Überfluss, und das Salz zum Pökeln lag kostenlos bei. Wenn sich keiner die Mühe machte, die Insel dauerhaft zu beanspruchen, dann weil es zu wenig Wasser und keine Früchte für die Skorbutkranken gab. Den ungebetenen Besuchen sollte ein

war für ein halbes Jahrhundert Anlaufstation für Schiffe, die hier Kohle und Wasser bunkerten auf dem Weg nach Afrika, Indien und Lateinamerika. Die Seeleute wollten unterhalten werden auf ihren Landgängen – mit Musik, Frauen, Wein und Essen. In den Hafenkneipen regierten Morna und Coladeira, die

Ende gesetzt werden: Die Krone ließ ein kleines Fort bauen und bot Anreize für die Ansiedlung. Im Jahre **1794** kamen zwei Schiffe aus Portugal mit 44 Ehepaaren, dazu ein paar Gefangene. In einem Besiedlungsvertrag mit einem reichen Grundbesitzer von der Insel Fogo wurden weitere Freie und Sklaven geworben. Es entstand das erste Dörfchen in der Gegend des heutigen Kirchplatzes, **Rosendo** genannt nach dem Namen des Herrn aus Fogo. Im folgenden Jahr wurde der Bau einer winzigen strohgedeckten Kirche, **Nossa Senhora da Luz,** in Angriff genommen. Doch der Erfolg war spärlich, und die neuen Siedler setzten sich, wann immer möglich, auf die Nachbarinseln ab.

Der geistige Vater der heutigen Hafenstadt am **Porto Grande** war ein portugiesischer Gouverneur namens *Pussich,* der 1819 hierher zog und sich vornahm, eine Hafenstadt mit regionaler Bedeutung für das Barlavento zu gründen. Doch auch er musste sich geschlagen geben, als völlige Trockenheit Tier und Mensch auf andere Inseln vertrieb.

1838 folgte die portugiesische Krone seinem Denken und erließ ein **Dekret,** das nicht nur den Namen Mindelo festlegte, sondern die Stadt zur künftigen **Hauptstadt der Kolonie** erklärte. Doch noch immer ließ der Erfolg auf sich warten, und das Dorf hatte zehn Jahre später, 1848, nur wenig mehr als 500 Einwohner.

Erst als das britische Weltreich als einziges industrialisiertes Land seiner Zeit eine wachsende Flotte von Dampfschiffen in die Kolonien schickte, begann in Mindelo eine Phase stürmischer Entwicklung. **1838** ließ sich die erste britische Kohlehandelsgesellschaft nieder. Ein halbes Dutzend folgte bis 1858. Sie schafften in hunderten Schiffen jährlich die **Kohle** aus Cardiff heran, bauten

> Blick vom Monte Verde auf Mindelo und Santo Antão

dicht an dicht entlang der Hafenbucht Kohlekais, Lorenbahnen und Kohlelager bis ins heutige Herz der Stadt. Im Hafen lagen Schaluppen, auf denen der größte Teil der Kohle binnen weniger Stunden von einem Schiff zum anderen geschafft wurde, ohne je das Land zu berühren. Aus der Konkurrenz zwischen den verschiedenen Kohlehändlern ging **Miller & Nephew** als Sieger hervor, ein Name, der heute noch in Mindelo jedem bekannt ist. Um den Durst der Schiffe und der neuen Stadt zu stillen, gründeten die Millers Privatfirmen, die einen Aquädukt vom Gebirge von Madeiral bis in die Stadt führten und mit Dampfschiffen Wasser aus Santo Antão holten. Bis **1869** der **Suez-Kanal** eröffnet wurde und die Umschiffung des afrikanischen Kontinents überflüssig wurde, stand Mindelo auf Platz vier der Weltrangliste der Kohlehäfen nach Port Saíd, Malta und Singapur. Doch die Konkurrenz schlief nicht und Mindelo musste weitere Schläge hinnehmen. Mehrzylindrige Dampfmaschinen mit Wiedergewinnung des Kondenswassers sparten an Kohle und Wasser, und andere Händler setzten nicht wie Miller auf hohe Monopolpreise, sondern unterboten sich gegenseitig. Ein großer Konkurrent im Kohlehandel auf den Weltmeeren, **Cory Brothers & Co.,** kam 1875 nach Mindelo, um Miller zu entthronen. Eines der schönsten Handelshäuser an der Praça Dom Luís wurde von ihnen gebaut, ging aber als „Millers Büro" in die Geschichte ein, denn der ließ sich das Heft nicht aus der Hand nehmen und fusionierte. Gemeinsam versuchte man, die Konkurrenz mit Filialen in Gibraltar, Teneriffa und Dakar aufzurollen.

Um **1890** war der **Boom vorüber.** Portugal, das kleine, von England abhängige Land mit großen Kolonien und einer luxusverliebten, hemmungslos unproduktiven Oberschicht, hatte keine Modernisierungsreserven. Die konkurrierenden Häfen konnten schneller, billiger und zuverlässiger liefern, hatten Freihandelszonen eingerichtet mit größerem Warenangebot und flinkerer Verwaltung. Mit dem Ersten Weltkrieg verfielen die Kohlekais. Schwerölfeuerung und Dieselmotoren setzten ihnen ein endgültiges Ende.

Die Kohleflaute wurde gemildert durch die Telegrafie über **Transatlantikkabel,** ebenfalls zu 100% in britischer Hand. 1874 wurde das erste Transatlantikkabel von London über Madeira nach Mindelo gezogen, um es wenig später mit einem Kabel aus Brasilien zu verknüpfen. Für zehn Jahre sollte es das einzige Kabel bleiben, doch dann folgten schnell weitere rund um den Atlantik. In Mindelo saß eine Hundertschaft englischer Telegrafen-Angestellter an den Morsetasten, spielte in der Freizeit Cricket, Tennis, Golf und Fußball und hinterließ bleibenden Eindruck in Kultur und Sprache der Insel.

Mit dem **Ersten Weltkrieg** stagnierte die Entwicklung der Stadt und sollte bis zur Unabhängigkeit ohne ökonomische Impulse bleiben. Die englischen Firmen zogen sich zurück. Die *Ship chandlers,* die auf allen Weltmeeren mit gebrauchten Schiffen handelten, verkauften an die portugiesische Konkurrenz, und die Hundertschaften von Schmugglern, Gastwirten und Prostituierten mussten sich anderweitig verdingen.

In den **1940ern** schließlich erlebte die Stadt ihr **düsterstes Jahrzehnt.** Zehntausende zum Skelett abgemagerte Menschen stiegen in altersschwache Kähne nach São Tomé, zwangsverpflichtet oder mit der vagen Hoffnung, durch einen Arbeitsvertrag auf den Roças (agroindustrielle Komplexe) dem Hungertod zu entgehen.

Im **Zweiten Weltkrieg** blieb Portugal neutral, unterstützte aber die Mussolini-Hitler-Achse. Mindelo blieb von Kriegshandlungen verschont. Südlich von Cabo Verde wurden drei deutsche U-Boote in großer Tiefe lokalisiert, nicht weit von einem japanischen mit zwei Tonnen Gold und noch mehr Zinn an Bord.

Erst **1956** wurde der **Hafen ausgebaut** und mit einer 920 m langen Mole versehen. Nun mussten auch größere Schiffe nicht mehr auf Reede ihre Ladung löschen. Die Schließung des Suez-Kanals (1967–75) verschaffte der Stadt in den letzten Jahren der Kolonialzeit einen kurzen Aufschwung. Arbeitssuchende von allen Inseln strömten in die Stadt. Die Bevölkerung Mindelos hat sich seit 1960 (20.500) fast vervierfacht. Mit der Ausweitung des Bildungswesens ist Mindelo nicht mehr die zentrale Schulstadt des Landes. Dennoch ist es **kulturelle Metropole** geblieben, auch wenn Praia auf Santiago gleichgezogen hat.

Informationen zur Insel

Aus Richtung Sal kommend, fliegt man vorüber an den Bergrücken von São Nicolau, vorbei an der unbewohnten Insel Santa Luzia und schließlich entlang der felsigen Südküste von São Vicente. Die Landschaft ist **fast vegetationslos.** Ausgebrannte Berge mit tiefen V-Tälern und weite Ebenen variieren in braunen bis rötlichen Tönen. Kurz vor dem westlichsten Punkt der Insel biegt die Maschine in einer scharfen Rechtskurve ein zu der von Bergen flankierten Piste von São Pedro.

São Vicente, 16 km östlich von Santo Antão gelegen, gehört mit einer **Fläche von 227 km²** zu den kleineren Inseln des Barlavento. Sie erstreckt sich von West nach Ost über 24 km, von Nord nach Süd über 16 km. Drei Gebirge rahmen

◁ Mindelo: Monumento a Diogo Afonso und Torre de Belém

Die Leute von São Vicente

von *Germano Almeida*

„São Vicente ist eine Insel, die erst vor gar nicht langer Zeit von den Bewohnern der anderen Inseln besiedelt worden war, auf denen die Trockenheit, fehlende Arbeit und anderes Elend die Bevölkerung zur Emigration gezwungen hatten. Nun nehmen diese Menschen, wenn sie ihre Inseln verlassen, ihre starken, eigenen Traditionen und bereits verwurzelten Formen des Sich-auf-der-Welt-Bewegens mit, finden sich dann übergangslos in einer nicht nur wilden, sondern auch relativ feindseligen Landschaft wieder, in der sie, um zu überleben, gezwungen sind, verschiedene regionale Kulturen zu vermischen, was den Nachteil mit sich bringt, daß keine von ihnen in so ausreichendem Maße überwiegt, daß sie sich durchsetzen kann. Und genau dies ist es, was zusammen mit dem Fehlen einer überkommenen Verbundenheit mit der Scholle den Menschen von São Vicente zu einem leichtfertigen und wandelbaren Wesen macht, der nicht die gesunde aufrechte Haltung, nicht die Standfestigkeit eines auf Santo Antão oder Santiago Geborenen besitzt, wo die regionalen Gesellschaftswerte unberührt geblieben sind. Und es ist zweifellos interessant festzustellen, daß, sei es die physische, sei es spirituelle Widerstandskraft, die jenen Völkern eigen ist, verlorengeht, wenn sie mit São Vicente in engen Kontakt kommen. Aus schweigsamen, nachdenklichen, ihre Worte abwägenden Menschen werden wortreiche Schwätzer, die ständig persönliche Bestätigung suchen. Doch als würde dies noch nicht genug sein, wurde die Bevölkerung, die diese Insel bewohnt, gleich zu Beginn der Bildung dessen, was eine regionale Kultur sui generis hätte werden können, dem Einfluß einer anderen Kultur, der englischen nämlich, unterworfen und von ihr beeinflußt, einer Kultur, die nicht nur mächtig, sondern auch streng und beherrschend ist und an der sich eben aus diesem Grunde die Bewohner der Insel orientierten, was aber nicht heißt, daß andere, wenn auch weniger bekannte Kulturformen auch ihren Einfluß haben. Die Folge davon ist, daß der Mensch von São Vicente von allen Bewohnern Cabo Verdes der am wenigsten authentische ist."

Aus: „Das Testament des Herrn Napumoceno"
©Germano Almeida. Für die deutsche Ausgabe
©Fischer Taschenbuch Verlag GmbH, Frankfurt am Main 1997.

die Insel ein: Der **Monte Verde (750 m)** als höchste Erhebung ist Teil einer vom Nordwesten der Stadt bis in den Osten, nach Calhau, ziehenden Bergkette. Das **Massiv von Madeiral (699 m)** ist nur wenig niedriger und bildet eine Kette von Calhau bis an den Flughafen bei São Pedro. Vom Kamm ziehen steile Bergrippen wie Zinken zur Küste, sodass die Südküste nicht durchgehend begehbar ist. Die spitze Pyramide des **Tope de Caixa (535 m)** bildet eine Landmarke, die an fast jedem Punkt der Insel die Orientierung erleichtert. Ähnlich abgeschlossen wie die Süd- ist die Westküste südlich des Hafens. Hier verwehrt das **Gebirge von Fateixa** den Zutritt. Der höchste Punkt ist die Nase des „Bergs mit dem Gesicht", **Monte Cara (490 m)**. Jüngere Tuffkegel und Kegelvulkane und ein kleiner Einsturzkrater wie aus dem Lehrbuch (Vulcão Viana) kennzeichnen die Umgebung von Calhau.

Dazwischen öffnen sich **weite Täler.** Im Westen liegt die **Ribeira Chão de São Pedro,** die Platz für den Internationalen Flughafen bietet. Sie endet im schönen, langen Sandstrand beim Fischerdorf São Pedro. Im Südosten mündet das Trockental **Ribeira de Calhau** beim gleichnamigen Dorf ins Meer. Im Westen und Süden haben sich im Mündungsbereich kleinerer Täler Strandbuchten gebildet, die von hohen Felsenkliffs umgeben sind. Zwischen den Halbinseln von Salamansa und Calhau liegen **größere Buchten mit hellen Stränden.** Die **Bucht von Mindelo** ist einer der schönsten Naturhäfen des Atlantiks, eine versunkene Caldeira von etwa 4 km Durchmesser. Nach Westen ist der Kraterrand ausgebrochen und geht über in den Canal de São Vicente, der die Insel von Santo Antão trennt. Nur eine kleine, steil aus dem Meer ragende Felseninsel, **Ilhéu dos Pássaros (82 m)**, mit ihrem kleinen Leuchtturm zeigt den ehemaligen Kraterrand an. Die Wassertiefe erlaubt selbst sehr großen Schiffen das Einlaufen.

Da Berge von weniger als 800 m Höhe den Passatwolken nur unzureichend Wasser entziehen können, ist São Vicente **eine der trockensten Inseln Cabo Verdes.** Nur wenige Akazien, Gräser und Sträucher, darunter Wolfsmilchgewächse, widerstehen den ungünstigen Bedingungen. Selten überzieht ein Hauch von Grün die Hänge des Monte Verde. Die Wiederaufforstung im Bereich von Ribeira de Vinha Richtung Flughafen ist dennoch erfolgreich.

Im 19. Jahrhundert floss noch reichlich Wasser aus Madeiral in die Stadt. Inzwischen ist frisches Quellwasser auf wenige Bergoasen beschränkt. Die Brunnen in der Stadt liefern allesamt brackiges Wasser, das für die Küche nicht taugt. Die meisten Windräder in den Ribeiras stehen still und verfallen, weil die Brunnen versiegten. Nur in der Ribeira de Calhau wird zwischen Dattel- und Kokospalmen fleißig Gemüse angebaut. Bis in die späten 1970er Jahre holte ein Tankschiff Wasser aus Santo Antão, doch die Quellen von Tarrafal de Monte Trigo reichen heute kaum für den eigenen Bedarf. Seither gibt es an der Bucht von Matiota eine **Meerwasser-Entsalzungsanlage,** die Stadt und Insel versorgt. Sie steht auf historischem Grund, dem größten Brunnen des Kohlehändlers *John Rendall*, der ab 1850 die Schiffe versorgte. Das gewonnene Trinkwasser wird in großen Behältern über der Stadt gelagert, mit Hilfe des Leitungsnetzes und durch Tankwagen verteilt. Jeder Stadtteil wird nur einmal pro Woche für wenige Stunden ans Netz genommen, um Leitungsverluste klein zu halten. Das städtische Wassernetz erhält kein natürliches Wasser mehr.

São Vicentes Hoffnungen und Erfolge waren immer mit dem **Hafen** verknüpft. Seit der Unabhängigkeit wurde er ständig modernisiert und ausgebaut und blieb der **wichtigste Umschlagplatz** für Importwaren aus aller Welt. An den modernen Kaianlagen und dem 1997 eingeweihten Containerterminal können Schiffe bis zu 11,50 m Tiefgang anlegen. Am Fischhafen machen kapverdische und ausländische Trawler fest, um die Fischindustrie zu beliefern. Die kleineren Boote holen Eis und laden ihren Fisch für den lokalen Markt an einem Terminal in der Tiefe der Bucht bei Dji d'Sal ab.

Die Kais sind mit Strom- und Wasseranschlüssen versehen, die Kraftstoffversorgung erfolgt aus großen Gas-, Diesel- und Benzintanks. Der Hafen verfügt zudem über eine 1983 gebaute **Werft (Cabenave)** für mittelgroße Fracht und Fischereifahrzeuge bis 2800 Tonnen. Als Reparaturwerft ist sie zu groß ausgelegt, und die Hoffnungen, neue Schiffe zu bauen, haben sich nie erfüllt. Kapverdische Reeder kaufen nur gebrauchte Schiffe. China streckt die Fühler aus, um zu prüfen, ob die Werft geeignet wäre, die wachsende Atlantikflotte des Landes zu versorgen.

Im **Industrieviertel** in Richtung Flughafen lassen diverse europäische Firmen Schäfte für Schuhe und andere Halbfertigwaren der Leder- und Kleidungsbranche herstellen. Manufakturen für den einheimischen Markt waren nicht von großem Erfolg gekrönt, da es ein florierendes Schneidergewerbe gibt und Kleidung und Schuhe neu aus Ostasien oder gebraucht aus Europa und den USA massenhaft ins Land kommen. Die hier produzierenden Firmen loben die Qualität der geleisteten Arbeit und die konstant gute Arbeitsmoral, klagen aber über hohe Kosten für Energie, Wasser, Transport und Lagerhaltung.

In den Wintermonaten laufen **Kreuzfahrtschiffe** den Porto Grande an und entlassen Tausende, meist ältere Herrschaften, in die Altstadt, wo sie sich interessiert umsehen.

Heute leben rund **81.000 Menschen** auf São Vicente, zu über 90% in der Stadt Mindelo. Gemessen an der Inselfläche ist São Vicente somit die am dichtesten besiedelte Insel.

Mindelo

Die **zweitgrößte Stadt Cabo Verdes** schaut zurück auf eine vergleichsweise kurze, aber ausschließlich städtische und internationale Tradition und hat keinerlei ländliche Elemente. Das bringt ihr den wenig stimmigen Ruf einer „**heimlichen Hauptstadt**" ein. Mit mehr als **75.000 Einwohnern** ist Mindelo eine quirlige und dennoch überschaubare Metropole. Hübsche pastellfarbene Gebäude der Altstadt wecken Erinnerungen an englische und portugiesische Einflüsse während der Blütezeit – teils verblichen, teils renoviert. Mit ihrer palmenbestandenen Uferstraße, großen Plätzen und breiten Straßen zeigt die **Altstadt**, dass sie wie „aus einem Guss" in einer nur 50 Jahre währenden Gründerperiode errichtet wurde. Malerisch schmiegt sie sich in die weite, von Sandstränden und dem Hafen gesäumte Bucht, geschützt von rötlichen Bergen. Das klassische Panorama über der Bucht wird gekrönt vom **Monte Cara,** dessen Kontur ein Männergesicht formt und von den Amerikanern auf den Dampfschiffen recht treffend „Mount Washington's Face" getauft wurde.

Vom **Fortim d'El Rei** (Königsfort) auf dem **Hügel Alto de S. Nicolau** genießt man einen beeindruckenden **Panoramablick** auf die Stadt, die Bucht, den Kanal und die Nachbarinsel Santo Antão. Das Fortim ersetzte zur Zeit der Stadtgründung eine ältere Befestigungsanlage in Monte, die den Hafen vor Freibeutern schützen sollte. Heute verfällt der Bau; demnächst wird er groß angelegten Investitions- und Tourismusprojekten weichen. Es ist nicht anzuraten, sich alleine oder in der Dunkelheit am Fortim aufzuhalten.

Die breite **Uferstraße Avenida Marginal** rund um die Hafenbucht lädt zu einem Spaziergang ein. Vom Ilhéu dos Passaros grüßt der Leuchtturm die ein- und ausfahrenden Schiffe. Die ruhige **Bucht** ist ein beliebter **Treffpunkt von Segel-Jachten** aus aller Welt, die hier vor

◁ Färberflechte Urzela,
einst ein wichtiges Handelsgut

▷ Igreja Nossa Senhora da Luz in Mindelo

Mindelo

Places on map (labeled):
- Museu de Arte Tradicional
- Casas Históricas do Telégrafo
- Ex-Cinema Eden Park
- Praça Nova
- Universidade de Mindelo
- INPS
- Rua Patrice Lumumba
- Avenida 5 de Julho
- Rua Argelia
- Rua Senador Vera Cruz
- Gare Maritima/Fährhafen
- Av. Amilcar Cabral (Av. Marginal)
- R. Chris Sena Barcelos
- Hauptpostamt
- CV Telecom „The New Building"
- Antigo Hospital do Telégrafo
- Canal Mateus China
- Rua Aurélio Gonçalves
- Av. Baltazar Lopes da Silva
- Tv. Cadamosto
- Praça Aurélio Gonçalves
- Informação Turística Lucete Fortes
- Rua Unidade Africana
- Alfândega Velha
- Galeria Colombim
- Cais d'Alfândega
- Marina
- Ponta de Água
- Rua Lisboa
- Rua Franz Fanon
- Palácio do Mindelo
- Escola Jorge Barbosa
- Águia
- Biblioteca Municipal
- Praça Dom João II
- Mercado Municipal (Markt)
- Rua Fernando Ferreira Fortes
- Câmara Municipal
- Águas do Madeiral / Monumento á Baltasar Lopes da Silva
- Rua 24 de Setembro
- "Cory Brothers"
- Praçinha da Igreja
- Igreja Nossa Senhora da Luz
- R. William du Bois
- Praça Dr. Regalo
- Rua Jaime Mota
- Largo do Madeiral
- Praia de bote
- Avenida da República
- Rua de Santo António
- Rua de São João
- Rua de Maçambique
- Rua da Luz
- Rua de Moeda
- Rua suburbana
- Rua do Coco
- Rua Eduardo Mondlane
- Rua Guerra Mendes
- Rua Domingos Ramos
- Rua, Sol
- Monumento a Diogo Afonso
- Torre de Belém/Museo do Porto Grande
- Casa Figueira - Atelier de Arte
- R. E. de Balsemão
- Fischmarkt - Mercado de Peixe
- ✈ Flughafen
- ✈ Flughafen

Übernachtung

- 2 Residencial Jenny
- 3 Residencial Arla Hesperides
- 5 Residencial Maravilha
- 6 Residencial Laginha
- 7 Residencial Beleza Laginha
- 8 Residencial Che Guevara
- 13 Hotel Don Paco
- 16 Mindel Hotel
- 17 Hotel Barceló Oásis Porto Grande

18 Kira's Boutique Hotel
19 Aparthotel Avenida
24 Pensão Chave d'Ouro
28 Residencial Sodade
29 Casa Dona Valentina Semedo Brito
30 Casa Colonial
34 Hotel Gaudi
36 Mindelo Residencial
38 Casa Café Mindelo
43 Pousada Monte Cara
44 Hotel Lazareto
45 Pensão Chez Loutcha
46 Residencial Amarante

🟦 **Essen und Trinken**
1 Archote
4 Restaurante/Pizzeria Flostel
5 Restaurante Maravilha
9 Esplanada Caravela
10 Kalimba
11 Restaurante-Bar O Neapolitano
12 Gabylandia
14 O Simpático
15 Restaurante Taverna
16 Mindel Hotel
17 Restaurant im Hotel Porto Grande
20 Elias
21 Bar/Restaurante Cocktail
22 Café Mamma Mia
23 Restaurant/Bar Náutilus – Clube Náutico
24 Rest. Chave d'Ouro
26 Galeria Colombim
27 Pastelaria Morabeza
28 Restaurante Sodade
31 Pastelaria Algarve
32 Ka Tem
33 Pizzeria Fundo d'Mar
34 Restaurant im Hotel Gaudi
35 Café Royal
37 Pergola
38 Casa Café Mindelo
40 Dominga/Boaventura
41 Grills
42 Pica Pau
45 Chez Loutcha

🟩 **Sonstiges**
25 TACV Internacional
39 Agência Nacional de Viagem

Anker gehen, sei es als Zwischenstation auf der Atlantiküberquerung oder als Versorgungsstopp auf einer Inselkreuzfahrt.

Stadtrundgang

Auf dem **Fischmarkt** (**Mercado de Peixe**) herrscht der größte Trubel am Vormittag. Große und kleine Fische gleiten durch Hände, die sie in Sekundenschnelle ausnehmen, schuppen und feinsäuberlich nach Art und Größe auf den Verkaufstischen aufreihen. Hausfrauen suchen nach dem besten Stück zum besten Preis, und das will lautstark verhandelt sein. Ambulante Verkäuferinnen balancieren große Plastikschüsseln auf dem Kopf und machen sich auf den Weg in die Wohnviertel.

Vom Fischmarkt zweigt die Straße ab zur **Praça Estrela** mit vielen kleinen Verkaufsbuden, u.a. von afrikanischen Händlern vom Festland.

Der **Torre de Belém** schließt sich an den Fischmarkt an. Die Ähnlichkeit mit dem Original an der Tejo-Mündung, dem großen Symbol der Expansion des portugiesischen Weltreichs, ist bescheiden. Als 1918 die Bauarbeiten an dem klotzigen Turm begonnen wurden, sollte das von englischer Kolonialarchitektur geprägte Mindelo ein portugiesisches Aussehen annehmen. Als der Turm 1937 als Hafenmeisterei in Betrieb genommen wurde, waren die meisten Engländer bereits weitergezogen. Mehrere Generationen später, 2006 bis 2008, mit Unterstützung Portugals renoviert, erstrahlen die Symbole der manuelinischen Epoche, Wachtürmchen, Ornamente, eine auf die Bucht blickende Loggia und die Wappen des Christusritterordens in frischem Glanz. Die Menschen von Mindelo können dem Turm durchaus etwas abgewinnen. Als **Museu do Porto Grande** (Meeresmuseum) hat er neue Bedeutung gewonnen.

Das **Monumento a Diogo Afonso** zu Ehren des Entdeckers der Insel, der gestiefelten Schritts in Richtung Monte Cara zu schreiten scheint, wurde zu *Salazars Zeiten* aufgestellt.

Die alten englischen Handelshäuser an der Avenida da República (auch Rua da Praia) vermitteln einen authentischen Eindruck des englischen Einflusses. Das **Casa Figueira & CL** wurde von englischen *Ship chandlers* erbaut, die Schiffsausrüstung und Ersatzteile verkauften und gebrauchte Schiffe aufkauften. Die symmetrisch angeordneten Ladentüren im fensterlosen Erdgeschoss, die Wiederholung dieser Anordnung im Obergeschoss mit hohen Balkonflügeltüren und außenliegenden Fensterläden sowie die ehemals gusseisernen Gitter des Balkons sind genauso typisch wie das ehemals schindelgedeckte Walmdach mit seinen schmalen Gauben.

Die **Praça D. Luís** erlaubt einen Rundblick auf die Häuser der Rua de Santo António und im Hintergrund auf die hübsche Front des historischen Rathauses. Bis vor wenigen Jahren standen hier riesige Lagerhallen. Der schönste Platz der Stadt war in einer viel debattierten Entscheidung den Kohlenhändlern im Jahr 1899 auf 99 Jahre überlassen worden, um Standortvorteile gegenüber der Konkurrenz anderer Hafenstädte zu gewinnen. Die Hoffnung erfüllte sich nicht, doch der Platz blieb für die Stadt für mehr als ein Jahrhundert verloren. Heute blickt der Besucher wieder auf die breite Front des klassischen kolonialen Verwaltungsbaus der Kohlehandelsgesellschaft Cory Brothers von 1875, der in der Stadt als **Agência National de Viagem** bekannt ist. Der freie Blick auf die Bucht unter dem Monte Cara, einst Markenzeichen des Platzes, endet an der Glas- und Betonfront des modernistischen Vielzweckbaus **Ponta d'Água** mit Investmentbank, Friseur, Reisebüro und Restaurant.

Im Kreisverkehr, der die Rua Lisboa aufnimmt, umrunden die Fahrzeuge das **Águia-Denkmal** (siehe Exkurs „Flug über den Atlantik").

Im ehemaligen Zoll (**Alfândega Velha**) ist das **Centro Cultural do Mindelo** mit wechselnden Ausstellungen, Buchhandlung und Café untergebracht; der Eingang zum Saal, in dem Theater gespielt wird, liegt seitlich (Praça Aurélio Gonçalves). Das **Cais da Alfândega** reicht hinaus zur **Marina do Mindelo,** wo die Masten der Jachten vor dem Monte Cara schaukeln. Im Innenhof des **Clube Naútico** liegt eine schattige Bar, die gut besucht ist. Wenige Schritte weiter, in der Mitte der Praça Aurélio Gonçalves, steht der Kiosk der **Informação**

Ansicht von Mindelo

Flug über den Atlantik

Der **Adler** (portugiesisch: *aguiar*, kreol: **águia**) mit ausgebreiteten Flügeln erinnert an den ersten Flug über den Südatlantik von Portugal nach Brasilien im Jahr 1922, fünf Jahre vor dem Alleinflug *Charles Linberghs* über den Nordatlantik. Das Unternehmen der Kriegsmarine war von großem Medieninteresse und Erfolgsdruck begleitet und sollte im Rahmen der Feierlichkeiten zum 100. Jahrestag der Unabhängigkeit Brasiliens die Entdeckung Brasiliens durch Portugal symbolisch wiederholen. Mehrere Kriegsschiffe sicherten die Logistik.

Gago Coutinho (1869–1959), 53-jähriger Marineoffizier, galt als begnadeter Vermessungsingenieur, Kartograf und Navigator mit langer Praxis in den afrikanischen Kolonien. **Sacadura Cabral** (1881–1924) hatte, ebenfalls als Vermessungs- und Navigationsexperte, mit *Coutinho* in Mosambik gearbeitet und sich dann der Fliegerei gewidmet. Er brachte Erfahrung mit als Ausbilder und Kommandant der Marineflieger von Lissabon.

Die **„Lusitânia"**, eine einmotorige Fairey III D mit Schwimmkörpern, hob am **30. März 1922** in Lissabon ab. Nach einem Zwischenaufenthalt in Las Palmas schwebte sie am 5. April in São Vicente ein. Wegen eines undichten Schwimmkörpers zögerte sich der Weiterflug um zehn Tage hinaus. Nach der Zwischenlandung in Praia war der Seegang zu stark, um einen Start mit Maximalgewicht zu erlauben. Der Kreuzer „República" wurde zu den auf halber Strecke mitten aus dem Atlantik ragenden **Sankt-Peter-und-Pauls-Felsen** dirigiert, und die „Lusitânia" ging am 18. April mit unvollständig gefüllten Tanks auf die längste Etappe. Bei der Wasserung riss ein Schwimmkörper ab, und die „Lusitânia" kippte vornüber ins Meer. Die **Bruchwasserung** galt dennoch als großer Erfolg, denn die exakte Navigation *Gago Coutinhos* zu den winzigen Felsnadeln bewies, dass die astronomische Navigation mit dem von ihm verbesserten Sextanten auch in der Fliegerei eingesetzt werden konnte. Der Kreuzer brachte die beiden Piloten nach **Fernando Noronha,** winzige Inseln 350 km vor der brasilianischen Küste.

Das Parlament in Lissabon beschloss, mit dem nächsten Frachter eine **Ersatzmaschine** zu schicken, die am 11. Mai von Fernando Noronha startete, um die Sankt-Peter-und-Pauls-Felsen zu überfliegen und damit die an Bord eines Schiffs zurückgelegte Etappe zu wiederholen. Ein technischer Defekt zwang *Sacadura Cabral* zur Notwasserung. Ein zweites Mal wurden die beiden gerettet, diesmal von einem britischen Frachter, und die Marine schickt die zweite Ersatzmaschine an Bord eines Kreuzers. Am 17. Juni landeten *Gago Coutinho* und *Sacadura Cabral* in Rio de Janeiro.

Turística, wo Reisende von *Lucete Fortes* Landkarten, Postkarten, Briefmarken, Telefonkarten, Informationen zu Abfahrtszeiten und Antwort auf sonstige Fragen erhalten.

Ein für die Geschichte der Stadt emblematisches Gebäude, das von *John Rendall* 1850 gebaute **englische Konsulat,** wurde 2017 ohne Ankündigung und ohne Debatte mit den geschichtsverbundenen Bürgern in einer Nacht- und Nebelaktion abgerissen, um Platz für ein hochpreisiges Hotel zu schaffen. Nicht nur an den Stränden und auf den Skipisten der Welt entwickelt der Tourismus die Tendenz, das zu zerstören, was er zu vermarkten vorgibt.

Weiter geht es zum modernen **Fährhafen Gare Marítima,** am Handelshafen vorbei, zur **Bucht von Matiota.** Der **Stadtstrand Laginha** ist schon vor Tagesanbruch belebt; hier kann man in netten Freiluftrestaurants einkehren.

Biegt man beim Adler in die **Rua Lisboa** ein, betritt man das Herz Mindelos. In den kleinen Cafés hört man es angeblich schlagen. Rechts säumt das erste Bürgermeisteramt von 1858, heute **Biblioteca Municipal,** den Weg. An die Bank und einige andere klassische Bauten schließt sich die **Markthalle Mercado Municipal** an. Der Grundstein war anlässlich der Ankunft des ersten Transatlantikkabels 1874 gelegt worden. Der innen lichte, überdachte Bau mit seinen aufgeräumten Ständen für Obst und Gemüse entspricht nicht mehr dem pavillonartigen Original (siehe Mercado Municipla in Praia/Santiago), sondern ist eine spätere Erweiterung zu Zeiten des Estado Novo. Über Treppen erreicht man die **Galerie** im Obergeschoss, wo sich Geschäfte für Kunsthandwerk, Textilien, Schuhe, Naturkosmetik und -heilmittel sowie ein Friseursalon befinden. Von oben hat man einen guten Überblick über die Halle.

Weiter in der Rua Lisboa schaut man auf den **Palácio,** den einstigen **Gouverneurspalast.** Ähnlich wie der Markt hat auch er erst 1934 seine heutige zweistöckige Form gefunden mit Anleihen aus der Architektur indischer Repräsentationsbauten. Zuvor war er seit 1879 ein einstöckiger Hallenbau, den die Engländer als Music Hall schätzten. Dahinter beeindruckt die **Escola Jorge Barbosa.** Nur der ehemalige Exerzierplatz erinnert daran, dass das Gebäude ursprünglich als plumpe Kaserne gebaut worden war. Das harmonische Ebenmaß mit Jugendstilfenstern kam erst nach An- und Umbauten zustande. Als **Kunsthochschule** gekonnt renoviert, bettet es sich in das entstehende Netzwerk der Universitäten ein.

Südlich der Rua Lisboa stößt man auf den Kirchplatz: **Pracinha d'Igreja** ist der älteste Teil der Stadt mit der hübschen, in einer leidvollen Geschichte von einem halben Jahrhundert langsam gewachsenen und 1863 fertiggestellten **Kirche Nossa Senhora da Luz.**

Das **Rathaus Paços do Concelho** kam 1873 hinzu und basiert auf Planungen aus einer Zeit, als Mindelo Hauptstadt Cabo Verdes werden sollte. In den Schaufensterchen der **Casa Gaspar** zur anderen Seite der Kirche unterstreichen die Auslagen mit alten Werkzeugen, Bügeleisen und Petroleumlampen das Prinzip, dass in armen Ländern alles seinen Wert behält.

Hinter dem Rathaus öffnet sich ein kleiner Platz. Die Figur einer alten Dame mit Wassereimer erinnert an die ursprüngliche Bestimmung des blockartigen Gebäudes: Es war das Endreservoir der von *John Miller jr.* gegründeten Wasserversorgungsgesellschaft **Águas do Madeiral,** heute Sitz des Kataster- und Bauamtes.

Praça Nova: Der gepflegte städtische Platz mit einem Standbild von *Luís Camões* (siehe Exkurs bei Praia/Santiago) inmitten der Grünanlage wird von der Front des großen Telecom-Gebäudes beherrscht. Dies ist, etwas überrenoviert, aber im Originalzustand, das 1907/08 gebaute „**New Building"** der britischen Telegrafengesellschaft. Es ergänzte ein aus allen Nähten geplatztes kleineres Gebäude in Matiota als Wohnheim für alleinstehende Angestellte und diente nach der Unabhängigkeit lange Zeit als Zentralhospital.

Museu de Arte Tradicional

Am nördlichen Ende der Praça Nova ist das Museu de Arte Tradicional eingezogen. Die wechselvolle Geschichte des Baus ist in Sektionen der Ausstellung dargestellt.

Als repräsentatives Wohnhaus ließ Bankdirektor *Augusto Vera Cruz* das Gebäude in den Jahren 1890–1895 errichten. Als parlamentarischer Vertreter Cabo Verdes (ab 1912) in der jungen 1. Republik Portugal ging er als **Senator Vera Cruz** in die Geschichte ein.

In dieser Zeit wurde das einzige **Gymnasium** des Barlavento von São Nicolau nach Mindelo verlegt, und der Senator stellte das Gebäude zur Verfügung, bis das Liceu Gil Eanes bezugsfertig war.

Das **Grémio Recreativo do Mindelo,** der exklusive Freizeitklub der Oberschicht Mindelos, übernahm das Gebäude 1938 für Feste, Bridge- und Canastatourniere und Empfänge. Der Zweite Weltkrieg unterbrach den Betrieb; 1939 zog das **Militäroberkommando** ein und blieb bis 1945.

Das *Grémio* kehrte zurück und ging in den 1950ern mit **Radio Barlavento** auf Sendung. Ein kleiner **Medienkrieg** entbrannte zur Zeit der Nelkenrevolution 1974 zwischen Radio Barlavento und **Radio Clube de São Vicente.** Während letztere Station vehement die Unabhängigkeit unterstützte, wurde Radio Barlavento zum Sprachrohr derer, die die Unabhängigkeit weder für wünschenswert noch für möglich hielten. Am 9. Dezember 1974 drangen Mitglieder der PAIGC ein, begleitet von einer Menge jugendlicher Bürger, und Radio Barlavento verstummte. Da die Übernahme gewaltlos erfolgt war, konnte der Betrieb als **Radio Voz de São Vicente** einige Jahre weitergehen.

1983 zog die **Cooperativa Resistência,** eine Kultur-Bürgerinitiative, ein. Als staatliches **Centro Nacional de Artesanato** blieb das Haus als Ausstellungs- und Produktions- sowie Ausbildungsstätte des Kunsthandwerks bis zur Schließung 1997 aktiv.

Die **Umwandlung zum Museum** kostete enorme Anstrengungen, denn das hundert Jahre alte Gebäude war in sehr schlechtem Zustand. Das Konzept des Museums ist das eines lebendigen Museums, in dem Schüler und Interessierte mitarbeiten und lernen können. Die Ausstellungsräume sind im Stil der jeweiligen Epoche renoviert worden und zeigen, nach Themen gruppiert und auf Schautafeln erklärt, Stücke aus der jeweiligen Epoche, Kunsthandwerk, Instrumentenbau und viele andere Artefakte.

Auf der Praça Nova flaniert abends die Jugend und am Wochenende halb Mindelo, um zu sehen und gesehen zu werden, um die kleinen Neuigkeiten des „Wer-mit-wem" auszutauschen, sich zu amüsieren und zu verabreden.

Zu einem Besuch in Mindelo gehört eine **Noite Caboverdeana.** In einfachen wie in gehobenen Restaurants spielen einheimische Musiker live zum Abendessen. Nachdem die Gäste meist schon müde waren, bevor die Musiker gegen 23 Uhr eintrafen, hat sich der Zeitplan geändert, und Abendessen und Musik beginnen recht pünktlich zwischen 20 und 21 Uhr. Es ist unmöglich, die ständig wechselnden Restaurants, Musikgruppen und Termine zu überblicken und völlig sinnlos, sie in einen Reiseführer aufzunehmen. Die Restaurants verteilen kleine Mitteilungen, u.a. an Pensionen, Hotels und die Touristeninformation, sodass man am besten dort nachfragt. Wo Musik und Essen gut sind, muss man einen Tisch vorbestellen (lassen).

Ausflüge von Mindelo

Monte Verde (750 m)

An wolkenlosen, klaren Tagen bietet sich ein lohnender Ausflug auf den **höchsten Gipfel der Insel,** den Monte Verde (dt.: Grüner Berg), an. Er imponiert als über der Stadt schwebender, massiger Tafelberg, nicht selten von einer Wolkenhaube gekrönt.

Die Fahrt führt von Mindelo aus Richtung Osten und durch die Vororte auf die Straße nach Baía das Gatas, bis nach 4 km rechts der **Abzweig zum Monte Verde** folgt. Von hier aus kann man zu Fuß gehen oder aber auch im Fahrzeug bis zum Gipfel hinauffahren. In zahlreichen Serpentinen windet sich die für Pkw geeignete Straße hinauf, und je höher man kommt, um so besser wird der Ausblick. Die Straße endet auf dem Hochplateau an einer Station mit Parabolantennen und Sendemasten für Radio, TV und Telekommunikation. An klaren Tagen hat man von hier aus einen herrlichen Panoramablick auf Mindelo und den Hafen, auf die Buchten von Salamansa und Baía das Gatas, ins Inselinnere über den Steilhang zur Tiefebene und das Massiv von Madeiral sowie die Nachbarinseln Santo Antão und Santa Luzia und São Nicolau.

Baía das Gatas und Salamansa

Auf jeden Fall lohnt sich ein Abstecher nach Baía das Gatas zum **beliebtesten und sichersten Strand** im Nordosten der Insel.

Man verlässt Mindelo mit dem Fahrzeug in südöstlicher Richtung. Vom Vorort Bela-Vista zieht die Straße in den einst von Engländern bewohnten Ortsteil Lameirão über einen kleinen Pass am Fuß des Monte Verde und zur 12 km entfernten **Wochenendsiedlung Baía das Gatas.** Ein herrlicher Strand mit gelbem Sand, der weit die angrenzenden Hügel hinaufgetragen wurde, und das glasklare, flache Wasser laden zum Baden ein. Eine Felsmole schützt die Lagune vor der offenen Brandung des Atlantiks, sodass **auch Kleinkinder sicher** baden können. Unter der Woche ist es sehr ruhig, am Wochenende kommen die Ausflügler aus Mindelo. Direkt am

Strand bietet ein einfaches Restaurant Getränke und Snacks. Im Ort gibt es das größere Grillrestaurant Baía Verde und das Restaurant/Pension Take Away Atlanta. Etwas zurückgesetzt liegt die Bühne des seit 1985 jährlich am ersten Augustwochenende nach Vollmond stattfindenden **Musikfestivals** (s.u.). Am Ende der Bucht liegt eine Pier, die Zugang zum tieferen Wasser bietet.

Vor der letzten langen Geraden in der Ebene zweigt eine Stichstraße ab nach **Salamansa,** einem traditionsreichen Fischerort. Die Fischer haben ihre Boote in der Bucht von Baía das Gatas liegen, um schneller ins fischreiche Flachwasser in Richtung der unbewohnten Inseln zu gelangen. Sie gehören zu den ganz wenigen, die ihre Boote mit Segeln ausrüsten.

Diverse **Wanderungen ab Mindelo** führen **nach Salamansa und Baía** (gesamt 2½ Stunden).

Die **Straße von Baía das Gatas nach Calhau (11 km)** verläuft über Norte de Baía nach Praia Grande de Calhau und weiter zum Wochenenddorf Calhau. Die Strände in den Abschnitten zwischen Baía das Gatas und Praia Grande de Calhau eignen sich wegen der starken Strömungen nicht zum Baden – sie sind hochgefährlich!

Calhau

Etwa eine halbe Stunde benötigt man mit dem Fahrzeug von Mindelo bis zum **18 km** entfernten Calhau im Osten. Die Straße führt quer durch die Insel und folgt der Ribeira de Calhau. Links sieht man den Monte Verde und an seinen Hängen das Dorf **Mato Inglês.** Etwas später zweigt rechts eine Straße zum Dorf **Madeiral** ab. Etwas weiter öffnet sich das Tal, und eine Vielzahl von Gartenbaubetrieben verdankt dem von Windrädern geförderten Grundwasser

> Salamansa: Fischerort mit Tradition

ihre Existenz. Calhau hat sich vom winzigen Fischerort zu einem schnell wachsenden Wochenenddorf entwickelt. Eine Emigrantenfamilie betreibt das **Restaurant Hamburgo** rund um die Woche im traditionellen, guten kapverdischen Stil. **Chez Loutcha** hingegen, eine bekannte Fremdenverkehrspension in Mindelo, öffnet ihre Dependance am Strand von Vila Miséria nur wochenends, dann aber mit Langusten, senegalesischen Spezialitäten, Live-Musik und *Vinho verde*.

Für **Wüstenwanderer** ist Calhau ein lohnendes Ausflugsziel; 6 Std. geht man ab Mindelo über die **Selada de Baleia** und **Feijoal Preto.** Komfortabel übernachten kann man in Calhau im hotelähnlichen **Residencial Goa.**

São Pedro

Der Fischerort São Pedro liegt an einem riesigen weiten Sandstrand. Bei ruhiger See kann man im Westteil, in der Nähe der **Hotelanlage Foya Branca,** sehr schön baden. In der Regel herrschen aber starke Brandung und heftiger Wind, sodass das Badevergnügen nicht immer garantiert ist. Dann macht ein Spaziergang am Strand zwischen Krebsen, die vor den weit hinaufschäumenden Wellen flüchten, mit heftigem Wind um die Ohren, noch mehr Spaß! Der Strand ist **nie kindersicher!**

Die Anfahrt führt vorbei am Flughafen. Wenig später ist der Abzweig nach Westen zum Hotel ausgeschildert. Die Straße endet im Ort.

Im Dorf gibt es einen kleinen Laden, eine Bar und ein französisch geführtes Restaurant. Vom westlichen Ende des Strandes bietet sich eine hübsche **Wanderung zum Leuchtturm Farol Dona Ana Maria** an (reine Gehzeit hin und zurück ca. 1½ Std.). Der Weg ist in den letzten Jahren streckenweise weggebrochen, sodass er nur noch für schwindelfreie, trittsichere Wanderer taugt. Den Leuchtturm selbst kann man nicht betreten, doch auch so ist ein interessanter Blick nach Santo Antão garantiert, und Abenteuerlustige sehen sich die alte Anlegestelle unterhalb des Turms an.

Strände

São Vicente ist noch nicht dezidiert als Bade-/Wassersportinsel erschlossen, obwohl alle Vorbedingungen gegeben sind.

Praia de Laginha heißt Mindelos Stadtstrand, und für die sportlichen Bürger gibt es nichts Schöneres als frühmorgens nach Laginha zu joggen und im Meer dümpelnd den Sonnenaufgang abzuwarten. **Baía das Gatas** ist am Wochenende beliebt als Familienstrand und das ganze Jahr über für Kinder und zum Schnorcheln geeignet.

Praia Grande de Calhau wird von den Sportlicheren und Jugendlichen bevorzugt; starke Brandung und Strömung! **Palha Carga** ist ein wunderschöner riesiger Sandstrand an der Südküste, der nur zu Fuß, mit dem Mountainbike oder einem Allradfahrzeug zu erreichen ist. **São Pedro** beim Hotel Foya Branca ist ein wunderbarer weiter Strand mit heftiger Brandung und Strömung. Für Erwachsene ist im westlichen Abschnitt Baden meist möglich.

Sport & Aktivitäten

São Vicente könnte ein Dorado für die Könner im **Windsurfen** sein und war auch schon Austragungsort für internationale Wettbewerbe im Geschwindigkeits-Surfen und Surfcamps mit guter Akzeptanz. Zwar sind die langen, steinfreien Sandstrände im Süden der Insel bisher nur schwer zugänglich, doch der vorwiegend links ablandige Wind mit Düseneffekten durch die Berge im Zentrum der Insel ermöglicht Weltrekordgeschwindigkeiten. Vor allem der weite Strand von Salamansa mit schräg auflandigem Wind ist bei Kitesurfern beliebt.

Rund um die Insel verteilte Felsblöcke und -wände sind hervorragende Plätze zum **Tauchen**. Doch der Transport voluminösen Sportgepäcks bzw. von Tauchausrüstung auf Inlandsflügen ist mitunter schwierig, weshalb zur Anreise internationale Flüge direkt nach São Vicente vorzuziehen sind.

Auf dem Gelände des Hotels Foya Branca an der Bucht von São Pedro befindet sich ein professionelle **Windsurf- und Tauchstation,** die der Öffentlichkeit und nicht nur Hotelgästen zur Verfügung steht.

Auch **Segler** werden auf São Vicente fündig – und zwar in Gestalt des einzigen ganzjährig sicheren Hafens des Landes und der modernen Marina do Mindelo; es gibt Charterangebote mit und ohne Skipper, eine kleine Marina für Sportfischer und einen erfahrenen Wartungs- und Reparaturservice. Die Angebote zum Hochseeangeln sind gleichermaßen professionell.

■ Angebote zum **Hochseefischen, Tauchen, Windsurfen, Kitesurfen und Segeln** siehe im Kapitel „Praktische Tipps A–Z/Sport und Freizeit".

Praktische Infos

An- und Weiterreise

Mit dem Flugzeug

■ Der **Internationale Flughafen Cesária Évora** (Tel. 2323718, 2323717) befindet sich im Südwesten der Insel, 1 km von São Pedro, 10 km von Mindelo entfernt. Im Flughafengebäude stehen eine Snackbar, Souvenirläden, ein Bankautomat und freies WLAN zur Verfügung.

■ **Flugverbindungen** mit Sal und Santiago bestehen täglich.

■ Vor dem Flughafen warten **Taxis** auf die ankommenden Gäste. Die Fahrt in die Stadt kostet ca. 1000 CVE, nachts etwas mehr (ohne Sondergepäck!). Wer in größeren Hotels (Foya Branca, Porto Grande) gebucht hat, wird evtl. vom Hotelbus abgeholt.

Fluggesellschaften

■ **Binter CV,** Tickets am Flughafen, in Reisebüros und via Call-Center, Tel. 4360060.

■ **TAP,** Tickets in Reisebüros und am Flughafen, Tel. 2318050.

Fährverbindungen

■ **Handels- und Fährhafen** (Gare Marítima) sind getrennt.

■ **Nach Santo Antão** verkehren viermal täglich die RoRo-Fähre „Mar d'Canal" der Reederei ARMAS und die „Inter-Ilhas" der Reederei Polaris. Die Fahrzeit beträgt 1 Stunde, der Preis 800 CVE für die einfache Strecke. Tickets am Fährhafen. Kein Fährbetrieb am 1. Januar!

■ **Nach São Nicolau** verkehren alle vierzehn Tage die „Inter-Ilhas" der Reederei Polaris und die „Kriola" von CV-Fastferry. Unregelmäßig fahren ältere Schiffe auch nach **Sal** und **Boa Vista**; Details siehe „Praktische Tipps A–Z/Reisen im Land/Mit dem Schiff". **Fahrpläne** finden sich unter www.belavista.net/Faehre.aspx.

Hinweis zur Sicherheit

Achten Sie, wie in jeder größeren Stadt der Welt, auf **kleine Gauner und Taschendiebe!** Tragen Sie wertvollen Schmuck, Wertsachen und Kameras nicht offen zur Schau, lassen Sie Wertsachen, Geld und Ausweise bei der Rezeption Ihrer Unterkunft einschließen. Besondere Achtsamkeit ist bei größeren Festivitäten wie Karneval oder dem Musikfest in Baía das Gatas geboten, auch auf Märkten oder nachts auf dem Praça, wo sich viele Menschen auf einem Platz drängen.

- Am Hafen stehen **Taxis** bereit, der Transport ins Stadtzentrum Mindelos kostet etwa 200 CVE. Man kommt auch gut zu Fuß in die Stadt.

Reisen auf der Insel

- Eine gut ausgebaute **Asphaltstraße** verbindet São Pedro und den Flughafen mit Mindelo. Die **gut ausgebaute Ringstraße** Baía das Gatas - Praia Grande de Calhau – Calhau erlaubt eine Rundfahrt mit Abstecher nach Salamansa.
- In der Stadt herrscht reger **Busverkehr** in alle Stadtviertel (43 CVE). **Taxis** kann man überall anhalten: Stadtfahrten 170 CVE, nachts 200 CVE.
- Regelmäßiger **Verkehr mit Sammeltaxis** besteht nach Baía das Gatas, São Pedro und Calhau (ab Praça Estrela) und am Wochenende nach Baía das Gatas ab Rotunda von Ribeira Bote. Es gibt jedoch nur sehr selten Verbindungen zu anderen Regionen der Insel, sodass man sich für eine Fahrt nach Baía das Gatas, zum Monte Verde oder nach Calhau ein Taxi oder Aluguer anmieten muss, z.B. Mindelo – Baía das Gatas ca. 2000 CVE. Fragen Sie in Ihrem Quartier oder rufen Sie den deutsch sprechenden Taxifahrer *Faustino Fortes* an (Mobil 9895732).

Mietwagen

- **Alucar,** Dji d'Sal, Tel. 2325194.
- **Cabauto,** Largo Medina Boé, Tel. 2322800.
- **In den Reisebüros.**

Unterkunft

Zur Kategorisierung der Unterkünfte siehe Kapitel „Praktische Tipps A–Z/Unterkunft".

- www.bela-vista.net/Pension-São-Vicente-d.aspx
Aktualisierte **Unterkunftsliste.**

Mindelo (Stadtzentrum)

16 Mindel Hotel⑤
Av. 5 de Julho, Tel. 2328882
Nahe Praça Nova. Geschäfts- und Stadthotel der gehobenen Kategorie, 74 Zimmer mit allem Komfort, Süßwasserpool, gutes **16** Restaurant, Bars.

17 Hotel Barceló Oásis Porto Grande⑤
Praça Amílcar Cabral, Tel. 2323190
Im Herzen der Stadt liegt das renommierteste Hotel Mindelos, das v.a. Geschäftsleuten als Unterkunft dient; 52 Zimmer mit Bad oder Du/WC, Telefon, TV, Klimaanlage, teils Balkon. Restaurant/ Bar mit großer Terrasse, von der man den zentralen Praça überblickt. Pool und Disco. Preise saisonabhängig. Durch Kulturveranstaltungen am Wochenende bis in die Morgenstunden laut. Die **10 Kalimba-Strandbar** in Laginha gehört zum Betrieb, sodass Gäste die Liegen dort kostenlos nutzen können.

34 Hotel Gaudi④
Tel. 2318954, www.hotelgaudimindelo.com
Kleines Altstadthotel im Kolonialstil zwischen dem Rathaus und der Rua Lisboa. Zimmer (relativ klein) mit Du/WC und Kühlschrank. Reichhaltiges Frühstück, WLAN, Restaurant.

13 Hotel Don Paco④
Tel. 2319381
Gut ausgestattetes Hotel am Porto Grande, jeweils 5 Min. zur Rua Lisboa und zum Fährhafen. Gutes Restaurant. Von den oberen Stockwerken schöner Blick auf Altstadt und Bucht.

36 Mindelo Residencial④
Rua Lisboa, Tel. 2300863
Hübsch dekorierte Pension mit komfortablen Zimmern und Suiten. Sehr gutes Frühstücksbuffet.

2 Residencial Jenny④
Alto São Nicolau, Tel. 2328969
Pension mit traumhaftem Blick auf Hafen und Monte Cara.

19 Aparthotel Avenida③
Av. 5 de Julho, Tel. 2321178
Mittelklasse-Stadthotel an einer der belebtesten Straßen. 20 DZ mit Du/WC, AC. Restaurant, Bar.

☐ Inselkarte S. 204, Stadtplan Mindelo S. 214

Praktische Infos 227

São Vicente

38 Casa Café Mindelo③
Rua Governador Calheiros 6, Tel. 2313735, 2318731
Stilvolle Unterkunft in einem historischen Gebäude im Zentrum, Blick aufs Meer, beliebtes Café/Restaurant im EG.

30 Casa Colonial③
Rua 24 de Setembro, Mobil 9231117, 9238170
Guesthouse in einem historischen Gebäude im Zentrum, sehr stilvoll renovierte Zimmer mit Du/WC, kleiner Pool im Innenhof, auch Familien und Gruppen. Englisches Management.

5 Residencial Maravilha③
Alto São Nicolau, Tel. 2322203
Auf der Anhöhe oberhalb des Hafens. Gepflegte, hotelähnliche Pension mit geräumigen Zimmern.

3 Residencial Arla Hesperides③
Alto São Nicolau, Tel. 2328688
Gute Pension über der Hafenbucht mit Aufenthaltsräumen und Zugang zur Küche. Du/WC, TV, Telefon, Ventilator, Klima.

18 Kira's Boutique Hotel③
Rua Argélia, Tel. 2300274, www.kirashotel.com
Stilvoll zu einem kleinen Hotel umgebautes Stadthaus nahe der Praça Nova. Zimmer mit Du/WC, AC, TV, Frigobar. Aufenthaltsbereiche auf der Dachterrasse und im Innenhof. Man spricht auch deutsch.

28 Residencial Sodade②-④
Rua Franz Fanon 38, Tel. 2303200
Hotelpension mit Zimmern im Untergeschoss und Parterre, jeweils Du/WC. Das Restaurant mit Terrasse ist bekannt für seinen unschlagbaren Panoramablick über die Stadt.

45 Pensão Chez Loutcha②
Rua do Côco, Tel. 2321636
Hotelpension im Zentrum von Mindelo, 24 Zimmer mit Du/WC, Klimaanlage, TV, Telefon. Restaurant (s.u.), zweimal wöchentlich Live-Musik.

24 Pensão Chave d'Ouro②
Av. 5 de Julho, Tel. 2327050
Älteste Pension der Insel in einem historischen Bau, 21 Zimmer mit Du/WC auf dem Flur. **24 Restaurant,** Bar. Sehr günstig und für historisch Interessierte auch sehenswert.

29 Casa Dona Valentina Semedo Brito②
Av. Capitão Ambrósio, Tel. 2312674
Nahe des Hospitals Velho gelegen, sehr familiäre und freundlich geführte kleine Pension, erfahren mit Wanderern. Ruhig, Zimmer mit eigener und solche mit Du/WC auf dem Flur.

46 Residencial Amarante①-②
Av. 12 de Setembro, Tel. 2313219
Einfache Unterkunft an belebter Straße nahe der Stadtmitte, günstig.

Mindelo (außerhalb vom Zentrum, bis 15 Min. zu Fuß)

■ **Residencial Beleza**③
Rua Oficinas Navais, Tel. 2324094
Pension zwischen Innenstadt und Flughafen, in den höheren Stockwerken mit Meerblick, alle Zimmer mit Internetanschluss.

■ **Residencial Alto Fortim**③
Alto São Nicolau, Tel. 2326938
Moderne Pension weit oberhalb des Hafens nahe der Burg Fortim.

■ **Residencial Solar Windelo**③
Alto Salarino, Tel. 2310070
Zur gepflegten Pension mit Zimmern unterschiedlicher Größe umgebautes Privathaus hoch über der Altstadt mit Panoramablick.

■ **Residencial Casa Comba**②
Av. Dr. Rendall Leite 15, Tel. 2311588
Italienische Leitung. Moderne Zimmer und Apartments, auch für Langzeitgäste.

■ **Privatunterkunft Manuel Brito**②
Rua Dr. Madeirós 41B, Mobil 9926578
Kleine, sehr familiäre und freundliche Pension, Du/WC. Erfahrung mit Wanderern, *Manuel* spricht auch deutsch.

■ **Apartamentos Zeca de Marliso**②
Alto de São Nicolau, Tel. 2314740
Relativ neue Apartments über dem Hafen, großzügig mit eigener Küche!

7

■ **Residencial Chã de Criket**②
Rua Renato Cardoso 16, Tel. 2316437
Neubau-Unterkunft, der Stadtstrand Laginha und die Innenstadt sind zu Fuß erreichbar, günstig.

Stadtstrand Laginha
(nördlich des Fährhafens)

6 Residencial Laginha③
Laginha, Tel. 2325468
50 m vom Stadtstrand Laginha. Sehr geräumige Zimmer mit Du/WC, AC, Telefon, TV, Frigobar.

7 Residencial Beleza Laginha③
Chã de Alecrim, Tel. 2313380,
Reservierungen über Tel. 2324094
Pension in einem einfachen Viertel nahe des Stadtstrandes Laginha, aber ohne Meerblick. Alle Zimmer haben Internetanschluss.

8 Residencial Che Guevara③
Av. Che Guevara, Tel. 2322449
Ruhige Pension im Wohnviertel Che Guevara zwischen Stadtstrand Laginha und Innenstadt. Zimmer mit Du/WC.

Lazareto (am Südende der Bucht auf halbem Weg zum Flughafen)

43 Pousada Monte Cara⑤
Tel. 2326199, www.pousadamontecara.net
Luxuriöses kleines Neubauhotel mit begeisterndem Blick auf Bucht und Stadt – ein wahrer Ruhepol.

Casa Figueira & CL in der Rua da Praia

Moderne Zimmer mit Du/WC, AC und Balkon. Süßwasserpool, Restaurant, WLAN.

■ **44 Hotel Lazareto**③
Tel. 2300902, www.hotellazareto.blogspot.com
Neubauhotel, moderne Zimmer mit Du/WC und AC, teils mit Blick auf Bucht und Stadt. Kapverdisches Restaurant, günstiger Airporttransfer.

Strand von São Pedro

■ **Resort Hotel Foya Branca**⑤
10 km von Mindelo und
1 km vom Flughafen entfernt, Tel. 2307400
3 ha große Gartenanlage mit 52 DZ, 16 Juniorsuiten und sechs Villen mit 2–4 Zimmern, alle mit TV, Telefon, Du/WC, Ventilator. Restaurant, Bar, zwei Poollandschaften, Fitnessraum, Surfzentrum, Tauchschule. Frühstück extra. Shuttle-Service ins Stadtzentrum. Bedingt geeignet für Gehbehinderte und Rollstuhlfahrer.

■ **Aquiles Eco-Hotel**④
10 km von Mindelo und
1 km vom Flughafen entfernt, Tel. 2328002
Kleines, modernes Hotel am Strand, Zimmer mit Bad und Balkon mit Windschutz. Restaurant.

Strand von Baía das Gatas

■ **Residencial Take Away Atlanta**②
Tel. 2326221, Mobil 9916211
10 km von Mindelo, an dem zum Schwimmen sichersten Strand der Insel, getrennt vom Restaurant, alle Zimmer mit eigenem Bad, Du/WC, TV.

■ **Apartamentos Baia Beach O Simpatico**③
Tel. 2316210, Mobil 9102527
Sehr komfortable Apartments für bis zu 6 Personen, Zimmer mit eigenem Bad, Du/WC, Balkon. Windgeschützter Innenhof mit Pool. In der ersten Reihe am Strand, Snack-Bar-Restaurant. Für die gebotene Ausstattung und Qualität günstig.

Strand von Calhau

■ **Residencial Goa**③
18 km von Mindelo, Tel. 2329355
Alle 10 Zimmer mit Meerblick, neu und komfortabel eingerichtet, mit Du/WC. Grüner, teils überschatteter Innenhof, sehr freundlicher Service durch die französischen Besitzer.

Restaurants, Cafés, Noites Caboverdeanas

Zahlreiche Restaurants aller Kategorien bieten ein **umfassendes Spektrum,** das von kapverdischer und afrikanischer bis zu italienischer und französischer Küche reicht.

Noites Caboverdeanas: Restaurantbesuch mit traditioneller Musik – die Abende werden von den Restaurants veranstaltet.

Noch ist das Musikleben Mindelos nicht zur touristischen Folklore verkommen mit allabendlichen Aufführungen nach einem Geschmack, der nicht der des Landes ist. Und es geht in der **Musikszene** lebhafter zu als im Rest des Landes. Doch nicht in jeder Kneipe werden abends die Instrumente gestimmt. Man muss nachfragen, wo und wann eine gute Gruppe spielt. Die Rezeptionen der Hotels und Pensionen sowie die Touristeninformation können Auskunft geben und helfen, einen Tisch zu bestellen.

Mindelo (Stadtzentrum)

■ **38 Casa Café Mindelo**
Portugiesisches Café und Restaurant an der Praça Dom Luís. Guter Service, nettes Ambiente, gute portugiesisch-kreolische Küche, regelmäßig Live-Musik. Geöffnet 7–2 Uhr.

■ **22 Café Mamma Mia**
Café mit verkehrsfreiem Außenbereich an der Praça Aurélio Gonçalves (nahe der Touristeninformation).

31 Pastelaria Algarve
Café mit luftigem Außenbereich auf der Rua Lisboa. Snacks.

26 Galeria Colombim
Ladenpassage mit Straßencafés und Bars, Eingang von der Rua Unidade Africana.

35 Café Royal
Café-Bar in der Rua Lisboa, regelmäßig Live-Musik.

34 Restaurant im Hotel Gaudi
Restaurant mit internationaler Küche; Infos zum Hotel s. o.

14 O Simpático
Rua Cristiano de Sena Barcelos, gegenüber der Hauptpost, Straßencafé, Bar, Bistro, mittlere Preislage.

15 Restaurante Taverna
Rua Cristiano de Sena Barcelos, Tel. 9512268. Italienisch-kreolische Küche der gehobenen Preislage, ausgezeichnetes Eis, Reservierung ist zu empfehlen.

20 Elias
Kleines Restaurant an der Praça Aurélio Gonçalves (nahe der Touristeninformation) mit verkehrsfreier Außenterrasse. Geboten wird authentische kreolische Küche.

45 Chez Loutcha
Tel. 2321636, Rua de Côco. Gehobene kapverdische, senegalesische und französische Küche, mehrmals wöchentlich Live-Musik, Reservierung empfohlen.

23 Restaurant/Bar Náutilus – Clube Náutico
Av. Marginal, netter Innenhof im historischen Zolllager. Snack- und Grillbar, abends mit vollwertigen Gerichten, Live-Musik mehrmals die Woche.

32 Ka tem
Rua Lisboa. Bar mit kreolischem Imbiss.

21 Bar/Restaurante Cocktail
Av. 5 de Julho, Tel. 2327275. Großzügige Terrasse über dem Ladenzentrum Furnalha, Grill. Ein netter Platz im 1. Stock, um sich für eine Kaffeepause zurückzuziehen, am Wochenende Live-Musik, sonntags SB-Mittagsbuffet u.a. nach kapverdischen Rezepten mit Kaffee und Nachtisch.

1 Archote
Alto São Nicolau, Tel. 2323916. Gemütlich, konstant gute Küche, am Wochenende Live-Musik.

40 Dominga/Boaventura
Rua de Praia. Preiswerte kreolische Küche.

41 Grills
Rua de Praia, im 2. Stockwerk des in den Farben des lokalen Fußballclubs Mindelense gestrichenen Gebäudes. Restaurant mit Blick auf den Porto Grande, gute Grillgerichte, Live-Musik.

17 Restaurant im Hotel Porto Grande
Tel. 2323190, Praça Nova. Hotelrestaurant gehobenen Standards mit großem Außenbereich und Blick auf die Praça Nova.

33 Pizzeria Fundo d'Mar
Rua Lisboa, im Obergeschoss über dem Café Lisboa, Tel. 2314320. Stadtbekannte Pizzeria, in der Musikvideos laufen. Kleine Veranda mit Blick auf die Rua Lisboa.

42 Pica Pau
Rua St. António, Tel. 2328207. Kleines Restaurant mit reichlich Patina, spezialisiert auf Fisch und Meeresfrüchte.

28 Restaurante Sodade
Rua Franz Fanon, Tel. 2303200. Das Restaurant im obersten Stock der gleichnamigen Pension bietet einen tollen Blick über Altstadt und Hafenbucht.

4 Restaurante/Pizzeria Flostel
Alto São Nicolau, Tel. 2312686, beim Residencial Maravilha. Einfaches Lokal mit Tischen im Freien,

> Der Karneval in Mindelo ist der farbenprächtigste auf Cabo Verde

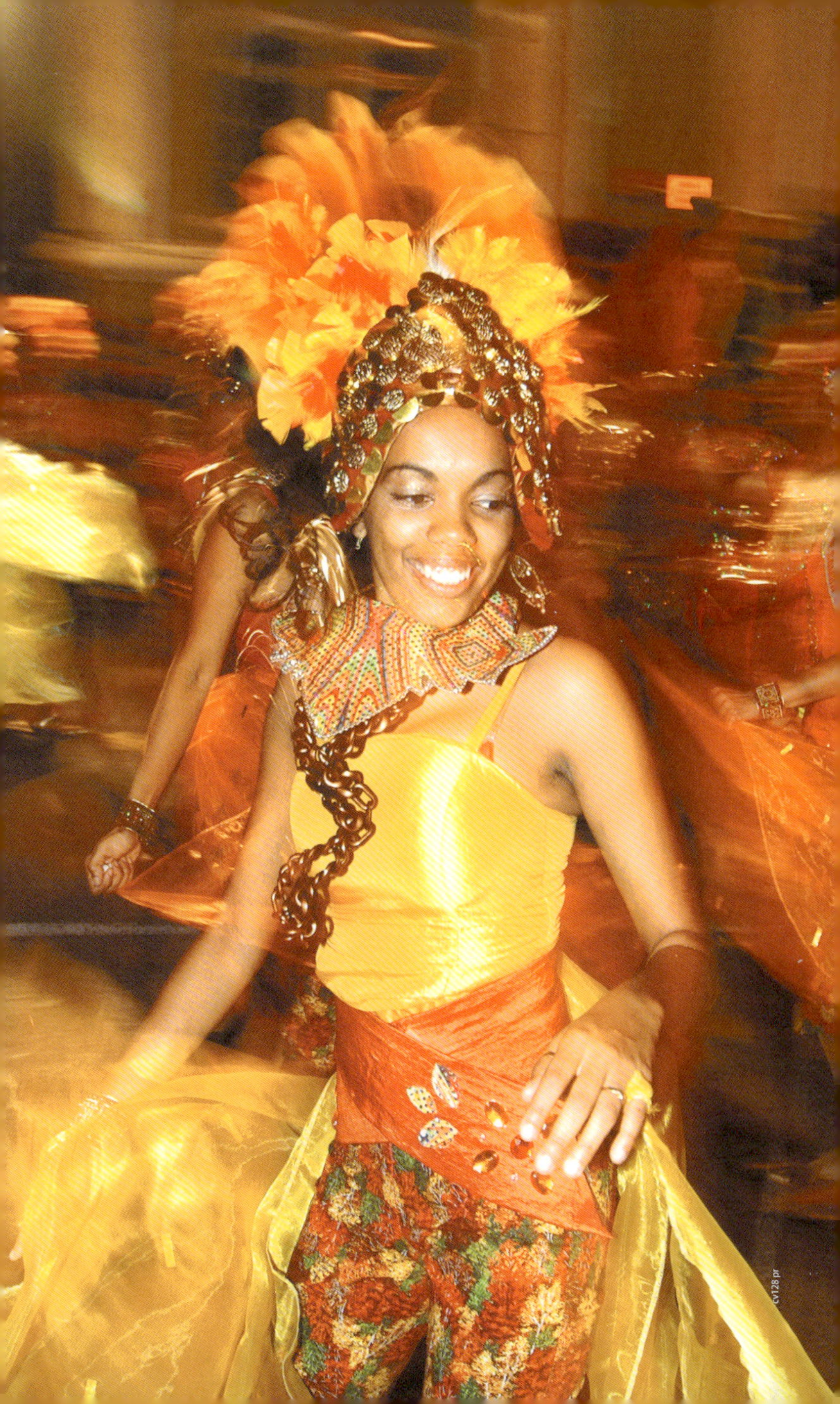
cv128 pr

der fehlende Meerblick wird durch günstige Tagesgerichte, eine große Pizzaauswahl und nordafrikanische Gerichte kompensiert. Auf Bestellung auch Lieferung ins Haus.

5 Restaurante Maravilha
Alto São Nicolau, im Untergeschoss der gleichnamigen Pension, internationale Küche und Snacks, Biergarten.

37 Pergola
Im Gebäude der Alliance Francaise. Sehr guter Mittagstisch, große Auswahl an vegetarischen und veganen Gerichten, schattiger Patio, WLAN.

Mindelo (außerhalb vom Zentrum, bis 15 Min. zu Fuß)

■ **Pizzeria Bella Napoli**
Ribeira Bote, nahe Polivalente, Tel. 2319693. Gute Pizzas in kapverdisch-italienischem Ambiente.

■ **Escale**
Tel. 2324434, bei der Igreja Nazarena. Reichhaltige Speisekarte, gehobenes Preisniveau, Reservierung empfohlen. Mo bis Sa 12–15 und 19–21 Uhr.

Stadtstrand Laginha (nördlich des Fährhafens)

9 Esplanada Caravela
Offenes Restaurant und Bar über zwei Ebenen. Fastfood mit schöner Aussicht, vom Sundowner bis nach Mitternacht gut besetzt.

10 Kalimba
Mobil 5862370. Offenes Restaurant und Strandbar mit Strandliegen (für die Gäste des Hotels Porto Grande kostenlos). Gute Spießchen.

11 Restaurante-Bar O Neapolitano
Im Hochhauskomplex Copa Cabana gegenüber dem Strand. Restaurant und Bar mit Außenbereich und hübscher Aussicht.

12 Gabylandia
Einfaches Gartenrestaurant direkt am Strand.

Außerhalb

■ **Bistro Santo André**
São Pedro, im Ortsteil Santo André gegenüber dem Hotel Foya Branca, Tel. 2315100. *Per Tamm* hat nach langen Jahren im Dienste der Gesundheit in afrikanischen Ländern sein Wohnhaus ganz in der Nähe der ehemaligen Kapelle Santo André zu einem gemütlichen, sehr individuellen Restaurant erweitert. Die Küche hätte für ihre fantasievolle Kombination mediterraner Rezepte mit afrikanischen, kreolischen und nordischen Einflüssen einen Michelin-Stern verdient – sehr empfehlenswert! Wechselnde Menüs, gepflegte Weine. Es sollte reserviert werden. Di, Mi, Do 12–15 Uhr, Fr/Sa 12–15 und 18–22 Uhr, So 12–23 Uhr.

■ **Restaurante Churrasqueira Baía Verde**
Mobil 9968470, Baía das Gatas, 10 km von der Stadt in der Wochenendsiedlung. Gute kapverdische Küche und Grillspezialitäten. Mo Ruhetag.

■ **Restaurante Take Away Atlanta**
Tel. 2327500, Baía das Gatas. Gute kapverdische Gerichte.

■ **Restaurante Hamburgo**
Calhau, 18 km von der Stadt, Tel. 2329309. Gute kapverdische Küche, frische Fischgerichte.

■ **Restaurante Chez Loutcha Calhau**
Tel. 2329344, Calhau, Ortsteil Vila Miséria. Gute internationale und afrikanische Küche. Nur am Wochenende geöffnet, So ab 13 Uhr Mittagsbuffet.

Nachtleben

Siehe auch einleitende Bemerkung bei „Restaurants, Cafés, Noites Caboverdeanas".

Es gibt **mehrere Diskotheken** in Mindelo, die sich aber erst ab Mitternacht füllen; Betrieb meist am Wochenende und an Feiertagen, werktags ist wenig los. Nehmen Sie keine Wertgegenstände, Geldkarten etc. mit, legen Sie **nachts auch kurze Distanzen mit dem Taxi** zurück!

- **Caravela,** Disco am Stadtstrand Laginha, im Untergeschoss des gleichnamigen Strandrestaurants (s.o.), Do, Sa und So gut besucht.
- **Armazem Colombin,** große Disco, Musik- und Kulturveranstaltungen, Eingang von der Rua Unidade Africana her.
- **Cave,** Alto São Nicolau. Disco.
- **Hi Step,** Fonte Inês. Disco.
- **Syrius Club Dance,** beim Hotel Porto Grande.

Reisebüros

Organisation von Rundfahrten, Schiff, Flügen, Mietwagen, Unterkunft etc., auch auf anderen Inseln:

- **Aliança Krioula**
Rua Senador Vera Cruz 57, Tel. 2323847.
- **Tropictur**
Rua Patrice Lumumba 3, Tel. 2324188.

Touristeninformation

- **Informação Turística Lucete Fortes,** in Mindelo, an der Avenida Marginal, in der Hafenbucht, steht der Kiosk der Touristeninformation. Hier gibt es Auskünfte, Wanderkarten aller Inseln, Reiseführer, Postkarten und Briefmarken sowie Telefonkarten und Souvenirs.

Banken und Geldwechsel

- **Banco Comercial do Atlântico (BCA),** mehrere Filialen; in der Stadtmitte in der Rua Lisboa und an der Praça Nova, Mo bis Fr 8–15 Uhr.
- **Caixa Económica,** mehrere Filialen; im Zentrum neben dem Aparthotel Avenida, Rua 5 de Julho, Mo bis Fr 8–15 Uhr.
- **Banco Angolano de Investimentos,** Ponta d'Água.
- **Geldautomaten** bei den Banken und am Flughafen.
- **Geldwechsel** ist **in den Hotels** möglich, jedoch zu schlechteren Kursen.

Post und Telefon

- **Hauptpost,** Rua Cristiano de Sena Barcelos zwischen Informação Turística und Av. 5 de Julho.
- Ein kleiner **Laden gegenüber der Hauptpost** ermöglicht Telefonate in die EU zu Preisen von 8 bis 12 CVE pro Minute.
- Auch **von den größeren Hotels** sind Telefonate möglich, aber zu höheren Gebühren.
- Die **Telefonnummern in Mindelo** beginnen mit 23.

Polizei

- **Av. Dr. Alberto Leite,** Tel. 2314631.
- **Notruf: Tel. 132.** Zeigen Sie jede Belästigung und jeden Diebstahl an! Nur so kann die Polizei ihre Aufgaben erfüllen.

Krankenhaus und Apotheken

- **Hospital Baptista de Sousa,** Zentralhospital des Barlavento, östlich vom Stadtkern, Tel. 2312355.
- **Mehrere Apotheken** in der Stadt.
- **Notruf: Tel. 130.**

Kunsthandwerk

- **Alternativa,** Av. 5 de Julho, Ecke Rua Chr. Sena Barcelos, Tel. 2315165. Produkte in künstlerisch bester Qualität, keine festen Öffnungszeiten.

- **Atelier Bela Duarte,** Av. Manuel de Matos (Chã Cemiterio), Tel. 2315475.
- **Artesanato Mestre Pulù,** *José Manuel Faria de Andrade,* Rua Mestre Pulù, Tel. 2323249.
- **Artesanato „Cre d'cheu"** im Centro Cultural Mindelo, typisch kapverdisches Kunsthandwerk.
- **Cape Verte Design,** Rua de Luz. Hochpreisiges Kunsthandwerk von allen Inseln.

Andenkenläden in der Stadt und auf dem Praça Estrela führen vorwiegend vom Kontinent importierte afrikanische Massenware.

Typische Andenken sind kleine Terracotta-Häuschen und -Figuren mit Alltagsszenen, Schnitzereien aus Kokosnüssen, Korbwaren, Batiken und kreolische Malereien. Besonders beeindruckend und wegen der aufwendigen handwerklichen Herstellung nicht ganz billig sind aus schmalen Streifen zusammengesetzte Wandteppiche (www.bela-vista.net/ da-luz.aspx).

Feste

- Der kulturelle Höhepunkt Mindelos ist der **Karneval** (siehe zum Schluss des Kapitels „Land und Leute/Kunst und Kultur").
- Das **Musikfestival von Baía das Gatas** gehört zu den großen kulturellen Ereignissen Cabo Verdes. Es findet jährlich **am ersten Augustwochenende nach Vollmond** statt. Man spricht von rund 25.000 Beteiligten. Der Strand wird zur Bühne: Auf einem Podest agieren die Bands und Interpreten aus Cabo Verde, Portugal, Westafrika, Brasilien und den USA. Die Besucher lassen sich auf dem Sandstrand für das Wochenende „häuslich" nieder zum Tanzen, Feiern, Essen, Trinken und Schlafen. Auch viele Touristen finden sich zu diesem Spektakel ein.

- Das **Theater-Festival „Mindelact"** findet im März mit Theatergruppen von allen Inseln und aus dem lusophonen Ausland statt.

Religiöse Feste

- **22. Januar:** Fest des hl. São Vicente, Stadt- und Inselfest.
- **3. Mai:** Fest zu Ehren Santa Cruz.
- **13. Juni:** Fest Santo António.

> Mindelos Hauptplatz Praça Nova

- **26. Juni:** Fest São João.
- **29. Juni:** Fest São Pedro.
- **5. Juli:** Tag der Unabhängigkeit, Nationalfeiertag.

Wanderführer/-karte

- **Kapverden. Die schönsten Küsten- und Bergwanderungen,** *Rasso Knoller, Christian Nowak,* Rother Wanderführer.
- **Freizeit- und Wanderkarte São Vicente 1:35.000,** *Lucete Fortes, Pitt Reitmaier,* Freizeit- und Wanderkarte mit 20 klassifizierten Wanderwegen, Tauchplätzen und großem Stadtplan von Mindelo. AB-Kartenverlag Karlsruhe.
- **Stadtplan Mindelo 1:7500,** *Pitt Reitmaier, Lucete Fortes,* sehr detaillierter Stadtplan, der auch dort die Orientierung erlaubt, wo es weder Straßennamen noch Hausnummern gibt.
- **Wanderführer Sao Vicente im Internet:** www.bela-vista.net/Sao-Vicente-Wandern.aspx

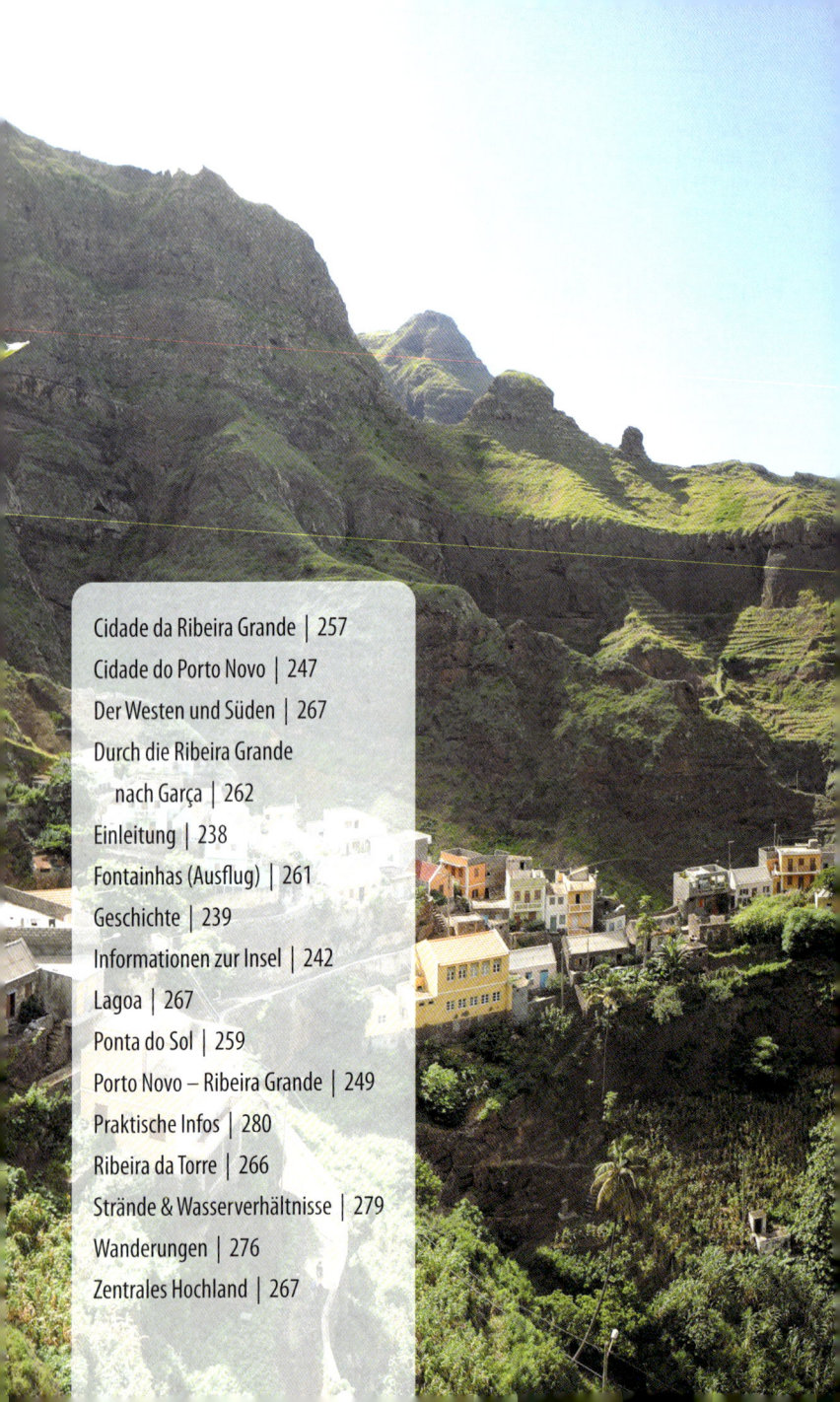

Cidade da Ribeira Grande | 257
Cidade do Porto Novo | 247
Der Westen und Süden | 267
Durch die Ribeira Grande
  nach Garça | 262
Einleitung | 238
Fontainhas (Ausflug) | 261
Geschichte | 239
Informationen zur Insel | 242
Lagoa | 267
Ponta do Sol | 259
Porto Novo – Ribeira Grande | 249
Praktische Infos | 280
Ribeira da Torre | 266
Strände & Wasserverhältnisse | 279
Wanderungen | 276
Zentrales Hochland | 267

8 Santo Antão

Die faszinierende Bergwelt der im Nordwesten dauerhaft grünen Insel macht sie zur Wanderinsel. Der landschaftliche Reichtum reicht von tropischen Tälern bis zu vulkanischen Mondlandschaften, entsprechend abwechslungsreich gestalten sich Spaziergänge und Wanderungen. Ländliche Infrastruktur, familiäre Quartiere und bezaubernde Dörfer an steil aufragenden Küsten begeistern jeden Naturfreund.

In den letzten Jahren sind Mountainbiking, Canyoning und Tauchen hinzugekommen.

Fontainhas: beliebtes Ausflugsziel

Einleitung

Den nordwestlichen Abschluss des Inselbogens bildet Santo Antão, **die gebirgigste der Inseln** und eine der landschaftlich schönsten und eindrucksvollsten. Die „**Ilha das Montanhas**", die Insel der Berge, ist die **mit den üppigsten grünen Tälern,** dem schönsten und größten Bergwald, der schroffesten Steilküste und der größten vulkanischen Bergwüste. Fast gewinnt man den Eindruck, alle Landschaftsformen, die Cabo Verde zu bieten hat, hätten sich hier auf einer einzigen Insel vereint: zerklüftete

☐ Archipelkarte Umschlag vorn

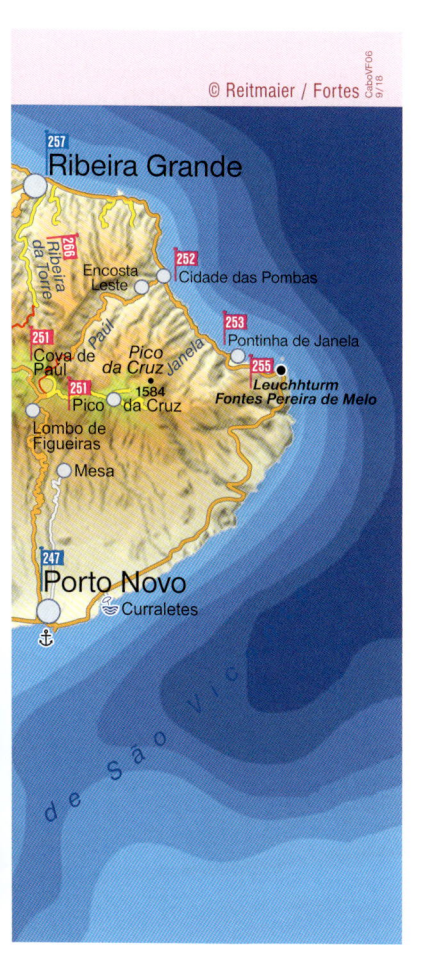

Gipfel, schmale Grate zwischen Schwindel erregend tiefen Schluchten und Tälern, Vulkankegel in allen Schattierungen, wüstenhafte, steinige Mondlandschaften, schwarze und helle Dünen hinter dem Strand, brütende Hitze, kühle Waldregionen und üppigste Tropenvegetation inmitten von steilen Felsenküsten, an denen sich die Wellen des Atlantiks unaufhörlich brechen.

Sanft und freundlich zeigen sich die grünen Täler und Höhen, Dörfer und Städte, wild und schwer zugänglich der wüstenhafte Westen, an manchen Stellen fast abweisend. An den steilen Küsten bleibt nur wenig Platz für Strände. Santo Antão ist **keine Badeinsel,** auch wenn es einige sehr schöne Strände gibt.

Santo Antão ist die **Insel der Bergwanderer** und -liebhaber. Botaniker und Geologen, Maler und Landschaftsfotografen kommen nur schwer wieder los von der grünen Vielfalt. Haben sie auch den spröden Charme der Gebirgswüste kennen gelernt, gelingt es ihnen – so wie uns – vielleicht nie wieder.

Geschichte

Entdeckt wurde die Insel am 17. Januar **1462** von *Diogo Afonso*. Schon in den ersten Jahren danach kamen ab und an Schiffsmannschaften, um Färberflechten zu ernten, doch die **ständige Besiedlung** ließ bis ins **17. Jahrhundert** auf sich warten. Die Kolonisation verlief vollkommen anders als im Sotavento. Weit abseits der Schifffahrtsrouten des Sklavenhandels gelegen und zum Export landwirtschaftlicher Güter ausersehen, verteilten die Grafen und Lehnsherren von Santo Antão (Familie *Conde da Cruz*) das Land an die Söhne von Landbesitzern aus Santiago und Fogo und an zahlreiche neue Einwanderer aus den portugiesischen Regionen Algarve, Alentejo und Minho. Ein direkter afrikanischer Kultureinfluss über Sklaven der ersten Generation hat nie eine Rolle gespielt. So werden die kreolischen Wurzeln immer wieder durch Einwanderer, Freie, Flüchtlinge und Verbannte, Soldaten, Schiffsbrüchige und hängen gebliebene Seeleute aus Spanien, Italien, Frankreich und Nordamerika ergänzt. Von der einst lebendigen jüdischen Kultur zeugen noch die häufigen jüdischen Familiennamen, jüdische Friedhöfe wie in Ponta do Sol und Penha de França, der Ort Sinagoga und Handelshäuser in Ribeira Grande.

Auf die **Färberflechten** als wichtigstem Exportprodukt folgten die **Purgiernüsse**, aus denen Lampenöl, Kerzen, Seifen und Reinigungsöl für Maschinen hergestellt wurde. Am Zusammenfluss von Ribeira Grande und Ribeira da Torre, zu dieser Zeit noch ein natürlicher Hafen, entstand die Siedlung (altport.: *povação*) **Povação da Cruz,** benannt nach der Grafenfamilie. 1732 erhielt sie die Stadtrechte und hieß **Vila da Ribeira Grande** – außer im Volksmund, wo sich „Povação" unverändert hielt und hält.

Die **Privatisierung der Insel** in die Hände der *Companhia de Comércio do Grão-Pará e Maranhão* im Jahr 1757 hatte schwerwiegende Folgen für Santo Antão. Die Companhia, deren Name in vielen Ortsnamen nachklingt, ließ **Weinmonokulturen** anlegen. Der Wein war für die Sklavenhandelsstationen der Companhia an der afrikanischen Küste und im Nordosten Brasiliens bestimmt. Wo immer möglich, mussten Reben gepflanzt werden, und die Nahrungskulturen wurden vernachlässigt. Doch bald schlug die Natur zurück und die Weinberge traten den Weg in die Täler an. Geröll ließ das Bachbett der Ribeira Grande um zwei Meter ansteigen und verschüttete den einzigen Hafen. In den Folgejahren 1773–75 verhungerte die Hälfte der Bevölkerung, und das Abenteuer der Companhia wurde von der Krone rückgängig gemacht, die die Insel an die Grafenfamilie zurückgab.

Als die Insel 1867 in zwei Distrikte geteilt wurde, entstand der **Bezirk Paúl.** 1886 entwickelte sich eine liberal-bürgerliche Bewegung auf der Insel, die 1894 in Paúl niedergeknüppelt wurde. Die Landbesitzer von Ribeira Grande gebärdeten sich als besonders königstreu und pressten den im Gefängnis sitzenden Bürgerlichen ihr Land ab. Die Narben des Konflikts sind bis heute nicht vollständig verheilt.

Die Stadt **Porto Novo** ging 1934 aus Porto dos Carvoeiros hervor. Ähnlich wie bei Orten mit dem Namen „Tarrafal" war dies eine Ansiedlung von Köhlern. Der dichte Bewuchs aus Tamarisken (*Tamarix senegalensis,* kreol.: *tarrafe*) wurde zu Holzkohle, die den Köchen der Segelschiffe als Brennstoff diente. 1939, mit Beginn des 2. Weltkriegs, wurde dem armseligen Fischerdorf von knapp 500 Einwohnern eine große portugiesische Kaserne aufgepfropft, mit getrennten Küchen und zwei Köchen, jeweils für die portugiesischen und die einheimischen Soldaten. Erst nach dem Bau der Hafenmole und der Straße übers Gebirge (1962) wurde Porto Novo zum dritten Bezirk der Insel mit knapp einem Drittel der Einwohner auf über zwei Dritteln der Fläche. Was bis in die 1980er Jahre wie ein Flüchtlingslager anmutete, in das

Ponta do Sol mit seinem Naturhafen Boca de Pistola

sich die Bauern aus dem verdorrten Trockenfeldbau zurückgezogen hatten, mauserte sich zur größten und einzigen rasch wachsenden Stadt der Insel mit allen urbanen Attributen, einem modernen Fährhafen, dem größten Hotel und einem wachsenden Straßennetz. Der enorme Bevölkerungszuwachs der Stadt resultiert sowohl aus den aufgegebenen Siedlungen im Gebirge als auch aus den nördlichen Städten, wo Bauland kaum mehr zu finden ist.

Informationen zur Insel

Santo Antão ist mit **779 km²** Fläche die **zweitgrößte Insel Cabo Verdes** (nach Santiago) und liegt im äußersten Nordwesten des Archipels im Barlavento. An ihrer längsten Stelle misst sie 43 km, an ihrer breitesten etwa 24 km. Mit knapp **44.000 ständigen Einwohnern** hat sie die drittgrößte Bevölkerung. Die Insel gliedert sich in **drei Verwaltungsbezirke** *(concelhos):*

Zu **Porto Novo (18.000 Einwohner)**, Hauptort ist Cidade do Porto Novo, gehört das gesamte beeindruckende Panorama, wie man es während der Überfahrt von São Vicente vor Augen hat, die trockenen Hänge im Süden, die Hochebene im Westen um den Tope de Coroa und noch ein großer, nicht sichtbarer Teil der Ausläufer zur Nordküste.

Von **Paúl (7100 Einwohner)** mit dem Hauptort Cidade das Pombas spitzt nur der bewaldete Gipfel des Pico da Cruz im Osten hervor.

Ribeira Grande (19.000 Einwohner), Hauptort ist Cidade da Rª Grande, breitet sich vom zentralen Hochland nach Norden aus.

Die **Siedlungsstruktur** wandelt sich rasch von einer großen Zahl isolierter Einzelgehöfte und Streusiedlungen zum Überwiegen der Haufen- und Straßendörfer. Die mit Zuckerrohr- und Palmstroh gedeckten, aus Bruchsteinen gemauerten Häuschen machen ein- und zweistöckigen Betonbauten Platz. Während die kleinen Dörfer zumeist an steilen Felsrippen, vor Steinschlag und Erdrutschen geschützt, in die Höhe klettern, liegen die Hauptsiedlungen in den verbreiterten, schotterbedeckten Talsohlen und der Lavaebene des Südens.

Die fortgeschrittene Konzentration der Bevölkerung in den Städten und entlang der Straßen erleichtert die Versorgung mit Schulen, Gesundheitseinrichtungen, Energie etc. erheblich.

Die **naturräumliche Gliederung** der „Ilha das Montanhas" (Insel der Berge) gestaltet sich wie folgt:

Von Nordosten nach Südwesten erstreckt sich ein Höhenzug zwischen dem höchsten Punkt im Nordosten, dem **Pico da Cruz (1584 m)**, und dem höchsten Berg der Insel, dem **Tope de Coroa (1979 m)**, im Südwesten. Im Zentrum erscheinen die Höhen als hügeliges vulkanisches Hochland, beginnend an der Einsturzcaldeira **Cova de Paúl**, mit der **Chã de Lagoa**, dem flachen **Espadaná-Krater** und den Bergen von **Maroços**. Weiter nach Südwest bildet die **Rª das Patas** einen tiefen Einschnitt als größtes und tiefstes Kesseltal der Insel. Die Wände fallen bis zu 800 m steil in die Tiefe. Nach Norden hat die Erosion eine Bresche in das Randgebirge der Rª das Patas geschlagen und über den Pass der **Selada de Jorge Luís** einen Übergang zu den tiefen Kerbtälern von **Alto Mira** und **Ribeira da Cruz** geschaffen.

Westlich der Rª das Patas, oberhalb der steilen Wände der **Bordeira de Norte**, setzt sich das sanftere Relief wieder fort als vulkanische Hochebene von Norte mit wüstenhaft trockenen Gipfeln.

Nach Norden ziehen Schluchten und Täler vom Rücken der Insel zur Küste. Meist trennen scharfe, schmale Grate die Täler und bilden eine **gekammerte Landschaft**, in der der Zugang zum Nachbartal über Jahrhunderte nur über Maultierpfade im Gebirge möglich war.

Im Nordosten macht die **Rª de Penede** den Anfang, gegen den Uhrzeigersinn gefolgt von den **Ribeiras de Janela, de Paúl** und **da Torre,** um nur die Großen zu nennen.

Den folgenden Tälern, die von der Höhe nach Norden ziehen, **Rª de Duque, Rª de Figueiral, Rª de Chã das Pedras** und **Rª de Caibros,** verwehrt ein zweiter, parallel zum Hauptrücken verlaufender Gebirgskamm, **Orgãos,** den direkten Zufluss zum Meer und zwingt sie, in die **Rª Grande** zu münden, was den Zugang wesentlich erleichtert.

Rª da Garça, Rª Alta und **Rª de Figueiras** erreichen wieder die Küste und bilden erneut schwer zugängliche Kammern, von denen die beiden letztgenannten bis heute keine Straßenanbindung erhalten konnten.

Alto Mira und **Rª da Cruz** wurden über den Pass **Selada de Jorge Luís** erschlossen, der sie mit dem Kessel der Rª

Cova de Paúl

das Patas verbindet. Von den im Westen anschließenden Tälern hat die **Rª da Bicha**, die zwischen den Orten Rª da Cruz und Chã de Norte zum Meer zieht, das größte Einzugsgebiet auf der Insel. Nach den auf der westlichen Hochebene seltenen tropischen Gewitterregen schießt der braun-schlammige Sturzbach bis zu 10 m hoch durch, aufgefüllt von den Hauptzuflüssen **Rª da Martiane** und **Rª da Água Margosa**, die die wüstenhafte Hochebene von Norte durchziehen.

Die **Rª de Tarrafal de Monte Trigo** verläuft von der Hochebene nach Westen und bildet eine unerwartet grüne Taloase mit großem schwarzem Strand.

Nach Süden fällt das Gelände weniger steil ab und läuft aus in Geröll und Lavaebenen bis zur Küste. Schichten gleißend weißer bis elfenbein-gelblicher Puzzolana bedecken die Hänge und begleiten die Straßentrassen.

Das **Klima** Santo Antãos wird in der durchschnittlichen Jahresniederschlagsmenge nur von Fogo übertroffen. Dennoch sind rund zwei Drittel der Fläche wüstenhaft trocken – die Regenmenge allein beschreibt nicht die extremen Klimakontraste auf kleinstem Raum. Nirgends werden diese deutlicher erfahrbar als bei einer Wanderung auf dem Hauptkamm, östlich des Pico da Cruz (**Luv-Lee-Effekt**): Am nördlichen Abhang stehen Nadelbäume, von deren Ästen der Tau tropft und Krautwerk gedeihen lässt. Wenn der Blick nicht auf einer dichten Wolkendecke endet, fällt er auf üppig grüne Täler. Am Südhang dagegen ist bis zur Küste kein Strauch und kein Feld zu erkennen. In den felsigen Schluchten schwirrt die Luft, und für Momente ziehen derart heiße Schwaden herauf, dass man befürchtet, sich die Wimpern zu versengen.

Der **Nordostpassat** legt häufig eine **Wolkendecke** über den Nordosten und sorgt für geringere Sonneneinstrahlung und Verdunstung, höhere Luftfeuchte und geringere Temperaturen. Meist ist er stark genug, um die Wolken von der typischen Höhe zwischen 750 und 1100 m vehement über den Kamm zu treiben und für **Steigungsregen** zu sorgen. Selbst wenn es dazu nicht kommt, entziehen halbfeuchte Nebelwälder Wassermengen aus den Wolken, die eines der größten Waldgebiete und – durch konstante Versickerung – tiefer liegende Quellen versorgen. Die Täler des Nordostens werden so zur feuchtesten und grünsten Region Cabo Verdes. Der Süden und Westen der Insel ist, was die Niederschläge betrifft, fast ausschließlich auf die tropischen Gewitter der Regenzeit (August bis Oktober) angewiesen. Wenn sie eintreten, bringen sie **Starkregen,** bei denen nicht selten die Hälfte des Jahresniederschlages an nur einem Tag niedergeht. Tage mit **Suão,** wie der trocken-heiße Föhn an der Südküste genannt wird, lassen Felder in wenigen Tagen verdorren.

Die **Landwirtschaft** ist noch immer die wichtigste Erwerbsquelle; Santo Antão hat nach Santiago die zweitgrößte bewässerte Fläche aller Inseln. In der bewässerten Landwirtschaft wird fast die Hälfte der Fläche zum Anbau von **Zuckerrohr** für die Schnapsproduktion eingesetzt. Dazwischen gedeiht ein breites Spektrum an **tropischem Obst:** Ba-

> Westliche Hochebene: Blick auf den Monte Arranha Pernas (im Hintergrund der Tope de Coroa)

nanen, Papaya, Zitronen, Orangen, Ananas, Trauben, Guaven und vieles mehr. Beschattet werden die penibel gepflegten Felder von Brotfrucht- und Mangobäumen, Kokos- und Dattelpalmen und uralten Mandel- und Drachenbäumen. Zwischen Kartoffeln, Süßkartoffeln, Tomaten, Zwiebeln, Kohl, Karotten und Bohnen macht sich, spontan oder gewollt, eine Krautschicht breit, in der man auch die vielen in der kapverdischen Küche verwendeten Gewürze findet.

Im **Trockenfeldbau** beherrschen Kletterbohnen, Mais und Straucherbsen (sog. Kongo-Bohnen, port.: *feijão congo*, kreol.: *feijão verde*) das Bild neben Kartoffeln (kreol.: *batat inglesa*) und Süßkartoffeln (kreol.: *batata doce*). Die Hochlagen der Täler sind vom tiefen Grün der Kaffeesträucher überzogen.

Die Nahrungsmittelproduktion auf Santo Antão wird schwer beeinträchtigt durch den erstmals in den 1970er Jahren in Cabo Verde gefundenen **Tausendfüßler** *Spinotarsus caboverdus (Diplopoda: Odontopygidae)*, der die Wurzeln von Kartoffeln, Süßkartoffeln, Tomaten etc. angreift, während er das Zuckerrohr verschmäht, was die anhaltende Dominanz der Schnapsproduktion erklärt.

Die Viehzucht Santo Antãos ist in erster Linie **Ziegenzucht** im Hochland von Lagoa, Sul und Norte. Die Milch wird in den Bergen und in einer kleinen Molkerei in Porto Novo zu Käse verarbeitet.

Dem vergleichsweise günstigen Klima und der Fruchtbarkeit des Bodens zum Trotz ist Santo Antão dennoch **eine der ärmeren Inseln des Archipels.** Die Bauern arbeiten in der Regel nicht auf eigenem Besitztum, sondern haben die Grundstücke von **Großgrundbesitzern** gepachtet, die teilweise auf anderen Inseln leben. Im Zuckerrohr wird ihre Arbeitskraft nur periodisch genutzt, sodass nur Kleinbauern auf eigener Parzelle aus

Porto Novo

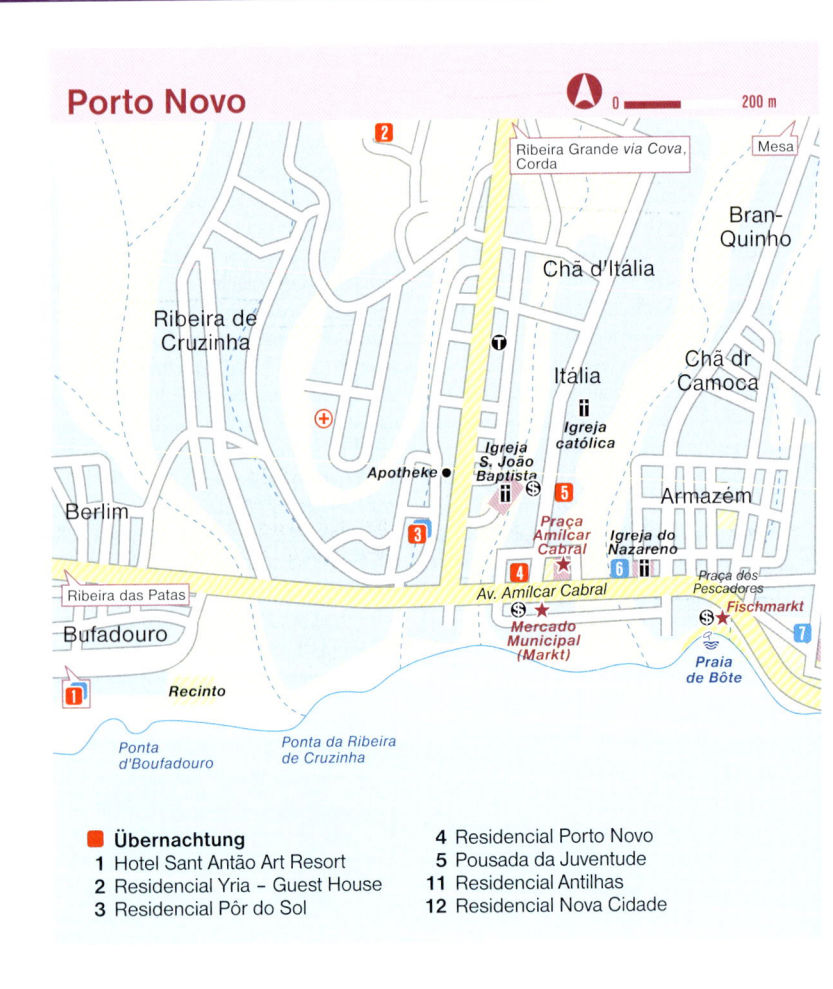

Übernachtung
1 Hotel Sant Antão Art Resort
2 Residencial Yria – Guest House
3 Residencial Pôr do Sol
4 Residencial Porto Novo
5 Pousada da Juventude
11 Residencial Antilhas
12 Residencial Nova Cidade

dem Armutskreis ausbrechen können. Das Meiste, was auf Santo Antão wächst und gedeiht, wird nach São Vicente exportiert.

Das **Straßennetz** hat sich in den letzten Jahrzehnten erheblich erweitert. Weniger als 5% der Bevölkerung wohnen weiter als eine Stunde von der nächsten Fahrstraße entfernt. Während man als Distriktsarzt von Porto Novo in den 1980er Jahren die Hälfte der Außenposten über ein- bis achtstündige Wanderungen erreichen musste und der Kirchsprengel Freguesia Santo André (Alto Mira, Jorge Luis, Ribeira da Cruz, Norte) keinen Meter Straße hatte, setzt man sich heute ins Auto und ist in höchstens einer Stunde dort.

Essen und Trinken
1 Restaurant im Hotel Sant Antão Art Resort
3 Restaurante Pôr do Sol
6 Felicidade
7 Bar Restaurante Paraiso
8 La Lampara
9 Bar Restaurante Sereia
10 Restaurante Gare Maritima
11 Antilhas
12 Restaurant im Residencial Nova Cidade

ebene von Lagoa streben, fahren alle nicht mehr weiter bis R^a Grande.

Das **Netz der Maultier- und Wanderwege** zieht sich über Hunderte von Kilometern in atemberaubenden Serpentinen durch Felsen und Täler. Wo die teils gepflasterten, von Bruchsteinmauern begleiteten Wege zu schmalen Nebenstraßen erweitert wurden, macht sie dies für Wanderer und Mountainbiker eher noch besser geeignet, denn der Verkehr beschränkt sich auf wenige Fahrzeuge pro Tag, und nach heftigem Regen werden sie in absehbarer Zeit repariert. Die häufig begangenen Routen werden zunehmend besser erhalten, auch wenn die meisten nicht ausgeschildert oder markiert sind. In den steilen Aufstiegen sind sie meist von Trockenmauern gesichert.

Cidade do Porto Novo

Die küstennahe **Asphaltstraße von Porto Novo über Janela und Cidade das Pombas nach R^a Grande** hat den alltäglichen Verkehr vom Hafen in Porto Novo in den dichter besiedelten Norden der Insel vollständig übernommen. Die wenigen Sammeltaxis und Busse, die über die alte Passstraße nach Cova, zum Pico da Cruz und zur zentralen Hoch-

Die größte Stadt ist die **einzige Eintrittspforte zur Insel.** Im nach Süden offenen **Hafen** machen die Fähren aus São Vicente fest, vor dem beständigen Nord-Ost-Wind und den Wellen durch eine Mauer geschützt. Schiffe mit bis zu 7 m Tiefgang finden Platz. Die Versorgungsmöglichkeiten für Segler sind sehr beschränkt.

Die **touristische Infrastruktur** Porto Novos umfasst einfachste Pensionen, ein 4-Sterne-Hotel, Reisebüros, Banken und Autoverleih. Individualreisende und Spezialveranstalter nutzen gerne den Vorteil der **verkehrstechnisch zentralen Lage** bei günstigen Preisen. Von keinem anderen Ort auf Santo Antão erreicht man eine solche Vielzahl an Ausgangspunkten für Wanderungen und MTB-Trails so einfach und günstig.

Easy living: Ein Freund, der seit bald 20 Jahren im Winterhalbjahr zum **Wandern** nach Santo Antão kommt, entscheidet bei der Anreise mit der Fähre oder beim frühmorgendlichen Blick aus dem Fenster in Porto Novo, wohin ihn sein Tag führen wird. Schieben sich dicke Wolkenpakete beidseits des Pico da Cruz über den Hauptkamm, dann weiß er, dass dort oben der halbfeuchte Regenwald seine Hausaufgaben macht: Es tropft aus den Ästen, die Wege sind glitschig, die Orientierung schwierig und an Rasten ist nicht zu denken. Paúl und Rª Grande liegen dann unter dunklen Wolken und Nieselregen. Also wendet er sein Interesse dem Zentrum und Westen der Insel zu und verbringt sommerlich-freundliche Wandertage auf Wegen zwischen Lagoa, Rª das Patas, Alto Mira, Rª da Cruz oder auf der westlichen Hochebene.

Bei Ankunft und Abfahrt der **Fähren** herrscht für wenige Stunden geschäftiges Treiben. Mit lautem Rufen und Winken versuchen die Fahrer der Sammeltaxis Fahrgäste zu gewinnen. „Rª Grande?", „Ponta d'Sol?", „Paúl?", „Tarrafal?" – tatsächlich ist dies der Moment, in dem preisgünstige Sammelfahrten zu nahezu allen Zonen der Insel, auch in die entlegensten Orte, möglich sind. Mountainbikes thronen auf Säcken und Koffern auf den Dachgepäckträgern der Aluguers – mit einem Taxi oder Mietwagen ist ihr Transport nicht machbar.

Neben den Ticketschaltern im neuen Fährgebäude **Gare Marítima** decken sich Reisende mit Landkarten, Wanderführern, Postkarten und persönlichen Auskünften und Ratschlägen in der **Informação Turística Lucete Fortes** (Tel. 2222517) ein. Auch Inselrundfahrten mit Taxis oder Kleinbussen zu Festpreisen werden vermittelt.

An der Uferstraße oberhalb des Hafens, in den **Bars und Restaurants** (Antilhas, Nova Cidade) machen sich die Angekommenen frisch, während andere sich die Zeit bis zur Abreise mit einem Kaffee auf der Aussichtsterrasse versüßen. Kaum hat die letzte Fähre abgelegt, wird es ruhig am Alto de Peixim.

Die Uferstraße verläuft in die Stadt, vorbei am Monument zu Ehren derer, die zurückbleiben, wenn ihr Partner in die Fremde zieht: **Memaia,** wie sie in Porto Novo genannt wird, steht neben dem Mörser und winkt den Schiffen nach, begleitet von ihrem kleinen Sohn.

Ein dreieckiger Praça, einige kleine Wohnhäuser und der kleine schwarze Strand **Praia dos Pescadores,** an dem die Fischerboote liegen, kennzeichnen den östlichen Siedlungskern und erinnern an die Zeit, als Porto dos Carvoeiros nur aus einigen strohgedeckten Häuschen bestand.

Vorbei an Läden, der Nazarenerkirche **Igreja do Nazareno** und den Baracken und Ständen eines Marktes, wo vorwiegend in China produzierte Textilien und Gebrauchtkleider aus Europa gehandelt werden, folgt die „City" der späten Kolonialzeit, als Porto Novo zur Garnison und langsam zum **Zentrum** wurde. Der große Neubau der Stadtverwaltung Câmara Municipal, die Banken und China-

▷ Einweihung der neuen Straße von Porto Novo über Janela nach Ribeira Grande

läden stehen für das neue Porto Novo. Die Straße zur Cova de Paúl, auf die Höhenzüge und nach Rª Grande nimmt hier ihren Anfang.

50 m nach dem Beginn der Straße nach Rª Grande biegt eine gepflasterte Sackgasse ab und endet an der tiefer gelegenen katholischen **Kirche São João Baptista.** Auf den Karten von *Duplessis* aus dem Jahr 1699 ist bereits die Signatur einer kleinen Kapelle an dieser Stelle zu finden. Der Namenspatron *Johannes der Täufer* kommt nur zu Besuch hierher: Am Tag vor São João holt ihn die Gemeinde in Rª das Patas ab und begleitet ihn in einer munteren Prozession mit Trommelwirbeln zu Fuß nach Porto Novo. Am Ende des Festes wandert er zurück nach Chã do Morto in Rª das Patas. Über die vom Hafen nach Osten ziehende neue Straße in Richtung Janela – Paúl gelangt man auch zu Fuß in etwa 20 Min. nach **Curraletes,** einer Bucht mit **schwarzem Sandstrand.** Am Wochenende herrscht familiärer Ausflugsbetrieb, und einmal im Jahr findet ein lokales Musikfestival statt. Unter normalen Umständen ist der kleinste der Strände in der Mündung der Rª dos Curraletes sicher, während der größere als tückisch gilt!

Porto Novo – Ribeira Grande

Zwei Straßen verbinden Porto Novo mit dem Norden der Insel: Da ist zum einen die alte, spektakuläre **Passstraße via Cova/Corda** und zum anderen die neue, **küstennahe Asphaltstraße via Janela/Paúl.** Besucher, die ihre Reise selbst planen, können beide kennen lernen, indem sie für die Hinfahrt die eine und für die Rückfahrt die andere Route wählen. Der Routineverkehr mit Sammeltaxis, günstig und rasch, läuft ausschließlich über Janela. Für die alte Passstraße mit ihren spektakulären Ausblicken sollte man Zeit haben und selbst bestimmen können, wann und wo man anhalten möchte. Will man also ein Taxi oder Sammeltaxi mieten, bietet es sich an, dies sofort nach Ankunft in Porto Novo zu tun und nicht auf den Tag der Rückreise zu vertagen, wenn man mit festem Termin dem Hafen zustrebt. Die Beschreibung der beiden Strecken folgt dieser Logik.

Porto Novo – Ribeira Grande (via Cova/Corda)

Diese **Fahrt** ist ein Erlebnis und führt **über die schönste Bergstraße Cabo Verdes** und durch spektakuläre Landschaften: Von Meereshöhe geht es auf einen 1300 m hohen Kamm und dann wieder hinunter ans Meer. Die Straße passiert dabei alle Klima- und Vegetationszonen der Insel. Als reine Fahrzeit ist 1 Stunde zu veranschlagen, mit einigen Zwischenstopps 2 Stunden, mit dem lohnenden Abstecher zum Pico da Cruz wird es ein halber Tag.

Hinter Porto Novo windet sich die **kopfsteingepflasterte Straße** in Serpentinen über einen weiten, völlig trockenen Hang. Unterwegs fallen die unzähligen schmalen **Erosionsschutzstreifen** auf, die die Hänge überziehen. In mühevoller Handarbeit wurden die Hänge mit Gräben und Terrassen überzogen, Aloe und Akazien gesetzt, um den Boden zu schützen. Nur wer über Jahrzehnte immer wieder diese Strecke fährt, kann beobachten, wie die hoch trockenresistenten Büsche dem lebensfeindlichen Umfeld trotzen. Über Jahre werden sie vom Wind zerzaust, werden immer dürrer und bleiben doch grün. Gegen die Ziegen wehren sie sich mit Bitterstoffen und warten so auf den ersehnten Regen. Der kommt in Porto Novo nicht viel häufiger als zweimal pro Jahrzehnt. Tage später sprießen seit Jahren im Boden schlummernde Samen und geben den Hängen für einige Wochen den alpinen Charme des Allgäus. Die Büsche wachsen in dieser Zeit auf das Doppelte ihrer Größe, um anschließend erneut zu verharren.

Auf halber Höhe, auf etwa 670 m, erkennt man über der Schlucht in östlicher Richtung die **Ruinen des ehemaligen staatlichen Mustergutes von Mesa.** *Immanuel Friedländer beschreibt 1912 den Bau einer Wasserleitung aus Gussstahlrohren von der Quelle in Ribeirão Fundo nach Mesa und weiter bis Porto Novo.* In den 1980ern noch war Mesa der beliebteste Wochenendausflug der Kinder, denn der große Bewässerungstank war der ideale Pool. Mitte der 1990er versiegte die Quelle, und Porto Novo hatte für ein Jahrzehnt keinen Tropfen Wasser im Netz, der nach internationalen Standards als Trinkwasser geeignet gewesen wäre. Die Rohre mit den trichterförmigen Verbindungsstücken an einem Ende wurden bei Nacht und Nebel ausgegraben, und man sieht sie als Gerüste und in den Verschalungen auf den Baustellen der Insel. Gutes Trinkwasser liefert die Entsalzungsanlage an der Ortsausfahrt Richtung Rª das Patas.

Mit zunehmender Höhe mehren sich Sträucher und Pflanzen, bis plötzlich am Kamm ein **Wald aus Pinien, Kanarenkiefern, Zypressen und Eukalyptus** auftaucht und die Hitze einer angenehmen Kühle weicht. Häuser begleiten die Straße, Felder, eine schmucklose Betonhalle, die nur durch ein Glöckchen verrät, dass sie die Kapelle des Ortes **Lombo de Figueira** ist, ein Schulkomplex, vor dem die Esel mit gelben Kanistern bepackt auf dem Weg zur Wasserstelle vorüberziehen. Auf dem Kamm, in etwa 1300 m Höhe, öffnet sich die Straße auf einen Platz, und das Landschaftsbild ändert sich schlagartig: Der Blick wechselt erstmals von Lee nach Luv, Grün tritt in den Vordergrund. Bei klarem Wetter kann man São Vicente und bisweilen weitere Inseln am Horizont erblicken.

Ein Abzweig führt zum **Pico da Cruz**. Die Pflasterstraße zieht immer knapp am oder auf dem Grat entlang und erlaubt mehrmals **fantastische Tiefblicke in die Rª de Paúl**. Im Dorf **Cova do Engenheiro** (1450 m) trifft man auf die ziegelgedeckte **Casa Florestal**, Ausgangspunkt der schönsten Wanderwege der Insel, so auch für den Spaziergang zum Gipfel **Gudo de Banderola**. Eine Pause von einer Stunde genügt, um die Aussicht vom Gudo kennenzulernen.

Von der Kreuzung aus führt eine Straße schräg hinunter in den **Krater der Cova de Paúl**. Die kreisrunde, ganz ebenmäßige Caldeira eines erloschenen Vulkans von etwa 800 m Durchmesser liegt auf etwa 1170 m Höhe und erscheint je nach Jahreszeit ausgedörrt braun oder im satten Grün des jungen Mais. Im Kraterkessel, unterhalb der Pedra Ratchada, entspringt die einzige ganzjährig fließende Quelle der Hochebene. Sie versorgt die bis zu einer guten Stunde abgelegenen Häuser der östlichen Hochebene und eine Baumschule, die Geburtsstätte des umgebenden Aufforstungswaldes. Der scharfe Grat des Kraters fällt nach außen hin jäh hinab in die nordwestlichen Täler von Paúl und Ribeira da Torre. Gespenstisch ziehen Nebel- und Wolkenschwaden aus diesen tiefen Tälern herauf und fallen sanft durch die Bresche in die Cova.

Die **Hauptstraße** steigt am südlichen Kraterrand auf bis zur Forstverwaltung von Água das Caldeiras, in der auch die Verwaltung der Naturparks von Santo Antão und São Vicente untergebracht ist, und anschließend in dichtem Wald über den Pass. An der nächsten Kreuzung, in **Espongeiro**, zweigt die **Staubstraße nach Lagoa** ab. Sie durchquert die ganze östliche Hochebene *(planalto leste)*, passiert den Ort Lagoa, führt am Krater von Espadaná vorüber und steigt auf nach Maroços, um von dort durch die Hügel von Lombos Anschluss zu gewinnen an den Maultierweg nach Figueiras – ein faszinierendes Tal ohne Straßenanbindung. Für Mountainbiker ist das ein schöner Ausflug und für Wanderer ein Einstieg in Richtung Figueiras – Alto Mira – Ribeira da Cruz.

Weiter auf der Passstraße geht es ununterbrochen steil bergab. Als größeren Ort mit weithin sichtbarem Schulkomplex durchquert man **Corda**. Die wahrlich Schwindel erregenden Serpentinen dieser Straße wurden in den 1950er Jahren bis 1961 von Hand in die Felsen geschlagen und sind nicht überall breit genug für zwei Fahrzeuge nebeneinander. Am **Delgadim** (port. *delgado* = schmal, dünn) ist der Höhepunkt alpiner Straßenbaukunst erreicht. Vom Grat, nicht breiter als eine Lkw-Achse, blickt man zu beiden Seiten in die Tiefe der Täler, im Osten die größere **Ribeira da Torre** und im Westen die schmale **Ribeira de Duque**. Der Blick fällt in die dahinter liegenden Seitentäler der **Ribeira Gran-**

de und auf die beeindruckende Felswand von **Orgãos**. Es fällt nicht schwer, die Ängste eines Bischofs nachzuvollziehen, der Ribeira Grande Jahrhunderte vor dem Bau dieser Straße besucht hat. Da er weder im Wandern geübt noch schwindelfrei war, kamen seine Begleiter auf die göttliche Idee, ihn auf den Talgrund abzuseilen. Entgegen seiner Erwartungen kam er gesund an.

Ribeira Grande – Porto Novo (via Janela)

Von Cidade da Ribeira Grande führt eine gepflasterte, gut ausgebaute Küstenstraße Richtung Südosten an der Steilküste entlang nach **Cidade das Pombas**, dem Hauptort von Paúl. Unterwegs passiert man die Siedlung **Sinagoga**, eine jüdische Gründung. Aus dem Namen ist zu schließen, dass hier zumindest acht erwachsene jüdische Männer gewohnt haben müssen, denn mit weniger durfte keine Synagoge gegründet werden.

Auf einer felsigen Halbinsel zeugen die wie Ruinen einer Kaserne anmutenden **Gafarias** vom unseligen Versuch Salazar-Portugals, die **Leprakranken** der afrikanischen Kolonien auf Santo Antão zu konzentrieren zu einer Zeit, als taugliche Behandlungsmethoden bekannt waren und weltweit die Isolierung von Leprakranken aufgehoben wurde.

Cidade das Pombas

Etwa 6 km nach Ribeira Grande erreicht die Küstenstraße Cidade das Pombas, den Hauptort des Landkreises Paúl. Steile Hänge und Felsflanken überlassen **Paúl de Baixo**, das als Straßendorf zur Mündung der R^a de Paul begleitet, nur eine schmale Küstenebene.

Die Statue des **Santo António das Pombas**, des lokalen Schutzheiligen, wacht über den Ort. Der Aufstieg zur Aussichtsplattform (*Miradouro*, 35 Min.) wird mit einem beeindruckenden Panoramablick belohnt.

Cidade das Pombas erscheint als **ländliche Siedlung.** Das historische Rathaus und das renovierte Gesundheitszentrum säumen den Rathausplatz im unteren Teil. Eine schmale, kopfsteingepflasterte Straße steigt an zum schattigen Kirchplatz. Die Front der 1885 gebauten katholischen Kirche harmoniert mit den niedrigen Häusern. Über Mauern spitzen Zuckerrohrwedel, Bananenblätter und Bougainvilleen unter Brotfrucht- und Mangobäumen. **Gärten und einstöckige Landhäuser** strahlen die Ruhe einer Siedlung der Peripherie aus. So hübsch sie anzusehen sind, stehen sie aber auch für das Überleben der kleinfeudalen Gesellschaftsordnung der Zeit. Paúl war und ist ein Landkreis mit **sehr hoher Armutsrate,** trotz der Fruchtbarkeit und der Fülle an Wasser, mit denen die Natur ihn gesegnet hat.

Wer Paúl kennen lernen will, sollte das Tal **am besten zu Fuß** erkunden. Die Wanderwege sind genau kartiert und beschrieben, sodass man eine gute Woche in Paúl wandern kann, ohne sich zu wiederholen. Am bekanntesten und in der Orientierung am einfachsten ist die Wanderung vom Cova-Krater bis zum Meer (Talbeschreibung siehe unter „Wanderungen" Weg 101).

Bei der Kirche in Cidade das Pombas beginnt die **gepflasterte Küstenstraße** und führt weiter zum 6 km entfernten Dorf Janela. Schaut man zurück, bietet sich nochmals ein weiter Blick auf Cidade das Pombas. An dieser Straße unter weichem Fels hatten sich die Arbeitskolonnen zehn Jahre lang die Zähne ausgebissen, bis endlich mit schwerem Gerät die Unmengen nachbrechenden Materials ins Meer befördert werden konnten. Kurz vor Janela liegen die Häuser von **Praia de Gi**.

Janela

Janela besteht aus drei Siedlungen. **Ribeira de Janela** ist eine Miniatur von Paúl mit Zuckerrohranbau in Pächterwirtschaft. **Fajã de Janela** thront oberhalb des Tals auf einer ansteigenden Hochebene. Große Bewässerungsanlagen zeugen noch von besseren Zeiten, doch heute ist die Landwirtschaft nahezu eingestellt. Wer bei den Grundbesitzern im Tal Arbeit findet, schätzt sich glücklich.

Wo die **Rª de Penede** (dt: Felsbrocken) mündet, markiert ein Kreisverkehr den Beginn der neuen Küstenstraße nach Porto Novo. Der alte Fahrweg führt zur **Pontinha de Janela**.

Die Rª de Penede ist Endpunkt einer schönen weiten **Wanderung** vom Pico da Cruz über Estança de Pedra und Selada Silvão.

Abstecher nach Pontinha de Janela

Im kleinen Dorf auf dem **schmalen Kap** ließ sich der Ausbau der kleinen Zufahrtsstraße vom Bootsanleger durchs Dorf zu einem Teil der Küstenstraße verhindern. So behielt es seine hübsche Lage, den Blick auf den Leuchtturm, das **Ilhéu de Boi** und die Erinnerung an Zeiten, als Pontinha de Janela im Zentrum der isolierten Täler stand.

Felder und Weiden breiten sich aus bis vor die Tore des heutigen Porto Novo und hinauf zum Pico da Cruz, in den Tälern wird bewässerte Landwirtschaft betrieben. Die Zuckermühlen und Schnapsdestillen hatten die Grundbesitzer von Janela zu wohlhabenden Leuten gemacht. In Pontinha wurden Mais und Maniokmehl, Grogue, Melasse und Trockenfisch verladen.

Unter den Waren für Landwirtschaft, Läden und Haus(halt), die hier entladen wurden, kam im Jahr 1964 auch das **erste Auto** nach Janela, um die Waren und den Stolz seines Besitzers zu befördern – gefangen auf einem Kilometer Pflaster zwischen Ribeira und Pontinha. Als ein Vierteljahrhundert später die Straße nach Paúl eingeweiht wurde, war Pontinha von den Folgen der Dürre gezeichnet. Die wohlhabenden Besitzer waren nach São Vicente gezogen, gekommen waren die Bauern und Hirtenfamilien aus **Aguada da Janela** (s.u.), nachdem ein Überleben dort nicht mehr möglich war.

Von Janela nach Porto Novo

22 km moderne Straße, davon 18 km asphaltiert, verbinden Janela und Paúl rasch und bequem mit dem Fährhafen von Porto Novo.

Vom Kreisverkehr bei der Mündung der Rª de Penede schwingt sich die Straße über eine Brücke und umgeht Pontinha de Janela dank des 331 m langen **Tunnels Santa Bárbara**. Der Durchstich des ersten Straßentunnels überhaupt am 27. Juni 2006 läutete eine neue Phase des Straßenbaus in Cabo Verde ein. Bei der Ausfahrt zunächst geblendet, fällt dann der Blick auf den Leuchtturm und eine kleine Felseninsel in Verlängerung der Bergrippe.

Pedra da Nossa Senhora

Folgt man der Rª de Penede bergauf, so gelangt man nach 10 Min. zu einem **rötlichen Felsbrocken mit alten Inschriften,** deren Ursprung nicht schlüssig geklärt ist. Vermutlich stammen die Schriftzeichen aus verschiedenen Epochen. Ein Kreuz im mittleren Bereich mit portugiesischer Inschrift kündet vom Tod eines Seemanns. Die anderen Schriftzeichen jedoch enthalten keine lateinischen Buchstaben.

In seinem „Historical Dictionary of the Republic of Cape Verde" vermutet *Richard Lobban*, es seien Zeugnisse der ersten europäischen Besucher aus dem 15. Jahrhundert. Andere meinen, vor-europäische Besucher aus Westafrika darin erkennen zu können. Weltweit bekannt wurde der Stein aber erst durch die skurrilen Theorien des englischen U-Boot-Kapitäns **Gavin Menzies,** der aus dem Stein ein Zeugnis der Ankunft einer Flotte chinesischer Entdecker konstruiert. Er greift die Geschichte des **Generals Zheng He** auf, der mit hundert Schiffen im Jahr 1421 von Calicut aus auf Entdeckungsreise ging und bis nach Borneo vordrang. Auch ist belegt, dass Chinesen in dieser Zeit an der ostafrikanischen Küste Handel trieben. *Menzies* jedoch lässt seinen General, von Indien kommend, das Kap der Guten Hoffnung umschiffen, Santo Antão besuchen sowie Grönland und die Ostküste des amerikanischen Doppelkontinents entlangfahren – mit einem kleinen Abstecher ins Polarmeer –, bevor er durch die Magellanstraße den Pazifischen Ozean erreicht und via Australien wieder nach Hause segelt. Somit sei er 40 Jahre vor *Diogo Afonso* hier gewesen, 70 Jahre vor *Kolumbus* in Amerika und 350 Jahre vor Captain *Cook* in Australien. In der langen Reihe der Indizien, die *Menzies* anführt, sind die Schriftzeichen auf dem Stein in **Malayalam** geschrieben, der bis heute im südindischen Staat Kerala heimischen Sprache. Der einzige kleine Fehler ist, dass Indologen dies nicht nachvollziehen können. Die spannende Story bleibt historische Science-Fiction, weitaus besser zu lesen und genauso unbewiesen wie alle anderen Theorien über die Pedra da Nossa Senhora (*Gavin Menzies,* 1421, als China die Welt entdeckte. Droemer/Knaur 2004).

Anmerkung für unsere Malayalam sprechenden Leser: Bitte teilen Sie uns mit, was sie erkennen (www.bela-vista.net/pedra-nossa-senhora.htm)!

◁ Geheimnisvolle Inschriften
und Symbole auf der Pedra da Nossa Senhora

Porto Novo – Ribeira Grande

Abstecher und Aussicht – Leuchtturm Fontes Pereira de Melo

Am Eingang zum zweiten Tunnel führt eine Betontreppe auf den alten Maultierweg, der am Leuchtturm endet. Der Panoramablick erfasst erstmals São Nicolau und São Vicente am Horizont. Nach dem **Ilhéu de Boi** in der Tiefe wird der Leuchtturm auf Santo Antão auch **Farol do Boi** genannt.

Der **achteckige, 10,70 m hohe Turm** entsprach, als er am 15. Mai 1886 den Betrieb aufnahm, der Technologie der Zeit für einen Leuchtturm zweiter Klasse, der über 27 Seemeilen zu erkennen war. Im Lampenhaus von 4,50 m Durchmesser drehten sich große Fresnellinsen auf einem Karussell um den Glühstrumpf einer Petroleumlampe, konstant angetrieben durch ein Gewicht in der Mittelsäule mit Hilfe offen liegender Zahnräder ähnlich einer Turmuhr.

Nach dem Durchfahren des zweiten Tunnels am Leuchtturm (228 m Länge) und zwei Kilometern auf gleichbleibender Höhe folgen weitere lohnende Aussichtspunkte im Anstieg nach **Aguada de Janela,** dem mit 330 m höchsten Punkt der Straße. Friedhofsruinen auf dem Curralinho, das aufgegebene Schulgebäude und die Viehtränken am Grund der Ribeira sind die letzten Zeugen einer bis zum Beginn der Saheldürre (1968) durchaus erfolgreichen Viehzüchter- und Bauernsiedlung. Mit der neuen Straße kehrt das Leben zurück. Am Curralinho drehen sich die Windräder von **Boca de Vento,** die Kapelle ist renoviert, Hirten siedeln sich wieder an. Ein Spaziergang zu den Windgeneratoren, die zu den produktivsten Cabo Verdes zählen, lässt die ausdauernde Kraft des Nord-Ost-Passats spür- und hörbar werden – mit Blick auf die meist ausgedörrten Hänge und die Weite der See.

Cidade da Ribeira Grande

- **Übernachtung**
  - 3 Residencial Tropical
  - 4 Pensão Dona Biby
  - 5 Hotel 5 de Julho
  - 6 Residencial Lagoa Verde
  - 7 Residencial Cantinho d'Amizade
  - 9 Residencial Marcos
  - 10 Residencial To
  - 11 Residencial Tope de Coroa

- **Sonstiges**
  - 8 Tankstellen-Shops

- **Nachtleben**
  - 2 S'Rrenegra Disco

- **Essen und Trinken**
  - 1 Churrasqueira Ladeira da Sintissima
  - 3 Bar Restaurante Tropical
  - 5 Rest./Bar 5 de Julho
  - 7 Rest./Bar Cantinho de Amizade

In weiten Kurven geht es hinab zum Grund der **Rª Brava.** Die Wildheit, die in ihrem Namen steckt, kommt nur selten zum Ausdruck, wenn rot-braune Wassermassen zum Meer hin toben. Ihre stillen Qualitäten, bisher nur an Verfärbungen des Meerwassers erkennbare Süßwasserströme, die vom größten Nebelwaldgebiet der Insel herabziehen, werden irgendwann genutzt werden. Aguada, über fast ein Jahrhundert Synonym für Durst und Elend, bekäme so wieder den Klang sprudelnden Wassers. Das Band der Straße steigt auf eine Ebene oberhalb des **Morro do Tubarão** (Haifischkuppe) und zieht, Porto Novo vor Augen, rasch westwärts, vorbei am **Abzweig nach Curraletes,** dem kleinen Badestrand, und hinein in die Stadt.

Cidade da Ribeira Grande

Die Mündungsbereiche zweier großer Täler, der R^a Grande und der R^a da Torre, vereinigen sich hier zu einem schotterbedeckten Küstenstreifen, an dessen Rand sich das Städtchen Cidade da Ribeira Grande ausbreitet. **An dieser Stelle der Insel begann die Besiedlung Santo Antãos,** und noch heute spielt die Stadt eine zentrale Rolle für die Landkreise im Norden. Bananenhaine und Reihen einfacher strohgedeckter Häuser, die noch in den 1990er Jahren das Bild entlang der Einfahrtsstraße prägten, sind großen Schulgebäuden, dem Regionalkrankenhaus und ziegelgedeckten Neubauten gewichen. Im Ortskern von „Povoaçao" bewahren koloniale Handelshäuser, alte Kirchen und verwinkelte Gassen den Flair vergangener Jahrhunderte.

Gut **3000 Menschen** leben in Povação, besuchen Markt, Bank, Post und eine Vielzahl von Ämtern und, nicht zu vergessen, die zahlreichen Kneipen. Für Reisende ist der Ort wegen der guten Verkehrsanbindung und dem sprudelnden Leben nicht der komfortabelste, aber ein sehr **praktischer Stützpunkt.**

Deutlich erkennt man **drei Ortsteile:** Tarrafal auf der rechten Seite der Ribeira da Torre, den Ortskern Central oder Terreiro und Penha da Franca, das sich am Fels zum Meer hinaufzieht. *Mariana da Penha da França* hat der Kapelle und dem Ortsteil ihren Namen gegeben. Sie wollte, nachdem ihr Mann, der vierte Conde da Cruz, in London ermordet worden war, 1724 die Insel per Hypothek an die Engländer verpfänden, doch Portugal widersetzte sich.

Die wuchtige **katholische Kirche** mit winzigem Turm ist einige Jahrzehnte jünger. Zu Ehren der Schutzpatronin der Kirchengemeinde, *Nossa Senhora do Rosário,* wird einmal im Jahr ein großes Kirchenfest gefeiert. In der Nazarenerkirche spiegelt sich angelsächsisch-protestantische Tradition aus Nordamerika wider.

Die Tankstellen und der kleine Hauptplatz im Zentrum sind Ankunfts- und Abfahrtsort der **Aluguers.**

Enge Seitenstraßen, steile Treppen und kleine Gassen führen vom Hauptplatz durch den verwinkelten Ort. Als Hauptstraße zieht sich die Avenida 5 de Julho in den Ort hinein, beidseits begleitet von pastellfarbenen ein- und zweistöckigen Handelshäusern in der Kolonialarchitektur des 19. und frühen 20. Jahrhunderts. Aus den klassischen Läden mit Wandschränken aus dunklem Tropenholz hinter einer riesigen Theke werden zunehmend Selbstbedienungsläden und chinesische Geschäfte. Vielleicht ist es eine letzte Gelegenheit, eine Kleinigkeit in einem **historischen Handelshaus** wie der Casa Marçal zu kaufen, bevor auch dieses verschwindet oder zum Museum wird.

Von Ribeira Grande führen **Straßen und Pisten in alle Richtungen:** Nach **Paúl** (Cidade das Pombas) über die breite Straße, die auf dem Schutzdeich verläuft, der den Fußballplatz von Tarrafal vom Meer trennt, als neue Asphaltstraße in die **Ribeira da Torre** bis **Xôxô,** ähnlich gut ausgebaut der R^a Grande folgend bis **Garça,** über die Gebirgsstraße nach **Porto Novo** sowie nach Nordwesten über eine an der Steilküste verlaufende

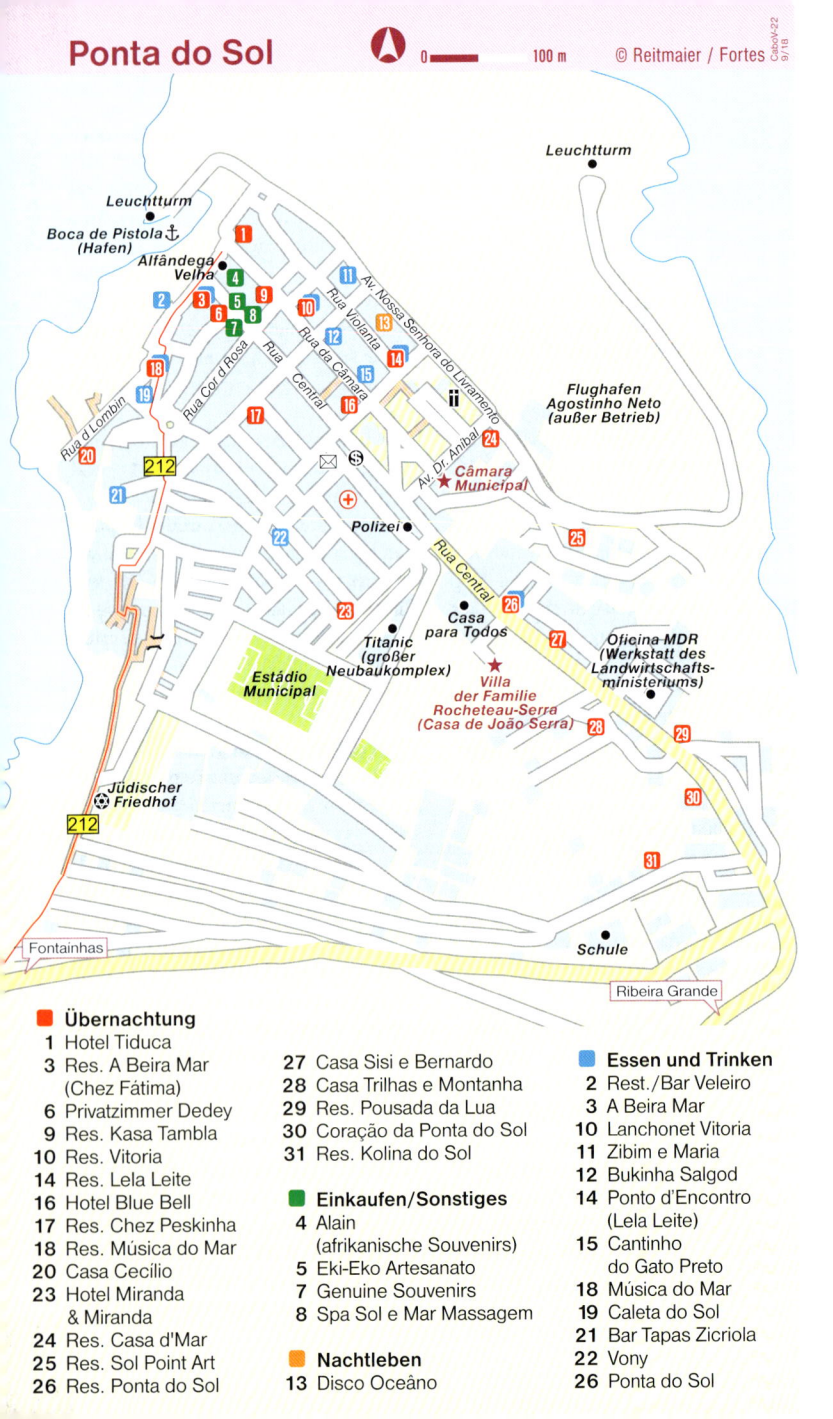

Ponta do Sol

© Reitmaier / Fortes

🟥 Übernachtung
1. Hotel Tiduca
3. Res. A Beira Mar (Chez Fátima)
6. Privatzimmer Dedey
9. Res. Kasa Tambla
10. Res. Vitoria
14. Res. Lela Leite
16. Hotel Blue Bell
17. Res. Chez Peskinha
18. Res. Música do Mar
20. Casa Cecílio
23. Hotel Miranda & Miranda
24. Res. Casa d'Mar
25. Res. Sol Point Art
26. Res. Ponta do Sol
27. Casa Sisi e Bernardo
28. Casa Trilhas e Montanha
29. Res. Pousada da Lua
30. Coração da Ponta do Sol
31. Res. Kolina do Sol

🟩 Einkaufen/Sonstiges
4. Alain (afrikanische Souvenirs)
5. Eki-Eko Artesanato
7. Genuine Souvenirs
8. Spa Sol e Mar Massagem

🟧 Nachtleben
13. Disco Oceâno

🟦 Essen und Trinken
2. Rest./Bar Veleiro
3. A Beira Mar
10. Lanchonet Vitoria
11. Zibim e Maria
12. Bukinha Salgod
14. Ponto d'Encontro (Lela Leite)
15. Cantinho do Gato Preto
18. Música do Mar
19. Caleta do Sol
21. Bar Tapas Zicriola
22. Vony
26. Ponta do Sol

Küstenstraße nach **Ponta do Sol**. Nach einem der seltenen, heftigen Regenfälle sind die Pisten für ein bis zwei Tage überflutet, und man bleibt am besten, wo man ist. Tritt dieses spektakuläre Naturereignis ein, gehen Sie einfach mit den Leuten „Fluss schauen".

Ponta do Sol

Von Ribeira Grande aus windet sich die gepflasterte Küstenstraße an der steilen Felsenküste in nordwestliche Richtung. Trockenmauern schützen die dem Berg kunstvoll abgerungene Straße vor der Gischt der Brandungswellen. Am Ende der Straße, nach rund 5 km, erreicht man Ponta do Sol.

Die Kleinstadt liegt nicht nur **an der äußersten Nordspitze Santo Antãos**, es ist auch der nördlichste Punkt des Archipels. Nur ein paar hundert Meter ragt die Landzunge über die Steilküste hinaus, ruhig und frei von einengenden Felswänden oder spektakulären Tiefblicken. Nachdem der Hafen von Ribeira Grande verschüttet war, blieb nur dieser denkbar schwierige Naturhafen **Boca de Pistola** (Pistolenmündung), um mit Ruderbooten die auf Reede liegenden Schiffe zu entladen. Bis zur Mitte des 19. Jahrhunderts siedelte sich ein kleines Fischerdorf an. Jüdische Handelshäuser wuchsen am Hafen, und 1887 wurde der **Sitz der Bezirksverwaltung von Ribeira Grande** hierher nach Vila Maria Pia verlegt. Gegen den ambitiösen Plan der portugiesischen Regierung, Mindelo zur Hauptstadt Cabo Verdes zu machen, verlegte der Gouverneur von Praia den obersten Gerichtshof des Barlavento ganz pragmatisch nach Ponta do Sol. Auf einer kleinen Anhöhe am Ortseingang steht inmitten eines riesigen Gartenterrains die **Villa der Familie Rocheteau-Serra**, erbaut um das Jahr 1800 (im Ort ist sie bekannt als Casa de João Serra). Es entstand eine kleine, blühende Siedlung mit prachtvollen Kolonialhäusern reicher Familien und Verwaltungsgebäuden. Damals lebten etwa 1000 Menschen im Ort.

Nach der Eröffnung der Straße nach Porto Novo ging es mit Ponta do Sol rasant bergab, und der historische Ortskern glich in den späten 1980ern mehr und mehr einer zerfallenden Geisterstadt. Erst als die Grundstückspreise in Ribeira Grande wegen der drängenden Enge stiegen und man den **touristischen Wert** des offenen Blicks aufs Meer erkannte, wandte sich das Blatt. Aus der Alkoholikertankstelle auf dem vergammelten Praça wurde das Restaurant Esplanada. Wohnhäuser und Pensionen ersetzten zerfallende Ruinen, das klassische Rathaus (1882) wurde renoviert. Luxemburg war so nett, die 1947 gebaute Enfermaria Regional (Pflegestation) mit ihren beiden weit geschwungenen Freitreppen historisch korrekt zu renovieren. Hier hat *Dr. Agostinho Neto*, der spätere Präsident von Angola, für einige Jahre als verbannter Arzt gearbeitet, bis er mit einem winzigen Boot von Ponta do Sol vor dem erneuten Zugriff der politischen Polizei nach Guinea floh. Die einfache katholische Kirche ist im Stil portugiesischer Landkirchen gebaut und fügt sich perfekt ein. Am Abend, wenn die bunten Boote höher an Land gezogen sind, versinkt die Sonne im Meer, an wolkenlosen oder leicht bewölkten Tagen ein stimmungsvoller Anblick. Der Hafen strahlt Beschaulichkeit und Ruhe aus – es gibt kaum einen schöneren Ort, um die Wellen zu beobachten und die Stunden verfließen zu lassen.

Der **Flughafen Agostinho Neto** wurde 1983 fertiggestellt. Die 400 m kurze Asphaltpiste erscheint wie das Deck eines Flugzeugträgers. Nachdem die kleinen Twin Otter, mit denen Ponta do Sol im Linienverkehr angeflogen wurde, ökonomisch keinen Sinn mehr machen, wurde der Flughafen **stillgelegt.**

Das sehr **ruhige, saubere Städtchen** mit Sonne und Blick aufs Meer zieht die Reisenden an. Bedauerlicherweise versteckt sich die klassische Architektur der Enfermaria Regional zurzeit hinter einer modernistischen Ladenzeile mit dem Charme von zehn Schlecker-Filialen. Auch am Hafen gähnt eine Investitionsruine seit Jahren vor sich hin, doch das sind die Ausnahmen in Ponta do Sol, das rasch und erfolgreich zum beliebtesten Tourismusort auf der Insel geworden ist. Es gibt hübsche Privatzimmer bei Gastfamilien, einfache und hotelähnliche Pensionen und das Hotel Blue Bell. Dazwischen verstecken sich unscheinbare **Restaurants** und **Kneipen,** in denen sich die Fischer treffen. Sogar eine **Disco** hat Ponta do Sol zu bieten, aber die öffnet nicht jede Woche.

Die Casa de João Serra, erbaut um 1800

Ausflug nach Fontainhas

Das unter steilen Felsen, geschützt auf einer Bergrippe klebende Dörfchen Fontainhas (dt.: kleine Quellen) ist zu Recht **eines der beliebtesten Ausflugsziele der Insel** und in den Wintermonaten, wenn das enge Tal noch grün ist, einer der bezauberndsten Orte Cabo Verdes.

Von Ribeira Grande kommend, lässt man sich bereits an dem kleinen Pass am Ortseingang absetzen und fährt nicht hinunter in die Stadt von Ponta do Sol. Hier zweigt die nur anfangs ganz leicht ansteigende, später am Hang traversierende Fahrstraße ab, sodass man sich nicht mehr verlaufen kann.

Wer in Ponta do Sol wohnt, sollte nicht versuchen, sich nahe am Meer bergauf zu schlängeln, denn der Weg ist nicht durchgehend. Besser und mit ein bisschen historischem Anschauungsunterricht verbunden, geht es am Postgebäude in die hangaufwärts abzweigende Straße zum **katholischen Friedhof.** Der will meerwärts, an der Friedhofsmauer entlang, umgangen sein, sodass man zum **jüdischen Friedhof** gelangt. Ein felsiger Fußpfad steigt in der Falllinie auf bis zur Fahrstraße nach Fontainhas, der man meerwärts folgt. Sie schmiegt sich eng an die steilen Klippen und bietet einen herrlichen Blick aus beachtlicher Höhe auf den in der Tiefe tobenden Atlantik und zurück nach Ponta do Sol. Zwei- oder dreimal am Tag fährt hier ein Aluguer, doch sieht man vom Auto aus fast nichts von der Landschaft und blickt nur gebannt auf die im Zentimeterabstand vorbeiziehenden Felsvorsprünge und Begrenzungsmäuerchen. Nach ca. 3 km erreicht man den aus mehreren steilen Schluchten zusammenlaufenden Talkessel, in dessen Mitte Fontainhas **wie ein Adlerhorst auf einer Bergrippe** thront. Über dem Dorf zieht sich ein alpinistisch sehr anspruchsvoller Weg hinauf zu den Feldern und dem Gipfel von Manuel Joelho. Zum Meer hin öffnet sich eine malerische Bucht mit Sandstrand, jedoch ohne Bademöglichkeit. Über eine erste Treppe betritt man den Ort. Wendet man sich nicht zur Felsnase, sondern nach links, gelangt man zu einem leicht erhöht liegenden Laden, in dessen Innenhof man, frisch aus dem Eisschrank, etwas zu trinken bekommt.

Von hier führt der Weg 212 weiter bergab in westlicher Richtung, über den man in 4–5 Stunden **Cruzinha** und **Chã d'Igreja** erreicht (siehe „Wanderungen"). Als **erweiterter Spaziergang** lohnt es sich, noch bis zum nächsten Sattel der Estança de Corvo zu gehen und auf das Dorf **Corvo** hinunterzuschauen. Hobby-Botaniker erfreuen sich auf diesem Stück an Purgiernusssträuchern.

Durch die Ribeira Grande nach Garça

Das **breiteste, weiträumigste Tal Santo Antãos** ist das der Ribeira Grande. Mit fünf rechten Seitentälern erfasst es ein großes Einzugsgebiet, das nur noch von der Rª da Bicha und Água Margosa in der wüstenhaften westlichen Hochebene übertroffen wird. Nach Norden wird das Tal von den steilen Felsen von Orgãos zum Meer hin abgeschirmt. Auch wenn nicht jedes Jahr genügend Regen fällt, um den Fluss laufen zu lassen, fallen doch ausreichend Niederschläge, um aus den Seitentälern und der Ribeira Grande selbst eine dicht bewohnte, intensiv landwirtschaftlich genutzte Region zu machen. Auch halten die Felsen von Orgãos das Grundwasser zurück, und die Bauern können es mit Windrädern zur Bewässerung nutzen. Hauptsächlich wird **Zuckerrohr** gepflanzt, viele Zuckerpressen weisen auf die rege **Grogue-Produktion** hin. Daneben gedeihen auf den Feldern Bananen, Knollenfrüchte und Obstbäume, dazwischen Palmen, Tamarisken und Bougainvilleas.

Von Cidade da Ribeira Grande führt eine nagelneue breite Straße ins Tal hinein. Nach 1 km passiert man die **landwirtschaftliche Versuchsstation** von *Alonso Martinho*; sie weist hübsch renovierte koloniale Gebäude über den Gewächshäusern auf.

Nach 2 km, an einem mehrstöckigen Haus mit Laden, ist die Einmündung der kleinen **Ribeira de Duque** erreicht. Sie ist intensiv landwirtschaftlich genutzt und zeigt wie in einem botanischen Garten in einem **sehr lohnenden ein- bis zweistündigen Spaziergang** (hin und zurück auf gleichem Wege) das ganze Spektrum der Nutzpflanzen der Insel. Geht man ab Cidade da Ribeira Grande, wird daraus ein Halbtagesprogramm für die Gemütlichen und die Muskelkater-Kranken.

Hoch reichen die Hänge zu beiden Seiten, immer wieder passiert man kleinere **Häusergemeinschaften und Einzelgehöfte.** In der Ribeira Grande herrscht ständig Betrieb. Schulkinder, Esel mit Wasserkanistern und zahlreiche Aluguers kreuzen den Weg.

Nach ca. 4 km erreicht die Straße den hübschen Ort **Coculi**. Nur wenige Häuser gruppieren sich um die weiße Kirche in der Ortsmitte. Bei Coculi fließen die Seitentäler der **Ribeira de Figueiral** und der **Ribeira de Chã das Pedras** in der weiten Kiesebene zusammen.

Weiter talaufwärts wird der Talgrund sehr viel enger. Eine kleine Stichstraße führt hinaus und windet sich am nördlichen Hang hinauf zu den Häusern von **Boca de Coruja** und dem mit einem traumhaften Bergblick gesegneten **Hotel Pedracin Village**. Wenig später zieht die Hauptstraße unter dem weiten Bogen des Aquädukts **Ponte do Canal** hindurch, bevor sich das Tal etwas weitet und **Boca de Ambras Ribeiras** (Zusammenfluss zweier Täler) erreicht ist.

Das zweite der Täler von Ambras Ribeiras ist **Caibros,** das oberste der rechten Seitentäler der Ribeira Grande und besonders grün und reizvoll, wenn nach Weihnachten das Zuckerrohr in voller Blüte steht. Das Sträßchen ins Tal hinein hört schnell auf, sodass man einen

Durch die Ribeira Grande nach Garça

mehrstündigen Spaziergang auch an der Weggabelung beginnen kann. Über den Talgrund und eine anschließende Steigung auf schlechtem Weg taucht man ein in das einsame Hochtal des **Cavoc d'Tarref**.

Die Hauptstraße verlässt den Talgrund, steigt über ein paar Kurven auf die rechte Hangschulter des steilen Oberlaufs der Ribeira Grande und erreicht so den Pass. Fast unmerklich hat man auf den zurückliegenden 9 km von der Stadt aus 700 Höhenmeter erreicht und genießt einen sehr schönen Rundblick auf die wildromantische **Ribeira da Garça**. Über die hier gute Serpentinenstraße durch **Cabeçadas de Garça** gelangt man rasch hinunter nach **Horta da Garça**, wo eine **große Brücke** die Schlucht überspannt, erbaut in reiner Handarbeit im Rahmen der Ernährungssicherungsprogramme nach der Unabhängigkeit. Stein für Stein ist von Hand gebrochen und von den Frauen auf dem Kopf herbeigeschleppt worden.

Die **Ribeira da Garça** besitzt im oberen und unteren Abschnitt völlig verschiedene Charaktere, sodass es sich lohnt, von der Brücke aus sowohl bergauf als auch bergab weiterzufahren.

Garça de Cima (dt.: Oberes Garça) ist ein nicht sehr enges Kerbtal, an dessen Hängen sich landwirtschaftliche Siedlungen hinziehen. Von der Unidade Sanitária de Base von Manta Velha aus führt ein **lohnender zweistündiger Spaziergang** (Hin- und Rückweg) zum alten Örtchen **Endriene**. Im 19. Jahrhundert verschlug es den Sohn eines französischen Siedlers, *André Eanes,* hierher. Seinem Bruder *Martin* werden wir im Landkreis Porto Novo, in Martiene, begegnen.

Garça de Baixo (dt.: Unteres Garça) beginnt mit einem Tal, in dem sich das Wasser einen gewundenen Canyon mit hundert Meter hohen senkrechten Wänden durch mörtelartig verbackene Meeresmolassen gegraben hat. Wie grober Beton steigen die Wände an, mitunter hängt ein tonnenschwerer Klotz nur noch zu einem Drittel in der Wand, und man läuft unweigerlich etwas schneller. Die alluvialen Schichten sind mehrmals unterbrochen von Schichten vulkanischen Ursprungs, und mit etwas Fantasie kann man sich bildlich vorstellen, dass hier Bewegung war in der Erdgeschichte. Mit Urgewalt eingeschobenes Magma wurde von Aschenregen überdeckt, in denen man im Anschnitt tiefe Trichter sieht, auf deren Grund noch die Bombe liegt, die ihn geschlagen hat. Mit hoher Geschwindigkeit, gegen Ende der Ausbrüche, ist das leichte, dünnflüssige Puzzolana darüber geschossen, bis alles in die Tiefe und Ruhe der See abglitt und erneut mit Schottermassen überdeckt wurde. Auf dem Talgrund ist es still, kaum ein Wind zieht bis hier herab. Nur wenige Häuser sitzen wesentlich höher auf kleinen Vorsprüngen.

Der Fantasie zwischen Geologie und *Karl May* freien Lauf zu lassen, indem man das Garça-Tal zu Fuß durchwandert, ist Vergangenheit. Auf der rechten Hangschulter zieht sich die neue asphaltierte Straße entlang und schafft bereits den Anschluss zur Chã d'Igreja, indem sie weit absteigt und die Talsohle über eine einfache Mehrpfeilerbrücke quert und so die **Chã d'Igreja de Cima**, ein landwirtschaftlich intensiv genutztes Areal, erreicht. Damit steht der Weg frei, der Landwirtschaft mit moderner Mikrobewässerung und sehr viel mehr

Grogue aus Santo Antão

Auf Santo Antão wird seit Anfang des 18. Jahrhunderts **Rum,** auf Crioulo „Grogue", genannt, in handwerklichen Betrieben zwischen den Zuckerrohrpflanzungen gebrannt. In großen offenen Fässern wird der frische Zuckerrohrsaft fermentiert; daher ist das gewonnene Destillat wasserklar im Gegensatz zum braunen Rum, für den bereits eingekochte Melasse verwendet wird.

Schon bald wurden die Schnapsbrenner unter Strafandrohung von den Behörden verfolgt, ein Amtsbescheid aus dem Jahr 1841 verbot die Herstellung von Schnaps aus Gesundheitsgründen und warb für den Anbau von Nahrungspflanzen. Das Verbot blieb damals jedoch ungehört und führte im Gegenteil zu heimlicher Produktion und illegalem Handel mit Schnaps. 1866 wurde eine Schnapssteuer eingeführt. Ein Amtsbescheid aus dem Jahre 1900 ordnete schließlich eine strenge Überwachung der Schnapsbrennereien an, da man die Produktion als solche nicht unterdrücken konnte.

Zur **Herstellung** eines qualitativ hochwertigen Grogues wie dem aus Santo Antão sind eine Reihe von besonders sorgfältigen Vorgängen nötig, die Arbeit ist hart und schweißtreibend.

Zunächst wird in mühevoller **Handarbeit** das Zuckerrohr geerntet. Die Zuckerrohrstängel werden von den Blättern befreit und zum Trapiche gebracht. In unterarmlange Stücke zerteilt, werden sie wieder eingegraben, um eine neue Generation sprießen zu lassen. Die Blätter dienen sowohl zur Dacheindeckung wie zur Befeuerung der Destillen und als Tierfutter.

Die traditionelle **Zuckerrohrpresse (Trapiche)** ist eine Gerät aus drei Stahlrollen, die sich in entgegengesetzte Richtungen drehen und von einem Ochsenpaar oder Mulis angetrieben werden. Die Tiere bewegen mit Hilfe eines massiven Tamarindenastes (o.Ä.) ein Zahnrad, das die Rollen der Presse in Bewegung setzt. Zwei Männer geben die Stängel zwischen die Rollen, wodurch der Saft herausgepresst und in einem Behälter aufgefangen wird. Der Saft wird einerseits zur Herstellung von Schnaps, andererseits von Melasse verwendet.

Ein Mann treibt die beiden Tiere, die sich im Kreis um die Trapiche bewegen, an. Man nennt ihn „Kolador di boi". Manchmal hört man heute noch den typischen melancholischen Gesang der „Kola boi" zu dieser Tätigkeit, und es wird gesagt, man könne dabei Tränen in den Augen der Tiere aufsteigen sehen – ob wegen des traurigen Gesanges oder der mühevollen Arbeit, bleibt offen … Die Themen dieser Lieder sind sozialer Natur, ihre Inhalte bringen den Alltag und die Existenznöte der Caboverdeaner zur Sprache. Manchmal vergisst der Besitzer des Zuckerrohrs aber auch, die Kehle der Arbeiter zu befeuchten, und der Ochsentreiber gibt ihm mit seinem Lied einen Hinweis darauf, woraufhin die Motivation der Leute durch eine Runde Grogue wieder gehoben wird.

Der ausgepresste **Saft wird in Holz- oder Plastikfässern** gelagert. Die Fermentierung dauert gewöhnlich fünf Tage. Der fermentierte Saft kommt dann in einen Kupferbehälter, der rund 200 Liter fasst. Vorher wird der **Kupferkessel** mit Zitrone und Asche gereinigt, mit heißem Wasser gewaschen und mit trockenen Zuckerrohrblättern und sauberen Tüchern ausgewischt. Wird der Destillationsprozess für mehr als 24 Stunden unterbrochen, muss der Kessel erneut gewaschen werden. Sauberkeit ist oberstes Gebot bei der Destillation. Dann wird der Kessel in einem Steinofen eingegraben, der mit trockenen Zuckerrohrblättern angeheizt wird. Der vergorene Saft wird in den Kessel gefüllt, und der Destillationsprozess kann beginnen. Alle Arbeit liegt nun beim „Heizer", denn für die Qualität ist eine gleich bleibende Temperatur wichtig. Der Saft wird etwa 1 Stunde gekocht und kondensiert dann entlang eines Rohres, an dessen Ende der fertige Grogue mit einem Kupfer- oder Holzkopf aufgefangen wird. Nun kommt der „Experte" und prüft die Qualität, indem er eine geringe Menge in einem Glas kreist und etwas aufschäumt. Die Schäumung gibt Aufschluss über die Reinheit und den Alkoholgehalt. Zu Beginn entsteigen Methanol und andere Nebenprodukte, die verworfen werden. Gegen Ende des Destillationsprozesses lässt der Alkoholgehalt nach, weshalb dieser Grogue der nächsten Charge beigemengt und somit ein zweites Mal gebrannt wird.

Heutzutage werden die traditionellen Pressen weitgehend abgelöst von **modernen, motorgetriebenen Pressen,** die die Produktion wesentlich vereinfachen und beschleunigen. Der Brennvorgang jedoch blieb bis heute nach alter Tradition bestehen, und zur Zuckerrohrernte steigen aus allen Tälern der Rauch der Destillationsöfen und der Duft frisch gebrannten Grogues auf.

Ein großes Problem der handwerklichen Rumbrennerei in Cabo Verde ist der **Zusatz von importiertem Zucker.** Kaum ein Hersteller kann sich dem Druck entziehen, da der Zucker die Produktionskosten erheblich drückt. Einige kommen fast ohne Zuckerrohr aus. In Santiago gibt es Brennereien, die rund ums Jahr arbeiten, bei denen man kein Zuckerrohr, aber jede Menge Altölfässer und Lkw-Reifen als Feuerung sieht. So dient den Kunden die ausschließliche Verbrennung der Zuckerrohrabfälle als Indikator für die Reinheit. Mit dem anfallenden Rohr kann man nicht viel mehr als den natürlichen Saft destillieren. Selbstverständlich haben auch die Schnapsbrenner inzwischen den kleinen Öko-Knigge gelesen und behaupten, sie würden auf andere Energien ausweichen, weil das gepresste Rohr hervorragendes Rinderfutter sei. Allein, es fällt schwer, Rinderherden in passender Größe zu finden …

Guter und reiner Grogue ist selten geworden; man findet ihn nur bei wenigen Herstellern zu deutlich höheren Preisen. 2015 trat ein neues Reinheitsgebot für die Grogue-Produktion in Kraft, doch die Überwachung fehlt.

◁ Grogue heißt der Rum aus Santo Antão

Ribeira da Torre

Von Cidade da Ribeira Grande führt eine neu asphaltierte Straße in die Ribeira da Torre, die für Radfahrer eine sehr **bequeme Tour in der Ebene** ermöglicht.

Nach einer halben Stunde ist die Basis des pyramidenförmigen **Tope de Miranda** erreicht, der, wuchtig wie ein Turm, dem Tal seinen Namen gegeben hat. Vermutlich ist er ein Umlaufberg, geschaffen von den mäandrierenden Sturzwässern, die ihn schon von beiden Seiten umflossen. Hinter diesem Fels bei Marradouro rücken die Wände des Tals näher zusammen und es verjüngt sich zu einem schmalen Bachbett, das ganzjährig Wasser führt und die ehemals üppigen **Feuchtbiotope** der Ribeiras zeigt. Farne wachsen in dicken Büscheln an den Rändern, in den Pfützen tummeln sich Kaulquappen und Wasserkäfer, und von langen, aus den Felsen hängenden Kletterpflanzen tropft das Wasser.

An den **Taumelkäfern** (Gyrinus natator), auch Kreiselkäfer genannt, hat man als Beobachter besonderen Spaß; die Wasserfachleute sehen sie als Indikator für gutes Wasser. Rechts und links der Straße im Bachbett sind dauerhaft überflutete, präzise wie mit dem Lineal gezogene Felder angelegt für Yams-Wurzeln mit ihren großen dunkelgrünen Blättern. Etwa auf halbem Weg bemerkt man links eine orangerote Bodenfärbung und weiße Ablagerungen. Es handelt sich um eine eisenhaltige Thermalquelle, die unter Papyrusbüschen zutage tritt. Über dem **Xôxô** genannten Kessel am Talende ragt der Pico hervor, eine ausgeprägte Felsnadel, um deren Basis sich die Häuser von **Lombo de Pico** scharen.

Wasser kräftig unter die Arme zu greifen, denn die neue Straße erlaubt, den Talgrund mit einer modernen, 28 m hohen **Staumauer** bei **Canto de Cagarra** zu schließen und einen Stausee entstehen zu lassen, der für mehrere Ernten im Jahr Wasser bereitstellen kann.

Durch die grünen Felder von Chã d'Igreja de Cima gelangt man rasch ins Dorf **Chã d'Igreja.** Dank Emigration und der ganz einträglichen Landwirtschaft sind die Bewohner vergleichsweise gut versorgt, und das kleine Haufendorf macht einen gepflegten Eindruck. Emigrantenfamilien haben die Chance des Wandertourismus ergriffen und bieten Zimmer und Verpflegung. Um frühmorgens auf die beliebte **Wanderung über Cruzinha und Fontainhas nach Ponta do Sol** zu gelangen, bietet es sich an, am Vortag durch Garça zu spazieren und hier zu übernachten. Europäische Frührentner und ein Remigrant aus Holland haben schöne Unterkünfte auf der Hangschulter der Ribeira de Garça sowie an der Boca de Mocho geschaffen.

In sanftem Abstieg erreicht die Fahrstraße den Friedhof, windet sich abenteuerlich zum Meer hinab und führt nach etwa 2 km in das kleine Fischerdorf **Cruzinha da Garça.** Über dem Hafen hat *Maria Martins,* die lange in Hamburg gearbeitet hat, eine Pension eröffnet, mit **Restaurant,** in dem alles vom Fisch, **So na Fish,** geboten wird. Als Staubstraße geht die Straße noch etwas weiter ins abgelegene Tal von Mocho, endet aber nach einer halben Stunde Weges in Richtung Ponta do Sol, sodass genüssliches und ungestörtes **Wandern entlang der Küste** angesagt ist.

In Xôxô endet der gemütliche Teil der Reise. Für die Fleißigeren führt ein sehr schöner, aber auch sehr **steiler Weg hinauf nach Água das Caldeiras**. Weniger Höhenunterschied, aber sehr hohe Steinstufen über lange Anstiege sind zu überwinden, wenn man über Lombo de Pico und Losná zur Passstraße von Porto Novo nach Ribeira Grande zusteuert, auf die man bei Chã de Mato trifft.

Zentrales Hochland, Lagoa

Wie bei der Beschreibung der Straße Porto Novo – Ribeira Grande geschildert, zweigt in **Espongeiro** die Staubstraße nach Lagoa, Maroços und Figueiras ab. Im Osten der jungen vulkanischen Hochebene wurde sehr erfolgreich wiederaufgeforstet, insbesondere rund um die Siedlungen Espongeiro und Morro de Vento. Der extremen Trockenheit im Jahr 2008 fielen mehr als die Hälfte der Bäume zum Opfer, was nur teilweise durch nachfolgende, sehr üppige Niederschläge „repariert" wurde. Kleinere Vulkankegel ragen aus der im Westen immer trockeneren Landschaft, und nach dem Dorf Lagoa tritt man in den weiten, flachen Einbruchkrater von **Espadaná**. Nach einem kurzen, steilen Anstieg ist das Forstwächterhaus von Maroços erreicht, von wo es nur noch eine Stunde weitgehend weglosen Streifens durchs Gelände bedarf, um die **Gipfel von Maroços (1767 m)** zu besteigen. Von ihnen hat man einen enormen Tiefblick in die tiefen Kerbtäler der **Ribeira Fria** und **Ribeira dos Bodes** nach Süden und über die **Ribeira do Alto Mira** und die **Ribeira de Jorge Luis** hinweg bis nach Norte und zum **Tope de Coroa**.

Der westliche Teil der Hochebene und die weichen Gipfel von Maroços sind ökologisch besonders wertvolle Biotope mit reichem Bestand an endemischer Vegetation und werden zu einem **Naturpark** weiterentwickelt. Viele der dort ansässigen Familien leben am Existenzminimum und bestreiten ihr Auskommen mit dem Verkauf von Ziegenkäse an der Straße in Espongeiro.

Der Westen und Süden

Während die nordöstlichen Täler und spektakulären grünen Bergszenerien jeden Besucher Santo Antãos in Bann ziehen, begegnet man im wüstenhaften Westen und Süden der Insel **kaum einem Touristen**. Wer länger auf der Insel verweilt, ein Faible für **vulkanische Landschaften** oder die **Wüste** hat, wird auch diese Region erkunden wollen. Sie sind in dieser gewaltigen Ausprägung wie auf dem Campo Redondo, in den Bergen von Lajes und um den Tope de Coroa herum und sonst nirgends in Cabo Verde zu finden. Doch sie sind schwieriger zu erschließen.

Wer nur einmal durch die grandiose Landschaft fahren will, dem sei empfohlen, sich für einen langen Tag ein **Aluguer mit Fahrer** zu **mieten**. Wer sich die Landschaften jedoch erwandern will, dem werden eintägige Touren nicht genügen, und er muss sich auf **mehrtägiges Trekking** unter einfachen Bedingungen und lange Strecken mit schwieriger Orientierung und viel Wasser im Gepäck einstellen. Bis nach **Norte** kann man seine Reise noch selbst organisieren. Auf den **Tope de Coroa (1979 m)** oder weiter nach **Monte Trigo** oder **Tarrafal de Monte Trigo** sollte man nicht ohne Bergführer gehen.

Rundfahrt Porto Novo – Rª das Patas – Rª da Cruz – Norte – Sul – Porto Novo

Die breite Asphaltstraße verlässt Porto Novo nach Süden fast schnurgerade die Küste entlang. Am Ortsausgang hat sich das 4-Sternehotel **Sant Antão Art Resort** am Rande eines kleinen Palmenhains meerwärts breit gemacht; Elektrizitäts- und Wasserwerk folgen. Hangwärts kündet eine große Halle von den frühen Phasen des Puzzolana-Tagebaus in der späten Kolonialzeit. Wie mit dem Lineal geschnittene Inseln zeigen noch die Dicke der Schicht.

Nach dem Friedhof verschwindet die Vegetation auf der Küstenebene: **Wind, Sand, Steine** und ab und an eine Sandverwehung auf der Straße. Eine weite Fläche brauner und schwarzer Lava. Hier und da ragen kleine Vulkankegel als willkommene Orientierungshilfen hervor, Block- und Fladenlava, Schlacken, Tuffgeröll und Puzzolana überlagern sich und ergeben ein schwarzbraun-ocker-beiges Farbenspiel in flimmernd heißer Luft. Laut Geologen liegen auf dieser Seite der Insel die entstehungsgeschichtlichen Ablagerungen fast schulbuchmäßig an der Oberfläche. Küstenseitig sieht man stellenweise feinsandige schwarze Wanderdünen. Eine stillgelegte Fabrikanlage (CABOCEM) taucht nahe der Straße auf.

Bei der Ruine des Straßenwärterhäuschens *(Casa de meio)* zieht sich eine Siedlung bis nahe der Küste, **Chã de Porto Novo,** möglich geworden durch ein ergiebiges Wasserbohrloch. Der Verkehr ist spärlich, die Urlandschaft, in der nur hin und wieder ein paar Akazien oder Grashalme gedeihen, begleitet die Straße bis zur Brücke über die Ribeira das Patas, Ponte do Sul. Hier zweigt die Straße nach Sul, Tarrafal de Monte Trigo und Norte ab.

Sanft und geradlinig folgt die Straße der ansteigenden Küstenebene nahe dem Canyon zum ersten grünen Fleck, dem Dorf **Lagedos**. Durch dicke Puzzolanaschichten gräbt sich die Straße weiter bergauf, taucht durch ein Nebental und findet sich wieder in **Chã de Norte,** dem Hauptort von **Ribeira das Patas.** Der Blick geht durch das Rund des gewaltigen, nach Süden ausgebrochenen Kesseltals mit verschiedenen Nebentälern. Auf einer langen Geraden durch das Dorf hält man direkt zu auf die gewaltige Felswand oberhalb vom Ortsteil **Sírio.** Schwer ist der Maultierpfad zu erkennen, der in ununterbrochenem Aufstieg über 800 m bis zur **Bordeira de Norte** emporklettert. Hier steigen die Wanderer in die westliche Hochebene ein, gelangen nach 4 Stunden nach **Norte** und von dort auf den **Tope de Coroa** und nach **Monte Trigo.**

In weitem Bogen führt die Pflasterstraße durch den Talkessel und steigt hoch bis zu einem schmalen Grat, dessen U-förmiges Felsentor gerade einmal ein Auto passieren lässt. Der Blick zurück auf das weite Halbrund der Ribeira das Patas ist faszinierend, der Blick auf der anderen Seite steil hinab in das Tal von Alto Mira noch schroffer und überwältigend. Der Besucher steht auf der **Selada de Jorge Luís,** wo sich die imaginären Trennlinien zwischen dem Süden und dem Norden, aber auch dem Westen und Osten schneiden.

Die weißen Häuser der über das Tal verteilten drei Dörfer von **Alto Mira** leuchten herauf, die am Fuße der fast 800 m hohen Steilwand Salto Preto liegen. Eine Pflasterstraße führt hinunter nach **Chã d'Orgeiro,** dem obersten der Orte. Weiter führen Maultierwege. Der kaum zu erkennende schmale Fußpfad zum **Salto Preto** (dt.: Schwarzer Sprung) durch die Felswand ist eher etwas für hartgesottene, schwindelfreie Bergwanderer, denn 8–10 Stunden bis zur nächsten Übernachtung in Caibros zehren an den Kräften. Alto Mira ist eines der Täler, in denen die Kleinbauern das Sagen haben und produziert deutlich mehr Gemüse als die hierfür geeigneteren Täler von Paúl oder Janela.

Puzzolana

Schon vor der Unabhängigkeit wurde an der Ausfallstraße von Porto Novo nach Rª das Patas **Trass** abgebaut. Die in Handarbeit mit Hacken und Schaufeln abgetragenen Brocken brachten die Arbeiter auf Loren in die Fabrikhalle und kippten sie in die Kugelmühle, wie der rotierende Stahlzylinder genannt wird. Stahlkugeln, so groß wie beim Kugelstoßen im Sport, zerschlagen und zermahlen den Trass zu feinem Staub. 1970 stellte die portugiesische Firma den Betrieb ein.

In den 1980er Jahren wiederholte sich die Erfahrung. Wieder ließ eine portugiesische Firma die als erstklassig geltende Puzzolana in Säcke füllen, um sie als Zusatz zum Zement zu verkaufen – und scheiterte erneut.

Die Firma CABOCEM der italienischen Stefania-Gruppe versuchte es mit einem anderen Konzept und musste die Produktion nach drei Jahren ebenso einstellen. Für einen der ersten Großinvestoren im Tourismus und Großverbraucher auf eigenen Baustellen in Cabo Verde schien der boomende interne Markt genügend Nachfrage zu bieten, um sich hierauf konzentrieren zu können. Schwere Lkws brachten Zement vom Hafen zur CABOCEM und mit Puzzolana angereichert wieder zurück. Ob die harten Spielregeln am Zementmarkt es irgendwann einmal zulassen, dass der Puzzolanaabbau dauerhaft zur Bekämpfung der Armut in Porto Novo beiträgt, bleibt einmal mehr offen.

Das Thema Puzzolana ist auch in anderer Form stark **mit der Armut verknüpft.** Viele Familien, die vor der Dürre aus dem Inselinneren nach Porto Novo geflohen waren, wohnten in Höhlen *(buracos)* im weichen Tuff. Zwei Tage genügten, um mit der Hacke Iglu-artige Hohlräume zu schlagen, in denen sie die Zeit bis zur nächsten Regenzeit überbrücken wollten – und wo sie über ein Jahrzehnt bleiben mussten. Als Distriktsarzt hatte ich 1981 noch über 70 Familien in absoluter Armut in den Höhlen zu betreuen. Dank einer Initiative des ersten Präsidenten *Aristides Pereira* konnten sie 1982 in Sozialbauten mit dem bezeichnenden Namen Bairro da Puzzolana einziehen.

Das Wasserrecht in Rª da Cruz

Wer in Rª da Cruz einen Krümel Erde unter den Fingernägeln trägt, den darf man jederzeit nach dem Tag der Bewässerung fragen und bekommt zur Antwort: „1. Tag von *Pedro de Lima*" oder „4. Tag von *Mariana*". Was hat es damit auf sich?

Die Legende berichtet, dass der Portugiese **Francisco de Mello e Lima** in Povação de Cruz in Rª Grande als „Capitão Mor", als Statthalter des portugiesischen Königs auf Santo Antão, von 1740 bis 1742 diente und sich später mit Familie in Rª da Cruz niederließ, nachdem er kräftige Quellen und fruchtbare Chãs ausgemacht hatte. Ein Heiliger war er wohl nicht, denn die Bevölkerung lehnte sich gegen ihn auf, nachdem er die Waisen von Eltern, die dem Hunger zum Opfer gefallen waren, an sich nahm und sie dann als Sklaven verkaufte.

Mit seiner portugiesischen Frau hatte er vier Kinder: *Pedro, José, Marie-Joana* und *Rosário*. Das Paar, sicherlich unterstützt von Pächtern, Arbeitern und Sklaven, fasste die **Quelle von Boca Rotcha** (heute unter der Brücke, wo die Straße beim Eintritt von Jorge Luís nach Rª da Cruz von der linken auf die rechte Talseite wechselt) und weitere Quellen im Verlauf der Ribeira. Sie bauten eine Levada (künstlichen Wasserlauf), Bewässerungstanks und Verteiler-Levadas und machten das Land urbar.

Sr. Mello e Lima kehrte nach einigen Jahren zurück nach Portugal, vermutlich genau zu der Zeit, als ein schreckliches **Erdbeben** mit Tsunami die Hauptstadt **Lissabon** völlig zerstörte (1755). Seine Frau erhielt eine Todesnachricht und glaubte, Witwe geworden zu sein. Aus einer

cv18-005 pr

neuen Beziehung mit einem „Engländer aus Tarrafal de Monte Trigo" – Engländer tauchten mit englischen und irischen Sklavenschiffen zu dieser Zeit häufiger auf als portugiesische Besucher – ging eine weitere Tochter hervor, *Mariana*.

Doch entgegen aller Erwartung war *Francisco de Mello e Lima* alles andere als tot und kehrte zurück zu Frau und jetzt fünf Kindern.

Als es ans Sterben ging, verteilte er das Land testamentarisch an seine Kinder nach dem **uralten Wasserrecht**, das aus den Zeiten der Königin von Saba stammen soll und mit den Arabern nach Andalusien gekommen war. Gemessen wird das Wasser bzw. seine Menge nach der Zeit, in der es aus der zuführenden Levada sprudelt. So ist jeder der Anteilshaber in gleichem Maße abhängig von Schwankungen der Niederschläge, der Schüttung der Quellen und dem Zustand der Levadas – und bemüht, möglichst effektiv mit dem Wasser umzugehen.

Zurück zu *Francisco de Mello e Limas* Verfügung: Die leiblichen Kinder bekam je fünf **Tage der Wassernutzung** zugesprochen, *Mariana* als uneheliches Kind nur vier Tage. Eine Alçada, also die Zeit, bis sich der Rhythmus wiederholt, betrug somit 24 Tage. Für Zuckerrohr ist das ein üblicher Abstand zwischen den Bewässerungen; für anspruchsvollere Gemüse-Kulturen ist es üblich, Wasser-Tage zu tauschen, beispielsweise zur *Meia Alçada* (halber Turnus), in diesem Fall alle zwölf Tage. Für feinere Unterteilungen dient die Einheit „Tanque", wobei jeder Tag vier *Tanques* à 6 Stunden hat. Man leiht sich beim Nachbarn einen halben *Tanque* (Meio Tanque = 3 Stunden), damit die gelben Rüben nicht vertrocknen, und gibt ihn bei Gelegenheit zurück.

150 Jahre später kam für *Mariana* der gerechte Ausgleich. Die Bewohner ihrer Bewässerungszone hatten eine neue Quelle gefasst und in die Haupt-Levada eingespeist. Sie erhielten als Ausgleich zwei weitere Tage, sodass die **Verteilung** heute so aussieht:

- *Pedro de Lima* = 5 Tage
- *José de Lima* = 5 Tage
- *Marie-Joana* = 5 Tage
- *Rosário de Lima* = 5 Tage
- *Mariana* = 6 Tage.

Mit dem alten Wasserrecht und neuen Bohrlöchern, mit PVC-Rohren statt Levadas und mit moderner Mikro-Bewässerung haben sich die ackerbaulich genutzte Fläche und **Agrarproduktion** in Rª da Cruz **vervielfacht** und in der Qualität deutlich verbessert. Und wenn Sie jemanden mit einem Krümel Erde unter dem Fingernagel fragen, welcher Bewässerungstag (kreol.: *dia de rega*) heute ist, bekommen Sie immer eine sichere Antwort.

> Entlang der Schläuche der Mikrobewässerung werden die Pflänzchen individuell gesät, bewässert und gedüngt

< Frisch eingesätes Feld

Von der **Selada de Jorge Luís** führt die Straße über den Ort **Jorge Luís** weiter in die **Ribeira da Cruz**, einer der Zwischenstationen der wenigen Wanderer auf der Rundwanderung um die Insel. Die Aluguers fahren noch weiter in die Dörfer **Martiene** und **Chã de Norte**. Die Straße von Chã de Norte bis Aldeia de Norte ist nur mit Allradfahrzeugen zu bewältigen, sodass der Aluguer-Verkehr nach Norte nur über Sul/Campo Redondo Mo, Mi, Fr ab der Morgenfähre von Porto Novo läuft. Schöner ist es aber sicher, zu Fuß von Ribeira das Patas über die Bordeira de Norte aufzusteigen. Die Staubstraße zwischen Campo Redondo und Norte führt durch besonders interessante vulkanische Wüstenlandschaften, die weiten Weidegründe der Ziegen von **Lagoinhas**, den farbenfrohen jungen Vulkan **Monte Arranha Pernas** und das weite Rund der von Puzzolana überschütteten flachen Caldeira des **Campo Redondo**. Der Blick zurück gleitet über vulkanisches Hügelland bis hin zum Tope de Coroa. Der Fußmarsch von Norte nach Sul über **Lajes** ist einer der deftigen und nur Leuten zu empfehlen, die mit der Orientierung im Gebirge Erfahrung haben und über entsprechende Ausrüstung verfügen.

Porto Novo – Tarrafal de Monte Trigo

Wer auf der oben beschriebenen Küstenstraße nach ca. 5 km links abzweigt (Hinweisschild), gelangt auf die bis zum Pass neu ausgebaute Straße nach Tarrafal de Monte Trigo. Über Serpentinen, von einem zum nächsten Bergrücken springend, führt die Straße durch die verlassenen Dörfer von **Sul**. Hoch über den Wolken, auf 1400 m, durchfährt man die einzige aktive Siedlung, **São Tomé**, deren Bewohner dank der Ziegenzucht auf dem wenig später folgenden **Campo Redondo** noch in Sul überleben können.

Am höchsten Punkt des weiten Kraterrunds endet die Ausbaustrecke an einer Straßengabelung, und es öffnet sich der weite Blick auf das Vulkanmassiv des Tope de Coroa. Die Straße nach Norte bleibt auf der Höhe, während die nach Tarrafal de Monte Trigo hangabwärts zieht und über Serpentinen und Staublöcher ihren Weg bis zum Meer findet. Die Strapaze für Fahrzeug und Insassen zieht sich ab Porto Novo für etwa 2 Stunden hin. Ab dem **Campo Redondo** kann man sich nicht mehr verirren, und wir ziehen es vor, in 2½ Stunden zu Fuß nach Tarrafal de Monte Trigo abzusteigen. Spätestens an dem einzeln stehenden Haus mit Garage *(Garagem)*, wo ein Fußweg nach **Covão**, dem höchsten Ortsteil von Tarrafal de Monte Trigo, ans Meer führt, steigen weitere Passagiere aus, schicken das Gepäck voraus und steigen in einer Stunde über den alten Maultierweg zum Meer ab.

Rückfahrten müssen mit den Fahrern am Vortag vereinbart sein. Die Fahrzeuge nehmen unterwegs niemanden mehr auf! Wir handhaben das meist zu lässig und sind dann jedes Mal 9 Stunden bis Ponte Sul gelaufen …

▷ Blick hinunter in die Bucht von Tarrafal de Monte Trigo

Tarrafal de Monte Trigo

Der besondere Reiz der **Ribeira do Tarrafal** liegt sicher darin, dass man hinter der lebensfeindlichsten Landschaft der Insel am Campo Redondo alles andere erwartet als eine grüne Oase der Ruhe und Entspannung mit kräftigen Kokospalmen, Spaziergängen durch bewässerte Landwirtschaft, Pausen unter Brotfrucht- und Mandelbäumen. Mangos und Papayas kauft man am Wegesrand und verspeist sie am weiten schwarzen Sand- und Kiesstrand.

Rund um die niedrigen Steinhäuser der etwa 600 Bewohner weiden Ziegen. Eine **Quelle** im Inneren des Tales auf etwa 600 m Höhe liefert das lebenswichtige Wasser, ergießt sich in einem Wasserfall und sorgt für dieses Wunder an Fruchtbarkeit in einer Region, in der kaum je ein Regentropfen fällt. Früher floss es so reichlich, dass bis zum Bau der Entsalzungsanlage Mindelo von hier aus mit Tankschiffen versorgt wurde. Fette Rohre und Gummischläuche zeugen von der ehemaligen Kraft der Quelle, die heute kaum mehr für ein Drittel der ehemaligen bewässerten Landwirtschaft reicht.

Wer mit dem Auto anreist, begegnet einer **Entwicklungsruine** am südlichen Ende der weiten Bucht. Hier sollte mit ausländischer Unterstützung eine Thunfischfabrik entstehen, was aber mangels Strom und Wasser nie realisiert wurde. Die Fischer und anderen Bewohner von Tarrafal verstehen sich seit jeher als Vorort von Mindelo und haben mit Porto Novo wenig zu tun, solange es nicht Amtsgänge sind. Wann immer genügend Fisch auftaucht, wird er in Mindelo vermarktet, und fast täglich gehen kleine Boote in beiden Richtungen.

U-Boote in Tarrafal de Monte Trigo

Als Ende **September 1941,** mitten im 2. Weltkrieg, zwei U-Boote in der Bucht von Tarrafal de Monte Trigo auftauchen und nur 200 m vor dem Strand ankern, sind Aufregung und Neugierde groß. Ein tiefschwarzer Mann rudert hinaus, fragt, ob die Seemänner Amerikaner seien – es sind **Deutsche.** Der Mann rudert zurück und kommt etwas später im dunklen Blazer zurück und überreicht einen versiegelten Umschlag.

Der Bootsmann zweiter Klasse, aus dessen Zeugenaussage wir von der tiefschwarzen Hautfarbe wissen, berichtet, die Deutschen hätten den Gesandten zurückgeschickt. In Tarrafal de Monte Trigo hört man, die deutschen U-Boot-Offiziere hätten eine Einladung durch die Grundbesitzer angenommen.

Was hatten zwei deutsche U-Boote in der zum neutralen Portugal gehörenden Kolonie Cabo Verde zu suchen?

U-111 hatte in sechs Wochen „Feindfahrt", wie die Jagd auf Handelsschiffe genannt wurde, ein holländisches Motorschiff und einen britischen Erzfrachter versenkt und dabei 57 Seeleute umgebracht. Nun sollte es in die U-Boot-Bunker von Lorient (Bretagne) zurückkehren. Zuvor jedoch sollte sich U-111 mit **U-68** treffen, übrige Torpedos übergeben und am nächsten Tag von U-67 einen erkrankten Seemann aufnehmen.

Beim Befehlshaber der U-Boote in Lorient hält man die **Tarafal-Bucht** für **unbewohnt,** doch falsch: Die Kommandanten wundern sich beim Blick durchs Periskop über Lichter von Fischerbooten, über Häuser am Strand und hoch darüber. Nach dem Umladen von vier Torpedos in der Nacht trennen sich die U-Boote und wollen aus der Bucht fahren, als der genannte deutsche Bootsmann die schneeweißen Umrisse eines größeren Schiffs ausmacht. Was er kurz für einen portugiesischen Zerstörer hält, ist das **britische U-Boot „Clyde",** das U-68 verfolgte und plötzlich so nahe an U-111 gerät, dass es von seinem ersten Ziel ablassen muss. U-111 taucht ab und kann einen Rammstoß durch die Engländer gerade noch vermeiden.

Die Clyde schießt einen Fächer von sechs Torpedos hinterher, ohne zu treffen. Gute zwei Stunden später, in mondloser Nacht, trifft die Clyde auf **U-67,** das den kranken Seemann an U-111 übergeben soll. U-67 weicht aus, touchiert die Clyde heftig und taucht anschließend ab.

Der Schaden an beiden Schiffen ist erheblich, aber nicht bedrohlich. Die Clyde fährt zur Reparatur nach Gibraltar, U-67 kehrt wegen beschädigter Torpedorohrdeckel vorzeitig nach Lorient zurück – nicht ohne U-68 nochmals vor Marokko zu treffen, um Torpedos umzuladen.

U-111 trifft eine Woche später südwestlich von Teneriffa auf den zur U-Boot-Bekämpfung umgerüsteten Fishtrawler **„HMS Lady Shirley".** Im Schusswechsel kommt der U-Boot-Kommandant ums Leben, die Mannschaft versenkt das U-Boot.

In Lorient fragt sich der U-Boot-Befehlshaber, warum das britische U-Boot zum „richtigen" Zeitpunkt in der Tarafal-Bucht auftauchen konnte. Waren die mit der berühmten deutschen ENIGMA-Kodiermaschine verschlüsselten Funksprüche von den Briten dechiffriert wurden? So war es, doch die Clyde war zu spät eingetroffen und hatte die Gelegenheit ungeschickt verspielt – und so konnten die **ENIGMA-Experten** dem deutschen Befehlshaber weiterhin versichern, das deutsche sei das weltbeste Chiffriersystem und von den Briten nicht geknackt worden.

Für den Tourismus war Tarrafal absolutes „far end" – bis *Susi* und *Frank* ihr Segelboot in die Bucht lenkten. Das amerikanisch-deutsche Paar beendete den Segeltörn, erklärte Tarrafal zu seinem neuen Wohnort und ließ von lokalen Handwerkern eine Reihe traditioneller Steinhäuschen im Schatten der Bäume am Strand bauen – das **Mar Tranquilidade** als eine **Pension** für Gäste, die das Einfach-Authentische bevorzugen. Da die beiden auch noch hervorragende Köche sind, brauchen sie sich um die Belegung nicht zu sorgen. Eine Anmeldung ist sehr sinnvoll! Weitere Europäer haben sich inzwischen mit kleineren Pensionen dem Beispiel angeschlossen.

Nur mit dem Fischerboot oder stundenlang zu Fuß erreicht man die nächste Bucht und den Fischerort Monte Trigo. Der **Fußpfad,** teils gepflastert und mit Mäuerchen begrenzt, teils verwittert und mit Geröll zugeschüttet, führt bergan und bergab. Zum Meer hin wird er von Steilküste und Meeresbrandung gesäumt, zum Berg hin von den kahlen, steil geböschten Westhängen des Vulkankegels Tope de Coroa. Der Weg ist gut zu gehen (4–5 Std.), doch empfiehlt sich diese Unternehmung nur in den frühen Morgenstunden, denn um die Mittagszeit glüht die schwarze Lavaerde in der Hitze.

Liegt Tarrafal schon abgelegen, so scheint **Monte Trigo**, wie es in der Sonne döst, das Ende der Insel. Männer spielen im Schatten Oril (Brettspiel), wenn der Fang des Tages gesalzen in der Sonne ausgebreitet liegt, um als Trockenfisch seinen Weg nach São Vicente anzutreten. Monte Trigo war bis zum Beginn der Saheldürre weitaus kleiner. So sind viele der heutigen Fischerfamilien „Flüchtlinge" aus dem Trockenfeldbau. Das hat anfangs zu erheblichen Reibereien geführt, weil die Neuankömmlinge traditionelle Regeln weder kannten noch befolgten, etwa die Schonung der Kinderstuben junger Fische, Schonzeiten, Fangbegrenzungen, um die Preise nicht verfallen zu lassen und die Bestände zu sichern. Viele dieser Regeln sind nicht rational oder ökologisch vermittelt, sondern werden als Brauchtum weitergegeben. In den Jahren als Distriktsarzt von Porto Novo haben wir den Ort immer wieder erforscht, nicht nur weil er den höchsten Anteil mangelernährter Kinder aufwies, sondern weil die reicheren „Neufischer" weitaus schlechter ernährte Kinder hatten als ihre „traditionellen" Kollegen. Es hatten sich auch fast alle Leprakranken der Hochebene hier versammelt, sodass die konzentrierte Dorfstruktur ein wichtiger Vorteil war und man an einem Tag alle Kranken sehen konnte. Inzwischen gibt es keinen einzigen aktiven Fall mehr, aber doch den einen oder anderen älteren Träger von Behinderungen aus jener Zeit.

Die über der Schule sich ausbreitende **große Photovoltaikanlage,** die sowohl die Häuser als auch die Eisproduktion für die Fischer versorgt, gilt als neue Attraktion. So große Batterien hat kaum ein Besucher zuvor gesehen, und die Doppelnutzung als Energiequelle und Schattendach über dem Schulhof ist beeindruckend schlau.

Am Fußballplatz am Meer und rund um die Schule sind **Gästezimmer** mit zunehmendem Komfort verfügbar.

Von Monte Trigo führt eine weite **Wanderung** nach Norte, die gut vorbereitet sein will und nur mit Führer zum Erfolg führt.

Tope de Coroa (1979 m)

Der **höchste Berg Santo Antãos,** neben dem Pico de Fogo der zweithöchste der Inseln, erhebt sich im äußersten Südwesten der Insel. Er sitzt als kleiner junger Vulkankegel im Krater des weitaus größeren **Coroa,** der nach den Vermessungen aus dem Jahr 1971 einen Hauch höher (1982 m) ist, was dem Ruf des Tope de Coroa als höchstem Berg des Barlavento aber bisher nicht geschadet hat. Der **Aufstieg beginnt in Norte** und ist eine weder übermäßig anstrengende noch besonders schwierige Tageswanderung von 6 Stunden – solange man nicht in weichen Aschenhängen aufsteigt, sondern gezielt felsiges Gelände wählt. Da die Orientierung nicht einfach und ein Verlaufen ungemein anstrengend und gefährlich wird, muss man einen **lokalen Führer** nehmen.

Wanderungen

Erst wer zu Fuß auf alten Wegen wandert, die Steine unter seinen Füßen spürt, die herzlichen Menschen grüßt, sich den heißen Küstenwind und die kühle Höhenluft um die Nase wehen lässt, der wird die Kontraste und Naturschönheiten der Insel wirklich kennen und lieben lernen. **Santo Antão ist die beste Wanderinsel Cabo Verdes,** die Vielfalt an Touren ist einzigartig: Wüste, Hochland, dichter Wald, Krater oder Tropentäler. Wer will, kann jeden Tag in eine völlig andere Welt eintauchen, ob als Tagestour oder im Zuge eines mehrtägigen Trekkings.

Die gesamte Insel ist von einem **Netz unzähliger traditioneller alter Wege** überzogen, die noch die entlegensten Regionen über steile Grate in atemberaubenden Serpentinen und Steigungen miteinander verbinden: Ziegen- und Eselswege, gepflasterte, mit Mäuerchen gesicherte Wege und winzige Trampelpfade, die plötzlich enden. Markierungen gibt es nur wenige, und vor Steinschlag und Sturz muss man sich in Acht nehmen. In neueren Wanderführern und -karten sind die Wege auch für selbstständige Wanderer aufbereitet; GPS-Daten geben zusätzliche Hilfe. Trotzdem ist die Orientierung an vielen Orten schwierig, und auf der westlichen Hochebene ist der lokale Wanderführer unersetzlich. Die Begleitung durch einen erfahrenen **Bergführer** oder das Wan-

‹ Pico da Cruz: Blick nach Pero Dias

dern in geführter Gruppe kann bequemer sein, weil man mehr erfährt und nach der Ankunft alles schnell geregelt ist. Wir raten auch dringend davon ab, außerhalb dicht besiedelter Gebiete alleine zu wandern oder unbegleitet Mountainbike zu fahren!

Die **Ausrüstung** ist im entsprechenden Kapitel erläutert.

Ein genereller Reiseführer wie dieser kann nur einige einfache Wanderungen darstellen und die präzise Vorbereitung anspruchsvollerer Wanderungen mit Karte und Führer keinesfalls ersetzen.

Weg 101: Cova-Krater – Rª do Paúl – Cidade das Pombas

■ Die sehr **schöne, steile und bzgl. der Orientierung simple Wandertour** (Gehzeit **3–4 Std.**) verläuft anfangs sehr steil bergab. Wer Probleme mit den Knien hat oder nicht durchtrainiert ist, sollte von der Tour absehen oder sie als Aufstieg gehen!

Den Ausgangspunkt an der Kreuzung am Cova-Krater erreicht man von Cidade da Ribeira Grande oder Porto Novo fast nur noch per Taxi. Aluguers sind auf der Passstraße zu selten – und sie starten meist erst nach langen Einkaufstouren durch die Stadt.

Statt der leicht erkennbaren Fahrstraße zum Grund des Kraters wählt man den ab der Westseite des Kraters absteigenden Fußweg im Wald. Er beginnt noch im Kreuzungsbereich hinter der Begrenzungsmauer der Straße in Richtung Ribeira Grande. Am freien Platz vor der Baumschule, nahe einer burgähnlichen **Hausruine**, steigt der Weg hinauf nach Nordosten zum Kraterrand (Anstieg ca. 15 Min.). Oben am kleinen Pass bietet sich an wolkenlosen Tagen ein unvergleichlicher Blick über den fruchtbaren Kraterboden und das Vale do Paúl, das man komplett bis zum Meer überblickt. Aber auch wenn Nebelschwaden heraufziehen oder man über der Wolkendecke steht, ist die Stimmung fantastisch. Mehr als 1000 Höhenmeter gilt es in Serpentinen abzusteigen. Nach dieser Steilkante erreicht man den Talschluss mit seinem weiten Halbrund. Das Tal führt **ganzjährig Wasser**. Bei den ersten Steinhäuschen auf 600–700 m kommt man an einer Kaffeeplantage vorüber. Wenig später erreicht man das Ende der Fahrstraße in **Chã de Manuel Santos**, einem Teil von **Cabo de Ribeira**, wo Läden mit kühlen Getränken aufwarten und Wandererunterkünfte zur Verfügung stehen.

Die im weiteren Verlauf am häufigsten begangene Variante zieht bergab durchs Dorf und folgt der kleinen Straße bis **Passagem**, einem kleinen Erholungsgebiet mit Bougainvillea-Sträuchern, Jacaranda-Bäumen, Canna-Blüten, Zierkaffee, Mimosen und sonstigen Zierpflanzen.

Wer weiter wandern möchte oder eine der Unterkünfte in **Lombo Comprido** aufsuchen will, der folgt dem Abzweig nach Passagem bergab, durchquert den Bach und zieht auf der kleinen Zubringerstraße in Richtung **Campo de Cão**, einem Gut mit langer Tradition in der Produktion von Grogue. Nach dem Anstieg aus dem Bachbett heraus zweigt das Zubringersträßchen hangaufwärts ab, und man folgt ihm bis zu seinem Ende in Lombo Comprido. Als steiler Maultierweg führt der Weg weiter bergab, vorbei an den ländlichen Unterkünften Aldeia Manga ECO Lodge und Casa das

Ilhas und findet so wieder auf die Straße. Man erreicht **Eito,** einen Ortsteil von Cidade das Pombas, und wird nach 3–4 Stunden Wanderung (je nach Verweilen und Schauen) an der Talmündung vom Rauschen des Meeres empfangen. In Cidade das Pombas kann man bei einem kühlen Getränk ausruhen, ein Aluguer abwarten oder auch komfortabel übernachten.

Weg 104: Pico da Cruz – Gudo de Banderola

■ Der Gipfel des Pico da Cruz (1584 m) bietet **eines der schönsten Bergpanoramen Santo Antãos.** Der Zugang hin und zurück über einen teils gepflasterten Maultierweg ist einfach und sicher (Gehzeit einfach 20 Min., 100 m Höhenunterschied).

Ausgangspunkt ist **Cova do Engenheiro** (1490 m), die Ortsmitte der Siedlung Pico da Cruz, zu erreichen über eine kleine, teils auf dem Grat verlaufende Pflasterstraße ab Cova de Paúl, entweder mit dem Auto, oder – weitaus lohnender wegen der sehr schönen Tiefblicke ins Tal von Paúl – zu Fuß (Weg 104a, Gehzeit in einer Richtung 1 Std.)

In Cova de Engenheiro gabelt sich die Straße beim ziegelgedeckten Gebäude der **Casa Florestal.** Der Weg beginnt etwas versteckt; um ihn zu erreichen, folgt man der Treppe, die sich an der Ostseite des Gebäudes hochzieht, öffnet das „Gartentörchen", tritt auf die Terrasse und erkennt das in den Wald aufsteigende Kopfsteinpflaster. In Serpentinen zieht es sich fast bis zum ersten Gipfel, umgeht ihn dann auf der Nordseite, um auf den zweiten Gipfel, den **Gudo de Banderola,** zu führen.

Ein Wassertank auf dem Gipfel und ein Forstwächterhäuschen dienen der Waldbrandbekämpfung. Im Schatten des Wächterhäuschens blickt man hinab ins Tal von **Pero Dias,** den Kernbereich des größten geschlossenen Waldgebietes Cabo Verdes am Pico da Cruz. Der halbfeuchte Nebelwald verdankt seine Existenz den häufig durchziehenden Wolken. Vor dem Panorama von Porto Novo, dem Kanal und São Vicente zieht der **Lombo Vermelho** (der rote Grat) durch, verlängert sich in tieferen Lagen in die Selada de Pero Dias und bildet eine scharfe Wetterscheide zwischen dem Luv-Waldgebiet mit dicht stehenden Zypressen, Kanarenkiefern, Grevileen, Eukalyptus und endemischen Arten der Federbuschvegetation, denen es gelingt, den Wolken Wasser zu entziehen, und der Lee-Seite, auf der sich wüstenhaft trockene Hänge hinab Richtung Porto Novo ziehen.

Bei guter Sicht erscheint der 90 km entfernte Monte Gordo (1312 m) auf São Nicolau als rötlich-rundliche Kuppe einsam über dem Wolken- oder Dunstband, im Panorama weit links von São Vicente und Santa Lucia. Der 250 km entfernte Pico do Fogo ist nur sehr selten und dann als über den flachen Bergen von São Vicente schwebender, in die Ferne entrückter blauer Kegel zu erahnen.

Weg 212: Cruzinha – Fontainhas – Ponta do Sol

■ Nachdem in Chã d'Igreja und in Cruzinha gute Übernachtungsmöglichkeiten bestehen, kann man **die fünfstündige Wanderung entlang der Steilküste** in beliebiger Richtung organisieren. Auf jeden Fall sollte man nicht die spät vom Fährschiff kommenden Alugueres abwarten, sondern in der Nacht vor der Wanderung in Ponta do Sol oder in Garça übernachten. Nur so kann man die faszinierenden Lichtverhältnisse am frühen Morgen über von der Gischt glitzernden Felsen genießen.

Von Cidade da Ribeira Grande aus nehmen Sie ein **Aluguer durch das Tal Ribeira Grande** bis nach Chã d'Igreja, evtl. weiter bis Cruzinha (1 Std.).

Ausgangspunkt ist das Restaurant So Na Fish in **Cruzinha da Garça**. Die Fahrstraße, auf der man gekommen ist, zieht in einer weiten Kurve aus dem Dorf. Nach dem Fußballplatz geht es ein Stück bergab, man lässt den Abzweig nach Mocho bergwärts liegen. Die Straße wird zu einem kopfsteingepflasterten Maultierpfad, der sich in geringer Höhe von einem Tal zum nächsten schlängelt. Sandbuchten, steile Felsen, enge Schluchten und der Blick aufs Meer halten das Auge ständig beschäftigt. Vom Baden an den schönen Sandstränden ist wegen der Strömungen abzuraten. In **Aranhas** trifft man auf einige verschlossene, teils verfallene Häuser. Der Abstecher ins Tal hinein führt zu einem aufgelassenen Dorf und wird dann steil und sehr kratzig.

So bleibt der Wanderer besser auf dem Küstenweg und erreicht erst **Forminguinhas** und danach **Corvo**, das sich an den Felsen links von der gleichnamigen grünen Ribeira schmiegt (Laden und Getränke in Dorfmitte). Nach steilem Aufstieg am Gegenhang erreicht man den Pass der Estança de Corvo. Im weiten Tal kauert das malerische Fontainhas auf einem Felsvorsprung, umrahmt vom tiefen Taleinschnitt mit Terrassenkulturen. In der Ferne erkennt man die ins Meer hinausragende Halbinsel von Ponta do Sol. Nach einem Abstieg und kurzem Anstieg ist **Fontainhas** erreicht. In einer kleinen Mercearia am Ortseingang, etwas erhöht vom Weg gelegen, gibt es kühle Getränke und eine Terrasse zum Ausruhen.

Von Fontainhas wandert man auf der schmalen Fahrstraße in ca. 45 Minuten nach Ponta do Sol.

Strände & Wasserverhältnisse

Santo Antão ist keine Badeinsel. Wer auf der Insel verweilt, um zu wandern, die Naturschönheiten zu bewundern und sich in den kleinen Orten treiben zu lassen, der kann hier und da ein kurzes Bad im Meer nehmen. An der Küste Santo Antãos sind **Wind und Brandung heftig**, besonders in den Wintermonaten. Vor den Küsten kann es **unberechenbare Strömungen** geben.

Der einzige ganzjährig zum Baden geeignete und normalerweise kindersichere Strand ist der schwarzsandige **Curraletes** bei Porto Novo (siehe dort). Die großen weiten Strände weiter westlich am Kanal sind nur über Tageswanderungen entlang der Küste zu erreichen und sollten zum Schutz der Natur möglichst nicht betreten werden.

Bei **Sinagoga** liegt eine geschützte **Bucht** (erfragen Sie dort den Pfad zum Strand, vorbei an der ehemaligen Leprastation *Gafarias*).

Von **Ponta do Sol** aus kann man sich von einem Fischer zur nahe gelegenen **Praia de Lisboa** bringen und zu vereinbarter Zeit wieder abholen lassen.

Damit ist der beste Badeplatz auf der Insel die **Bucht von Tarrafal de Monte Trigo**. Dank kleiner Pensionen ist dort auch eine sehr angenehme touristische Infrastruktur vorhanden.

Praktische Infos

An- und Weiterreise

■ **Der Flughafen in Ponta do Sol wurde stillgelegt.**

Fährverbindungen

■ **Nach São Vicente** verkehren täglich mehrere Autofähren, die sehr pünktlich sind. Die Fahrzeit beträgt ca. 1 Std., Tickets von **CV-Polaris** und der **Reederei ARMAS** gibt es in der Gare Marítima. Details unter „Praktische Tipps A–Z/Reisen im Land/Mit dem Schiff". Aktuelle Fahrpläne im Internet unter www.bela-vista.net/Faehre.aspx.

■ Am Hafen in Porto Novo stehen **Taxis und Sammeltaxis** bereit (s.u.).

Segelboote

■ Segelboote können in **Porto Novo** vor Anker gehen, allerdings muss das Boot im offenen Hafenbereich gut befestigt werden (kein Anlandungssteg). In den Sommermonaten August/September kann hoher Schwell aus dem Süden einlaufen, sodass Boote nicht ohne Skipper bleiben sollten.

■ Eine schöne Bucht zum Ankern liegt vor **Tarrafal de Monte Trigo** im Südwesten (schöner Strand, Restaurant und Unterkünfte).

■ Ponta do Sol, Paúl und Janela sind für Segelboote denkbar ungeeignet.

Reisen auf der Insel

Straßen

■ **Hauptverbindungen zwischen Porto Novo und Rª Grande sind:** 1. die Küstenstraße über Janela und Paúl, zwischen Curraletes und Janela asphaltiert, sonst eine gute Pflasterstraße; 2. die Passstraße über Lombo de Figueira, Cova de Paúl, Corda, durchgängig gepflastert.

■ **Nebenstraßen** in die Täler des Nordens, nach Pico da Cruz und Pero Dias, nach Ponta do Sol sowie in die Seitentäler sind meist gepflastert und mit Pkw befahrbar.

■ Die **Straße über den Höhenzug** von Lagoa über Maroços bis Lombos (nahe Figueiras) ist ungepflastert und für Pkw nur schwer befahrbar.

■ **Verbindungen in den Westen** der Insel bestehen nur von Porto Novo aus.

■ Die **Straße über Rª das Patas** nach Alto Mira und Ribeira da Cruz ist gepflastert und für Pkw gut befahrbar.

■ Die **Straße durch Sul nach Tarrafal de Monte Trigo und Norte** ist bis zum Campo Redondo gut ausgebaut, im weiteren Verlauf nach Norte sehr schlecht und nach Tarrafal de Monte Trigo nur mit Allradfahrzeug zu befahren.

Aluguers

■ **Sammeltaxis, Pick-up-Trucks oder Kleinbusse** verkehren zwischen allen größeren Orten. Die Aluguer-Verbindungen sind hauptsächlich auf Ankunft und Abfahrt der Fähren abgestimmt und verkehren sonst nur unregelmäßig.

■ Ab Porto Novo gibt es Aluguers **nach Ribeira Grande** (ca. 400 CVE) oder **Ponta do Sol** (ca. 450 CVE). Ab Ribeira Grande fahren diese mehrmals täglich nach Garça, Ponta do Sol oder Cidade das Pombas. Sie können entweder am Hafen direkt in das Fahrzeug mit geplantem Endziel einsteigen oder in Ribeira Grande umsteigen.

☐ Inselkarte S. 238, Stadtpläne S. 246, 256, 258   **Praktische Infos** 281

■ Ab Porto Novo verkehren Aluguers **in den Westen und Süden** (Ribeira das Patas, Alto Mira, Norte und Tarrafal) ausschließlich nach Ankunft der Morgenfähren. Wenn Sie nach Norte oder Tarrafal möchten, melden Sie sich bei der dortigen Unterkunft an. Ihre Gastgeber sprechen dann auch die Frage des Transports mit dem Besitzer des Aluguers ab. Für die wenig befahrene Passstraße und zum Pico da Cruz ist ein Taxi für 2 Stunden oder einen halben Tag die bessere Lösung, da die regulären Aluguers sich in Porto Novo mehrere Stunden verspäten, um Einkäufe zu erledigen.

■ **Für pünktliche Frühaufsteher:** Der Fahrer des Aluguers, der Pico da Cruz via Cova de Paúl bedient, wohnt in Porto Novo und bricht jeden Tag kurz nach 6 Uhr auf. Nach Absprache am Vorabend kann er Wanderer und Mountainbiker von der Unterkunft abholen oder am Beginn der Passstraße bei der Escola Técnica aufnehmen. Nach Ankunft der Morgenfähren fährt er eine zweite Runde. *Olívio Duarte,* Mobil 9990134.

■ Es gibt **Fixpreise** für die jeweiligen Routen (die Fahrer haben Listen). In der Regel versuchen die Fahrer nicht, Touristen zu übervorteilen. Selbstverständlich bieten sie Ihnen an, nicht warten zu müssen und statt des Sammelverkehrs *(Passagem)* das ganze Fahrzeug anzumieten zum Preis von etwa dem Zehnfachen einer Einzelfahrt *(Frête).* Unterwegs gibt es keine festen Haltestellen, man kann überall und jederzeit ein- bzw. aussteigen.

■ **Aluguer-Haltestellen** in Porto Novo (am Hafen bei Ankunft der Fähre oder an der Bank in der Stadt) und in Ribeira Grande (bei den Tankstellen für Fahrten zur jeweiligen Abfahrt der Fähre).

■ **Sonntags herrscht nur eingeschränkter Aluguer-Verkehr.**

⌄ Blick über Cidade da Ribeira Grande

Mietwagen

- **Pegaso Rent a Car,** Porto Novo, Alto do Peixinho, Tel. 2222460.
- **Porto Novo Car,** Porto Novo, Armazem, Tel. 2221490; Rª Grande, Ponta Lavada, Tel. 2212626.
- **SRC Spencer Rent a Car,** Porto Novo, Alto do Peixinho, Tel. 222737; Rª Grande, Ponta Lavada, Tel. 2212626.
- **Aluguers und Taxis mit Fahrer** können für einen halben oder ganzen Tag angemietet werden. Auskunft bei der Informação Turística Lucete Fortes im Fährgebäude, Tel. 2222517.

Unterkunft

Santo Antão bietet ein **breites Spektrum** hübscher kleiner Hotels, Pensionen und privater Unterkünfte, vorwiegend in den kleinen Städten. Doch auch außerhalb, am Strand und im Gebirge, schließen ländliche Hotels und Pensionen zum europäischen Standard auf. In wenigen Jahren wird das Netz der Unterkünfte so dicht sein, dass man den Spaß mehrtägiger Trekkings genießen kann, ohne in primitiven Unterkünften nächtigen zu müssen. An der Küste bei Porto Novo steht das erste 4-Sternehotel nach europäischen Maßstäben und führt Aktivurlaub in den Bergen, kulturelles Angebot und einen gewissen Luxus zusammen.

Da Unterkünfte und auch Gastronomie einem raschen Wandel unterliegen, bemühen wir uns, die Liste der Unterkünfte und Restaurants im **Internet** aktuell zu halten: www. bela-vista.net/hotel-kapverde.aspx, www.bela-vista.net/Pension-Santo-Antao-d.aspx.

Strom und Wasser: Stromversorgung durch Generatoren, Wasser über öffentliches Netz und Tanks – Strom und Wasser können auf Santo Antão des Öfteren ausfallen. Taschenlampe oder Teelichter besorgen!

Zur Kategorisierung der Unterkünfte siehe Kapitel „Praktische Tipps A–Z/Unterkunft".

Porto Novo (Stadtplan S. 246)

1 Hotel Sant Antão Art Resort④
Tel. 2222675, www.santantao-art-resort.com
Das modernste und beste Haus der Insel, 100 m von der Küste am westlichen Ortsende der Stadt mit 73 Zimmern und Suiten, alle mit Meerblick. Süßwasserpool und Wellness-Bereich. Ausgezeichnetes Restaurant, reichliches Frühstücksbüfett. Ausstellungen, professionelles Management, Beratung für Wanderer und Autoverleih im Haus.

2 Residencial Yria – Guest House③
Chã de Matinho, Mobil 9876604
Im höher gelegenen, noch wenig erschlossenen Viertel Chã de Matinho im Privathaus einer Remigrantin aus Frankreich, nur über eine Staubstraße zu erreichen. Zimmer mit Du/WC, Frühstücksbuffet.

11 Residencial Antilhas②
Nahe des Hafens, Tel. 2221193, 2221203
Von einigen Zimmern der Pension Blick aufs Meer und São Vicente. Von hier aus fahren die Aluguers nach Ankunft der Morgenfähren nach Tarrafal de Monte Trigo. Nach dem Ablegen der letzten Fähre kehrt an der tagsüber sehr geschäftigen Hafenzufahrt völlige Ruhe ein.

12 Residencial Nova Cidade②
In der Nähe des Fährhafens, Tel. 2221882
Hotelähnliche Unterkunft mit Restaurant und großer Terrasse. Alle Zimmer mit eigener Du/WC und AC (bei den Suiten im Preis inbegriffen). Internetzugang und Wäsche-Service. Am Wochenende traditionelle Live-Musik.

3 Residencial/Restaurante Pôr do Sol②
Fundo do Lombo Branco, Tel. 2222179
Hotelartige Pension mit 16 geräumigen Komfortzimmern, alle mit AC und großem Bad, Warm- und Kaltwasser, Telefon. Geräumiges Restaurant im Obergeschoss mit Terrasse. Gut für den Preis.

5 Pousada da Juventude①
Chã d'Italia, Tel. 2223010
Sehr günstige und für den Preis ungewöhnlich komfortable Unterkunft im Ortsteil Chã d'Italia gegenüber der Caixa Económica. Zimmer mit Du/WC.

☐ Inselkarte S. 238, Stadtplan Porto Novo S. 246 **Praktische Infos**

Santo Antão

❹ Residencial Porto Novo①
Tel. 2221305. Billige Unterkunft an der Hauptstraße gegenüber der Bank BCA, Zimmer nur zum Teil mit (enger) Du/WC, kein Frühstück.

Pico da Cruz

Zwischenübernachtung beim Trekking und zum Erkunden der vielfältigen, wenig genutzten Wandermöglichkeiten im schattigen Waldgebiet von Pero Dias und rund um den Gipfel – lohnt einen mehrtägigen Aufenthalt.

■ **Casa Manuela Ramos**②
Cova do Engenheiro, Mobil 9962050
Manuela hat ein Stockwerk für Gäste auf ihren Laden gesetzt. Drei Zimmer, eine Du/WC, immer mit Halbpension, Gruppen bis zu 10 Personen.

Rª das Patas

Der Talkessel von Rª das Patas liegt im Zentrum des touristisch kaum erschlossenen Westens der Insel und lädt zu vielen lohnenden Wanderungen ein und ist ein hervorragender Standort – nicht nur dann, wenn auf der Nord-Ost-Seite dichte Wolken den Wanderern die Sicht nehmen.

■ **Residencial Ribeira das Patas**②
Chã de Morte, Tel. 2272205, Mobil 9917944
Residencial mit kleinem Restaurant, Zimmer teils mit eigener Du/WC, immer mit HP, günstig.

■ **Residencial Pinto**②
Curral das Vacas, Tel. 2272000, Mobil 9951804
Neubau-Pension in traditionell-ländlichem Umfeld, saubere Zimmer, alle mit Du/WC, immer mit HP, großzügiger Frühstücksraum und Dachterrasse mit Bergpanorama, auf Wunsch Lunchpakete. 5 Min. zu Fuß zum Ausgangspunkt des spektakulären Aufstiegs zur Bordeira de Norte (Weg 309). Sammeltaxis halten an dem zum Haus gehörenden Laden.

Alto Mira

Das landwirtschaftlich genutzte Tal wird gerne von Wanderern und Mountainbikern besucht.

■ **Casa Amadeu**①
Alto Mira III Chã d'Orgueiro,
Tel. 2273015, Mobil 9917760
Einfache Unterkunft mit 19 Zimmern (Gemeinschafts-Du/WC), immer mit Halbpension. Sehr günstig. Laden im Haus.

■ **Casa Manuel**①
Alto Mira III Chã d'Orgueiro,
Tel. 2273012, Mobil 5929490
Einfache familiäre Unterkunft mit tollem Blick ins Tal, 12 Zimmer mit Gemeinschafts-Du/WC, immer mit Halbpension. Sehr günstig.

Rª da Cruz

Für Wanderer schließt sich hier die Kette geeigneter Unterkünfte für mehrtägiges Trekking.

■ **Casa Vanderlei Rocha Lima**②
Bomba – Casa Branca, Tel. 2274948, Mobil 9972602
Zimmer im großzügigen und komfortablen Neubau der Familie mit schattigem, grünem Außenbereich, saubere und moderne Du/WC, immer mit HP, Gruppen bis 12 Personen.

■ **Casa d'Nha Fana**②
Laged' na Chã de Banda da Lá,
Tel. 2274152, Mobil 9966169
Zwei Zimmer im Neubau der Familie, schattiger, grüner Außenbereich, saubere Du/WC, immer mit Halbpension.

Tarrafal de Monte Trigo

Anfahrt ab Porto Novo über eine teils schlechte Staubstraße in 1½ Std. mit Allradfahrzeugen. Hier sind ausgiebige Spaziergänge, Tageswanderungen,

Schnorcheln, Tauchen und genüssliches Faulenzen angesagt!

■ Hotel Vistatarrafal ③
Costin Pereira, Tel. 2276111, Mobil 5869623, www.vistatarrafal.com
Moderner Bau im Ortsteil Costin Pereira, 24 geräumige Zimmer mit Meerblick, Du/WC, WLAN, TV, AC. Eine Suite, Restaurant und Pool.

■ Mar Tranquilidade ③
Praia, Tel. 2276012, www.martranquilidade.com
Strohgedeckte, künstlerisch gestaltete Natursteinhäuser unter Akazien im Ortsteil Praia am schwarzen Strand, geräumige Zimmer mit Du/WC und eigenem Eingang, angenehmer Außenbereich mit schattigen Sitzplätzen, sehr gute Küche und sehr freundliche internationale Atmosphäre, HP sehr zu empfehlen. Professionelle Tauchschule im Haus.

■ Marina d'Tarrafal ②
Praia, Tel. 2276078, www.marinatarrafal.com
Einfache Privatzimmer eines spanisch-kapverdischen Paares im strandnahen Ortsteil Praia, teils Du/WC im Zimmer.

■ Privatzimmer Djo Rosa ①
Tel. 2276015 und 2276016
Zimmer mit Du/WC teils auf dem Gang, Frühstücksterrasse unter Bananenstauden, umgeben von Zuckerrohrfeldern, auf Bestellung Abendessen oder HP. Sehr günstig, erfahren im Umgang mit Gruppen.

■ Privatzimmer Maria „da Cruz" ①
Tel. 2276002
Sehr einfache Privatzimmer beim Laden von *Jaime* und *Maria* gegenüber des Posto Sanitário, Du/WC auf dem Gang, Frühstücksterrasse mit Blick aufs Meer, mit oder ohne Frühstück, auf Bestellung sehr gute Fischgerichte nicht nur für Hausgäste. Äußerst günstig.

Monte Trigo

■ Beira Mar ①
Tel. 2276528, Mobil 9772029
Einfache Unterkunft am Strand beim Fußballplatz, freundliche Zimmer, teils mit eigener Du/WC, immer mit HP, Lunchpakete auf Bestellung.

■ Unterkunft bei der Schule ①
Tel. 2278544, Mobil 9809924
Schulleiter *Osvaldo* – bitte möglichst nicht während des Unterrichts anrufen – hat einige Zimmer für Kooperationsgäste und Touristen, nachdem Gruppen seit Jahrzehnten in den Unterrichtsräumen übernachtet haben.

◁ Rübenernte auf einem neu erschlossenen Feld in Ribeira da Cruz – Maschinen kommen nicht zum Einsatz

Espongeiro

Der Ort liegt nahe dem 1300 m hohen Pass zwischen Porto Novo und Ribeira Grande. Von hier aus können viele der großen Wanderungen vom Hauptkamm in die Täler begonnen werden – ein guter Platz für Zwischenübernachtungen bei Mehrtageswanderungen!

■ **Casa Espongeiro**②
Mobil 9811526
Fantasievolle, berghüttenähnliche Unterkunft, ausgerichtet auf Wanderer, auch für Gruppen, immer mit HP, da kein Restaurant vor Ort ist. MTB-Verleih an Gäste.

Boca de Coruja

■ **Pedracin Village**③
Tel. 2242020
Ländliches Bungalowhotel mit modernen Zimmern in Natursteinhäusern inmitten von Felsen über der Ribeira Grande, etwa 7 km taleinwärts. Süßwasser-Pool, Restaurant, gutes Management, Transport nach Ribeira Grande und Porto Novo, Wandern, Reiten und weitere Angebote. Alle Zimmer mit Du/WC, Telefon, TV, Klima, Frigobar.

Cidade da Ribeira Grande (Stadtplan S. 256)

3 Residencial Tropical③
Tel. 2211129
Hotelähnliche Pension. Du/WC, Telefon, TV, AC, Frigobar. Restaurant (s.u.) und Internet-Café.

7 Residencial Cantinho d'Amizade②
Tel. 2211392
Günstige moderne Neubau-Pension, alle Zimmer mit Du/WC, beim gleichnamigen sehr beliebten Innenhof-Restaurant. Frühstück à la carte.

6 Residencial Lagoa Verde②
Tel. 2211246. Pension ohne Restaurant, zweckmäßig ausgestattet, Du/WC.

5 Hotel 5 de Julho②
Tel. 2211345. 15 einfache Zimmer, nur z.T. mit eigener Du/WC, am angenehmsten sind die Zimmer 16 und 17 im obersten Stockwerk. Beliebtes Wandererquartier.

11 Residencial Tope de Coroa②
Tel. 2212794. Moderne Pension. Du/WC, Telefon, TV, Klimaanlage, Frigobar.

4 Pensão Dona Biby①
Tel. 2211149. Beim gleichnamigen Laden. Top saubere Privatzimmer mit eigenem Bad. Auf Wunsch Frühstück im Innenhof. Laden im Haus für Gäste fast jederzeit erreichbar!

9 Residencial Marcos①
Tel. 2211216
Unbeschilderte Privatzimmer, in der Eisenwarenhandlung *(drogaria)* in der Rua d'Água nachfragen. Kein Frühstück.

10 Residencial To①
Rua Municipal Torres Nova, Terreiro, Tel. 2212234
Einfache Zimmer mit Du/WC, kein Frühstück.

Chã d'Igreja/Garça

■ **Residencial Kasa d'Igreja**③
Nahe dem Friedhof, Tel. 2261145
Naturstein-gemauerte komfortable Bungalows mit Du/WC für bis zu 3 Personen in einem ländlichen Anwesen mit Schattenplätzchen unter Mangobäumen, Pool, Frühstückspavillon, Bar, Restaurant (Mittag- oder Abendessen aus frischen Zutaten der lokalen Landwirtschaft). Für Abenteurernaturen auch Übernachtung in festen Zelten.

■ **Casa no Caminho**③
Nahe dem Friedhof, Mobil 9531072,
www.hausamweg.com
Privatunterkunft in familiärer Atmosphäre bei *Diane* und *Marcus*. Drei liebevoll gestaltete, strohgedeckte Bungalows in einem botanischen Garten mit schat-

tigen Ruhezonen. Abwechslungsreiche kreolische Küche mit frischen Zutaten aus eigenem Bio-Anbau. Naturnah, ökologisch, nachhaltig – lädt ein zum längeren Verbleib. Bausteinangebote.

■ **Residencial Casa Mité**②
Tel. 2261064, Mobil 9940759,
eigener Aluguer: Mobil 9929927
7 Doppelzimmer mit Twin-Betten oder großem Bett, Du/WC auf dem Flur, 1 Dreibettzimmer, Frühstück, Lunchpakete, immer mit HP. Sehr erfahren mit Wanderern.

■ **Privatzimmer Casa Dona Agusta**②
Tel. 2261005. Bei der Kirche, französischsprachig, erfahren im Umgang mit Gruppen, immer mit HP.

■ **Privatzimmer Casa Dona Ernestina**②
Am Kirchplatz, Tel. 9927280. Zimmer mit Frühstück, auch Lunchpakete, immer mit HP.

■ **Privatzimmer Casa Dona Adilsa**②
Tel. 9911128
Am Ende der Straße vom Posto Sanitário nach Osten. Kleines Privathaus mit einfachen Zimmern.

Cidade das Pombas/Paúl

Die Unterkünfte in Paúl sorgen bei Voranmeldung dafür, dass das Gepäck der Gäste am Hafen in Porto Novo von Sammeltaxifahrern in Empfang genommen wird und sie bereits am Tag der Ankunft von Cova de Paúl (Weg 101) zur Unterkunft wandern können. Die Fahrt im Taxi von Porto Novo nach Cova kostet ab 2000 CVE.

Die Küste in Cidade das Pombas ist teils felsig, teils Geröll- und Kiesstrand, bei starker Brandung mit entsprechender Geräuschkulisse.

■ **Hotel Paúl Mar**③
Cidade das Pombas, Tel. 2232300
Neubau mit der Ausstattung eines europäischen Standardhotels, 19 komfortable Zimmer und Suiten mit Du/WC, AC, TV, WLAN extra, die meisten mit Balkon und Meerblick. Restaurant, Dachterrasse. Frühstück im Restaurant Veleiro an der Uferstraße.

■ **Pensão B&B Aldeia Jerome**③
Cidade das Pombas, Tel. 2232173
Italienisches Landhaus mitten in einem Bananenhain, 100 m zum Ortskern, Zimmer mit Du/WC. Traditionelles Restaurant in unmittelbarer Nähe. Frühstück inklusive.

■ **Residencial da Querida**②
Cidade das Pombas, nahe der Kirche,
Tel. 2231129, Mobil 9956228
Traditionelles, typisch kapverdisches Residencial, sehr erfahren und entgegenkommend zu Wanderern, reichhaltiges Frühstück/Lunchpaket, HP, typisches Abendessen mit Zutaten aus der Landwirtschaft und Nachtisch auf Bestellung (1000 CVE). 7 einfache Zimmer, teils mit Du/WC auf dem Flur. Terrasse mit Blick auf den heiligen Antonius.

■ **Residencial Black Mamba**②
Cidade das Pombas, Mobil 9847337
Einfache, farbenfroh gestaltete Zimmer und eine Suite beim gleichnamigen italienischen Restaurant.

■ **Residencial Vale do Paúl**①
Cidade das Pombas, Tel. 2231319
4 einfache Zimmer, Du/WC auf dem Flur. Mit Restaurant.

Eito/Paúl

■ **Sabine Jähnel (Privatzimmer)**②
Cidade das Pombas/Eito, Tel. 2231544
Einfache Zimmer mit nettem Vorplatz in ländlichem Umfeld, hervorragendes Frühstück (extra), Abendessen auf Bestellung. *Sabine* aus Berlin lebt seit 30 Jahren auf Santo Antão.

Boca de Figueiral/Paúl

■ **Chez Hujo**③
Tel. 3522000, Mobil 9232515
Französisches Gästehaus in Boca de Figueiral (Abzweig Wanderweg 102 von der Fahrstraße), 12 moderne Zimmer mit Du/WC.

Lombo Comprido/Paúl

■ Pension Casa das Ilhas③
Tel. 2231832
Schönes Landhaus direkt am Wanderweg 101 inmitten der grünen Terrassen, abseits von Dorf und Fahrstraße, Gepäck wird transportiert. Zimmer mit Du/WC und HP.

■ Aldeia Manga ECO Lodge③
Tel. 2231880, www.aldeia-manga.com
Im traditionellen Stil gebaute Bungalow-Gartenanlage mit einem traditionellen Steinhaus und in Lehmbauweise errichteten Gästehäusern mit Schattenplätzen, gelegen am Wanderweg 101 mit Panoramablick, 100 m abseits der nächsten Fahrstraße, Gepäck wird transportiert. Naturnaher Quellwasser-Teich auch zum Schwimmen, hygienisch einwandfreies Trinkwasser, Öko-Lebensmittel der Saison, weitgehend autark durch erneuerbare Energie. Auf Wunsch HP, Abendessen auf Bestellung.

Cabo da Ribeira/Paúl

■ Refugio Sandro Lacarenza②
Chã de Manuel Santos,
Tel. 2231941, Mobil 9812478
Hüttenähnliche Unterkunft am Wanderweg 101. Schattiger Außenbereich mit Talblick. Geeignet für Gruppen und Familien, günstig, Frühstück inkl., Abendessen auf Bestellung.

■ Residencial Cavoquinho③
Chã de Manuel Santos, Tel. 2232065
Pension in hübscher Lage in dem höchstgelegenen Dorf am Wanderweg 101. Schattige Dachterrasse mit Talblick. Abendessen auf Bestellung. Mindestaufenthalt zwei Nächte.

■ Residencial Tchom di Meiu③
Chã de Fazenda, Mobil 9573734
Zwei hoch im Hang gelegene, strohgedeckte Häuschen inmitten einer Pflanzung. Immer mit Abendessen.

Ponta do Sol (Stadtplan S. 258)

1 Hotel Tiduca④
Tel. 2212323. Mehrstöckiges Stadthotel mit Restaurant, Bar, Fitnessraum. Sonnenterrasse mit grandiosem Blick über den Hafen und die Nordküste. WLAN.

16 Hotel Blue Bell③
Im Zentrum, Tel. 2251215
2 Min. vom Hafen entfernt. Zwei Suiten, Zimmer mit Bad, TV und Kühlschrank. Man spricht spanisch, französisch und englisch.

30 Coração da Ponta do Sol③
Tel. 2211586, www.coracaopontadosol.com
Hotelähnliche, freundliche Pension, von belgischem Paar professionell geführt. WLAN, Pool, Massage und Wellness, sehr gute Küche.

25 Residencial Sol Point Art③
Tel. 2251080, Mobil 9518127
Hotelähnliche Pension in der ersten Reihe zur Küste, weiter Blick über den ehemaligen Flughafen zum Meer. Teils überschattete Terrasse mit Liegen.

26 Residencial Ponta do Sol③
Mobil 9250164, https://residencialpontadosol.cv
Hotelähnliche Pension nahe Ortsmitte, erfahren mit Wanderern und Gruppen. WLAN, Restaurant.

29 Residencial Pousada da Lua③
Mobil 9752625. Privatzimmer mit Du/WC, Frühstück, schöner Blick aufs Meer.

31 Residencial Kolina do Sol③
Zimmer mit Du/WC und Frühstück, am Ortseingang, Blick über das Meer und den Ort.

27 Casa Sisi e Bernardo③
Mobil 9989118
Günstige, große Zimmer mit Du/WC und Frühstück.

28 Casa Trilhas e Montanha③
Mobil 9507600
Zimmer mit Du/WC und Frühstück, Vermittlung von Bergführern, Exkursionen.

3 Residencial A Beira Mar (Chez Fátima)②
Tel. 2251008
Hotelähnliche Pension direkt am Hafen mit preiswerten Komfortzimmern. *D. Fátima* spricht fließend Französisch und kocht ausgezeichnet.

24 Residencial Casa d'Mar③
Tel. 2251390, Mobil 9512239
Moderne Wanderer-Unterkunft mit Komplettservice durch die französisch-kapverdischen Besitzer, die beide als Bergführer aktiv sind. Zimmer mit Du/WC. Frühstücksterrasse mit weitem Blick über Meer und Berge. Geführte Touren und Ausflüge.

9 Residencial Kasa Tambla②
Tel. 2251526, Mobil 9825059,
www.cap-vert-decouverte.over-blog.net
Einfache, praktisch ausgestattete Zimmer mit großen Betten oder Twin-Bett, Du/WC, auch Dreibettzimmer, Suite und „Super-Suite". Schattiger Sitzplatz im Eingangsbereich.

14 Residencial Lela Leite②
Am Hauptplatz, Tel. 2211577
Einfache Doppelzimmer.

10 Residencial Vitoria③
Gute Zimmer mit Du/WC, Frühstück. Erfahren mit Wanderern.

20 Casa Cecílio③
Mobil 9923634
Pension in der ersten Reihe zum Meer mit zwei schönen Balkonzimmern zur Front und einfachen Zimmern zum Hof. Shuttleservice zur Fähre.

18 Residencial Música do Mar③
Tel. 3526441
Pension/Bar mit unterschiedlich großen Zimmern, alle frisch renoviert, teils mit Veranda und Meerblick, alle mit Du/WC. Man spricht auch deutsch.

17 Residencial Chez Peskinha③
Tel. 2251091, Mobil 9968928,
www.chez-peskinha.com
Pension mit großen Zimmern, teils mit Meerblick, Du/WC. Gutes Frühstück.

23 Hotel Miranda & Miranda③
Mobil 9588473, www.hotelmirandaemiranda.cv
Gut geleitetes Neubauhotel eines Remigrantenpaares, Balkonzimmer mit Du/WC.

6 Privatzimmer Dedey②
Tel. 2251037
Zimmer rund um den Innenhof, einfach, ruhig, angenehm. Mit Frühstück.

Restaurants

Erkundigen Sie sich nach den **Tagesgerichten**; spezielle Mahlzeiten auf Vorbestellung.

Porto Novo (Stadtplan S. 246)

11 Antilhas
Tel. 2221193, luftiges Terrassenrestaurant nahe des Hafens. Gepflegte internationale und kapverdische Küche, freundliches Personal, tagsüber kleine Erfrischungen und Snacks für die Fährgäste.

6 Felicidade
Tel. 2221167. Portugiesisches Restaurant neben der protestantischen Kirche. Gute Küche.

9 Bar Restaurante Sereia
Oberhalb des Hafens. Hier machen sich die meisten Gäste nach Ankunft der Fähre landfein, bevor es weiter über die Insel geht.

8 La Lampara
Italienisches Restaurant mit täglich wechselnder Karte je nach Angebot auf dem Fisch- und Gemüsemarkt. Anmeldung sinnvoll.

10 Restaurante Gare Marítima
Restaurant und Snackbar im Fährhafen, reichhaltige Portionen.

7 Bar Restaurante Paraíso
Neben dem (alten) Rathaus Paços do Conçelho, einfach, freundlich, sauber.

Cidade da Ribeira Grande (Stadtplan S. 256)

1 Churrasqueira Ladeira da Sintíssima
Gute Hähnchen und andere Grillgerichte.

3 Bar Restaurante Tropical
(S.a. Unterkunft) Tel. 2211129. Große Speisekarte, gepflegt und gut, aber weder schnell noch billig.

5 Restaurante/Bar 5 de Julho
(S.a. Unterkunft) Überdachte Terrasse, gute und üppige Hausmannskost.

☐ Inselkarte S. 238, Stadtpläne S. 246, 256, 258 **Praktische Infos** 289

7 Restaurante/Bar Cantinho de Amizade
Sehr nette Atmosphäre in einem kleinen Innenhof. Bar mit kleinen und guten „Bafas" (Snacks) zum Bier, abends Treffpunkt der Leute im Ort.

Boca de Coruja

■ Pedracin Village
Tel. 2242020. Restaurant des gleichnamigen Berghotels. Grandiose Aussicht, Pool, Schattenbereiche. Mit der Aussicht kann das Essen jedoch bei Weitem nicht mithalten ...

Cidade das Pombas/Paúl

■ Atelier Bar
Der junge Musiker *Arí* aus Cidade das Pombas betreibt sein Café und Restaurant auf dem historischen Rathausplatz. Um einem kultur- und ökologieverträglichen Tourismus seine persönliche Note zu geben, setzt er sich gerne mit der Gitarre zu den Gästen, um ihnen zwanglos die prägenden Musikstile vorzustellen. Er berichtet, wer der steinerne Herr aus der Kolonialzeit war, der auf dem Platz als Standbild verweilt, veranstaltet Live-Musik-Abende und setzt auf die Speisekarte, was Landwirtschaft, Taucher und Fischer frisch anbieten. Authentisch, freundlich, preiswert, Souvenirs aus Paúl, tropische Marmeladen, Liköre etc. – ein echter Tipp!

■ Restaurante Pizzeria O Dragoeiro
Ti Lello aus Italien hat unter dem Drachenbaum sein Zuhause gefunden und bereitet u.a. Antipasti, Pizzas und frische Fischgerichte zu. Rustikaler Garten. Nahe dem Gesundheitszentrum gelegen.

■ Restaurante Pizzeria Black Mamba
Farbenfroh gestaltetes italienisch-kapverdisches Restaurant mit Biergarten. Pizza, italienische Vorspeisen, Fisch- und Fleischgerichte.

■ Restaurante Casa Maracujã
Tel. 2231000, Mobil 9553909. Luftiges Dachterrassen-Restaurant nicht weit von der Kirche. Chefin *Hetty* ist in Holland aufgewachsen, spricht fließend englisch und deutsch und hat Erfahrung als Bergführerin. Gute kapverdische und internationale Küche. Kompetente Beratung für Wanderer. Musikveranstaltungen mit bekannten trad. Künstlern.

■ Esplanada Restaurante Veleiro II
Restaurant beim Hotel Paúl Mar, Esplanada mit Blick aufs Meer.

■ Restaurante Vale do Paúl
Traditionelles Essen auf Vorbestellung.

Ponta do Sol (Stadtplan S. 258)

15 Cantinho do Gato Preto
Tel. 2251539. Hübscher Speiseraum und Innenhof, zweimal wöchentlich traditionelle Live-Musik.

3 A Beira Mar
Gute kapverdische und internationale Küche.

14 Ponto d'Encontro (Lela Leite)
Kleineres Restaurant mit Straßencafé und Dachterrasse am Hauptplatz.

26 Ponta do Sol
Tel. 9250164. Kapverdische Küche, günstiges Tagesgericht, Lunchpakete für Gäste.

18 Música do Mar
Tel. 3526441. Typische kapverdische Gerichte, frischer Fisch. Man spricht auch deutsch.

22 Vony
Typische kapverdische Gerichte, frischer Fisch.

21 Bar Tapas Zicriola
Kapverdische Gerichte, Fisch, auch für Gruppen.

19 Caleta do Sol
Tel. 2251561. Nahe dem Hafen, Außenbereich mit Blick aufs Meer. Senegalesische und kapverdische Küche, Live-Musik. Reservierung empfehlenswert.

12 Bukinha Salgod
Mobil 9816268. Hähnchen, Muränen und anderere typisch kapverdische „Baffas" vom Grill, günstig und lecker, Tagesgerichte mit Beilagen der Saison.

10 Lanchonet Vitoria
Kapverdische und internationale Küche für Wandergruppen und sonstige Gäste.

11 Zibim e Maria
Rua Ns do Livramento, nahe der Disco Oceâno. Gute, frische Fischgerichte.
2 Restaurante/Bar Veleiro
Restaurant und Bar über dem Hafen mit vollem Überblick über das Treiben am Hafen und weitem Meerblick.

Nachtleben

■ Es gibt zwei Nachtbars: **2 S'Rrenegra Disco in Ribeira Grande** (Karte S. 256) und die **13 Disco Oceâno in Ponta do Sol** (Karte S. 258). Meist nur am Wochenende.

Bergführer

Einheimische und europäische Bergführer arbeiten mit Reisegruppen und Einzelwanderern. Die Preise liegen bei 4500 CVE pro Tag plus Übernachtungs- und Verpflegungskosten bei mehrtägigen Touren.

Östliche Halbinsel, Ribeira Grande, Paúl

■ **DMC Cabo Verde Ltda.,** Ponta do Sol, im Residencial Pôr do Sol Arte, Bergführer und organisierte Trekkingtouren, www.dmccaboverde.com, Tel. 225 1121.
■ **Silvero Delgado,** Coculi, Santo Antão, Mobil 9941205.
■ **Jorge Pires,** Cruzinha, c/o Pension So Na Fish, Tel. 2261027.
■ **Hans Roskamp,** Ponta do Sol, gegenüber Cabo Verde Bikes, Tel. 2251213. Schweizerischer Bergführer.
■ **Osvaldo Santos Sousa (White),** Ponta do Sol, im Kunsthandwerksladen neben dem Residencial A Beira Mar, Mobil 9931809.

Westliche Halbinsel, Tope de Coroa

■ **Familia Neves,** Norte, Mobil 9973449, Tel. 996 2056. Die Familie betreibt das Aluguer nach Norte und organisiert einfache Unterkunft. *Fidel* und seine Brüder haben die beste Ortskenntnis auf der westlichen Hochebene und begleiten zum Tope de Coroa, und zwar nicht irgendwie, sondern auf steinigen Wegen mit festem Tritt bergauf zu den besten Ausblicken und über Aschehänge gleitend bergab. Monte Trigo und andere Touren nach Absprache.

Porto Novo

■ Das **Hotel Sant Antão Art Resort** bietet in Zusammenarbeit mit den lokalen Agenturen Wandertouren für Gruppen und Einzelwanderer an.

◁ Praia Formosa

Banken

Öffnungszeiten: Mo bis Fr 8–15 Uhr.

- **Banco Comercial do Atlântico (BCA),** Porto Novo, Lombo Meio, Tel. 2221349; Cidade de Ribeira Grande, Povação, Tel. 2211110.
- **Banco Comercial de Negôcios (BCN),** Porto Novo, Praça dos Pescadores, Tel. 2222420; in Cidade de Ribeira Grande bei den Tankstellen.
- **Caixa Económica,** Porto Novo, Chã d'Itália, Rª das Patas, Chã de Morto, Cidade das Pombas (neben Esplanada Restaurante Veleiro II), Cidade de Ribeira Grande (Ponta da Levada, Tel. 2211050).

Post und Telefon

- Postamt und öffentliches Telefon **in Cidade de Ribeira Grande, Ponta do Sol, Porto Novo und Cidade das Pombas (Paúl Baixo);** geöffnet Mo bis Fr 7.30–15 Uhr.
- **Informação Turística Lucete Fortes,** im Fährgebäude von Porto Novo, Tel. 2222517. Briefmarken, Telefonkarten und SIM-Karten, auch am Wochenende zur Ankunft und Abfahrt der Fähren geöffnet.

Medizinischer Notfall

- **Ribeira Grande,** Regionalkrankenhaus an der Hauptstraße Richtung Porto Novo; Tel. 2211130.
- **Porto Novo,** Gesundheitszentrum, Chã de Matinho, ausgeschildert von der Hauptstraße in Richtung Ribeira Grande; Tel. 2223360.
- **Cidade das Pombas,** Gesundheitszentrum in der Ortsmitte; Tel. 2231130.
- **Notruf: Tel. 130.**
- **Apotheken** in Ribeira Grande, Ponta do Sol und Porto Novo.

Polizei

- **Porto Novo,** Tel. 2221132.
- **Ribeira Grande,** Tel. 2211132.
- **Cidade das Pombas,** Tel. 2221292.
- **Notruf: Tel. 132.**

Einkaufen

- Es gibt **supermarktähnliche Gemischtwarenläden** in Porto Novo, Ribeira Grande, Ponta do Sol und Cidade das Pombas.
- **Obst- und Gemüsemarkt** in Porto Novo und Cidade da Ribeira Grande; hier gibt es auch ein **Musikgeschäft.**

Feste

- **17. Januar:** Bezirksfest in Ribeira Grande.
- **3. Mai:** Fest Sta. Cruz in Coculi und Chã de Pedras.
- **13. Mai:** Fest in Paúl.
- **13. Juni:** Bezirksfest in Cidade das Pombas, Santo António das Pombas, mit Umzug, Marktbuden, Pferde- und Eselrennen.
- **24. Juni:** Gemeindefest São João in Porto Novo mit Pferderennen.
- **29./30. Juni:** Fest S. Pedro und S. Paulo in Garça.
- **24. September:** Fest in Ponta do Sol.
- **15. Oktober:** Fest in Janela.

Wanderführer/-karte

- **Wanderkarte Santo Antão 1:40.000,** *Pitt Reitmaier, Lucete Fortes,* 54 Wanderwege, AB-Kartenverlag Karlsruhe. Bei der Touristeninformation in Porto Novo und São Vicente erhältlich, bei 5 Eki-Eko in Ponta do Sol (Plan S. 258), www.bela-vista.net/Santo-Antao-Karte.aspx.
- **Wanderführer Santo Antão,** *Lucete Fortes, Pitt Reitmaier,* 2018, ISBN 978-3-934262-24-9.

Cidade da Ribeira Brava | 301
Cidade da Ribeira Brava –
  Preguiça | 303
Der Osten | 302
Der Westen | 303
Einleitung | 294
Geschichte | 295
Ilhas Desertas | 314
Informationen zur Insel | 299
Praktische Infos | 308
Strände | 308
Tarrafal de São Nicolau | 305
Wanderungen | 306

9 São Nicolau

Noch kommen wenige Reisende, um den beschaulichen Charme São Nicolaus zu entdecken, nicht zuletzt, weil die Flugverbindungen spärlich sind. Die Bergwanderungen sind ähnlich schön, aber weniger anstrengend als auf Santo Antão. Große Sandstrände, einsame Badebuchten und rekordverdächtige Reviere für Sportfischer verwöhnen die Freunde des Meeres. Das weitläufige Netz kleiner Straßen und großer Maultierwege wartet darauf, von Mountainbikern erkundet zu werden.

◁ Weitgehend verlassen: Rª Funda

São Nicolau

Einleitung

São Nicolau war lange Zeit geistiges und kulturelles Zentrum des Archipels. Hier entstand eine der bedeutenden geistlichen und weltlichen Schulen Cabo Verdes. Die Insel hat mehr als andere unter den Hungerskatastrophen und der Dürre des letzten Jahrhunderts gelitten und hat heute weniger Einwohner als vor 80 Jahren. Die sympathische kleine **Inselhauptstadt Cidade da Ribeira Brava** und einige fruchtbare Täler, beschützt von hoch aufragenden Bergen, lassen sie als kleine Schwester Santo Antãos erscheinen. Die **Berge und Täler** sind nicht ganz so hoch, die Täler nicht ganz so tief und damit die Wege nicht so anstrengend. Wer die Insel zu Fuß oder im

Geschichte

Erstmals betrat der portugiesische Seefahrer *Diogo Afonso* am Sankt-Nikolaustag im Jahre **1461** die Insel. Zunächst diente sie als Weideland und galt als „unbewohnt", bis die dauerhafte **Besiedlung Mitte des 17. Jahrhunderts** in Porto da Lapa einsetzte. Geht man jedoch die Beschreibungen des 16. und 17. Jahrhunderts durch, dann finden sich Orangen- und Zitronenhaine und Schlachttage in so großer Stückzahl, dass anzunehmen ist, dass auch hier Hirtensklaven lange vor der offiziellen „Besiedlung" gewohnt haben. Erste weiße Siedlerfamilien kamen von den südlichen Inseln und aus Madeira. Mehrfach war die Insel das Ziel von holländischen, englischen und französischen **Piraten,** sodass die Siedler sich ins Inselinnere zurückzogen und 1693 das heutige Cidade da Ribeira Brava (dt.: wilder Fluss) gründeten, wo auch die Wasserversorgung einfacher und konstanter war als in Porto da Lapa. Der englische Segler „Dampier" berichtet im Jahre 1683 von rund 100 Familien, die auf der Insel beheimatet waren.

Der Wunsch des portugiesischen Königshauses, die Kreolisierung der Gesellschaft in der Besiedlung des Barlavento zu verhindern und eine rein weiße Bevölkerung zu schaffen, ging nicht in Erfüllung. **José da Costa Ribeiro** wurde als königlicher Gesandter 1731 beauftragt, die Situation im Barlavento zu überprüfen und zu entscheiden, ob es schon möglich sei, Landkreise und Rathäuser zu installieren. Er berichtet von São Nicolau, dass „… man noch immer sagen muss, dass es hier keine weißen Männer

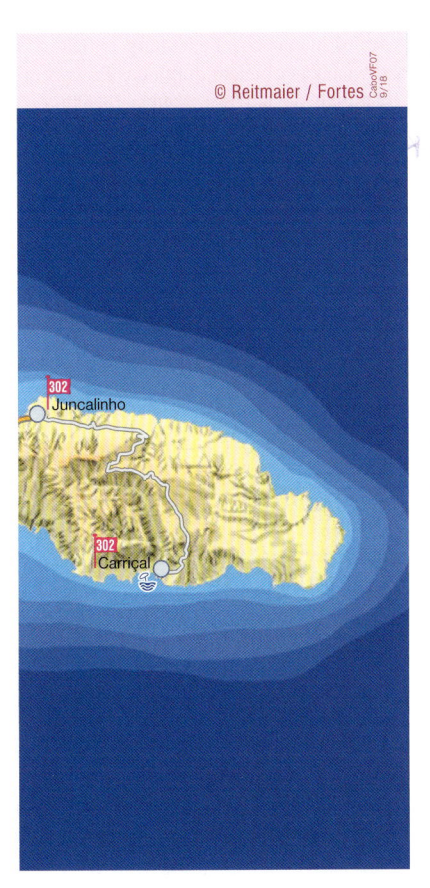

Aluguer erkundet, wird nur selten auf andere Touristen treffen, dafür aber die freundlichen Bewohner und die ganz besondere Atmosphäre und Ruhe schätzen lernen. Für Strandurlauber, Wassersportler, Hochseeangler und Mountainbiker ist São Nicolau attraktiver als die anderen gebirgigen Inseln, aber wenig erschlossen, weil die Verkehrsanbindung noch schwach ist.

aus dem Königreich gibt, aber sehr wohl *brancos da terra* (dt.: weiße Kapverdianer), die in Wirklichkeit Mulatten oder tiefschwarz sind." Trotzdem gibt er dem König den Ratschlag, mit ihnen die Zivilverwaltung in Santo Antão und São Nicolau aufzubauen.

Als kleiner **Handelshafen** erhielt **Preguiça** 1818 eine Bastion mit einigen Kanonen zum Schutz vor Piratenüberfällen. Im 19. Jahrhundert nahm die **wirtschaftliche Bedeutung** dank der Vielfalt der Ressourcen rasch zu. Im weiten Hügelland unter dem Monte Gordo und auf der östlichen Halbinsel wurden Maniok und Mais in großen Mengen geerntet. In Carriçal, das damals noch Canniçal (port.: Große Meerrohrpflanzung) hieß, entstand eine Trankocherei, und in jedem Frühjahr wurden Dutzende von Walen mit handwerklichen Mitteln erlegt, verarbeitet und vorwiegend nach Brasilien exportiert. Hunderte, vorwiegend amerikanische **Walfangschiffe** operierten gleichzeitig in der Region, wo sie selbst in den Häfen die neugierigen Tiere harpunierten. Mit der Dampfschifffahrt und dem Boom der Kohlestationen in São Vicente überflügelten Walprodukte die in der Zeit der Segler als Proviant und traditionelles Heilmittel massenhaft exportierten Schildkröten. Färberflechten, Purgieröl, Schnaps und Wein und später auch Kaffee ergänzten die Palette der Exportgüter. Aus den Trankochereien wurden Thunfischfabriken in Tarrafal und Carriçal.

Kulturhistorische Bedeutung erhielt São Nicolau vor allem durch das Priesterseminar, das am 5. September 1866 in **Calejão** gegründet wurde. Der Ort, gleichzeitig Bischofssitz, war das **älteste Priesterseminar Westafrikas** und ab 1880 auch eine weltliche Schule, die schon im frühen 20. Jahrhundert auch Mädchen zum Unterricht zuließ. Dies

> Ausflug in ein Dorf abseits aller Straßen

gab begüterten Familien der Inseln die Möglichkeit, ihren Kindern eine angesehene Ausbildung zukommen zu lassen. In Einzelfällen hatten die Padres auch die Möglichkeit, hochbegabte Kinder aus armen Familien zu fördern, was der Seriosität und dem sozialen Engagement der Einrichtung sehr zuträglich war. São Nicolau wurde zum geistigen und geistlichen Zentrum nicht nur des Archipels, sondern Westafrikas. Die Schule hat die Kultur Cabo Verdes nachhaltig geprägt, indem sie Menschen kreolischer Abstammung auf das Bildungsniveau des damaligen Europa hob und ihnen den Zugang zu Universitäten und leitenden Funktionen in Staat und Gesellschaft verschaffte. Bekannte Dichter und Intellektuelle haben ihre Karriere hier begonnen. In Einzelfällen lässt sich die Ideengeschichte der Caboverdianidade in ihrer Entstehung aus der modernen weltlichen und sozialen Erziehung in dieser Schule an Familiengeschichten nachvollziehen. Der Vater *Amílcar Cabrals, Juvenal Cabral,* hat im Seminar auf São Nicolau seine Lehrerausbildung erhalten, bevor er nach Guinea-Bissau versetzt wurde. 1917, nach der Trennung von Kirche und Staat in der portugiesischen Republik, schloss das Seminar und die Sekundarschule wurde nach Mindelo auf São Vicente verlegt. Zwischen 1923 und 1931 lebte die Schule nochmals kurz auf, um dann für immer ihre Tore zu schließen. Ihre Gebäude wurden von der faschistischen Salazar-Diktatur genutzt, um 200 politische Deportierte aus Portugal unterzubringen. Der Bischof siedelte um nach São Vicente.

Dürreperioden setzten São Nicolau seit Anfang des 20. Jahrhunderts noch schlimmer zu als den anderen Inseln. Die Insel hing fast völlig vom Trockenfeldbau ab und war andererseits sehr dicht besiedelt. Die Hungerkatastrophen der 1940er Jahre brachten Tausenden den Tod und der Insel eine **bis heute anhaltende Stagnation.** Heutzutage wandert man auf breiten gepflasterten Wegen durch völlig vegetationslose Wüste, wo vor 100 Jahren noch Tausende von Bauern ein Auskommen fanden.

Es folgte eine Welle der **Emigration:** Die Bevölkerungszahl sank von rund 16.300 (1970) auf 13.800 (1980). Zurück blieben alte oder sehr junge Leute. Und die Menschen wandern weiter ab, ihre

Zahl sank von 13.500 (2000) auf 12.400 (2015), weil insbesondere Frauen auf die vom Strandtourismus geprägten Inseln Sal und Boa Vista gingen und gehen.

Nach der Unabhängigkeit wurden mit französischer Unterstützung erfolgreiche **Wasserprojekte** gestartet. Im Fajã-Tal wurden Stollen in den Berg getrieben, die das vom Monte Gordo einsickernde Wasser fassen und so wieder bewässerten Landbau möglich machen. Bohrlöcher und moderne Methoden der Mikrobewässerung helfen dabei, den Wassermangel in der Landwirtschaft in den Griff zu kriegen. Der Bau des aufwendigen und sehr teuren Staudamms von Banca Furada in Fajã war jedoch ein Misserfolg; der Untergrund erwies sich nachträglich als porös, und der Damm hält das Wasser nur kurze Zeit.

Informationen zur Insel

São Nicolau gehört zur nördlichen Barlavento-Gruppe und ist mit einer **Fläche von 346 km²** die fünftgrößte Insel des Archipels, also größer als São Vicente. Der Westen der Insel gleicht in etwa der Form des afrikanischen Kontinents, während sich nach Osten hin eine lange, schmale Landzunge fortsetzt. Von West nach Ost erstreckt sich die Insel über rund 50 km, von Nord nach Süd misst sie auf dem lang gestreckten Finger im Osten nur rund 6 km, an der breitesten Stelle im Westen ca. 25 km. Die Insel ist **klimatisch stark zweigeteilt** in die feuchtere, relativ fruchtbare Luv-Seite des 1312 m hohen Monte-Gordo-Massivs und den trockenen, fast vegetationslosen Rest.

Vom Nord-Ost-Hang des **Monte Gordo** zieht sich die Hochebene der breiten **Fajã de São Nicolau** bis zum Meer. In diesem grünen, rund 6 km langen Tal liegen die Ortschaften Fajã de Cima und Fajã de Baixo. Weiter nach Nordosten führt die tief eingeschnittene **Ribeira Brava** zur Küste. In diesem Tal liegt der gleichnamige, 1693 gegründete Hauptort der Insel. Die **Bergwelt** mit teils scharf gezackten Felsen wirkt in den trockenen Anteilen wild und unberührt, während in den grünen Zonen kein Me-

Cidade da Ribeira Brava: Praça Dr. Julio José Dias mit der Kathedrale Nossa Senhora do Rosário

ter ungenutzt bleibt. Die Straße, die sich von Cidade da Ribeira Brava nach Tarrafal kurvenreich den Weg über den Pass von Cachaço sucht, ist eine der landschaftlich schönsten des Archipels. Der Osten der Insel ist heute nur noch spärlich bewohnt. Kaffeeplantagen produzieren noch für den Eigenbedarf, aber der Trockenfeldbau in Hochlagen produziert wenig mehr als Kongo-Bohnen.

Während sich in der wild wachsenden **Vegetation** vorwiegend Sträucher, Akazien und Sisalpflanzen die Täler entlangziehen, gedeiht rund um den Monte Gordo auch die endemische Wolfsmilch *(Euphorbia tuckeyana)* oberhalb der Reste der Federbuschvegetation. Auf São Nicolau sieht man mehr **Drachenbäume** *(Draceana draco)* als auf anderen Inseln, insbesondere in Fajã. Hänge wurden mit Akazien, Grevileen und Kiefern begrünt.

Nur der nördliche Teil der **Westinsel** trägt konstant frische Vegetation, ist weiterhin bewohnt und, obwohl in abge-

Cidade da Ribeira Brava

0 — 100 m

■ **Übernachtung**
1 Pensão Jumbo
4 Pensão da Cruz
6 Pensão Santo António
8 Pensão Bela Sombra
10 Pensão Jardim

■ **Nachtleben**
2 Disco

■ **Essen und Trinken**
3 Esplanada Alternativa
5 Café
   im Mercado Municipal
6 Pensão Santo António
7 Bar Belinda
8 Bela Sombra Dalila
9 Bar Kintalinho
10 Pensão Jardim

schlossene Täler ohne Straßenanbindung gekammert, durch Maultierwege recht gut erschlossen und bei Wanderern entsprechend beliebt. Der Süden und der Osten sind zur Gebirgswüste geworden, zerfurcht von tiefen Erosionsrinnen. Das **zentrale Bergmassiv** zieht als Hügelland wüstenhaft gegen Süden über Portela und Fontainhas bis zur Ponta Grande. Die Wege sind hier weitgehend verfallen. Nach Südwesten senkt sich der Gebirgskamm zur weiten, flachen Ebene und Bucht von Tarrafal mit breiten Lava-, Geröll- und Sandstränden. Nach Osten fällt das Gebiet steil ab zum Campo de Preguiça.

Den **Osten** São Nicolaus bildet ein schmaler, 28 km langer arider Landstreifen. Die Hänge laufen im äußersten Osten zu flachen Trockentälern aus.

Weniger als **13.000 Menschen** leben auf der Insel, unterstützt von ihren Verwandten in der Emigration. Landwirtschaft, Bauprojekte, eine schwächelnde Thunfischfabrik und in winzigem Umfang der Tourismus sichern die Existenz mehr schlecht als recht.

Cidade da Ribeira Brava

Die typisch kolonial geprägte kleine Stadt, für Jahrhunderte **Hauptort und Verwaltungssitz der Insel** (ca. 3500 Einwohner) und heute Zentrum des gleichnamigen Landkreises (ca. 7500 Einwohner) liegt auf etwa 200 m Höhe im tief eingeschnittenen Tal gleichen Namens, an dessen steilen Hängen sich selbst in der Trockenzeit eine grüne Vegetation hinaufzieht. Ihren Namen „Wilder Fluss" erhielten Ort und Tal, da sich hier während heftiger Regenfälle große Wassermassen durch die Stadt wälzen.

Die in allen Pastelltönen getünchten Häuser, kleine Gassen, begrünte Plätze und Gärten und die hübsche Lage verleihen dem kleinen Städtchen, allgemein auch als „Estânça" bekannt, seinen Charme. Die Architektur manch alten

Gebäudes verrät noch portugiesischen Einfluss, so auch die imposante **Igreja Matriz de N. Senhora do Rosário.** Die Kirche, Bischofssitz zwischen 1866 und 1940, war einst die größte ganz Westafrikas. Sie überragt den zentralen **Hauptplatz** des Ortes, an dem sich öffentliche Gebäude aus der Kolonialzeit befinden, darunter das Geburtshaus des Dichters *José Lopes de Silva,* heute eine Bibliothek. Davor steht eine Statue des Arztes **Dr. Júlio José Dias,** der dem Leser auch im Kapitel zu Santa Luzia begegnen wird.

Geschäfte, Bank und Reisebüros ergänzen den Reigen kleinstädtischer Einrichtungen. Über eine Seitenstraße zum Fluss gelangt man zu dem kleinen überdachten **Markt,** auf dem Fisch, Fleisch, Obst und Gemüse angeboten werden. An der Bank vorbei führt eine Gasse zum Rathaus und der parkähnlich gepflegten Praça Amílcar Cabral. Etwa 200 m flussaufwärts im Stadtteil São João strahlt das ehemalige Priesterseminar in neuem Glanz. Zwischen alten Villen und portugiesischen Stadthäusern wird rege gebaut. Ribeira Brava hat mit einigen Pensionen, Restaurants und Geschäften eine **gute touristische Infrastruktur.**

Der Osten

Der schmale, lang gestreckte Ostteil der Insel São Nicolau ist **trockenes Land,** hier findet sich kaum Vegetation. An der nördlichen Küste dieser östlichen Landzunge führt die Straße unterhalb einer rund 600 m hohen Hügelkette entlang. Breite Maultierstraßen zogen einst über die Hochflächen. Sie sind heute in den Aufstiegen weitgehend verfallen. Dennoch locken überzeugende Fernsichten den einen oder anderen Wüstenwanderer auf die windigen Gipfel des Tope de Chuva, Tope Simão oder Cruz de Pedra (Weg 301). Die endemische Vegetation der ariden Hochlagen wird als **Naturschutzgebiet Cabaças** geschützt, zu erwandern auf winzigen Staubstraßen und dem Weg 301a zwischen Morro Alto und Jalunga.

Die **Pflasterstraße entlang der Küste** führt in etwa 30 Minuten zum Ort **Juncalinho** mit seinen 500 Einwohnern und gepflegten kleinen Häusern, die vom bescheidenen Wohlstand der Emigrantenfamilien zeugen wie auch die winzige rustikale Kirche Igreja da Nossa Senhora da Lapa do Rosário.

Wanderer, die über den Caminho de Cinta, vorbei am Tope Simão und Tope de Chuva, durch das **Tal von Urzeleiros** nach Carriçal wandern, müssen sich darauf einstellen, auf der Staubstraße zurückzuwandern oder mit einem Boot nach Preguiça mitzufahren. Die Staubstraße nach Carriçal ist als Wanderweg und Mountainbike-Track sehr reizvoll, da sie auch den Kamm überschreitet und durch das verlassene Dorf Jalunga führt.

Ebenfalls wie Phantome erscheinen die beiden winzigen Bergoasen **Castilhano** und **Carriçal.** Letztere hält sich noch dank spärlichen Fischfangs, auch wenn die Thunfischfabrik schon vor vielen Jahren den Betrieb eingestellt hat, während die Oasengärten von Castilhano fast aufgegeben wurden.

Cidade da Ribeira Brava – Preguiça

Die Straße (erst Asphalt, später Pflaster) führt von Cidade da Ribeira Brava vorbei am Flughafen zum **8 km** entfernten **Hafenort Preguiça**. Die Strecke wird von Sammeltaxis befahren. Im Dorf windet sich die Pflasterstraße vorbei an der alten Kirche hinunter zur Pier. Kleine Fischerboote finden sich am Strand ein. Hier soll *Pedro Alvares Cabral* im Jahre 1500 das letzte Mal Wasser für sein Schiff gebunkert haben, bevor er Brasilien entdeckte. Den Süßwasserbrunnen gibt es bis heute. Ein unscheinbares, mit rostigen Kanonen bestücktes Fort sollte Piratenüberfälle abwehren. Die touristische Infrastruktur beschränkt sich auf ein paar kleine Läden und Privatzimmer.

Der Westen

Cidade da Ribeira Brava – Tarrafal

■ Regelmäßige Aluguer-Verbindungen, **26 km**, knapp 1 Std. Fahrzeit.

Die Fahrt nach Tarrafal gilt als die **schönste Strecke der Insel** und ist unbedingt zu empfehlen. Die Asphaltstraße schlängelt sich in nördlicher Richtung von Cidade da Ribeira Brava zur Küste. In vielen Windungen, vorbei an tief eingeschnittenen Talmündungen, verläuft der Weg entlang der 20 m hohen Steilküste und hinter der Siedlung **Carvoeiros** landeinwärts in das grüne, weite Tal von **Fajã**. Die kleinen **Ortschaften Fajã de Baixo** (unteres Fajã) und **Fajã de Cima** (oberes Fajã) legen sich in den breiten, sanft aufsteigenden Hang. Das fruchtbare Land dieses Tals, das mittels eines 2000 m langen Galeriestollens bewässert wird, lässt eine intensive Bewirtschaftung mit Zuckerrohr, Gemüse und Obstbäumen zu. In feuchten Jahren ist auch der obere Teil von Fajã intensiv im Trockenfeldbau mit Mais, Kongo-Bohnen und Kartoffeln bestellt. Nirgends auf Cabo Verde gibt es mehr Drachenbäume als hier; die Bauern mögen und schützen sie (siehe auch „Land und Leute/Flora").

Die ansteigende Ebene ist von alten Wegen durchzogen, die immer wieder an die Straße führen. In der Wanderkarte zur Insel finden sich mehrere Wanderwege, die sich zu sehr lohnenden Rundwegen durch den „Küchengarten" der Insel kombinieren lassen.

In der Nähe der Passhöhe grüßt die **Kapelle Nossa Senhora do Monte** vom Hang, bei der alljährlich im Mai ein Pilgerfest abgehalten wird. Der Blick reicht zum meist wolkenumhüllten Gipfel des Monte Gordo und auf der anderen Seite in das Tal Ribeira Brava. Einen besonders schönen Blick ins Tal hat man vom Aussichtspunkt mit Kreuz *(Miradouro)* kurz hinter der Passhöhe. Hinter Cabeçalinho führt die Strecke an den auf der Südseite wesentlich trockeneren und braunen Berghängen in weiten Kehren zur Hafenstadt Tarrafal.

Tarrafal de São Nicolau

Tarrafal de SN

0 — 200 m © Reitmaier / Fortes

★ Memorial Campo de Concentração Colonial Português

Praia Branca, Barril

São João Baptista

Poça

Chã de Poça

Polivalente ❶

Praia de Camp'Pedrada

❷

Camp' Pedrada

Apotheke
R. Nho Dilipse

Prainha
Hafen ⚓
Leuchtturm ● Markt ⛴ Fähren
Fischerei-museum ❸

Trás Fábrica

Marel Pintad'

Casa para Todos

Matadouro Municipal

❸
Ⓢ Ⓢ
❹
❺
Tedja
ii
✉ Polizei
ii
Alt d'Sac
● Schule

R. Padre Genuado

Praia d'Tedja
❻

Praia de Tedja

Estádio Municipal Orlando Rodrigues
Ⓣ
Ⓣ
Rua da Independência Nacional

✈ Flughafen, Cachoço, Vila Rua Brava Juncalinho

❽

Gesundheits-zentrum ✚

Alt d'Fontainhas

Praia d'Catcheta
❾

■ Essen und Trinken
2 Casa de Pasto Alice
3 Esplanada Sant'Olanda
4 Golfinho
5 Restaurante Tocely
6 Esplanada Sandy
7 Felicidade
9 Casa Aquário

■ Nachtleben
6 Esplanada Sandy

■ Übernachtung
1 Residencial Natur
2 Pensão Alice
3 Zena Star Residence
5 Pensão Tocely
8 Edifício Mágico

Tarrafal de São Nicolau

Tarrafal im Süden der Insel hat in der Einwohnerzahl Cidade da Ribeira Brava überflügelt und ist somit die **größte Ortschaft der Insel** und Hauptstadt eines eigenen Landkreises. Am dunklen Kies- und Sandstrand landen die handwerklichen Fischer ihre Beute an, während die größeren Fischerkähne zu den Kühlhäusern des Hafens streben. Noch wirkt Tarrafal unfertig durch unverputzte Wohnhäuser, Geschäfte und Werkstätten, doch zeichnet sich die propere moderne Kleinstadt der Zukunft bereits ab. Von der **Thunfischfabrik** am Hafen gehen Konserven auf die anderen Inseln Cabo Verdes und nach Europa.

Dank der **guten Bedingungen für Hochseeangler, Wassersportler, Berg- und Streckenwanderer und Tourenbiker** wurde mit dem Bau von Hotels am Strand im Westen des Ortes begonnen, doch nach zehn Jahren Bauzeit gähnen sie als Investitionsruinen vor sich hin. Tarrafal ist dennoch gut vorbereitet für den stillen Tourismus der Bergwanderer, Mountainbiker, Sportfischer und Universalisten, die alles auf einer Insel vereint sehen möchten.

Tarrafal – Ribeira da Prata

Nach Westen schließt sich die schwarzsandige **Praia da Luz** an den Ort an. Im Sommer kann es hier richtig heiß werden, und wer Schatten sucht, muss ihn selbst mitbringen. Etwa 4 km weiter ragt der winzige **Solar-Leuchtturm von Barril** aus der unwirtlichen Gegend.

Der schwarze Lavasand, reich an **Jod und Titan,** soll bei rheumatischen Erkrankungen Linderung verschaffen. Die Kranken schützen die Haut der betroffenen Körperpartien mit einem Tuch und legen darüber den heißen Sand.

Hinter Barril führt die Piste um die Westspitze der Insel nach **Praia Branca** am Fuße von 1000 m hoch aufragenden Bergen, eines unserer Lieblings-Wanderreviere im Dreieck zwischen Tope Moca, Tope Matin und Topona. An guten Tagen reicht der Blick bis zu den unbewohnten Inseln Branco und Razo.

Kurz vor Praia Branca weist ein Straßenschild den Weg nach nach **Carberinho** (Weg 210). In Praia Branca beginnt der beliebte Wanderweg 204/203 durch das grüne Tal von Fragata nach **Fajã.**

Arbeitspause am Hafen von Tarrafal

Die Fahrstraße in nördlicher Richtung endet im kleinen Dorf **Ribeira da Prata**. Bis zu diesem Punkt verkehren ab und an Aluguers aus Tarrafal. Ein kleines Geschäft offeriert frische Getränke. Am Wanderweg bergauf erreicht man die legendäre **Rocha Scribida** (dt.: Beschriebener Fels), deren Windverwitterungen von manchen als Inschrift aus vorkolonialen Zeiten gedeutet werden.

Wanderungen

Cidade da Ribeira Brava – Calejão – Cabeçalinho – Cidade da Ribeira Brava

■ **Rundwanderung (Wege 102/103),** 11 km oder rund **3 Std.** mit erheblichen Höhenunterschieden; überzeugende Tiefblicke. Stabiles Schuhwerk, 2 l Wasserreserve pro Person.

Man verlässt Cidade da Ribeira Brava auf der aus dem Ortsteil São João aufsteigenden kleinen Serpentinenstraße und gelangt so auf die **Hochfläche**, auf der sich auch der Flughafen befindet. Das eindrucksvolle, halb renovierte hellgelbe Seminargebäude erinnert an die einstige Bedeutung von Calejão als Bischofssitz und Schule; vor Ort ist es als *orfanat* (Waisenhaus) in Erinnerung. Es liegt an einem steilen Tal, auf dessen Südseite der weithin sichtbare Weg aufsteigt nach Cabeçalinho. Dort angekommen geht man eine lange Gerade der Fahrstraße bergauf und findet an der ersten Linkskurve den Abzweig des Maultierpfades, der sich in Serpentinen wieder hinunter windet ins Tal der Ribeira Brava und über Palso beim alten Seminar die Stadt erreicht.

Jeder der erwähnten Orte kann auch mit dem Fahrzeug erreicht werden.

Cidade da Ribeira Brava – Cachaço – Cabeçalhinho (– Calejão) – Cidade da Ribeira Brava

■ **Rundwanderung (Wege 107 u. 103),** 12 km, **3–4 Std.** mit steilem Auf- und Abstieg auf relativ leichten Wegen, gute Tiefblicke. Stabiles Schuhwerk, 2 l Wasserreserve pro Person.

Der Weg folgt dem Pflastersträßchen aufwärts im Tal der Ribeira Brava über Campinho bis Água das Patas, wo Bananen, Orangen, Papayas und Kokospalmen gedeihen. Ab hier wird die Straße zu einem steilen Maultierweg bis zur **Anhöhe von Cachaço** (710 m; kleine Läden). Sehr lohnend ist der Abstecher zu der Kapelle Nossa Senhora do Monte am Hang. Wer will, kann ein Aluguer zurück in die Stadt nehmen oder durch Fajã bergab wandern (Weg 108).

Die Rundwanderung folgt für eine halbe Stunde der Hauptstraße Richtung Tarrafal mit beständigem Tiefblick und erreicht so **Cabeçalhinho.** Von hier folgt der Weg dem zuvor beschriebenen über den von einer scharfen Kurve aus aufsteigenden kleinen Fahrweg 103 über Palso zurück zur Stadt. Wer noch Laune für eine größere Runde hat, folgt der Straße bergab über eine lange Gerade bis zum Wasserausgabehäuschen und danach dem nach links abgehenden, leicht ansteigenden Weg 102 nach Calejão.

☐ Inselkarte S. 294 **Wanderungen**

Monte Gordo (1312 m)

■ **Stichwanderung (Weg 201),** 2½ Std. im Aufstieg, 600 m Höhendifferenz; bei Weitsicht grandioses Panorama. Dieser **steile Aufstieg** auf den höchsten Gipfel der Insel empfiehlt sich nur für Wanderer mit guter Kondition und Trittsicherheit; Wanderstiefel, 3 l Wasserreserve pro Person.

Ausgangspunkt ist Cachaço (710 m) an der Hauptstraße zwischen Cidade da Ribeira Brava und Tarrafal (Aluguers ab der Stadt, 30 Minuten, ca. 250 CVE). Der Weg folgt der mit „Parque Natural" ausgeschilderten Forststraße. Sie führt am Hang vorbei an Drachenbäumen und danach steil bergauf durch immer dichter werdenden Wald.

Kurz hinter einem kleinen Kraterboden, exakt am höchsten Punkt der Straße, zweigt ein winziger Pfad ab zum Berg und steigt sofort steil an über Erdtreppen zum **Gipfel.** Nach gut 1 Stunde Gehzeit ist die flache Kuppe des Gipfels erreicht, auf der Funkantennen stehen. Der Monte Gordo ist der einzige Punkt des Archipels, von dem aus man bei exzellenter Fernsicht alle Inseln erkennen kann. Man geht auf dem gleichen Weg zurück.

Canto de Fajã – Fragata – Praia Branca

■ **Streckenwanderung (Weg 203/204)** auf der Höhe (ca. **3 Std.)** mit einigen steilen Anstiegen; Wanderstiefel, 3 l Wasserreserve pro Person.

Ausgangspunkt ist der obere Teil von Fajã an einer Kreuzung mit dem Schild „Pico Agudo". Von hier erkennt man bereits den Pass von **Assomada Mançebo,** den man über eine Fahrstraße, die später zum Fußweg wird, erreicht. Von hier windet sich der Weg in Serpentinen hinab in das grüne Tal von Fragata, steigt am Gegenhang erneut auf und erreicht durch das Tal von Odjo d'Água den Emigrantenort **Praia Branca.** Man kann ebenso das Tal von Fragata bis zum Ende in Ribeira Prata gehen, doch ist von dort kaum ein Rücktransport zu finden.

Carberinho

■ **Stichwanderung (Weg 210),** 1 Std. für eine Strecke.

Wegen seiner farbig geschichteten Tuffe über einer pechschwarzen Plattform, der wilden Brandung und nicht zuletzt, weil hier die extrem seltene **Raso-Lerche** auf Besuch kommt oder gar brütet, lohnt Carberinho einen Ausflug zu Fuß – natürlich mit der gebotenen Rücksicht auf Flora und Fauna. Ausgangspunkt ist das Schild „Carberinho" an der Fahrstraße zwischen Barril und Praia Branca. Eine Staubstraße zieht sich durch die Ra de Pongojo auf den 168 m hohen Pass. Spätestens hier sollte man das Fahrzeug verlassen und zu Fuß in der Falllinie zur Küste absteigen. Im letzten Abschnitt führt der Weg über eine behelfsmäßige Treppe, erfordert aber kein Klettern. Zurück auf gleichem Weg.

Strände

Der Reiz São Nicolaus liegt darin, von allem etwas anzubieten, nicht nur schöne Wanderungen und für Mountainbiker ideale Sträßchen und Wege, sondern auch **schöne Strände.** Diese sind noch wenig erschlossen und schwer zu erreichen. Bei Tarrafal erstrecken sich dunkle vulkanische Kies- und Sandstrände. An der **Praia Francês** nördlich der Stadt gibt es einen Abschnitt mit hellem Sand. Ca. 1½ Stunden zu Fuß südlich von Tarrafal liegt die **Praia de Baixo da Rocha** mit einer Höhle, der Standard-Wochenendausflug der Leute von Tarrafal. Fischerboote bringen die Gäste hin und zurück. Der schönste ist der dunkle Strand unter Kokospalmen von **Carriçal,** doch dahin wird es nur begeisterte Wanderer mit entsprechender Ausdauer verschlagen.

Praktische Infos

An- und Weiterreise

Mit dem Flugzeug

■ Der **Flughafen** liegt **auf der Hochebene Campo da Preguiça,** 5 km vom Hauptort Cidade da Ribeira Brava entfernt.
■ Eine **Flugverbindung** besteht nur **nach Praia/Santiago.** Zur Ankunft stehen Taxis (ca. 750 CVE) für die Fahrt nach Cidade da Ribeira Brava bereit.
■ **Fluggesellschaft: Binter CV,** Cidade da Ribeira Brava, vertreten in bzw. durch Reisebüros, Callcenter 4360060.

⌄ Carriçal

Fährverbindungen

- Der **Hafen** liegt **in Tarrafal** an der Westküste, Tel. 2361144, 2361326.
- Zwei **Fähren** bedienen regelmäßig die Insel: Die große „**Interilhas**" der Reederei CV-POLARIS fährt jede 2. Woche die Strecke São Vicente – São Nicolau und zurück, in der Hochsaison auch wöchentlich. Damit ist die Strecke von Santo Antão nach São Nicolau an einem Tag machbar. Der Fahrplan wird genau eingehalten. Die „**Kiola**" von CV-Fastferry bedient alle 14 Tage die Strecke Praia – São Nicolau – São Vicente – Praia. Der Aufenthalt in Tarrafal de São Nicolau dauert tagsüber ca. 2 Stunden, nachts weniger als 1 Stunde. Reiseveranstalter meiden die ursprünglich für den Tourismus gedachte Schnellfähre (z.B. wird mit dem Gepäck nicht sonderlich gut umgegangen). Fahrplanänderungen sind häufig. Detaillierte Infos im Kapitel „Praktische Tipps A–Z/Reisen im Land/Mit dem Schiff". Fahrpläne unter www.bela-vista.net/Faehre.aspx.

Segelboote

- Segelboote können in der geschützten **Bucht von Tarrafal** vor Anker gehen, wenn sie zuvor einen der internationalen Häfen angelaufen haben. Es bestehen eingeschränkte Versorgungsmöglichkeiten.

Reisen auf der Insel

Straßen

Eine ausgebaute **Asphaltstraße** führt von Cidade da Ribeira Brava nach Tarrafal (26 km) und von Cidade da Ribeira Brava zum Flugplatz (5 km). Zunehmend verbesserte **Pflaster- und Staubstraßen** verlaufen im Osten nach Juncalinho und bis Carriçal. Die übrigen Ortschaften sind durch Pisten angeschlossen. Im Westteil der Insel windet sich die Straße (bzw. Piste) wie ein Hufeisen um die zentralen Berge. Es geht jeweils auf der gleichen Straße zum Ausgangsort zurück.

Aluguers

- **Verbindungen:** Aluguers verbinden Cidade da Ribeira Brava mit Tarrafal (ca. 1 Std.) und Juncalinho. In Cidade da Ribeira Brava warten die Fahrzeuge vor der Kirche oder am Markt. Von Tarrafal gibt es unregelmäßigen Sammelverkehr entlang der Küste nach Praia Branca und Ribeira Prata.
- Aluguer-Fahrer leisten auch **Taxidienste** (jeweils zehnfacher Preis des Sammeldienstes, z.B. Cidade da Ribeira Brava – Tarrafal 2500 CVE) oder können **für Inselrundfahrten angemietet** werden. Für Inseltouren sollte man mindestens einen Tag einplanen.

Mietwagen

- **Rotxa Skribida Hiking and Tours,** in Tarrafal, Zona Telha, Tel. 2361827, Mobil 9945146, www.hikingsaonicolau.com.
- **Monte Gordo Rent a Car,** in Cidade da Ribeira Brava an der Rezeption der Pensão Bela Sombra.

Unterkunft

Zur Kategorisierung der Unterkünfte siehe Kapitel „Praktische Tipps A–Z/Unterkunft".

Cidade da Ribeira Brava (Stadtplan S. 300)

6 Pensão Santo António③
Am Hauptplatz, Tel. 2352200
Hotelähnliche Pension, alle Zimmer mit eigenem Bad, TV, AC, Frigobar. Restaurant nahebei.

🔟 Pensão Jardim②
Am Hang von Chãzinha, Tel. 2351117
Hübsche, saubere und freundliche Pension mit Blick über die Stadt. Zimmer mit Du/WC, teils AC, angenehmer Aufenthalt im Freien. Sehr erfahren mit Wanderern, kompetente Touristeninformation und Wanderkartenvertrieb.

8 Pensão Bela Sombra②
Im historischen Ortskern, Tel. 2351830
Moderne, hotelähnliche Neubau-Pension, Zimmer mit Du/WC, teils AC, Reisebüro, Vermittlung von Taxis, Kleinbussen und Bergführern, Internet etc. Restaurant Bela Sombra Dalila im Haus.

1 Pensão Jumbo①
Tel. 2351315
Pension auf der Südseite der Ribeira gegenüber der Praça Amílcar Cabral. Sehr einfache Zimmer.

4 Pensão da Cruz①
Tel. 2351282
In der Nähe des alten Rathauses, von außen nicht gekennzeichnet. Sehr einfach; Du/WC auf dem Flur.

Cachaço und Naturpark

■ **Casas particulares**②
Vor Ort bei der Parkverwaltung fragen.

Tarrafal de São Nicolau (Stadtplan S. 304)

8 Edificio Mágico③
Mobil 982 0301, www.edificiomagico.com
Strandnahe, moderne Herberge mit Blick über die Stadt und die Bucht. Alle Apartments und Zimmer mit eigener Du/WC, WLAN, Wäsche-Service, Organisation von Ausflügen, Inselrundfahrten und geführten Wanderungen.

3 Zena Star Residence③
Mobil 9762464, www.zenastar.com
Großzügiger Neubau mit vier Apartments (45 m²), alle mit Küche, Wohn- und Schlafzimmer, Balkon und Bad mit Dusche. Italienisches Restaurant im Haus. Ein Apartment in doppelter Größe (Suite). Auch für Langzeitmieter und Überwinterer.

5 Pensão Tocely③
Tel. 2361220
Am Eingang zum Hafen. Sehr komfortable Unterkunft, hübsche, luftige Zimmer. Bootsausflüge, Big Game Fishing. Preis je nach Saison.

2 Pensão Alice②
Tel. 2361187
An der Uferstraße. Familiär und freundlich, traditionell kapverdisch; die im Umgang mit Wanderern erfahrenste Pension. Alle Zimmer mit eigenem Bad und AC. Traditionelles Restaurant mit ausgezeichneter kapverdischer Küche.

1 Residencial Natur②
Tel. 2361178.
Moderne Pension im Ortsteil Chã de Poça.

Preguiça

■ **Casa Ramos**②
Tel. 2351591
2 Zimmer, Küche, Bad, einfach, sauber. Terrasse mit Schattendach, Meerblick.

■ **Casa Cruz**②
Tel. 2351592
Gemeinschaftsbad, einfach, sauber. Frühstück kostet extra.

■ **Casa Maria Do Ceu**②
Tel. 2351582
Ein Gästezimmer mit eigener Du/WC. Hier essen die Gäste aller drei Pensionen: gut und reichlich, familiäres Umfeld.

Juncalinho

■ **Dependance Residencial Jardim**②
Neu gebautes, gepflegtes Residencial mit vier komfortablen Zimmern mit Du/WC und Balkon, sehr preiswert. Frühstück und auf Bestellung Abendes-

□ Inselkarte S. 294, Stadtpläne S. 300 (Ribeira Brava), 304 (Tarrafal de SN) **Praktische Infos**

sen im Dorfladen bei *Dona Amália Jardim;* Auskunft und Buchung in der Pensão Residencial Jardim in Cidade da Ribeira Brava (s.o.).

Carriçal

■ **Ferienhäuser Tartuga und Pardal** ③
Einfache private Häuschen deutscher Besitzer auf dem felsigen Kap Ponta de Cruz, das die palmenbestandene Bucht begrenzt. Mindestaufenthalt sind 4 Tage (www.saonicolau.de).

Restaurants und Bars

Die meisten Restaurants bieten **Tagesgerichte** an, die sich nach den Frischwaren auf dem Markt richten. Wenn wenig Betrieb ist auf der Insel oder Sie etwas anderes wünschen, sollten Sie vorbestellen.

Cidade da Ribeira Brava (Stadtplan S. 300)

6 Pensão Santo António
Tel. 2352200, Restaurant in der gleichnamigen Pension oberhalb des Kirchplatzes.
10 Pensão Jardim
Tel. 2351117. Gute traditionelle Küche in der gleichnamigen Pension, Sitzplätze auch auf der Dachterrasse mit schönem Blick ins Tal.
8 Bela Sombra Dalila
Tel. 2351830, 2251831, Restaurant beim Hotel Bela Sombra. Gute Küche.
9 Bar Kintalinho
Rua João de Deus Lopes da Silva. Hinterhof-Atmosphäre, Fastfood und kalte Getränke.
7 Bar Belinda
Rua Baltazar Lopes da Silva. Hinterhof-Café mit Stil.
5 Café im Mercado Municipal
In der Markthalle. Luftig, schattig, freundlich, kleine Auswahl an Kuchen und Salzgebäck.

3 Esplanada Alternativa
Praça Amílcar Cabral. Café und Snackbar mit schattigen Sitzplätzen im Freien.

Tarrafal de São Nicolau (Stadtplan S. 304)

3 Esplanada Sant'Olanda
Tel. 236149. Restaurant/Bar beim Markt mit Blick auf die Bucht, gute einheimische Küche, preiswert.
6 Esplanada Sandy
Bei Strandbetrieb gut besucht, einfache Gerichte, frittierte Muränen.
2 Casa de Pasto Alice
Tel. 2361187. Restaurant der Pensão Alice (s.o.). Man isst im Wohnzimmer der Familie; hervorragende kapverdische Küche. Schöner Blick auf Hafen und Meer.
9 Casa Aquário
Tel. 2361099. *Henny Kusters* zeigt als Profi der Haute cuisine voller Stolz, wie man Feinschmecker in Cabo Verde glücklich macht.
7 Felicidade
Gute einheimische Küche, Spezialität ist Tintenfisch.
4 Golfinho
Am Hafen. Tagesgerichte, Snacks („Bafas").
5 Restaurante Tocely
Tel. 2361220. Restaurant der gleichnamigen Pensão. Gute Küche.
■ Außer den hier genannten gibt es noch weitere kleine **Kneipen und Snack-Bars** in Cidade da Ribeira Brava und Tarrafal. In Cidade da Ribeira Brava (Plan S. 300) öffnet zudem eine **2 Disco** am Wochenende, ebenso in Tarrafal (**6 Esplanada Sandy,** Plan S. 304).

Reisebüros/Bergführer

■ **Santos & Santos,** in der Pensão Bela Sombra, Cidade da Ribeira Brava, Tickets für CV Fast Ferry, Tel. 2351830.

■ **DMC Cabo Verde Ltda.,** Carvoeiros, Bergführer und organisierte Trekkingtouren, www.dmccaboverde.com.
■ **Toi d'Armanda,** freier Bergführer mit Erfahrung auf der gesamten Insel, egal ob mit Einzelwanderern oder Gruppen, spricht englisch, französisch und portugiesisch. Verkauf von Wanderkarten. In Tarrafal, Zona Telha, Tel. 2361827, Mobil 9945146, www.hikingsaonicolau.com.
■ **Führer des Naturparks,** Buchung bei der Parkverwaltung, ökologisch ausgerichtete Führungen im Park.

Bank und Post

■ **Bank: BCA** und **Caixa Económica,** Filialen mit Geldautomat in Cidade da Ribeira Brava und Tarrafal, jeweils auf dem Hauptplatz; geöffnet 8–14 Uhr.
■ **Post: Cidade da Ribeira Brava,** hinter dem alten Rathaus; **Tarrafal,** beim Hauptplatz.

Notfall/Polizei

■ **Gesundheitszentrum,** Cidade da Ribeira Brava, Tel. 2351130; Tarrafal, Tel. 2361404.
■ **Apotheken** gibt es in Cidade da Ribeira Brava und Tarrafal.
■ **Polizei: Cidade da Ribeira Brava,** Cházina, an der Ausfallstraße Richtung Carvoeiros/Tarrafal, Tel. 2351153; **Tarrafal,** neben dem Postamt, Tel. 236 1132.

Hochseefischen

Das Meer zwischen São Nicolau und den unbewohnten Inseln ist reich an Fischen und das **beste Revier** für Hochseefischer (Blue Marlin, Schwertfische u.a.). Für andere Wassersportarten existiert (bisher) keine touristische Infrastruktur. Die Pension Tocely in Tarrafal (s.o.) organisiert Bootsausflüge.

Feste

Auf São Nicolau wird gerne musiziert, getanzt und gefeiert. Zahlreiche Feste geben dazu Anlass, darunter sind die Folgenden:

Felslandschaft bei Hortelã

Inselkarte S. 294, Stadtpläne S. 300 (Ribeira Brava), 304 (Tarrafal de SN) **Praktische Infos**

São Nicolau

■ Zum **Osterfest** gibt es im kleinen Ort **Fajã** nach der Messe eine schöne Prozession mit anschließendem Fest und Pferderennen.

■ **Im Februar** trifft sich die ganze Insel in **Cidade da Ribeira Brava** zum **Karneval.** Man sagt, der Karneval von São Nicolau käme an Farbenpracht und Feststimmung gleich nach dem von Mindelo. In einer Art Wettbewerb übertreffen sich die Karnevalsgruppen bei den Umzügen und Festivitäten, die drei Tage lang andauern.

■ Das **Inselfest** von São Nicolau findet am **6. Dezember** statt.

Wanderführer/-karte

■ **São Nicolau 1:50.000,** *Lucete Fortes, Pitt Reitmaier,* GPS-genaue Wanderkarte auf reißfestem Papier mit 21 Wegen und MTB-Klassifizierung; Bestellung im Internet: www.bela-vista.net/sao-nicolau-karte.aspx. Verkauf in Cidade da Ribeira in der Pension Residencial Jardim und bei Toi d'Armanda in Tarrafal.

Ilhas Desertas

Die Inseln Santa Luzia, Branco und Razo, auch Ilhas Desertas genannt, liegen zwischen São Vicente und São Nicolau jeweils 8–10 km voneinander getrennt und gründen auf einem gemeinsamen flachen Meeressockel. **Alle drei Inseln sind unbewohnt, und es bestehen keine regulären Schiffsverbindungen zu ihnen.** Zwar verkehren von São Vicente oder São Nicolau ab und zu Fischerboote zu den Eilanden, doch ist das Anlanden aufgrund der rauen See und teils schwer zugänglicher Felsküsten schwierig. Segelboote, die sich zu den Stränden von Santa Luzia begeben, müssen wegen der Brandung ausbooten.

Santa Luzia

Die Insel hat eine Oberfläche von rund **35 km²** und misst an ihrer längsten Stelle 12 km, an ihrer breitesten ca. 5,3 km. Im Nordosten haben sich hellgelbe Sanddünen aufgeschichtet, im Osten und Nordwesten dominieren Felsen das Landschaftsbild. Im Süden verflacht sich die Insel, hier gibt es große Sandstrände. Mehrere vulkanische Basaltkegel steigen im Inselinneren bis zu 300 m auf, darunter die höchste Erhebung, der **395 m hohe Monte Grande.** Dazwischen schneiden sich mit Stein und Geröll überzogene Erosionstäler in den Grund. Bis auf ein paar Gräser und Sträucher gibt es fast keine Vegetation mehr auf Santa Luzia.

Dem war nicht immer so und aus der Tatsache, dass die Insel heute nicht bewohnt ist, ist nicht zu schließen, sie habe keine **Geschichte.** Der große **Dr. Júlio José Dias,** erster moderner Arzt Cabo Verdes und traditioneller Heiler mit übernatürlichen Kräften, war der Pächter von Santa Luzia. Und er verkaufte **Maultiere** von dort bis auf die Niederländischen Antillen. Wenn es regnete, so heißt es in Erzählungen, brachten die Ziegen alle vier Monate drei bis vier Lämmer zur Welt, und die Schafe waren groß und schwer wie Kühe. Die Kinder spielten mit hart gewordenem Ziegenkäse Fußball, weil es jeden Tag frischen im Überfluss gab. Doch wenn es nicht regnete, dann hatten die Fantasien ein Ende, und die Herden starben bis zum letzten Tier. So wurde Santa Luzia mehrmals verlassen, und mehrmals siedelte *Dr. Júlio* wieder Hirten an.

150 Jahre nach den berühmt geworden Maultieren kam Santa Luzia ein zweites Mal zu Ruhm, als ein Industriekonsortium die Insel auserkoren hatte, Standort einer **Chemie-Mülldeponie** zu werden. Cabo Verde lehnte letztlich ab und übergab die nicht astreinen Dokumente den zuständigen Behörden im Ausland und den Vereinten Nationen. Danach fiel Santa Luzia in die Vergessenheit zurück.

Nur ab und an fällt noch ein Strahl mystischen Interesses auf die magische Einsame, wenn an den Stammtischen Mindelos Geschichten über tonnenschwere, im Strand vergrabene **Rauschgiftlager** die Runde machen. Nachdem dort ein großes Zwischenlager aufgefunden wurde und ein einsamer Hirte unter ungeklärten Umständen zu Tode kam, wird die Insel genau überwacht.

Santa Luzia hat ihre Bedeutung als Brutkolonie für Seevögel leider völlig eingebüßt dank einer Herde verwilderter Hauskatzen.

Ilhéu Branco

Südöstlich von Santa Luzia gelegen, ragt ein lang gestreckter Fels abrupt aus dem Atlantik. Branco ist mit einer Länge von 4 km und einer Breite von 1,2 km das kleinste Eiland dieser Gruppe. Auf knapp **3 km²** erheben sich kleine Berge zu einem schmalen Grat, der höchste darunter der **Tope da Berça** mit **327 m.** Ihren Namen verdankt die Insel Branco (dt.: weiß) dem weißen Dünensand, der sich im Südwesten zwischen Pta. da Parede und Pta. Delgado weit am Hang hochzieht. Auf dem knochentrockenen Lavagestein findet sich außer einigen Flechtengewächsen im Norden so gut wie keine Vegetation. Auch für eine menschliche Ansiedlung bietet Branco keinen Lebensraum. Nur im Jahre 1833 sollen 30 „Verbrecher" auf der Insel Zuflucht genommen haben. Dank der Abgeschiedenheit gilt Branco als **eine der wichtigsten Brutstätten für Vögel in Cabo Verde;** die Felsen im Norden sind übersät mit Guano. Bis 1940 war die Insel Heimat des kapverdischen Riesen-Skink, des zweitgrößten Skinks weltweit. Er starb jedoch infolge der zunehmenden Trockenheit aus. Bis heute lebt der Riesen-Gecko *(Tarentola gigas)* in kleinen Höhlen der Insel.

Besuch bekam die Insel auch von Deutschen: Nach dem Ende des 2. Weltkriegs flohen der Kommandant und die Mannschaft des U-Boots **U-977** Richtung Südamerika. Im Juli 1945 machten sie auf Branco Zwischenstation, fischten mit Handgranaten und fuhren weiter nach Argentinien.

Ilhéu Razo

Razo (= flach, glatt gezogen) ist rund **7 km²** groß, annähernd rund, besteht aus Basaltlava und Tuffen und wird von einer steilen Felsküste umgeben. Von Süden aus steigt sie sanft nach Norden hin an zu einer ca. 80 m hohen Ebene, aus der sich kleine Schlacken- und Aschekegel erheben, die im Nordosten in 164 m Höhe „gipfeln". Dazwischen haben sich kleine Erosionstäler eingeschnitten. Im Westen und Süden liegen die ausgedehnten Ebenen Cha de Branca und Cha de Castelo kaum 10 m über dem Meeresspiegel. Dünen und Strände konnten sich auf Razo nicht bilden. Die Vegetation ist sehr spärlich. Auch Razo wird, wie die beiden anderen Ilhas Desertas, von zahlreichen **Seevögeln** besucht. Die bekannteste Vogelart der Insel ist die endemische, seltene Razo-Lerche mit einer winzigen Zahl von Brutpaaren, daneben gibt es u.a. Sturmtaucher, Brauntölpel und einige Fischadler. Des Weiteren leben auch einige Geckoarten auf der Insel (s.a. Kapitel „Fauna").

Die Inseln Razo und Branco stellen wertvolle Vogelbiotope dar und sind unter Schutz gestellt. Die teilweise vom Aussterben bedrohten Arten, die auf den Inseln Zuflucht suchen, müssen völlig ungestört bleiben. Nur Ornithologen können um eine Genehmigung anfragen. Anderen Reisenden ist das **Betreten strikt verboten** – es gibt auch nichts Sehens- oder Erlebenswertes.

Zur **Lage der Inseln** siehe die Karte in der vorderen Umschlagklappe.

- Als Gast in Cabo Verde | 318
- Anreise | 323
- Ausrüstung | 326
- Diplomatische Vertretungen | 329
- Einkaufen | 331
- Einreiseformalitäten | 332
- Essen und Trinken | 333
- Feiertage und Feste | 340
- Finanzen und Geld | 341
- Fotografieren | 344
- Gesundheit | 346
- Infos für LGBT | 356
- Notfall | 356
- Öffnungszeiten | 357
- Reisen im Land | 358
- Reiseplanung | 364
- Reisezeit | 366
- Reiseveranstalter in Cabo Verde | 366
- Reiseversicherungen | 368
- Sicherheit und Kriminalität | 369
- Sport und Freizeit | 371
- Strom | 395
- Telefon und Post | 395
- Trinkgeld | 397
- Unterkunft | 397
- Zeitunterschied | 399
- Zoll | 400

10
Praktische Tipps A–Z

Gäste beim Einbooten zur Walbeobachtung auf Boa Vista

Als Gast in Cabo Verde

Die Zeiten, in denen man in Reisebüros gefragt wurde: „Cabo Verde? Wo liegt das denn?", sind vorüber. Wer die Illustrierten beim Zahnarzt durchblättert, dem springen immer häufiger die immer gleichen Argumente „letztes Paradies", „Traumstrände", „zweites La Gomera" und „300 Tage Sonne – 5 Flugstunden von Europa" entgegen. Trotzdem weiß man in Europa noch wenig, viel zu wenig, über die faszinierende **Gruppe kreolischer Kulturen und Sprachen,** deren ältestes Mitglied Cabo Verde ist.

Findet der Finger auf der Landkarte zehn bräunlich vertrocknete Fleckchen mitten im Atlantik, dann beginnt die spannende Entdeckungsreise in eine eigenständige Kultur, für Europäer so schwer zu verstehen wie für Afrikaner.

Mit den braunen Fleckchen im Meer ist so wenig beschrieben wie durch den Blick auf den Körper eines Schmetterlings. Doch ist es schwieriger als beim Schmetterling, die Flügel zu entdecken. Nach dem ersten Schock, der die Reisenden überfällt, wenn sie beim Anflug nur lebensfeindliche Wüste erblicken, gilt es, sich zu öffnen, auf Kleinigkeiten zu achten, um größere Zusammenhänge zu erfassen. Das bunte Gemisch der Hautfarben fällt als erstes auf, danach eine ungebremste Lebenslust, Offenheit und farbenfrohe Vielfalt.

Einer der bunten Flügel Cabo Verdes kommt aus der **Vergangenheit** und überspannt die östliche Hälfte des Atlantiks. Versklavte Bauern von der afrikanischen Küste, jüdische Händler aus Marokko, portugiesische Seeleute, Gefangene, Adelige, Bauernsöhne aus Madeira, Piraten aus Frankreich, Spanien, Holland und Dänemark, englische Kohlenhändler, *ship chandlers* und Telegrafiefachleute, indische Beamtenfamilien aus Goa, Fischer aus Korea und Japan, sie alle sind auf den Inseln verewigt, kulturell und genetisch.

Der andere, nicht weniger bunte Flügel zieht hinaus nach Westen, in die Zukunft, in die **Emigration.** Ganze Dörfer, Freie und Sklaven, mussten sich in Hungerjahren an begierige Sklavenhändler verkaufen und landeten in Brasilien und der Karibik. Geschickte Walfänger fanden ihren Weg in die USA. In den Städten Boston, New Bedford und Providence leben heute fast doppelt so viele Kapverdianer wie auf den Inseln. Zwangsweise und freiwillig wurden Hunderttausende auf die Plantagen nach São Tomé und Angola verfrachtet. Von ihnen glitten viele nach 1974 ab in die Slums Portugals. Die USA, Frankreich, Holland, Luxemburg und Italien sind als Emigrationsländer beliebter, auch wenn es immer schwieriger wird, ein Visum zu erhalten.

Der Schmetterling flattert im Bauch eines jeden Kapverdianers. Er spürt die Geschichte in sich, nicht brav nach Jahreszahlen gespeichert, sondern alltäglich. Komplizierte transnationale Familienkonstruktionen, das Kommen und Gehen der Schiffe, die Erzählungen eines Onkels aus Wilhelmshaven, Rotterdam, Leixões oder Boston geben allem einen Ursprung und ein Ziel in der Weite des Atlantik. 60% der Familien erhalten ökonomische Unterstützung durch Angehörige im Ausland. 45% der Jugendlichen Mindelos würden gerne im Ausland arbeiten. Nachrichten aus aller Welt werden aufmerksam verfolgt. Die Fremde ist Teil des eigenen Familienlebens und vielleicht, eines Tages …

So wundert es nicht, dass die Unwissenheit der Europäer bezüglich Cabo Verde einseitig ist. Die Kapverdianer kennen Europa, Amerika und Afrika zumeist aus der Perspektive eines harten Arbeitslebens. Sie wissen Bescheid über die Schwächen und Stärken anderer Kulturen, und sie können vergleichen und bewerten.

Geschaffen aus so verschiedenen Menschen, Kulturen und Nationen, war Cabo Verde immer im Umschwung, wollte oder musste sich allen Strömungen und Einflüssen öffnen und blieb doch immer, was es war: eine **atlantische Nation,** mit einem Standbein auf den Inseln und vielen Spielbeinen in der ganzen Welt.

Kapverdianer sind offen und kontaktfreudig, und leicht ergeben sich Gespräche aus einem freundlichen Gruß. Wer ankommt, grüßt zuerst. So nimmt man den ersten Kontakt am leichtesten mit dem **Gruß in Landessprache** auf: **„Bom dia. Tá bom?"** Und als Antwort folgt: „Bom dia. Tud' drett!", was so viel heißt wie: „Guten Tag. Alles in Ordnung!"

Kapverdianer sind herzliche und unkomplizierte Gastgeber, **immer respektvoll.** Das distanzlose und schnell geäußerte „bô" (Du) durch kontaktfreudige Jungs und Mädchen am Strand, bei den Segelbooten oder in Kneipen und Discos ist nicht typisch kapverdisch, sondern Anmache und touristisch bedingt.

Man grüßt per Handschlag, erst die Älteren, dann die Damen und schließlich die Herren. Junge Männer ziehen den **Knuckle Bump** (kreol: *soccin*) vor, die sich zum Gruß begegnenden Fäuste. Ist die Freude groß, schwingt die Faust abschließend vors Herz. Kinder werden im Bus noch aufgefordert, der älteren Dame ihren Platz zu überlassen. Einem Studentenpärchen mag es seltsam vorkommen, sofort nach seinen Kindern gefragt zu werden, doch erstens fragt man in Cabo Verde sofort nach der Begrüßung nach dem Wohlergehen der ganzen Familie, und zweitens haben Kapverdianer im Studentenalter häufig Kinder.

> Vater und Sohn

Ein wesentliches Hindernis im Reisealltag ist die **Sprache.** Nur wenige Reisende sprechen **Portugiesisch,** noch weniger **Kreol.** Ein kleiner Sprachführer findet sich im Anhang. Neben Kreol und Portugiesisch lernen die Kinder auf den Inseln heute mehr Englisch als Französisch in den weiterführenden Schulen.

So sehr **bettelnde Kinder** das Herz der Besucher rühren mögen, es ist schlicht falsch, den Kindern direkt etwas zukommen zu lassen, denn ihr Betteln ist eine Folge des Tourismus und nicht unbedingt Ausdruck materieller Not. In den 1980er Jahren, unter ökonomisch wesentlich härteren Bedingungen, gab es das Phänomen noch nicht.

Besondere Formen des tourismusinduzierten Bettelns sind „Foto, Foto!" rufen, posieren und kassieren sowie „Spendenlisten" für Sonderbedarf der Schulen vorlegen, in die sich Spender eintragen und Kinder Bares einnehmen. Oft werden auch **Medikamente, OP-Kosten oder Blutkonserven** genannt, ohne die ein Familienangehöriger im Hospital versterben werde, wenn nicht sofort Bargeld fließt.

Wo in diesem Sinne hochbegabte Kinder mehr Geld nach Hause bringen als die in Hotels oder auf dem Bau arbeitenden Eltern, schwindet das Motiv, sie weiter zur Schule zu schicken.

Betteln schafft nicht nur ein Bild vom reichen, aber unwissenden, weil sprachlosen Touristen, sondern es stört den Aufbau einer selbstbewussten Identität. Es sorgt nur kurzfristig für Erleichterung von einer wachsenden Frustration und Aggression.

Was typischerweise gegeben wird, Münzen und Kugelschreiber, sind **Kleinigkeiten** ohne Einfluss auf die Armut. So nutzt das Geben vorwiegend dem Gebenden, der damit seine Hilflosigkeit bemäntelt. Medikamente ohne portugiesischsprachige Beipackzettel gehören in die gleiche Kategorie und sind schlicht gesundheitsgefährdend.

◁ Schülerinnen am Kapokbaum von Boa Entrada (Santiago)

Es gibt sinnvolle Alternativen: Die Kinder sind kontaktfreudig, und es macht Spaß, sich mit ihnen über Schule und Geschwister zu unterhalten oder ein Lied zu singen. Ergibt sich eine Pause, ist es nicht falsch, ihnen etwas vom eigenen Proviant anzubieten, z.B. einen Apfel. Sind die Kinder arm, nehmen sie das gern an, und im Gegensatz zu Bonbons zerstört Obst nicht das Gebiss von Kindern, die eventuell noch nicht einmal eine Zahnbürste besitzen.

Neues Schulmaterial, direkt an den Direktor einer Schule gegeben, erspart armen Kindern die Diskriminierung anonymen Beschenktwerdens und hilft dennoch ganz unmittelbar. Vermeiden sie bitte möglichst, die Spende im laufenden Unterricht zu übergeben, denn sonst sind die Kinder für den Rest des Tages nicht mehr bei der Sache.

Geldspenden werden von Organisationen, die sich langfristig auf das Land konzentrieren, gezielt eingesetzt zur Unterstützung von Schulen, Kindergärten, sozialen Einrichtungen für Behinderte, Altenheimen und Abendschulen. Sie können diese Arbeit unterstützen durch Geldspenden, Patenschaften und nicht zuletzt durch dauerhaftes Engagement als Mitglied.

■ **Europäisch-Kapverdischer Freundeskreis e.V.**
c/o VHS Hamburg-Ost (Büro 124)
Berner Heerweg 183, 22159 **Hamburg**
Tel. 040-67379076, www.kapverde-journal.de
IBAN: DE42 2019 0003 0051 1293 02
BIC: GENODEF1HH2, Hamburger Volksbank
Vielfältige Aktivitäten mit Partnerschulen und Schüleraustausch in ganz Cabo Verde. Gemeinnützig – steuerbegünstigende Spendenquittung auf Anfrage

■ **Sodade – Deutsch Kapverdische Gesellschaft e.V.**
Neuer Graben 161, 44137 **Dortmund**
Tel. 0231/13076168, www.sodade.de
Bank für Sozialwirtschaft
Konto-Nr.: 9452200, BLZ: 25120510
IBAN: DE17251205100009452200
BIC: BFSWDE33HAN
Unterstützung ländlicher Grundschulen auf Santo Antão und von Internatsschülern bis zum Abitur, u.a. durch Patenschaften. Gemeinnützig – steuerbegünstigende Spendenquittung auf Anfrage

■ **Delta Cultura – Verein für interkulturelle Kommunikation e.V.**
c/o *Vanessa Ebert* (1. Vors.)
Von-Weichs-Straße 20, App. I 08, 53121 **Bonn**
Tel. 0228/97469127, www.deltacultura.org
GLS Bank, Konto-Nr.: 4021003700, BLZ: 43060967
IBAN: DE11430609674021003700
BIC: GENO DE M 1 GLS
Jugendarbeit in Tarrafal de Santiago in Form erfolgreicher Verknüpfung schulischer, sportlicher und kulturell-künstlerischer Förderung, bekannt durch Batuko-Gruppen.

■ **JAK – Jovens Atletas de Kadjeta**
www.facebook.com/AtletasDeKadjeta
Kinder- und Jugendarbeit in Calheta São Miguel, sportliche und schulische Föderung vor allem von Mädchen und jungen Frauen.

■ **Centro Educativo Boa Esperança**
c\o *Pe. Paulo Borges Vaz*
(kath. Priester der Gemeinde Boa Vista)
Sal Rei/Boa Vista, Tel. 00238/9804907
Portugiesisch-, französisch-, spanisch- und italienischsprachig
Centro Educativo Boa Esperança
BCA – Banco Comercial do Atlântico
Agência da Boa Vista
Konto-Nr.: 81578844.10.01
IBAN: CV64000300008157884410176
Swift: BCATCVCV
Schulzentrum und Sozialprojekte im Elendsviertel Barraca alias Boa Esperança (s. Exkurs „Barraca")

Zu taktvollem Auftreten gehört, die **Privatsphäre zu respektieren,** nicht ungefragt in Gärten oder Häuser zu treten oder über Mauern zu schauen.

Zum **Fotografieren** holt man freundlich die Erlaubnis seines Gegenübers ein und vermeidet Situationen, die den Fotografierten beschämen könnten, die Moral verletzen oder Armut zur Schau stellen.

Auch wenn sich manche junge Kapverdianer gern modisch extrovertiert zeigen, gilt dennoch eine klare **Kleiderordnung.** In der Kirche trägt man Beine und Arme bedeckt. Mit kurzen Hosen darf man Ämter nicht betreten. Nachlässige und schmutzige Kleidung wird als Zeichen extremer Armut oder Geistesgestörtheit verstanden. Die Trennlinie zwischen Armut in Würde und entwürdigendem materiellem oder moralischem Elend macht sich am Benutzen eines Bügeleisens fest.

Nacktbaden ist nicht üblich. Oben ohne wird nur an den Stränden der flachen Inseln geduldet.

Frauen, die sich auf flüchtige **sexuelle Beziehungen mit Touristen** einlassen, werden als *Menininhas de vida,* sprich: Prostituierte, angesehen. Der Strandtourismus hat **Sextouristen** beiderlei Geschlechts und eine neue Gruppe Prostituierter vom afrikanischen Festland angelockt. Dass Kondome vor AIDS schützen, dürfte den Lesern bekannt sein. Polizei und Gerichte üben keine Nachsicht gegenüber Pädophilen, diese sitzen ihre Strafen vollständig und ohne Air Condition ab.

Abseits der Inseln Sal und Boa Vista ist Cabo Verde noch nicht für den Massentourismus aufbereitet. Zu Stränden und Ausgangspunkten von Wanderungen fährt kein Linienbus. Man fragt, wartet auf ein Sammeltaxi oder geht zu Fuß. Die nötige Zeit und Ruhe findet nur, wer sie in seiner Reiseplanung vorgesehen hat. Auf **stundenlange Wartezeiten** am Hafen oder Flughafen, auf kurzfristige Änderungen der Fahr- und Flugpläne muss man vorbereitet sein und ein Buch im Rucksack haben.

Zum **Schutz der Umwelt** kann der Reisende beitragen, indem er Müll vermeidet. Es gibt kaum ein Stück Müll, das in Cabo Verde produziert ist. Wie man umweltfreundlich und sicher für sein **Trinkwasser** sorgen kann und dabei Plastikmüll vermeidet, wird im Kapitel „Ausrüstung" erläutert.

Cabo Verde ist **kein Billigreiseland** und bietet wenig günstige Konsumgelegenheiten. Da fast alle Waren und 80% der Lebensmittel importiert werden müssen und das Wasser in den Städten wie in den Strandresorts aus industrieller Meerwasserentsalzung stammt, liegt das Preisniveau ähnlich hoch wie in Mitteleuropa. Industriewaren sind teurer, Dienstleistungen billiger.

Es sind zwei Typen von Cabo-Verde-Liebhabern entstanden. Die einen lassen sich **„all inclusive"** unter strahlend blauem Himmel verwöhnen, was so gut wie nichts mit kapverdischer Kultur gemein hat. Die anderen lieben das **ruhige Mitschwimmen im Strom der Zeit.** Man sitzt am Hafen, blickt auf die einlaufenden Boote, schlendert zum Fischmarkt und beobachtet das Treiben, zieht gemächlich durch kopfsteingepflasterte Gassen mit kleinen Läden und Werkstätten, isst eine Banane unter einem Mangobaum und schaut den Männern beim Oril-Spiel zu. Wer seine Ruhe will, wird in Ruhe gelassen. Wer offen ist für spontane Begegnungen, findet sie in unverdorbener Herzlichkeit. Zu keiner Sekunde kann man sich dem Kulturvergleich entziehen, wird mitgerissen von der Fröhlichkeit und dem verschmitzten Ernst von Menschen, die gelernt haben, unter schwierigsten Bedingungen zu überleben. Man zweifelt an der ökonomistischen Doktrin unserer westlichen Gesellschaft und beginnt, menschliche Werte neu zu ordnen. Man lässt den Alltag zurück und kommt näher zu sich selbst.

Anreise

Flugverbindungen von Europa nach Cabo Verde

Die Pforten Cabo Verdes nach Übersee haben sich dank internationaler **Flughäfen auf vier Inseln** weiter geöffnet:

- **Sal:**
Aeroporto Internacional Amílcar Cabral (SID)
- **Boa Vista:**
Aeroporto Internacional Aristides Pereira (BVC)
- **Santiago:**
Aeroporto Internacional Nelson Mandela (RAI)
- **São Vicente:**
Aeroporto Internacional Cesária Évora (VXE)

Die **Fluggesellschaften** und die **Abflughäfen,** die den deutschsprachigen Raum mit den Kapverden verbinden, wechseln im Rhythmus der Halbjahresflugpläne. Die Flugdauer ab Mitteleuropa beträgt zwischen 5 und 6 Stunden, von Lissabon knapp 4 Stunden.

- **TUIfly,** www.tuifly.com
Ab Hamburg, Hannover, Düsseldorf, Köln, Frankfurt, Stuttgart und München nach Sal und Boa Vista. Die Flüge nach Sal (SID) und Boa Vista (BVC) erfolgen per Ringflug, d.h. zuerst wird Boa Vista angeflogen, dann Sal, bevor es zurück nach Europa geht.
- **JetairFly** (belgische Schwestergesellschaft von TUIfly), ab Brüssel nach Sal und Boa Vista.
- **ArkeFly** (niederländische Schwestergesellschaft von TUIfly), ab Amsterdam nach Sal und Boa Vista.
- **Thomson,** die britische Schwester der TUIfly, fliegt von Glasgow, Manchester, Birmingham und London Stansted nach Sal und Boa Vista.
- **TUIfly Nordic,** die schwedische Schwester der TUIfly, fliegt ab Kopenhagen, Göteborg, Helsinki, Malmö, Oslo und Stockholm nach Sal und Boa Vista.
- **TAP Portugal,** www.flytap.com
Ab Hamburg, Berlin, Düsseldorf, Köln, Frankfurt, Stuttgart, München, Zürich und Wien über Lissabon nach Sal, Boa Vista, Praia und São Vicente. Die portugiesische Airline fliegt durchschnittlich 24x wöchentlich von Lissabon nach Cabo Verde und zurück: 11x nach Santiago, 8x nach Sal, 4x nach São Vicente, 1x nach Boa Vista. Anschlussflüge von allen größeren Flughäfen deutschsprachiger Länder stehen täglich zur Verfügung. Knapp kalkulierte Umsteigezeiten in Lissabon sind risikoreich, sodass wir es vorziehen, einen halben Tag für einen Stadtbummel in Lissabon einzuplanen.
- **TACV Internacional,** www.flytacv.com
Die kapverdische Airline befindet sich in einer schwierigen Phase der Umstrukturierung in Zusammenarbeit mit Islandic Air und versucht, die Insel Sal als Umsteigeplatz für Flüge zwischen Europa, Nordamerika und dem afrikanischen Festland zu installieren. Siehe auch die Ausführungen auf S. 501.
- **Azores Airlines (SATA),** www.azoresairlines.pt
Ab London, Frankfurt, Barcelona, Porto und Lissabon über die Azoren nach Sal und São Vicente. Ohne Aufpreis Zwischenstopp auf den Azoren möglich.
- **Transavia,** www.transavia.com
Charterflüge ab Amsterdam und Paris Orly-Sud nach Sal und Boa Vista.

■ **Neos,** www.neosair.it
Charterflüge ab Mailand, Verona, Bologna und Rom nach Sal und Boa Vista.
■ **Binter CV,** www.binter.cv
Die spanische Airline von den Kanaren konnte sich das De-facto-Monopol auf Inlandsflüge in Cabo Verde sichern und fliegt auch zweimal wöchentlich von Gran Canaria nach Sal. Änderungen und Streichungen im Flugplan von Binter CV können immer mal wieder vorkommen.

Die **Preise** sind höher als zu Regionen mit größerem Verkehrsaufkommen und liegen meist zwischen 500 und 800 Euro für Hin- und Rückflug. Frühbucher finden Sonderangebote, teils um 400 Euro, Last-Minute-Angebote für eine Strecke können noch günstiger sein.

Das **Gepäcklimit** ist abhängig vom Tarif – meist sind es 20 kg pro Person – und wird von allen Gesellschaften ähnlich strikt gehandhabt.

Surfboards, Tauch- und Sportgepäck (und sonstiges Übergepäck) müssen bei der Flugbuchung angemeldet und bestätigt werden. Nicht angemeldetes Übergepäck ist unverhältnismäßig teurer. Für (angemeldetes) Sportgepäck gelten Sondertarife. Für 10 kg angemeldetes Übergepäck werden zwischen 50 und 120 Euro fällig. Wer mit Sport- oder Übergepäck reist, sollte sich über die jeweils aktuellen Bestimmungen der Fluggesellschaft informieren.

Der **Transport von Sportgepäck** wird je nach Fluggesellschaft unterschiedlich gehandhabt. Bei Fahrrädern müssen die Luft aus den Reifen fast völlig abgelassen und der Lenker quergestellt sowie die Pedale abmontiert werden. Stabile Boxen oder Fahrradkoffer werden empfohlen. Für Flüge zwischen den Inseln müssen Fahrräder als Cargo aufgegeben werden, möglichst mehrere Stunden vor dem Einchecken oder gleich am Vortag. Da die Frachträume der Maschinen im Inlandsverkehr vergleichsweise klein sind, wird sperriges Gepäck wie Fahrräder nicht immer mit der gleichen Maschine befördert.

Anschlussflüge von Sal und Praia zu den anderen Flughäfen gehen täglich, sodass man nur noch ausnahmsweise zwischenübernachten muss. Wenn Sie nachts ankommen und frühmorgens auf andere Inseln weiterfliegen, lohnt sich

---

Für Sie oder Ihr Reisebüro mag es schwierig sein, Flugverbindungen nach Cabo Verde zu finden. Die Ortsnamen sind uneinheitlich und wenig bekannt. Versuchen Sie es mit den **internationalen Dreibuchstaben-Codes der Flughäfen:**

- ■ **BVC** Boa Vista, Aeroporto Internacional Aristides Pereira
- ■ **MMO** Maio, Aeroporto de Maio
- ■ **RAI** Santiago, Praia, Aeroporto Internacional Nelson Mandela
- ■ **SFL** Fogo, Aeroporto de São Filipe
- ■ **SID** Sal, Ilha do, Aeroporto Internacional Amílcar Cabral
- ■ **SNE** São Nicolau, Aeroporto da Preguiça
- ■ **VXE** São Vicente, Aeroporto Internacional Cesária Évora

ein kurzer Abstecher in die Abflughalle, um zu schauen, ob eine Abfertigung läuft. Wenn ja, können Sie einchecken – ggf. Sportgepäck als Cargo abfertigen – und die Bordkarte für den nächsten Morgen erhalten. Dies erlaubt, erst 45 Minuten vor dem Abflug am Flughafen erscheinen zu müssen.

Zollkontrollen verlaufen unkompliziert und zügig, so lange keine Drogen vermutet werden.

Zu **Linienflügen zwischen den Inseln** siehe das Kapitel „Reisen im Land".

Mit dem Schiff

Auch wenn in den Wintermonaten fast täglich ein Kreuzfahrtschiff in São Vicente einläuft, so ist für Reisende, die länger als nur ein paar Stunden in Cabo Verde bleiben, die Anreise mit dem Schiff ungewöhnlich.

Es gibt **keine Passagierschiffe oder Fähren,** weder von Europa noch vom afrikanischen Kontinent aus. Eine Reise auf dem Frachter ist ein individuelles Abenteuer, das nur in Verhandlung mit der Schiffsagentur und dem Kapitän erreicht werden kann und nicht billiger wird als die Anreise mit dem Flugzeug.

Frachtschiffe aus/nach Cabo Verde findet man mit einiger Regelmäßigkeit in den Häfen von Lissabon und Rotterdam und laufen meist sowohl São Vicente als auch Praia an. Eine zuverlässige kapverdische Frachtlinie ist:

■ **Cabolux Travel & Shipping**
Mathenesserweg 205,
3027 HV Rotterdam/Niederlande,
www.cabolux.nl

Mini-„Flug-Know-how"

Nicht vergessen: Ohne einen **gültigen Reisepass** (Kinder benötigen ein eigenes Dokument!) kommt man nicht an Bord eines Flugzeuges nach Cabo Verde.

In der Economy Class darf man in der Regel nur **Gepäck** bis zu 20 kg pro Person einchecken (steht auf dem Flugticket) und zusätzlich ein Handgepäck von 7 kg in die Kabine mitnehmen, welches eine Größe von 55 x 40 x 23 cm nicht überschreiten darf. In der Business Class sind es meist 30 kg pro Person und zwei Handgepäckstücke, die insgesamt nicht mehr als 12 kg wiegen dürfen. Man sollte sich beim Kauf des Tickets über die Bestimmungen der Airline informieren.

Aus Sicherheitsgründen dürfen Taschenmesser, Nagelfeilen, Nagelscheren, sonstige Scheren und Ähnliches nicht mehr im Handgepäck untergebracht werden. Diese sollte man unbedingt im aufzugebenden Gepäck verstauen, sonst werden diese Gegenstände bei der Sicherheitskontrolle einfach weggeworfen. Darüber hinaus gilt, dass Feuerwerke, leicht entzündliche Gase (in Sprühdosen, Campinggas), entflammbare Stoffe (in Benzinfeuerzeugen, Feuerzeugfüllung) etc. nichts im Passagiergepäck zu suchen haben.

Flüssigkeiten oder vergleichbare Gegenstände in ähnlicher Konsistenz (z.B. Getränke, Gels, Sprays, Shampoos, Cremes, Zahnpasta, Suppen) dürfen nur in der Höchstmenge von 0,1 Liter als Handgepäck mit an Bord eines Flugzeugs genommen werden.

Bei Charterflügen ist eine **Rückbestätigung** am Tag vor der Rückreise angeraten.

Mit dem Segelboot

Cabo Verde ist ein **wenig erschlossenes Segelrevier für Könner.** Ab Oktober füllen sich die Häfen mit Jachten, die bis Februar zum Sprung über den Atlantik ansetzen. Als erster Hafen muss zur Zollkontrolle Sal (am Flughafen), São Vicente (Mindelo) oder Praia angelaufen werden.

Für einen Zwischenstopp mit Verproviantierung sind nur Praia, São Vicente und Palmeira auf Sal geeignet. Die Preise sind etwas höher als in Europa. In Mindelo gibt es gute Reparaturmöglichkeiten, doch ist Geduld angesagt, da Ersatzteile häufig aus Europa eingeflogen werden müssen.

■ Zu **Ankerplätzen, Häfen und Versorgungsmöglichkeiten** siehe die Kapitel zu den Inseln. Zu **nautischer Information und Chartermöglichkeiten** siehe Kapitel „Sport und Freizeit/Segeln".

Ausrüstung

Gepäck, Ausrüstung und Kleidung

Packen Sie wie für einen Sommerurlaub in Südeuropa. Baumwollkleidung, bequeme Schuhe und Sandalen und für die Abende ein Pullover oder leichter Anorak genügen. Bei der intensiven Sonneneinstrahlung sind lange Ärmel und dün-

> Internationaler Airport Nelson Mandela (Praia)

ne lange Hosen ideal. Starker, kühler Wind mit Nebel bringt einen nicht weniger zum Frieren als Minusgrade in gemäßigten Breiten. Um sich hiergegen zu schützen, nimmt man auf Wandertouren **einen leichten Pullover und einen leichten, winddichten Anorak** mit. Die Kombination erlaubt, auf alle Variationen von Wind, Nebel und Temperatur vorbereitet zu sein. Eine **Kopfbedeckung, die auch starkem Wind widersteht,** ist unverzichtbar. An Schuhwerk empfehlen sich **feste Sandalen und Schuhe,** denn schlechte Wegstrecken sind fast nirgends zu vermeiden.

Individualreisende wissen, dass es besser ist, **so wenig Gepäck wie möglich** mitzunehmen. Eine robuste Reisetasche oder ein Rucksack plus eine kleinere Umhängetasche oder ein Tagesrucksack garantieren die auf Inselrundreisen gewünschte Mobilität.

Für **Hotel- und Badereisen** sind Koffer die beste Wahl. Gepäckstücke müssen mit Adressen versehen und fest verschlossen sein.

Kleidungs-Checkliste

- Lange Hosen bzw. Röcke, evtl. leichtes Sommerkleid
- Weite T-Shirts, Baumwollhemden, Blusen (mit langem Arm)
- Sweat-Shirt, leichter Wollpullover oder Fleece-Jacke
- Badekleidung, Shorts
- Winddichte Jacke, Bluse oder Anorak
- Unterwäsche und Socken (Baumwolle)
- Hals- bzw. Kopftuch (gegen Sonne, Staub, Erkältung, auch als Dreieckstuch oder Verbandszeug zu verwenden). Ideal ist ein großes, dünnes Tuch, das als Kopfschutz auch Hals- und Schulterbereich vor Sonne schützt
- Geschlossene Schuhe, Sandalen, Badeschuhe

Ausrüstungs-Checkliste

- Rucksack, Reisetasche oder Koffer
- Tagesrucksack, Umhängetasche oder Bordcase
- Bargeld (vorzugsweise in Euro) plus VISA-Kreditkarte (MasterCard wird z.T. akzeptiert, andere Kreditkarten nicht!)
- Fotoausrüstung
- Reiseapotheke
- Reisewecker
- Sonnenbrille sowie Sonnenhut oder -tuch, welches Gesicht und Nacken überschattet
- Sonnenschutzmittel (ab Faktor 20)
- Lippenschutz
- Badesachen
- Ersatzbrille (1, Erläuterung s.u.)
- Toilettenartikel (Scheren, Nagelfeilen etc., aber nicht im Handgepäck!)
- Stofftaschentücher
- Reisewaschmittel
- Taschenlampe, Kerzen (2)
- Taschenmesser (nicht im Handgepäck)
- Handtuch
- Mittel zur Trinkwasserdesinfektion und Trinkwasserbehälter (3)
- Nähzeug, Sicherheitsnadeln
- Schreibzeug, Notizheft oder Block
- Gastgeschenke (4)
- Beutel für Schmutzwäsche und Müll (5)
- **Die Mitnahme eines Adapters (230 V) ist nicht notwendig.**

Erläuterungen

1. Kontaktlinsenträger sollten wegen des Staubes auch eine Brille mitnehmen.

2. Batterien der Größen AAA und AA/Mignon sind überall zu bekommen.

3. Mikropur® o.Ä. ist notwendig zur **Wasserdesinfektion**. Ein Tropfflüschchen für Chlorbleichlauge erfüllt den gleichen Zweck.

4. Für Einladungen sollte man sich mit einem **Gastgeschenk** bedanken. Taschenlampen, Schulmaterial, Baseballmützen und intelligentes Spielzeug rufen Freude hervor. Zahnbürsten sind besser als Bonbons. Lassen Sie sich nicht durch „Mitleid" zum „Verteilen" animieren, sondern schenken Sie nur dort, wo sie „Gast" waren und Gegenseitigkeit besteht. Geben Sie nur im Haus und nie vor Dritten.

5. Problemmüll sollte vermieden oder mit zurück nach Hause genommen werden!

Zusätzliche Ausrüstung für Trekkingtouren

- **Eingelaufene Bergstiefel:** Wanderer bringen nach Santo Antão die Stiefel mit, die sie in Europa im Hochgebirge verwenden. Die Steigungen sind gewaltig und die Wege steinig. Das Minimum sind überknöchelhohe Trekkingschuhe. Berg- und Trekkingstiefel mit Zwischensohlen aus PU-Schaum haben leider die Eigenschaft – ob benutzt oder nicht –, nach ein paar Jahren plötzlich die Sohlen zu verlieren. Warmes Klima kann dies beschleunigen durch rascheren Verlust der Weichmacher, womit der Wanderurlaub plötzlich beendet ist. Wir bevor-

zugen zwiegenähte Bergstiefel der Kategorie „bedingt steigeisenfest", auch weil sie fest genug sind, um Bergabstrecken rasch gehen zu können.
- **Kompass, Wanderführer und -karten, evtl. GPS-Gerät** mit Daten, Batterien und Ladegerät. Wander- und Freizeitkarten bekommen Sie in europäischen Buchhandlungen, vor Ort oder über www.bela-vista.net.
- Pullover, Jacke; mehrere leichte Schichten.
- ZIP-Trekkinghosen.
- Funktions- oder Baumwollunterwäsche.
- Apotheke, Erste-Hilfe-Päckchen und **elastische Binden**, die es in Cabo Verde nicht gibt (siehe Kapitel „Gesundheit").
- Evtl. Teleskop-Wanderstöcke.

Campingplätze gibt es in Cabo Verde bisher nicht, und freies Zelten ist nicht erlaubt, auch wenn es am Strand geduldet wird. Jeder grüne Fleck ist Privatbesitz, sodass man nur mitten in der Wüste zelten könnte. Ein unbewohntes Zelt wird zudem als „Strandgut" betrachtet und verschwindet schnell.

Auf Trekkingtouren können ein leichter **Schlafsack** und eine **Isomatte** sinnvoll sein, um gegebenenfalls auch unter einfachsten Bedingungen ein Übernachtungsangebot annehmen zu können.

Ein **30- bis 40-Liter-Rucksack** genügt für mehrtägige Touren, da alles so schnell trocknet, dass man es abends wäscht und morgens trocken vorfindet. Für die großen Tagestouren kalkulieren Sie Platz und Kraft für 3 bis 5 Liter Trinkwasserreserve pro Person ein!

> Gute Bergstiefel:
> Voraussetzung für Trekking auf den Inseln

Diplomatische Vertretungen

In Deutschland

Botschaft der Republik Cabo Verde
- Stavanger Straße 16, 10439 **Berlin,** Tel. 030/20450955, www.embassy-capeverde.de

Honorarkonsulate der Republik Cabo Verde
- **Baden-Württemberg und Bayern** Hirschstraße 22, 70173 **Stuttgart,** Tel. 0711/6071558
- **Hamburg, Bremen, Niedersachsen und Schleswig-Holstein** Deichstraße 9, 20459 **Hamburg,** Tel. 040/37857833

Diplomatische Vertretungen

■ **Saarland**
Über der Schanz 3, 66424 **Homburg,**
Tel. 0681/398098,
www.honorarkonsul-kapverde.de

In Österreich

■ **Botschaft der Republik Cabo Verde**
Schwindgasse 20/2, 1040 **Wien,**
Tel. 01/5038727, embcviena@nnweb.at
■ **Honorarkonsulat der Republik Cabo Verde**
Dornbachstraße 89, 1170 **Wien,** Tel. 01/4897882,
www.konsulat-kapverde.meixner.at

In der Schweiz

■ **Botschaft der Republik Cabo Verde**
Av. Blanc 47, 1202 **Genf,**
Tel. 02/7313336, cap.vert.consulat@bluewin.ch
■ **Konsulat der Republik Cabo Verde**
Rümelinplatz 14, 4001 **Basel,** Tel. 061/2698095

In Cabo Verde

Deutschland

Deutschland ist in Cabo Verde durch die **Botschaft in Dakar/Senegal** und ein **Honorarkonsulat in Mindelo auf São Vicente** vertreten:

■ **Botschaft in Dakar: Ambassade de la République Fédérale d'Allemagne**
20, Avenue Pasteur, Angle Rue Mermoz,
Tel. 00221/338894884, in Notfällen
Tel. 00221/6386441, www.dakar.diplo.de
■ **Honorarkonsulat der Bundesrepublik Deutschland in Mindelo**
(Consulado Honorário da Alemanha)
Honorarkonsul *Carlos Ferreira Santos,*
Av. Dr. Alberto Leite, Prédio, Extra, 1° Andar,
Tel. 00238/2312715, mindelo@hk-diplo.de

Österreich

■ Österreich hat keine diplomatische Vertretung in Cabo Verde; man muss sich an die **Botschaft in Lissabon/Portugal** wenden: Av. Infante Sante 43, 4. Stock, Tel. 00351/21/3943900, www.aussenministerium.at/lissabon.

Schweiz

Schweizer wenden sich an die **Botschaft in Dakar** im Senegal oder an das **Konsulat in Praia auf Santiago:**

■ **Botschaft: Ambassade de Suisse**
Rue Aimé Césaire (gegenüber Centre national d'appareillage orthopédique), Fann Résidence,
Tel. 00221/338254438, www.eda.admin.ch/dakar
■ **Konsulat: Consulado da Suíça**
Zona Comercial de Quebra Canela,
Tel. 00238/3560774 oder 00238/2619868,
praia@honrep.ch

◁ Ankunft der Fähre in Porto Novo/Santo Antão

Einkaufen

Geschäfte und Märkte

Kleine **Gemischtwarenläden (Mercearias)** ziehen sich in die Vorstädte zurück und machen Platz für moderne Lebensmittel- und Haushaltswaren-Selbstbedienungsläden in den Zentren. **Bekleidung, Schuhe, Elektronik, Haushaltswaren, Batterien** und Industriekleinwaren sind fast nur noch beim „Chinesen" zu kaufen. Auf Boa Vista sind die China-Läden auch bei Lebensmitteln auf den ersten Platz vorgerückt.

Kapverdische Boutiquen führen schickere – und teurere – Textilien. **Frischen Fisch** erhält man auf dem Fischmarkt und bei Straßenhändlerinnen. **Frisches Obst und Gemüse** werden auf dem Markt und von Straßenhändlerinnen angeboten; die Auswahl an importiertem Gemüse und Obst ist in speziellen Gemüsegeschäften breiter als in den Selbstbedienungsläden. **Frischfleisch** kauft man in Mindelo, Praia oder auf Sal wie gewohnt beim Metzger. In den ländlichen Gemeinden hingegen wird Fleisch unter wenig einladenden Bedingungen aus großen Schüsseln verkauft.

Die Städte verfügen über zwei Typen von Märkten: **Mercado oder Plurim** – auf diesen Lebensmittelmärkten haben die kapverdischen Frauen das Sagen; **Sucupira** – ein periodisch oder dauerhaft eingerichteter Markt für Non-Food-Waren: Vom Hosenknopf bis zum Betonmischer findet sich hier alles. Männer vom afrikanischen Kontinent, unendlich fantasiebegabt im Einstudieren immer neuer Formen der Kontaktaufnahme und Preisverhandlung mit dem Kunden, bestimmen die Szene. Kleider, Schuhe, Haushalts-, Töpfer- und Metallwaren, Werkzeug, Kosmetika und Maschinenteile kommen aus aller Herren Länder, teils als abenteuerliche Nachahmungen bekannter Marken. Für die Reisenden werden **Souvenirs und Kleinkunst** vom afrikanischen Festland **ohne jeglichen Bezug zur Kultur Cabo Verdes** angepriesen.

In **Praia (Sucupira)**, **São Vicente (Praça Estrela)** und **São Filipe** sind die Märkte solide gebaut und öffnen täglich. In **Assomada** auf Santiago findet zweimal wöchentlich der größte Sucupira statt, ein gefundenes Fressen für Fotoamateure.

Bäckereien sind in unscheinbaren Gebäuden ohne Beschriftung untergebracht, sodass man sich zur *Padaria* durchfragen muss. Festes, schweres Weizenbrot und ebensolche Brötchen sind meist die einzigen Produkte. In Praia und Mindelo werden in der Boulangerie Française und bei Morabeza auch Baguettes gebacken. Auf Santiago haben sich die Padarias Boca Doce und Pão Quente (Rua Andrade Corvo), in Santa Maria auf Sal die Padaria-Pastelaria Dado und auf Boa Vista die Pastelaria Dolce Vita mit leckeren Kuchen und Teilchen etabliert.

Souvenirs

Westafrikanische Souvenirhändler mit Schnitzereien, Modeschmuck, Tüchern und T-Shirts, speziell für den Tourismus hergestellte Massenwaren, finden sich, wo immer Touristen vermutet werden. **Typisch Kapverdisches** hingegen muss man suchen. Zum Sortieren von gestampftem Mais dienende flache Korbschalen *(bandeja),* durchlöcherte Terrakotta *(binto),* in denen *Cuz-cuz* gedämpft wird, Tontöpfe *(pôte)* als Wasservorratsbehälter, mit Fleiß und Geschick aus alten Büchsen gebaute Spielzeugautos *(carrinhos)* und das Brettspiel Oril sind beliebte Alltagsgegenstände.

Im Souvenirhandel werden zunehmend auch die in traditionellen Mustern fein gewebten schwarzweißen **Baumwolltücher** angeboten, die zur Zeit der Segelschiffe eine große Rolle gespielt haben *(panos de Santiago).* Die Motive dieser historischen Tuchweberkunst prägen bis heute das Dekor von aus polierten Kokosnüssen hergestellten Schmuckgegenständen, Vasen, Schalen und Geschirr. In São Vicente werden faszinierende **Wandteppiche** mit bunten Alltagsmotiven gewoben (www.bela-vista.net/da-Luz).

Neben kapverdischer **Musik,** über die sich in Europa fast jeder freut, eignen sich auch Thunfisch in Dosen, Ziegenkäse, *Piri-Piri* (Malagueta-Schoten zum Einlegen für das sehr scharfe Gewürz), Wein und Kaffee aus Fogo, *Grogue* und *Pontche* aus Santo Antão als **landestypische Mitbringsel.**

Hinweis: Da sich die Einreisebedingungen kurzfristig ändern können, raten wir, sich kurz vor Abreise beim Auswärtigen Amt (www.auswaertiges-amt.de / www.bmeia.gv.at / www.eda.admin.ch) oder der jeweiligen Botschaft zu informieren.

Einreiseformalitäten

Zur Einreise ist ein **Visum** nötig. Bei Pauschalreisen besorgt es meist der Reiseveranstalter, sonst erfolgt die Beantragung über die Botschaften oder Konsulate. Das Touristenvisum berechtigt zu einer einmaligen Einreise und hat eine Gültigkeit von 120 Tagen nach Ausstellung; Verlängerung bei den zuständigen Behörden in Cabo Verde (Polizeistellen, Einreisebehörde). Das **Antragsformular** für das Visum kann aus dem Internet (www.embassy-capeverde.de) heruntergeladen oder per Post oder Fax zugestellt werden. Die Visagebühr betrug Anfang 2018 45 Euro bzw. 63 SFr pro Person. Bei Ankunft ohne Visum wird an den internationalen Flughäfen von Sal, Boa Vista, São Vicente und Praia ein vorläufiges Visum ausgestellt (25 Euro, gültig für 28 Tage).

Reisedokumente-Checkliste
- Reisepass, mind. 6 Monate gültig
- Flugscheine
- Vouchers, Hotelgutscheine oder Reservierungsbestätigungen
- Impfpass
- VISA-Kreditkarte (MasterCard wird nur z.T. akzeptiert, andere Karten nicht!)
- Internationaler Führerschein (auch wenn der nationale i.d.R. anerkannt wird)
- Fotokopien/Scans wichtiger Versicherungspolicen

Fotokopieren Sie Pass, Flugtickets, Führerschein, Impfausweis, Versicherungspolicen und alle anderen wichtigen Reisedokumente zweimal. Einen Satz lassen Sie bei einer Kontakt-/Vertrauensperson zu Hause, den anderen tragen Sie bei sich. Während der Reise deponieren Sie die Originale zusammen mit ihren Wertsachen im Hotelsafe, sodass Sie nur die Kopien verlieren können.

Der **Impfausweis** wird zur Einreise nur bei Ankunft aus einem Gelbfiebergebiet verlangt, ist aber mit dem Blutgruppenausweis ein wichtiges Notfalldokument, das man immer mit sich führt.

Internationaler Airport Cesária Évora (São Vicente)

Essen und Trinken

Allgemeines

In allen größeren Orten gibt es **Restaurants und Snackbars.** Die Preise für ein Hauptgericht beginnen bei umgerechnet etwa 6 Euro, das Tagesgericht *(prato do dia)* wird mitunter (noch) günstiger angeboten. Bessere Restaurants und Hotels bieten internationale und kapverdische Küche zu Preisen zwischen 10 und 20 Euro. Pizzerias und italienische Restaurants führen die Liste der Gaststätten mit ausländischen Gerichten an, doch portugiesische, senegalesische, französische und chinesische Lokale sind ebenso vertreten.

Zum Erlebnis einer Reise nach Cabo Verde gehört es, sich mit der lokalen Küche vertraut zu machen (siehe weiter unten). Diese herzhafte **kapverdische Küche**, z.B. das Nationalgericht *Cachupa* oder eine *Feijoada*, findet man in kleinen, schlichten Gaststätten, wo der äußere Eindruck wenig über die Qualität des Essens aussagt. In kleinen Lokalen erkundigt man sich nach den Tagesgerichten und bekommt eine Auswahl von zwei bis drei Speisen genannt. Abgelegene Lokale und Privatpensionen kochen nur auf Vorbestellung. Die Ausstattung der Lokale ist meist einfach, manchmal sitzt man im Freien in Hinterhöfen.

Fischgerichte sind häufig die bessere Wahl und spezielle Fischrestaurants meist sehr gut. Für **Vegetarier** ist die Auswahl klein und beschränkt sich auf Gemüse, Suppen, Reis und Eierspeisen.

Snack- und Fast-Food-Restaurants gehören nicht zu Franchise-Gruppen, sodass die Speisekarte weniger standardisiert ist. Nicht selten bieten sie eine ähnliche Auswahl wie die Bars und Restaurants.

Wird man von einer Familie **zum Essen eingeladen**, sollte man niemals den letzten Rest aus der Servierschüssel nehmen, auch nicht beim Reis, da dies ein Hinweis für die Köchin wäre, dass die Menge nicht ausreichend war.

Wasser aus dem Wasserhahn ist in Cabo Verde so gut wie nie als Trinkwasser geeignet, auch nicht zum Zähneputzen. Der Wassermangel auf den Inseln bringt es mit sich, dass Wasser in Zisternen oder Hochbehältern gesammelt wird und konstant infiziert ist. Unbedenklich sind abgekochtes Wasser als Tee oder Kaffee, Industrieabfüllungen mit Kohlensäure wie Cola, Tonic, Fanta oder Bier. Auch Fruchtsäfte in Dosen oder Tetrapacks sind sicher.

Abgefülltes Wasser ohne Kohlensäure bietet kaum höhere Sicherheit. Durch unachtsame Herstellung, wochenlange Lagerung in sonnenbeschienenen Containern und durch Wiederbefüllung sind die Wässer ähnlich kontaminiert wie das Leitungswasser.

Abgefülltes Wasser mit Kohlensäure gilt als sicher. Liebhaber stiller Wässer vermindern den Kohlesäuregehalt durch mehrmaliges Ablassen und Schütteln.

Weine, sowohl billige Tisch- als auch gute Flaschenweine, kommen hauptsächlich aus Portugal. Bessere Restaurants haben meist auch Wein aus Fogo im Keller.

Kaffee wird zum Frühstück getrunken. **Tee** wird, sofern es sich nicht um importierte Teebeutel handelt, aus lokalen Kräutern zubereitet, z.B. Zitronenmelisse, Minze, Eisenkraut.

Die Küche Cabo Verdes

Cabo Verdes Küche wurzelt in **Afrika und Europa** und wird gepägt von der kargen Natur der Inseln.

Beliebt sind allerlei **Eintopfgerichte.** Als Basis dienen Mais, Bohnen und Wurzelgemüse wie Yams, Kartoffeln, Süßkartoffeln, Maniok oder Brotfrucht.

Fisch und Meeresfrüchte gibt es in Hülle und Fülle: herzhaften Thunfisch (als Steak gegrillt oder mariniert im Ofen gedünstet), zarten Juwelenbarsch *(garoupa)*, Wahoo *(serra)*, Schwertfisch und schmackhafte Makrelen, Tintenfisch *(polvo)*, Napfschnecken *(lapa)*, Muscheln *(buzio)*, frittierte Muränenstücke. Langusten, die auch in Cabo Verde ihren Preis haben, und Fischsuppen runden den „maritimen" Kochtopf ab.

Fleisch ist relativ teuer und qualitativ meist nicht so gut wie Fisch. In Touristenrestaurants finden sich immer Fleischgerichte auf der Speisekarte.

Einheimische Früchte, Papayas, Mangos, Bananen, Äpfel, Guaven *(goiabas),* Quitten *(marmelos),* Tambarinas und Kokosnüsse bieten eine willkommene Abwechslung zu den immer gleichen Importfrüchten aus Portugal und Südafrika.

Das **Nationalgericht** ist die **Cachupa,** nach neuer Schreibweise *Kaxupa,* ein deftiger Eintopf aus gestampftem Mais *(midj cutchid)* und Bohnen mit variablen Zutaten. Abends als suppiger Eintopf, morgens angeröstet und, wer es sich leisten kann, mit einem Spiegelei gekrönt. Die „reichere" Version, *Cachupa Rica,* wird mit Yams, Maniok, Süßkartoffeln, Blattgemüsen und Ziegen-, Schweinefleisch oder Fisch verfeinert.

Als **Desserts** kommen süße Delikatessen auf den Tisch. Etwas ungewohnt, aber besonders lecker ist die Kombination aus Streifen frischen **Ziegenkäses** mit verschiedenen **Doçes.** Diese sind ein verführerisches Mittelding zwischen Konfitüre und kandierten Früchten. Als *Doçe de Papaya, Doçe de Batata* (Süßkartoffel) oder *Doçe de Coco* (Kokosnuss) finden sie sich auf den Speisekarten. Nicht weniger verlockend gesellen sich zwei Sorten **Pudding** hinzu: *Pudim de leite,* Vanillepudding mit Karamellsoße, und der festere *Pudim de queijo* mit herberem Geschmack dank des verwendeten Ziegenkäses.

Fisch und Mais –
Grundbestandteile der kapverdischen Küche

10

Rezepte aus Cabo Verde

Wer Cabo Verdes Küche schätzen gelernt hat, will sie vielleicht am heimischen Herd nachkochen. Die typischen Zutaten – gestampfter Mais, Maniok, Kichererbsen, Thunfisch, Yams und tropische Früchte wie Papayas und Mangos – finden ihren Weg auch in die Supermärke Europas.

Cachupa

Cachupa gehört wie Musik zur **Seele Cabo Verdes:** Sie ist ein Stück Heimat, Tradition, Alltag und Lebensgefühl, Familie, Gemeinschaft und Gastfreundschaft. Kapverdianer in der Emigration treffen sich auf eine *Cachupada*. Es ist mehr als nur ein gemeinsames Essen, es ist ein sozialer Akt zum Austausch von Geschichten, Erinnerungen und gemeinsamer Kultur.

Viele Kapverdianer beginnen und beenden ihren Tag mit Cachupa und werden ihrer nicht überdrüssig. Das Gericht aus Mais und Bohnen ist eine **gesunde Vollwertkost** mit Kohlehydraten, Eiweiß und Fett. Was wäre ein Tag auf dem Feld ohne die herzhafte Cachupa. Schon morgens hört man die großen Holzmörser *pilão*, in denen der Mais gestampft wird. Die Hüllen werden entfernt aber das Korn bleibt erhalten. Cachupa benötigt drei bis vier Stunden auf dem Feuer.

Europäern schmeckt die frische Cachupa zum Mittag- oder Abendessen zumeist, während die aufgebratene Version zum Frühstück wohl etwas längere Gewöhnung voraussetzt.

Cachupa, das Nationalgericht der Inseln – mehr als nur ein Essen

Zutaten

■ **Cachupa pobre:** Frisch gestampfter Mais *(midj cutchid)*, gemischte Bohnen (Trockenbohnen am Vortag einweichen), je nach Geschmack Knoblauch, Lorbeerblätter, Zwiebeln, grüne Bananen, Kartoffeln, Süßkartoffeln, Maniok, Yams, Kürbis, Tomaten, evtl. Kohl, Speck, Suppenbrühwürfel, Olivenöl und Piment.

■ Für **Cachupa rica,** die „reiche" Version des Gerichtes, fügt man außerdem nach Geschmack Salzfleisch, Blutwurst, geräucherte Wurst *(chourico, linguica)*, Hühnchen, Schweinefleisch oder Rind hinzu oder aber seine Lieblingssorte Fisch *(Cachupa di peixe)*.

Zubereitung

Bohnen und Mais sowie das Gemüse waschen. In einem großen Topf den Mais ca. zehn Minuten kochen. Bohnen, zwei Lorbeerblätter und etwas Olivenöl hinzufügen, aufkochen lassen. Bei kleiner Hitze Salzfleisch hineingeben und zugedeckt weiterköcheln. Immer darauf achten, dass die Flüssigkeit den Topfinhalt bedeckt. Nach etwa einer Stunde Wurst oder Fleisch *(Cachupa rica)* hinzugeben. Wiederum etwa eineinhalb Stunden kochen lassen. In einer Pfanne die Zwiebeln mit Öl, Knoblauch, geschälten Tomaten (oder Tomatenmark) anbraten und zur Cachupa geben. Mit Salz, Pfeffer oder Piment abschmecken. Je nach Kochzeit des Gemüses nun die einzelnen geschälten und geschnittenen Gemüse- und Kartoffelsorten zugeben und fertig kochen, bis die gewünschte Konsistenz erreicht ist (drei bis vier Stunden Gesamtkochzeit). Nachdem man die Cachupa vom Herd genommen hat, lässt man sie noch etwa eine halbe Stunde „setzen" oder ziehen. Den Eintopf in einer Schüssel servieren, das Gemüse auf einer Platte getrennt reichen. Mit Piri-Piri wird individuell gewürzt.

Der Rest der Cachupa vom Vorabend ergibt ein gutes, üppiges Frühstück: **Cachupa guisada.** Schon am Abend wird vom restlichen Gericht die dicke Suppe abgeschöpft. Morgens wird der trockene Eintopf dann zusammen mit Zwiebeln in der Pfanne angeröstet. Wer es sich leisten kann, wird auf die geröstete Cachupa ein Spiegelei geben: **Cachupa ku ovo strelado.**

Canja de galinha (Reissuppe mit Huhn)

Zutaten
– ½ zerteiltes Huhn
– 1 Löffel Olivenöl
– 1 Lorbeerblatt
– Knoblauchzehen nach Belieben, gehackt
– 2 mittelgroße Zwiebeln, geschnitten
– etwas Piment und Salz
– 2 geschälte Tomaten
– 1–2 Würfel Hühnerbrühe
– Reis

Zubereitung

Das Huhn waschen und zerteilen. In eine Marinade aus Öl, Lorbeer, Zwiebel, Knoblauch und Salz einlegen und über Nacht ziehen lassen. Tags darauf in einem Topf anbraten, ausreichend Wasser und Brühwürfel hinzufügen. Kurz bevor das Wasser kocht, Reis und Tomaten hinzugeben und aufkochen lassen. Auf kleiner Hitze etwa 30 Minuten köcheln lassen.

Caldo de peixe (Fischsuppe)

Fischsuppe ist sehr beliebt in Cabo Verde, und jeder hat seinen besonderen Lieblingsfisch, den er für die Zubereitung verwendet.

Zutaten
– Meeresfisch nach Belieben
– 1 Zwiebel
– 2 geschälte Tomaten
– 2 Knoblauchzehen

– 1 Lorbeerblatt
– Paprika nach Belieben
– 500 g Maniok
– je 500 g Kartoffeln und Süßkartoffeln
– 500 g Yam
– 500 g grüne Bananen
– 500 g Kürbis
– Piment
– Öl nach Belieben

Die Menge und Art des Gemüses richtet sich nach dem saisonalen Angebot.

Zubereitung

Fisch mit Knoblauch, Öl, Salz, Lorbeer und etwas Piment marinieren. Gehackte Zwiebel, Knoblauch, Lorbeer, Paprika und geschälte Tomaten anbraten. Geschnittene Kartoffeln, Bananen, Maniok, Yam und Kürbis zugeben und kochen. Wenn das Gemüse fast gar ist, den Fisch hinzugeben und fertig kochen. Als Beilage wird gewöhnlich Reis serviert.

Weitere Gerichte

■ **Feijoada:** herzhafter Bohneneintopf mit Gemüse, Speck und evtl. Fleisch
■ **Lapas** (geschmorte Napfschnecken): in Wasser gekocht, dann in Öl, Zwiebel und Paprika gedünstet
■ **Polvo:** Tintenfisch geschmort mit Knoblauch, Zwiebeln und Tomaten
■ **Trockenfisch:** eingeweicht und mit Knoblauch, Zwiebeln, Lorbeer und Öl gedünstet, dazu Gemüse
■ **Thunfisch-Steak (Beaf de Atum):** mit Zwiebeln, Knoblauch, evtl. Tomaten und Paprika im Ofen gegart, als Beilage z.B. gekochter Maniok
■ **Thunfisch-Braten:** mit Knoblauch, Paprika und Öl mariniert, dann angebraten und gekocht, mit Kartoffeln oder Maniok serviert
■ **Maniok:** in Öl frittiert, schmeckt ausgezeichnet knusprig
■ **Carne guisado:** geschmortes Fleisch; in Knoblauch und Essig mariniertes Fleisch wird zusammen mit Kartoffeln, grünen Bananen, Maniok und/oder Yams als Eintopf geschmort

Süße Desserts

Süßspeisen ergänzen und bereichern die kapverdische Küche. Hausgemachte Desserts und Naschsachen aus lokalen Produkten wie Papayas, Kokosnuss, Süßkartoffeln und Bananen, Ziegenkäse und Milch gehören zum Festmenü und finden sich auch in größeren Restaurants.

Pudim de Queijo (Käsepudding)

■ **Zutaten**
– 500 g frischer Ziegenkäse
– 500 g Zucker
– 2 Tassen Wasser
– 12 Eidotter
– 4 Eiweiß

■ **Zubereitung**

Käse zerkleinern. Zucker in Wasser zu einem dicken Sirup kochen. Den Käse hinzufügen und gut vermischen. Die Masse vom Herd nehmen und mit den verrührten Eidottern vermischen, dann das geschlagene Eiweiß unterheben.

Den Boden eines kleinen Kochgefäßes mit Zucker karamelisieren, die Mischung hineinfügen und das Gefäß in einen Topf mit Wasser stellen. So lange kochen, bis die Mischung sich verfestigt. Käsepudding aus der Form stürzen.

Kaffee-Pudding (Fogo)

■ **Zutaten**
– 1 große Tasse Milch
– 1 große Tasse sehr starken Kaffee
– 500 g Zucker
– 12 Eigelb
– 1 Teelöffel Speisestärke

■ **Zubereitung**
Den Kaffee mit Zucker erhitzen und gut verrühren. Das verquirlte Eigelb, die Milch und die Speisestärke hinzufügen und im Wasserbad kochen. Wenn die Konsistenz dicklich ist, vom Herd nehmen und abkühlen lassen.

Doce de Papaya (Gelierte Papayas)
■ **Zutaten**
– Papaya-Früchte, geschält und entkernt
– das gleiche Gewicht an Zucker
– Zitrone

■ **Zubereitung**
Unterschiedlich in der Zubereitung werden entweder grüne Papaya verwendet und in Streifen geschnitten oder reife Papaya in Stücken wie Marmelade gekocht.

Früchte, Zucker und Zitronenschale im Topf bei kleinem Feuer erhitzen, bis der Zucker schmilzt. Verwendet man reife Früchte, kocht man die Masse unter ständigem Rühren, bis sie die nötige Konsistenz oder Dicke erreicht und geliert. Erkalten lassen und z.B. zusammen mit Ziegenkäse servieren.

Bei grünen Papayas lässt man die Masse nach zehn Kochminuten eine halbe Stunde ruhen, um sie dann auf etwas größerer Flamme zu kristallisieren. Noch heiß formt man mit zwei Löffeln kleine „Plätzchen" und lässt sie erkalten.

Grüne Papaya kann auch mit Honig erwärmt und mit einem Feigenblatt aromatisiert werden.

Doce de Coco
■ **Zutaten**
– Kokosnussmark und Zucker zu gleichen Teilen
– etwas brauner Zucker oder Melasse
– Zitronenschale

■ **Zubereitung**
Den Zucker langsam karamelisieren, die Kokosnussmasse und etwas Wasser hinzufügen und aufkochen, mit der Zitronenschale vermischen. Von der Hitze nehmen und etwa fünf Minuten rühren. Die Masse auf einer gefetteten Unterlage ausbreiten und in Stücke schneiden. Auskühlen und erhärten lassen.

Getränke

Aus dem Zuckerrohrschnaps *Grogue* und der Melasse *Mel* lassen sich ausgezeichnete Getränke mit unzähligen Variationen bereiten:

Orangen-Grogue
Unbehandelte Orangenschalen an der Sonne trocknen und in eine Flasche *Grogue* geben. Einige Tage/Wochen ziehen lassen.

Zitronenscheiben, Zitronengras, Minze, Rosmarin sind weitere Variationen.

Pontche
Grogue und Zuckerrohrmelasse im Verhältnis 2 zu 1 mischen, je nach Geschmack mit Zitronenscheiben, Orangenschale und ein paar Nelken verfeinern. Die Mischung einige Tage/Wochen ziehen lassen.

Hervorragend schmeckt auch *Pontche de Coco*, der mit Kokosnussmark verfeinert ist.

Kochbücher

■ **Cozinha de Cabo Verde,** *Maria de Lourdes Chantre;* Lissabon, Presença, 4. Auflage 2001, 204 Seiten, erhältlich z.B. über www.amazon.de
■ **Cozinha e doçaria do Ultramar Português,** Hrsg. von M.A.M. Lissabon; Agência do Ultramar, 1969
■ **Cuisine des Îles du Cap Vert,** *Virginia Vieira Silva;* Paris, L'Harmattan, Auflage 2000, 224 Seiten, www.editions-harmattan.fr

Feiertage und Feste

- **1. Januar: Neujahrsfest**
- **13. Januar:** Triumph der Demokratie
- **15. Januar:** Gemeindefest in Tarrafal Santo Amaro (Insel Santiago)
- **17. Januar:** Gemeindefest in Cidade Velha (Insel Santiago); Bezirksfest von Rª Grande (Santo Antão)
- **20. Januar: Tag der Nationalhelden**
- **22. Januar:** Stadtfest in Mindelo (São Vicente)
- **25. Januar:** St. Amaro – Bezirksfest von Tarrafal (Santiago)
- **Februar:** Karneval, ursprünglich ein kirchliches Fest, wird auf der ganzen Welt am gleichen Tag gefeiert; Sambagruppen und Umzüge sind in allen Städten geboten, großer Umzug am Faschingsdienstag in Mindelo (São Vicente)
- **8. März: Muttertag** (Tag der Frau)
- **27. März:** Tag der kapverdischen Frau
- **März/April:** Osterfest (wie in Europa)
- **1. Mai: Tag der Arbeit;** Festas de São Filipe (Insel Fogo)
- **3. Mai:** Feiertag in Santa Cruz (São Vicente)
- **13. Mai:** Nossa Senhora de Fatima, Bezirksfest von Assomada, St. Catarina (Santiago), Dorffest von Rª do Paúl (Santo Antão)
- **19. Mai:** Gemeindefest in allen Gemeindehauptstädten, Stadtfest von Praia (Santiago)
- **1. Juni: Tag der Jugend** (Tag des Kindes)
- **13. Juni:** Bezirksfest von Paul (Santo Antão), Dorffest in Santo António (São Vicente)
- **14. Juni:** Porto-Novo-Gemeindefest (Santo Antão), São-João-Fest auf Boa Vista
- **24. Juni:** São João, Inselfest von Brava, Stadtfest von Porto Novo (Santo Antão)
- **25. Juni:** Festtag Nho Santiago Maior in Santa Cruz und Pedro Badejo (Santiago)
- **26. Juni:** Feiertag in São João (São Vicente)
- **29. Juni:** Feiertag in São Pedro (São Vicente)
- **4. Juli:** Gemeindefest auf Boa Vista
- **5. Juli: Fest der Unabhängigkeit**
- **25. Juli:** Fest zu Ehren des hl. Laurentius in der Gemeinde Santa Cruz und Pedra Badejo (Santiago)
- **10. August:** Fest von São Lourenço (Fogo)
- **15. August:** Festtag Nossa Senhora da Graça, Fest in Praia und Calheta (Santiago); Dorffest in Janela (Santo Antão)
- **August, erstes Wochenende nach Vollmond:** Musikfestival Baia das Gatas (São Vicente)
- **12. September: Nationalfeiertag** (Todestag von *Amílcar Cabral*)
- **15. September:** Inselfest auf der Insel Sal
- **29. September:** Gemeindefest in Calheta
- **1. November:** Allerheiligen
- **25. November:** Gemeindefest zu Ehren der hl. Katharina und des hl. Salvador in den Gemeinden Santa Catarina und Assomada (Santiago)
- **6. Dezember:** Bezirksfest von Rª Brava (São Nicolau)
- **16. Dezember:** Bezirksfest von São Filipe (Fogo)
- **25. Dezember: Weihnachtsfest**
- **31. Dezember:** Silvesterfest

An den Feiertagen und während des Karnevals sind die Geschäfte, Büros und Läden geschlossen, außerdem lokal auf den verschiedenen Inseln zu speziellen Inselfesten. Am 31. Dezember (Silvester) haben die Geschäfte vormittags geöffnet. Am 25. Dezember und am 1. Januar fahren normalerweise keine Fähren.

> Tabanka auf Santiago

Finanzen und Geld

Geldumtausch

Landeswährung ist der Cabo Verde Escudo, CVE. Er wurde am 1. Juli 1977 als eigenständige Währung eingeführt und löste damit zwei Jahre nach der Unabhängigkeit den portugiesischen Escudo ab. Am 13. März 1999 wurde in Praia ein historisches Währungsabkommen unterzeichnet, das die Konvertierbarkeit des CVE mit festem Wechselkurs zum Euro gewährleistet. **Ein- und Ausfuhr sind verboten,** um den CVE vor Fälschung zu schützen.

Im Umlauf sind Münzen zu 1, 5, 10, 20, 50, 100 und 200 CVE und Noten zu 200, 500, 1000, 2000 und 5000 CVE. Umgangssprachlich werden 1000 CVE als **Conto** bezeichnet. 20.000 CVE entsprechen somit 20 Contos. **Der Wechselkurs liegt fest bei 1 Euro = 110,265 CVE (1000 CVE = 9,07 Euro),** 1 SFr = 72,845 CVE (1000 CVE = 10,40 SFr). Auf Sal und Boa Vista dient der Euro als zweite Währung zum „vereinfachten" Wechselkurs von 1 Euro = 100 CVE.

Ein erster **Geldumtausch** sollte gleich **nach der Ankunft am internationalen Flughafen** vorgenommen werden, denn dann sind Bankschalter und Wechselstuben geöffnet. Auf den kleinen Flughäfen gibt es keine Wechselschalter.

In allen Landkreisen finden Sie mindestens eine, meistens mehrere **Banken,**

die von 8–15 Uhr geöffnet sind. Montags und vor Feiertagen sind sie überfüllt, es kommt zu langen Wartezeiten. **Wechselstuben** wenden den amtlichen Wechselkurs an, in Läden und Taxis gilt ein Kurs von 1 Euro = 100 CVE. Größere Banknoten können im Alltag oft nicht gewechselt werden. Versorgen Sie sich mit ausreichend **kleinen Scheinen.**

Am besten ist man mit einer **VISA-Kreditkarte** unterwegs, denn die wird in größeren Hotels und von internationalen Autovermietern auch mit Sicherheit akzeptiert! EC-/Maestro-Karten sind für Cabo Verde ungeeignet!

Geldautomaten stehen auf allen Inseln zur Verfügung. Neben der einheimischen vinti4-Karte werden nur VISA- und selten MasterCard-Kreditkarten akzeptiert! Maximal 20.000 CVE können pro Tag gezogen werden. Sollte der Automat nicht funktionieren, können Sie mit Kreditkarte und Reisepass am Bankschalter Geld abheben, wobei eine Gebühr von rund 10 Euro anfällt.

Die **Einfuhr von Devisen** ist unbeschränkt möglich. Die **Ausfuhr** des Escudo ist nicht erlaubt, und für die Ausfuhr von Devisen wird ein Herkunftsnachweis für Beträge ab 2000 Euro verlangt! Fehlt dieser, ist eine Geldstrafe von 100% des Betrages fällig! Lassen Sie sich Geldumtausch quittieren, und bewahren Sie die Belege auf.

Fazit: Auf die Kapverden nimmt man am besten für die ersten Tage Euros mit und „tankt" dann mit der VISA-Kreditkarte nach.

Preise

Die Preise entsprechen **mitteleuropäischem Standard.** 90% der Lebensmittel und „Non-Food-Artikel" müssen importiert werden.

Zimmer in kleinen Pensionen kosten 20 bis 50 Euro. In den größeren Pensionen, die man in Europa als Hotel Garni bezeichnen könnte, reichen die Preise bis 80 Euro. Hotelzimmer liegen zwischen 25 und 150 Euro, wobei die teuren nicht unbedingt die angenehmeren sein müssen. Von Ausländern geführte Hotels und Pensionen sind zumeist teurer, auch wenn kein Qualitätsvorsprung erkennbar ist.

Für eine einfache **Mahlzeit** im (nicht-touristischen) Restaurant bezahlt man 6 bis 12 Euro, in besseren Restaurants 10 bis 20 Euro. Bier und Softdrinks kosten 1 bis 2 Euro. In Mindelo und Praia findet man „Casas de Pasto" mit einfachen Eintopfgerichten ab 2,50 Euro – die Portionen sind reichlich und schmecken in der Regel auch gut.

Die **Transportkosten** während eines Cabo-Verde-Urlaubs werden durch die Flüge zwischen den Inseln in die Höhe getrieben. Günstig sind Sammeltaxis *(Aluguer)*. Findet man kein Aluguer zur rechten Zeit am rechten Ort und möchte eines mieten, dann muss man mit dem Zehnfachen des einfachen Fahrpreises rechnen. Mietwagen sind teuer und kosten 50 bis 160 Euro pro Tag (je nach Modell und Ort).

Auch wenn Cabo Verde kein Billigreiseland ist, kann man bei bescheidenen Ansprüchen schöne Ferien verbringen, ohne sich kasteien zu müssen.

Geldnot/Verlust von Geld

Wer wegen eines Unfalles o.Ä. dringend eine größere Summe Bargeld in Cabo Verde benötigt, kann dies über www.westernunion.de regeln und sich das Geld bei der entsprechenden Vertretung von **Western Union** vor Ort auszahlen lassen. Je nach Höhe des Betrags wird eine Gebühr erhoben. Solche Überweisungen kann man per App von Western Union tätigen, über Online-Banking von seiner eigenen Bank oder durch eine dritte Person vom Heimatland aus.

Bei **Verlust oder Diebstahl** der Kreditkarte sollte man diese umgehend sperren lassen. Tipp: Die Notrufnummer mit Kreditkartennummer im Mobiltelefon speichern.

■ **Deutscher Sperr-Notruf** für alle Debit- und Kreditkarten, Tel. 0049/116116, aus dem Ausland Tel. 0049/30/40504050. Sperr-Notruf bietet auch eine kostenlose SperrApp für iOS und Android an.
■ **Österreichischer Sperr-Notruf** für Bankomat-Karten, Tel. 0043/1/2048800.
■ **Schweizerischer Kartensperrservice** des Touring Club Schweiz (TCS), Tel. 0041/844888111.

Ansonsten gilt für österreichische und schweizerische VISA-Karten, dass man sich vor der Reise die Rufnummer der die Karte ausstellenden Bank notieren sollte.

◁ An Bord des Fährschiffs „Mar d'Canal"

Fotografieren

Generell gibt es in Cabo Verde **kaum Probleme beim Fotografieren und Filmen.** Oft kommen Kinder von sich aus gelaufen und rufen „Foto, Foto!" in deutscher Aussprache, sobald sie eine Kamera sehen. Zumeist ist dies Neugier, manchmal der geschicktere Einstieg zum Betteln.

Kameras müssen mit **Diskretion** eingesetzt werden, um Menschen zu fotografieren. Fragen Sie um Erlaubnis. Alltagssituationen und Porträts aufzunehmen, setzt **Feingefühl** voraus. **Respekt vor der Privatsphäre** ist wichtiger als der Wunsch, „exotische" Bilder mit nach Hause zu bringen.

Der Weg zur Porträtaufnahme führt über das **Gespräch:** Höflichkeit, Humor, Lächeln und ein Gruß in der Landessprache sind Trumpf. Nehmen Sie sich Zeit, bedanken Sie sich und respektieren Sie Absagen. Wird Geld verlangt, sollten Sie auf das Motiv verzichten, um weitere Probleme zu vermeiden.

Häufig wird der Wunsch nach einem Abzug des Bildes geäußert. Die Freude beim Empfänger ist groß; die Enttäuschung nicht weniger, wenn das Versprechen nicht eingelöst wird.

Öffentliche Gebäude dürfen fotografiert werden.

Landschaftsfotografie

Das größte Geheimnis der Landschaftsfotografie ist, **zur rechten Zeit am richtigen Ort zu sein.** Nahe dem Äquator arbeitet das Sonnenlicht nur in den ersten zwei Stunden nach Sonnenaufgang in flachem Winkel die Schönheit von Felsgraten, Wellen, Dünen, Dachlandschaften und Gassen heraus. Danach steht die Sonne steil, die Kontraste schwinden und die Landschaft wird grau verflacht. Erst in den letzten zwei Stunden vor Sonnenuntergang ist das Fotolicht wieder zurück!

Die **jahreszeitlichen Unterschiede** sind beeindruckend. Nach den Sommerregen zeigt sich die Landschaft in sattem Grün mit Farbtupfern bis in den Februar hinein. Danach überwiegen das Grau und Braun der Dürre – bis zum nächsten Regen.

Fotoausrüstung

In Cabo Verde gibt es, mit Ausnahme des Flughafens in Sal, **keine modernen Fotogeschäfte,** wo man seine Ausrüstung ergänzen könnte. Diese muss man, in großzügig kalkuliertem Umfang, mitbringen. Auf die Minimal-Checklist gehören Ladegerät, Ersatzakku, Datenkabel, Linsenpapier, Fotopinsel und nicht zu kleine Mikrofasertücher.

Die **örtlichen Fotoläden** können Digitalaufnahmen ausdrucken. Im Flughafen von Sal, in Praia (im Markt Sucipira und auf dem Plateau in der Rua Serpa Pinto bei Luis Foto Reporter) werden Digitalbilder ausbelichtet. Die Preise sind viel höher als in der EU.

Bei der **Wahl der Ausrüstung** sollte man größten Wert auf den Schutz gegen den feinen roten **Sahara-Staub** und die Salzluft legen. Wasserdichte und spritzwassergeschützte Kameras können doppelt trumpfen, denn der warme Wind bläst Staub und Salzgischt nahezu ungehindert in handelsübliche **Kamerataschen.** Kompaktkameras bedanken sich durch ungestörte Funktion, wenn sie in ein Mikrofasertuch eingewickelt zwischen Textilien verstaut werden. Für größere Kameras verwenden wir **wasser- und luftdichte Kamerataschen,** wie sie von Ortlieb® für Wassersportler angeboten werden.

Um **Sand und Staub** von Glasflächen zu entfernen, kommt zuerst ein Pinsel und danach ein Tuch zum Einsatz, um die Vergütung nicht zu zerschmirgeln.

Kompaktkameras, leicht und unauffällig, werden als wenig bedrohlich erlebt und erlauben mehr als hübsche Schnappschüsse.

Bridgekameras mit Zoomfaktor von 10+ erschließen Details und ermöglichen Porträt- und Tierfotografie. Der vielfach schwenkbare Monitor ist eine große Hilfe.

Eine **ausgeprägte Weitwinkelbrennweite** (24 mm im KB-Äquivalent) ist wünschenswert, um eindrucksvolle Aufnahmen der Berglandschaften und solche auf engem Raum zu garantieren.

Digitale Spiegelreflexkameras eröffnen alle Möglichkeiten, haben aber den Nachteil des bei Wind, Staub und Schüttelfahrten unvermeidlichen Verschmutzens des Sensors, nicht nur beim Objektivwechsel. Ultraschall-Selbstreinigung löst das Problem nicht vollständig. Nur wer die Spiegelreflex als Systemkamera mit verschiedenen Objektiven, Filtern,

In der Saline von Pedra de Lume/Sal

Gesundheit

Suchern, Blitz, Softbox und Stativ nutzt, bekommt erkennbar bessere Bilder. Andernfalls kommt man mit Bridge- und Kompaktkameras zu ähnlichen Ergebnissen, ohne sich unnötig zu belasten.

Filter können hilfreich sein, Graufilter für stimmungsvolle Aufnahmen am Meer, (zirkuläre) Polarisationsfilter zur Betonung der Wolken und Dämpfung von Reflexen. UV-Schutzfilter sind für wertvolle Objektive ohnehin sinnvoll.

Vibrationsreduktion (VR) hat sich als wertvolle Hilfe erwiesen.

Nur absolut stabile **Dreibein-Stative** kommen mit dem Wind zurecht. Ein Trekkingstock mit Stativgewinde und Neiger- oder Panoramakopf – die eine Faust am Griff, die andere an der Kamera – dämpft windbedingte Schwingungen besser.

Ein **Bohnensäckchen** ist ein sehr guter Ersatz für Ministative für Kompaktkameras und Selbstauslöseraufnahmen.

Gesundheit – Grundsätzliches

- **Reisegesundheitsinformationen zu Cabo Verde auch im Anhang.**
- **Alle vorgenommenen Impfungen sollte man unbedingt in den Impfpass eintragen lassen.** Dieser ist bei Impfanstalten, Tropenärzten/-instituten und auch im Reisebüro erhältlich.
- **Alle im Gesundheitskapitel genannten Informationen können die aktuelle persönliche Beratung durch einen Arzt oder in einem Tropeninstitut nicht ersetzen!** Besondere Beachtung sollte auch Impfungen von Kindern, allergischen Reaktionen auf Impfungen und den Belangen von Schwangeren geschenkt werden.

Das trockenwarme Klima, kaum Mücken und eine relativ gute Hygiene in Unterkünften und Restaurants bilden die Grundlage dafür, dass in Cabo Verde **geringere Gesundheitsrisiken** als bei einem Aufenthalt auf dem afrikanischen Kontinent bestehen.

Impfungen

Cabo Verde ist eines der wenigen Länder Afrikas, das für Reisende aus Europa **keine Pflichtimpfung** vorschreibt. Nur wer direkt aus Gelbfieberinfektionsgebieten einreist, benötigt einen Impfnachweis. Dies mindert die Bedeutung von Impfungen vor einem Aufenthalt in Cabo Verde keinesfalls.

Die **Standardimmunisierung**, die z.B. durch die STIKO (Ständige Impfkommission des Robert-Koch-Instituts), die EKIF (Eidgenössische Impfkommission für Impffragen) für die Schweiz oder durch den Impfausschuss des Obersten Sanitätsrates für Österreich dringend empfohlen wird, sollte vollständig sein.

Gemäß ihrem Alter und Geschlecht sollten alle Reisende haben:

- **(Grund-)Immunisierung** im Säuglings- bzw. Kleinkindesalter **gegen Tetanus** (Wundstarrkrampf), **Diphtherie, Pertussis** (Keuchhusten), **Haemophilus influenzae Typ B, Poliomyelitis** (Kinderlähmung), **Hepatitis B, Pneumokokken, Meningokokken** (Hirnhautentzündung), **Masern, Mumps** (Parotitis oder Ziegenpeter), **Röteln und Varizellen** (Windpocken);

- **Jugendliche beider Geschlechter: Immunisierung gegen HPV** Humanes Papilloma Virus;
- **Personen über 60 Jahre: Impfungen gegen Influenza sowie Pneumokokken;**
- daneben alle im Kindes-, Jugend- und Erwachsenenalter empfohlenen **Auffrischimpfungen.**
- Wer einen **bevölkerungsnahen Reisestil** pflegt und nicht nur in den Top-Restaurants der Großhotels und Kreuzfahrtschiffe verkehrt, sollte auch geschützt sein gegen **Hepatitis A.** Diese Standardimmunisierung +Hepatitis A Prophylaxe entspricht nicht zufällig den aktuellen Impfempfehlungen in Cabo Verde, wie sie täglich in den Gesundheitsdiensten umgesetzt werden.

Die **ärztliche Beratung vor der Reise** kann durch den Hausarzt, den Internisten oder, für die Kleinen, durch den Kinderarzt erfolgen. Sie ist die beste Gelegenheit, den Impfstatus zu überprüfen und zu ergänzen. Dies dient dem Schutz des Reisenden und nicht weniger dem seiner Freunde und Partner, letztlich der Bevölkerung zu Hause und im Urlaubsland, indem Krankheitseinschleppungen verhindert und deren Ausbreitung erschwert werden.

Besondere Risiken

Durchfall und Wasserhygiene

Die häufigsten Gesundheitsstörungen werden durch Infektionen des Magen-Darm-Trakts verursacht, zumeist begleitet von heftigem Durchfall. Da man auf Reisen Keimen ausgesetzt ist, denen man zuvor nicht begegnet ist, hat sich der wenig glückliche Begriff „Reisediarrhoe" eingebürgert.

In der Regel kommt der Durchfall nach einigen Stunden oder Tagen zum Stillstand und ist vergessen. Die Lässigkeit im Umgang mit dem Problem ist die Ursache schwerwiegender Probleme. Wer auf Reisen Durchfall bekommt, beweist, dass er nicht in der Lage ist, sich vor anderen Infektionen des Magen-Darm-Trakts zu schützen. Er kann jederzeit **Cholera** oder **Poliomyelitis** bekommen, um nur zwei schwere Krankheiten zu nennen.

Wie kann man sich auf Reisen vor diesen Infektionen schützen? So unappetitlich es klingt, muss man sich bewusst sein, dass es sich um faeco-orale Infektionen handelt. Spuren von Fäkalien einer anderen Person (oder Tieres) gelangen in den Mund des Betroffenen. Die Übertragungswege gehen zu 80% über menschliche **Hände,** die eigenen, die eines Verkäufers oder eines Kochs. Die restlichen 20% finden über das **Trinkwasser** und das **Essen** ihren Weg. Fliegen sind mehr Indikator als Ursache. Die eigenen Hände lassen sich durch Waschen noch kontrollieren, doch was ist mit den Händen anderer? Man muss vermeiden, dass verunreinigte Speisen oder Gegenstände in den eigenen Mund kommen.

„Cook it, peel it or forget it!" sagten die kolonialen Engländer und meinten, was nicht gekocht oder geschält ist, sei zu vergessen. Hinzuzufügen wäre heute **„… or desinfect it".**

- **Cook it:** Die einheimischen Gerichte sind gut durchgekocht, auch das Gemüse. Wer sich diese Gerichte bestellt, ist besser beraten als mit den oft hilflosen Versuchen, unter subtropischen Bedingungen europäische Küche verwirklichen zu wollen.
- **Peel it:** Schälobst par excellence sind Bananen, Papayas, Mangos und Sternfrüchte. In Cabo Verde findet man auch Birnen und Äpfel. Das Schälen hat

seine Grenzen, wenn die Früchte weich und saftig sind. Dann sollten sie vor dem Schälen, einschließlich der Hände, gründlich gewaschen werden.

■ **Forget it:** Unter einfachen Bedingungen leidet die Hygiene. Hat man die Zubereitung nicht unter vollständiger, eigener Kontrolle, ist auf Folgendes zu verzichten: Blattsalat, Eiswürfel, unverpacktes Speiseeis, kalt zubereitete Nachtische, Tiramisu, Obstsalat, Eiersalat, aufgewärmte Speisen vom Vortag, Tiefkühlkost an Orten mit Stromausfällen.

Hinweis für Eltern kleiner Kinder: Trinkfläschchen, Nuckelringe und Ähnliches kommen unter einfachen Bedingungen in warmen Ländern schnell mit vorgebrüteten und damit hochagressiven Krankheitserregern in Kontakt. Säuglinge bis zu 6 Monaten sollten ausschließlich gestillt werden! Muttermilchersatz wird mit dem großen Suppenlöffel aus dem Inox-Becher gefüttert. **Fläschchen sind gefährlich und völlig zu meiden!**

■ **Desinfect it:** Waschen von Salat und Früchten muss mit einer Desinfektion verbunden werden, weil die meisten Wässer belastet sind. Wasserdesinfektion ist oberste Vorbedingung für eine hygienische Küche und ein sicheres Säuglings-Bad.

Wasserdesinfektion

■ Mit Ausnahme von Mineralwasser mit Kohlensäure sollte man Trinkwasser und das Badewasser für Kleinkinder desinfizieren.

■ **Abkochen** des Trinkwassers ist ein bewährtes Verfahren, ist aber auf Reisen schwer zu realisieren, und spätestens wenn das abgekochte Wasser in die Flasche vom Vortag gluckert, ist der hygienische Gewinn dahin.

■ **Mikrofilter** sind die Standardlösung im Dritte-Welt-Haushalt. Für Reisende werden kleine Handfilter angeboten, doch, genauso wie beim Abkochen, bleibt das Problem verunreinigter Flaschen ungelöst.

■ **Silbersalze** sind die von der Outdoor-Industrie favorisierte, vergleichsweise teure und geschmackfreie Methode. Sie wird als Mikropur® von Katadyn® und unter anderen Firmennamen in Tablettenform angeboten. Da sie bei Wässern mit Ton-Beimengungen versagt, wird auch die wirksamere Chlorbleichlauge unter dem Namen Mikropur-Forte® kombiniert mit Silberionen angeboten. **Chlorbleichlauge** ist die mit Abstand wirksamste, billigste und im Gebrauch einfachste Form der Wasserdesinfektion. In jedem Gemischtwarenladen in Cabo Verde wird sie als **Lixivia** verkauft. Auf Wanderungen und Schiffsreisen nehmen wir einen 5-Liter-Plastikkanister und ein Tropffläschchen mit Lixivia mit. Der Kanister wird aus dem Wasserhahn oder mit Quellwasser gefüllt, und pro Liter werden 2 Tropfen Lixivia dazugegeben. Wenn das Wasser ganz leicht nach Chlor riecht, genügt dies, um selbst Amöbencysten in 20 Minuten abzutöten. Zum Gemüse- und Früchtewaschen verdoppelt man auf 4 bis 8 Tropfen pro Liter.

Ziel einer Durchfallbehandlung ist nicht, den Durchfall sofort zum Stehen zu bekommen, sondern **Wasserhaushalt und Kräftezustand** ausgeglichen zu halten! Dies ist nur durch orale Rehydratation und möglichst geringe Unterbrechung der Ernährung zu erreichen! Medikamente gegen akute Durchfälle sind in ihrer Wirkung wenig überzeugend und teilweise auch nebenwirkungsreich.

Mittel, welche die Darmbewegungen lähmen, sind bei Examensdurchfällen sinnvoll, doch bei Infektionen in armen Ländern behindern sie die Selbstreinigung des Darmes. Dies kann als Komplikation einer Salmonelleninfektion bis zum Durchbruch der Darmwand führen. Die Mittel sind deshalb in Europa für Säuglinge und Kleinkinder nicht zulassungsfähig – in armen Ländern werden sie dennoch munter verkauft.

Desinfizierende oder antibiotische Substanzen ohne vorangegangene Hightech-Stuhluntersuchung, wie es sie in Cabo Verde nicht gibt, sind von so zweifelhafter Wirksamkeit, dass es nicht lohnt, die Gefahr von Resistenzen und Allergien auf sich zu nehmen.

Kohletabletten und sog. **adstringierende Mittel** besitzen keine nachgewiesene Wirksamkeit, welche über die eines geriebenen Äpfelchens hinausginge.

Hefepräparate versprechen, eindringende oder sich vermehrende Durchfallkeime zu verdrängen, bieten letztlich aber keinen nennenswerten Schutz.

Sofortige und anhaltende Zufuhr von Wasser und Mineralien ist hingegen immer **richtig und wichtig**, da nur so eine Austrocknung (Dehydratation) vermieden bzw. aufgehoben wird.

Rehydrationssalze (port.: *Oralite*) sind in Apotheken und Gesundheitseinrichtungen erhältlich und werden mit kaltem Wasser angerührt.

Reiswasser ist in der Wirkung etwas besser als die Industriezubereitungen, aber umständlich in der Zubereitung. Ein großer Suppenlöffel Bruchreis mit einem Liter Wasser und einem gestrichenen Teelöffel Salz werden eine Stunde gekocht. Das trübe Wasser nimmt man in großen Mengen zu sich. Bereiten Sie gleich 2 bis 3 Liter vor, um über die Nacht zu kommen! Ihre Pensionswirtin weiß in aller Regel auch, wie es geht. Das berühmte Coca-Cola mit Salzletten ist nur für Erwachsene geeignet, doch auch diese sollten zusätzlich Tee oder Wasser trinken.

Durchfalldiäten sind eher hinderlich als nützlich, denn sie erreichen nur einen Rückgang der Stuhlfrequenz nach dem Prinzip, dass unten weniger aus einem Rohr kommt, wenn man oben weniger hineinschüttet. Daneben entsprechen sie einer „Stuhlkosmetik", indem der Stuhl durch aufquellende Substanzen etwas fester erscheint. Der Aktivurlauber, der seine Leistungsfähigkeit erhalten will, soll **häufige kalorienreiche Mahlzeiten auch während des Durchfalls** zulassen, insbesondere Süßes, denn Fettes wird er kaum mögen. „A little malabsorption of a little food is better than no malabsorption of no food"!

Bei akutem Durchfall: Sofort und viel Rehydratationsflüssigkeit zu sich nehmen! Bei chronischen Durchfällen (mehr als 3–4 Tage) oder bei Durchfällen mit Blutbeimengungen (Dysenterie) ist ein Arzt hinzuzuziehen! Diese Art von Durchfällen muss gezielt medikamentös behandelt werden. Nach Rückkehr ist eine **Nachuntersuchung bei einem Tropenarzt** angezeigt.

Malaria

Malaria war eines der schwersten Gesundheitsprobleme Cabo Verdes bis in die 1960er Jahre. Auch heute noch wird sie ständig vom Kontinent importiert und findet in der **Hauptstadt Praia** – und nur dort! – in den letzten Jahren das Umfeld, das den Übertragermücken das Überleben erlaubt. So hat Praia im zweiten Halbjahr 2017 einen Ausbruch epidemischer Malaria mit über 400 Neuerkrankungen erlebt. Schwangeren wurde deshalb vom Besuch der Stadt abgeraten und Chemoprophylaxe empfohlen. Es steht zu vermuten, dass die Betonbauweise, für die man in Praia über Wochen und Monate Wasser in schlecht abgedeckten Fässern auf der Baustelle sammeln muss, ursächlich ist für dieses seltsame Verteilungsmuster der Krankheit.

Das **Verschwinden der Malaria auf den anderen Inseln** lässt sich dadurch erklären, dass sich die Lebensbedingungen für die Überträgermücken durch die Sahel-Dürre verändert haben und in diesem Gebiet Mücken leben, die zwar Malaria übertragen, aber viel lieber Tierblut als Menschenblut zu sich nehmen. Dadurch ist es unwahrscheinlich, dass eine Mücke zweimal hintereinander Menschen sticht und dabei den Parasiten überträgt.

Der in Cabo Verde heimische Parasit ist ein hochresistenter Stamm von *Plasmodium falciparum,* der unbehandelt binnen Tagen zum Tode führen kann.

Bei dem minimalen Risiko ist eine allgemeine Empfehlung zur **Malariaprophylaxe** außerhalb von Praia **nicht gerechtfertigt.** Sollte ein Reisender jedoch trotzdem infiziert werden, dann ist die Malaria eine lebensbedrohliche Krankheit! Ein Zwischenstopp auf dem afrikanischen Kontinent (Dakar, Banjul) stellt ein zusätzliches Risiko dar. In jedem Fall müssen sich alle Reisenden nach der Rückkehr bewusst sein, dass sie sich in einem Malariagebiet aufgehalten haben – wenn sie also nach der Reise hochfieberhaft erkranken, müssen sie sofort einen Arzt konsultieren!

Dengue-Fieber

Weltweit zeigt die Verbreitung des Dengue-Fiebers einen dramatischen Anstieg über die letzten Jahrzehnte und betrifft bereits über 100 Länder mit etwa drei Milliarden Einwohnern und einer Million Erkrankungen pro Jahr.

In Cabo Verde trat die **von Stechmücken übertragene Virus-Krankheit** erstmals 2009 auf, obwohl die Überträgermücke seit Jahrhunderten auf den Inseln heimisch ist. Während das Sotavento eine massive Epidemie erlebte, kam es auf den Inseln des Barlavento, auf Sal und Boa Vista, nur zu ganz vereinzelten Fällen. São Vicente und Santo Antão blieben vollkommen frei von Übertragungen vor Ort. 2010 wurde vor Beginn der Regenzeit das Präventionsprogramm intensiviert, und trotz ungewöhnlich ergiebiger Niederschläge kam es zu keinem erneuten Ausbruch. Im Dezember 2016 und Januar 2017 wurde in der Hauptstadt Praia eine kleinere Zahl autochtoner Übertragungen des gleichen Serotyps 3 registriert, der zu keinen schweren Verlaufsformen führt. Andere Inseln und Landkreise waren nicht betroffen.

Reisende, die sich in einem Denguegebiet aufgehalten haben und während oder nach der Reise hochfieberhaft erkranken, müssen unverzüglich einen Gesundheitsdienst aufsuchen und dem behandelnden Arzt mitteilen, dass ein Dengue-Infektionsrisiko bestand. Eine **Selbsttherapie sollte unterbleiben.** Als einziges fiebersenkendes Mittel ist Paracetamol zu empfehlen; AAS (Acetylsalicylsäure = Aspirin®) kann die Blutungsneigung bei schweren Verlaufsformen erhöhen und ist nicht anzuwenden!

■ Siehe auch online unter
www.bela-vista.net/Dengue-in-Kap-Verde.aspx.

Zika-Virus

Das Zika-Virus wird **von** den gleichen **Stechmücken** *(Stegomyia)* **übertragen** wie Dengue und gehört somit auch zu den mit der Klimaerwärmung und intensivem Reisebetrieb in die gemäßigten

Klimazonen vorrückenden „emerging diseases". Die Krankheit gilt als gutartig und heilt spontan in etwa einer Woche aus. **Todesfälle und schwerwiegende Komplikationen sind extrem selten.** Die meisten Infektionen verlaufen ohne oder mit so geringer Symptomatik, dass die Betroffenen die Gesundheitsdienste gar nicht erst aufsuchen.

In der **Hauptstadt Praia** traten seit September 2015 gehäuft fieberhafte Erkrankungen auf, die als Zika-Virus-Infektion labortechnisch identifiziert wurden. Zika hatte 2014/15/16 eine Epidemie in Brasilien verursacht, und der in Cabo Verde gefundene Virusstamm stimmt mit dem aus Brasilien überein. Der geografische Schwerpunkt der Epidemie lag ähnlich der Dengue-Epidemie auf der Stadt Praia sowie **Fogo, Maio** und in geringem Umfang **Boa Vista**, während die nördlichen Inseln Sal, São Nicolau, São Vicente und Santo Antão nicht betroffen waren. Seit dem Sommer 2016 sind keine Fälle mehr beobachtet worden.

Es gilt als gesichert, dass eine Zika-Virus-Infektion während der **Schwangerschaft** schwere Entwicklungsstörungen des Gehirns des Föten verursachen kann, zu erkennen durch einen auffallend kleinen Schädel (Mikrozephalie).

Reiseempfehlungen

Allgemein
- Moskito-Stiche verhindern.
- Helle, Arme und Beine bedeckende Hosen und langärmlige Blusen, Hemden sowie Socken tragen.
- Moskitonetze nutzen, evtl. Moskitospiralen, Air Condition.
- Repellents lückenlos anwenden.
- Beseitigung des Mülls aus dem Wohnumfeld.
- Mindestens wöchentliches Wechseln aller stehenden Wasseransammlungen im und beim Haushalt (Blumenvasen, Spülkästen und Syphons von Ausguss, Duschen und Toiletten, Gießkannen, Putzeimer, Dachrinnen etc.).
- Im Falle einer evtl. durch Zika verursachten fieberhaften Erkrankung: Paracetamol einnehmen, aber keine anderen fiebersenkenden Schmerzmittel, insbesondere kein ASS = Acetylsalicylsäure = Aspirin® und kein Ibuprofen®.

Reiseempfehlungen für Schwangere
(falls erneut Fälle von Zika-Virus-Infektionen am Ferienort gemeldet werden sollten)

- Ausweichen auf Regionen/Inseln ohne autochthone Übertragung des Virus.
- Verschieben der Reise auf die Zeit nach der Schwangerschaft.
- Ist die Reise unaufschiebbar, lückenloses Vermeiden von Moskito-Stichen.
- Mit Partnern, die ein Zika-Infektionsgebiet bereist haben, Verwendung von Kondomen bis zum Ende der Schwangerschaft.

Reiseempfehlungen für Paare mit Kinderwunsch
(falls erneut Fälle von Zika-Virus-Infektionen am Ferienort gemeldet werden sollten)

- Ausweichen auf Regionen/Inseln ohne autochthone Übertragung des Virus.
- Verschieben des Kinderwunsches auf die Zeit nach der Reise.
- Während des Aufenthaltes in einem Zika-Endemiegebieten, sowie acht Wochen danach, Verwendung von Kondomen.
- Bei durchlaufener, nachgewiesener Zika-Infektion Verschieben des Kinderwunsches für zwei Jahre.

- Siehe auch **online** unter www.bela-vista.net/Zika-Virus-in-Cabo-Verde.aspx

AIDS

Der Anteil infizierter Personen an der Bevölkerung ist geringer als auf dem Kontinent, und erfreulicherweise geht die Zahl der Neuansteckungen deutlich zurück. Dennoch existiert die Epidemie weiterhin. Im Alltag, ohne sexuelle Kontakte mit unbekannten Partnern, besteht kein Infektionsrisiko, auch wenn man eng mit Infizierten zusammenleben sollte. **Blutkonserven** werden kontrolliert und sind sicher. Das gleiche gilt für **Notfalloperationen.**

Die Zahl männlicher und weiblicher **Sextouristen** in Cabo Verde steigt und schafft zusätzliche Gefährdungen. Die Durchseuchung der erkennbaren Prostituierten mit HIV/AIDS und anderen sexuell übertragbaren Krankheiten ist hoch. Auch die netten Mädchen und Jungs, die kommunikationsfreudig die Bekanntschaft der Touristen am Strand, am Hafen, bei den Segelbooten und in der Disco suchen, haben nicht weniger Probleme. **Kontakte zwischen Fernreisenden** sind gefährlicher als im europäischen Durchschnitt. Letztlich führen alle Risikoabwägungen nur zu trügerischen Illusionen. Die vernünftige Konsequenz ist, keine Kontakte aufzunehmen oder konsequent Kondome zu verwenden. Verzichten Sie auf Praktiken mit direktem Schleimhautkontakt!

Kondome (crioulo: *camisinha*) sind in den Apotheken (*farmácia*), bei den staatlichen Gesundheitsdiensten und bei VerdeFam zu bekommen.

Allgemeine Empfehlungen

Zahngesundheit

Wenn ein **Check beim Zahnarzt** (oder Arzt) ansteht, legen Sie diesen lieber vor als nach den Urlaub. Gesundheitliche Probleme sind unter den Bedingungen eines armen Landes und der Sprachbarriere doppelt unangenehm. Im Notfall findet man in den Städten private Zahnarztpraxen.

Sonnenschutz

Im Gebirge wie am Strand holt man sich leicht einen heftigen Sonnenbrand. Die trockenen Regionen Cabo Verdes gehören weltweit zu den Spitzenreitern der jährlichen Sonnenschutzdauer, und es gibt fast keinen Schatten.

◁ Jugendgerechte AIDS-Aufklärung

Es empfiehlt sich, **Sonnencreme** mit hohem Schutzfaktor (ab 20) in ausreichender Menge mitzubringen, da nur selten in Cabo Verde in den Läden zu finden. Gesonderte **Lippenschutzstifte** (etwa 40) verhindern bei Wanderungen das Aufplatzen der Lippen.

Eine **Kopfbedeckung** mit großem Schild über dem Gesicht und evtl. einem weißen Tuch im Nacken, die auch heftigem Wind widersteht, ist unabdingbar!

Tage mit bedecktem Himmel sind gefährlicher als Sonnentage, weil die frischen Temperaturen und die geringe spürbare Wärmestrahlung einen dazu verleiten, weniger Sonnenschutz zu betreiben – doch UV-Strahlen durchdringen eine einzelne Wolkenschicht nahezu ungehindert.

Unfallvermeidung

Die **Konsequenzen** eines Sport- oder Verkehrsunfalls, beides nicht unwahrscheinlich bei Aktivurlaubern, können weitaus schwerer sein als in Europa, weil es keine Berg- oder Wasserwacht gibt, die den Verletzten fachgerecht bergen würde, und an den wenigsten Orten ein Krankenwagen mit geschultem Personal und Notfallausrüstung bereitsteht. Um zu einem operierenden Krankenhaus zu kommen, kann der Transport per Boot oder Flugzeug notwendig sein.

Risikosportarten wie Klettern und Downhill-Mountainbiking sollten deshalb nur unter bester Führung und mit den nötigen Sicherheitsvorkehrungen betrieben werden.

Auch **Verkehrsunfälle** mit Personenschäden sind in armen Ländern nicht seltener, sondern **häufiger und die Folgen unvergleichlich schwerer!** In Cabo Verde sind dies typischerweise Kleinbusunfälle mit bis zu zehn Toten. Wenn Sie selbst fahren, tun Sie dies besonders vorsichtig, vermeiden Sie unter allen Umständen Alkoholfahrten, und steigen Sie sofort aus, wenn Sie den Eindruck haben, einen alkoholisierten oder dümmlich-risikobereiten Fahrer am Steuer zu haben.

Vor Reiseantritt Vorsorge treffen

- Machen Sie zwei Kopien aller Reisedokumente. Eine lassen Sie bei einer Kontaktperson zu Hause zurück. Die andere nehmen Sie mit, getrennt von den Originalen.
- Notieren Sie Konto-, Kreditkarten- und SIM-Kartennummer sowie die Telefonnummern Ihrer Bank, Kreditkartenbüros und Mobilfunkanbieters, damit Sie bei Verlust oder Diebstahl sofort eine Sperrung veranlassen können.
- Bewahren Sie die Kopien und Nummern getrennt von den Originalen auf.
- Denken Sie an ausreichenden Krankenversicherungsschutz.
- Ein Rettungsflug nach Deutschland kann sehr teuer werden. Eine Rücktransportversicherung deckt diese Kosten ab (s. „Reiseversicherungen").
- Lassen Sie kostbaren Schmuck zu Hause.
- Nehmen Sie Medikamente mit, die Sie auch zu Hause benötigen (z.B. Diabetiker); ein Impfpass mit eingetragener Blutgruppe (auch wenn keine Impfungen vorgeschrieben sind) kann von Vorteil sein.
- Notieren Sie Seriennummern wertvoller Kameras. Sie können sich damit als Besitzer ausweisen, falls Diebesgut sichergestellt wird.

Reiseapotheke

Die Reiseapotheke ist um Ihre persönlichen Medikamente zu erweitern.

- Heftpflaster (Wundschnellverband)
- Pflaster 2,5 cm breit von der Spule
- Elastische Binden (8 cm und 10 cm, neu!)
- Verbandspäckchen (mindestens 3 Stück)
- Wunddesinfektionsmittel (z.B. Betaisodona®)
- Nagelschere und -feile
- feine Pinzette
- Fieberthermometer
- Schmerz und Fieber senkende Mittel (z.B. Paracetamol)
- Augentropfen
- Verhütungsmittel (Ihre Pille, Kondome)
- Insektenschutz (z.B. Autan®)
- Sonnencreme mit hohem Schutzfaktor, eventuell besondere Creme für die Lippen
- Sonnenbrille, die das Auge auch seitlich abdeckt
- Haftcreme und Reinigungsset für Zahnprothesenträger
- Pflegemittel für Kontaktlinsen (der feine Sahelstaub kann stören und das Infektionsrisiko erhöhen, sodass eine Ersatzbrille sinnvoll sein kann!)
- Ersatzbrille für Brillenträger
- Mittel zur Wasserentkeimung
- Anleitung zur Zubereitung einer Lösung zur Durchfallbehandlung

Gesundheitseinrichtungen vor Ort

Das Gesundheitswesen besteht aus **staatlichen und privaten Einrichtungen**. Im Vergleich mit den Ländern der westafrikanischen Region sind Versorgung und Gesundheitszustand der Bevölkerung gut, im Vergleich mit Europa liegen sie noch deutlich zurück.

Jeder Landkreis hat mindestens ein **Gesundheitszentrum** mit Arzt, 24-Stunden-Notdienst und einer Bettenstation. Zu den operierenden **Zentralkrankenhäusern** von Praia und São Vicente sind **Regionalkrankenhäuser** in Santa Catarina (Santiago Norte), Santo Antão und Fogo hinzugekommen. Die Inseln Sal, Boa Vista und Maio haben neue Gesundheitszentren, die zu **Inselkrankenhäusern** ausgebaut werden. Auf den Dörfern sorgen **Pflegeposten** (*Posto sanitário*) oder **Basisgesundheitsposten** (*Unidade Sanitária de Base*) für wohnortnahe Versorgung. Letztere haben vorwiegend beratende und organisatorische Aufgaben, sodass nicht sichergestellt ist, dass man abseits der Distriktstädte Verbandsmaterial oder Medikamente bekommt.

Aus einer Vielzahl kleiner Privatpraxen, die neben einer Tätigkeit im staatlichen Dienst am Abend geöffnet werden, sind in Praia, Sal und Mindelo erste ganztägig geöffnete **private Gruppenpraxen** hervorgegangen.

Apotheken

Die private Reiseapotheke kann klein gehalten werden, denn Cabo Verde besitzt ein **dichtes Netz** an Apotheken (farmácia), zumindest **in den Städten.** Auf dem Land, etwa in den Orten, in denen man auf Mehrtageswanderungen übernachtet, kann man nicht erwarten, eine Apotheke vorzufinden. Die Apotheken führen nicht unbedingt das im Heimatland des Reisenden bekannte Präparat einer bestimmten Marke. Mit Beratung durch Arzt und Apotheker findet sich aber in 99% der Fälle ein Medikament anderen Namens mit gleichem oder gleichwertigem Inhaltsstoff. Die Rezeptpflicht wird ähnlich wie in Europa gehandhabt.

Für chronisch Kranke empfiehlt es sich, **alle dauerhaft benötigte Medikamente in ausreichender Menge** mitzubringen.

Übernahme der Krankheitskosten

Die Kosten für eine Behandlung in Cabo Verde werden von den gesetzlichen Krankenversicherungen in Europa nicht übernommen, daher ist der **Abschluss einer privaten Auslandskrankenversicherung unverzichtbar.**

Privatversicherte (u.a. Schweizer) sollten prüfen, ob ihre private Krankenversicherungsgesellschaft die vollständige Auslandsdeckung auch in Cabo Verde garantiert.

Man sollte eine private **Auslandskrankenversicherung abschließen, die Folgendes leistet:**

- Vergütung der Arzt-, Zahnarzt- und Krankenhauskosten ohne Summenbeschränkung;
- Deckung bei Krankheit und Unfall;
- Vergütung von Krankentransporten, Rettungskosten und Krankenrücktransport ohne Einschränkungen und nicht nur, wenn es medizinisch notwendig ist oder der Krankenhausaufenthalt länger als 14 Tage dauert (die Kosten werden nie von gesetzlichen Krankenkassen übernommen, und es gibt viel Kleingedrucktes zu beachten);
- Abdeckung der gesamten Aufenthaltsdauer mit automatischer Verlängerung über die festgelegte Zeit hinaus, wenn die Rückreise nicht möglich ist (durch Krankheit oder Unfall);
- evtl. auch Abdeckung der Reise- und Unterkunftskosten von Familienangehörigen, wenn diese zur Betreuung anreisen;
- bei Jahresverträgen sollte man darauf achten, dass der Versicherungsschutz meist für eine bestimmte Anzahl von Tagen pro Reise gilt.

Die **Versicherung als Familie** ist i.d.R. günstiger als sich als Einzelperson zu versichern, aber man sollte die Definition von „Familie" genau prüfen.

Zur **Erstattung der Kosten** benötigt man ausführliche Quittungen (mit Datum, Namen, Bericht über Art und Umfang der Behandlung, Kosten der Behandlung und Medikamente).

Informationen online

- **www.bela-vista.net/gesundheit.aspx**
Aktuelle Gesundheitshinweise für Cabo-Verde-Reisende, Wanderer, Kinder, Schwangere.
- **www.crm.de**
Zentrum für Reisemedizin Düsseldorf.
- **www.dtg.de**
Deutsche Gesellschaft für Tropenmedizin und Internationale Gesundheit; Empfehlungen, Leitlinien.
- **www.fit-for-travel.de**
Reisemedizinische Seiten aus München.
- **www.katadyn.com/de**
Gut gemachte und informative Wasserfibel.

Infos für LGBT

Lesbische und schwule Paare erleben in Cabo Verde einen entspannten Urlaub. Es gibt **keine Diskriminierung** in der Verfassung des Landes und auch nicht in der Praxis der Rechtsprechung. Die **Toleranz im Alltag** für alles, was mit Sex, Partnerschaft und Zusammenleben zu tun hat, ob homo, hetero oder sonst was, ist groß, wenn auch nicht überall gleich.

Während im ländlichen Santiago die katholische Kirche den Ton angibt (immer leiser), herrscht die größte Lockerheit in der Hafenstadt Mindelo auf São Vicente, wo **2013 die erste Gay Pride Parade** mit sehr starker Beteiligung stattfand und seither jährlich wiederholt wird, mit mal mehr, mal weniger organisatorischem Geschick. Auf den Strandinseln Sal und Boa Vista und im kleinen São Nicolau integrieren sich Gays und Transvestiten unauffällig ins tägliche Leben und farbenfroh und locker in den **Karneval,** beklatscht und gefeiert von den Zuschauern. Die Partei PAICV möchte die Ehe oder Partnerschaft für Paare gleichen Geschlechts einführen, doch steht hierfür noch keine parlamentarische Mehrheit zu erwarten.

Lesbische und schwule Paare müssen, sofern sie **Sensibilität** für allgemeine und grundsätzliche Regeln des Respekts und gegenseitiger Achtung mitbringen (siehe Kapitel „Als Gast in Cabo Verde"), nicht befürchten, in Unterkünften oder Restaurants schlecht behandelt oder abgewiesen zu werden.

Notfall

Bei Krankheit oder Unfall wenden Sie sich an das nächste Gesundheitszentrum oder Hospital (Adressen in den Ortsbeschreibungen). In abgelegenen Gegenden sollten Sie den nächstmöglichen Transport nutzen und nicht auf einen Krankenwagen warten.

Bei Diebstahl, Überfall oder wenn sie anderweitig Opfer oder Zeuge eines Verbrechens wurden, wenden Sie sich unverzüglich an die örtliche Polizei. Cabo Verde ist ein Rechtsstaat, und die Polizei handelt nach dem Recht.

Wird Ihnen ein versicherter Gegenstand gestohlen, lassen Sie sich eine Kopie der Anzeige geben, um diese bei der Versicherung einreichen zu können.

Bei Verlust von Dokumenten, im Falle eines Unfalls, wenn Ihre Sicherheit allgemein gefährdet ist oder in sonstigen ernsthaften Notfällen können Sie sich auch an die **diplomatische Vertretung** Ihres Heimatlandes wenden (siehe Kapitel „Diplomatische Vertretungen").

Die Botschaft kann
- bei Passverlust einen Reiseausweis für die Rückkehr ausstellen;
- Ihnen bei Geldverlust Kontaktmöglichkeiten mit Verwandten oder Freunden zu Hause vermitteln;
- Ihnen schnelle Überweisungswege aufzeigen (Blitzgiro, telegrafische Postüberweisung); Ihnen bis zum Eingang der Geldüberweisung aus der Heimat, gegen Rückzahlungsverpflichtung, ein Überbrückungsgeld auszahlen;
- wenn alle eigenen Hilfsmöglichkeiten erfolglos ausgeschöpft wurden, Ihnen eine rückzahlbare Hilfe zur Rückkehr nach Deutschland gewähren;

- im Falle von Problemen mit Behörden des Urlaubslandes für Sie vermitteln;
- Ihnen bei Bedarf einen vertrauenswürdigen Anwalt vor Ort benennen; dies gilt auch für Übersetzer, Ärzte und Fachärzte;
- im Falle einer Festnahme auf Wunsch die anwaltliche Vertretung sicherstellen und Ihre Angehörigen zu Hause unterrichten;
- beim Tod eines Reisenden die Benachrichtigung der Hinterbliebenen veranlassen und bei der Erledigung der Formalitäten vor Ort behilflich sein.

Die Botschaft kann nicht
- Führerscheinersatzpapiere oder Personalausweise ausstellen;
- Ihre Hotelschulden bezahlen;
- Ihnen bei Geldverlust die Fortsetzung des Urlaubs finanzieren;
- in laufende Gerichtsverfahren für Sie eingreifen oder örtlichen Behörden Weisungen erteilen;
- für Sie anwaltliche Tätigkeiten wahrnehmen oder Sie vor Gerichten vertreten;
- als Filiale von Reisebüros, Krankenkassen oder Banken tätig werden;
- die extrem hohen Kosten einer Such- und Rettungsaktion übernehmen.

Auswärtige Ämter

- **Deutsches Auswärtiges Amt**
www.auswaertiges-amt.de, Tel. 030/18172000 (auch App „Sicher Reisen" für iOS und Android)
- **Außenministerium Österreich**
www.bmeia.gv.at, für generelle Anfragen Tel. 01/901153775, für dringende Fälle Tel. 01/901154411 (auch „Auslandsservice-App" für iOS, Android und BlackBerry)
- **Eidgenössisches Departement für auswärtige Angelegenheiten (Schweiz)**
www.eda.admin.ch, Tel. 0800/247365 oder 0584 653333 (auch „itinerisApp" für iOS und Android)

Öffnungszeiten

Geschäfte sind von Montag bis Samstag geöffnet: Mo bis Fr 8/8.30–12/12.30, 14/15–18/19 Uhr, Sa 8.30/9–12/13 Uhr. An Sonn- und Feiertagen sind nur große Supermärkte (Fragata in Mindelo, Kalu & Ángela in Praia) geöffnet sowie die Tankstellen.

Postämter: Mo bis Sa 8–12.30 und 14.30–17.30 Uhr, in den Großstädten auch durchgehend.

Banken: Mo bis Fr 8–15 Uhr.

Bürozeiten: Mo bis Fr 8–12.30 und 14.30–18 Uhr, teils auch 8–15 Uhr.

Restaurants: Kleinere Restaurants auf dem Land bieten tagsüber Snacks; Mittagessen nur auf Vorbestellung. Manche Restaurants sind erst ab 18/19 Uhr geöffnet. Einige Hotelrestaurants sind durchgehend in Betrieb.

Diskotheken füllen sich meist erst ab Mitternacht.

Grundsätzlich sind Öffnungszeiten **Richtwerte** und können, auch von Insel zu Insel, variieren. So haben die meisten Läden eine Mittagspause, größere Geschäfte sind aber auch durchgängig geöffnet.

Kostenfreie Notfallnummern in allen kapverdischen Landkreisen
- **Klinik: Tel. 130**
- **Feuerwehr: Tel. 131**
- **Polizei: Tel. 132**

↑ Hauptverkehrsmittel
zwischen den Inseln ist das Flugzeug

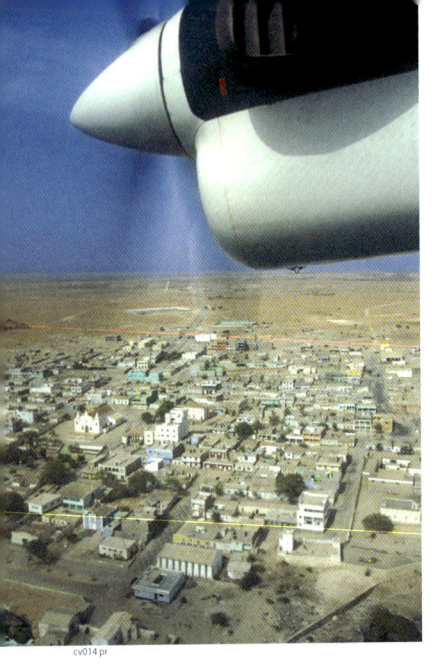

Reisen im Land

Mit dem Flugzeug

Hauptverkehrsmittel **zwischen den Inseln** ist das Flugzeug. Nur Brava und Santo Antão sind vollständig auf Fähren angewiesen. Alle anderen Inseln werden mit Turboprop-Maschinen angeflogen. Das Fliegen in kleineren Maschinen ist weitaus anregender als in den großen Jets, viel unmittelbarer, weil man tiefer fliegt, mehr sieht und die Turbulenzen im Anflug stärker spürt.

Verbindungen: Praia, Sal, Boa Vista, São Vicente und Fogo werden täglich angeflogen; São Nicolau und Maio dreimal wöchentlich. São Nicolau, Maio und Fogo werden von Praia aus angeflogen. Verbindungen, für die zu anderen Tageszeiten Direktflüge existieren, die aber über dritte Flughäfen führen, z.B. Sal – Praia – São Vicente, werden zum gleichen Preis abgerechnet wie Direktflüge.

Fluggesellschaft

■ **Binter CV,** www.binter.cv
Die spanische Airline von den Kanaren ist in Praia, São Vicente und Sal mit eigenen Flughafenbüros und in Reisebüros vertreten. Die Kundenbetreuung wird möglichst über die Website (s.o.) und über das Callcenter bzw. Headoffice (Tel. 4360060) erledigt. Buchungen über die Website sind einfacher und zuverlässiger als bei anderen Linien.

Informationen und Tipps für Inlandsflüge

■ Stellen Sie sich Ihre Inselkombination nach dem aktuellen Flugplan zusammen. Auf Cabo Verde spezialisierte Reisebüros und die Büros und Website der Airline Binter CV (s.o.) helfen dabei. **Reiserouten** sollte man so planen, dass man schwerer zu erreichende Inseln zu Beginn der Reise besucht und am Ende einen Erholungstag auf der Insel einplant, von der man den Rückflug nach Europa antreten wird.

■ **Buchen Sie rechtzeitig!** Die Flüge zwischen den Inseln sind in den Ferienzeiten, zum Karneval und zu den Musikfestivals früh ausgebucht. Überbuchungen sind selten. Als unvermeidbar muss man anerkennen, wenn aus einer Maschine Sitze ausgebaut werden, um den Liegendtransport eines Notfallpatienten zu ermöglichen.

■ **Bestätigen Sie Ihre Weiterflüge** spätestens am Tag vor dem jeweiligen Flug (obligatorisch, sonst wird der Fluggast gestrichen, auch wenn ein „Okay" im Ticket steht). Die Rückbestätigung kann telefonisch oder persönlich erfolgen. Erfragen Sie am Vortag nochmals die exakte Zeit. Änderungen können bis in letzter Minute erfolgen.

■ Der **Check-in** erfolgt 2 Stunden vor der Abflugzeit. Dies ist auch auf den kleinen Flughäfen unvermeidbar, da die Gepäckaufnahme abgeschlossen sein muss, bevor die Maschine eintrifft.

■ Das **Gepäck** (20 kg) kann auf Inlandsflügen auch verspätet (z.B. am nächsten Tag) ankommen, da die kleinen Maschinen nur über einen begrenzten Frachtraum verfügen. Wichtige Fracht wie Ausstattungen für Impfkampagnen hat Vorrang vor persönlichem Gepäck, normales Gepäck hat Vorrang vor Sperrgepäck. Das gilt auch für Fahrräder und Surfboards. Daher sollten Sie auf Zwischenflügen immer Wäsche für zwei Tage im Handgepäck haben. Beim Einchecken Ihres Gepäcks sollten Sie am Schalter den Endpunkt Ihres Fluges angeben, damit das Gepäck direkt auf diese Insel durchgecheckt wird (nicht immer möglich, Auskunft einholen). Kennzeichen Sie Ihr Gepäck gut lesbar mit der Adresse Ihrer Unterkunft, einschließlich der Telefonnummer, die benötigt wird, wenn Sie beim Eintreffen des Gepäcks benachrichtigt werden wollen.

Inlandsflugpreise (one way)

■ Ca. 11.000 CVE für die „langen" Strecken Sal – Praia, Sal – São Vicente, Praia – São Vicente, Praia – São Nicolau.
■ Ca. 9000 CVE für die „mittleren" Strecken Sal – São Vicente, Praia – Boa Vista.
■ Ca. 4500 CVE für die „kurzen" Strecken Sal – Boa Vista, Praia – Fogo, Praia – Maio.
■ Nicht abgeflogene Strecken können abhängig von der Buchungsklasse ggf. rückerstattet werden.

Flugzeiten (ca. in Min.) zwischen den Inseln

■ Sal – São Vicente: 50
■ Sal – Santiago: 50
■ Sal – São Nicolau: 40
■ Santiago – Fogo: 30
■ Santiago – Maio: 10
■ Sal – Boa Vista: 20

Entfernungen der Inseln untereinander (Luftlinie, in km)

■ Santo Antão – São Vicente: 20
■ São Vicente – São Nicolau: 50
■ São Nicolau – Sal: 110
■ Sal – Boa Vista: 40
■ Brava – Fogo: 20
■ Fogo – Santiago: 55
■ Santiago – Maio: 25
■ Maio – Boa Vista: 80
■ Sal – Santiago: 210

Mit dem Schiff

Zwischen den südlichen Inseln des Sotavento ist eine Katamaran-Schnellfähre im Einsatz. Der Fährverkehr **zwischen São Vicente und Santo Antão** ist zuverlässig und pünktlich dank zwei bis drei Schiffen verschiedener Reedereien. Auf allen anderen Strecken richten sich die Fahrpläne nach dem Frachtaufkommen. Abfahrtszeiten werden immer wieder per Radio angekündigt und dann doch verschoben, weil zu wenig Fracht eintrifft. Bei zu heftigem Seegang können Fährverbindungen ausgesetzt werden oder die Schiffe für Wartungsarbeiten in die Werft von São Vicente kommen.

Um eventuelle **Verspätungen oder Ausfälle** abpuffern zu können, empfehlen wir, Überfahrten von Brava und São Nicolau nicht für die letzten Tage eines Urlaubs zu planen.

Am 25. Dezember und am Neujahrstag verkehren die Fähren nicht,

und auch der Sammeltaxiverkehr fällt weitgehend aus.

Vorbuchungen sind bei den Schnellfähren üblich. Zwischen Santo Antão und São Vicente werden Rückfahrkarten verkauft.

Unterwegs mit dem Sammeltaxi (Aluguer)

Verbindungen

São Vicente (Mindelo) – Santo Antão (Porto Novo)
3- bis 4x täglich, pünktlich, Fahrzeit 1 Std.

■ **Reederei ARMAS,** www.navieraarmas.com
Ältere RoRo-Autofähre „Mar d'Canal" für 400 Passagiere und 60 Fahrzeuge, Tickets in São Vicente am Fährhafen, in Porto Novo im neuen Fährgebäude neben der Informação Turística.

■ **Reederei POLARIS**
Ältere RoRo-Autofähre „Interilhas" in gutem Zustand für 400 Passagiere und 60 Fahrzeuge, Tickets in São Vicente am Fährhafen und in Porto Novo im neuen Fährgebäude im 1. Stock.

Brava – Fogo – Santiago (Praia) und Santiago (Praia) – São Nicolau – São Vicente (Mindelo) (alle 14 Tage)
■ **Reederei CV FastFerry,** www.cvfastferry
Katamaran-Schnellfähre. Büros in Praia (Plateau), Rua Andrade Corvo 35, Tel. 2617552, Fogo, São Filipe, Tel. 2812210, und Brava, Furna, Tel. 2822859.

Fahrpläne, Preise und Infos im Internet
■ **www.bela-vista.net/Faehre.aspx**

Mit dem Sammeltaxi (Aluguer)

Das Sammeltaxi, in Cabo Verde *Aluguer* (dt. „zu mieten") genannt, ist das **gebräuchlichste Verkehrsmittel.** Eingesetzt werden Kleinbusse und Pickups, ausnahmslos mit einem Schild „Aluguer" und der maximal zulässigen Passagierzahl gekennzeichnet. Kinder bis ins Schulalter werden nicht mitgezählt. Aluguers unterliegen der technischen Überwachung.

Zwei Varianten der Beförderung stehen zur Wahl: **Colectivo** bezeichnet den Sammelverkehr, d.h. das Fahrzeug fährt erst dann, wenn es voll ist. Die Preise sind fest und günstig. Für Gepäck kann ein Aufpreis erhoben werden.

Frête oder **Aluguer** (dt. Fracht oder Miete) bedeutet, dass man Wagen und Fahrer anmietet. Das kostet den zehnfachen Preis der Einzelfahrt. Der Vorteil besteht darin, dass Ausgangspunkt, Abholung, Ort und Zeit festgelegt werden können und der Fahrer anhält, wo man will. Rückfahrt (Ort, Zeit) unbedingt vereinbaren. Oft wird Touristen eine Frête angeboten, obwohl es Sammelverkehr gibt. Wenn Sie es nicht eilig haben, heißt die Zauberformel „Um ta esperá colectiv" (Ich warte auf den Sammelverkehr).

Aluguers halten überall auf Verlangen der Passagiere. In großen Städten gibt es feste **Endhaltestellen.** Während auf großen Strecken fast ständig Fahrzeuge pendeln, werden kleine Dörfer meist nur zweimal am Tag bedient, zu Beginn und zum Ende der weiterführenden Schulen oder zu den Ankunftszeiten der Fähren. Fahrten im Aluguer gehören zum Reiseerlebnis Cabo Verde. In drangvoller Enge wird alles befördert, einschließlich lebenden Hühnern und Ziegen. Leicht ergibt sich ein Gespräch mit den anderen Passagieren, falls das Radio nicht alles übertönt.

Preisbeispiele
- **Auf Santo Antão:** Porto Novo (Hafen) – Rª Grande: 450 CVE, Ribeira Grande – Ponta do Sol: 100 CVE.
- **Auf Santiago:** Praia – Cidade Velha: 150 CVE, Praia – Tarrafal (Strand): 600 CVE.

Mit dem Taxi

Durch die Städte wuseln die Taxis, in einheitlicher, aber **auf jeder Insel anderer Lackierung.** In São Vicente sind sie weiß wie im modernen Portugal, auf Sal hellblau wie Himmel und Meer und im amerikanisch geprägten Fogo knallgelb wie in Manhattan. Auf den gebirgigen Inseln und in Mindelo verkehren auch Taxi-Geländelimousinen.

Taxameter bleiben abgeschaltet, weil nach Festpreis abgerechnet wird. **Fragen Sie nach dem Preis,** bevor Sie einsteigen (v.a. in Praia). Lassen Sie sich von einem Taxifahrer, mit dem sie zufrieden waren, dessen Handynummer geben.

Preisbeispiele
- **Flughafen Praia – Praia:** 500–900 CVE
- **Flughafen Praia – Tarrafal de Santiago:** 7000 CVE
- **Flughafen Sal – Espargos:** 300 CVE
- **Flughafen Sal – Santa Maria:** 1000 CVE
- **Flughafen São Vicente – Stadt:** 900 CVE
- **Innerhalb São Vicentes:** Stadtmitte bis Vorort 170 CVE, von einem Ende der Stadt zum anderen 200 CVE, nachts 200–250 CVE
- **Taxi ganztags für Inselrundfahrten** etc.: 8000–12.000 CVE
- **Nachtzuschläge:** innerstädtisch ca. 50 CVE; zum Flughafen 100% des Fahrpreises

Hinweis: Stadtbusse verkehren nur in Mindelo und Praia in alle Vororte (Preis: 44 CVE).

Mit dem Mietwagen

Auf allen Inseln werden Mietwagen angeboten, vom Kleinwagen bis zu Gelände-Cruisern. Von der Anmietung privater Fahrzeuge ist abzuraten, weil Versicherungsschutz und klare Rechtsverhältnisse im Schadensfall fehlen.

Ein Mietwagen hat Vor- und Nachteile. Im Vergleich zu organisierten Ausflugsfahrten auf den flachen Inseln und der Nutzung eines Kleinbusses oder Taxis auf den gebirgigen Inseln überwiegen nach unserer Erfahrung die **Nachteile,** denn:

- Der Gewinn an Freiheit bzw. Flexibilität ist bescheiden;
- die Kosten sind höher;
- Sie können den Wagen nicht am einsamen Straßenrand parken und sich aufmachen in die Berge oder an den Strand; parkt man in Dörfern, findet man bei der Rückkehr den Wagen außen von Kindern umringt und innen stickig-heiß vor;
- bevor es losgeht, muss man die Konditionen des Mietvertrags sehr genau lesen (und verstehen), einen größeren Betrag als Kaution hinterlegen und sich mit Beulen, Kratzern, Tankfüllung, Reserverad und Werkzeug beschäftigen;
- die Orientierung ist nicht einfach und verlangt zumindest eine exakte Karte;
- ein Taxi oder Kleinbus mit Fahrer kostet meist weniger als ein Mietwagen. Kaution und Vertrag fallen weg, man hat einen lokal vertrauten Führer und Begleiter, sieht mehr von der Landschaft und hat respektvollen Kontakt zur Bevölkerung. Und nach Stopps findet man immer ein durchlüftetes Fahrzeug vor. Im Falle eines Schadens oder Unfalls bleibt man unbeteiligt.

Tipps/Regeln bei der Anmietung

- Melden Sie sich am Vortag an, denn zumeist haben die Vermieter nur wenige Wagen.
- Führerscheine der EU werden akzeptiert (in Verbindung mit dem Pass).
- Von den internationalen Firmen ist nur Hertz auf Sal vertreten und akzeptiert (VISA-)Kreditkarten als Kaution, während bei nationalen hohe Bar-Kautionen üblich sind (40.000–100.000 CVE).
- Bei Ankunft am Flughafen in der Nacht, insbesondere in Praia, ist es für Ortsunkundige unabdingbar, bei der nächtlichen Fahrt bis zu ihrer Unterkunft einen ortskundigen Begleiter zu haben. Die Vermietstationen am Flughafen in Praia schicken nachts ein Begleitfahrzeug mit in die Stadt.
- Sie übernehmen das Fahrzeug voll getankt, was Sie überprüfen sollten, genauso wie Ölfüllung, Werkzeug und Reserverad. Nehmen Sie das Prüfen des Fahrzeugs vor Fahrtantritt ernst (ggf. Fotos machen), und lassen Sie auch die kleinste Beule im Vertrag vermerken.
- Fahren Sie auch mit Geländewagen nur abseits der Straßen, wenn Geländebetrieb ausdrücklich im Vertrag vorgesehen ist.
- Geben Sie das Fahrzeug pünktlich zurück.

Autofahren in Cabo Verde ist anders als in Mitteleuropa. Jederzeit können Kinder, Ziegen, Schlaglöcher, Steinschläge oder ungesicherte Baugruben auftauchen. An unübersichtlichen Kurven im Gebirge ist anhaltendes Hupen üblich. Als langsamerer und umsichtiger Fahrer fahren Sie kurz rechts ran, wenn Sie jemand überholen will. Von Nachtfahrten ist abzuraten. Tankstellen gibt es in den Distriktstädten.

Genaue **Karten** von den meisten Inseln können Sie sowohl in Cabo Verde als auch online kaufen (siehe www.belavista.net/buch-order.aspx).

Straßenverkehr

Es herrscht **Rechtsverkehr. Überlandstraßen sind gepflastert und zunehmend asphaltiert,** sodass die Straßen etwa die Hälfte der in Europa üblichen Durchschnittsgeschwindigkeiten erlauben. Mit Sammeltaxis im Überlandverkehr kommt man auf etwa 30 km/h. Fahrspuren in Flussbetten, Staub- und Schotterstraßen ergänzen das Netz. Seltene tropische Platzregen können zu Unterbrechungen führen.

Schwere **Unfälle** kosten unverhältnismäßig viele Menschenleben. Steigen Sie sofort aus, wenn ein Fahrer betrunken oder übermäßig risikobereit sein sollte!

Fahrrad-, Motorroller- und Quad-Verleih

Die **Resorthotels auf Sal und Boa Vista** verleihen oder vermitteln den Verleih meist einfacherer Motorroller und von Quads. Organisierte Ausflugsfahrten haben den freien Verleih von Quads vollständig ersetzt.

Zum Verleih von Fahrrädern siehe „Sport und Freizeit/Mountainbiking".

Organisierte Rundfahrten

Reisebüros auf den Inseln und die großen Hotels (siehe „Reiseveranstalter in Cabo Verde" und bei den jeweiligen Inseln) organisieren Ausflüge und individuelle Rundfahrten von wenigen Stunden bis zu einigen Tagen. Sie kümmern sich um Flüge, Transfers, Quartiere, den Transport (oder Mietwagen), Fähren etc., sowohl für Einzelreisende als auch für Gruppen, ggf. mit mehrsprachigen Reisebegleitern.

Reiseplanung

Cabo Verde ist **kein Low-Budget-Ziel**: Inlandsflüge, fehlende Campingmöglichkeiten, aufwändige Transporte und vergleichsweise hohe Lebensmittelpreise treiben die Kosten in die Höhe.

Die Reiseplanung und die Entscheidung, ob man die Inseln auf eigene Faust erkundet oder sich einer organisierten Reise anschließt, hängen von verschiedenen Überlegungen ab.

Die Vorteile eines **Reiseveranstalters** liegen auf der Hand:

- **Beratung** erspart Vorbereitungszeit.
- **Betreuung** auf den Inseln.
- Geregelte **Logistik** (beispielsweise Abstimmung der Inselrundreise auf den Flugplan, Zwischen- und Gepäcktransporte auf Trekkingtouren etc.).
- **Zeitersparnis** bei Transport und Quartiersuche.

- **Reiseveranstalter vor Ort** sind flexibler, bieten aber weniger Rechtssicherheit. Ideal sind Veranstalter, die in Europa und auch in Cabo Verde als Firmen registriert sind.

Wer es vorzieht, seine Reise frei und ungebunden **auf eigene Faust** zu organisieren, Kontakte zu knüpfen und unterwegs seine Pläne zu ändern, der kann dies in Cabo Verde tun und findet zunehmend bessere Informationen in der Reiseliteratur und im Internet.

Folgende Faktoren sollten Sie dabei berücksichtigen:

⌄ Weiter Sandstrand bei São Pedro auf São Vicente

- Detaillierte **Informationen einholen** (Reiselektüre, Karten, aber auch Romane, Filme oder Bildbände, um sich einzustimmen).
- **Größeren Zeitrahmen einplanen**, der Orientierung vor Ort, Quartiersuche, Pannen und Verspätungen berücksichtigt.
- **Vorausbuchung der Flüge** spart Geld und Zeit.
- **Vorausbuchung der Unterkünfte** ist zumindest während der Saison und zu besonderen Ereignissen sowie für die erste Nacht nach Ankunft und die Nacht vor dem Abflug zu empfehlen.
- **Basissprachkenntnisse** in Portugiesisch, Französisch und Spanisch sind von Vorteil. Auf Boa Vista und Sal ist Italienisch üblich, Englisch gewinnt im Tourismus rasch an Bedeutung.

Reisezeit

In Cabo Verde ist rund ums Jahr Reisezeit. Zur Freude der Gäste und zum Nachteil der Bewohner scheint die Sonne genauso häufig wie in der Wüste von Arizona. Von Oktober bis Juli weht der Passat, das Wetter gleicht dann einem schönen sonnigen Junitag in Europa. Im Sommer (Juli bis September) werden 30°C nur selten überschritten, doch da der Wind nachlässt, erscheint es einem heißer.

In den **Sommer- und Weihnachtsferien** nimmt der Strom der Reisenden (Touristen und Emigranten) deutlich zu, und Flüge müssen längerfristig reserviert werden.

Am **Karnevalswochenende** und zum Festival in Baía das Gatas im August gibt es einen Rush auf São Vicente, d.h. eine Woche vorher gibt es weder Flüge noch Pensionen. Fogo ist zum 1. Mai, Porto Novo zum 24. Juni ausgebucht.

Reiseveranstalter in Cabo Verde

- **Aliança Krioula**
– Praia, Santiago, R. Serpa Pinto 4,
Tel. 2615551, 2611737
– Aeroporto Amílcar Cabral, Sal,
Tel. 2411545, 2411087
– Mindelo, São Vicente
R. Senador Vera Cruz 57, Tel. 2313847, 2313859
- **Alsatour,** www.alsatour.de
Paúl, Santo Antão, Tel. 2231213
- **aventura,** www.aventura-turismo.com
– São Vicente, Mobil 9944386
– Praia, Santiago, Mobil 9582133
- **BarracudaTours,** www.barracudatours.com
– São Vicente, Rua de Coco, 28-A,
Mindelo, Tel. 232559
– Boa Vista, Av. 4 de Julho, 236 C, Sal Rei,
Tel. 2511907, Mobil 9879037/8
– Sal, Santa Maria,
Edifício Barracuda, Zona Praia 33,
Tel. 2422033/34, Mobil 9831225
- **CiTS – Cabo Verde Touristic**
Aeroporto Amílcar Cabral, Sal, Tel. 2418097
- **Kapverden Reisebüro Schellmann (Reiseträume)**
www.reisetraeume.de/kapverden
Calheta de São Miguel, Santiago,
Mobil 9967930, Tel. 2732078
- **kapverdenwandern.de**
www.kapverdenwandern.de
Mindelo, São Vicente, Tel. 2316609
- **Mindelinside**
Mobil 9580498, 9821128,
Geführte Touren für Individualtouristen, TV, Film und Fotografie auf São Vicente, Santo Antão und São Nicolau
- **Novatur,** www.novatur.cv
Praia, Avenida Cidade de Lisboa, Tel. 2612717

Reiseveranstalter in Cabo Verde

■ **Praiatur Lda**
100, Av. Amílcar Cabral, Praia, Santiago,
Tel. 2615746

■ **Qualitur, Viagens e Turismo Lda.**
Rua do Hospital, Achada Pato, São Filipe, Fogo,
Tel. 2811089

■ **Sol Antlântico**, Praia, Tel. 612589

■ **Soul Tours,** www.soultours.ch
Spezialreisebüro für Cabo Verde mit Sitz
auf Santiago: Ponta de Atum – Cidade do Tarrafal,
Tel. 2662435, Mobil 9178529/20

■ **Tropictur**
– Mindelo, São Vicente, Rua Lisboa, Tel. 2314188
– Praia, Santiago, Rua 5 de Julho, Tel. 2611240

■ **Verdeantours**
Praia, Santiago, R. Serpa Pinto,
Tel. 2613869, 2613940

■ **Vista Verde Tours,** www.vista-verde.com
– Fogo, São Filipe, Mobil 9930788
– Sal, Santa Maria, Mobil 9930788
– São Vicente, Mindelo, Mobil 9930788
Incoming-Agentur für verschiedene europäische Reiseveranstalter

Spezialveranstalter (Hochseefischen)

■ **Billfish-Club Cabo Verde**
Mindelo, São Vicente, Tel. 2315326, Mobil 9915748,
www.capeverde-fishing.com
Berno Niebuhr ist IGFA-Repräsentant in Cabo Verde. Mit zwei voll ausgestatteten Hochseemotorbooten besucht er die besten Reviere für Marline und andere Großfische. Eine dreiköpfige, Englisch sprechende Crew unterstützt die max. 4 (10-m-Boot) oder 6 (11 m) Gäste. Schwert tragende Fische werden nur getötet, wenn es sich um einen Rekordfang handelt, ansonsten werden sie für die Forschung markiert und gehen zurück ins Meer.

■ **Centro de Pesca Deportiva do Mindelo**
Alto Fortim, São Vicente, Mobil 9951546,
www.capeverdemarlin.com
Didier Jeanne betreibt neben dem professionellen Sportfischerzentrum auch eine sehr schöne Pension hoch über der Stadt. Zwei voll ausgerüstete 33'und 44' Hochseemotorboote und die intime Kenntnis der besten Marlinreviere im Barlavento sind die Grundlage für erfolgreiche Fischzüge. Die Crew spricht französisch, portugiesisch und englisch.

■ **Fogo Seafishing, Pesca Deportiva & Lodge**
Rua da Câmara Municipal, São Filipe, Fogo,
Mobil 9914566, www.zebratravel.net
Dona Luísa organisiert die Anreise und Unterkunft im eigenen Reisebüro und in einem der schönsten historischen Gebäude der Stadt. Ihr Mann *Morten*, erfahrener Seebär aus Dänemark, kümmert sich um das professionelle Sportfischerzentrum mit voll ausgerüsteten 33' Stuart- und 45' Hateras-Booten. Die Crew spricht dänisch, deutsch, holländisch, englisch und kreolisch.

■ **Sport Fishing Sal**
Odisseia-Hangar beim Pontão, Sal,
Mobil 9965232, www.salsportfishing.com
Halbtages- und Ganztagestouren mit 10-m-Boot, Big Game, portugiesisches Management.

■ **Zebrajet Sal**
Neben der Tauchbasis Scuba Team Morabeza beim Pontão, Sal, Mobil 9743646,
www.zebrajet.com
Von einem erfahrenen Guide begleitete Jet-Ski-Touren auf Yamaha VX 4-Takt.

Reise-
versicherungen

Zunächst ein Tipp: Für alle Versicherungen, die man abschließt, sollte man die **Notfallnummern** notieren und mit der **Policenummer** gut aufheben!

Bei Eintreten eines Notfalls sollte die Versicherungsgesellschaft unverzüglich verständigt werden! Dies gilt auch bei einem Schadensfall im Urlaub, der durch die reguläre Haftpflicht- sowie Unfallversicherung daheim abgedeckt wird, wenn man den Schaden direkt vom Urlaubsort meldet.

Grundsätzlich gilt, dass Versicherungspakete oft teuer sind und Versicherungen enthalten, die man nicht benötigt. Man sollte aber existenzielle Risiken absichern, und dazu gehört an erster Stelle eine **Auslandskrankenversicherung** (siehe Kapitel „Gesundheit").

Ob es sich lohnt, **weitere Versicherungen** abzuschließen (Reiserücktritts-, Reisegepäck-, Reisehaftpflicht- oder Reiseunfallversicherung), ist individuell abzuklären. Gerade diese Versicherungen enthalten sehr viele **Ausschlussklauseln,** sodass sie nicht immer Sinn machen.

Die **Reiserücktrittsversicherung** für 35–80 Euro lohnt sich nur für teure Reisen und für den Fall, dass man vor der Abreise einen schweren Unfall hat, schwer erkrankt, schwanger wird, gekündigt wird oder nach Arbeitslosigkeit einen neuen Arbeitsplatz bekommt, die Wohnung abgebrannt ist u.Ä. Ausgeschlossen sind hingegen Terroranschläge, Streiks, Naturkatastrophen etc.

Die **Reisegepäckversicherung** lohnt sich seltener, da z.B. bei Flugreisen verlorenes Gepäck oft nur nach Kilopreis und auch sonst nur der Zeitwert nach Vorlage der Rechnung ersetzt wird. Wurde eine Wertsache nicht im Safe aufbewahrt, gibt es bei Diebstahl auch keinen Ersatz; Kameraausrüstung und Laptop dürfen beim Flug nicht als Gepäck aufgegeben worden sein; Gepäck im unbeaufsichtigt abgestellten Fahrzeug ist ebenfalls nicht versichert – die Liste der Ausschlussgründe ist endlos … Überdies deckt häufig die Hausratsversicherung schon Einbruch, Raub und Beschädigung von Eigentum auch im Ausland. Für den Fall, dass etwas passiert ist, muss der Versicherung als Schadensnachweis ein Polizeiprotokoll vorgelegt werden.

Eine **Privathaftpflichtversicherung** hat man in der Regel schon. Hat man eine **Unfallversicherung,** sollte man prüfen, ob diese im Falle plötzlicher Arbeitsunfähigkeit aufgrund eines Unfalls im Urlaub zahlt. Auch durch manche (Gold-)**Kreditkarten** ist man für bestimmte Fälle schon versichert. Die Versicherung über die Kreditkarte gilt allerdings meist nur für den Karteninhaber!

Versicherungspakete

Alle oben genannten Versicherungen werden zusammengefasst auch als Paket angeboten. Je nachdem, wie Sie sich versichern wollen, kann dies **preiswerter** sein als die Summe der Einzelversicherungen. Das Original des Versicherungsscheines bleibt zu Hause. Sie reisen mit einer Fotokopie. Im Schadensfall sollten Sie sich umgehend mit der Notrufzentrale Ihrer Versicherung in Verbindung setzen, um den Fall zu melden und notwendige Instruktionen zu erhalten. Alle Auslagen erfolgen vor Ort durch den Versicherten und werden nach Rückkehr bei der Versicherung (mit Belegen, Bestätigungen) vorgelegt.

Tipp: Vergleiche der Versicherungen und Leistungen lohnen. Falls Sie Ihre Reise mit **Kreditkarte** bezahlen, kann über die Kreditkartenorganisation die Reiseversicherung eingeschlossen sein mit einer in Leistungen und Bedingungen wechselnden Abdeckung. Lesen Sie das Kleingedruckte, und nehmen Sie die Notrufnummer der Versicherung mit!

Veranstalter: Pleite!

Jeder, der eine **Rund-** oder **Pauschalreise** bucht, hat das Recht darauf, sich zu vergewissern, dass der Veranstalter für den Fall der Insolvenz versichert ist. Für Veranstalter mit Sitz in Deutschland gilt: Spätestens bei der ersten (An-)Zahlung sollte der Veranstalter bzw. das Reisebüro dem Kunden deshalb einen **Sicherungsschein** aushändigen. Wenn das nicht passiert, muss man annehmen, dass der Veranstalter nicht versichert ist und der Kunde bereits bezahlte Reiseleistungen wie den Rückflug im Falle der Insolvenz nicht erhält!

Sicherheit und Kriminalität

Politische und soziale Sicherheit haben einen hohen Stellenwert in Cabo Verde, weshalb das Land zu den stabilsten Ländern in Afrika zählt. Es gibt keine organisierten Gruppen politischer oder religiöser Fanatiker, Konflikte werden mit rechtsstaatlichen Mitteln gelöst.

Das **organisierte Verbrechen** (transkontinentaler Drogenhandel, Menschenhandel, Geldwäsche und Korruption) berührt die Urlaubsreisenden wenig.

Individuelles Fehlverhalten und Kriminalität machen deshalb keinen Bogen um den Archipel. Seit der Tourismus zunimmt, liest man Berichte von **Diebstählen und Überfällen** auf Reisende. Wie an anderen Touristenorten auch, konzentrieren sich die Täter **vorwiegend** auf **Strände und Städte,** während die klassischen Wanderreviere auf Santo Antão und Fogo nahezu unverändert sicher geblieben sind. Aus Boa Vista, Sal, São Vicente und Santiago wird berichtet, dass Touristen auf Wanderungen, an abgelegenen Plätzen oder nachts beraubt wurden. Professionalität und Schwere der Überfälle haben mit dem Tourismusboom deutlich zugenommen.

In **São Vicente** und **Praia** kommen Gruppen sogenannter **Straßenkinder** hinzu, die auch tagsüber aktiv sind. Das Risiko geht aber seit Jahren zurück. Die Bezeichnung *Kasu Bodi* (abgeleitet vom US-Slang *cash or body*) hat Eingang gefunden ins Kreolische und benennt sowohl den Überfall selbst als auch die meist jugendlichen Täter beider Geschlechter! Inwieweit aus den USA und Europa abgeschobene Jugendliche beteiligt sind, sei dahingestellt. Der Sündenbock sind sie allemal.

Hoteliers wissen von **Beischlafdiebstählen** durch Gelegenheitsprostituierte. Die doppelt erleichterten Sextouristen beschweren sich nur selten bei der Polizei und nie öffentlich.

Von den **Seglern** geht die Mär, dass sie sich gegenseitig genauso heftig beackern, wie sie von außen bedrängt werden. Unbewachte Jachten werden schnell entdeckt und ausgeräumt.

Wenn wir die Kriminalität in Schwellenländern im Allgemeinen und in Cabo Verde im Besonderen bewerten wollen, kommen wir mit einem bestenfalls blauäugigen Argument wie „Mir ist bisher nie etwas passiert" so wenig weiter wie mit emotionalisierten Einzelfallbeschreibungen. Als **übliches Maß** krimineller Aggression in einer Gesellschaft werden die Morde pro Jahr pro 100.000 Einwohner gesehen. Morde werden recht zuverlässig erfasst und korrelieren erfahrungsgemäß mit der Häufigkeit von Körperverletzung, Raub und schwerem Diebstahl, sodass dieser Indikator Sinn macht. In Cabo Verde ist die Mordrate zwischen 1996 und 2007 von 5 auf 11 Fälle pro 100.000 Ew./Jahr angestiegen. Sie hat damit den geschätzten Weltdurchschnitt von 7,6 (2004) überschritten. Für Schweizer (0,7), Deutsche (0,9) und Österreicher (1,3) signalisiert dies ein deutlich höheres Risiko. US-Amerikanern (6), Balten (9) und Russen (15) ist ein Gefährdungspotenzial wie in Cabo Verde vertraut. Brasilianer (25) und Südafrikaner (40) dürfen sich weniger beunruhigt fühlen als zu Hause.

Urlaubsreisende verhalten sich nicht selten vertrauensselig bis zur völligen Fahrlässigkeit. Dem liegt ein Wunschdenken zugrunde. Ein schöner Aspekt der Urlaubsfernreise liegt darin, in unbekannte Landschaften und Gesellschaften zu führen. Der Mangel an Zeit rechtfertigt, dass man Örtlichkeiten und Kultur nicht wirklich kennen lernen muss – insbesondere nicht die negativen Seiten. Man erlaubt sich, durch einen mitgebrachten Traum zu reisen, abzuschalten von den Sorgen zu Hause und die Probleme und Nöte rings um einen her nur oberflächlich wahrzunehmen. Sagen wir, das sei gut so, weil es erholsam ist. Der **gewollte Realitätsverlust** darf aber nicht so weit gehen, dass der Reisende nicht mehr wahrnimmt, dass mangelnde Orts-, Sprach- und Kulturkenntnis ihn zusätzlich gefährden.

Man muss auf Reisen bewusster auf sich aufpassen als zu Hause! In einsamen Berglandschaften des Allgäus genauso wie in Santo Antão hegt man keinen Verdacht – ohne dabei dümmlich distanzlos zu werden. Im städtischen Umfeld Cabo Verdes, einschließlich Sal und Boa Vista, und vor allem nachts, muss man ähnlich vorsichtig sein wie in einer europäischen Großstadt.

Umsicht ist angesagt, und es empfiehlt sich:

- nicht durch auffälligen Schmuck oder offen getragene Kameras Begehrlichkeiten zu wecken;
- gegenüber sich rasch aufdrängenden „Freunden", auch Europäern, Vorsicht walten zu lassen;
- einsame Plätze in und um Praia, Mindelo, auf Boa Vista und Sal sowie in den nördlichen Landkreisen Santiagos nicht ohne kapverdische Begleiter zu besuchen;

- nach einem Disco- oder Restaurantbesuch auch kurze Strecken mit dem Taxi zu fahren;
- Fotokopien von Pass und Reisedokumenten mit sich zu führen und die Originale im Hotel zu deponieren;
- Geld nur portionsweise von der Bank zu holen, im Hotelsafe zu deponieren und in der Geldbörse nur kleine Beträge zu haben;
- als Segler sich unverzüglich beim Hafenmeister anzumelden und das Boot nie unbewacht zu lassen;
- sich bei größeren Käufen (Immobilien) durch einen Rechtsanwalt vertreten zu lassen.

Viele Kapverdianer sind zur Ehrlichkeit erzogen, couragiert und hilfsbereit. Sollte man in Gefahr geraten, ist es völlig richtig, lautstark auf seine Not aufmerksam zu machen.

Als Frau allein hat man keine überhöhten Risiken zu befürchten und wird mit Hilfsbereitschaft, Würde und Respekt behandelt. Vergewaltigungen und der Missbrauch Jugendlicher werden als schwere Delikte angesehen und von Polizei und Gerichten konsequent verfolgt.

Sport und Freizeit

Wassersport

Cabo Verde mit seinen weiten Stränden und ganzjährig sonnigem Klima eignet sich hervorragend für Aktivitäten im und am Wasser: Surfen, Schnorcheln, Tauchen, Segeln und Schwimmen.

Das ganze Jahr über ist der Atlantik angenehm warm (22°C im Feb./März, 27°C im Sept./Okt.). In den Wintermonaten von Dezember bis März kann es zu heftigem Wind, Brandung und Strömungen und dadurch bedingten Beeinträchtigungen kommen.

Badesaison ist das ganze Jahr über, aber abseits von Sal, Boa Vista und Maio ist Cabo Verde **keine reine Badedestination** und auch auf den flachen Inseln eher ein Wassersport-Eldorado! Zwar gibt es immer mehr Strandhotels, doch die Infrastruktur rund um die Unterkünfte entwickelt sich weniger schnell, und mancher Gast sucht vergeblich nach den typischen Strandklischees wie schattige Palmen, Strandliegen, Snackbars und Eisdielen. Mitunter sind wir Badetouristen begegnet, deren Erwartungen enttäuscht wurden. Der Tenor der Klagen: Man verliere sich gelangweilt in der Isolation der Hotels, der Strand sei windig und ohne Schatten, und das Ausgehen am Abend beschränke sich auf lokale Kneipen. Gut informierte Reisende, die einen nicht zu „umtriebigen" und lauten Urlaub wünschen, genauso wie Aktivurlauber (Tauchen, Surfen, Segeln, Hochseefischen, Wandern etc.) finden hervorragende Bedingungen vor und kehren zufrieden nach Hause zurück.

Ideal für aktive Strandurlauber sind **Sal, Boa Vista** und **Maio,** wo Hotels und Pensionen an kilometerlange Sandstrände anschließen. Auf **Santiago** sind der quirlige Strand von **Tarrafal** und die einsamen Strände von **São Francisco** und **Praia Baixo** auch für ruhigere Naturen geeignet.

In **São Vicente,** am breiten Strand von **São Pedro,** erwartet das Hotel Foya Branca Strandgäste. Der Familienstrand von **Baía das Gatas** besitzt eine angenehme kleine Pension und auch **Calhau** hat eine komfortable französische Pension. Die Segler und Hochseefischer bleiben in **Mindelo.**

In **Santo Antão** bietet sich **Tarrafal de Monte Trigo** für einige Tage Entspannung am Wasser an. Alle anderen großen Strände sind schwer zugänglich und durchaus gefährlich.

São Nicolau besitzt weite Strände bei Tarrafal, die man in 20 Min. zu Fuß erreicht. Der schönste Strand, **Praia debaixo da Rocha,** liegt für Lauffaule zu weit ab, wird aber in volksfestartiger Stimmung an Wochenenden mit Fischerbooten besucht.

Grundsätzlich sollte man sich an den Stränden vor **heftiger Brandung** oder **Strömungen** in Acht nehmen. Der Gezeitenunterschied ist gering, aber die gezeitenabhängigen Strömungen sind kräftig. Der Fischreichtum bringt es mit sich, dass sich in den Gewässern **Haie** (Hammer-, Tiger-, Ammen- und Weiße Haie) aufhalten. Sie finden genügend Nahrung und sind nicht aggressiv. Gewöhnlich

Die Marina von Mindelo auf São Vicente

Tauchen

Schon *Jacques-Yves Cousteau* beschrieb in seinem 1948 entstandenen Buch „Die schweigende Welt" das Tauchen rund um Cabo Verde als ein „überwältigendes Erlebnis". Die gebirgige Oberflächenstruktur der Inseln setzt sich unter der Meeresoberfläche mit **abwechslungsreichen Tauchgebieten in allen Tiefen** fort: steile Felswände, die von gelben Röhrenkorallen bewachsen sind, massive Felsformationen mit hohen Wänden und riesigen Blöcken, Höhlen, Grotten, Tunnels, Spalten und Riffe, schräg abfallende Lavageröllhalden. In einigen Gebieten, z.B. im Westen der Insel Boa Vista, dominiert reiner Sandboden. Ausgedehnte Korallenriffe gibt es weder hier noch an der westafrikanischen Küste aber kleinere Gebiete mit reichem, teils saisonalem Vorkommen an Korallen in Höhlen und Grotten.

Das saubere Wasser hat eine **vielfältige und fischreiche Unterwasserfauna und -flora** begünstigt. Die Tauchgründe sind nicht ganz so bunt wie in reinen Tropengewässern, doch wurden über 100 Fischarten und unzählige Krebs-, Schnecken-, Muschel- und Schwammarten gesichtet. Als Besonderheit gilt das Vorkommen von Kaltwasser- und Tropenfischen am gleichen Ort. Kapitale Einzelexemplare und beeindruckende Schwärme können auch nahe der Küste beobachtet werden, doch sollte man sich davor hüten, den „Erfolg" der Tauchgänge ausschließlich an der Zahl der gesichteten Großfische zu messen. Es sind die Vielfalt der Arten, Formen und Farben und der gebirgigen Unterwasserlandschaften, das Tauchen in Cabo Verde besonders attraktiv machen.

kommen sie nur an Steilküsten und Hafenmolen in die Nähe des Landes.

Nacktbaden ist **vollkommen unüblich.** Es entspricht nicht den Moralvorstellungen der Bevölkerung. Selbst wenn Sie sich an einem einsamen Strandabschnitt wähnen, kommen ab und an Fischer vorbei.

Die **Sonne ist enorm stark,** und es gibt kaum natürlichen Schatten, sodass sich ausreichender Schutz empfiehlt und lange Sonnenbäder vermieden werden sollten.

Wracktauchen an archäologisch interessanten Stellen unterliegt strengen Bestimmungen und darf nur mit behördlicher Genehmigung erfolgen. In 560 Jahren sind viele Schiffe in kapverdischen Gewässern, die als archäologisch herausragende Grabungs- und Fundstätten gelten, gesunken. Das **Museu De Arqueologia** vermittelt einen bleibenden Eindruck der gehobenen, ungehobenen und geraubten Werte und sollte beim Besuch der Insel Santiago nicht unbeachtet bleiben.

Bei den leicht erreichbaren Wracks handelt es sich zumeist um kleinere Fischereischiffe und Frachter ohne historische Bedeutung.

Die **beste Tauchsaison** ist **zwischen April und November,** wenn der Nordostpassat weniger Wellen und Strömungen und auch weniger Trübungen im Wasser schafft. Die Strömungen wechseln mit der Tide und dem Wind, sodass Tauchausflüge kurzfristig entschieden werden müssen. Die Wassertemperaturen bis in 40 m Tiefe liegen recht konstant zwischen 18°C und 27°C.

Die Unterwasserwelt der Inseln bietet Taucherlebnisse für **alle Könnerstufen** – so man die Verhältnisse kennt. Tauchanfänger müssen sich unbedingt auf die Empfehlungen lokal erfahrener Tauchbasen verlassen, die sie zu strömungsarmen Plätzen für interessante Tauchgänge begleiten. Auch erfahrene Taucher sollten von unbegleiteten Tauchgängen Abstand nehmen.

In den 1990ern haben ausländische Taucher das Image des Tauchens durch Diebstahl an historischen Fundstätten und durch Harpunieren beschädigt, sodass Küstenwache und Zoll sich gezwungen sehen, regelmäßige Kontrollen vorzunehmen. In der Konsequenz sieht der „Strategische Entwicklungsplan Tourismus" das touristische Tauchen als umweltschädlich an und rät von weiterer Entwicklung ab. Es liegt an den tauchenden Gästen, dieses Urteil zu entkräften, indem sie die **marine Lebenswelt achten und schützen.** Harpunieren ist verboten, und Lizenzen zum Langustentauchen erhalten nur Einheimische. Wenn Ihnen nachgewiesen wird, dass Sie etwas mitnehmen, auch wenn es nur kleinste Erinnerungsstücke sind, gibt es erhebliche Probleme. Nehmen Sie lediglich Fotos mit, und hinterlassen Sie ausschließlich Luftblasen!

Tauchreviere

Als herausragende Tauchreviere werden empfohlen:

Sal
● **Baía da Murdeira:** Leicht zu erreichendes, attraktives Revier mit Felsblöcken, -spalten und spannenden Abschnitten für Schnorchler.

● **Choclassa:** Ein sehr vielseitiger Tauchspot. Herrliches Außenriff mit schönem Überhang komplett bewachsen mit gelben Kelchkorallen. Viele Muränenarten, Schwarmfische, Rochen und evtl. auch Ammenhaie und Großfische. Außergewöhnliche Unterwasserwelt für Fortgeschrittene.

● **Bero Preto:** Vorgelagertes Riffplateau mit Überhängen, Felsblöcken und -spalten. Viele Schwarmfische, Sandböden, guter Querschnitt durch Unterwasserfauna und -flora.

▷ Tauchunterricht in Tarrafal de Santiago

Sport und Freizeit

- **Lost Anchor/Ilhéu:** Riffabfall mit Canyon, bewachsene Überhänge, Spalten und Blöcke.
- **Vienna Reef:** Außenriff mit großem korallenbewachsenen Block, sehr fischreich.
- **Grotten bei Palmeira:** In sich geschlossenes Grottensystem mit vier Eingängen, großen Hallen und Gängen mit Sandboden in mittlerer Tiefe mit vielen Krustentieren und schlafenden Rochen.
- **Buracona-Höhle:** Große Höhle, die sich in einem sonnendurchfluteten Raum mit spektakulärem Licht fortsetzt.
- **Trés grutas:** Geschlossene Grotten, relativ einfach zu betauchen mit ungewöhnlich großem Reichtum an Schwarmfischen, Langusten, Rochen und eventuell Schildkröten.
- **Wrack „Kwarzit":** Fischtrawler, der seit 2006 in ca. 28 m Tiefe durch reichen Bewuchs zum Unterschlupf für zahlreiche Fischarten wurde.

Boa Vista

- **Ilhéu de Sal:** Große Felsformationen und kleine Schluchten. Inmitten des Tauchplatzes ein kreisrunder Sandplatz, wo Stachelrochen und Caretta-Caretta-Schildkröten anzutreffen sind. An den Felswänden Schwärme von Rotaugenbarschen und Stachelmakrelen, meist auf der Flucht vor Thunfischen.
- **Baixa de Rincão:** Tauchplatz für Anfänger und Profis. Große Felsformationen, Kofferfische, Muränen, Langusten und riesige Schwärme begleiten den Taucher, bis er in einem Krater abtaucht und durch einen Bogen in das tiefe Blau hinaufschaut.
- **Possom:** Riff, ideales Revier für Makrofotografen, Nacktschnecken in allen Variationen.
- **Atlántida:** Riesige Felsformationen auf einem Plateau mit Schwarmfischen. Begegnungen mit Großfischen sind keine Seltenheit. Muränen in allen Farben und Größen.

Estancinha: Höhlen und Grotten, Langusten, Conger, Muränen warten in der Strömung auf ihre Beute. Der felsige Untergrund garantiert meist gute Sichtweiten.

Santiago
■ Hervorragende Tauchgründe finden sich vor allem bei **Tarrafal** und **Cidade Velha.**

Santo Antão
■ Gute Tauchgründe bei **Tarrafal de Monte Trigo,** nahe **Porto Novo** und um **Ponta do Sol.**

Tauchzentren

Nachstehend einige **Tauchbasen auf den Inseln.** Alle Basen sind eigenständig und nicht nur Hotelgästen zugänglich. Eine moderne **Druckkammer** zur Behandlung der Taucherkrankheit steht in Murdeira auf Sal, ist aber nicht in Betrieb.

■ **Cabo Verde Scuba Diving**
Tarrrafal de Monte Trigo auf Santo Antão bei der Pension Mar Tranquiliade. Von französischem Berufstaucher betriebene Tauchschule mit Kursen für alle Schwierigkeitsgrade.
Sprachen: Portugiesisch, Englisch, Französisch
Mobil 5912206, www.caboverdescubadiving.com

■ **dive-tribe Cabo Verde**
www.dive-tribe.com
Vom portugiesischen Berufstaucher *António Garcias* gegründetes Tauchzentrum mit Ausbildung nach allen Standards; drei Stationen:
– Santo Antao Art Resort Hotel, Porto Novo, Santo Antão, Mobil 5915977
– Centro de Pesca Deportiva do Mindelo, São Vicente, Avenida Marginal, Mobil 9588233
– Station am Hotel Foya Branca, São Pedro, São Vicente, Mobil 92307400

■ **King Bay – Dive Center Santiago**
Tarrafal, Santiago, www.divecenter-santiago.de

Der Sportwissenschaftler *Emanuel Charles d'Oliveira (Monaya)* hat in Zusammenarbeit mit seinem Kollegen *Georg Bachschmid* im Aparthotel King Fisher (siehe „Unterkunft" in Tarrafal de Santiago) eine kleine, aber sehr feine, nach PADI-OWST lizensierte Tauchbasis auf der Ponta Atum eingerichtet. Gearbeitet wird intensiv mit kleinen Gruppen. *Monayas* Publikationen zur Geschichte der Seefahrt und des enormen archäologischen Reichtums der kapverdischen Unterwasserwelt weisen ihn als den erfahrensten Kenner und Verteidiger der subaquatischen Kulturgüter Cabo Verdes aus.
Mobil 9936407 *(Georg),* Sprachen: Portugiesisch, Deutsch, Englisch; Mobil 9923050 *(Monaya),* Sprachen: Portugiesisch, Englisch, Französisch, Italienisch und Spanisch

■ **Tauchzentrum Dunas do Sal**
Santa Maria, Sal, modernes Tauchzentrum beim gleichnamigen Hotel. Angeboten werden Exkursionen zu nahezu allen Tauchplätzen der Insel.
Mobil 9822645, www.hoteldunasdesal.com

■ **Relax and Diving Center**
Sal, Santa Maria, in den Hotels Belhorizonte und Oasis Salinas Sea, portugiesische Leitung, Ausbildung nach PADI- Standards. Angeboten werden Exkursionen zu nahezu allen Tauchplätzen der Insel.
Mobil 9822645,
www.relaxdivecaboverde@hotmail.com

■ **Cabo Verde Diving**
Beim Hotel Farol und dem Melia Tortuga Beach Resort, Santa Maria, Sal, unter erfahrener italienischer Leitung. Schulung und Prüfungen nach PADI.
Sprachen: Italienisch und Englisch
Mobil 9978824, caboverdediving@sapo.cv

■ **Scuba Caribe**
Das nach PADI ausbildende Tauch-Großunternehmen betreibt als offizieller Partner der RIU-Hotels die größten Stationen auf Sal und Boa Vista. Umfangreiche Ausstattung, reichlich Personal und mehrere Boote erlauben den Besuch diverser Tauchplätze. Bootsausflüge, Schnorcheln mit Begleitung, Moto-Quad-Verleih.
Mobil 9815335, www.scubacaribe.com

Scubateam
Beim Hotel Morabeza, Sal, Santa Maria, unter franz. Leitung. Schulungen und Prüfungen nach PADI.
Sprachen: Portugiesisch, Französisch, Englisch, Spanisch, Italienisch
Tel. 2421020, scubateam@wanadoo.fr

Eco Dive School Cabo Verde
Sal, Santa Maria, direkt am Strand Antonio Sousa, vor dem Leme-Bedje-Apartment-Komplex, unter deutscher und englischer Leitung von *Sandra & Neal Parsons*. Ausbildung nach PADI- und SSI-Standards.
Mobil 9819287, www.ecodiveschool.com

Atlantic Star Nautical Center Cabo Verde
Sal, direkt am Strand von Santa Maria vor dem Hotel Hilton. Großes, modernes Wassersportzentrum unter italienischer Leitung. Tauchausbildung nach PADI-Standards.
Tel. 2421965, www.atlanticstar.cv

Submarine Dive and Kite Surf Center
Sal Rei, Boa Vista, von *Rose* und *Atila Amaro*. Sehr kompetente und intensive Betreuung durch Instruktoren, die auf allen Meeren Erfahrungen gesammelt haben, Gruppengröße max. 5 Personen.
Sprachen: Portugiesisch, Italienisch, Englisch
Mobil 9924865

Wichtige Hinweise

Ein ärztliches Tauchsporttauglichkeits-Attest (nicht älter als ein Jahr), Krankenrücktransportversicherung und eine Haftpflichtversicherung (die Tauchen abdeckt) werden von den Tauchstationen verlangt.

Literaturempfehlungen

■ *Monteiro, Vanda Marques da Silva*
Peixes de Cabo Verde (com valor comercial)
Praia 2008 (2. Aufl.), 189 Seiten, reich bebildert, hilfreich durch die Namen der Fischarten in lokalen Kreol-Dialekten; erhältlich im kapverdischen Buchhandel.

■ *Debelius, Helmut*
Fischführer Mittelmeer und Atlantik
Hamburg 1998

■ *Emanuel Charles d'Oliveira (Monaya)*
Cabo Verde na rota dos naufrágios
193 Seiten, reich bebildert, mit DVD. 2005; erhältlich im kapverdischen Buchhandel

Schnorcheln

Von **April bis Oktober** gibt es genügend windarme Tage, um die Unterwasserwelt schnorchelnd zu erkunden. Doch auch an Tagen mit stärkerem Seegang finden sich von vorgelagerten Riffen und Inseln geschützte Buchten, z.B. Baía das Gatas auf São Vicente, Praia de Estoril und Praia das Gatas (Boa Vista), Ponta Preta (Maio), Tarrafal de Santiago, Salinas (Fogo), Piscina (Brava) und die Bucht von Murdeira (Sal).

Windsurfen

Cabo Verde hat **mit die besten Surfreviere der Welt!** Winterreviere wie dieses mit Flachwasser, Wind und Superwellen gibt es nur wenige – und in fünf Flugstunden ab Europa kein weiteres.

Die Inseln bieten **für die diversen Könnerstufen** von allem alles: beständigen Wind, hohe Windstärken, traumhafte Flachwasserbedingungen, Speedpisten und Sideshores, zugleich schöne Dünungswellen, individuelle Brandungsreviere, glasklares, sauberes warmes Wasser, viel Sonne, lange feine Sandstrände. Aber: Wer zum Surfen nach Cabo Verde kommt, sollte zumindest schon mal auf einem Brett gestanden haben und einen Wasserstart beherrschen, um Spaß zu haben. Auch den Schotstart sowie das Halsen und Wenden sollte man können. Die Inseln sind **nur eingeschränkt zu empfehlen für absolute Anfänger.** Die Wellen von Sal haben selbst den aus Hawaii stammenden Windsurf-Profi *Josh Angulo* dazu verführt, sich hier niederzulassen und seither für Cabo Verde zu starten. Im Februar 2009 wurde er an der Ponta Preta erneut Sieger dieser Etappe zur Weltmeisterschaft. Die wirklichen Gewinner dieser Weltmeisterschaft waren jedoch seine kapverdischen Freunde, die Amateure *Mitú Monteiro, Titik Lopes* und *Djô Silva,* die zur Weltspitze der Profis aufschließen konnten. Von November bis Mai kommen die Freaks voll auf ihre Kosten: Der **Nordostpassat** weht mit bis zu 4–5 Beaufort und dreht auch gerne mal auf bis zu 8 Beaufort. Im Sommer und Spätsommer geht der Wind dann zurück, und es kann Flautetage geben. Das Beste am kapverdischen Wind ist weniger seine Stärke als seine hohe Beständigkeit.

Dem Zug der Zeit folgend, hat auch hier das **Kite-Surfen** das Windsurfen in der Beliebtheit bei den Kunden überholt. Wellenreiten wird von fast allen Zentren angeboten.

Die **Surfinseln** sind **Sal** und **Boa Vista,** aber auch São Vicente bietet großartige Bedingungen.

Sal und Boa Vista:
ein Eldorado für Wassersportler

Die besten Surfreviere

■ Das Hauptrevier liegt in der Bucht von **Santa Maria** im Süden der **Insel Sal.** Am kilometerlangen feinsandigen Strand liegen mehrere Surfstationen vor den Hotels. Der Passatwind kommt schräg ablandig von links und sorgt für perfekte Slalom/Wave-Slalom-Bedingungen. Vom Strand startet man in ein Freerider-Revier, in Strandnähe mit Glattwasser, weiter draußen mit kleinen Windwellen. Die lang gestreckte Bucht gibt ein sicheres Gefühl, und wer nicht zu weit hinaussurft, kommt bei Problemen schnell wieder an Land. Ab und zu erschwert eine Strandwelle Anfängern den Einstieg. Vor dem Belorizonte und Djadsal hat man freieren Wind als am Morabeza. Mit zwei Schlägen hart am Wind erreicht man den südöstlichsten Zipfel der Insel, wo sich ein perfekter Speedstrip eröffnet. Wegen des Steinstrands kann man hier nicht anlanden.

■ Ein weiteres gutes Surfrevier an der Südwestküste von Sal ist **Ponta Preta** (dt. Schwarzes Kap). Diesen Pointbreak (die Wellen biegen um eine Landnase herum) nennen Kenner einen der besten der Welt. Nur Profis sollten sich hier versuchen, denn wer von der Welle stürzt oder ins Weißwasser gerät, wird auf scharfe Felsen gespült. Ponta Preta ist erst ab 2,50 m Wellenhöhe fahrbar, da die Wellen sonst zu nahe an den Felsen brechen.

■ Die **Bucht von Rife** ist für Welleneinsteiger die Alternative zu Ponta Preta. Man startet von einem Sandstrand ins Flachwasser der kleinen Bucht, die in Luv und Lee von Felsen gesäumt ist. Die Wellen, meist 1 m kleiner als in Ponta Preta, brechen nur an der rechten Spitze der Bucht. Hier kann man sich seinen persönlichen Schwierigkeitsgrad aussuchen. Beide Wellenreviere sind ohne Infrastruktur.

■ Auch **Boa Vista** hat herrliche Surfspots. An der **Praia Carlota** nahe Sal Rei liegt ein Revier, das für

Anfänger und Wellenprofis gleichermaßen geeignet ist. Vor Surfstationen gibt es ein stehtiefes Anfängerrevier. Viel Glattwasser in der großen Bucht und die vorgelagerten Inseln bringen bei ablandigem Wind Sicherheit. Vom Strand an der Station erreicht man auch die Welle an der Hafeneinfahrt zum Abreiten und Springen. Links der Surfschulen läuft meist eine kleine Welle, auf der man perfekt das Wellenabreiten lernen kann. Etwas weiter in der Bucht, vor der italienischen Ferienanlage, liegt das Italian Reef für etwas erfahrenere Wellenfreaks. Etwa 2 km weiter draußen bricht die wohl höchste Welle Cabo Verdes. Achtung: Nur mit Begleitboot!

■ Nördlich von Sal Rei an der **Praia de Cabral** bricht 300 m vor dem Ufer eine Rechtswelle. Sie klatscht in Luv auf ein trockenes Riff – bei Nordwestwind bis zu masthoch. Sie läuft erst ab 1,50 m Höhe und bricht dann hohl.

■ Die Surfreviere **Ponta Antonia, Praia das Gatas, Oasis** liegen an der Nord- und Ostküste, die man mit ortskundigem Fahrer in ca. 1 Stunde Fahrt erreicht. Erstere sind starke Wellenreviere und nur Experten zu empfehlen. An der Oase ist ohne Wellengang das Surfen auch für Freerider interessant und es gibt hübsche Palmen am Strand.

■ Die Bucht von **São Pedro** auf **São Vicente** ist bekannt als Hochgeschwindigkeitsrevier; hier wurde bereits eine WM in dieser Disziplin ausgetragen. Der Strand von **Topin** ist Austragungsort internationaler Wettkämpfe im Body-Surfen.

Surfstationen auf Sal

■ Josh Angulo Surf Station, Surf Shop & Restaurant
Praia do Leme Bedje, Tel. 2421580,
www.angulocaboverde.com
Im Verleih stehen Angulo Boards und Gun Sails zur Verfügung. Die Station ist das ganze Jahr geöffnet, Surf- und Kite-Schulungen sind möglich.

■ Club Mistral
Mobil 9934799, www.club-mistral.com
Am Strand beim Hotel Belorizonte verschafft diese Station, wie die anderen Stationen von Santa Maria, unmittelbaren Zugang zur langen Flachwasserpiste (links schräg ablandig) der Bucht. Wen es nach mehr Welle gelüstet, der kann mit Speed hinausziehen zur Ponta do Léme Bedje. Wind- und Kitesurf-Schulung, auch SUP und Wellenreiten. Geöffnet von Oktober bis Juni. Die komplette Palette an Mistral und Fanatic Boards mit North-Star-Segeln, Kiteequipment, SUP etc. steht zur Verfügung, und man kann die Ausrüstung wechseln. Geöffnet von November bis April.

■ M&D Kite School Cabo Verde
Beim Hotel Vila do Farol
und am Kite Beach mit Snackbar,
Mobil 9703771, www.kiteschoolcaboverde.com
Mitu Monteiro und *Djo Silva,* weltmeisterliche Namen in der Kitesurfszene, unterrichten alle Leistungsstufen an den berühmten Spots von Sal. Die Station am Kite Beach (inkl. Gastronomie) ist von Anfang November bis Ende April geöffnet.

■ Kiteboarding Club Sal
www.kiteboarding-club.com
Die Station besteht seit 2016 am Kite Beach und ist der ideale Spot für alle Welleneinsteiger. Professionelle Schulung in gewohnter Kiteboarding-Club-Qualität. Angeboten werden auch Snacks & Getränke. Geöffnet von Anfang November bis Ende April.

■ Surf Zone
Mobil 9978804, 9827910, www.surfcaboverde.com
Offizieller Partner der RIU-Hotels in Santa Maria in Nachbarschaft des Ponta-Preta-Reviers. Die zweite Station liegt beim Strandrestaurant des Hotels Morabeza und gehört dem Beach-Club Morabeza an. Ganzjährig in Betrieb, perfekter Startpunkt auch für weniger Geübte.

Surfstationen auf Boa Vista

■ Boa Vista Wind Club
Tel. 2511036, Mobil 9953657,
www.Boavistawindclub.com

Surfen, Windsurfen, Kayak, Katamaran; an der Praia de Estoril. Ausflüge und Surfsafaris mit Übernachtung im Zelt. Strandrestaurant.

■ **Planet Windsurfing**
Mobil 9929386, www.planetwindsurfing.de, www.surfreisen.de
Station bei den Strandrestaurants Tortuga Beach und Morabeza an der Praia de Estoril, auch für Anfänger. Fanatic und Goya Boards, North-Segel und North-Kites, Wellenreiten, Boogie Boards. Sonnenliegen und Sonnenschirme sind für Gäste frei und für Gäste der Hotels Cá Nicola und Hotel Estoril günstiger.

■ **Bucaneers Beach Kite Center**
Mobil 9782135, 9226721,
www.bucaneersbeach.eu
Surfen und Windsurfen an der Praia de Estoril mit Strandrestaurant und beim Hotel Decameron an der Praia de Chave.

Surfstationen auf São Vicente

■ **Kitesurfnow Salamansa**
www.kitesurfnow.eu
Aleksandra (Ola) Markowska; vermietet werden auch E-Mountain-Bikes mit Zubehör.
– Juni bis Oktober in den Niederlanden:
Tel. 0031/113306374, Mobil 0031/650128804
– Oktober bis Juni auf São Vicente:
Tel. 00238/9871954 und 2310833

■ **Surf & Action Foya Branca**
Beim Hotel Foya Branca, São Pedro. Gut ausgestattete Windsurfstation für das Hochgeschwindigkeitsrevier.

■ **Sabura Surf Academy**
Tel. 2325657, Mobil 9775681
www.sabura-adventures.com
Body Boards, Surfen, Stand Up Paddlesurf (SUP). Unterricht für Anfänger und Kinder ab 5 Jahren. Ausflüge zu Surfspots. Vielfältige weitere Angebote für sportliche Reisende.

Hochseefischen und Angeln

Cabo Verde ist eines der besten Reviere für **Atlantic Blue Marlin;** der größte Fang wog gute 550 kg. Außerdem fängt man hier den Weißen Marlin, große Wahoo, Gelbflossen- und Großaugenthun, Sailfische, Longbill- und Shortbill-Speerfische, Goldmakrelen, Schwertfische, Bonito, Dorade sowie als Beifang Tiger-, Hammer- und Riffhaie. Mit Ausnahme von Rekordfängen werden Schwert tragende Fische für die Forschung markiert und dann frei gelassen. Die **Hauptsaison** für Hochseefischen ist von **Mai bis Oktober.** Da die Fanggebiete sich jahreszeitlich verschieben können, sind z.T. Mehrtagestouren erforderlich.

Auf der Insel Sal gibt es eine hervorragende **Wahoo-Fischerei** weniger als 20 Minuten Bootsfahrt vom Dock in Santa Maria (beste Fangzeit von Juli bis Oktober). Erkundigen Sie sich in den Hotels.

Veranstalter
■ Siehe unter „Reiseveranstalter in Cabo Verde".
■ Man kann auch **lokale Fischer** fragen, ob und gegen welchen Unkostenbeitrag man mit auf Fang gehen kann. Machen Sie sich aber auf einiges gefasst, denn die Fischersleute sind gut gegen hohen Seegang abgehärtet und die Boote winzig und voll. Oder beobachten Sie die Leute, die von der Küste oder Mole aus angeln, und versuchen Sie Ihr Glück wie diese mit Schnur und Haken.

Walbeobachtung (whale watching)

Buckelwale *(Megaptera novaeangliae)* sind die in Cabo Verde am häufigsten beobachteten Meeresriesen. Sie leben wie Zugvögel in zwei Klimazonen. Im Sommer durchkreuzen sie die Polarmeere, treiben durch Vorhänge aus Luftblasen Schwärme kleiner Fische zusammen und filtern im Wasser schwebende Krebstierchen, den Krill, mit kammartigen Barten aus dem Wasser.

Ein längs gefurchter Kehlsack erweitert die aufgenommene Wassermenge. Beim Schließen des Mauls presst die Zunge das Wasser durch die Barten und streift die Kleintiere ab. Im Sommerrevier wächst die Unterhaut-Fettschicht auf ein Drittel des Körpergewichts, sodass die Tiere während der Reise und im Winterrevier nur minimale Nahrungsmengen aufnehmen und monatelang fasten. 30 Tonnen Gewicht bei 13 bis 18 Metern Länge entsprechen den Daten eines Vierachs-Lkws.

Buckelwale zählen dennoch zu den kleineren Furchenwalen. Ihren Namen verdanken Sie der **bckligen Rückenlinie** (engl. *humpback*) mit winziger Rückenflosse. Die Haut ist fleckig-dunkel anthrazitfarben bis weiß, mit Seepocken bewachsen. Vor dem Abtauchen steigt die Schwanzflosse (engl.: *fluke*) in die Luft, und für eine Sekunde sind Pigmentflecken, Narben und Scharten zu erkennen, die den Walforschern die Identifizierung jedes einzelnen Tieres erlauben. In einem zentralen Register werden die Daten der Beobachtungen und Fluke-„Passfotos" mit Zeit- und Ortsangabe zusammengeführt.

Walbeobachtung vor Boa Vista

Nachdem die Art durch die Walfangflotten nahezu ausgerottet war, haben sich die Populationen seit dem weltweiten **Jagdverbot im Jahr 1966** gut erholt auf etwa 12.500 Tiere im Nordatlantik, 20.000 im Nordpazifik und 25.000 Tiere in den südlichen Meeren. Die Nord- und die Südpopulation kommen sich in tropischen Gewässern nahe, doch sie vermischen sich nicht.

Buckelwale springen mit fast dem gesamten Körper aus dem Wasser und lassen sich mit gewaltigem Platschen seitlich-rückwärts zurückfallen (engl.: *breaching*). Mit ihren ungewöhnlich langen Flippern schlagen sie auf die Wasseroberfläche. Ihr **Gesang** trägt in wechselnden Lauten und Strophen über 100 Kilometer weit. Wozu all diese Verhaltensweisen dienen, wird weiter erforscht.

Im Winterrevier der tropischen Meere paaren sich die Kühe mit mehreren dominanten Bullen, die nur nach erbitterten Rivalenkämpfen zum Zuge kommen. Im Winterrevier gebären sie im darauffolgenden Jahr ihr Kalb, das bei der Geburt etwa vier Meter lang und eine Tonne schwer ist. **Als Säugetiere atmen sie Luft;** das Muttertier hebt das Neugeborene an die Oberfläche, um den ersten Atemzug zu ermöglichen. Buckelwale stillen ihre Jungen über zehn Monate; diese nuckeln, wie menschliche Säuglinge auch, ein Sechstel ihres Körpergewichts pro Tag – 100 bis 200 Liter rosarote, extrem fettreiche Walmilch. Erst nach einem halben Jahr beginnen sie, Krill zu fressen.

Kapverdische Gewässer sind kein Dauer-Winterrevier der Buckelwale, doch die Tiere besuchen sie auf ihren Wanderungen. Während die erwachsenen Tiere alle 20 bis 40 Minuten auftauchen, kommen die Jungen schon nach fünf Minuten zum Atmen an die Oberfläche zurück, begleitet von den Muttertieren. In den letzten Jahren sind mehr und mehr Walkühe mit Jungen bei Boa Vista zu beobachten, sodass Hoffnung besteht, dass hier wieder ein dauerhaftes Winterrevier entsteht.

In den Beobachtungsbooten streifen die Blicke der Urlauber, egal ob Kinder oder Erwachsene, gespannt über den Horizont. Der Kapitän hat ihnen aufgetragen, jeder in eine andere Richtung zu schauen auf der Suche nach dem **Blas der doppelstrahligen Gischtfontäne verbrauchter Atemluft,** die der Wal beim Auftauchen ausstößt. Gespannte Stille, das ruhige Blubbern des Dieselmotors, leise Diskussionen über die Ausbeutung der Meere und Artenschutz. Keiner wird seekrank. Für so etwas ist jetzt keine Zeit.

„Blas bei 3 Uhr" ruft ein Passagier begeistert, und schon schauen alle nach Steuerbord, als sei das Deck des Katamarans ein Ziffernblatt. „Da, da, bei 11 Uhr" ruft ein Mädchen, die Köpfe fliegen herum – und da sind sie! Eine Walkuh durchpflügt die Wellen, begleitet von ihrem Kalb – zwei elegante Riesen, die scheinbar mühelos ihre dunkelgrauen Rücken in sanften Bögen über die Wellenkämme erheben. Das Boot hat Mühe, dem Tempo zu folgen, kommt näher, ein letzter Bogen ... und weg sind die beiden.

Von **März bis April** stehen die Chancen, bei einer Ausfahrt in die flacheren Gewässer bei Sal, Boa Vista, Maio oder São Nicolau Wale zu sehen, am besten, weil Junge führende Walkühe diese bevorzugen und häufig an die Oberfläche kommen. Sieht man keine, ist man um einen faszinierenden Ausflug in unmittelbarem Kontakt mit Wind, Wellen und Seevögeln reicher und sieht auch die Arbeit der handwerklichen Fischer, deren winzigen Boote man begegnet, mit neuem Respekt.

Delfine (port.: *golfinhos*) begleiten die Fähren, umspielen den Bug und sind meist nur vom Oberdeck, möglichst weit vorn, zu sehen.

Fliegende Fische (port.: *peixe volador*), schlank und eine gute Handspanne groß, springen vor anrollenden Schiffen flach aus dem Wasser, breiten ihre flügelartigen Vorderflossen aus, beschleunigen durch schnelle Schläge der – noch in die Wellen eintauchenden – dreieckigen Schwanzflosse und gleiten dann entlang der Wellenkämme geschickt den Wind nutzend dahin und schwupp … warten wir auf den nächsten *peixe volador*.

Dreimaster vor dem Monte Cara

Veranstalter

■ In Cabo Verde fand Walbeobachtung bis vor wenigen Jahren vorwiegend zur Forschung und eher zufällig beim Tauchen, Hochseefischen und Segeln statt. Inzwischen ist es das weltweit am schnellsten wachsende touristische Erlebnisprodukt geworden und wird auch auf Sal und Boa Vista professionell vermarktet, im Wechsel mit Sundowner, Schnorchel- und Familien-Rundfahrten.

Sal
■ **Sea Turtle Catamarans**
Mobil 9571519, www.caboverdecatamarans.com. Plattform-Day-Charter-Motor-Segel-Katamaran für 60 Personen, vergleichsweise ruhig den Seegang nehmend, mit Bar. Rettungswesten werden gestellt. Ausflugsfahrten mit Schnorchelstopp. Zwei Ausfahrten täglich (3 Std.), 65 Euro pro Person.
■ **Segelboot „White Time"**
Always Sailing, Büro auf Sal in den Apartments Villa ao Mar in der Nähe des Sal Beach Club, Mobil 999 3898. Halb- und Ganztagestouren (ca. 8 Std.) an der Westküste von Sal inkl. Transfer und Verpflegung.

Boa Vista
■ **Sea Turtle Catamarans**
Av. Amilcar Cabral/Largo Santa Isabel, Sal Rei,
Tel. 2512245, Mobil 9941941,
www.caboverdecatamarans.com
■ **Whale watching/
Katamaran-Rundfahrten in Kleingruppen**
U.a. von den deutschsprachigen Anbietern von Inselrundfahrten, siehe Inselkapitel zu Boa Vista.

Segeln

Segler schwärmen von den Gewässern des Archipels, von sternenklaren Nächten, einsamen Robinson-Buchten, in denen man tagelang alleine ist, und den vielen Revieren. Der offene Atlantik zwischen den Inseln bietet angenehm kurze wie auch anspruchsvolle lange Distanzen. Meteorologisch herrschen gute Bedingungen im Nord-Ost-Passat.

Die Region ist **kein Gebiet für Anfänger,** denn es gibt oft lokalen Starkwind und mit Ausnahme von Mindelo kaum Infrastruktur. Durch die Lage im Passatwindgürtel kommen 85% der **Winde** aus nordöstlicher Richtung mit Stärke 3 bis 5 Beaufort. Durch den Düseneffekt kann es zwischen den Inseln kräftig blasen. Den meisten Wind bis Windstärken über 7 Beaufort gibt es von November bis März. Die Sommermonate sind im Prinzip friedlicher, doch nicht frei von Überraschungen. Im Winter muss mit Harmattan gerechnet werden. Er bringt Sandstaub mit und kann die Sicht drastisch einschränken. Im Februar/März kann es auf dem Wasser kühl werden, sodass leichtes Ölzeug und Pullover benötigt werden.

Beim Segeln in Cabo Verde sind **Können, Pioniergeist und Improvisationstalent** gefragt. Der auch bei „schönem" Wetter dauerhaft starke Wind und Seegang, heftige Strömungen zwischen den Inseln, Sichtbehinderungen durch den Harmattan *(bruma seca)*, eine Missweisung um die 10° West und unvorhergesehene Fallböen in den Ankerbuchten haben unvorsichtige Segler nicht nur Schot und Mast, sondern ihr Schiff gekostet. **Seemännische Vorsicht und gute Vorbereitung** sind geboten, um das große Erlebnis gefahrlos zu meistern.

Ältere Karten sind ungenau, vor allem in Bezug auf die geografische Länge, weshalb die Navigation nach GPS (WGS 84) ständig überprüft werden muss.

São Vicente war schon immer der am meisten frequentierte Hafen. An den renovierten Landungsbrücken vor dem historischen Zollgebäude in **Mindelo** schließt sich auch die **einzige Marina in Cabo Verde mit ca. 150 Liegeplätzen** an, die im November/Dezember ausgebucht und deren Erweiterung geplant ist.

Ansonsten bleibt es dem Geschick der Skipper überlassen, sich Ankerbuchten zu wählen. Dies erfordert gute Vorkenntnisse und ein exaktes Studium der nautischen Informationen. Fast immer ist Ausbooten erforderlich. Die **Versorgungslage** in São Vicente ist gut, doch für Törns zu den anderen Inseln sollte man für mehrere Tage Proviant, Wasser und Treibstoff an Bord zu haben.

Eine zweite Marina ist im Hafen der Hauptstadt **Praia** (**Santiago**) geplant, die bis zu 375 Boote und Jachten bis zu 55 Meter Länge aufnehmen können soll. Maritime Freizeit-Gestaltungsmöglichkeiten, ein Restaurant und Gasthäuser sollen das Angebot abrunden.

Veranstalter

■ **BoatCV**
Mindelo, Mobil 9915878, www.boatcv.com
Kai Brossmann vertritt die in Mindelo aktiven Charterunternehmen, er betreibt einen vollständigen Boots- und Jachtservice und bildet zum Jacht-Servicetechniker aus.

■ **Luzmar Lda.,** *Lutz Meyer-Scheel*
Mobil 9972322, www.marinamindelo.com

Karten und Revierbeschreibungen

■ **Karten:** Engl. Seekarten BA 366, 367, 369. Alternativ: Imray-Sportbootkarten, portugiesische und deutsche Kartensätze. Handbuch: „Atlantic Islands", R. C. C. Pilotage Foundation by Imray Laurie Norie & Wilson. Bundesamt für Seeschifffahrt: vollständiger Kartensatz.

■ **Bücher:** *André Mégroz, Kai Brossmann,* Kapverdische Inseln – Aktueller Nautischer Törnführer – mit GPS-Wegpunkten, 240 Seiten, 44 Ankerplätze und Häfen. Auch als gekürzte „Light-Version" in deutscher, englischer, französischer und italienischer Sprache. Eigenverlag. www.segeln-kapverden.ch

Tennis

Über Tennisplätze (nur Hartplätze) verfügen die **großen Touristenhotels.** Anspruchsvollere Spieler bringen Schläger und Bälle mit. Der Wind erschwert das

Spiel. Die historischen Tennisplätze in Mindelo/São Vicente an der Praça Estrea und in der Av. 5 de Julho können auch von Gästen gebucht werden (Mobil 9890595).

Golf

Auf Boa Vista und Santiago sollen in den nächsten Jahren große Golfanlagen entstehen. Bis dahin werden sich die Golfer noch mit einfachen 9-Loch-Golfplätzen auf Sandboden bescheiden müssen (Santiago und São Vicente). Das historische englische Golfhaus in São Vicente ist sehenswert.

Wandern

Die **gebirgigen Inseln Fogo, Santiago, Brava, São Nicolau** und besonders **Santo Antão** sind für den Wanderurlaub wie geschaffen. Die Berge sind von einem Netz traditioneller, teilweise kopfsteingepflasterter Maultierwege *(Caminhos vicinais)* überzogen, die bis vor wenigen Jahren die einzige Verbindung zu abgelegeneren Orten waren und auch heute noch mit Eseln und Maultieren begangen werden.

Die **Orientierung** kann durch die im Zenit stehende Sonne, ein Gewirr von Ziegenpfaden oder plötzlich aufkommenden Nebel schwierig werden, sodass man in jedem Fall einen exakten **Wanderführer,** dazu passende **-karten** und einen **Kompass** benötigt.

GPS (Global Positioning System) erleichtert die Orientierung, macht aber ohne Text und Karte keinen Sinn und ist als alleiniges Orientierungssystem zu verletzlich. Es ist die elegante Kür, keinesfalls die Pflicht der Orientierung.

Wo es schwierig wird, beispielsweise auf der westlichen Hochebene von Santo Antão um den Tope de Coroa, auf der östlichen Halbinsel von São Nicolau oder zum Pico von Fogo, muss man auf einen **lokalen Führer** zurückgreifen. Mit Führer zu gehen bietet auch auf einfacheren Strecken den Vorteil, sich um weniger selbst kümmern zu müssen, Versorgungsmöglichkeiten mit unfehlbarer Sicherheit zu finden, Wissenswertes zu erfahren und per Mobil ein Fahrzeug zur Abholung anfordern zu können.

◁ Wanderweg von Cova de Paúl ins Tal auf Santo Antão (Weg 101)

Einzelwanderer, die dicht besiedeltes Gebiet verlassen wollen, sollten nach Begleitung oder einem Führer suchen, sonst könnte aus einem verstauchten Knöchel eine Katastrophe werden.

Noch sind die **Versorgungsmöglichkeiten eingeschränkt.** In abgelegenen Orten gibt es Läden mit dem Allernötigsten. So sollte man sich gut mit Proviant rüsten und **ausreichend Wasser mitnehmen.** In meinen Zeiten als Distriktsarzt auf Santo Antão habe ich jedes Jahr mindestens die Leiche eines Verdursteten aus dem Gebiet um den Tope de Coroa geholt. Die Berge in Cabo Verde sind wunderschön und technisch einfach für gut vorbereitete Bergwanderer, aber ohne jedes Verzeihen für fahrlässige Hüpfer. Zu den **Gefahren des Hochgebirges** kommen die **Gefahren der Wüste!**

Einige besonders lohnende Wanderungen

- **Abstieg von der Caldeira der Cova de Paúl in das Vale do Paúl** (Santo Antão, halber Tag, mittelschwer)
- **Küstenwanderung von Cha d'Igreja über Fontainhas nach Ponta do Sol** (Santo Antão, halber Tag, mittelschwer)
- **Weg von Ponta do Sol nach Fontainhas** und zurück (Santo Antão, 2 Stunden, leicht)
- **Weg von Serra de Malagueta über die Achada Lagoa nach Achada Moirão** (Santiago, halber Tag, mittelschwer)
- **Aufstieg auf den Pico do Fogo** und über den Krater von 2014 zurück (Fogo, halber Tag, anspruchsvoll)

Die genannten Zeiten gelten ohne Anfahrt; mit Anfahrt ist ein ganzer Tag einzuplanen.

Die Szenerie ändert sich ständig, nicht nur durch die Kontraste von Graten, Kämmen und Tälern, sondern auch mit der Tageszeit und Lichteinstrahlung. Vulkanologen, Geologen, Botaniker und alle Naturliebhaber kommen auf ihre Kosten. Es gibt **Touren in allen Schwierigkeitsgraden.** Bringen Sie angemessene Stiefel (siehe Kapitel „Ausrüstung") und sehr viel Zeit mit. Die besten Wege sind gleichzeitig schön und anstrengend. Bei großzügiger Zeitplanung kommen der sportliche Ehrgeiz, Muße und Beschaulichkeit gleichermaßen zu ihrem Recht, und am Abend fällt man zufrieden in einen erholsamen Schlaf.

Santo Antão erscheint auf der Karte wie ein Zwerg, ist aber wegen der gewaltigen Taleinschnitte ein nur in mehreren Wochen zu bezwingender Goliath. Mehrtägige Touren sind für Gruppen ab fünf Personen nur über einen Veranstalter, für kleine Gruppen auch in individueller Planung, mit und ohne Führer möglich. In einigen Dörfern gibt es Pensionen, die denen in den Distriktstädten nicht nachstehen. Weiter in der Peripherie kommt man bei Familien unter einfachsten Bedingungen unter. Bevor ein Wanderer in die Nacht gerät, wird ihm immer und überall ein Bett angeboten, doch sollte man diese aus sozialer Verantwortung gebotene Gastfreundschaft nicht missbrauchen! In Pensionen oder bei Familien, die in den Wanderführern als Übernachtungsstellen für Gäste benannt sind, fragt man am besten am Vorabend nach dem Preis.

Freies Zelten ist zum einen nicht erlaubt, zum anderen unpraktisch in einem Land mit wenig Vegetation und ohne Oberflächenwasser.

Bitte achten Sie auf Natur und Umwelt! Entnehmen Sie keine Pflanzen oder Tiere und vermeiden Sie Müll.

Klettern und Canyoning

Reiseveranstalter, Sportkletterer und alpine Bergwanderer, die vor einem Klettersteig nicht zurückschrecken, müssen sich bewusst sein, dass **Risikosport** in einer Region ohne organisiertes Such- und Rettungssystem nur in sehr disziplinierten und geübten Gruppen unter qualifizierter Leitung verantwortbar ist. Hinzu kommt, dass der junge vulkanische Fels mit seinen weichen Tuffen und brüchigen Porphyren und Molassen nur an wenigen Stellen zum Klettern geeignet ist.

Fogo

Durch den Bau des **Klettersteigs über die Bordeira de Fogo** hat der Bergsport in Cabo Verde neue Impulse bekommen, und wir erwarten, dass der Naturpark von Fogo in kurzer Zeit zu einer Topdestination für Klettersteiggeher und Sportkletterer werden wird.

Die Bergführer der rasch wachsenden Kletterszene der **Chã das Caldeiras** haben gut 100 Sportkletterrouten und 650 Boulder fürs „sommerliche Genussklettern in allen Schwierigkeitsgraden, rund ums Jahr" erschlossen. Wer sich als Sportkletterer an neuen Herausforderungen auf bisher nicht beschriebenen Routen – nicht nur in der Chã das Caldeiras, sondern auch an vielen anderen Stellen der Insel – versuchen möchte, dem bietet sich ein breites Spektrum an Möglichkeiten und der Anschluss an einheimische Sportkletterer. Die ungewöhnlich hohen Basaltsäulen und -wände bei Mosteiros, um nur ein Beispiel herauszugreifen, sind einzigartig.

Die Route zum Gipfel des **Pico de Fogo**, der Abstieg in den Krater und eine Rundroute auf dem Kraterrand sind entschärft und gesichert worden.

Auch der Einstieg in die 200 m lange **Eruptionshöhle am Monte Preto**, zuvor nur möglich durch Abseilen in eine allseits überhängende Kammer, und der Einstieg in die Eruptionshöhle des **Pico Pequeno** wurden durch Seilleitern gesichert und vereinfacht (siehe im Kapitel zu Fogo).

Mountainbiking

Cabo Verde ist sofort ins Blickfeld ambitionierter Mountainbiker gerückt, nachdem **2001** der erste Wanderführer zu Santo Antão erschienen war. *Iris Wagnsonner* und *Philipp Foltz* waren wohl die ersten Biker, zeitgleich mit *Jean-François Porret* aus Grenoble, der mit Freunden die unglaubliche Leistung vollbrachte, auch steilste Wege mit einem MTB-Geländerollstuhl zurückzulegen. *Peter Vogt* hat den ersten Mountainbikeführer ins Internet gestellt (s.u.).

Das dichte Netz alter Wirtschaftswege, flowige und anspruchsvolle Singletrails und Staubstraßen, die meist über 1000 Höhenmeter überwinden und durch **spektakuläre Landschaften** führen, locken nicht nur Wanderer an! Auch die kleinen, in Wanderkarten üblicherweise grau oder gelb eingezeichneten Straßen, Wüstenpisten und Strandwege laden zum Mountainbiken ein, was auch deswegen viel Spaß macht, weil man ähnlich direkten Kontakt zu Landschaft und Bevölkerung hält wie beim Wandern, aber munterer vorankommt. Schwieriger wird es auf den verkehrsreichen Verbindungsstraßen.

Außerhalb der Städte gehören Radfahrer noch nicht zum gewohnten Verkehrsbild. Neben defensivem und aufmerksamem Fahren bleibt immer die Möglichkeit, das Rad auf das Dach eines **Sammeltaxis (Aluguer)** zu verfrachten, um verkehrsreiche Verbindungsstrecken zu überbrücken, rasch Höhenmeter zu gewinnen und zum Ausgangspunkt von Trails zu gelangen, wo Autos nur selten hinkommen.

Besonders sportlichen Tourenfahrern mit Bergab-Ambitionen, Endurotourenfahrern und auch Freeridern mit risikobewusstem Fahrstil ist Cabo Verde sehr zu empfehlen. Tourenfahrer müssen auf Wanderwegen mit **längeren Schiebe- und Tragepassagen** rechnen, finden aber auf dem rasch wachsenden Netz der Nebenstraßen ihren Tourenspaß.

In den letzten Jahren tauchen Mountainbiker an beiden Extremen des Spektrums auf: Superfitte Trail-Experten und Downhill-Fahrer zaubern in rascher Folge spektakuläre Berichte und Fotos in Presse und Internet von „abenteuerlichen" **Risikoabfahrten** über abgelegene, steile *caminhos vicinais*. Sie „entdecken" diese im Alleingang, indem sie sich eine Wanderroute aus der Karte greifen und dann teils auf für sie durchaus genüsslich fahrbaren, teils aber auch auf Wegen enden, die nur für schwindelfreie Bergwanderer und nur bergauf empfohlen werden – wegen extrem hoher Stufen und groben Gerölls. Ein Sturz kann mit Hunderten von Metern im freien Fall enden. Wandertage durch die Felswand, mit dem Bike auf dem Ast, sind dann keine Ausnahme.

Am anderen Ende des Skala stehen Biker, die gut vorbereitet durch eingehendes Studium von Karten und Texten, prinzipiell nicht alleine fahren, weil nur so **MTB-Sicherheitsregeln** (s.u.) einzuhalten sind. Sie kombinieren das Radfahren mit Kultur, Geschichte, Musik und Strand. Sammeltaxis mit mehreren Personen planmäßig zu nutzen, hilft dem Geldbeutel und der Umwelt. Meist teilen sich die **Gruppen** auf, je nach Laune und Schwierigkeit des Geländes. Einige fahren schwierige Trails, andere nur die einfacheren Strecken, einige wandern, andere bleiben am Strand oder in der Stadt.

Auch fliegen sie mit eigenen Rädern direkt nach São Vicente oder Praia ein und beschränken sich auf Inseln, die untereinander durch zuverlässige Fähren verbunden sind. Inlandsflüge mit unsicherem Transport der Räder fallen weg.

Santo Antão

Die Strecken reichen von neuen Asphaltstraßen über Radwanderwege auf Staubstraßen im Tal oder auf den Hochebenen von Lagoa bis zur Fahrt von Porto Novo über die Passstraße nach Ribeira Grande. Die Straßen von Cova de Paúl zum Pico da Cruz und Rundfahrten durch die Wälder von Pero Dias – bergab flowige Trails, kurze Schiebe- und Tragestrecken und „uphill" über lauschige Forststraßen – wollen noch genauer aufbereitet sein für's papierlose Auf-Dem-Strich-Fahren nach GPS-Track.

Für fortgeschrittene Biker mit entsprechender Kurventechnik sind die Downhills „Cova de Paul – Cidade das Pombas" (Weg 101) und „Lagoa Espadana – Garça" (Weg 210, mit 20 Minuten Schiebepassage) wahre Leckerbissen. Der Küstentrail von Ponta do Sol über Cruzinha nach Chã de Igreja (Weg 212) mit atemberaubenden Ausblicken auf die Steilküste ist trotz ruppiger Schiebepassagen sehr lohnend.

Spannende Trips durch meist knochentrockene Vulkanwüste bietet die westliche Hochebene, erreichbar über die im Aufstieg fast durchgehend gepflasterte Straße zum Campo Redondo und Staubstraßen, die sich über Norte und Chã de Norte mit der Pflasterstraße in Ribeira da Cruz zum Ring schließen. Von der Hochebene führt eine Staubstraße weiter nach Tarrafal de Monte Trigo (Weg 312). Sie ist durch eine neue Brücke über die neuralgische Rª do Linho de Corvo verbessert worden und nach Regen meist nur noch für wenige Wochen gesperrt. Wem 2000 Höhenmeter im Steinbruch noch immer ein Vergnügen sind, ist hier gut beraten. Versierte Downhiller fahren gerne die Bordeira de Norte (Weg 309).

◁ Iris Wagnsonner, eine der ersten Mountainbikerinnen auf Santo Antão (im März 2003)

São Vicente

Die **Pflasterstraße zum Monte Verde** (Weg 201) lassen sich wenige entgehen, denn der lange Aufstieg wird durch den schönen Blick auf Mindelo und die anderen Inseln sowie einen rassigen Downhill mehr als ausgeglichen. Die **Küstenstrecke zwischen Salamansa und Baia das Gatas** (Weg 105) durch völlig trockene Lavaebene und festen Kalkschotter ist hingegen fast steigungsfrei und bietet den Kontrast zwischen Strand, Meer, kleinen, jungen Vulkanen und dem Monte Verde im Hintergrund.

São Nicolau

Die Insel bietet eine Mischung aus **Gebirgs- und Flachstrecken,** gleichermaßen geeignet für Genusstourenradler sowie Downhill- und Endurofahrer, aber bisher wenig besucht. Dank zuverlässiger werdender Fähranbindungen nach São Vicente und der Neuauflage unserer Wanderkarte wird sich dies vermutlich bald ändern.

Santiago

Santiago ist ein **spannendes und großes Revier,** durchzogen von einer Vielzahl kleiner Straßen und Forstwege, das durch eine neue Wanderkarte auch für selbstständig planende Mountainbiker erschlossen wird. Um Rui Vaz im Nationalpark Serra de Pico da Antonia beginnen knackige Singletrails bis an die Küste bei Cidade Velha mit verschiedenen Optionen. Die Sera de Malagueta ist nicht weniger reizvoll. Auf dieser Insel ist besondere Vorsicht im Hinblick auf den Autoverkehr geboten!

Fogo und Brava

Die beiden Inseln bieten landschaftlich ausnehmend **schöne Fahrten,** meist auf Kopfsteinpflaster und auf Staubstraßen mit heftigen Steigungen. In den *campanas,* den landwirtschaftlich genutzten Hangbereichen, verlaufen viele Strääßchen und flowige Singletrails, die für Wanderer und Biker gleichermaßen geeignet sind und in denen sich die Anstiege mit flacher verlaufenden Ringstraßen kombinieren lassen.

Maio und Boa Vista

Hier sind interessante **Wüstentouren** bei geringen Höhenunterschieden möglich.

Die internationale Downhillszene hat Fogo und Santo Antão schon 2011 zu Austragungsorten einer **Rennserie** gemacht. Die Abfahrt vom Pico do Fogo (2900 m) mit über 90 km/h durch die Vulkanaschen zur Chã das Caldeiras und durch die Wälder des Monte Velha weiter bis Mosteiros auf Meereshöhe in nur 33 Minuten lässt den Atem stocken und macht klar, weshalb die steilen Wanderrouten für Wochenendradler keine Empfehlung sind!

MTB-Sicherheitsregeln

Es gibt in Cabo Verde weder einen Rettungshubschrauber noch einen Notarztwagen, auch **keine Bergwacht,** die notfalls alarmiert werden könnte, um Suche und Bergung zu übernehmen! Eingeschränkte Sprachkenntnisse und fehlende oder fehlerhafte Ortsbezeichnungen erschweren die Lage weiter. Die westliche Hochebene von Santo Antão ist **ohne Telefon und ohne Handynetz,** wie auch die Mehrzahl der Steilabstiege. Ein halbes Jahr nach dem letzten Regen sind kaum noch Bauern oder Hirten in den einsamen Regionen unterwegs, die Brunnen sind versiegt, viele Häuser verschlossen. Mountainbiker und Wanderer sind dann auf sich und ihre eigenen Hilfsmittel angewiesen!

- Überprüfen Sie täglich ihr Rad, insbesondere die **Bereifung** auf Schnitte und Dornen sowie **Bremsen** und **Felgenflanken!**
- Tragen Sie einen **beschädigungsfreien Helm, Handschuhe** und auch zum Wandern **geeignete Schuhe.**
- Überschätzen Sie Ihre **Fahrtechnik** nicht!
- Verzichten Sie auf das **Erlernen neuer Techniken** in riskantem Gelände!
- Gehen Sie beim **Erproben eines unbekannten Trails** davon aus, dass Sie über die gesamte Strecke schieben werden – und freuen Sie sich, wenn es anders kommt.
- Vermeiden Sie **Fahrten in den Wolken oder bei Regen!** Basaltpflaster und tonige Trails werden zu Schlitterbahnen.
- Bereiten Sie die **Orientierung** vor! Lesen Sie **Klassifizierungen und Beschreibungen** aufmerksam! *Nicht empfohlen* heißt nicht gleich *nicht fahrbar; fahrbar,* ggf. auf parallelen Straßen, bedeutet, diese parallelen Verbindungen vorher auf der Karte zu finden! Wege, die für Wanderer nur zum Aufstieg empfohlen sind, eignen sich nicht zum Downhill.
- Nehmen Sie **nicht-trailgebundene Gefahren,** wie Abgelegenheit, Ausgesetztheit, Wind, Niederschläge und extremes Gelände, ernst und tragen oder schieben Sie rechtzeitig!
- Nehmen Sie einen kleinen **Kompass** und eine **gedruckte Karte** mit, auch wenn Sie GPS haben!
- Teilen Sie täglich mit, **welche Tour** Sie vorhaben und wann Sie voraussichtlich zurück sein werden – am besten schriftlich in Ihrer Unterkunft bei der Abgabe des Zimmerschlüssels!
- Fahren Sie abseits dicht besiedelter Zonen **niemals alleine!**
- Führen Sie eine **reichliche Wasserreserve** mit und seien Sie darauf vorbereitet, unterwegs Wasser aufnehmen und desinfizieren zu können. Sie verbrauchen für einen vollen MTB-Tag an kühlen, bedeckten Tagen 3 bis 5 Liter, bei Sonne und Hitze gut das Doppelte! Im Falle eines Unfalls mit leichtem Schock werden weitere 2 Liter benötigt, für eine ungeplante Übernachtung im Gelände 1½ Liter.
- **Trinken Sie regelmäßig,** ohne starkes Durstgefühl abzuwarten!
- Wenn Sie an einem Tag 4 oder mehr Liter Wasser verbraucht haben, nehmen Sie auch Früchte und Speisen, Milch oder **mineralhaltige Sportdrinks** zu sich.
- Bei Zeichen von Erschöpfung, Übelkeit und Erbrechen, Schwindel mit Kältegefühl nehmen Sie kleine Mengen Süßigkeiten zu sich. Bei starker Müdigkeit, Appetit- und Schlaflosigkeit **nach der Tour** gehen Sie keinesfalls nüchtern zu Bett! Nehmen Sie wenigstens eine kleine Abendmahlzeit zu sich.

Fahrradverleih

- **Sal:** Einige Verleihstellen finden sich in Santa Maria, u.a. auch E-Bikes mit großen Ballonreifen, z.B. www.electricabikes.com.
- **São Vicente:** Gut gewartete Stadträder mit Helm, Gepäckkorb, Licht und Schloss gibt es bei der Touristeninformation Lucete Fortes, Av. Marginal, Praça Aurélio Gonçalves, Tel. 2324470, www.belavista.net/Sao-Vicente-Fahrrad-Verleih.aspx.

Welches Bike?

Auf den rumpeligen Pflasterstraßen und teils extremen Downhillstrecken ist ein voll gefedertes Bike (Fully) von großem Vorteil. Da man jedoch alles, was man fürs Bike braucht – Teile und Werkzeug und auch das handwerkliche Know-how – mitbringen muss, kann ein widerstandsfähiges, selbst zu reparierendes Hardtail-Bike, das mit Patchwork auf der Felge und ein paar Teilen der Baumarkt-Klasse wieder rollt, für einen längeren Aufenthalt auch keine schlechte Wahl sein!

Ausstattung

Jeder Mountainbiker steht auf seine persönliche Variante, sodass hier nur bewährte **Standard-Features** genannt seien:

- Zwei stark dimensionierte hydraulische Scheibenbremsen
- Federgabel, leistungsfähig, einstell- und blockierbar; Federwege von 100+ mm sind sinnvoll
- Helm mit Sonnenschild, diverse Handschuhe
- Pannensichere Stollenpneus, Top-Felgenbänder
- Plattformpedale und Schuhe, die auch alpine Wanderungen durchstehen
- Zwei 1½-Liter-Flaschen mit stabiler Halterung
- Größerer Daypack mit 3-Liter-Trinkwasserblase

Nützliches
- Fahrradkoffer oder -karton, Klebeband, Filzstifte, Selbstklebeetiketten (Adressen in Cabo Verde immer mit Mobil- und Telefonnummern!)
- Notfallpack, Verbandsmaterial, Pflaster
- Lenker-LED-Lampe und LED-Rücklicht, um ggf. vor Sonnenaufgang aufbrechen zu können, taugen auch als Taschenlampe und Notsignal!
- Sonencremes und -stifte wie für einen Skiurlaub
- Sonnenbrillen
- Lange, helle reißfeste Hosen schützen vor Hitze und Dornen
- Saugfähige Armbänder, um den Schweiß von der Stirn zu wischen
- Helle, leichte Tücher spenden Schatten für eine Siesta

Ersatzteile und Werkzeug

Ersatzteile gibt es in bescheidener Auswahl in der von Mountainbikern gerne so bezeichneten untersten „Baumarkt-Qualität" bei Händlern von Autoersatzteilen.

Unabdingbar sind
- Bremsbeläge (ca. zwei Sätze pro Reisewoche)
- Entlüftungsset und Bremsflüssigkeit
- Komplette Ersatzbremse mit Scheibe, Leitungsset und Belägen
- Ersatzschrauben, -muttern, -spanner
- Schraubensicherung mittelfest
- Speichen aller verwendeten Längen, Nippel, Felgenband
- Pannensichere Reifen, reichlich Schläuche, Ventile, Slime
- Flickzeug, Kettenreparaturset, Klettband, Kabelbinder, Schlauchklemmen
- Empfindliche Teile an Umwerfern und Schaltung
- Bowdenzüge
- Ersatzhelm (einer pro Gruppe)
- Ersatzsonnenbrillen

Internetquellen
- **Mountainbikeführer von Peter Vogt:** www.bela-vista.net/mountainbike.aspx
- **Mit dem MTB-Rollstuhl in Santo Antão:** www.bela-vista.net/Rollstuhl.aspx

Veranstalter

- **Bike Adventure Tours**
Sagistrasse 12, 8910 Affoltern am Albis/ZH Schweiz, Tel. 0041/44/761 37 65, www.bikereisen.ch
Rad-Kulturreisen, Mountainbikereisen. Professionell geführt mit alternativen Tagesplanungen.

Strom

Stromspannung und Steckdosenform entsprechen der deutschen Norm mit 220 V, 50 Hz und Schuko-Steckdosen. Die Mitnahme eines Adapters ist nicht erforderlich.

Inzwischen sind fast alle Ortschaften am Netz. Die vielen Insellösungen mit kleinen dieselbetriebenen Stromgeneratoren auf den Dörfern werden zunehmend durch zentrale Kraftwerke ersetzt. Die zentralen Netze haben üblicherweise Strom rund um die Uhr, während auf den Dörfern um 23 Uhr oder Mitternacht abgeschaltet wird. **Stromausfälle sind häufig.**

Telefon und Post

Post

Postämter gibt es **auf allen Inseln und in allen größeren Orten Cabo Verdes.** Öffnungszeiten: werktags 8–12.30 und 14.30–17.30 Uhr.

Die **Beförderung** der Post ist **zuverlässig,** sowohl national als auch international. Ein Brief nach Europa benötigt eine bis zwei Wochen. Innerhalb der Inseln kann ein Brief je nach Insel zwischen zwei und acht Tagen unterwegs sein. Alle Post läuft über Praia.

Briefe gibt man **direkt auf den Postämtern** ab. Dort laufen sie durch die Frankiermaschine. Wenn Sie auf gestempelte Marken Wert legen, müssen sie diese kaufen und selbst kleben.

Die **Gebühren** betragen für einen Luftpostbrief in die EU 80 CVE, für eine Postkarte 60 CVE, egal wohin.

Da die Post in Cabo Verde nicht ausgetragen, sondern von **Postfächern** ab-

Kleine Kunstwerke

Correios de Cabo Verde, die Post des Landes, legt meist mehrere neue Briefmarkenserien im Jahr auf. Motive aus Fauna, Flora, Geschichte, Kunst und Sport folgen den herausragenden Ereignissen und Diskussionen im Land. Die Masse der Briefe und Postkarten läuft durch Freistempelmaschinen, doch auf jeder Post und an den Kiosken der Touristeninformation gibt es Marken.

Briefmarkenfreunde finden die beliebten **Sondermarken** an den Schaltern „Filatelia" auf den Hauptpostämtern in Praia (Plateau) und in São Vicente in der Av. Christiano Sena Barcelos.

Die **erste Marke der Republik Cabo Verde** entstand durch Überdruck des Wertes 1 Escudo der Serie „500. Geburtstag von Pedro Álvarez Cabral", ausgegeben in der portugiesischen Überseeprovinz Cabo Verde am 22. April 1968, als Ausgabe „Independência" am 19. Dezember 1975.

Der österreichische Künstler **Friedensreich Hundertwasser,** beeindruckt nach einem Besuch in Cabo Verde 1973, schuf das Motiv „Vapor" (Dampfschiff) mit Nennwerten von 10 bis 50 Escudos, wobei das Original von 1982 nie in Umlauf kam, sondern 1985 erstmals im Überdruck mit 30 Escudos Nennwert erschien, ergänzt um einen Block zu 4 x 50 Escudos in mehreren Farbvariationen. Diese und andere Marken wurden damals auch in Österreich gedruckt und stehen bei Sammlern hoch im Kurs.

geholt wird, muss jede Adresse in Cabo Verde das Postfach (*Caixa Postal*, C.P.) vermerken. Postleitzahlen sind festgelegt, werden aber wenig benutzt.

Adressen sind immer um die **Telefon- oder Handynummer** zu ergänzen!

Telefon

Die **Cabo Verde Telecom** ist in portugiesischem Besitz und unterhält ein **flächendeckendes Netz** bis ins letzte Dorf. So lange sich kein Tintenfisch in eines der Unterseekabel verliebt, sind auch Ferngespräche dank digitaler Technik glasklar.

Hotels verlangen Aufschläge auf den Minutenpreis. Auf den Postämtern werden mindestens drei Minuten abgerechnet. **Telefonzellen mit Kartentelefon** sind für Ferngespräche freigeschaltet, es wird im Sekundentakt abgerechnet. In alle Welt kostet die Minute bei der CV-Telecom 90 Cent, in Cybercafés und Telefonbuden kann man über das Internet für etwa 30 Cent telefonieren.

Von Europa entgeht man den nicht weniger „herausragenden" Preisen der Telekom durch **Billig-Vorwahl-Dienste** ab ca. 0,18 Euro ab Deutschland und 0,23 Euro ab Österreich.

Bedenken Sie den **Zeitunterschied** von 3, im Winter 2 Stunden.

Vorwahlen

- Deutschland: 0049
- Österreich: 0043
- Schweiz: 0041
- Cabo Verde: 00238

Innerhalb Cabo Verdes gibt es **keine speziellen Vorwahlen** für Inseln oder Städte, diese sind bereits in der siebenstelligen Telefonnummer enthalten. So beginnen (mit einigen Ausnahmen) die **Telefonnummern der jeweiligen Insel** mit:

- Boa Vista: 251, 252
- Brava: 285
- Fogo: 281, 282, 283
- Maio: 255
- Sal: 241, 242
- Santiago: 260, 264, 265, 266, 267, 268, 269, 271, 273
- Santo Antão: 221, 222, 223
- São Nicolau: 235, 236
- São Vicente: 230, 232
- **Mobil-Nummern beginnen mit 9, 8 oder 5**

Mobiltelefon

Je nach Mobilfunkprovider kann man sein eigenes Mobiltelefon bzw. Smartphone auch in Cabo Verde nutzen, allerdings fallen hohe internationale **Roaminggebühren** an. Solche Kosten umgeht man am besten, wenn man sich auf SMS beschränkt (Empfang i.d.R. kostenfrei), über eine kostenlose WLAN-Verbindung E-Mails schreibt, Skype bzw. Facetime zum Telefonieren oder auch WhatsApp und andere kostenlose Apps nutzt.

Eine andere Möglichkeit besteht darin, ein gebrauchtes Mobiltelefon (Dual-Band oder GSM 900 MHz) mitzunehmen und in Cabo Verde eine **Prepaid-SIM-Karte** von CV-Movel oder Unitel T+ zu kaufen, wie sie an jedem Kiosk, an Tankstellen und in Gemischtwarenläden und auch bei Straßenverkäuferinnen zu Preisen ab 50 CVE angeboten werden. Das Guthaben (kreol.: *saldo*) wird durch Übertragen vom Mobiltelefon des Verkäufers auf das des Kunden aufgeladen. Die Vorteile liegen auf der Hand: Aus dem Ausland empfangene Gespräche verursachen keine weiteren Kosten, und über die Weitergabe der Telefonnummer (per SMS) bestimmt man selbst, wer einen anrufen kann und wer nicht. Sollte das alte Mobiltelefon unerwartet einem neuen Besitzer „zulaufen", hält sich der Verlust in Grenzen.

Die SIM-Karte für **Datenpakete** (Smartphone) freischalten und ggf. auf Mikroformat zurechtstutzen kann man nur in den Büros von CV-Movel und T+ bei Vorlage des Reisepasses. Sondertarife für Internetzugang: 90 CVE (1 Tag, 25 MB), 890 CVE (30 Tage, 5 GB).

Trinkgeld

In Restaurants, Cafés und Bars wird Trinkgeld gehandhabt wie in Europa. Es sind **etwa 10%** üblich, und je nach Zufriedenheit dürfen es mehr oder weniger sein. Wir geben immer etwas Trinkgeld, auch wenn es einen handfesten Grund zur Beschwerde geben sollte. In diesem Fall bitten wir um das Beschwerdebuch *(Livro de reclamações)* oder sprechen mit dem Besitzer. Es geht nicht an, das schwächste Glied der Kette abzustrafen; leider drücken sich nicht wenige Unternehmer vor den Sozialabgaben, und Trinkgelder sind die einzige Einnahme der unversicherten Mitarbeiter(innen).

Unterkunft

Hotels der Oberklasse in den von Touristen bevorzugten Orten entsprechen in ihrer Ausstattung internationalen Standards. Die **internationalen Hotels,** die fast ausschließlich als Paket mit Flug und all inclusive in Europa gebucht werden, sind meist mehrstöckige Großanlagen mit diversen Restaurants, Poollandschaften und einem kompletten internen Dienstleistungsangebot für Wassersport, Wellness, Kinderbetreuung, Animation und Kulturveranstaltungen. Bei den **Strandhotels** handelt es sich meist um Bungalowanlagen mit Meer- oder Süßwasserpool und Sporteinrichtungen. Das lokale Sternesystem ist nicht mit internationalen Systemen vergleichbar.

Pensionen (*Pensão* oder *Residencial*) sind wesentlich preiswerter, auch wenn einige den Komfort von Hotels erreichen. Die letzten kleinen Pensionen aus der Kolonialzeit mit Bad und Toilette außerhalb des Zimmers *(Casa de banho comun)* und Frühstück in der Wohnstube sind kurz davor, ins Museum abzuwandern. Überall entstehen neue, wo eigene Duschen und WC *(Casa de banho privativo)* mit Warm- und Kaltwasser zum Standard zählen.

Privatzimmer sind preiswert, schlicht eingerichtet und in der Regel sehr sauber. Sie bieten oft das bessere Frühstück, während man ein kapverdisches Abendessen nur auf Vorbestellung bekommt. Wer auf familiäre Atmosphäre Wert legt, wird hier besondere Herzlichkeit und Gastfreundschaft erleben.

Frühstück ist meist im Preis eingeschlossen. Wanderer, die frühmorgens

Unterkunftspreise nach Kategorien

In den verschiedenen Kategorien galten Anfang 2018 etwa folgende Preise; bei den Hotelbeschreibungen im Buch zeigen die Ziffern ⑤ (teuer) bis ① (günstig) die jeweilige Kategorie an:

⑤ **Luxushotels:** ab 90 €/ab 10.000 CVE
④ **Gehobene Mittelklasse** (Hotel, Residencial): 55 bis ca. 90 €/6000 bis ca. 10.000 CVE
③ **Mittelklasse** (Hotel, Residencial): 38 bis ca. 60 €/4200 bis ca. 6600 CVE
② **Günstige Mittelklasse** (Hotel, Residencial): 25 bis ca. 40 €/2800 bis ca. 4500 CVE
① **Besonders günstig und einfach:** 17 bis ca. 28 €/1800 bis ca. 3000 CVE

Die Preise beziehen sich auf ein mit zwei Erwachsenen belegtes **Doppelzimmer** *(Quarto duplo)* inkl. MwSt. **Frühstück** ist bei den meisten Häusern im Preis enthalten. Einzelzimmer *(Quarto de solteiro)* sind in Cabo Verde 20–40% günstiger, Suiten und Apartments 30–50% teurer, Extrabetten kosten 15–40% des Preises eines Doppelzimmers. Kinder im Vorschulalter sind meist frei, das Kinderbettchen (port.: *berço* sprich: *bärssu*) nicht immer.

Eine **Tourismusabgabe** von 220 CVE = 2 Euro pro Übernachtung und Person ab 16 Jahren wird für maximal zehn Nächte (in der gleichen Unterkunft) erhoben und muss beim Einchecken entrichtet werden.

Weihnachten, Ostern und Juli/August sind **Hochsaison** mit erhöhten Preisen in den höheren Kategorien, während die meisten Häuser der unteren Kategorien den Preis konstant halten.

losgehen wollen und Gäste, die lieber ein Frühstück auswählen, als das zu essen, was für den Wirt am billigsten ist, ziehen das gesondert zu bestellende Frühstück vor. Manche Gastgeber bieten an, ein **Lunchpaket** vorzubereiten.

Wasser ist ein wertvolles und rares Gut auf Cabo Verde. Wassersparen ist oberstes Gebot für den Gast! Überprüfen Sie beim Besichtigen von Zimmern, ob Wasser aus dem Hahn kommt, und schließen Sie ihn wieder fest, damit nicht wenig später die Überschwemmung einsetzt.

Insekten, Mücken, Kakerlaken oder **Spinnen** sind seltene Mitbewohner, denen man nicht mit Hysterie begegnen sollte. In einem wenig hygienischen Umfeld ist auch ein reinlicher Haushalt nicht völlig vor Kakerlaken gefeit. Wenn Sie sich selbst nicht trauen, bitten Sie die Vermieter, das Tierchen hinaus zu befördern. Ein **Gecko** im Zimmer ist begrüßenswert, da er Fliegen frisst.

Reservierungen sind für die Inseln Sal und Boa Vista sowie für die Stadt Praia immer zu empfehlen. Andernorts wird es in Ferienzeiten, zu traditionellen Festen, zu Musikfestivals und im Karneval eng. Auch sollte man für den Ankunftstag und den Tag der Abreise ein Zimmer vorreservieren, da die Termine festliegen und die Zimmersuche mitten in der Nacht schwierig und teuer ist.

Dauergäste, die über Wochen oder Monate an einem Ort bleiben wollen, sollten nach Sonderpreisen fragen, vorzugsweise bei den kleinen privaten Pensionen.

> Kleiner Strand beim Hotel Odjo d'Água (Sal)

Zeitunterschied

Wäsche waschen zu lassen ist unproblematisch, denn jede Rezeption hat entweder jemanden aus dem eigenen Personal oder in der Nachbarschaft, der dies gerne übernimmt. Wäschereien in Praia und Mindelo sind eher auf Großkunden ausgerichtet.

Camping ist in Cabo Verde nicht möglich. Jedes Stück Land, auch wenn es ungenutzt erscheint, hat seinen Besitzer. Wer frei campt, steht auf fremdem Eigentum, wer im Grünen campt, tut das vermutlich in der Saat des nächsten Bauern. Einfache Zeltplätze in den Naturparks und am Strand von Ribeira da Prata auf Santiago machen die Ausnahme.

■ Unsere aktuelle **Unterkunftsliste** online unter www.bela-vista.net/Hotel-Kapverde.aspx und bei den Ortsbeschreibungen in diesem Buch.

Winterzeit in Europa, Ende Oktober bis Ende März: Stellen Sie bei Ankunft Ihre Uhr um 2 Stunden zurück.

Sommerzeit in Europa, Ende März bis Ende Oktober: Stellen Sie bei Ankunft Ihre Uhr um 3 Stunden zurück.

Zoll

Ein- und Ausfuhrbestimmungen für Cabo Verde

Zollfrei eingeführt werden dürfen: 200 Zigaretten oder 250 Gramm Tabak, 100 Zigarillos oder 50 Zigarren, 1 Liter Wein oder 2 Liter Bier, ¼ Liter Spirituosen.

Gegenstände, die **für den persönlichen Bedarf** des Reisenden bestimmt sind, wie Kleidung, Wäsche, Schuhe, Toilettenartikel, Fotoapparate und/oder Videokamera mit Filmen oder Leerkassetten, Sportgeräte usw., können ebenso zollfrei eingeführt werden.

Lebende Tiere: Es ist ein amtstierärztliches Gesundheitszeugnis erforderlich. Hunde müssen mit Chip identifizierbar sein und ein aktuelles Tollwutimpfzeugnis (englisch) vorweisen. Die Regeln genau zu beachten erspart beim Wiedereintritt in die EU Stress für Hund und Mensch und erhebliche Kosten.

Blumen und Pflanzen sowie (unversiegeltes) Saatgut dürfen nur mit schriftlicher Genehmigung eingeführt werden. Diese Maßnahme soll verhindern, dass weitere Pflanzenschädlinge nach Cabo Verde eingeschleppt werden.

Ausfuhr: Souvenirs und Artikel ohne kommerziellen Wert dürfen in unbegrenzter Menge ausgeführt werden. Die Ausfuhr von Souvenirs aus Schildplatt oder anderen geschützten Arten von Cabo Verde nach Europa ist strafbar (Artenschutzabkommen).

Die Ein- und Ausfuhr der Landeswährung Escudo ist nicht gestattet. Devisen unterliegen bei der Einfuhr keiner Beschränkung, die Ausfuhr ist auf 2000 Euro beschränkt. Höhere Beträge sind anmeldepflichtig und erfordern einen Herkunftsnachweis!

Einfuhrbestimmungen für Europa

Bei der Wiedereinreise in die EU und die Schweiz gelten verschiedene **Freigrenzen, Verbote und Beschränkungen.**

◁ Die alte Salzverladestation in Pedra de Lume auf Sal

- Die wichtigsten **Freigrenzen** für die Einreise im Flug- und Seeverkehr sind: 200 St. Zigaretten oder 100 St. Zigarillos oder 50 St. Zigarren oder 250 g Rauchtabak (Reisende ab 17 Jahren); 1 Liter Spirituosen über 22 Vol.-% (Reisende ab 17 Jahren), 4 Liter nicht schäumende Weine, 16 Liter Bier und andere Waren zur persönlichen Verwendung oder als Geschenk im Wert von 430 Euro p.P. bzw. bei Reisenden bis 15 Jahre 175 Euro. Für Einreise in die Schweiz 300 SFr p.P.
- Bei Überschreitungen dieser Mengen- und Wertgrenzen müssen die Waren angemeldet und versteuert werden. Hierbei fallen **Abgaben** von 15% bzw. 17,5% des Kaufpreises (bis 700 Euro Warenwert) an. Bei Kaufpreisen über 700 Euro liegen die Abgaben zwischen 19% und 35%. Hohe Abgaben bei Zigaretten und Spirituosen!
- **Verbotene Waffen** sind u.a. Springmesser, Butterflymesser, Faustmesser, Schlagringe, Wurfsterne, Stockdegen, Stahlruten, ausländische Elektroschocker und Reizstoffsprays.
- Als **artengeschützte Produkte** gelten z.B. Korallen (auch am Strand gefundene), diverse Schnecken- und Muschelarten, Schlangen- und Krokodilleder, Elfenbein, Schildkrötenteile, Whisky mit eingelegter Kobra, verschiedene Tierfelle, Kakteen, Orchideen und bestimmte Kaviarsorten.
- Bei **Arzneimitteln** ist die Menge eines üblichen Drei-Monatseigenbedarfs erlaubt. Anabolika sind in jedem Fall verboten.
- **Markengefälschte Produkte** aller Art sind für den eigenen Gebrauch und als Geschenk in geringer Stückzahl erlaubt.
- Für **Drogen** gilt: Auch Kleinmengen sowie Hanfsamen, Kokatee und -blätter sind verboten, ggf. auch im Ausland gekaufte starke Schmerz- und Beruhigungsmittel.
- **Feuerwerkskörper** sind einfuhrverboten.
- Für **Fleisch, Wurst, Käse, Milchprodukte und Eier** aus Nicht-EU/EFTA-Ländern gilt ein generelles Einfuhrverbot.
- **Pflanzensanitäre Vorschriften:** Pflanzen mit Wurzeln oder Erde ohne Pflanzengesundheitszeugnis aus nicht-europäischen Ländern sind einfuhrverboten (nur aus Mittelmeeranrainerstaaten frei). Auch für bestimmte frische Früchte in größeren Mengen gelten Verbote.
- Für die Mitnahme von **Haustieren** gelten besondere Veterinärvorschriften.
- **Barmittel** über 10.000 Euro (bzw. Schweiz: 10.000 SFr) sind dem Zoll bei Aus- und Einreise schriftlich anzumelden.
- Für selbst aufgegebene **Postsendungen** gelten gesonderte Regelungen und eine Freigrenze von 45 Euro Warenwert. **Internetbestellungen** und Sendungen von Firmen über 22 Euro Warenwert sind abgabenpflichtig.
- Die Zollbestimmungen und die Steuersätze für die **Schweiz und Österreich** können von dem Gesagten etwas abweichen.

Nähere Informationen
- **Deutschland:** www.zoll.de
- **Österreich:** www.bmf.gv.at
- **Schweiz:** www.ezv.admin.ch

Bevölkerung | 510

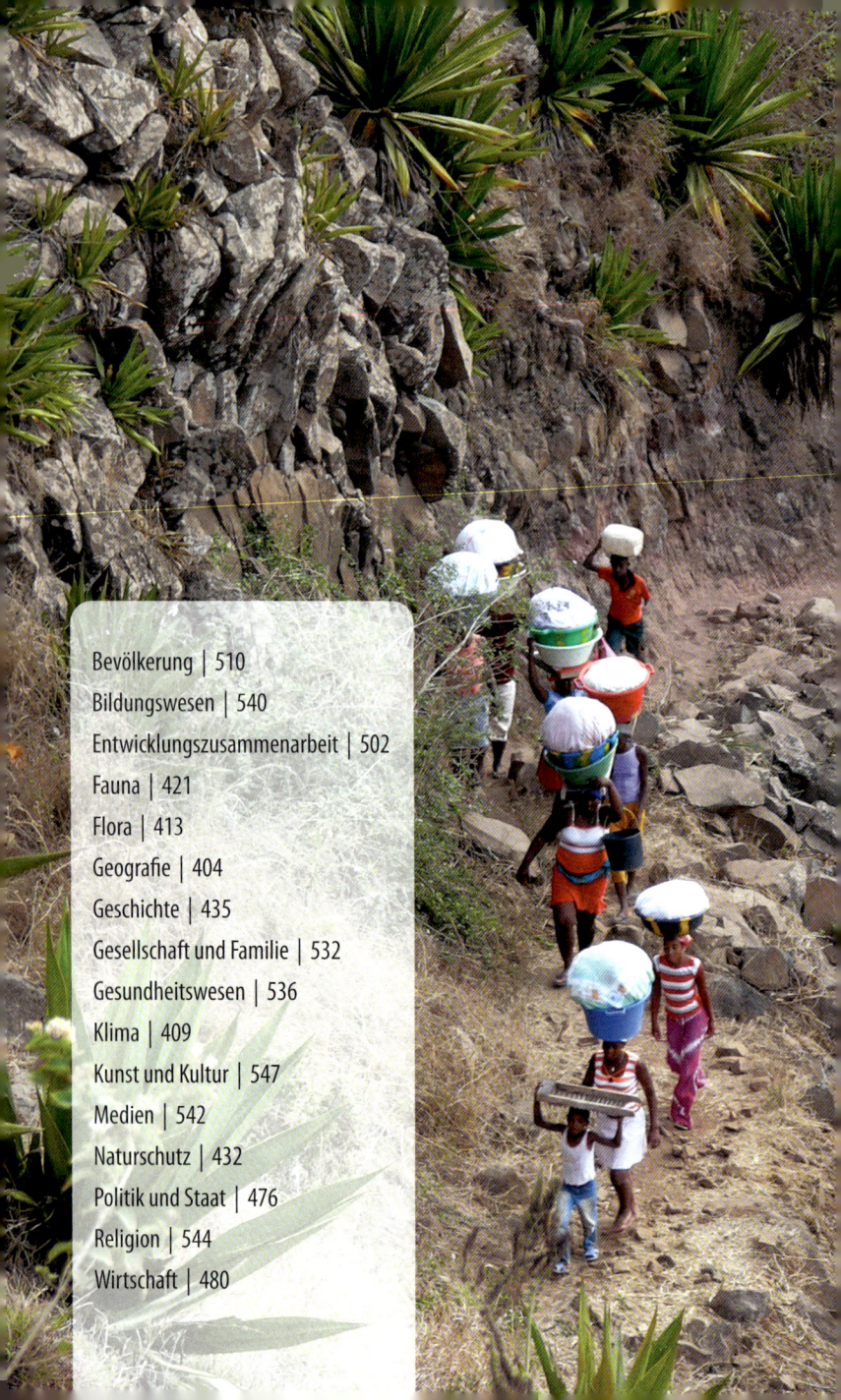

Bildungswesen | 540

Entwicklungszusammenarbeit | 502

Fauna | 421

Flora | 413

Geografie | 404

Geschichte | 435

Gesellschaft und Familie | 532

Gesundheitswesen | 536

Klima | 409

Kunst und Kultur | 547

Medien | 542

Naturschutz | 432

Politik und Staat | 476

Religion | 544

Wirtschaft | 480

11 Land und Leute

Rückkehr von der Quelle bei Rui Vaz auf Santiago

Geografie

Der Archipel umfasst zehn größere Inseln, von denen neun bewohnt sind. Hinzu kommen fünf kleinere, unbewohnte Inseln. Die **Gesamtfläche von 4033 km²** ist kleiner als die des Ruhrgebiets (4973 km²), immerhin größer als Mallorca (3411 km²), aber nahezu verschwindend in der Weite des Atlantiks (106.570.000 km²). Geografisch gehören die Inseln zu Afrika und mit den Azoren, Kanaren und Madeira zur **Inselgruppe Makkaronesien** (dt.: Inseln der Glückseligkeit).

Das Gebiet liegt zwischen 14°48' und 17°12' nördlicher Breite sowie zwischen 22°41' und 25°22' westlicher Länge im Atlantik. Zum Vergleich: Der 16. nördliche Breitengrad läuft auf seinem Weg um die Weltkugel auch durch Guadeloupe (Karibik), Acapulco (Mexiko), Hawaii und Goa (Indien).

Die **Entfernung der Inseln von Deutschland** beträgt rund **5000 km,** sie liegen ca. 1700 km südlich der Kanarischen Inseln und etwa 3600 km östlich der karibischen Inseln. Die kürzeste Entfernung zum afrikanischen Kontinent beträgt 460 km von Boa Vista zum senegalesischen Cap Vert (grünes Kap). Der Name **Ilhas de Cabo Verde** für die wüstenhaften Inseln war seit jeher verwirrend. Er beruht darauf, dass sie „vor dem grünen Kap" angetroffen wurden.

Die Inseln formen ein nach Westen offenes **Hufeisen** mit Santo Antão im extremen Norden und Brava im Süden. Romantischere Naturen sprechen von einer zerrissenen Halskette. Der Bogen umspannt ein Gebiet von rund 300 km Nord-Süd- und 250 km West-Ost-Ausdehnung. Die Größe der bewohnten Inseln differiert zwischen 991 km² (Santiago) und 64 km² (Brava). Die **höchste Erhebung des Archipels** bildet der **Pico de Fogo** mit **2829 m.**

Bezogen auf den **Nordostpassat** werden die „Inseln über dem Winde", Barlavento, und die „Inseln unter dem Winde", Sotavento, unterschieden. **Barlavento:** Santo Antão, São Vicente, São Nicolau, Sal, Boa Vista, sowie die unbewohnten Inseln Santa Luzia, Branco und Razo; **Sotavento:** Maio, Santiago, Fogo, Brava, sowie die unbewohnten Inseln Ilhéu Grande und Ilhéu de Cima.

Entstehungsgeschichte

In Zusammenarbeit mit *Tom Kwasnitschka*

Die **Archipele Makkaronesiens** (Azoren, Madeira, Kanaren und Kapverden) wurden durch **vulkanische Aktivität** gebildet. Heißes Magma quillt entlang einer zentralen Spalte zwischen den uralten Kontinenten empor und formt beim Erkalten neuen Meeresboden, drückt die Erdkruste zu beiden Seiten fort und bildet einen mittelozeanischen Rücken, wodurch sich der Atlantik seit 200 Millionen Jahren stetig verbreitert.

Unter dem Ostatlantik, weit abseits des zentralatlantischen Rückens, bahnten sich gigantische, Plumes genannte **Blasen aus heißem Gestein** ihren Weg von der Grenze des Erdkerns aus 2900 km Tiefe durch den zähplastischen Erdmantel bis unter die nur 7 km dünne Erdkruste und wölbten diese vor etwa 28 Millionen Jahren um fast 2000 m auf zum unterseeischen Plateau der Kapverdenschwelle.

Im komplexen **System der Magmakammern** reift flüssiges Gestein heran wie Sekt in der Flasche und ordnet sich in Schichten entsprechend Dichte und chemischer Zusammensetzung; Kristalle bilden sich, Gase werden frei und erhöhen den Druck. Können die über der Magmakammer lastenden Schichten den Druck nicht mehr aufhalten, kommt es zur **Eruption.** Je nachdem wie tief und wie lange das Magma in der Kammer lag und welches Stockwerk zuerst angezapft wurde, wird Lavagestein unterschiedlicher Zusammensetzung ausgestoßen, vom kristallreichen, blockigen Lavafels bis zum leichten Bims.

Der **Lebenszyklus von Ozeaninseln** ist auf den Kapverden in seinen typischen Stadien zu erkennen. Zunächst erscheint am Meeresboden ein Seamount genannter aktiver unterseeischer Vulkan. Nordwestlich von Santo Antão und südwestlich von Brava bestehen weitere explosive Vulkanfelder und könnten zu Inseln werden, wenn sie die Wasseroberfläche durchstoßen. Fogo ist eine Vulkaninsel in höchster Blüte mit einer gigantischen Höhe von 7000 bis 8000 m über dem Kapverdischen Becken, rechnet man die unterseeischen Anteile mit dazu. Ausbrüche erfolgen etwa alle 20 Jahre. Fogo ist zugleich das beeindruckende Beispiel für die Abtragung eines Vulkangebäudes durch einen gewaltigen tektonischen Bergrutsch, der die 3000 m hohe Ostflanke des Urvulkans auf den Meeresgrund beförderte (siehe Exkurs „Pico de Fogo").

Die rund 8 bis 10 Millionen Jahren alten nordwestlichen Inseln sind nicht mehr vulkanisch aktiv. **Santo Antão** zeigt, wie Witterung und Brandung tiefe Kerbtäler und steile Felsküsten aus den

Die Inseln und ihre höchste Erhebung

Santiago
■ **Fläche: 991 km²** / Pico d'Antónia (1394 m)

Santo Antão
■ **779 km²** / Tope de Cora (1979 m)

Boa Vista
■ **620 km²** / Monte Estançia (354 m)

Fogo
■ **476 km²** / Pico de Fogo (2829 m)

São Nicolau
■ **349 km²** / Monte Gordo (1312 m)

Maio
■ **269 km²** / Monte Penoso (431 m)

São Vicente
■ **227 km²** / Monte Verde (750 m)

Sal
■ **216 km²** / Monte Grande (405 m)

Brava
■ **64 km²** / Monte Fontainha (976 m)

Sonstige
■ **Santa Luzia:** 29 km² / Monte Grande (395 m)
■ **Razo:** 7 km² / 164 m
■ **Branco:** 3 km² / Tope de Verca (327 m)
■ **Grande:** 2 km² / Monte Grande (96 m)
■ **Cima:** 1,15 km² / Monte do Ilheu de Cima (77 m)
■ **Luis Carneiro:** 0,22 km²

auf den Höhen weiterhin weichen, rundlichen Formen der Vulkankegel und Lavafelder schneiden.

Die gut doppelt so alten östlichen Inseln **Sal, Boa Vista** und **Maio** sind abgeschliffen zu wüstenhaften Ebenen nahe Meereshöhe, durchsetzt von Schlotfüllungen ehemaliger Vulkane, die heute als Felstürme und Schuttkegel imponieren. Die nur 14 m unter der Meeresoberfläche liegende sandige Bank **Recife Jão Valente** zwischen Boa Vista und Maio, eine ehemalige Hauptinsel, zeigt das nächste Stadium des Zyklus. Auf dem Flug von Boa Vista nach Praia erkennt man sie meist als wild aufgewühltes Brandungsfeld.

Korallenriffe wie in der Südsee sind im kapverdischen Archipel nie in nennenswertem Umfang entstanden. Die großen Flüsse Westafrikas, insbesondere der Niger, sorgen mit jeder Regenperiode für einen küstennahen, warmen Strom niedriger Salzkonzentration vom Golf von Guinea bis nach Mauretanien. Er wird zusammengehalten durch die kälteren und stärker salzhaltigen Schichten des Ozeans und als ein wesentlicher Faktor angesehen, weshalb in der Region **keine Riffe und Atolle** zu finden sind, die über das Stadium von seichten, unvollständig geschützten Buchten hinausgehen. Die Lagune von Curral Velho auf Boa Vista ist wohl ein typisches Beispiel, Baía das Gatas auf São Vicente ein weiteres, wobei hier das durch Abwässer aus der Feriensiedlung bedingte *bleaching* die Korallen absterben ließ. Wechselnde Meereshöhen haben die Bildung einer **Kalkschicht mit Fossilien** auf den flachen Inseln ermöglicht.

Die um 100 m abgesunkene flache Kappe des **Senghor Seamount**, der noch in der letzten Eiszeit an der Oberfläche lag, befindet sich bereits im Übergang zum Guyot, einem flach geschliffenen Seamount ohne Bezug zur Magmaquelle, die ihn einst entstehen ließ. Der Lebenszyklus als Ozeaninsel hat sein Ende gefunden.

Weiterführende Literatur
- *Ramalho, Ricardo A. S.*
Building the Cape Verde Islands
Series Springer Theses 2011

Geologie, Vulkanismus und Oberflächenstruktur

Östliche, flache Inseln

Auf den ältesten Inseln **Sal, Boa Vista und Maio** ragen Hügel bis rund 400 m Höhe auf. Dazwischen liegen flache Trockentäler. Die Berge sind nicht hoch genug, um den Passatwolken Niederschläge abzuringen, ihre Vegetation ist äußerst spärlich. Der Harmattan weht gelben Sand aus der Sahara herüber und überzieht die Küstenlinien mit langen feinsandigen **Stränden**. Der Nord-Ost-Passat lässt **Dünen** quer über die Inseln wandern, die im Satellitenbild als von Nordost nach Südwest verlaufende helle Streifen die Inseln durchziehen.

Westliche, gebirgige Inseln

Santo Antão, Santiago, São Vicente, São Nicolau, Fogo und Brava weisen Höhen zwischen 1000 und 3000 m mit teilweise extrem hochgebirgigem Oberflächenrelief auf.

Aus der Entfernung ist der **Pico de Fogo** als einzeln stehender, kreisrunder Kegelvulkan die imposanteste Erscheinung. Halbmondförmig stehen die Felsen der **Bordeira** über der **Chã das Caldeiras,** einem Kessel von gut 9 km Durchmesser. In ihr baut sich wie ein Vulkan auf dem Vulkan der grauschwarze Pico auf, mit **2829 m** nur wenig höher als die Bordeira und die höchste Erhebung des Archipels.

Die anderen gebirgigen Inseln sind durch das **Nebeneinander von jungen Vulkankegeln** und tiefen Tälern mit hohen Felswänden gekennzeichnet. Auf Santo Antao ist die Landschaft streng in schluchtartige Täler und die Hochebenen gekammert, die den Straßenbauern Meisterleistungen abverlangen, um sie zugänglich zu machen. Auf Santiago ist die Landschaft eher mittelgebirgig, weniger abweisend, felsig und durchlässiger für Wege und Straßen.

Calderen (port. *caldeiras vulcánicas*), kreisrunde oder leicht elliptische Kessel vulkanischen Ursprungs, finden sich auf allen bewohnten Inseln und werden gerne von Reisenden besucht, wie Pedra de Lume auf Sal und die Cova de Paúl auf Santo Antão. Auch der große Naturhafen von São Vicente, der Porto Grande, befindet sich in einer Caldeira, deren Boden unter dem Meeresspiegel liegt. Die Einsturzcalderen sind meist deutlich größer und tiefer als der trichterförmige Krater, aus denen sie entstanden. Hohlräume im Zentrum des Vulkangebäudes, eine entleerte oberflächennahe Magmablase, Eruptionskanäle und poröses Gestein ließen den Kraterboden dieser Einsturzcalderen absacken.

Lavatunnel entstehen, wenn die oberen Schichten eines Lavastroms abkühlen und erstarren, während die Lava im Inneren flüssig bleibt und weiterfließt.

Eruptionshöhlen im Vulkangebäude sind dann anzutreffen, wenn Eruptionskanäle nicht mit Magma gefüllt zurückblieben. Sie verlaufen teils senkrecht wie Schächte, teils nahezu waagerecht, wenn ein Kanal seinen Ausgang zur Flanke eines Vulkankegels fand. Ähnlich wie in Besucherhöhlen der Kalkgebirge folgen auch in vulkanischen Höhlen weite Säle auf enge Gänge und hohe Dome. Am Pico pequeno und am Monte Preto in der Chã das Caldeiras auf Fogo ist der Einstieg durch Leitern erleichtert worden.

Vulkanische Gänge (port. *filões*) erheben sich wie von Menschenhand geformte bizarre Mauern aus dem Boden. Sie entstehen, wenn vulkanische Kräfte die Oberfläche anheben und aufbrechen. In die Bruchspalten schießt flüssiges Magma ein, das unter Luftabschluss langsam zu hartem Gestein abkühlt. Die umgebenden weichen Tuffe und Schlacken werden schneller abgetragen, während die filões stehen bleiben.

Die Flanken der großen Schichtvulkane Cabo Verdes sind ungewöhnlich steil und dadurch entsprechend instabil. Teile der Hänge gerieten als **Rutschungen** in Bewegung. Die gesamte Nord-Ost-Flanke des Urvulkans Fogos, einschließlich des Gipfels, ging als gigantischer Bergrutsch nieder.

Ribeiras, Trockentäler in ganz verschiedener Form von extrem engen V-Schluchten bis hin zu breiten U-Tälern mit ausgeprägter Hangschulter, ziehen in einen häufig breiteren Mündungsbereich aus Geröll und grobem Schotter und wenig Sand. Nur ausnahmsweise erhält sich ein ganzjähriges kleines Rinnsal wie in der R^a da Torre und der R^a de Paúl auf Santo Antão. Dennoch kann sich auf der Luvseite der gebirgigen Inseln bewässerte Landwirtschaft halten und aus Quellen und dem Grundwasser in den Ribeiras speisen. Wo große Trockentäler ins Meer münden, haben sich zumeist Ortschaften angesiedelt.

Kesseltäler erreichen in der wilden Berglandschaft Santo Antãos beeindruckende Tiefen. Teils sollen sie von großen Einsturzcalderen ausgegangen sein wie die R^a das Patas oder die R^a de Paúl.

Achadas (Sotavento) oder **Chãs** (Barlavento), Hochebenen mit flacher oder nur leicht geneigter Oberfläche, auf der sich mehrere Schichten vulkanischen Gesteins übereinandergelegt haben, sind die beherrschende Landschaftsform auf Santiago, wo sie als breitflächige Tafelberge oder Ebenen zwischen den Gebirgen erscheinen. Tiefe Ribeiras zerschneiden sie und schaffen steile Begrenzungen. Teilweise werden auch marine Terrassen, wo der Kalk erstaunlich waagerecht aus den Tiefen des Meeres gehoben wurde, als Achadas bezeichnet. Die bekanntesten Beispiele hierfür sind das Plateau der Altstadt von Praia und der Sockel, auf dem sich Cidade do Maio über dem Strand erhebt.

Fajãs bezeichnen gleichmäßig zum Meer ziehende breite ehemalige Lavaflüsse, steiler als die Achadas und häufig fruchtbar wie die Fajã von São Nicolau oder die Fajã d'Água auf Brava.

Canyons von mehreren hundert Metern Tiefe schneiden sich durch Meeresmolassen. Diese enthalten, fest eingebettet, kleine Kiesel und riesige Felsbrocken, allesamt rund geschliffen in der Brandung und unter hohem Druck miteinander betonartig verbacken. Nachdem sie wieder angehoben wurden, begannen das fließende Wasser und der Wind ihr Werk. Eingesprengte vulkanische Schichten zeigen die wechselnden Folgen von Vulkanismus und Erosion in der Gestaltung der Geomorphologie. Die schönsten Beispiele von Canyons finden sich im Unterlauf der R^a de Garça, der R^a do Alto Mira und der gewaltigen R^a da Água Margosa auf Santo Antão. Ähnlich „aufschlussreich" ist ein Spaziergang auf der Fahrstraße von NS do Monte nach Fajã d'Água auf Brava.

Dünenfelder beherrschen nicht nur die Landschaft der flachen Inseln. Der Wind trägt den feinen Staub der Sahara auch bis zu den westlichen Inseln und wirft ihn an die Ostküste, wo er sich mit zu Sand zermahlenen jungen und fossilen Muscheln und Schnecken zum lose fließenden Badesand unterschiedlicher Korngröße vermischt, ganz zur Freude der Strandbegeisterten. Im Satellitenbild erkennt man, dass der Sand nicht an den Westküsten verharrt, sondern als Dünen, vom Nord-Ost-Passat getrieben, quer über die Inseln wandert, bis er an den Stränden des Südwestens wieder im Meer verschwindet.

Strände erscheinen unerschöpflich in ihren Variationen zwischen schwarzem Lava- und gleißend hellem Kalksand, durchsetzt mit feinem Saharastaub. Sie durchbrechen die Steilküsten in Form winziger Badebuchten und erstrecken sich andernorts über viele Kilometer.

Doch der **Materialhunger der Bauindustrie** hat Stränden und Dünen gewaltig zugesetzt. Einige Gemeinden beleuchten ihre Strände, um nächtlichen Sandklau zu verhindern. Besonders hart hat es die Praia da Nossa Senhora de Encarnação, den südlichen Abschnitt des schwarzen Strandes unterhalb der Stadt

São Filipe, auf Fogo getroffen. Fischer an der bereits unterhöhlten Kooperative berichten, wie sich die Strömung verändert hat, nachdem ein Teil des Strandes auf Lkws in die Stadt verschwunden war und binnen weniger Wochen Zehntausende von Tonnen Sand ins Meer gerissen wurden. Mit dem Import von Bausand aus Mauretanien soll verhindert werden, dass der touristische Boom weitere Strände in Beton verwandelt.

Die **Küsten** der östlichen Inseln laufen meist flach und sandig zum Meer aus, mitunter begleitet von einem nur wenige Meter über dem Meeresspiegel liegenden Kalksockel. Auf den gebirgigen Inseln hingegen beherrschen bis zu 800 Meter hohe, senkrecht ins Meer abfallende Felswände das Bild, die von den Buchten der Talmündungen durchbrochen sind. Zumeist ist auf Meereshöhe kein Durchkommen, sodass Straßen und Wege mehrmals hohe Felsrippen überwinden müssen. Die Landschaft im Nordwesten Santo Antãos und São Nicolaus ist hierdurch in Täler gekammert, die teilweise bis heute ohne Straßenverbindung sind. Auf den westlichen Inseln gibt es nur wenige fossile Sedimente und einige Wurzel-Versteinerungen wie bei Cruzinha auf Santo Antão.

Die **Meerestiefen** rund um die Inseln sind gewaltig. Fährt man von São Vicente nach Fogo durch das Zentrum des Inselbogens, hat man 4500 m Wasser unter dem Kiel, und selbst zwischen Santiago und Maio sind es über 700 m. So schön schaudervoll sich das für Landratten anhört, so unerfreulich ist es für die Fischerei, weil es die für den handwerklichen Fischfang nützlichen flachen Meeresteile auf einen schmalen Ring um jede Insel begrenzt.

Klima

Verde Esperança

Esses campos verdes
Que começam a florir
No teu chão
São o verde permanente
Da esperança
Que te fecunda
E amortece a violência
Desta seca teimosa
Que te persegue
Cabo Verde

Grün der Hoffnung

Diese grünen Felder
Die zu blühen beginnen
Auf Deinem Boden
Sind das Immergrün
Der Hoffnung
Die Dich befruchtet
Und die gewaltsam
Halsstarrige Dürre erlöscht
Die dich verfolgt
Grünes Kap

David Hoppfer Almada,
„Poesia", Praia 1988

Sonne an 350 Tagen und Temperaturen zwischen 20°C und 30°C das ganze Jahr über, der warme Atlantik mit rund 22–27°C, Luftfeuchtigkeit um die 40–60% und stets eine Meeresbrise, das sind die Klimadaten für Cabo Verde. Wolken ziehen in der Regel vorbei. Für Touristen klingt dies wie das Paradies, wenn da nicht die Kehrseite wäre. Die Landwirtschaft liegt weitgehend still, der Boden wird vom Wind weggetragen, und Lebensmittel müssen importiert werden.

Klima

Cabo Verde liegt **auf der geografischen Breite der afrikanischen Sahelzone** und bildet deren westliche Verlängerung im Atlantik. Die Inseln liegen im Bereich der Tropen auf 14° bis 17° nördlicher Breite zwischen Äquator und nördlichem Wendekreis. So steht die Sonne hier zweimal jährlich senkrecht im Zenit: am 22. Mai und am 20. Juli.

Die **Jahreszeiten** folgen nicht dem Vierer-Rhythmus der gemäßigten Zonen, sondern dem der Wendekreise, und man unterscheidet **zwei Jahreszeiten: Tempo das Brisas** („Jahreszeit der Winde") und **Tempo das Chuvas** („Regenzeit"). Von Oktober bis Mitte Juli (Jahreszeit der Winde) scheint die Sonne fast jeden Tag, die Lufttemperaturen auf Meereshöhe liegen zwischen 22 und 28°C, und es weht ein trockener Nordostpassat, in dem man die Hitze weniger spürt. Man fühlt sich wie an einem besonders schönen Junitag in Europa. Der beständige Nordostpassat ist das Paradies der Surfer und Segler. In der Regenzeit von Mitte Juli bis Ende September lassen die Winde nach und Tropengewitter setzen ein, allerdings nicht in jedem Jahr, und oft genug zeugt nur die von Süden einlaufende Dünung von entfernten Stürmen. Wenn es regnet, dann zumeist gewaltig und gefährlich.

Die **Temperaturen** liegen im Jahresmittel auf Meereshöhe bei etwa 25°C und schwanken im Jahresverlauf um nicht mehr als 10°C nach oben und unten. Am „kühlsten" ist es im Jan./Feb. mit rund 21°C (Extremwert 16°C), am wärmsten im September/Oktober mit rund 27°C (Extremwert 36°C). Der vom Meer kommende Wind bringt ständig Kühlung. Auch die Tag-Nachtschwankungen sind minimal (+/-5°C), sodass man die Abende im Freien genießen kann. Im **Barlavento** ist es durchschnittlich etwas kühler als im **Sotavento,** und von August bis Oktober kann es auf Fogo und Santiago richtig heiß werden. Stärker als die Abweichungen zwischen den Inseln sind die Unterschiede auf den Inseln selbst. Zum einen spielt die **Höhe** ihre Rolle, und auf den Höhen kann es kühl werden. Am Pico da Cruz weiß man von dünnen Eisschichten auf den Wassereimern zu berichten. In der Caldeira von Fogo auf 1600 m liegt das Jahresmittel bei 16°C. Alle 20 Jahre fällt für einen Tag etwas Schnee in der Chã das

> Luv-Lee-Effekt nach Winterregen bei Pico da Cruz (Santo Antão)

< Wassertransport in Chupadeirão/Fogo

Caldeiras. Für Bergwanderungen und Winterabende benötigt man eine Jacke.

Der **Luv-Lee-Effekt** bringt die größten Unterschiede. Während im Nordosten unter Passatwolken kühler Nieselregen niedergeht, herrscht, keine 15 km entfernt, auf der Südseite Föhnwetterlage mit über 30°C. Die Orte in Lee mit besonderer Hitze und Föhn heißen allesamt Tarrafal: Tarrafal de Monte Trigo, Tarrafal de São Nicolau und Tarrafal de Santiago, nach dem trockenresistenten Buschwerk der Tamariske *(tamarix senegalensis)*, das in früheren Jahrhunderten die Küstenwüsten überzog. Eine Ausnahme gilt für Porto Novo, dem der Name auch gut anstünde, aber bereits für Tarrafal de Monte Trigo belegt war.

Die **Wassertemperaturen** liegen im Februar und März bei etwa 21°C, zwischen Juli und Oktober bei rund 26°C.

Niederschläge als Regen gibt es nur selten. Doch wenn der so sehnlich erwartete Regen eintrifft, dann unglaublich heftig und in gewaltigen Mengen. Die Hälfte der Jahresniederschläge fällt binnen 24 Stunden und im Extremfall mit bis zu 300 mm (!) in nur einem Tag. Wo das ganze Jahr die Straße durch ein trockenes Flussbett zieht, wälzt sich plötzlich eine meterhohe braune Flutwelle, bringt riesige Steine, Feldfrüchte und ertrunkene Tiere mit sich. Straßen brechen ab, und über gewaltige Wasserfälle rauschen die Wassermassen ins Meer. Die Leute gehen „Fluss schauen", Kinder baden in den über Nacht entstandenen Teichen, und alle Welt freut sich, trotz der entstandenen Schäden.

Die Unregelmäßigkeit und das Ausbleiben des Regens auf Jahre ist charakteristisch und macht den Begriff Regenzeit *(as águas)* häufiger zur Illusion als zur Wirklichkeit. Für jede Art von Vegetation sind dies denkbar schlechte Voraussetzungen.

Die südlichen Inseln werden häufiger von der innertropischen Konvergenz erfasst und bekommen häufiger Regen ab. Höhe und Luv-Lee-Effekt erklären weitere Unterschiede. Sal und Boa Vista registrieren mit 95 mm die geringste, Fogo mit 320 mm die höchste Jahresniederschlagsmenge. Doch auch auf Fogo hat die Generation der heute 80-Jährigen eine gewaltige Zunahme der Trockenheit erlebt. Als sie Kinder waren, lagen die Niederschlagsmengen noch doppelt so hoch. Santo Antão und São Nicolau können im Winter mitunter eine kleine Sonderration Regen aus dem Klimasystem der gemäßigten Zonen abzweigen, wenn sie von Ausläufern nördlicher Zyklone gestreift werden und **Winterregen** *(ibernadas)* erhalten. Nach wenigen Tagen gelingt es dem Passat, die Eindringlinge zu vertreiben, und er verteidigt sein Revier mit neuer Trockenheit.

Die Berge einiger Inseln sind hoch genug, um **Steigungsregen** aus den Passatwolken, die sich in der Regel zwischen 750 und 950 m halten, zu provozieren. Zusätzlich spielen **insensible Niederschläge** aus den Wolken in Luv-lagen auf Höhen über 800 m eine große Rolle. Der Passat treibt die gegen die Nord-Ost-Hänge anbrandende Wolkendecke mit Kraft durch halbfeuchte **Nebelwälder**, wie sie auch im Atlas in Marokko, den Gebirgen des Libanon oder den Usambara-Bergen vorkommen. Einheimische und importierte Bäume haben sich darauf spezialisiert, mit feinen Blättern oder Nadeln Tau aus dem Nebel zu sammeln und das Wasser nicht nur auf ihre Sprossorgane zu lenken, sondern auch weiter den Stamm hinunter zu ihren Wurzeln. Sie melken die Wolken. Am Pico da Cruz in Santo Antão macht man sich das nicht nur für die Aufforstung, sondern auch zur Wassergewinnung zunutze: Ein um einen schräg stehenden Baumstamm geschlungenes Seil fängt den Wasserstrom ab und lässt ihn in ein Fass tropfen. So lassen sich über 200 Liter Wasser an einem Tag sammeln, was den schlagenden Beweis liefert, weshalb die Aufforstung in diesen Höhen die Schüttung weit tiefer liegender Quellen verbessert. Versuche, den Vorgang technisch zu imitieren, ließen an vielen Stellen kleine längliche Betonbecken zurück. Von Unwissenden werden sie als „Viehtränken" beschrieben, sie sind aber die Reste von Sammelbecken, die unter großen Nylonnetzen den Niederschlag auffangen sollten. Der heftige Wind riss die Netze jedoch zu Boden. Bodentau tritt erst ab 1000 m in nennenswerter Menge auf und ist schnell wieder verdunstet.

Winde wehen fast rund ums Jahr und zumeist kräftig. Im „Tempo das Brisas", von Oktober bis Juli, weht ein konstanter **Nordostpassat** mit 4–8 m/sec Geschwindigkeit. Zu flachen Bögen verformte, zerzauste Bäume zeugen von seiner Kraft und Ausdauer.

Der **trockene Nebel** *(bruma seca)* oder **Harmattan** ist ein interessantes, aber wenig begeisterndes Phänomen, das für einige Tage zwischen November und März die Inseln wie unter einem grauen Kissen ersticken kann. Feinster Steinstaub kriecht in Mund und Nase, in die Kleidung, unter Kontaktlinsen – einfach überall hin. Die Luft ist extrem trocken und elektrisch geladen. Flug- und

Funkverbindungen, selbst der Schiffsverkehr werden bis zum Stillstand gestört. In den Flughäfen sitzen aufgeregte Emigranten, die um ihren Arbeitsplatz fürchten, weil ihnen kein Arbeitgeber in New England glaubt, dass sie wegen trockenen Nebels zu spät aus den Ferien kommen. Tausende Kilometer entfernte, in der Sahara tobende Sandstürme sind die Ursache. Nicht nur auf Satellitenbildern, sondern auch aus der Farbe des Staubs kann man den Ursprung erkennen. Kommt der Sturm aus dem Norden der Sahara, ist er weiß-grau, kommt er aus dem Süden, hat er einen Stich ins Orange-Violette.

Die **relative Luftfeuchte** ist gering (50–60%), und da es so wenig Vegetation gibt und die Winde weit übers Meer ziehen, ist die Luft wenig belastet, sodass **Allergiker** gezielt nach Sal und Boa Vista kommen zum befreiten **Aufatmen.**

Flora

Cabo Verde war nie mit dem Kontinent durch eine Landbrücke verbunden und nach dem Auftauchen der Vulkane völlig steril. Alle Pflanzen sind anschließend **eingewandert.** Bis zur Entdeckung waren es gut 250 Arten gewesen, und die Inseln besaßen viel Busch- und Strauchwerk. Auch wenn es keine botanischen Studien aus den ersten Zeiten gibt, so lassen die Beschreibungen in *Christoph Kolumbus'* und anderer Reiseberichte schließen, dass es damals keine Hochwälder gab und einige Inseln wie Sal und São Vicente über weite Strecken trocken und vegetationsarm waren. Dennoch waren die Inseln weitaus feuchter. Nach den Ortsnamen steht zu schließen, dass große Flächen, die heute von der Winderosion völlig freigelegt sind, von dichtem Strauchwerk oder von vom Menschen gepflanzten Wäldern überwuchert waren. *Friedländer* studierte 1912 die Wassersituation der Inseln sehr eingehend und berichtet von zahlreichen ganzjährig Wasser führenden Flüsschen und Bächen und Quellen, die zur Bewässerung tauglich seien.

Einige der Arten hatten genügend Zeit, sich an die lokalen Bedingungen anzupassen und von ihren Ursprüngen so weit zu entfernen, dass sie eigene, neue Arten bildeten. Wenn sie nie die

Aloe vera

Straßen und Wege sind nicht selten von einer rotbräunlichen Pflanze mit 20 bis 40 cm langen, agavenähnlichen Blättern begleitet. Nach dem Regen reckt sie eine strahlend gelbe Blütenkerze empor. Es ist die Aloe Vera, ein **sukkulentes Liliengewächs,** das dank seiner Trockenresistenz und des festen Wurzelwerks zum Erosionsschutz gepflanzt wird. Sie enthält einige das Immunsystem stimulierende Alkaloide und wird in der **traditionellen Medizin** auf allen Kontinenten verwendet. Die Kosmetikindustrie bewirbt Aloe-Produkte mit schwelgenden Versprechungen auf Schönheit, ewige Sanftmut und Jugend. Die Leute im Inselinneren sind da weniger esoterisch. Sie verwenden Aloe als Schuppenshampoo und Wurmmittel. Der fürchterlich bittere Saft, auf die Brustwarze geschmiert, überzeugt auch den trinkfreudigsten Säugling, dass es Zeit sei abzustillen.

Chance hatten, sich in anderen Regionen anzusiedeln und nur an einem Ort vorkommen, spricht man von **endemischen Arten.** Cabo Verde besitzt davon rund 90.

Der **Ursprung** der ohne Zutun des Menschen, mit den Strömungen des Meeres, mit Treibgut, an den Füßen und im Kot von Seevögeln eingewanderten Samen und Pflanzen liegt in Westafrika, im Mittelmeerraum und auf den anderen Inseln Makkaronesiens.

Mit den Schiffen der Entdecker und ersten Siedler wurde eine Vielzahl neuer Pflanzen, absichtsvoll oder eher zufällig, nach Cabo Verde verfrachtet. Die heimische Vegetation wurde durch Land- und Weidewirtschaft sowie Brenn- und Bauholzbedarf grundlegend verändert oder zerstört. Unabhängig davon änderte sich die Flora aufgrund fortschreitender Desertifikation.

Bis heute stieg die Gesamtzahl der Pflanzenarten auf rund 850 an. Nur in einigen abgelegenen Hochlagen oder landwirtschaftlich unbedeutenden Trockenzonen kann man das einstige Ökosystem noch erkennen. Verglichen mit Lebensräumen auf anderen mittelatlantischen Inseln wie den Kanaren oder Madeira ist die Pflanzenwelt Cabo Verdes artenarm.

Viele **landwirtschaftliche Kulturpflanzen** (s.u. „Landwirtschaft") kamen aus Europa, Afrika und Lateinamerika. Als eine der ersten Nutzpflanzen wurde der Baumwollstrauch importiert.

Floresta Clotilde (Boa Vista): Palmenhain in Dünenlandschaft

1772 kamen an Bord der Expedition von *James Cook* zwei deutsche **Naturforscher** auf die Inseln. Weitere Berichte über die Pflanzenwelt folgten von *Charles Darwin*, der 1832 auf Cabo Verde Pflanzen und Tiere bestimmte, und von dem Portugiesen *Barbossa*, der in Cabo Verde lebte. Eine umfassende biologische Erforschung begann vor etwa 35 Jahren, die vor allem *Dr. Wolfram Lobin* vom Frankfurter Senckenberg-Museum schriftlich zusammenfasste. Er wurde federführend in Arbeiten über Flora und Fauna Cabo Verdes (siehe „Literatur" im Anhang).

Zu den **endemischen Pflanzenarten** gehören die in Hochlagen, z.B. auf Santo Antão und São Nicolau, häufig vorkommende, Laub abwerfende Kapverden-Wolfsmilch *Euphorbia tuckeyana* (kreol.: *tortoi, tordodjo*), der in der Caldeira am Fogovulkan wachsende Kreuzblütlerstrauch *Erysimum kapverdianum,* der Natternkopf *Echium hypertropicum* auf den Südinseln und die wilde, dichtbuschige Palme *Phoenix atlantica*.

Die Flora Cabo Verdes beeinflussen vor allem **klimatische Faktoren;** die geringe Niederschlags- und Feuchtigkeitsmenge ist der wichtigste Faktor für unterschiedliche Wuchsformen und Pflanzenarten. Durch die geografische Lage am Rande der Sahelzone ist ein Großteil der Pflanzen angepasst an die kargen Bedingungen und übersteht anhaltenden Wassermangel und starken Wind. Nach einem der seltenen, dann aber heftigen Regenfälle erwacht die Natur schlagartig, und Samen, die lange in der Erde geschlummert haben, drängen durch den steinigen Boden ans Licht. Ein frisches Grün überzieht das Land, bis es aufs Neue verdorrt.

Durch die unterschiedlich geprägten Oberflächenformationen der einzelnen Inseln ist auch ihre **Vegetation sehr verschieden.** So weisen die flachen und wüstenhaften Ostinseln sehr trockenresistente Pflanzen auf, es dominieren Gräser und Arten aus dem Sahel. Gehölze wachsen nur vereinzelt und an windgeschützten, feuchteren Stellen. Die gebirgigen Inseln dagegen haben im Einflussbereich des Passatnebels ein breiteres Spektrum an Vegetationszonen bis hin zum Nebelwald.

Die Flora **entlang der Küste** erinnert an die Sahara und erlaubt keine landwirtschaftliche Nutzung. Salztolerantes, niedriges, holziges Buschwerk, oft Dorngehölz, bestimmt das Bild. Dazwischen treten Akazien *(Acacia albida)* oder Gruppen von Phoenix-Palmen auf. Auf den Dünen wachsen Gräser, darunter ein endemisches Zyperngras *(Zyperus cadamosti).* Die Vulkangesteine sind von Flechten überzogen.

Im Mündungsbereich der **Trockentäler,** in denen sich die Feuchtigkeit eher speichert, wachsen Feigen, Akazien, Lorbeergewächse, Kokos- und Dattelpalmen sowie Tamariskenbüsche *(Tamarix senegalensis),* die sich auch bis weit in die Täler hineinziehen.

In den feuchteren, ganzjährig **grünen Tälern,** besonders auf den Gebirgsinseln, fühlt man sich in die Tropen versetzt. Dichter Pflanzenreichtum wächst neben dem meist ausgetrockneten, steinigen Flussbett hoch hinauf an den Steilwänden, und jeder Fleck bebaubaren Bodens wird zur Terrassenkultur genutzt. Zwischen Bananen, Mango- und Zitrusbäumen und weiten Zuckerrohrpflanzungen leuchten die roten Blüten der Cana, vereinzelte blau blühende Jacarandabäume oder die Bougainvillea-Sträucher in verschiedenen kräftigen Farben. Agavenähnliche Pflanzen mit hohen, antennenartigen Blütenständen wachsen an den steilsten Felsen. Der zunehmende, flächendeckende Wildwuchs der Agaven sowie der ebenfalls aus Südamerika stammenden gelb-roten Wandelröschen wird unter ökologischen Gesichtspunkten als kritisch betrachtet.

Auf den **mittleren Höhenlagen** zwischen 600 und 700 m an feuchteren, luvseitigen Hanglagen der Gebirgstäler wachsen verholzende Stauden und Buschwerk aus Lavandula- und Artemisia-Arten, die man wegen ihrem rosettigen Blattwerk auch **Federbuschvegetation** nennt. Auch sie können Feuchtigkeit aus dem Nebel gewinnen. Leider sind sie eines der Hauptopfer zunehmender Trockenheit und in Extremlagen vorstoßender Holzsammler.

Daneben gibt es an den unter dem Einfluss der Passatwolken liegenden Hängen und Berggipfeln eine Reihe von Endemiten wie die Kapverden-Wolfsmilch oder die Kapverden-Hauswurz, Rosmarin, Lavendel und mandelblättrige Kugelblumen. Auch Natternkopf, Eisenholzbaum, die gelbe Gänsedistel und der Drachenbaum finden hier ihren Lebensraum. Die **Hauswurz** *(Aeonium gorgoneum)* bildet Rosetten aus löffelförmigen, zur Mitte hin kleiner werdenden, eng geschichteten Blättern, die während der Monate April bis Juni einen aufrechten Blütentrieb mit gelblichen Blüten ausbilden. Sie findet sich besonders in den hochgelegenen Steilhängen der Talschlüsse der Rª da Torre und Rª do Paúl auf Santo Antão.

⌄ Drachenbaum in Paúl auf Santo Antão

Drachenbäume *(Dracaeno draco)* begegnet man auf Brava, Santo Antão und São Nicolau in schönen Exemplaren. Seltsamerweise kommen sie nur auf den mittelatlantischen Inseln und am östlichen Extrem von Afrika, auf dem Socotra-Archipel (Yemen) und in Nordsomalia, vor. Im Tertiär gab es auch in Frankreich Drachenbäume, denn die Pflanze stammt aus dem Mittelmeerraum, hat aber dort die Eiszeiten nicht überlebt. Der Drachenbaum ist eine botanische Sensation, das einzige einkeimblättrige Gewächs mit echtem Dickenwachstum und Verholzung. Dadurch kann er ein Alter von 500 Jahren und bis zu 20 m Höhe erreichen. Jede Verzweigung entspricht einem Zeitraum von 15 bis 20 Jahren, sodass man das Alter recht gut abschätzen kann. Die farblose, harzige Ausscheidung, die bei Verletzung des Stammes austritt, färbt sich an der Luft dunkelrot. Dieses „Drachenblut" *(sangue d'orgueiro)* gab dem Baum seinen Namen und wurde als Allheilmittel eingesetzt. Der größte Feind des Drachenbaums ist der Ziegenverbiss, der junge Pflanzen nicht mehr aufkommen lässt. Man sieht aber da und dort schon junge Exemplare im geschützten Hausgarten. Die kugeligen Samen keimen nach etwa drei Wochen. Sie sind ein nettes Souvenir, am besten leicht getrocknet, und gedeihen hervorragend auf europäischen Fensterbänken. Grogue-Spezialisten wissen, wie dank der Samen ein wasserklarer Grogue in Sekunden um Jahrzehnte altert zu einem samten braun gefärbten *grogue velha* (alter Rum). Wanderer begegnen großen Exemplaren in Paúl (Cabo da Rª, Chã de Padre, Ribeirãozinho) und auf São Nicolau überall in Fajã. In Brava hält der Aluguer direkt unter einem besonders schönen Drachenbaum wenig oberhalb von Cidade Nova Sintra.

Die endemische **Kapverdische Glockenblume** *(Campanula Jacobaea)* blüht blau-violett an Felshängen in höheren Lagen, häufig direkt an den Wanderwegen. Sie ist die **Nationalblume Cabo Verdes.**

In Trockenzonen findet man die **Bombadeira** *(Calotropis procera)*, einen ca. 3 m hohen Strauch mit weiß-violetten Blüten, dessen große, runde Früchte seidige Samen beinhalten, die sich zum Füllen von Kissen eignen.

Auffällig sind die **knorrigen Rizinus-Sträucher** mit ihren leuchtend roten Blüten und jungen Ästen, deren Samen zur Herstellung von medizinischem Öl oder Schmieröl verwendet wurden. Die Bauern kennen mehrere Unterarten je nach Farbe der Blüten *(mamona branca, vermelho, preto, cinzento)* mit unterschiedlicher Eignung des Blattwerks als Tierfutter. Die starke Selbstausbreitung der Sträucher bedroht einige endemische Sträucher.

Purgiernüsse, kreol.: *purgeira (Jatropha curcas)*, wachsen an einem bis 3 m hohen Ölsamenstrauch. Gegenüber Trockenheit und kargem Boden ist der Strauch extrem widerstandsfähig. Bis zum Siegeszug der Mineralöle wurde er in großen Plantagen als Exportkultur angebaut. Das aus den mandelartigen Früchten gepresste Öl (kreol.: *ol' de pulga*) diente in Portugal zur Straßenbeleuchtung und in England, in der Zeit der Dampfmaschinen, als Schmier- und Reinigungsöl. In Cabo Verde wurde es bis in die 1960er Jahre zur lokalen Herstellung von Seifen und Kerzen verwendet. Inzwischen wird Purgieröl nur noch in kleinen Mengen gepresst und findet Verwendung in der traditionellen Medizin für Einreibungen bei Gelenkschmerzen und Blutergüssen. Auf den Verdauungstrakt hat es eine ähnlich durchschlagende Wirkung wie Rizinus. Vergiftungen kommen vor, wenn Kinder die Kerne mit essbaren Nüssen verwechseln. Auf Santo Antão und Santiago entdeckt man auf fast jeder Wanderung einige der selten gewordenen Sträucher. In den Höhenlagen Fogos und Bravas begleiten Purgiernusssträucher die Wanderwege über weite Strecken.

Gefiltert und gereinigt taugt **Purgieröl als Bio-Diesel,** und im Gegensatz zu Raps oder Weizen als Energiepflanzen wächst *Jatropha* an Standorten, wo sie nur selten mit der Nahrungsmittelproduktion in Konkurrenz tritt. In Cabo Verde sind die Produktionskosten jedoch bisher viel zu hoch, um einen wirtschaftlich gangbaren Weg zu bieten. Mehr versprechen sich Fachleute von der Zucht und Produktion von *Jatropha*-Saatgut auf den Inseln, um es in anderen Ländern einzusetzen.

Die getrockneten Blätter der **Agavenart Fourerea,** die zum Teil Straßen begrenzt und sich wild wachsend über steilen Hängen ausbreitet, dienen auch heute noch als Brennmaterial und für Flechtarbeiten.

In der traditionellen Medizin Cabo Verdes spielen aus Pflanzen zubereitete Tees, Packungen, Bäder, und Rauchkammern eine große Rolle. Viele von ihnen sind hochwirksam – und damit nicht nebenwirkungsfrei, andere wirken eher dadurch, dass sie glatt in ein traditionelles Erklärungsmodell passen und Patient und Familie daran glauben. Nach mehreren Jahren als Arzt im ländlichen Porto Novo und einigen Studien bin ich sicher, dass über der Hälfte aller vorkommenden Pflanzen, wahrscheinlich fast allen eine mehr oder weniger klar definierte Heilwirkung zugeschrieben wird. Einige mit **kontrollierbarer Wirkung** verwenden wir bis heute in der ärztlichen Praxis. Kopfdampfbäder mit Eukalyptusblättern bei grippalen Infekten, Papayamilch statt Zugsalbe bei Furunkeln und Papayasamen zur Behandlung bei Wurminfektionen sind gute Beispiele. Vor anderen haben wir das Fürchten gelernt. So war es auf dem Land üblich, die Wehen mit traditionellen Tees anzuregen. Als die Frauen in der Stadt sich daran gewöhnten, im Krankenhaus zu entbinden und der moderne Glaube ans „Viel nützt viel" eingesetzt hatte, nahmen sie kurz vor dem Weg ins Krankenhaus eine massive Überdosis. In der Folge kamen nicht wenige Kinder nach einer vernichtenden Dauerkontraktion im Taxi oder in der Notaufahme tot zur Welt.

Andere Pflanzen schmecken gut als Tee wie Minze *(Hortalã),* Eisenkraut *(Lúcialima)* oder Zitronengras *(Gingipe).*

Die **Wiederaufforstung** wurde bereits vor der Unabhängigkeit begonnen und genoss danach hohe politische Priorität. Im **Hochland** und in den Gebirgsregionen oberhalb der Wolkengrenze glaubt man sich in mediterrane Zonen versetzt. Mit der Pflanzung von Sträuchern und Bäumen in Trockenzonen und Hochlagen soll zum einen die Bodenerosion gemindert und zum anderen der Wasserhaushalt der Inseln verbessert werden. Bevorzugt verwendet man für die höheren Regionen Baumarten wie die Kanarenkiefer *(Pinus canariensis),* Mimosen *(Prosopis juliflora),* Parkinsonien, Zypressen, Akazien und stellenweise den schnellwachsenden Eukalyptus. Viele der Bäume und Federbuschpflanzen sind auf das Leben in Nebelwäldern spezialisiert.

In den **tieferen Lagen** eignen sich trockenresistente Sträucher und Bäume, die ein Abtragen des sandigen Bodens durch Wind und heftige Regengüsse verhindern sollen. Im Nordwesten von Boa Vista wurden sie zur Befestigung von Wanderdünen gepflanzt.

Allein in den 1980er Jahren wurden fast 3 Mio. Bäume und Sträucher rund 50 verschiedener Arten auf den Inseln gepflanzt; bis heute ist das Ausmaß der Aufforstungsaktionen enorm. Auf Maio wird das Köhlern wieder praktiziert, und auch Inseln wie São Vicente können ihre Bäckereien wieder mit eigenem Brennholz versorgen.

Einige Pflanzenarten haben die Geschichte Cabo Verdes bestimmt: **Färberflechten,** kreol.: *urzela (Rocella tinctoria),* hatten vom Altertum bis zum Ende des 19. Jahrhunderts enormen Wert. Die unscheinbare Flechte wächst auf von der Salzgischt befeuchteten Felsen, wo sie in abenteuerlicher Kletterei geerntet wurde. Die Flechten wurden in einer stinkenden Brühe zusammen mit Ziegenurin in Erdgruben vergoren und anschließend zu bläulich-schwarzen Klumpen eingetrocknet. Einer der daraus gewonnenen Farbstoffe ist das jedem Schüler bekannte Lackmus. Das europäische Zentrum des Handels mit Flechten-Farbstoff war Marseille, wovon sich der Name des Inhaltsstoffes, des **Orcein** ableitet, auf dem alle Farbvarianten

△ Purgiernuss (Jatropha curcas)

letztlich basieren. Wie vom Lackmus bekannt, erscheinen die Farbstoffe rot oder blau, je nach dem pH-Wert bzw. der Art der Verarbeitung im Färbeprozess. Von Marseille ging die **Orseille-Paste** nach Lyon, wo Handwerker die sündhaft teure, dem Adel vorbehaltene leuchtend rote Orseille-Seide herstellten. Rote Stoffe strahlten Reichtum und Macht aus – nicht zuletzt ein Grund, weshalb sich die Kirchen dem Brauch anschlossen und die Tradition an die kommunistischen Parteien weitergaben. Die Blaufärber verwendeten für Arbeits- und Haushaltstextilien neben Färberweid auch Flechtenfarbstoffe.

Färberflechten kommen an allen Meeren vor, doch die besonders ergiebige *Rocella tinctoria* ist auf die makkaronesischen Inseln, Azoren, Madeira, Kanaren und Cabo Verde beschränkt. So nimmt es nicht Wunder, dass wenige Jahre nach der Entdeckung Händler von den Kanaren Exportverträge schlossen und die Inseln nach Flechten absuchten. Mitte des 19. Jahrhunderts waren die Bestände durch Übersammeln dezimiert. Nach einer kurzen Phase der Konkurrenz verdrängten die synthetischen Anilin-Farbstoffe von Bayer um 1910 die Färberflechte endgültig vom Markt.

Eine hübsch bebilderte **Broschüre mit Zeichnungen** zu den endemischen Pflanzen Cabo Verdes ist im Internet zu finden unter www.iwoe.de/pflanzenweltweit/kapverdeframe.html.

Fotos aus der Natur finden sich unter den jeweiligen Suchbegriffen bei www.cabo-verde-foto.com.

Links: Rizinus, rechts: Bofareira

Fauna

Zwischen den Inseln und dem afrikanischen Festland gab es **niemals eine Landbrücke.** So konnten sich nur diejenigen Tierarten ansiedeln und entwickeln, die ihren Weg über das Wasser oder durch die Luft nach Cabo Verde fanden, insbesondere Vögel, Insekten, fliegende Säugetiere, aber auch Reptilien, die auf schwimmendem Pflanzenmaterial „anreisten". Isolierte Inseln wie die kapverdischen sind insgesamt zwar **artenarm,** aber unglaublich reich an seltenen Spezialisten und besonderen Inselformen.

Säugetiere beschränkten sich auf fünf **Fledermausarten,** so z.B. die Wärme liebende Langohrfledermaus *(Plecotus austriacus).* Landwirtschaftliche Nutztiere, Hauskatzen, Hunde, Mäuse, Ratten und verschiedenste auf den Schiffen eingeführte Arten haben die ursprüngliche Flora und Fauna nach der Entdeckung rasch verändert. Die **Grüne Meerkatze** *(Cercopithecus aethiops sabaeus)* wurde aus Westafrika eingeführt und ist bereits in Dokumenten aus dem 18. Jahrhundert erwähnt. Man findet sie bis heute wild auf Santiago.

Reptilien, insbesondere Skinke und Geckos, kommen in Cabo Verde in einer bemerkenswerten Artenvielfalt vor. Das trockenheiße Klima und die steinige Landschaft bieten einer Vielzahl von kleineren, teils bunten **Echsen** Heimat, die im felsigen Gelände zu beobachten sind. Vielleicht bekommen Sie in ihrem

Krebs (Cardisoma armatum) auf Boa Vista

Quartier einen der kleinen nachtaktiven **Geckos** zu Gesicht oder hören zumindest seine hellen Ruftöne. Geckos ernähren sich von Insekten wie Fliegen und Spinnen und sind gern gesehene Mitbewohner.

An saisonalen Wasserläufen und in Sumpfbereichen hört man nachts das Quaken der **Frösche** der aus Afrika stammenden Art *Farcical regularis*, die genauso wie kleine Fische *(Guppies; Gambusia)* eingesetzt worden waren, um Mückenlarven zu bekämpfen.

Zu den schönsten **Insekten** der Inseln zählen die vielen Arten der Schmetterlinge, darunter Ritterfalter *(Papilionidae)*, Schwalbenschwänze, Monarchen *(Danaidae)*, Bläulinge *(Lycaenidae)*, Weißlinge *(Pieridae)*, Augenfalter *(Satyridae)* sowie der auch in Mitteleuropa beheimatete Distelfalter. Mit etwas Beobachtungsgabe sieht man zur Blütezeit teilweise handtellergroße Exemplare herumschwirren. An Wasser- und Sumpfstellen wird man leicht bunt gefärbte, rote und blaue **Großlibellen** entdecken.

Ungeheuer vielfältig ist die Welt der **Gliedertiere, Käfer und Spinnen.** Der Spinnenforscher Prof. *Günter Schmidt* zählt Cabo Verde zu den weltweit interessantesten Spinnenreservaten. Bereits über 100 Arten sind bekannt, fast die Hälfte davon endemisch. Santo Antão ist die artenreichste Insel. Die auffälligste Art ist die Zebraspinne *(Argiope),* die mehrere Meter große Netze spannt. Sehr schön gelb-schwarz gezeichnet ist die relativ große Bananenspinne. Die meisten dieser Spinnenarten sind so scheu, dass man sie nie zu sehen bekommt. Auch die seltenen und in kleiner Zahl vorkommenden giftigen Arten, darunter die Braune Witwe, können dem Menschen nicht gefährlich werden.

Auch die **Käferfauna** mit rund 500 Arten, davon ein Drittel endemisch, ist bemerkenswert.

Skolopender (Hundertfüßler), ein bis zu 20 cm langer, besonders auffälliger Gliederfüßler, kann für den Menschen unangenehm werden. Fühlt er sich bedroht, dann überträgt er ein skorpionartiges Gift, das starke Schmerzen verursacht. Meist verkriecht sich das scheue Tier so schnell, dass man einem lebenden Exemplar äußerst selten begegnet.

Anophelen, die Übertragermücken der Malaria, sind in Cabo Verde größtenteils zoophil. Die Weibchen nehmen ihre Blutmahlzeit lieber an Tieren als an Menschen, weshalb **Malaria** nur noch im Süden von Santiago vorkommt. Im zweiten Halbjahr 2017 jedoch erlebte die Hauptstadt Praia einen Ausbruch epidemischer Malaria tropica mit ungewohnt hohen Fallzahlen.

Gefährliche Tiere

Als kleine Inselökologie kann Cabo Verde keine Schlangen haben. **Skorpione** *(lagrão)* gibt es auf Santiago. **Physalis physalis** (engl.: *Portuguese Man of War* oder *Bluebottle,* kreol.: *água viva*), ein stark nesselndes Meerestier, kann die Badenden im Frühjahr ärgern. Auch die Begegnung mit einem **Hundertfüßler** *(centopeia)* an Land kann durchaus schmerzhaft sein.

Letztlich ist nach der Häufigkeit der Verletzungen, die man als Arzt zu sehen bekommt, der **Seeigel** das gefährlichste Tier. Es gibt nur wenige davon, dafür umso mehr Menschen, die barfuß in den Pfützen am Meer herumstrauchen.

Stegomyia aegypti hingegen, eine Überträgermücke von **Dengue-Fieber, Gelbfieber** und **Zika-Virus,** löste in früheren Jahrhunderten Gelbfieberepidemien aus. Im Plastikmüll, in leeren Flaschen, in Blumentöpfen und Wasserfässern finden die Dengue-Überträger ihre Brutplätze, heute vorwiegend im städtischen Umfeld. So blieb auch Cabo Verde nicht verschont und musste 2009 die erste Dengue-Epidemie erleiden (siehe Kapitel „Gesundheit/Praktische Tipps A–Z" und „Boa Vista/Geschichte").

⌵ Eidechsen

Die Vögel Cabo Verdes

von *Sabine Hille*

Auch wenn es ein erster Blick über die karge Landschaft nicht vermuten lässt, kann man viele verschiedene Vögel entdecken. Bislang konnten um die **160 Vogelarten** auf dem Archipel beobachtet werden. Man muss aber schon ein wenig Geduld aufbringen, bevor man mit faszinierenden Beobachtungen belohnt wird. Interessanterweise sind die meisten Arten **Zug- und Gastvögel** aus fernen Ländern. Sind diese auf der Durchreise und auf dem Weg zwischen südlichen Überwinterungsplätzen und nördlichen Brutgebieten, halten sie sich meist nur kurze Zeit, also Tage bis Monate zwischen September und April auf dem Archipel auf. Der Nordostpassat begünstigt das Abdriften mancher Zugvögel von ihren Zugrouten entlang des afrikanischen Kontinents und erklärt das Auftreten mancher Festlandarten auf dem abseits der Routen liegenden Archipel. Im Gegensatz dazu stehen einige, nur Nahrung suchende, **Meeresvögel** und 48 Arten, die auf den Kapverden brüten und als Standvögel nie wegziehen und daher ganzjährig anzutreffen sind. Inseln wie auch die Kapverden sind Zentren der Artbildung und gelten daher als „hotspots" der Biodiversität. Daher findet man endemische Arten, also Formen, deren Vorkommen weltweit nur auf das Archipel oder gar auf einzelne Inseln beschränkt ist. Zu diesen Endemiten zählen vier Arten: der Kapverdenrohrsänger *(Acrocephalus brevipennis),* die Razolerche *(Alauda razae),* der Alexandersegler *(Apus alexandri)* und der Kapverdensperling *(Passer iagoensis).* Daneben findet man zehn endemische Unterarten, wie z.B. den Kapverdenpurpurreiher *(Ardea purpurea bournei),* die Kapverdenschleiereule *(Tyto alba detorta)* oder die zwei Turmfalkenunterarten *(Falco tinnunculus alexandri* und *Falco tinnunculus neglectus).*

Brutvögel

Wir unterscheiden bei den Brutvögeln zwischen den Land- und Meeresvögeln. Den verschiedenen Lebensräumen des Archipels entsprechend finden wir unter den **Landvögeln** Arten, die an trockenere Lebensräume wie Wüste oder Dornbuschsavanne angepasst sind, so z.B. der

Rennvogel *(Cursorius cursor)*, vier Lerchenarten und der Wüstenrabe *(Corvus ruficollis)*. Dagegen leben in den feuchteren Gebieten des Trockenfeldbaus und der Bewässerungsplantagen der Graukopfliest *(Halycon leucocephala)*, der Wellenastrild *(Estrilda astrild)*, die melodisch singende Mönchsgrasmücke *(Sylvia atricapilla)*, und der endemische Kapverdenrohrsänger *(Acrocephalus brevipennis)*. Die **Brutzeit** der meisten Vogelarten setzt in der Regel direkt nach den ersten Regenfällen im Herbst ein. Wenn die Niederschläge ausreichen, sind Zweitbruten keine Ausnahme. Fällt die Regenzeit jedoch aus, so kann es zum Brutausfall kommen, was auch mehrere Jahre hintereinander auftreten kann. „Passarinha" nennen die Einheimischen den **Graukopfliest,** jenen auffallenden blauen Verwandten des Eisvogels, dessen langer roter Schnabel kontrastvoll leuchtet. Er ernährt sich von Skinken, also kleinen Reptilien, Mäusen und Grashüpfern, die er von einer Ansitzwarte aus im pfeilschnellen Flug mit dem Schnabel am Boden fängt. *Charles Darwin* hatte den Graukopfliest auf seiner Expedition im Jahre 1832 bereits als häufigen Vogel auf Santiago beschrieben. Auf dem Archipel ist er heute auf die Inseln Santiago, Maio, Fogo und Brava beschränkt. Sein nächstes Verbreitungsgebiet liegt, wie auch das der Lerchen und des auf allen Inseln auffälligen Wüstenraben, auf dem afrikanischen Kontinent.

Zu den typischen Kulturfolgern zählen die **Spatzen.** Beim genaueren Hinsehen kann man den Kapverdensperling *(Passer iagoensis)*, die kleine endemische Art mit dem weißen Streifen über dem Auge, von dem eingeschleppten Weiden- *(Passer hispaniolensis)* und Haussperling *(Passer domesticus)* unterscheiden. In den letzten Jahren sind einige weitere Arten neu auf den Inseln eingebürgert worden *(Neozoa)*. Dazu zählen z.B. der Dorfweber *(Ploceus cucullatus)* auf São Vicente und Santiago und der Halsbandsittich *(Psittacula krameri)* auf Santiago.

Der **Kapverdenrohrsänger** ist auf Santiago mit 200 bis 300 Brutpaaren zu finden. Jüngst wurden erfreulicherweise auf Fogo eine ähnlich große und auf São Nicolau eine dritte, aber sehr kleine Population entdeckt.

Greifvögel haben ihren Verbreitungsschwerpunkt nur noch auf Santo Antão und Santiago, wo Mäusebussard und Wanderfalke noch in abgelegenen Bergregionen brüten. Auch Fischadler und Schmutzgeier sind nur auf einzelnen Inseln vertreten. Wogegen die zwei kleinen endemischen Turmfalkenunterarten, die hauptsächlich Reptilien jagen, auf allen Inseln anzutreffen sind. Die Fischadler haben die besten Nachwuchsraten auf den nördlichen Inseln, insbesondere auf den unbewohnten Inseln, denn Ei- und Jungvogelentnahme sowie indirekte Störungen der Gelege durch den Menschen sind hier noch gering. Der **Kapverdenmilan** *(Milvus milus fasciicauda)* wird mittlerweile von der Autorin als ausgestorben klassifiziert. Seine letzten Brutvorkommen wurden vor Jahrzehnten und die letzten Individuen im Jahr 2000 auf Santo Antão nachgewiesen. Dieser Vogel steht als trauriges Sinnbild für die

◁ Graukopfliest

Gefährdung der seltenen, endemischen Inselformen. Mit viel Glück kann man aber auf Boa Vista, Maio und selten auch im Hafenbereich von Praia auf Santiago oder in Mindelho auf São Vicente einen Milan sehen, der nach molekulargenetischer Analyse als naher Verwandter des europäischen Schwarzmilans *(Milvus m. migrans)* einzustufen ist. Dieser Milan unterscheidet sich bereits stark im Verhalten und in der Gestalt von den europäischen Schwarzmilanen und bildet daher eine eigene kapverdische Form. Aber auch er ist mit wenigen überlebenden Tieren vom Aussterben bedroht.

Die meisten **Meeresvögel** brüten in Kolonien in den seezugewandten Kliffs der bewohnten und unbewohnten Inseln, so z.B. vier Sturmtaucher- und zwei Sturmvogelarten, der langschwänzige **Rotschnabeltropikvogel** *(Phaethon aethereus),* der **Brauntölpel** *(Sula leucogaster)* und der **Prachtfregattvogel** *(Fregata magnificens).* Aber auch im Gebirge des Binnenlandes, z.B. in der Kraterregion Fogos, finden Sturmtaucher noch sichere Bruthöhlen. Mancherorts in den Steilhängen der vulkanischen Gebirge kann man im Frühjahr nachts ihre eigenartigen Schreie hören. Diese Laute geben sie während der Paarungszeit beim Ein- und Ausfliegen aus ihren Höhlen von sich. Tagsüber jagen sie weit draußen auf dem Meer nach Fischen. Sturmtaucher, Sturmvogel und Brauntölpel erscheinen dann aus der Entfernung als wendige abwechselnd schwarz-weiß wirkende Vögel, die dicht über dem Wasser fliegen. Am besten lassen sie sich vom Schiff aus beobachten. Auffällig erscheint das Fehlen der für Küstenregionen des Festlandes sonst typischen Brutkolonien von Möwen und Seeschwalben. Auf der unbewohnten Insel Santa Lucia verhindert die große Anzahl verwilderter Hauskatzen, die Etablierung von offen bodenbrütenden Seevögeln.

Die kapverdische Population des größeren seltenen Prachtfregattvogels besteht aus weniger als fünf Brutpaaren. Bei den alten Männchen kann man eine rote Kehle erkennen, diese wird zum Balzen sackförmig aufgeblasen. Das nächste Verbreitungsgebiet dieses eleganten Meeresvogels sind die tropischen und subtropischen Atlantik- und Pazifikküsten Amerikas.

Zugvögel

Zugvögel kann man hervorragend an Salinen wie z.B. bei Pedra da Lume (Sal) und anderen Stillgewässern wie z.B. an der Rª do Rabil (Boa Vista) oder an der Kläranlage von Rª de Vinha nahe Mindelo (São Vicente) und am Stausee der Talsperre Poilão in der Rª Seca (Santiago) beobachten. Die meist langbeinigen **Wattvögel** wie Stelzenläufer *(Himantopus himantopus),* Löffler *(Platalea leucorodia),* Flussuferläufer *(Actitis hypoleucos)* sowie verschiedene **Regenpfeifer, Reiher- und Strandläuferarten** suchen hier im feuchten Substrat nach Nahrung und bauen so Fettreserven auf, die sie für den langen Zugweg von und zu den fernen Brutgebieten benötigen. Als seltene Gäste kann man z.B. den von Amerika kommenden Amerikanischen Goldregenpfeifer *(Pluvialis dominica)* oder den aus Afrika stammenden Zimtroller *(Eurystomus glaucurus)* entdecken. Im Küstenbereich und über Brackwasserflächen tauchen Seeschwalben im Sturzflug kopfüber ins Wasser. Vier Arten sind regelmäßig auf dem **Durchzug** oder als Überwinterer zu sehen. Steinwälzer *(Arenaria interpres)*, Regenbrachvogel *(Numenius phaeopus)* wie auch Seidenreiher *(Egretta garzetta)* gehen an den vom Meer regelmäßig überspülten Felsen der Nahrungssuche nach. Am Strand dagegen huschen Sanderlinge *(Calidris alba)* im Trippelschritt hinter den zurücklaufenden Wellen. Dort picken sie nach freigespülten Kleininsekten. Manchmal verirren sich auch junge Dreizehenmöwen *(Larus tridactyla)* oder Lachmöwen *(Larus ridibunda)* über den Atlantik auf die Kapverdischen Inseln. Mehrere hundert **Kuhreiher** *(Bubulcus ibis)* versammeln sich abends regelmäßig in traditionellen Schlafbäumen. Ein Spaziergang in der Abenddämmerung in São Filipe (Fogo) und in Praia in Hafennähe (Santiago) kann daher zum besonderen Erlebnis werden. In den Büschen findet man die bei uns heimischen Singvögel, wie z.B. Trauschnäpper *(Ficedula hypoleuca)*, Schafstelze *(Motacilla flava)* oder Steinschmätzer *(Oenanthe oenanthe)*. Das geschulte Auge kann im Binnenland der Inseln weitere europäische Gäste entdecken, wie z.B. den Wiedehopf *(Upupa epops)* oder den Bienenfresser *(Merops apiaster)*. Im Frühjahr wird man sich über vereinzelte **Rauch- und Mehlschwalben** *(Hirundo rustica, Delichon urbica)* freuen, die als Vorboten des europäischen Sommers wenig später auch im entfernten Europa ihre Nester bauen werden.

Gefährdung

Seit der Besiedlung des Archipels durch den Menschen werden die Vogelbestände durch die **Entnahme von Eiern und Jungvögeln** aus den Brutkolonien dezimiert. Folglich sind die heutigen Standorte der Seevogelkolonien nur noch auf schwer zugängliche Küstenbereiche beschränkt, zu denen sich die Fischer dennoch vom Meer aus Zugang verschaffen. Mit der wachsenden Bevölkerung geht daher eine besorgniserregende, starke Abnahme der Seevögel einher. Bei systematischen Zählungen der Seevogelkolonien durch Mitarbeiter des Biodiversitätszentrums auf Boa Vista wurde festgestellt, dass einige Kolonien nur geringen bis keinen Nachwuchs haben, da Küken

> Zuckerrohr in voller Blüte

bzw. Eier vollständig von Einheimischen aus den Kolonien entwendet werden. Auf Cural Velho z.B. sind **Prachtfregattvogel, Brauntölpel und Sturmtaucher** von der massiven Eliminierung betroffen. Der Fortbestand der Seevogelkolonien wird ohne den Schutz der Brutplätze vor dem Menschen langfristig nicht gewährleistet sein, da die Populationen mit geringem Nachwuchs überaltern werden. Der Rückgang betrifft aber nicht nur die Seevogelarten. Nach der Roten Liste gelten **fast 50% der Vögel Cabo Verdes als gefährdet.**

Die drastische Entwicklung beim **Kapverdenmilan** ist u.a. auf die direkte Verfolgung durch den Menschen zurückzuführen, der ihn als Hühnerdieb nicht wertschätzt. Da geeignete Beutetiere in der Landschaft immer schwerer zugänglich sind, erbeuten Milane wie auch Turmfalken gelegentlich auch Hühnerküken, wenn sie im Freiland gehalten werden. Aber auch Giftköder zur Eliminierung von wildlebenden Hunden und Katzen haben fatale Folgen für aasfressende Greifvögel. Der stetige Rückgang des Schmutzgeiers ist ein weiteres Warnsignal.

Die **Razolerche** brütet nach neuesten Untersuchungen mit nur noch ca. hundert Individuen auf der unbewohnten Insel Razo, ihrem einzigen Brutplatz auf der Welt. Mit ihrem langen Schnabel, den sie verwendet, um unterirdische Knollen freizugraben, ist sie an Wasser- und Nahrungsknappheit außergewöhnlich angepasst. Die Insel Razo unterliegt daher einem hohen Schutzstatus und darf nicht betreten werden.

Der seltene endemische **Kapverdenpurpurreiher** ist einzig auf der dicht bevölkerten Insel Santiago anzutreffen. Wegen direkter Verfolgung und dem Fällen seiner Brutbäume sind nur mehr je nach Niederschlagsmenge 10 bis 20 Paare existent. Die Brutpaare verteilen sich auf einem Kapokbaum *(Ceiba pentandra)* nahe Assomada.

Ein erster Schritt zum Schutz der Rasolerche und der Seevogelkolonien ist durch die Erklärung von **Schutzzonen,** die die unbewohnten Inseln umfassen, bereits gemacht. Der jüngst errichtete Nationalpark berücksichtigt neben den Gebieten der seltenen und gefährdeten Vogelarten auch andere Tiergruppen sowie botanische Aspekte. Die Überwachung der Kolonien kann so entsprechend intensiviert werden, damit das endgültige Verschwinden einiger Arten auf den Kapverden vielleicht noch verhindert werden kann.

Der **Urlauber** auf den Kapverden kann täglich sehr viele Eindrücke sammeln, und er kann sich bewusst sein, dass das Beobachten der seltenen Inselformen und Gastvögel zu den besonders wertvollen Erlebnissen auf den Kapverden zählt.

Jedes **menschliche Verhalten,** das eine Störung der Brutgebiete und einzelnen Neststandorte darstellen könnte, ist daher im Hinblick auf die so hohe Gefährdung, insbesondere der endemischen und bodenbrütenden Arten, absolut zu unterlassen. Das Betreten der geschützten, unbewohnten Inseln wie z.B. Cural Velho oder Razo ist zudem behördlich verboten und daher in keinem Fall zulässig.

Ein Heft über die Vögel der Kapverden in portugiesischer Sprache mit für ihre Bestimmung geeigneten Abbildungen kann in der INIDA in São Jorge dos Orgãos auf Santiago erworben werden.

Weiterführende Literatur

■ *Clarke, Tony:* Field Guide to the Birds of the Atlantic Islands: Canary Islands, Madeira, Azores, Cape Verde. Helm Field Guides, London 2006
■ *Donald, P. F., de Ponte, M., Pitta Groz, M. J., Taylor, R., Wells C., Marlow, T. & Hille, S. M.* (2004): Status of the Cape Verde Cane Warbler Acrocephalus brevipennis on São Nicolau. Malimbus 2004, 26: 34–37.
■ *Donald, P.F., de L. Brooke, M., Bolton M. R., Taylor R., Wells, C., Marlow, T. & Hille, S.* (2005): Status of Raso Lark Alauda razae in 2003, with further notes on behaviour and conservation. Bird Conservation International.
■ *Donald, P. F., de L. Brooke* (2006): An unlikely survivor: The peculiar natural history of the Raso Lark British Birds, 99: 420–430.
■ *Hazevoet, C. J.* (1995): The Birds of the Cape Verde Islands. B.O.U. Checklist No. 13. B.O.U., Tring.
■ *Hering, J. & Tosco, R.B.* (2007): Überlebt der Kapverden-Purpurreiher? Der Falke 54: 146–149.
■ *Hille, S. M. & Collar, N. J.* (2011): Raptor status assessment in the Cape Verde Islands confirms a major crisis for scavengers, Oryx
■ *Hille, S. M. & Collar N. J.* (2009): The taxonomic and conservation status of Milvus kites in the Cape Verde archipelago: further (and final?) reflections. Bull B.O.C. 129: 217–221.
■ *Hille, S. M., Nesje, M. & Segelbacher, G.* (2003): Genetic structure of kestrel populations and colonization of the Cape Verde archipelago. Molecular Ecology (2003) 12: 2145–2151.
■ *Hille, S. & Winkler H.* (2000): Ecomorphology of island populations of the Kestrel Falco tinnunculus on Cape Verde. Raptors at Risk. Proceedings of the fifth World Conference on Birds of Prey and Owls in Midrand, Hancock Wildlife Nature Books, Blaine (WA), 729–736.
■ *Leyens, T. & Lobin W.* (1996): „Primeira Lista Vermelha de Cabo Verde". Courier Forschungsinstitut Senckenberg 193: 140.

Landwirtschaftliche Nutztiere

Siedler brachten Nutztiere mit, allen voran **Ziegen,** die sich zur Weidung auf den vegetationsarmen Flächen am besten eignen. Die genügsamen Tiere leben nach einem Regen auf Monate ohne zu trinken, und auch in extremer Trockenheit am Tope de Coroa suchen sie nur zweimal wöchentlich eine Quelle auf. Dennoch lässt sich mit ihnen Milch, Käse und Fleisch produzieren. Grotesker-

> Eselfohlen auf Santo Antão

weise war es ein Entwicklungsprojekt zur „Verbesserung lokaler Rassen", das die Ziegen von Santo Antão durch importierte Tiere aus Spanien mit Bruzellose infiziert hat.

Schafe stellen höhere Ansprüche an die Weideflächen, weshalb sie im Barlavento ähnlich selten sind wie **Rinder**, die aus portugiesisch-holländisch-senegalesischen Kreuzungen entstanden sind. In jüngerer Zeit kamen englische und nordamerikanische Rassen hinzu.

Noch sieht man viele der kleinen schwarzen lokalen **Schweine,** teils mit schweinchenrosa Flecken aus der Kreuzung mit modernen Hochleistungsrassen. Wenn Schweine noch frei durch die Vororte streunen, dann tun sie dies illegal. Stallhaltung ist Pflicht, aber nicht leicht zu kontrollieren, wo sich die Bevölkerung nicht beschwert. Am Ortsrand stehen reihenweise gemauerte Schweineboxen, und häufig sieht man Frauen mit Eimern voll häuslicher Abfälle auf dem Kopf zur Fütterung gehen. Die Armen in der Stadt verkaufen ihre Schweine zur Schlachtung und behalten nur wenig für die Familie zurück. Bei der Landbevölkerung ist die Hausschlachtung ein wichtiger Teil des sozialen Netzwerks. Man gibt den Familienmitgliedern, Freunden und Nachbarn einen Teil ab und erwartet ein Gegengeschenk, wenn sie schlachten. Der Austausch von Lebensmitteln bestätigt die gegenseitige Unterstützung – eine Art informeller Sozialversicherung.

An **Geflügel** werden vorwiegend Hühner, die auf keinem Gehöft fehlen, aber auch Enten, Gänse und Truthühner gehalten. Auf Santiago und São Vicente gibt es auch moderne Massentierhaltung von Schweinen und Hühnern.

Esel und Maultiere übernehmen den Transport abseits der Straßen. Pferdenarren halten sich schöne kleine **Araberpferde** und messen bei jeder Kirchweih ihre Kräfte im Galopprennen.

In der **Hunde- und Katzenhaltung** zeigen sich die Lebensumstände der Tierbesitzer. Die Skala reicht vom modischen Schoßhündchen über stramme Rottweiler bis zu sterbenskranken räudigen Streunern. Die vorherrschende Hunderasse sind mittelgroße, schlanke **Glatthaarhunde** (kreol.: *vira lata* = die jede Büchse umdrehen) mit perfekt angepasstem Immunsystem und unendlichem Vertrauen in den Menschen. Die Gefahren durch **streunende Hunde** zu begrenzen, ist Aufgabe der Stadtverwaltungen. In Mindelo hat das Projekt „Sima bo" gezeigt, dass durch bezahlbare, bei herrenlosen Hunden auch kostenlose, Kastration die Zahl streunender Tiere signifikant zurückgeht.

Die marinen Lebensräume

Die Lebensräume im Meer rund um Cabo Verde sind gekennzeichnet von **Arten- und Fischreichtum.** Das kühlere Wasser des Kanarenstroms mischt sich mit dem im Sommer herangeführten warmen Wasser des äquatorialen Guinea-Golfs, sodass die Meeresfauna eine einzigartige **Koexistenz von Kalt- und Warmwassertieren** darstellt. Eine weitere Besonderheit ist, dass die Fische in diesen Gewässern außerordentlich groß werden können. Der Reichtum an Fischen und Meerestieren dient den Bewohnern als wichtige Nahrungs- und Einkommensquelle, und zahlreiche Projekte befassen sich mit der Förderung der Fischereimaßnahmen. Für Touristen bieten sich hervorragende Reviere zum Sporttauchen und -fischen.

Eine gute und reichhaltige **Nahrungsquelle** sind Thunfische, die in Schwärmen saisonal die kapverdischen Gewässer durchziehen, aber auch Brassen, Makrelen, Muränen, Tintenfische, Krebse und zahlreiche Schnecken- und Muschelarten. Immer noch gibt es sehr viele Langusten rund um die Inseln, darunter den endemischen Tiefwasserlobster *(Palinurus charlestoni)*. Sie sind vor allem nachts aktiv, während sie sich tagsüber unter Überhänge oder in Felsspalten zurückziehen.

Reich an Formen und Farben sind **tropische Fischarten:** Papageienfische, Schnapper, Pfeilhechte, Spitzkopfkugelfische, Igelfische, Drückerfische, Husarenfische, Drachenköpfe, Schweinsfische, Lippfische, Pfeifenfische, Korallenfische (Chaetodon-Arten), Falterfische, Westafrikanische Kaiserfische oder die herrlich blauen Ostatlantischen Doktorfische. Schwärme von metallisch schimmernden Sardinen und gelb gestreiften Brassen, silbrige und rote Trompetenfische durchziehen das Meer, und feuerrote Soldatenfische halten sich in Spalten und Grotten auf. Unter den Barscharten gibt es Zacken-, Juwelen- und Riffbarsche, Großaugenbarsche und Kardinalbarsche. Unübersehbar sind die Aktivitäten der fliegenden Fische, die manchmal auch an Bord von kleineren Schiffen springen. Daneben gibt es Goldbrassen, Rötlinge, Meeräschen und Seehechte.

Marine Kleintiere wie Krebse (rund 150 Arten), Krabben, bunte Seesterne, Seegurken, Seeigel und eine Vielzahl an Muscheln und Schnecken bevölkern Felsen und sandigen Grund. Auf Felsen wachsen Kolonien schwarzer Korallen, auch Feuerkorallen, Schwämme und leuchtend gelbe Krustenanemonen.

Der Atlantik rund um die Inseln ist auch reich an **Hochseefischen** wie Barrakudas, Segelfischen, Yellowfin-Thunfischen, Stachelmakrelen, Blue Marlins, großen Stachel- oder Teufelsrochen (Manta) bis zu 3 m Spannweite, Delfinen und verschiedenen Haiarten wie Tiger-, Hammer- und Grauhai. Diese großen Arten sind vor allem im tiefen Gewässer oder auch vor Steilküsten (z.B. rund um Fogo) zu sichten. In der Meeresstraße zwischen São Vicente und Santo Antão kann man mit etwas Glück von der Fähre aus Delfine beobachten.

Wale ziehen regelmäßig durch kapverdische Gewässer, u.a. Buckel-, Schwert-, Pott- und Grauwale. Die gigantischen **Buckelwale** haben sich bis ins 20. Jahrhundert in kapverdischen Gewässern fleißig vermehrt, weshalb amerikanische und europäische Walflotten regelmäßig hierher kamen. In jüngerer Zeit weiß man wenig über ihre Häufigkeit, ihr Verhalten und ihre Probleme in diesem Raum, doch die Sichtungen nehmen deutlich zu, sodass Hoffnung besteht, dass Buckelwale in Cabo Verde wieder heimisch werden.

Meeresschildkröten sind besonders bedroht und damit ein wichtiges Thema des Naturschutzes. Vor allem auf den Inseln Boa Vista und Maio legen die grünen Meeresschildkröten, darunter die Spezies der Unechten Karettschildkröte *(Caretta caretta)*, ihre Eier ab.

Naturschutz

Natürliche Ökosysteme kleiner arider Inseln sind äußerst verletzlich. Schon in den ersten Jahrzehnten der Besiedlung sind zahlreiche Arten und lokale Systeme verdrängt worden durch den Eingriff des Menschen, unterstützt von importierten Nutztieren, Schädlingen und Pflanzenarten. Es entstanden neue **Humanökosysteme,** die in der kurzen Nutzungszeit von nur 500 Jahren, im Norden gar nur 250 Jahren, nie wirklich stabil geworden sind und die natürlichen Reserven, Wasser, Boden, Vegetationsdecke, rasch erschöpften. Wie in fast allen Kolonien trugen ferngelenkte Entscheidungen aus mit grandioser Unwissenheit über sozial-ökologische Zusammenhänge geschlagenen Ministerien bei zu **ökologieschädlichen Nutzungsformen.** Der intelligenten Anpassung einer agrarischen Gesellschaft auf sich ändernde Bedingungen waren im Kolonialsystem enge Grenzen gesetzt, da nicht die Interessen der Bevölkerung, sondern die der Aufkäufer von Exportprodukten im Vordergrund standen. So waren auch die Kapverdischen Inseln der ökologischen Zerstörung ausgesetzt durch ausgedehnte **Monokulturen** an ungeeigneten Standorten (s.a. Geschichte der Weinmonokultur von Santo Antão im 18. Jh.) und einer importierten Agrarverfassung. Wind- und Wassererosion, Überweidung, Bearbeitung extremer Hanglagen und die nicht nachhaltige Entnahme von Brennholz sind die bedauerlichen Erscheinungsformen.

Die extreme **Trockenheit** seit 1968 verschärfte die Situation weiter, ließ die helfende Hand der Bauern vermissen und führte zur raschen Verstädterung und einer wachsenden Flut von Müll aus Importprodukten.

Die Folgen sind u.a. **Gefährdung endemischer Pflanzen- und Tierarten.** Viele Arten stehen auf der Roten Liste und verfügen nur noch über kleine Populationen und Verbreitungsgebiete. In großen Gebieten wurde die Vegetationsdecke zerstört, und die Wind- und Wassererosion ließ steinige Flächen zurück, fast ohne Boden. Am eindrucksvollsten sind die seit den 1940er Jahren nahezu brachliegenden Höhenlagen der östlichen Halbinsel von São Nicolau. Breite Maultierwege und dicht an dicht stehende Ruinen zeugen von intensiver landwirtschaftlicher Nutzung vor weniger als 100 Jahren, wo heute nur noch Staub und Geröll vorzufinden sind. Am besten studiert sind die Ökosysteme höher liegender Zonen von Fogo und die Auswirkungen ihrer Zerstörung auf tiefer liegende landwirtschaftliche Flächen. Die Natur selbst hat keine ernst zu nehmende Regenerationskraft mehr. Im Langzeitversuch auf eingezäunten Flächen kehren weder alte Arten zurück, noch lässt die Degradation des Bodens nach.

Selbst die neu geschaffen, für das Auge so erfreulichen Wälder der **Wiederaufforstung** sind ökologisch nicht unbedenklich. Bis vor wenigen Jahren wurde mit importierten Arten gearbeitet, wodurch einheimische Arten und von ihnen abhängige Pflanzen und Tiere verdrängt wurden. Einheimische Arten in nachhaltigen Ökosystemen zu fördern, ist ein noch recht junges Ziel.

Aspekte des Natur- und Umweltschutzes gewannen mit der Unabhängigkeit zunehmende Bedeutung in den Programmen der Regierungen. Per Gesetz wurden Grundlagen einer nationalen Umweltpolitik festgelegt, die Artenschutzerklärungen, Wasser- und Bodenschutz und Instrumente der Umweltpolitik etc. umfassen. **Höhen-Naturparks** sind das sichtbare Ergebnis für den Reisenden: **Parque Natural de Fogo** (2003), **Parque Natural Monte Gordo** (2006) und die trockene Hochfläche der Cabaças auf der östlichen Halbinsel auf São Nicolau, **Parque Natural Serra da Malagueta** (2008) und **Rui Vaz/Pico d'Antónia** auf Santiago. Auf **Santo Antão** sind die Höhen um den Berg Maroços wegen ihrer vergleichsweise gut erhaltenen endemischen Federbuschvegetation, der Krater der Cova de Paúl, die steilen Hänge von der Pedra Rachada zur Ribeira da Torre sowie die Hochflächen am Tope de Coroa und Küstenabschnitte bei Cruzinha als Naturparks geschützt. Auch der Höhen-Naturpark auf **São Vicente** (Monte Verde) ist gesetzlich definiert.

Die **Ziele** sind, die weitere Degradation der natürlichen Ressourcen zu verhindern, die Biodiversität und Nachhaltigkeit der Ökosysteme zu fördern und damit zum globalen Umweltschutz beizutragen. Die lokale Bevölkerung, ihre Lebensbedingungen, ihre unmittelbaren und langfristigen Bedürfnisse sollen dabei berücksichtigt und ein großer Teil der Arbeitszeit des Parkpersonals für Bildungs- und Aufklärungsarbeit eingesetzt werden. Den **Berg- und Ökotourismus** mit interessanten Angeboten zu entwickeln und ihn mit klaren, kontrollierten Regeln in ökologisch und ökonomisch nachhaltige Bahnen zu lenken, ist nicht weniger wichtig.

◁ Fogo: Eruptionshöhle am Monte Preto

An den Küsten sind die Gegensätze härter. Es geht um die Filetstücke von Strandlandschaften, die als Tourismusgebiete die Inseln bekannt machen, Grundstücke aufwerten und Arbeitsplätze schaffen (sollen). Je näher die touristischen Areale an einer schützenswerten Landschaft liegen, um so besser ihre Startposition im Rennen um Kunden.

Schon das **Bauen** selbst stellt eine massive Bedrohung dar. Der Sand der Strände und Dünen wird – wenn er nicht rund um die Uhr geschützt wird – auf Baustellen gefahren und zu Beton verarbeitet. 2006 wurde erstmals Bausand aus Mauretanien importiert, doch er deckt bis heute nur einen kleinen Teil der benötigten Menge ab.

Protest bleibt nicht aus. Mal verlangt die Architektenkammer einen sofortigen Baustopp und verdammt die Lokalpolitik des Faktenschaffens in „Tourismusgebieten", noch bevor Bauanträge bewilligt und Planungsverfahren abgeschlossen sind. Mal treten Bauern vor die Kamera, um gegen Quad-Fahrten durch ihre Felder zu protestieren, mal dreht das Elektrizitätswerk der Stadtverwaltung so lange den Strom ab, bis die Schulden bezahlt werden. Wer im fernen Europa kopfschüttelnd Zeitung las und ermattet war vom Tauziehen um Großflughäfen, schwäbische Bahnhöfe und niedersächsische Salzbergwerke, kann die anstrengende Lektüre im Urlaub nahtlos fortsetzen – nur die Schwerpunkte sind halt andere …

Als **geschlossene Naturreservate** gelten die unbewohnten Inseln Santa Luzia, Branco, Razo, Ilhéus Rombos, Ilhéu do Curral Velho und das Ilhéu do Baluarte. Auf den flachen Ostinseln wurden weitere **Schutzgebiete im Küstenbereich** ausgewiesen. Dies ist das Ergebnis des von der Europäischen Union finanzierten Programms „NATURA 2000".

Ein Gesetz, das den Import und Vertrieb von nicht-verrottbaren **Plastiktüten** verbietet, ist seit 2017 in Kraft und in einigen Läden auch spürbar.

Meeresschildkröten sind zum Symboltier des Naturschutzes in Cabo Verde geworden. Fleisch und Eier sind von den Speisekarten der Restaurants vollständig und aus privaten Küchen fast vollständig verschwunden. Nationale Schutzzonen zur Eiablage sind ausgewiesen, und durch das Bewachen der Strände sinkt das Risiko für die frisch geschlüpften Jungen.

Als **geschmacklose Souvenirs** lassen sich Schildkrötenpanzer, Haifischzähne, Muschel- und Schneckenschalen verkaufen. Beim Anblick der vor 30 Jahren in São Vicente angebotenen Haigebisse überfiel den Betrachter ein Schaudern bei der Vorstellung, mühelos darin verschwinden zu können. Heute erreicht die Massenware in den Auslagen der Souvenirgeschäfte kaum mehr als eine Handspanne im Durchmesser. Doch so lange das Haifisch-Baby-Zähnchen am Halsband und ein Schildkrötenpanzer überm Sofa untrennbar zum Image des besonders kecken Package-Abenteurers gehören, wird es schwierig bleiben, den Druck auf Souvenirjäger zu verstärken.

Der **Zoll in Europa** kontrolliert aus Cabo Verde kommende Reisende gezielt auf Trophäen und Produkte bedrohter Arten.

■ **www.areasprotegidas.gov.cv** (auch engl.): Informationen zu den Naturparks in Cabo Verde.

Geschichte

Cabo Verde ist entstanden und wurde über 550 Jahre **gefördert, genutzt, missbraucht und vernachlässigt** im Interesse anderer Nationen. Die Geschicke des kleines Landes waren nie zu trennen von der Geschichte dreier Kontinente und des Atlantiks, der sie verbindet. Über die Jahrhunderte waren die Inseln Zentrum des Jahrtausend-Verbrechens des transatlantischen Sklavenhandels, Versteck und Opfer von Piraten wie *Sir Francis Drake* und *Jacques Cassart,* Ort der Deportation für politische Häftlinge aus Portugal und den Kolonien, Unterschlupf für Juden und andere Verfolgte, Kohlebunkerstation und Relaisstation von Transatlantikkabeln des British Empire, trauriger Schauplatz von Dürre, Hungersnöten und Armut.

Entscheidend für Entwicklung und Besiedlung war die **günstige geostrategische Lage,** ökonomisch und militärisch, mitten im Atlantik an dessen schmalster Stelle, auf halbem Weg zwischen Europa und Südamerika und auf dem Weg zum Indischen Ozean.

Hinter all den Ereignissen der großen atlantischen Geschichte geraten die historischen Leistungen Cabo Verdes leicht ins Abseits: die Geburt einer völlig neuen, **kreolischen Kultur,** Sprache und Musik, eines Volks mit enormem Überlebenswillen und Schaffenskraft auf den Inseln und in hunderttausendfacher Emigration; Vorreiter in der blockfreien Bewegung zur Unabhängigkeit Afrikas und geistige Väter einer der modernsten Verfassungen in einer der wenigen stabilen Demokratien der Region.

Nach der Entdeckungsgeschichte gehen wir ein auf die Sklaverei und den **Sklavenhandel** als Motoren der frühen Entwicklung von Santiago, Fogo und Maio. Ein paar Betrachtungen zur **Landwirtschaft** müssen eingeflochten werden, da landwirtschaftliche Exporte die Entwicklung der Inseln São Nicolau und Santo Antão geprägt haben und in ihnen die Sklaverei nie eine nennenswerte wirtschaftshistorische Rolle spielte.

Abschließend versuchen wir, Vorgänge zu durchleuchten, die zur **Unabhängigkeit** und zur heutigen Realität Cabo Verdes als demokratischem Rechtsstaat geführt haben.

Den Sonderfall der auf der industriellen Revolution Englands basierenden **Geschichte São Vicentes** handeln wir nicht hier, sondern im Kapitel zu dieser Insel ab.

Frühe Zeit

Von den ersten europäischen Entdeckern wurde Cabo Verde als völlig unbewohnt beschrieben. Es gibt weder archäologische Funde noch Berichte oder Beweise über eine Besiedlung vor Ankunft der Portugiesen im Jahr 1456. Auf São Nicolau finden sich auffällige Muster an einem Fels namens **Rocha Scribida,** die manche als frühgeschichtliche Schriftzeichen interpretieren. Wer Winderosionen in Südfrankreich kennt, bezweifelt das … Artefakte an einem Felsbrocken bei Janela auf Santo Antão gleichen schon eher Schriftzeichen, die aber genauso wenig entschlüsselt oder zu datieren sind.

Phönizier sind im Altertum nach Madeira und zu den Azoren gesegelt. Warum nicht bis Cabo Verde? **Westafrikanische Seefahrer** waren den Europäern im Mittelalter technologisch ebenbürtig und konnten weite Reisen entlang der Guineaküste unternehmen. Wenn Stürme und Strömungen regelmäßig Kokosnüsse, ganze Dattelpalmen und Einbäume, Zugvögel und schließlich ein Schiffchen voll europäischer „Entdecker" an die Strände Cabo Verdes geworfen haben, warum nicht auch die geschickten westafrikanischen Seeleute? Haben Sie vielleicht schon regelmäßig Salz in Pedra de Lume geerntet?

Auf den Inseln selbst gibt es bis heute weder den Nachweis für das Vorkommen von Menschen auf Cabo Verde vor 1456, noch ist die Abwesenheit eines Beweises ein Beweis für Abwesenheit. Als Artefakte, die dafür sprechen, dass die Inseln westafrikanischen Seefahrern nicht nur bekannt waren, sondern zur Salzgewinnung angefahren wurden, werden Karten aus der Universität Timbuktu aus dem 11. Jahrhundert genannt, auf denen westlich der afrikanischen Atlantikküste „Salzinseln" verzeichnet sind. Die Literaturangaben sind aber nicht nachvollziehbar. Somit ist alles Spekulation, die zu historischer Forschung wie zu munteren Stammtischdiskussionen anregt.

Die Zeit der Entdeckungen

Aufbruch entlang der Küsten Westafrikas

Das **15. Jahrhundert** war die Zeit der großen Entdeckungsreisen. Das Abendland machte sich auf zu neuen Ufern, den Handel auszuweiten und seine naturwissenschaftlichen und geografischen Erkenntnisse zu erweitern. Die Interessen erstreckten sich gleichzeitig nach Süden und nach Osten. Bis zur Entdeckung Amerikas stammte der größte Teil des in Europa zirkulierenden Goldes aus Westafrika, insbesondere aus dem Mali- und später dem Songhai-Reich. Islamische Händler kontrollierten den Transsahara-Handel von Gold und Sklaven nach Norden und Salz nach Süden. Auch aus dem Indienhandel mit Gewürzen und Stoffen erhoffte man sich astronomische Gewinne, doch die Mameluken (Türken ab 1517) waren im Besitz des Landwegs am östlichen Mittelmeer. Ein eigener, christlich kontrollierter Zugang zu Gold, Sklaven und Gewürzen, ein Seeweg nach Westafrika und Indien sollte gefunden werden.

Vorreiter dieser Bestrebungen war **Heinrich der Seefahrer** (1394–1460), Pionier der portugiesischen Entdeckungsfahrten und damit der kolonialen Tradition Portugals. Seit 1416 koordinierte Prinz *Infante Dom Afonso Henrique* Eroberungszüge und Handelsreisen, nahm aber an keiner der Entdeckungsfahrten selbst teil. Er war Begründer des Mitte des 15. Jahrhunderts in Lissabon eingerichteten Lehrstuhls für Astronavigation und Kartografie und errichtete die berühmte Seefahrtsschule und Sternwarte von Sagres. Seine Interessen galten dem Handel mit Gold und Pfeffer, der Seefahrt, Wissenschaft und Kultur und der Zurückdrängung des Islam in genau diesen Bereichen. Sie standen in unmittelbarem Einklang mit den Interessen des Königshauses, insbesondere seines Bruders, **Infante Dom Pedro,** König von Portugal von 1439–1446, und den verbündeten „Katholischen Königen" von Kastilien und Aragón, die Eroberungsfeldzüge gegen die islamischen Staaten Andalusiens, zuletzt gegen das Emirat von Granada, führten.

Heinrichs Karriere begann mit der Eroberung der nordafrikanischen, islamischen Stadt Ceuta (1415). Weitere Entdeckungsfahrten führten nach Madeira (1418), auf die Azoren (1431) und zum Kap Bojador in Mauretanien (1434). Ab 1441 dehnten sich die ausgesandten Reisen an die westafrikanische Küste bis zum Golf von Guinea aus. 1444 war das „Grüne Kap" (port.: Cabo Verde) beim heutigen Dakar in Senegal erreicht. Prinz *Heinrich* war dem Ziel, zu den Goldbergwerken der „Goldküste" vorzudringen und das arabische Handelsmonopol durch die Sahara zu brechen, einen entscheidenden Schritt näher gekommen. Um den Rhythmus der Machtausweitung zu beschleunigen, wurden Kapitäne anderer Länder, vorwiegend Spanier, Venezianer und Genuesen, unter Vertrag genommen.

Die Entdeckung Cabo Verdes

Die Geschichte ersten Sichtens und Betretens der Inseln kennt verschiedene Versionen, während der Ablauf der Inbesitzname und Besiedlung kaum Zweifel aufwirft. Der Venezianer **Aloísio Cadamosto**, der im Jahre **1456** im Auftrag *Heinrichs des Seefahrers* aufbrach, um den Gambia-Fluss zu erkunden, schreibt in seinem Buch „Navigazioni", er sei durch einen Sturm auf die offene See getrieben worden, wo die Besatzung am dritten Tag, dem 25. Juli 1456, eine Insel erblickte. Diese Insel sei völlig unbewohnt gewesen, und die Seeleute hätten sie mit dem Ruf „Buena Vista" begrüßt. Das schrieb er 1463, reichlich spät, nachdem bereits 1460 die Entdeckung Cabo Verdes dem Genueser Kapitän *António da Noli* (s.u.) urkundlich zugesprochen worden war. Er hatte die flache große Insel nach dem Schutzheiligen der Genueser Seefahrer *Sam Cristovão* „Buena Vista" genannt.

Cadamosto beschreibt auch die Inseln Sal und Maio, an denen er vorbeigesegelt sei, bevor er auf dem heutigen Santiago an Land ging, das er nach dem Tagesheiligen Isola de San Iacomo (Hl. Jakob) benannte. Hier nahmen seine Schiffe Salz, Wasser, Fisch und Schildkröten an Bord, um nach Gambia weiter zu reisen. Bei seiner Rückkehr habe er Prinz *Heinrich* von seiner Zufallsbegegnung mit den Inseln, die auf keiner Karte verzeichnet waren, berichtet. Dennoch gibt es erhebliche Unstimmigkeiten in den verspäteten Berichten *Cadamostos,* und sie erfüllen kaum die Kriterien einer „descoberta" im Sinne *Heinrichs* (kartografisch erfassen, betreten, beschreiben, Artefakte hinterlassen, berichten, fähig sein wiederzukehren und in Besitz nehmen).

António da Noli und sein Bruder *Bartolomeo* erreichten mit ihren Schiffen am **1. Mai 1460** die Insel Maio, die sie Mayaes nannten. Außerdem betraten sie als erste Europäer Fogo, benannten sie Sam Jacobe e Felipe, sowie Sal, Boa Vista und Santiago. Im Auftrag *Heinrichs* fahrend, beanspruchte *da Noli* die Inseln für die portugiesische Krone. Als er seinem Auftraggeber Bericht erstatten wollte, war *Heinrich der Seefahrer* jedoch verstorben, und die Inseln wurden Prinz *Ferdinand* von Portugal mit allen Rechten und Einkünften übereignet. In diesem Bericht aus dem Jahr **1460** fanden

Große Entdeckungs- und Forschungsreisende

Bartolomeu Dias (1450–1500)

Bartolomeu Dias stammte aus einer Familie von Seefahrern von der Algarve. Einer seiner Vorfahren, **João Dias**, hatte 1434 mit **Gil Eanes** das Kap Bojador (heute West-Sahara) umschifft, und **Deniz Dias** war 1444 bis zum Cabo Verde (heute Senegal) vorgestoßen. Auch sein Bruder **Diogo Dias** nahm an mehreren Reisen teil.

1481 nahm *Bartalomeu* als Offizier an der großen Expedition des **Diogo de Azambuja** mit 600 Reisenden teil, die das portugiesische Handelsfort **São Jorge da Mina** (heute Elmina in Ghana) gründeten und den Markt für Gold, Sklaven und Landwirtschaftsprodukte öffneten.

1486 erhielt er vom portugiesischen König den geheimen Auftrag, die Südspitze Afrikas zu entdecken und einen Seeweg nach Indien zu finden. Im Sommer 1487 stach er mit drei Schiffen in See, unter anderem begleitet von sechs Afrikanern, deren Aufgabe es war, Verhandlungen mit den örtlichen Fürsten zu führen.

In der Walfischbucht (heute Namibia) ließ er sein Versorgungsschiff zurück, bevor der Nordwind die Schiffe weit in den subarktischen Atlantik trieb. Auf nordöstlichem Kurs kehrte er zurück an die Südküste Afrikas und folgte ihr nach Osten bis zur Mündung des Groot Vis River (heute bei Port Elizabeth), um sicher zu wissen, dass er den Kontinent umschifft hat. Seine von Skorbut geplagte Mannschaft zwang ihn, die Indien-Pläne aufzugeben und zurückzukehren. Unter Sicht umschifften sie die Südspitze Afrikas, das Cabo Agulhas und das Kap der Guten Hoffnung von Ost nach West. Letzteres benannte *Bartolomeu Dias* in Cabo Tormentoso (Kap der Stürme). Am 1. Mai 1488 errichteten sie einen letzten Wappenpfeiler bei Kapstadt.

König *Johann II.* machte ihn zum Statthalter der Casa de Guiné e Mina.

Unter dem nachfolgenden König *Manuel I.* war es seine Aufgabe, die Schiffe für die große Expedition **Vasco da Gamas** vorzubereiten, doch er begleitete diesen nur bis auf die Kapverden und reiste weiter nach Elmina.

Auf der zweiten großen Indien-Expedition kam er mit **Pedro Alvaro Cabral** erneut nach Cabo Verde. So wurde er zu einem der Entdecker Brasiliens. Von dort setzte er über nach Süd-Afrika. Weitgereist und erfahren wie kein anderer seiner Zeit, wurde ihm sein **Cabo Tormentoso** zum Schicksal. Am 29. Mai 1500 verschwand dort sein Schiff im Sturm.

Christoph Kolumbus (1450–1506)

Für eine Reise über den Atlantik und die Entdeckung des Seeweges nach Indien in westlicher Richtung konnten sich die Herrscher des 15. Jahrhunderts keinen besseren Kapitän wünschen, als den in Portugal **Cristovão Colombo** genannten Genuesen. Mit 14 Jahren fuhr er bereits zur See und hatte Kartografie und Astrologie vermutlich als Autodidakt studiert. Er hatte auf italienischen Schiffen gearbeitet, die durch den Handel mit den islamischen Reichen bis nach Palästina und ins Schwarze Meer vordrangen, um arabische und indische Waren umzuschlagen.

Zusammen mit seinem Bruder *Bartolomeu* hatte er seit 1477 in **Lissabon** gelebt, wo sie Karten für die Seefahrt zeichneten. Und schließlich hatte sich sein Lebensweg mit *Bartolomeu Perestello*, einem älteren italienischen Adligen in portugiesischen Diensten, gekreuzt. Der hatte die Erschließung von **Madeira** mit vorangetrieben und es zum Hafenkapitän der bei Madeira liegenden kleineren Insel Porto Santo gebracht. Und er hatte eine Tochter, *Felipa Perestello e Moniz*, für die sich *Christoph Kolumbus* interessierte, die er 1479 heiratete und der er nach Porto Santo folgte. Dort zeichnete er weiter Karten und studierte das Archiv seines inzwischen verstorbenen Schwiegervaters. So kannte *Kolumbus* die „imago mundi" von *Pierre d'Ailly* (1350–1420), nach der Indien über den Atlantik erreicht werden kann, hatte die Geschichten der Atlantiküberquerungen der Wikinger und des irischen Mönchs *Brendan* gelesen, wusste von indianisch aussehenden Leichenfunden und fremden Pflanzen, die von West nach Ost nach Madeira getrieben wurden. Er hatte den Atlantik an einer seiner wildesten Stellen im Kanal von Porto Santo jeden Tag vor Augen und hatte gelernt, ihn mit Schiffen zu bezwingen.

Er wusste, dass er im Westen Land zu erwarten hatte, und war sich sicher, dass er es mit seiner Schiffstechnik erreichen konnte. Getäuscht hat er sich in der Abschätzung der **Entfernungen** und wähnte Japan im Abstand von nur 4500 km – statt 20.000 km. Dies war einer der Gründe, weshalb der portugiesische Hof seinen Antrag auf Förderung einer Expedition 1484 ablehnte. So verhandelte er mit verschiedenen Königshäusern Europas. Für den Plan entschieden sich die **„Katholischen Könige"** *Isabela von Kastilien* und *Ferdinand von Aragon*. Sie luden *Kolumbus* in die Belagerungsanlagen vor Granada ein, des letzten islamisch-maurischen Sultanats auf der Iberischen Halbinsel, dessen Kapitulation und den Beginn der Vertreibungen *Kolumbus* am 2. Januar 1492 miterlebte.

Die auf den ersten beiden **Reisen** (1492/93 und 1493–96) besuchten karibischen Inseln hielt *Kolumbus* für Indien vorgelagerte Inseln. Auf der dritten Reise, am 27. Juni 1498, legte er mit einem Teil der 1000 Mann und 30 „Christenfrauen" im Hafen des heutigen Sal Rei auf Boa Vista an und wurde von *Diogo Afonso* begrüßt. Drei Tage später ging es weiter nach Ribeira Grande (Cidade Velha) auf Santiago, doch *Kolumbus* erlaubte keinen Aufenthalt, da die Insel völlig ausgedörrt war und ihm die Bewohner krank erschienen. Die schwierige Überfahrt im Juli führte ihn zum Mündungsdelta des Orinoco, angesichts dessen gewaltiger Süßwassermengen er fortan von einer „terra nova" sprach, einem neuen Festland, in dem er weiterhin Indien vermutete. Trinidad und Tobago waren die nächsten Stationen, bevor die Schiffe in Santo Domingo auf Hispaniola einliefen.

Konflikte um die Herrschaft in der neuen Welt brachten *Kolumbus* um seine Macht als Vizekönig, und er wurde in Ketten an den spanischen Hof zurückgebracht. Sein Traum, über einen neuen Seeweg den lukrativen Handel mit Indien zu ermöglichen, war bereits von *Vasco da Gama* für Portugal auf dem Weg ums Kap der Guten Hoffnung verwirklicht worden.

Die vierte und **letzte Reise** des *Kolumbus* führte ihn in den Westen der Karibik, wo er am Kap Honduras erstmals den amerikanischen Doppelkontinent betrat. Die Reise endete im Desaster. Nicht nur, dass neun seiner Schiffe vom Schiffsbohrwurm in Wracks verwandelt wurden – *Kolumbus* wurde krank, und von den Kariben und Indianern konnten nicht die erhofften Mengen Gold erpresst werden. So erschien Kolumbus als Versager im Streit um die Pfründe der Entdeckungen. Er starb am 20. Mai 1506 in Valladolid.

■ **Literatur:** *Klaus Brinkbäumer, Clemens Höge*, Die letzte Reise: Der Fall Christoph Columbus.

Vasco da Gama (1460–1524)

König *Manuel I.* betraute nicht den Seebären *Bartolomeu Dias* mit der ersten großen Indien-Expedition Portugals, sondern *Dom Vasco da Gama,* Graf von Vidigueira und Präsident der Handelskammer von Lissabon. *Bartolomeu Dias'* Mitwirken beschränkte sich auf die Vorbereitung der Schiffe und die Ausarbeitung der Route. Bei dieser Reise ging es in erster Linie um knallharte **Handelspolitik mit diplomatischen und kriegerischen Mitteln,** wofür *da Gama* der bessere Kandidat war. *Manuel I.* hatte auch das Cabo Tormentoso in der Hoffnung auf reiche Handelsgewinne in Cabo da Boa Esperança (Kap der Guten Hoffnung) umbenennen lassen.

Am 8. Juli 1497 verließen drei Naus und ein Transportschiff den Hafen Rastello bei Lissabon und trafen bereits am 22. Juli in Sal und am 27. Juli in Santiago ein. Mit frischem Proviant und nach einigen Reparaturen stießen sie am 3. August 1497 wieder in See. Da die Küste Afrikas in den vorangegangenen 80 Jahren zuverlässig kartiert worden war, musste die Expedition *da Gamas* nicht mehr der Küstenlinie folgen. Erstmals beschrieb ihr Kurs **weite Bögen auf dem offenen Atlantik.** Der Erfahrung von *Bartolomeu Dias* folgend, umfuhren sie auch das Kap der Guten Hoffnung in weitem Abstand und gingen erst an der Mosselbai wieder an Land. Ihre weitere Fahrt entlang der Ostküste des heutigen Südafrika in den Weihnachtstagen gab der Provinz Natal ihren Namen.

Die Expedition folgte der **ostafrikanischen Küste,** wo sie auf weitaus größere arabo-swahilische Handelsschiffe mit Mannschaften trafen, denen, wie indischen und chinesischen Flotten auch, die Küsten des indischen Ozeans und der Handel zwischen Mosambik über die arabische See, den persischen Golf und den Golf von Bengalen nicht neu waren. Waren doch chinesische Flotten unter dem islamischen Kapitän *Zheng He* von Calicut (Süd-Indien) aus bereits 1421 bis Borneo vorgedrungen.

In Mombasa (heute Kenia) fürchtete die **arabo-swahilische Konkurrenz** um ihren Einfluss und wollte der Flotte die Weiterfahrt verbieten. Doch der Sultan von Malindi (heute Kenia) meinte seine Konkurrenten aus Mombasa übertrumpfen zu können, indem er mit *da Gama* paktierte und ihm einen auf der Route erfahrenen Navigator beiordnete. So gelangte die Flotte am 20. Mai 1498 nach Calicut (heute Bundesstaat Kerala im südlichen **Indien**). *Da Gama* schloss einen **Handelsvertrag** und kehrte im Triumphzug mit randvoll gefüllten Laderäumen nach Lissabon zurück.

Nachdem die zweite und dritte Indien-Expedition anderen übertragen worden waren, kehrte *Vasco da Gama* 1502 mit 21 schwerst bewaffneten Schiffen in den indischen Ozean zurück und verstärkte die Perlenkette der **Handelsforts** entlang der ostafrikanischen und an der indischen Malabarküste. Gnadenlos nutzte er seine überlegene Feuerkraft gegenüber arabischen Handelsschiffen und -stationen und nötigte die indischen Fürsten zu **Exklusivverträgen,** die Portugal ein Monopol im indisch-europäischen Gewürzhandel sicherten. 1524 wurde er als Vizekönig erneut nach Indien entsandt und verstarb kurz nach der Ankunft.

Pedro Alvares Cabral (1467–1526)

Er war studierter Navigator und Geograf aus adligem Hause und leitete die **zweite große portugiesische Indien-Expedition.** Auf die seemännische Erfahrung der Gebrüder *Bartolomeu* und *Diogo Dias* als Offiziere an Bord konnte auch er nicht verzichten und integrierte sie zusammen mit Offizieren, die mit *da Gama* in Indien gewesen waren, auf den 13 Schiffen, die am 9. März 1500 in Lissabon ablegten.

Die Reise begann mit **Problemen,** und bei Cabo Verde verlor die Flotte ein erstes Schiff. In Preguiça auf São Nicolau berichtet ein Denkmal von einem Versorgungsstopp, um Wasser aufzunehmen.

Danach verfolgte auch *Cabral* die Navigations-Strategie der weiten Bögen im offenen Atlantik, um den unsicheren Windverhältnissen entlang der westafrikanischen Küste zu entgehen. So sei er „zufällig" nach **Brasilien** gelangt, das er für Portugal in Besitz nahm. Das „zufällig" stellen einige Historiker in Anführungsstriche, nachdem *Vincente Yáñez Pinzón*, einer der Schiffskapitäne von *Kolumbus* auf dessen erster Reise, bereits vor ihm, zwischen Sommer 1499 und Frühjahr 1500, die Ostküste Südamerikas bis zum Amazonas befahren hatte. Es gibt sogar Hinweise darauf, dass das portugiesische Königshaus schon vor den Verträgen von Tordesillas um die Existenz großer Ländereien in dieser Region wusste und sich die Option hierauf vorbehielt.

Cabrals Flotte setzte nach der Aneignung Brasiliens die Fahrt nach Indien mit elf Schiffen fort und querte den südlichen Atlantik in der Westwinddrift. Doch das **seemännische Pech** hielt an, und sie verloren vier Schiffe am Kap der Guten Hoffnung, darunter das Schiff des *Bartolomeu Dias*. Das Schiff von *Diogo Dias* verlor den Kontakt und kehrte nach Portugal zurück.

Auf dem Weg von Sofala (Mosambik), jetzt mit sechs Schiffen, brachte die Flotte ein arabisches Handelsschiff auf, auf dem sich ein Onkel des Sultans von Malindi befand, mit dem *da Gama* paktiert hatte. So erhielt auch *Cabral* zwei Piloten zur Verfügung gestellt und erreichte Calicut. Dort jedoch spitzte sich der **Konkurrenzkampf mit den arabischen Händlern** zu, und *Cabral* ließ 15 arabische Schiffe durch Brand vernichten und die Stadt mit Kanonen beschießen. In Cochin, einer südlich von Calicut gelegenen und mit Calicut verfeindeten Stadt, konnte er jedoch seine Einkäufe verwirklichen und kehrte am 23. Juni 1501 mit nur noch vier Schiffen – und dennoch als reicher Mann – nach Lissabon zurück.

Charles Darwin (1809–1882)

Der namhafte **Biologe, Evolutionsforscher** und Autor des Buchs „The Origin of Species" (1859) besuchte Cabo Verde auf seiner Weltreise mit dem Schiff *Beagle*. Er machte sich am 27. Dezember 1831 von England aus auf den Weg und kehrte erst 1836 nach Plymouth zurück. Sein Ziel war das Studium geologischer Formationen sowie die Sammlung und Aufzeichnung verschiedener Arten aus Flora und Fauna, die ihn schließlich zu seiner berühmten Evolutionstheorie veranlassten. Nach einem kurzen Stop auf den Kanarischen Inseln segelte er weiter nach Cabo Verde und erreichte am 15. Januar 1832 die Insel Santiago. Sein erster Eindruck in seinen Tagebuchaufzeichnungen: „Santiago ist ein so miserabler Ort, dass meine erste Ankunft in einem tropischen Land nichts mit dem gemein hat, was andere als Schönheiten der Tropen beschrieben". *Darwin* studierte 23 Tage lang die Vogel- und Pflanzenwelt der Insel, die geologischen Strukturen und das marine Leben. Als er Santiago am 8. Februar 1832 wieder verließ, war er gemäß seinem Tagebuch restlos begeistert von dem, was er dort vorgefunden hatte.

Cabo Verde war demnach die erste Station auf dieser historischen Reise *Charles Darwins*, wo er auch auf dem Rückweg im Jahr 1836 noch einmal kurz Zwischenstation machte.

■ **Literatur:** *Darwin, Charles* u.a., The Voyage of the Beagle: Charles Darwin's Journal of Researches. Penguin Books 2003.

die Inseln Cabo Verdes **erstmals schriftliche Erwähnung.**

Diego Gomes berichtet, wenige Tage vor *da Noli* den Archipel erstmals gesichtet und betreten zu haben. Auf der Rückreise sei er zu den Azoren abgetrieben worden und habe deshalb erst nach *da Noli* Bericht erstatten können. Da er der einzige portugiesische Kapitän unter den Entdeckern war, Kleinadliger *(fidalgo)* in gehobener Stellung des Zoll- und Finanzsystems *Heinrichs,* gab es Phasen der portugiesischen Geschichtsschreibung, die den Disput um die Entdeckung gerne zu seinen Gunsten beendet hätten.

Nach dessen Tod führte **D. Fernando,** Prinz *Ferdinand* von Portugal, das Erbe *Heinrichs des Seefahrers* fort.

Diogo Afonso aus Sintra war mit *da Noli* gereist und folgte mit diesem dem Auftrag zur Suche weiterer Inseln. Er entdeckte in rascher Folge Brava (Datum unsicher), São Nicolau (6. Dezember 1461), Santa Luzia (13. Dezember 1461), Santo António (17. Januar 1462), São Vicente (22. Januar 1462) und die Inselchen Razo und Branco.

Am **19. September 1462** stellt *D. Fernando* einen Lehensbrief aus, in dem bereits alle Inseln erwähnt sind. Das Datum gilt somit als **Gründungsdatum der Nation.** Er setzt für die *capitania* von R^a Grande de Santiago *António da Noli* ein, der dort bis zu seinem Tod lebte. In Alcatraz beim heutigen Praia Baixo erhält *Diogo Afonso* die zweite *capitania* für den Norden Santiagos. Er bleibt nicht dauerhaft auf der Insel und Alcatraz verfällt wieder.

Der Kapverden-Archipel als Ganzes wurde **1468 erstmals auf einer Landkarte abgebildet.**

Tordesillas: Neuordnung der Welt

Mit der Entdeckung Amerikas begannen eindringliche diplomatische Bemühungen in Europa. Die **Kontrahenten Spanien und Portugal** steckten, unter Vermittlung des Papstes, ihre Reviere ab. Zuvor sollten die Kanaren den Spaniern und alles, was südlich davon entdeckt werden sollte, den Portugiesen gehören.

Ferdinand von Aragón und Isabella von Kastilien verfügten in den 1480er und 1490er Jahren über **enorme Geldmittel,** um ihre kolonialen Pläne umzusetzen. Erfolgreich führten sie Krieg gegen die Mauren von Córdoba, Granada und Malaga und übernahmen deren wissenschaftliche Erkenntnisse wie das von dem Mathematiker und Astronomen **Abu'l-Maslama** erfundene **Astrolabium,** das die große Seefahrt und moderne Kartografie erst ermöglichte.

1492, im Jahr der „Entdeckung" Amerikas, musste der letzte Maurenkönig von Granada ins Exil nach Marokko fliehen. Die vom Papst als „Los Reyes Católicos" geadelte Dynastie führte die **Inquisition** ein und errichtete einen fundamentalistischen Gottesstaat nicht gekannter Brutalität. Erst brannten Hunderttausende arabischer Bücher jedweden Inhalts, dann die Menschen. Auch Portugal bereicherte sich an den Flüchtlingen, die massenhaft über die Grenze kamen. Den vertriebenen Juden war Religions- und Siedlungsfreiheit versprochen worden, doch als sie im Land waren, wandte auch Portugal die Inquisition mit voller Härte an und bedrohte jeden Nicht-Christen mit dem Tod. Muslime und Juden wurden als „Neu-Christen" beim geringsten Verdacht enteignet und zu Staatssklaven erklärt.

Im **Vertrag von Tordesillas (1494)** vereinbarten Spanien, Portugal und Papst *Alexander VI.* eine neue Grenzlinie. Diese zieht „370 léguas" (Seemeilen) westlich von Cabo Verde vom Nordpol zum Südpol durch den Atlantik und das heutige Brasilien. Was westlich davon liegt, sollte den Spaniern gehören, während östlich davon der Einflussbereich der Portugiesen lag. Die Linie erlangte immense historische Bedeutung, indem die afrikanischen Küsten portugiesisch und Mittel- und Südamerika mit Ausnahme von Brasilien spanisch kolonisiert wurden.

Im Jahre **1497** lief **Vasco da Gama** auf seiner Reise nach Indien die Insel Santiago an. Begleitet wurde er von den Schiffen des **Bartolomeu Dias'**, dem ersten Europäer, der das Kap der Guten Hoffnung umrundete. Der Portugiese **Pedro Alvares Cabral** wollte 1500 wie seine Vorgänger den Weg um das Kap der Guten Hoffnung nehmen, ankerte vor Cabo Verde und traf dann aber am 22. April unverhofft auf die Küste Brasiliens.

Im Jahre 1519 brach der Portugiese *Fernando de Magalhaes* (deutsch: **Magellan**) im Dienste Spaniens zu einer ersten Weltumsegelung auf. Er bereiste Patagonien, die nach ihm benannte Magellanstraße und die Philippinen, wo er den Tod fand. Eines seiner Schiffe setzte die Weltumsegelung fort und erreichte 1522 Santiago.

Berühmt wie kaum ein anderer wurde Kapitän **James Cook,** der auf seiner zweiten Reise mit dem Schiff „Resolution" im Jahre 1772 im Hafen von Praia ankerte, um sich mit Proviant zu versorgen. Diese Reise führte ihn in die Antarktis, nach Neuseeland und in den Pazifischen Ozean.

Frühe Besiedlung

Als **erste Siedlung** ist die winzige Garnison von einem Dutzend Soldaten anzusehen, die beim zweiten Besuch *da Nolis* im Jahr 1461 auf **Santiago** zurückgelassen wurden. Drei Jahre später, in denen sie keiner weiteren Menschenseele begegnet, aber alle noch am Leben waren, folgten die ersten Zivilpersonen. Sie dürfen sich auf ihre Fahne schreiben, die **erste europäische Überseekolonie** und dauerhaft besiedelte Ansiedlung im subsaharischen Afrika gewesen zu sein. Vergleichsweise rasch folgten Siedlungen auf den anderen Inseln, wohl zunächst auf **Maio**. Dorthin schickte man halbnomadische Hirtensklaven, um Ziegen, Rinder und Esel zu züchten. Sie haben dort spätestens ab 1490 permanent gelebt, wie die 1504 verabschiedete Steuergesetzgebung für die Tierzucht auf Maio belegt. Die dritte besiedelte Insel wird **Boa Vista** gewesen sein, wo *Columbus* 1498 eine Leprasiedlung beschrieb.

Die offizielle Geschichtsschreibung sieht das anders und versteht die Ansiedlung dieser Menschen als nicht erwähnenswert. Sie nennt **Fogo** als zweite besiedelte Insel, wohin im Jahr 1500 freie Bürger mit Rang und Namen zogen. **Brava** folgte erst 1573 und war im Gegensatz zu Santiago, Fogo und Maio nie in den Sklavenhandel oder dessen Zulieferfunktionen involviert.

Aus der ersten kleinen Garnison mit einem Dutzend Soldaten in **Rª Grande,** dem heutigen Cidade Velha auf Santiago, entstand ein Dörfchen. 1472 erhielten die Bürger das Recht, Sklaven zu halten. 1510 wurden 160 Siedler und 30 Sklaven auf Santiago gezählt. Für ein Jahrhundert sollte der Sklavenhandel die spektakuläre Entwicklung Santiagos und des portugiesischen Weltreichs antreiben. 1533 erhielt Rª Grande Stadtrecht und hatte 1550 bereits 500 feste Häuser. 1564 sicherte sich der König direkten Zugriff auf die Pfründe, indem er Santiago seiner unmittelbaren Verwaltung unterstellte. Bis 1580 verschob sich das Bevölkerungsverhältnis auf 2000 Freie zu 14.000 Sklaven, von denen die meisten schnell weiter über den Atlantik verschleppt wurden. 1587 wurde der erste Gouverneur ins Land geschickt.

Eine besondere Rolle spielten die **Degredados, Exilportugiesen,** die für ihre Strafzeit auf die Inseln deportiert wurden. Diebe, Kirchenräuber, Mörder, Alkoholiker, Desertierte, Landstreicher, Prostituierte, vor allem aber politisch und religiös Unerwünschte kamen so zur Zwangsarbeit ins Land bzw. in Gefängnisse und später in das Konzentrationslager von Tarrafal auf Santiago. Im 17. Jahrhundert wurden auch weibliche Degredados geschickt mit dem dezidierten Auftrag, die portugiesischen Gene zu stärken.

Für **politisch und religiös Verfolgte** war Cabo Verde sowohl Exil als auch Ort der Verbannung. **Juden** haben eine lange Geschichte in Cabo Verde und nahmen prägenden Einfluss. Schon in den ersten Jahren, nachdem 1476 durch die Heirat des portugiesischen Königs mit einer spanischen Prinzessin die Judenverfolgung auf Portugal ausgeweitet wurde und die Juden zu **„Neuen Christen"** gemacht wurden, flohen viele vor der Inquisition auf die Inseln und fanden Mittel und Wege zur Ansiedlung. Nicht wenige wurden von der Inquisition hierher verbannt und von den Behörden von Rª Grande (Santiago) in ein Ghetto gesteckt. Die Inquisitionsgerichte nahmen „Neuen Christen" gerne ihre Kinder ab – zur Strafe, zum „Schutz" der Kinder vor einer Erziehung in jüdischer oder muslimischer Tradition und zur Besiedlung der Kolonien. So berichtet der jüdische Historiker *Samuel Usque* in „Consolação às Tribulações de Israel" über 2000 zwei- bis zehnjährige Kinder, die ohne Eltern von Lissabon nach São Tomé und Principe verschifft worden waren; nach einem Jahr seien 600 noch am Leben gewesen. Cabo Verde taucht in Einzelberichten auf; die Zahl der ohne Eltern verschifften Kinder soll hier 5000 überstiegen haben.

Ihren Glauben konnten Juden bis ins 17. Jahrhundert nicht offen ausüben. Um 1820 flohen portugiesische und französische Juden nach Santo Antão und spielten teilweise als **Kaufleute und Grundbesitzer** eine bedeutende Rolle. Das große grüne Handelshaus „Casa Marçal" in Rª Grande befindet sich seit dieser Zeit im Besitz der Familie *Marçal* als beeindruckendstes Baudenkmal. Zwischen 1850 und 1880 folgten Juden aus Marokko. Sie siedelten sich vorwiegend in Boa Vista an, worauf wir im entsprechenden Inselkapitel eingehen.

Heute gibt es keine jüdische Kongregation mehr. In Praia und Cidade Velha auf Brava, auf Boa Vista und auf Santo Antão findet man Gräber mit jüdischen Namen, teilweise in Hebräisch beschriftet: *Benros, Ben O'Liel, Cohen, Lobo, Lopes, Marçal, Mendez, Cardoso, Levy* u.a. Ein Dorf auf Santo Antão trägt den Namen **Sinagoga,** was auf die Ähnlichkeit einer Felsformation mit den Umrissen einer Synagoge zurückzuführen ist – es gab dort aber nie eine jüdische Siedlung oder eine Synagoge.

Geschichte

Die Zeit des Sklavenhandels

Das Sklavenschiff

Sechshundert Neger tauschte ich ein
Spottwohlfeil am Senegalflusse.
Das Fleisch ist hart, die Sehnen sind stramm
Wie Eisen vom besten Gusse.
Ich hab zum Tausche Branntwein,
Glasperlen und Stahlzeug gegeben;
Gewinne daran achthundert Prozent,
Bleibt mir die Hälfte am Leben.
Bleiben mir Neger dreihundert nur
Im Hafen von Rio Janeiro,
Zahlt dort mir hundert Dukaten per Stück
Das Haus Gonzales Perreiro
Verschone ihr Leben um Christi Will'n,
Der für uns alle gestorben!
Denn bleiben mir nicht dreihundert Stück,
So ist mein Geschäft verdorben.

Heinrich Heine

Cabo Verde war von den Kolonialisten dazu auserkoren, ein **feudales, Sklaven haltendes Pflanzersystem** zu errichten und neben seiner Funktion als Relaisstation für die Schifffahrt **vor allem Rohrzucker** und daraus hergestellten **Rum** zu exportieren. Um das Jahrtausendverbrechen der **Versklavung afrikanischer Bevölkerungen** nicht als Verfehlung skrupelloser Kapitäne und Siedler misszuverstehen, sondern es als planmäßiges Ergebnis staatlicher und religiöser Politik zu erkennen, ist ein Abstecher in die Geschichte des Zuckers unausweichlich (siehe Exkurs).

Rua Banana in Cidade Velha auf Santiago

Eine kurze Geschichte des Zuckers

Aus Papua-Neuguinea kommend, fand das Zuckerrohr über Ost-Asien, Indien und Persien um das Jahr 700 seinen Weg an die Ost- und Südküsten des Mittelmeers. Europäische Kreuzfahrer lernten es um 1100 erstmals in **Tripolis** kennen. Der Export nach Europa begann, wo Zucker als in Apotheken verkauftes Medikament maximale Gewinne brachte. Auf **Zypern,** später in **Sizilien,** wurden große Pflanzungen mit schwarzen Sklaven betrieben, die von nordafrikanischen Sklavenhändlern herangeschafft wurden. *Heinrich der Seefahrer* sandte eine Delegation nach Sizilien, um das einträgliche Geschäft zu studieren und führte es danach in der Algarve ein. Zur Zeit der Entdeckung Cabo Verdes waren rund 10% der Bevölkerung der Algarve afrikanische Sklaven.

Nach **Cabo Verde** war **Brasilien** die nächste, unvergleichlich größere Station des **feudalen, Sklaven haltenden Pflanzersystems.** Die Sklavenhaltung auf Zuckerplantagen zeichnete sich durch besondere Brutalität aus, mit der wenige Aufseher eine große Zahl von Sklaven zu schwerster körperlicher Arbeit pressten. In den frühen agro-industriellen Komplexen wurden selbst die Zuckerpressen manuell betrieben.

Sklaven von Afrika nach Lateinamerika, Zucker aus Lateinamerika nach Europa und Waffen, Schnaps und Manufakturkleinwaren von Europa nach Afrika waren die Hauptumschlagsgüter im **„Dreieckshandel".** Eine solche Runde nahm 1½ bis 2½ Jahre in Anspruch, beginnend mit Monaten des *Coastings,* des Abklapperns einer Vielzahl von Forts und Häfen an der Guineaküste zum Einkauf von Sklaven, gefolgt von der großen Fahrt über den Atlantik und dem nicht weniger zeitraubenden Verkauf der Sklaven und des Eintreibens der Schulden aus vorangegangenen Jahren in Amerika (Sklaven auf Raten zu verkaufen war üblich).

Um sich die Dimensionen der Rohrzuckerproduktion in seiner Verquickung mit der Sklaverei zu verdeutlichen, führe man sich vor Augen, dass alleine auf **Jamaika** über 200.000 Sklaven auf Zuckerplantagen arbeiteten. In **Brasilien** waren es Millionen, auf einen Weißen kamen bis zu 2000 schwarze Sklaven. Die brasilianische Zuckerproduktion stand unter vorwiegend holländischer Kontrolle.

Um 1800 wandelte sich das Bild. Der Apotheker *Sigismund Marggraf* hatte den Zucker in der Rübe schon 50 Jahre früher als gleichwertig beschrieben, doch erst 1806 tauchte ein politisches Motiv zur massiven Unterstützung der Rübenzuckerproduktion auf. **Napoleon** blockierte Importe aus dem britischen und britisch kontrollierten Kolonialreich mit der Kontinentalsperre. Die Länder Mitteleuropas wurden, bei rasch steigendem Konsum, binnen weniger Jahrzehnte zu Exporteuren von Zucker. Preisverfall, Rückgang der Exporte und die Mechanisierung der Landwirtschaft führten zur Beendigung der Sklaverei und zur Verelendung in den Anbaugebieten von Rohrzucker.

Aus der **Schutzzollpolitik** europäischer Länder hat sich bis heute kein gleichberechtigtes Verhältnis zwischen Rohr und Rübe, Nord und Süd entwickelt. Brasilien, Thailand und Australien, denen durch massive Subventionen des Rübenzucker-Exports seitens der EU Milliardeneinnahmen entgingen, erwirkten 2005 einen Schiedsspruch der WTO *(World Trade Organization),* woraufhin 2006 eine reformierte **Zuckermarktordnung** der EU in Kraft trat, die Subventionen abbauen soll, ohne die kleineren ACP-Staaten (ACP = *African, Caribbean and Pacific Group of States*), die durch Ausnahmeregelungen geschützt waren, aus dem Rennen zu werfen, und um den Umbau der Zuckerindustrie in der EU sozialverträglich zu handhaben.

Schon 1466 hatte sich Portugal das ausschließliche Recht zur Vermarktung von Sklaven an der Küste von Senegambia bis Guinea vorbehalten. In den ersten 50 Jahren sollte der Strom der Sklaven ein tröpfelndes Rinnsal bleiben im Vergleich mit dem reißenden Strom, der in den nachfolgenden Jahrhunderten über Cabo Verde nach Süd- und Nordamerika führte. Ein Jahrzehnt nach der Entdeckung Amerikas schwoll der Zug der Geschundenen auf Zigtausende pro Monat an und sollte **Ribeira Grande** für ein Jahrhundert zum wichtigsten Zwischenhandelshafen im Sklavengeschäft machen. Der portugiesische Finanzminister durfte sich freuen: In der Rangliste der Steuereinnahmen folgte Rª Grande auf Platz 2 unmittelbar nach Lissabon und füllte die Tresore – Lissabon war zu dieser Zeit die reichste Stadt Europas.

Die Sklaven wurden in **drei Hauptkategorien** unterteilt:

1. Bocais (was etwa als Unwissende oder Sprachlose zu übersetzen ist) hießen die frisch Importierten, die sich noch nicht in Kreol mitteilen konnten.
2. Ladinos, mit den Pflichten, ihrer Rechtlosigkeit und den häufigsten Arbeiten vertraute Menschen, die Kreol sprachen.
3. Naturais, in Cabo Verde geborene Sklaven. Diese wurden nur in Hungerszeiten in den internationalen Handel gegeben, da sie zumeist anspruchsvollere Arbeiten wie das Weben erlernt hatten.

Im 16. Jahrhundert waren die Freien Cabo Verdes fast alle in irgendeiner Weise mit dem Sklavenhandel beschäftigt. Die Landwirtschaft Santiagos produzierte Schiffsproviant und Baumwolle. Die Baumwolle wurde in für damalige Zeiten sehr feine Fäden gesponnen und aufwendig zu den traditionellen Tüchern von Santiago verarbeitet. Aus Maio kamen Ziegen, Kühe und Esel in großer Zahl. Santiago wurde zu einem belebten Verproviantierungs- und Umschlagplatz jedweder Art von Waren.

Die **Herrschaft der spanischen Könige (1580–1640)** traf Cidade da Ribeira Grande zu einer Zeit, als die vorherrschende Stellung im Sklavenhandel bereits zu bröckeln begonnen hatte. Als letzter des **Königshauses Aviz** war König *Heinrich I. von Portugal* (1512–1580) ohne männlichen Erben gestorben, und der Habsburger **König Philipp II. von Spanien** setzte seine Ansprüche auf den portugiesischen Thron mit Waffengewalt durch. Nach abenteuerlichem Protest auf den Azoren und einem kurzen Bürgerkrieg auf dem Festland

Pelourinho (Pranger) in Cidade Velha auf Santiago

herrschte er als **Rei Filipe I. von Portugal** über beide Weltreiche. Um die Auswirkungen der spanischen Annexion Portugals auf Cabo Verde einordnen zu können, sei an einige Bezugspunkte aus europäischer Perspektive erinnert, an einige nach Jahreszahlen zu benennende Stationen des Machtwechsels. Wie heftig und nachhaltig die Epoche an den Grundwerten gerüttelt hat, zeigt sich in ihrer Bearbeitung als Thema der klassischen Literatur, z.B. in *Goethes* „Egmont" und *Schillers* „Don Carlos" und „Maria Stuart".

Die Unabhängigkeitserklärung der spanischen Besitzungen in Holland als **Republik der Sieben Vereinigten Niederlande** (1581) war nicht mehr rückgängig zu machen. Der Härte der von *Philipp II.* wieder eingeführten Spanischen Inquisition gegen das Gedankengut der Aufklärung und dem religiösen Eifer calvinistischer Bilderstürmer hatten die Holländer die Religions- und Versammlungsfreiheit entgegengesetzt und wussten, die gewachsenen **Rechte für Staat und Bürger** in weltwirtschaftlichen Erfolg umzumünzen. *Piet Heyn* kaperte 1628 bei Havanna die Galeonen, die im Konvoi segelnd jährlich etwa 2000 Tonnen Silber von Lateinamerika nach Spanien brachten. Die niederländische Handelsgesellschaft West-Indische Compagnie besetzte 1630 Pernambuco im Nordosten Brasiliens. 1637 eroberten sie das portugiesische Forte El Mina (heute Ghana) – das **niederländische Kolonialreich** in Nord- und Südamerika, Südafrika und Asien entstand.

Als 1588 die „Grande y Felizima Armada", wie *Philipp II.* seine Kriegsflotte nannte, England besetzen sollte, diente ihm die Hinrichtung *Maria Stuarts* als Kriegsgrund. **Queen Elisabeth I.**, Bündnispartnerin der Vereinigten Niederlande, setzte auf Kaperfahrten „geschulte" Kapitäne wie *Sir Francis Drake* an die Spitze ihrer Geschwader. Mit leichteren, wendigen Schiffen vernichteten sie die aus 130, vorwiegend schweren Schiffen bestehende Armada im Ärmelkanal. Was ihnen entging, übernahmen die stürmische Irische See und Schottlands Strandräuber.

1607, als die Holländer die spanische Kriegsflotte vor Gibraltar erneut schlagen konnten, mussten sie es mit nur zehn spanischen Schiffen aufzunehmen. Im gleichen Jahr nahm England seine erste außereuropäische Kolonie in Besitz und Kurs auf die eigene Expansion zum **British Empire.** Die Vereinigten Niederlande und England übernahmen die Rolle der Spitzenreiter im Handel mit Sklaven, Rum und Zucker.

Cabo Verde erlebte die **Neuordnung der globalen Machtverhältnisse** als andauernde Krise und Bedrohung. Die spanische Krone hatte bald weder die personellen noch die finanziellen Mittel, um ihr ausgedehntes Imperium zu halten. Im Rückgriff auf höhere Steuern und Zölle überspannte sie den Bogen derart, dass es interessant wurde, den Atlantik mit schnelleren Schiffen ohne Zwischenstopp zu überqueren. Die Beamtenschaft in Cidade da Rª Grande ging zu einer Art „Dienst nach Vorschrift" über. Auch dirigierte sie einen Teil der Sklavenschiffe gegen private Beteiligungen am „spanischen" Zoll vorbei. Dennoch war die Insel noch reich genug, um die Begehrlichkeiten von **Piraten und Freibeutern** zu schüren, die in kurzen Abständen die Kolonie überfielen und ihre Existenz bedrohten. Gelang es den gut bewaffneten Korsaren, die Städte zu überraschen, veranstalteten sie Orgien der Gewalt und Metzeleien, die auch Frauen und Kinder nicht schonten. Aus der langen Reihe der **Plünderungen** ragen zwei heraus:

Die Plünderung Rª Grandes durch **Manuel Serradas** (1583) blieb als einer der blutigsten Überfälle in Erinnerung. Der Admiral aus Madeira stand im Dienst *Dom António Prior do Cratos* an der Spitze französischer und portugiesischer Söldner und hoffte, neben einer guten Rendite die Anerkennung des im Erbfolgestreits gegen *Philipp* unterlegenen *D. António* zu gewinnen. Als Obrigkeit und Bischof in Santiago die Anerkennung zurückwiesen, rächte er sich an der Stadt.

Der zweite Überfall durch **Sir Francis Drake** 1585 erreichte sein Ziel ohne Blutverlust, weil die Bewohner ihm keine Gelegenheit zur Schlacht gegeben hatten. Für Cidade da Rª Grande und Santiago leiteten die Plünderungen und Brandschatzungen der drei wichtigsten Siedlungen den Niedergang der philippinischen Dynastie in Portugal ein. Das überdehnte Weltreich konnte nur halbherzig in die Verteidigungsanlagen investieren und weitere Überfälle in Cabo Verde und das Ende seiner Herrschaft nicht mehr verhindern.

1640 beendete eine **Verschwörung portugiesischer Adliger** die Herrschaft der spanischen Habsburger, stellte die Unabhängigkeit Portugals wieder her und rief den Herzog von Bragança als König *Johann IV.* aus – das **Königshaus Bragança** nahm seinen Anfang.

Santiago konnte nach der **Restauração** die führende Rolle im Sklavenhandel nicht wiedergewinnen, obwohl die Könige von Bragança erfolgreich agierten, die an die Niederlande verlorenen Forts und Handelsstationen in São Tomé, Angola und Pernambuco zurückeroberten und Lissabon zu neuer Blüte verhalfen.

Im 18. und 19. Jahrhundert setzte sich der **wirtschaftliche und machtpolitische Niedergang** fort. Den Tiefpunkt des Leidens der Bevölkerung unter Piratenüberfällen markierte 1712 der Angriff des französischen Freibeuters *Jacques Cassart*. Im selben Jahr folgte eine weitere Renovierung der seeseitigen Bollwerke und der Festung. Kalkmörtel und behauene Steine gaben ihr den bis heute erkennbaren Grundriss, bis die Hauptstadt 1731 endgültig nach Praia verlegt wurde.

Kriege in Europa und Amerika brachten einen **Handelsrückgang** mit sich. König *Johann V. von Portugal* (1706–1750) konzentrierte sich weitgehend auf Brasilien, während Cabo Verde seine Bedeutung für die Kolonialregierung verlor. Die Inseln, einst so reich und Ziel vieler Piraten, konnten ihre Bewohner kaum noch ernähren. 1815 verbot das post-napoleonische Europa auf dem Wiener Kongress den Sklavenhandel auf der nördlichen Halbkugel. Französischer, preußischer und österreichischer Rübenzucker hatte die Schlacht gegen den Rohrzucker gewonnen, die Sklaven auf den Zuckerplantagen waren im Wert gefallen. Das verelendete Portugal hatte dafür, dass es von Napoleon besetzt worden war, Reparationsleistungen in Form von Alkohol an England zu zahlen (die Geburtsstunde des Portweins) und konnte sein Kolonialreich kaum mehr selbst kontrollieren. Das zur Wirtschaftsmacht heranreifende Brasilien

Relation Journalière – Duplessis 1699

M. de Beauchesne-Gouin, Handels- und Kriegskapitän, hatte sich mit mehreren französischen Schiffen im Dezember 1698 aufgemacht, Handelsmöglichkeiten in Südamerika zu erkunden. Nach den ersten Wochen freier Fahrt über den Atlantik hatten die Kapitäne vereinbart, sich in der unbewohnten Bucht von São Vicente zu treffen, um gemeinsam in den Nordosten Brasiliens überzusetzen.

Doch nachdem Beauchesne-Gouin am 18. Januar 1699 Santo Antão gesichtet hatte, nahm ihm Saharastaub die Sicht, und Passat und Strömung trugen ihn so rasch durch den Kanal von São Vicente, dass er die Hafeneinfahrt verpasste und die Reise fortsetzen musste.

Die 180 Männer des nachfolgenden, mit 50 Kanonen bestückten *Le Compte de Maurepas* kreuzten fünf Wochen quer durch Cabo Verde auf der Suche nach ihren Schwesterschiffen, bevor sie nach Brasilien übersetzten.

Über 300 Jahre lag das **Reisetagebuch des Ingenieurs Duplessis,** der als wissenschaftlicher Begleiter und Berichterstatter auf dem Schiff mit von der Partie war, in Einzelmanuskripte verteilt in verschiedenen Bibliotheken, bevor *François* und *Jean-Michel Massa* es in mühevoller Archivarbeit wieder vollständig zusammenführten. Dank der minutiösen Beobachtungsgabe des Ingenieurs, von der nicht nur seine Texte, sondern auch seine Karten, Inselprofile und naturwissenschaftlichen Aquarelle zeugen, wurde sein Buch zur herausragenden Neuerscheinung über Cabo Verde im Jahr 2005 – geschrieben und gezeichnet im Jahr 1699!

■ **Duplessis, Relation Journalière d'un voyage fait en 1699 aux Isles du Cap Vert**
François et Jean-Michel Massa (Hrsg.), Patrimoine Lusographe Africain, Rennes 2004

Beschreibung der Stadt und der Insel Santiago (Auszug) (vgl. Bild links unten):
„Die Ländereien sind trocken und voller hoher, völlig trockener Berge. Diese Insel ist von Portugiesen bewohnt und einer großen Zahl Schwarzer, von denen die meisten frei sind.

Im Osten findet sich die Stadt am Meer, wo der Bischof und der Gouverneur für alle Inseln wohnen. Außerdem gibt es verschiedene Dörfer und Weiler über das Inselinnere verteilt. (…)

Obwohl sie sich uns gegenüber freundlich verhielten, fürchteten sich die armen Leute derart vor uns und hatten solche Angst, daß sie unserem Kapitän keinesfalls ein Zimmer vermieten wollten, der krank war und für seine Genesung Landluft haben sollte.

Es gibt auch mehrere Wachstationen in- und außerhalb der Stadt mit einer mir nicht bekannten Zahl von Kanonen; auch auf der Zitadelle, von der ich glaube, daß sie verlassen ist, die aber dort belassen werden, um die Piraten einzuschüchtern.

Die wenigen weißen Frauen auf dieser Insel sind Portugiesinnen und gehören zu einem Volk, das (die Frauen) wegschließt, von morgens bis in die Nacht, in einem abgelegenen Zimmer, wo Fremde und selbst die besten Freunde keine Zugang haben. Nur im Morgengrauen verlassen sie das Haus und gehen zur Messe, begleitet von einer oder zwei Sklavinnen, von Kopf bis Fuß in eine Decke gehüllt, wie in Spanien.

Die schwarzen Frauen tragen einen Rock und ein Tuch über die Schultern, um die Brust zu bedecken. (…) Alle haben schöne Körper, aber nur wenige sind nicht häßlich."

Bild rechts unten
„**Ein Vogel, den sie den Blöden nennen,** weil er den Menschen so nahe kommt, daß sie ihn auf einigen Inseln mit Stockhieben töten. Wir haben einen auf São Vicente mit dem Gewehr erlegt. Diese Vögel leben nur von Fischen, auf die sie sich aus großer Höhe mit höchster Geschwindigkeit stürzen wie ein Habicht auf seine Beute. Sie sind so groß wie eine Gans, sehr fett und haben einen Geschmack nach fauligem Wasser."

nutzte die Chance des post-napoleonischen Machtvakuums und wurde 1822 als Königreich unabhängig.

Die **Kontrolle des Sklavenhandels** durch englische Kriegsschiffe erhöhte die Preise an der westafrikanischen Küste, ganz zur Freude korrupter Engländer in Sierra Leone, die weiterhin um die 10.000 Sklaven jährlich über Kuba nach Brasilien exportierten. Erst 1872 beendeten die Engländer endgültig den Sklavenhandel in ihrem Einflussbereich.

Historiker schätzen die **Zahl der aus Afrika verschleppten Menschen** während der 350-jährigen Geschichte des transatlantischen Sklavenhandels auf **12 bis 30 Millionen,** von denen mehr als ein Fünftel den Transport nicht überlebte. Die Aufzeichnungen der Kapitäne von Sklavenschiffen, Ladelisten und Volkszählungen auf Sklaven haltenden Inseln bieten für das 17., 18. und 19. Jahrhundert eine erstaunlich präzise Grundlage für solche Schätzungen. Wenig bekannt ist, dass die Zahl der in das heutige Staatsgebiet der USA verschleppten Sklaven im Vergleich zu Mittel- und Südamerika klein war. Der Anteil lag sicher nicht über 5%. Bei aller Brutalität waren die Bedingungen in einem Punkt fundamental verschieden. Die nordamerikanischen Sklavenbesitzer förderten den Kinderreichtum ihrer Sklavinnen. „Good Breeders" brachten bessere Preise, sodass die Nachfrage nach wenigen Generationen hauptsächlich mit im Land geborenen Sklaven befriedigt wurde. Die nordamerikanische Sklavengesellschaft ist eine der wenigen in der Geschichte, die sich selbst reproduziert hat. In Lateinamerika hingegen waren die Arbeits- und Lebensbedingungen derart schlecht, dass Kinder kaum überlebten und zu Tode geschundene Sklaven durch Nachschub aus Afrika ersetzt wurden.

Sklaverei in Cabo Verde

Die Sklaverei in der ältesten kreolischen Kultur, Cabo Verde, unterschied sich erheblich von der in Nord- und Südamerika. Durch die Kreolisierung der frühen Zeit waren Familien aus Freien und Sklaven entstanden in einer gemeinsamen Kultur. Hierdurch wurde die **Sklaverei in sich selbst limitierend.** Die wichtigsten Faktoren hierfür mögen folgende gewesen sein:

- **Zyklische Subsistenzkrisen:** In den Dürrekatastrophen wurden die Sklaven von den Besitzern an Sklavenschiffe verkauft oder sie verhungerten.
- **Generationenfolge:** Der Status der Kinder richtete sich nach dem Status der Mutter. War sie Sklavin, dann waren alle ihre Kinder auch Sklaven. Somit hatten freie Männer mit ihrer/ihren Sklavenfrau/en nur versklavte Kinder. Nur durch die Freilassung war die Fortsetzung des landwirtschaftlichen oder sonstigen Familienbetriebes möglich.
- **Maurische Tradition:** Einflussreiche Neubürger waren „Neue Christen" oder anderweitig Verfolgte aus den maurischen Gebieten. Sie kamen aus einem vergleichsweise toleranten Staat mit geregeltem Zusammenleben ethnischer und religiöser Minderheiten und kannten Sklaverei in anderer Form, in welcher der Sklave niemals völlig entrechtet war und nach der Freilassung auch in hohe Ämter aufsteigen konnte. Im Islam der damaligen Zeit war die Freilassung eines Sklaven eine ehrende Tat.

▷ Historisches Zollgebäude in Mindelo auf São Vicente (heute ein Kulturzentrum)

Geschichte

■ **Jesuiten:** Die Jesuiten als einzige nennenswerte religiöse Gruppierung, welche die Sklaverei konsequent abgelehnt hat, unterstützten ab 1650 den Brauch der Besitzer, die Familie testamentarisch freizugeben.

■ **Flucht und Widerstand:** Mit jeder Katastrophe, ob Piratenüberfall, Brand oder Dürre, flohen die Bewohner in die Serra de Malagueta. Sklaven und Häftlinge hatten nicht das geringste Motiv, zurückzukehren und gründeten verschworene Gruppen mit Gemeinschaftseigentum, christlicher Laienpredigt und einem schlauen Verhaltenskodex, der sie davor schützte, erneut als Sklaven eingefangen zu werden. Sie ernährten sich aus halbnomadischer Landwirtschaft, Fischfang und mit Überfällen auf Gutshöfe.

■ **Liebe und Anstand:** Wenn wir, vermutlich zu Recht, annehmen, dass nicht wenige Väter ihre Sklavenfrauen und -kinder entgegen aller Doktrin geliebt haben, dann erscheint ein weiteres, nicht unwichtiges Motiv.

Seit dem **Wiener Kongress von 1815,** der ein Verbot des Sklavenhandels nördlich des Äquators beschlossen hatte, ist Großbritannien eifrigster Verfechter des Verbots. Mit der Aufgabe, es durchzusetzen, drängen die Engländer Portugal zur Einrichtung einer „Comissão mista", eines mit Rechtsfachleuten beider Nationen besetzten Rates, der 1843 seine Arbeit in Boa Vista aufnimmt (Einzelheiten im Kapitel zu Boa Vista).

1853 kommt es zum **Sklavenaufstand auf Santiago.** Nur mit Mühe können die Kolonialisten die Kontrolle zurückgewinnen. Sie suchen zur Abschreckung drei „Rädelsführer" und lassen Sie in Praia exekutieren, wobei aus jedem Kirchsprengel mehrere Sklaven zusehen müssen, um ihren Leidensgenossen berichten zu können. Zu dieser Zeit gab es rund 15.000 Sklaven auf Santiago. 1858, als die von der „Comissão mista" vorbereiteten Gesetze zur Abschaffung endlich verabschiedet werden, war die Zahl der Sklaven in Cabo Verde auf 3699 zurückgegangen.

Am 29. April 1878, nach Ablauf von 20 Arbeitsjahren, welche die verbliebenen Sklaven ihren Herren noch abzuleisten hatten, ist die **Sklaverei in ganz Cabo Verde beendet.**

Auf den Inseln des Barlavento, mit Ausnahme von Boa Vista und Sal, hat die Sklaverei zu keiner Zeit eine bestimmende Rolle gespielt. Die landwirtschaftlichen Grundbesitzer hatten mit der **Teilpacht** eine für sie effizientere Wirtschaftsform eingeführt. 1780, fast 100 Jahre vor dem Ende der Sklaverei in Cabo Verde, wurde sie auf Santo Antão durch königlichen Erlass *(Carta régia)* beendet. Ein humanitäres Motiv kann, muss aber nicht dahinter vermutet werden. Es lebten zu dieser Zeit noch neun ältere Sklaven auf der Insel.

Vom Großgrundbesitz zum Kleinbauerntum

Das **Bodenrecht** wurde über 500 Jahre von Portugal bestimmt, was die Bevölkerung daran hinderte, sich selbst ein den Bedingungen angepasstes Rechtssystem zu geben. Niedrige Produktivität, Vorteile für massiv gesundheits- und ökologieschädliche Produkte (Grogue) und eine andauernde Polarisierung in wohlhabende Landbesitzer und völlig verarmte Pächter und landlose Bauern waren und sind die Folge.

Mittelalterliche Formen der Landschenkung hielten sich bis ins 19. Jahrhundert. Als **Morgados** wurden große Ländereien bezeichnet, die nach dem Ältestenerbrecht ungeteilt weitergegeben wurden. **Capelas** hingegen durften auch kleiner sein und an mehrere Kinder vergeben werden, beinhalteten aber religiöse Verpflichtungen, wie beispielsweise eine bestimmte Zahl Messen pro Jahr für einen örtlichen Heiligen lesen zu lassen. Im Sotavento bildete der mit Sklavenarbeit betriebene Gutshof die Wiege der kreolischen Kultur und Gesellschaft und war bis zur Abschaffung der Sklaverei nicht völlig verschwunden. Im Barlavento hingegen, das erst im 18. Jahrhundert stärker besiedelt wurde, vergaben die feudalen Grundbesitzer das Land von Anfang an fast ausschließlich im **Teilpachtsystem.** Dieses beherrscht das Bild bis heute, insbesondere auf den Zuckerrohrpflanzungen. Der Pächter hat die Terrassen zu reparieren, das Land zu bestellen und die Hälfte der Ernte *(meia)* an den Besitzer abzuliefern. Auch wenn durch Erbteilungen und Unterverpachtung die Parzellen immer kleiner geworden waren, hat dies wenig am Verhalten der Landbesitzer verändert. Manche regieren ihre relativ winzigen Flächen noch heute, als wären sie lateinamerikanische Großgrundbesitzer. Nicht selten verlangten sie von den Pächtern zusätzliche Frondienste, erwarteten, dass diese auch das Saatgut stellten und bestanden auch dann auf ihrer Hälfte, wenn dies den sicheren Tod der Pächterfamilie bedeutete. Lebensmittel hatten die Pächter in den Läden der Besitzer zu Wucherpreisen zu kaufen in einer Art Trustsystem. In Hungerjahren konzentrierte sich der Landbesitz in den Händen von Wenigen. Sie kauften den hungernden Kleinbauern für einen Sack Mais oder ein paar Kekse ihre Felder ab und gaben ihnen anschließen das Land zur Pacht. Diese, im 19. Jahrhundert gefestigte **kleinfeudale Agrarstruktur** lebt bis heute fort.

Wo die Söhne von Landbesitzern im 19. und 20. Jahrhundert in unerschlossene Täler zogen, hat sich **Kleinbauernwirtschaft** entwickelt. Sie bearbeiten ihr Land als Familienbetrieb und kaufen nur wenig fremde Arbeitskraft hinzu. Ein Beispiel hierfür ist Alto Mira auf Santo Antão. Heute erkennt man die Kleinbauernwirtschaft daran, dass in diesen Gegenden mehr Gemüse und Obst angebaut wird. Die wenigsten können sich eine Zuckerpresse *(trapiche)* leisten und müssen den *trapicheiro* entlohnen. Da man im Familienbetrieb wenig auf die investierten Arbeitsstunden schaut und sich im Gemüsebau die Arbeitsspitzen besser über das Jahr verteilen, ist das für sie günstiger.

Mit einer **Agrarreform** wollte die PAICV-Regierung Anfang der 1980er Jahre Ländereien von nicht am Ort wohnenden oder emigrierten Besitzern *(absentistas)* mit Entschädigung enteignen und auf 99 Jahre an die Pächter geben. Keiner sollte mehr als 1 ha bewässertes und 5 ha nicht bewässertes Land behalten. Der Slogan war: „A terra á quem a trabalha!" (Das Land für diejenigen, die es bearbeiten!). Der politische Ansatz war weit entfernt von einer sozialistischen Enteignung und wurde auch von westlichen Entwicklungsorganisationen gestützt. Pilotprojekte waren positiv verlaufen. Trotzdem gelang es, den Plan als kommunistisches Machwerk zu diffamieren und dagegen aufzustacheln. Die Luft für die PAICV war zu dieser Zeit dünn geworden durch erste Korruptionsskandale, in der Sache inkompetente, aber machtverliebte Funktionäre und ineffiziente Informationspolitik. Die Arbeiter an den staatlichen Baustellen warteten seit einem Vierteljahr auf ihren Lohn, die Händler konnten und wollten keine Lebensmittel mehr auf Kredit geben und die Stimmung war zum Schneiden. Ich hatte damals das Pech, der einzige Arzt auf Santo Antão zu sein und bin entsprechend herumgekommen. Es war erstaunlich, mit welcher Überzeugung selbst die begünstigten Pächter sich gegen die Reform aussprachen, ohne ihren Inhalt verstanden zu haben.

Am **31. August 1981** kam es bei Coculi zur Entladung. Eine **aufgebrachte Landbevölkerung demonstrierte** vor eilig aus Santiago herangeschafften Wehrpflichtigen, völlig ungeeignet für polizeiliche Aufgaben. Als sie angegriffen wurden, erging ein Schießbefehl. Ein Toter und zwei Schwerverletzte lagen am Boden. In der Nacht darauf wurden Gefangene gemacht unter den „Rädelsführern", die in einer Schule von Rª Grande misshandelt und gedemütigt wurden. Der Prozess, den ich mit eigenen Augen und Ohren in Ponta do Sol verfolgen konnte, war ein politischer Prozess vor einem Militärgericht, in dem sich der Ankläger bis zum Vorwurf des versuchten Staatsstreichs vergalopptierte. Die später vom umsichtigen Staatspräsidenten *Aristides Pereira* erlassenen Amnestien konnten die Situation nicht mehr retten. Die PAICV hatte ihre Kreativität und Unbefangenheit verloren und verkrustete. Als neun Jahre später die ersten demokratischen Wahlen folgten, konnte sie auf Santo Antão kein einziges Mandat gewinnen. Die Verletztheiten sind bis heute nicht ausgestanden und spielen noch immer eine Rolle im Wahlkampf, teils auf der Basis eines grotesk verzerrten Bildes der damaligen Vorkommnisse (siehe *Almeida, Germano,* „O dia das calças roladas").

Die Reform trat in veränderter Form 1983 in Kraft und änderte nicht viel. Für die anstehende Modernisierung der Agrarverfassung war der 31. August das Ende. 1993 machte die MpD-Regierung die Reform rückgängig, sodass die wenigen verteilten Ländereien zurück an die Großgrundbesitzer gingen. Im Grunde traut sich keine Partei mehr an das Thema, und die kleinfeudale rückständige Agrarverfassung besteht weiter. Geändert hat sich der politische Stellenwert. Man hat erkannt, dass sich die Verhältnisse im bewässerten Landbau nur minimal geändert haben. Und der Trockenfeldbau? Der macht seinem Namen leider alle Ehre. Er liegt trocken und produziert bedeutungslose Mengen. Durch die Verstädterung und die Entwicklung anderer Sektoren geht die Bedeutung der Landwirtschaft beständig zurück, und die Agrarreform wirkt in der Rückschau fast wie ein Streit um des Kaisers Bart.

Späte Besiedlung und Entwicklung

Die **Inseln des Barlavento** beginnen erst 250 Jahre nach Santiago die kapverdischen Geschichtsbücher zu füllen. Boa Vista schert etwas aus, indem es bereits ab 1620 zur Saline der Engländer wurde, doch nach **Santo Antão** und **São Nicolau** kommen erst im späten 17. und stärker noch im 18./19. Jahrhundert die Siedler. Größtenteils sind es Söhne kreolischer Familien aus Santiago und Fogo, die mit Frau und Kindern, Abhängigen und einigen Sklaven sich aufmachten zur **„Sekundärkolonisation"** im Norden. Teils treibt sie die beginnende Landknappheit, teils locken Steuererleichterungen im Rahmen der staatlichen Siedlungspolitik. Hinzu stoßen **Portugiesen aus Nordportugal und Madeira.** Ein unmittelbar afrikanisches Element besitzt diese Phase der Kolonisierung nicht, sodass eine deutlich vom Sotavento verschiedene, kreolisch dominierte und mediterran stark beeinflusste Kultur entsteht.

Die Geschichte der gebirgigen Inseln des Nordens wird von **landwirtschaftlichen Leitprodukten** geprägt (zur Beschreibung der Pflanzen siehe im Kapitel zur Flora).

Urzeleiros nannte man die Männer, die in verwegener Kletterei die **Färberflechte Rocella tinctoria** aus den von der Salzgischt überzogenen Felsen kratzten. Ortsnamen erinnern noch heute daran. Das Produkt, aus dem wertvolle **Indigofarbstoffe** hergestellt wurden, ging vom 15. Jahrhundert bis etwa 1910 in großen Mengen nach Europa.

Purgiernüsse wurden wegen des daraus gepressten Öls massenhaft als Exportkultur gezogen bis es durch Mineralöle verdrängt wurde.

Wein für den Export wurde in einer besonders dümmlich rücksichtslosen Phase der Privatisierung der Kolonien unter der **Companhia Grã Pará e Maranhão** im 18. Jahrhundert angebaut. Details über die sozial und ökologisch verheerenden Folgen finden sich im Kapitel zu Santo Antão. Heute ist kapverdischer Wein ein exotisches Produkt, das nur auf Fogo hergestellt wird.

Kaffee war ein Produkt, das spät die Geschicke der Inseln beeinflusste. Erst 1790 wurden die ersten Versuche auf São Nicolau gemacht, und nachdem diese sehr erfolgreich waren, entstanden auch in den Bergen von Santo Antão und Fogo Pflanzungen. Die Qualität war so gut, dass für diesen Kaffee im 19. Jahrhundert die höchsten Preise in Lissabon gezahlt wurden.

Bananen als Exportfrucht verließen erst in den 1930er Jahren die Inseln, nachdem sie als eine Mode, die von Amerika ausgegangen war, auch in Europa attraktiv wurden. Zuvor war schneller Kühltransport zu teuer, und die geringe Nachfrage konnte von Madeira und den Kanarischen Inseln gedeckt werden.

Zuckerrohr war immer ein wichtiges Produkt. Nach der Zeit der Sklavenschiffe auf Santiago jedoch verlor es seine Bedeutung als Exportprodukt völlig. Importzucker ist billig, aus dem lokalen Rohr wird ausschließlich Schnaps gebrannt. Dieser kann sich auf dem Binnenmarkt nur behaupten, weil internationale Konkurrenz durch Zölle klein gehalten wird.

Die Besiedlung der nördlichen Inseln profitierte vom Export landwirtschaftlicher Produkte nur langsam. Subsistenzkrisen mit schrecklichen **Hungerkatastrophen** wurden von Jahrhundert zu Jahrhundert häufiger. Um dem Hunger zu entgehen, wurden sie bei regionalen Katastrophen auf andere Inseln gebracht und über öffentliche Bauarbeiten ernährt. Bei landesweiten Katastrophen hingegen schaute die kolonialistische Regierung weitestgehend untätig zu, wie Zehntausende in wenigen Monaten verhungerten.

⌄ Landbevölkerung (Postkarte von 1911)

Habitantes do Campo - S. Viçente, Cabo Verde

Auch die **Hafenstadt Mindelo,** trotz ihrer völlig anderen Geschichte, basierend auf dem britischen Kohlehandel seit 1850 und ab 1876 auf den Transatlantik-Telegrafiekabeln, war von der Katastrophe betroffen und hatte Böses zu erleiden. Kurz vor dem Zweiten Weltkrieg durfte die Stadt noch einmal aufatmen und fiel danach in die Agonie eines Hafens von nur noch lokaler Bedeutung zurück, bis ihr die Suez-Krise eine zweite Atempause erlaubte.

Während der wirtschaftlichen Blüte der Inseln, als der Handel mit Sklaven florierte, hatte **Portugal wenig in das Land investiert.** Zur Zeit der Dampfschifffahrt war es schon nicht mehr Herr seiner eigenen Wirtschaft, sondern ein Anhängsel des britischen Imperiums. Cabo Verde schien in die Bedeutungslosigkeit abzusinken. Auch ein Versuch um 1900, den Zuckerrohr- und Kaffeeanbau zu steigern, gelang nicht. Der Export von Salz, Bananen, Kaffee, Purgiernüssen und der Fischfang brachten nicht die erhofften Erträge.

Wann immer Cabo Verde für einige Zeit einen Vorteil hatte gegenüber seinen Konkurrenten, ging das Spiel binnen weniger Jahrzehnte verloren wegen der kolonialen Abhängigkeit von einem Land, das selbst nicht unabhängig, sondern verarmt war. Die hohen Kosten der Lebenshaltung und Produktion weitab von den Märkten, auf Inseln, die nicht genug zu essen, keine Bodenschätze und noch nicht einmal genügend Wasser hatten, ließ jede Chance zwischen den Fingern zerrinnen. Am Ende der Kolonialzeit existierten nur wenige kleine Betriebe, in denen Fischkonserven, Getränke, Grogue, Teigwaren, Zigaretten sowie Puzzolana-Zement und Möbel hergestellt wurden – andere verarbeitende Industrie war nicht vorhanden. Nur noch 10% des Landes waren als Ackerland nutzbar, weitere 6% als Weideland.

Unter dem Druck des wachsenden Nationalismus ernannte Portugal seine afrikanischen Kolonien **1951** zur **Überseeprovinz.** Wie so häufig in der Politik *Salazars* war dies nicht mehr als pompöse Spiegelfechterei. Es bestand weiterhin ein „Ministério das Colónias", die Geldscheine blieben überschrieben mit „Colónia de Cabo Verde". Als sich massiver Widerstand in den großen Kolonien regte und im Jahr 1961 über 20 afrikanische Länder ihre Unabhängigkeit erlangten, wurde den Kapverdianern pro forma portugiesische Bürgerrechte erteilt. Auch bekamen sie etwas bessere Möglichkeiten, eine höhere Schulbildung zu erreichen. Man brauchte sie als „indirect rule", als Verwalter und Beamte in den anderen Kolonien. Wie meist in der Geschichte, geht manipulative Bildungspolitik nach hinten los. Der Studierende lernt in der Schule nicht nur fachliche Inhalte, sondern auch das politische System kennen, und es bedrückt ihn. So verwundert es nicht, dass die einflussreichen Nationalisten, welche die portugiesisch-sprachigen afrikanischen Länder in die Unabhängigkeit begleiteten, in Mindelo, Bissau, Luanda oder Laurenço Marques die Schulbank gedrückt und in Portugal studiert haben. Statt die angebotenen Krümel kleiner Privilegien anzunehmen, fragten Sie nach ihren Rechten.

Dank der Öffentlichkeitsarbeit *Amílcar Cabrals* (siehe entsprechenden Exkurs) gelang es Portugal in den Dürrejahren nach 1958 nicht mehr, das Elend Cabo Verdes vor der Welt zu verstecken.

Die Caetano-Regierung, Nachfolger Salazars, sah sich gezwungen, das Leiden durch Arbeitsprogramme zu mildern, sodass der massenhafte Hungertod vermieden werden konnte.

Es sei deutlich betont, dass immer eine große Kluft klaffte zwischen der Politik Portugals und dem Verhalten einer nicht geringen Zahl **solidarischer Portugiesen,** die in Cabo Verde arbeiteten. Es gab Soldatenfrauen, die befreundete kapverdische Familien so wie unsere durchfütterten *(Lucete Fortes).* Es gab Verwalter und Offiziere, die kapverdische Jugendliche im Widerstand vor dem Zugriff der politischen Polizei PIDE (s.u.) warnten. Es gab Militärärzte, die sich weigerten, termingerecht nach Portugal zurückzukehren, weil sie auf der Höhe einer Epidemie die Menschen, denen sie sich verpflichtet fühlten, nicht verlassen wollten. Es gab Millionen Portugiesen, die das Kolonialsystem und den Faschismus ablehnten und als einzige europäische Nation ihre politische Zukunft gemeinsam mit den Widerstandsbewegungen in den Kolonien gestalteten.

Beziehungen zu Guinea-Bissau

Geschichtlich betrachtet standen sich die beiden Länder Cabo Verde und Guinea-Bissau immer sehr nahe. So stammte ein Großteil der von der westafrikanischen Küste verschleppten Sklaven aus diesem Land. Auch wurde Guinea-Bissau über mehr als zwei Jahrhunderte, von 1650 bis 1878, **von Cabo Verde aus verwaltet.** Bissau war sehr früh als kreolische Stadt entstanden, sodass sich auch Kultur und Sprache stark ähneln und man sich reibungslos versteht. Über die Unabhängigkeit hinaus waren viele Kapverdianer in der Verwaltung tätig. In den letzten Jahren vor der Unabhängigkeit entstand in den beiden Staaten eine **gemeinsame Freiheitsbewegung,** die in der Partei **PAIGC** *(Partido Africano de Independência de Guinea-Bissau e Cabo Verde)* ihren Ausdruck fand. Ziel der PAIGC war es, die beiden unter portugiesischer Kolonialherrschaft stehenden Länder zu einer staatlichen Einheit zu verbinden. Es folgte ein erfolgreicher bewaffneter Befreiungskampf in Guinea-Bissau, der beide Länder in die Unabhängigkeit führte. Der stellvertretende Parteivorsitzende **Luis Cabral** wurde erster Staatspräsident von Guinea-Bissau. Die binationale Unabhängigkeitspartei PAIGC stand unter der Leitung der Staatschefs beider Länder, *Aristides Pereira* als Generalsekretär in Cabo Verde, *Luis Cabral* als Stellvertreter in Guinea-Bissau. So regierte eine Partei in zwei Ländern.

Zur Vereinigung der Länder sollte es nicht kommen, da **João Bernardo (Nino) Vieira** sich am 14. November 1980 in Guinea-Bissau an die Macht putschte und *Luis Cabral* absetzte. Da der Name der PAIGC einen guten Klang hatte, behielt *Vieira* ihn bei. Am nächstfolgenden Todestag *Amílcar Cabrals,* dem 20. Januar 1981, trugen die kapverdischen Genossen ihren Traum von einer gemeinsamen Partei und einem gemeinsamen Staat zu Grabe und gründeten die eigenständige **PAICV** *(Partido Africano da Independência de Cabo Verde).* Nach der Freilassung des unter Hausarrest gestellten *Luis Cabral* im Januar 1982 verringerten sich die Spannungen, und im gleichen Jahr fanden Versöhnungsgespräche in Mosambik statt. Das Verhältnis hat sich daraufhin normalisiert, doch das vom Bürgerkrieg zerrüttete Guinea-Bissau ist zurückgefallen unter die ärmsten Länder der Erde. Präsident *Nino Vieira* starb am 2. März 2009 durch die Kugeln der Soldaten des am Vortag bei einem Bombenattentat getöteten Oberbefehlshabers seiner eigenen Armee.

Bereits im April 2010 folgte der nächste Putschversuch, am 22. April 2012 ein **Militärputsch,** der zwei Wochen vor den Präsidentschaftwahlen eine Militärregierung an die Macht brachte, die international nicht anerkannt war, und der die ECOWAS, die Wirtschaftsunion der westafrikanischen Länder, einen Zeitrahmen von einem Jahr vorgab, um Wahlen durchzuführen und eine verfassungsgemäße Regierung zu etablieren. Brasilien übernahm international eine Führungsrolle in den Bemühungen zur Stabilisierung des Landes.

Den Vereinten Nationen, der EU und den USA galt Guinea-Bissau als der **erste Narko-Staat der Welt,** in dem sich Militärs an die Macht geputscht haben, um als Drogenhändler ein Land zu beherrschen, dessen Bruttoinlandsprodukt weit hinter dem Wert der gehandelten Drogen zurückbleibt.

Die US-Vollzugsbehörde DEA *(Drug Enforcement Administration)* berichtete, am 3. April 2013 in einer über Wochen laufenden geheimdienstlichen Aktion den ehemaligen Konteradmiral der Marine, **Bubo Na Tchuto,** in internationalen Gewässern unweit der ausschließlichen Wirtschaftszone Cabo Verdes, festgenommen zu haben. Er wurde auf der Insel Sal an Land gebracht und vom Internationalen Flughafen Amílcar Cabral nach New York verbracht, wo er verurteilt wurde.

Im April 2014 wurden in Guinea-Bissau (auf Druck der OAU) **Wahlen** abgehalten, die friedlich und mit guter Beteiligung über die Bühne gingen. Danach verbesserten sich die Beziehungen zwischen Guinea-Bissau und Cabo Verde schlagartig. Der neue Präsident *José Mário Vaz* (PAIGC) kam im März 2015 zu einem Staatsbesuch nach Cabo Verde, es liefen Projekte an, die von neuem Vertrauen zeugen, etwa die Zusammenarbeit bei der Ausbildung von Polizisten und beim Aufbau staatlicher Verwaltungsstrukturen.

Doch schon Anfang 2016 war die **Staatskrise** in Guinea-Bissau wieder da. Im Oktober des Jahres kehrte *Bubo Na Tchuto* nach 3½ Jahren Haft aus den USA zurück, euphorisch begrüßt von seinen Unterstützern. Erneut rollten protzige Luxuslimousinen durch eine der ärmsten Hauptstädte der Welt. Anfang 2017 sorgten sich Interpol und UN-Organisationen, dass Inseln der Bijagos völlig der Kontrolle durch den internationalen Drogen(groß)handel überlassen werden, mit Landebahnen, auf denen mehrmotorige Maschinen das Geschäft abwickeln.

Der Weg zur Unabhängigkeit

Im 19. Jahrhundert entstand eine bürgerliche Oppositionsbewegung. Sie ging über den schon lange bestehenden Protest der Sklaven und Pächter hinaus und forderte bürgerliche Grundfreiheiten im

Sinne der Französischen Revolution und eine unabhängige Republik. Die königstreuen Großgrundbesitzer und Verwalter bekämpften sie heftig, Lissabon schickte mehrmals Kanonenboote.

Am **5. Oktober 1910** wurde in **Portugal** die **Republik** ausgerufen. Allen freien Einwohnern Cabo Verdes, denen aufgrund ihres Bildungsstandes, ihrer Erziehung, ihrer finanziellen Position und anderer Kriterien die Rechte als portugiesische Staatsangehörige zugebilligt werden konnten, gab die erste Republik Portugals 1914 das **portugiesische Bürgerrecht**. Sie wurden zu „Assimilados", denen Zugang zu öffentlicher Bildung und Reisefreiheit sowie soziale und politische Gleichstellung mit Portugiesen gewährt war. Selbst während des Salazar-Regimes wurde dieser Status beibehalten, denn er war hilfreich für das Regime und wurde genutzt, um Kapverdianer in den anderen Kolonien als Verwalter und Offiziere einsetzen zu können.

Nach 16 Jahren bereits waren die bürgerlichen Freiheiten der Republik wieder aufgehoben, und **Costa de Gomes** schwang sich zum Diktator auf. Nach einem Zwischenspiel folgte **António de Oliveira Salazar,** der ab 1932 die Situation der Ausbeutung und Unterdrückung auf den Inseln weiter verschärfte und in Tarrafal de Santiago ein Konzentrationslager für politische Gefangene aus Portugal, Angola und Cabo Verde einrichtete. Sein am meisten gefürchtetes Instrument war die **Politische Polizei.** Die **PVDE** *(Polícia de Vigilância e Defensa do Estado),* ein Abklatsch der Gestapo, blieb nach einem Facelifting zum Ende des 2. Weltkrieges als **PIDE** *(Polícia Internacional e de Defensa do Estado)* in schrecklicher Erinnerung.

Im Gegensatz zu England, das einen großen Teil seiner Kolonien ohne Krieg in die Unabhängigkeit entließ, weil zum einen Kolonialismus und Demokratie nicht zu vereinbaren waren und zum anderen die wirtschaftliche Zusammenarbeit mit freien Staaten mehr versprach, widersetzte sich das **faschistische Portugal** heftig dieser Idee. Portugal hatte keine Produkte von Wert, insbesondere keine Industrieprodukte in die Kolonien zu verkaufen. Es lebte von den Erzeugnissen, Steuern und Zöllen aus diesen Ländern, und die Faschisten verknüpften darüber hinaus ihre politische und militaristische Ehre mit dem Erhalt des Kolonialismus.

Ab 1950 bildete sich ein starkes **antikoloniales Bewusstsein** heraus, in dem Nationalbewusstsein und das Zugehörigkeitsgefühl zum afrikanischen Kontinent die Kulturphilosophie beherrschten, und aus dem die Kämpfer für die Unabhängigkeit des Landes hervorgingen. Mit **Gründung der PAIGC** am 19. September **1956,** der afrikanischen Unabhängigkeitspartei von Guinea-Bissau und Cabo Verde, kam es erstmals zum **organisierten Widerstand** gegen die Portugiesen. Diese Freiheitsbewegung gründete sich im benachbarten Guinea-Bissau unter **Amílcar Cabral,** dessen Bruder *Luis Cabral* und *Aristides Maria Pereira*. Ziel der Partei war Befreiung und Zusammenschluss beider Länder und damit verbundene wirtschaftliche Unabhängigkeit. Portugal lehnte jedoch Verhandlungen mit der PAIGC ab, sodass sich ihre politischen Aktivitäten im Untergrund und bei geheimen Treffen abspielten. Trotzdem konnte die Partei ihren Einfluss und ihr Ansehen im Inland wie im Ausland stärken.

Amílcar Cabral (1924–1973)

Amílcar Cabral wurde am 12. September 1924 in Bafatá (Guinea-Bissau) geboren. Seine Kindheit und Jugend waren durch die **Kulturen Guinea-Bissaus und Cabo Verdes** beeinflusst; Grund ist eine kreolische Familiengeschichte, die es lohnt, berichtet zu werden:

Der Vater, *Juvenal Cabral,* stammte aus einer einflussreichen Familie aus Santiago/Cabo Verde und wurde mit acht Jahren nach Portugal geschickt, um dort als ester „farbiger" Schüler das Gymnasium zu besuchen. Zurück in Cabo Verde studierte er am Priesterseminar in São Nicolau (siehe dort), entschied sich letztlich aber für eine weltliche Laufbahn. Er emigrierte nach Guinea-Bissau, wo er dreißig Jahre seines Lebens als Lehrer verbrachte.

Die Mutter, *Iva Pinhel Évora,* Kapverdianerin aus Praia, lernte Juvenal in Bissau kennen. Amílcar wuchs zwischen den Kindern verschiedener Ethnien Bissaus auf, gehegt von der portugiesisch-kapverdischen Stiefmutter *Adelina Cabral,* Mutter des jüngeren Bruders *Luís,* des späteren Präsidenten Guinea-Bissaus.

Als Amílcar acht Jahre alt war, zog die Familie zurück nach Santa Catarina/Cabo Verde.

Mit dem Ende der Grundschule hieß es Abschied von der Familie nehmen, denn das Gymnasium befand sich in São Vicente. Dort fiel Amílcar nicht nur durch Gedichtbände auf, sondern auch durch Radiosendungen, in denen er den afrikanischen Wurzeln kapverdischer Kultur und Sprache nachging.

Nach dem Abitur arbeitete er in der Landesdruckerei in Praia, bis er ein Stipendium für Agrarwissenschaften in Lissabon bekam. Jetzt war er der einzige „Farbige", mit wachem Interesse an Politik und Kultur, das sich in Zeitungsartikeln und Gedichten äußerte, die die Zensur nicht passierten. Interessante Kontakte ergaben sich in der „Casa de Estudantes do Império", einem Club für die **Studenten** aus den Kolonien. Sie spielten sich beim Fußball die Bälle zu und teilten ihre auf Befreiung sinnenden Gedanken sowie ihren ausgeprägten Sinn für Poesie und Schriftstellerei: *Alda Espírito Santos* aus São Tomé, eine der bekanntesten Dichterinnen Afrikas und Kultusministerin; *Agostinho Neto,* Arzt und Poet und erster Präsident des unabhängigen Angola; *Francisco José Tenreiro* aus São Tomé, Geografieprofessor, Schriftsteller und Herausgeber der ersten großen afrikanischen Poesie-Anthologie; *Eduardo Mondlane,* Professor der Geschichte und erster Führer der mozambikanischen Unabhängigkeitsbewegung. *Mário Pinto de Andrade,* Politiker, Journalist und Poet sowie Präsident der angolanischen Unabhängigkeitsbewegung, und Cabral teilten sich eine Studentenbude.

Die portugiesische Arzttochter **Maria Helena Rodrigues** und Amílcar trafen sich an der Hochschule. Wegen ihrer Beziehung zu einem „Schwarzen" wurde der Studentin das Stipendium im vorletzten Semester gestrichen. 1951 heirateten sie.

Das Examen hatte Amílcar mit einer glatten Eins hinter sich gebracht und seine Diplomarbeit „den Tagelöhnern im Alentejo und den Arbeitern auf den Latifundien" gewidmet.

Nachdem Agostinho Neto dummerweise mit einem Flugblatt in der Hand an der Wohnungstür eines Polizisten geklopft hatte, wurde die Luft für die Cabrals dünner. Sie zogen nach Guinea-Bissau, wo er bei den Bauern unterwegs war und die für Jahrzehnte beste Studie zur Situation der Landwirtschaft verfasste.

Die politische Polizei PIDE hatte die Gründung der afrikanischen Unabhängigkeitspartei von Guinea-Bissau und Cabo Verde, **PAIGC,** verschlafen, sodass Cabral lange Zeit seine akademische mit der politischen Arbeit als Führer der Unabhängigkeitsbewegung verknüpfen konnte.

Tief bewegt von der bewaffneten Niederschlagung des Streiks der Hafenarbeiter von Pidjiguiti am 3. August 1959 (Nationalfeiertag Guinea-Bissaus) ließ sich die PAIGC auf den bewaffneten Konflikt ein. Die Cabrals reisten rund um die Welt und lebten für fast ein Jahr in Paris. Er richtete mehrere Briefe an den portugiesischen Staatschef *Salazar*, um in Verhandlungen den Kolonialkrieg zu beenden, bevor er begonnen hatte. Doch Salazar schwieg.

Das folgende Jahrzehnt, nachzulesen in der Geschichte der PAIGC, verbrachte Cabral in der Hektik diplomatischer **Reisen,** auf Kongressen und bei der Truppe. Dennoch fand er Zeit für **Bücher,** die ihn als den herausragenden Theoretiker der Unabhängigkeitsbewegungen und der Blockfreien kennzeichnen. Die aufgebrachte Jugend der 1960er Jahre erkannte in ihm einen afrikanischen *Ché Guevara* – den besseren Ché, wie nicht wenige meinten.

Als Cabral am 20. Januar 1973 in Conakry (Guinea) ermordet wurde und die zivilisierte Welt seinen Tod mit einem Aufschrei des Entsetzens beantwortete und selbst sein militärischer Widersacher *Spínola* seinen Tod bedauerte und seine Qualitäten betonte, fiel dem Botschafter Portugals bei den UN nicht mehr ein, als auf der Sondersitzung zum Gedenken Cabrals nicht zu erscheinen und den Generalsekretär anzugreifen. Die Botschafter des demokratischen Portugal (Nelkenrevolution 1974) und der unabhängig gewordenen Länder ersetzten ihn nur ein Jahr später.

Ilha – Insel

Gedicht von Amílcar Cabral,
„Praia", Cabo Verde, 1945
(Übersetzung: *Pitt Reitmaier*)

„Du lebst – schlafende Mutter –
nackt und vergessen,
trocken, von den Winden gegeißelt,
beim Klang der Musik ohne Melodie
der Wasser, die uns umfangen.

Insel:
Deine Berge und Deine Täler
ließen die Zeit vorübergleiten
und verharrten in der Welt Deiner Träume
– den Träumen Deiner Kinder –
während sie es in den Wind hinausschrien,
zu den Vögeln, die da frei vorüberfliegen,
Dein Sehnen!

Insel:
Rote Erdhügel ohne Ende
– hartes Land –
steile Felsen, die den Horizont verdecken,
aber unser Sehnen im Himmelsrund behalten."

> Amílcar Cabral im Büro der PAIGC in Conakry/Guinea (hist. Aufnahme)

1962, nachdem ein Lohnstreik der Hafenarbeiter von Pidjiguiti (Hafen von Bissau) im Blut erträänkt worden war, ging die Unabhängigkeitsbewegung zum **bewaffneten Befreiungskampf** in Guinea-Bissau über. Nur dort wurde er mit militärischen Mitteln geführt, Cabo Verde selbst blieb von blutigen Auseinandersetzungen weitgehend verschont. Allerdings waren zahlreiche Kapverdianer nach Guinea-Bissau gekommen, um sich aktiv an diesem Guerillakrieg zu beteiligen. Er wurde zu einem der längsten Befreiungskämpfe Afrikas.

Auf Cabo Verde folgten in den nächsten Jahren einige **Aufstände** gegen die Kolonialbehörden, darunter der Bauernaufstand auf Santo Antão und ein Streik der Hafenarbeiter in Mindelo. Als das portugiesische Staatsoberhaupt *Salazar* 1968 starb, gab es statt der befohlenen Staatstrauer Freudenkundgebungen, die die Kolonialisten mit Massenverhaftungen beantworteten.

Das benachbarte **Guinea** (Hauptstadt Conakry), unabhängig seit 1958, diente der PAIGC seit 1960 als Hauptquartier. Die Portugiesen verübten mehrere Anschläge auf *Amílcar Cabral,* die im **November 1970** in einem militärischen Überfall auf Conakry gipfelten, der nicht nur *Cabral* und die Spitze der PAIGC, sondern auch den diktatorisch regierenden Präsidenten Guineas, *Sékou Touré,* beseitigen und dessen Kampfflugzeuge am Boden zerstören sollte. Der als **„Mar Verde"** oder **„Portuguese Raid"** in die Geschichte eingegangene Überfall war so schlecht vorbereitet, dass er komplett fehlschlug. *Cabral* war im Ausland. Statt der Wohnung *Cabrals* wurde die Nachbarwohnung beschossen, die dort wohnende Arztfamilie schwer verletzt und eines der Kinder umgebracht. Die Flugzeuge waren nicht am Flughafen und *Sékou Touré* nicht in seinem Palast. Stattdessen nahm die Armee Guineas, mitten in der Hauptstadt, einige portugiesische Soldaten gefangen.

Der letzte Rest politischer Glaubwürdigkeit Portugals im Westen war genauso wie das Vertrauen des westlichen Bündnisses in die militärische Schlagkraft der portugiesischen Kolonialarmee dahin. Zuvor war es noch gelungen, den Kolonialkrieg als wichtigen und unterstützenswerten Aspekt der Ideologie des Kalten Krieges gegen den Ostblock darzustellen, und westliche Länder hatten 70% der Kriegskosten übernommen. Am 10. Dezember 1970 verurteilte der **UN-Sicherheitsrat** Portugal, und die Regierungen Mitteleuropas nahmen ihre Unterstützung zurück.

Der portugiesische General und Gouverneur in Bissau, **António Spínola (1910–1996),** war sich bewusst, dass Portugal ohne massive Finanzhilfe den Konflikt militärisch nicht gewinnen konnte. Listig und mit der Eigenschaft begabt, sein Mäntelchen auch vorbeugend in den Wind zu hängen, entwickelte er eine Politik des „besseren Guinea" mit Erklärungen, die den sozialen Forderungen der PAIGC entsprachen und eine „schrittweise Unabhängigkeit" im Rahmen eines „Föderativen Modells" versprachen. Am 1. Januar 1973 erhielten die Kolonien eine formale „Autonomie" mit „Volksparlamenten", regionaler Gesetzgebung, Steuererhebung und Haushaltsführung – die allesamt nie verwirklicht wurden.

Spínolas ideale Ergänzung war der nicht weniger schlaue Chef der PIDE in Bissau, **Fragoso Allas,** dessen besondere

Aufmerksamkeit den Vorurteilen und Spannungen zwischen den Ethnien und insbesondere zwischen Guineensern und Kapverdianern galt. Mit gezielten Intrigen und Desinformation gelang es, sie zu verstärken. Informanten und Agenten wurden bis in Spitzenpositionen der PAIGC eingeschleust.

Ab 1971 zielte *Spínolas* geheimdienstliche Politik jedoch nicht mehr darauf ab, *Cabral* umzubringen, sondern ihn gefangen zu nehmen, die Kapverdianer an der Spitze der Armee der PAIGC zu entmachten und auf diesem Weg die militärische Schlagkraft so weit zu schwächen, dass *Cabral* mit ihm in Verhandlungen treten und an seinem „besseren Guinea" mitwirken müsste.

Am 20. Januar 1973 wurde Cabral ermordet. Eine aus Guineern zusammengesetzte Fraktion der PAIGC, in der Mehrheit alterfahrene Mitglieder des Zentralkommittees und Vertraute *Cabrals,* hatte einen anti-kapverdischen Putsch vorbereitet, der mit der Verschleppung von *Amílcar Cabral* und *Aristides Pereira* beginnen sollte. *Cabral* und seiner Frau *Ana Maria* wurde vor ihrer Wohnung aufgelauert. Als sich *Cabral* der Fesselung widersetzte, wurde er von *Inocêncio Cani* erschossen, einem Offizier der Marine. *Amílcar Cabrals* düstere Vorhersehung hatte sich erfüllt: „Sollte ich eines Tages ermordet werden, dann durch einen aus meinem Volk, aus der Partei und eventuell sogar von einem Mitglied der ersten Stunde."

Der nach der Gefangennahme der Kapverdianer scheinbar erfolgreiche Putsch endete in einem Empfang bei *Sékou Touré,* der den Spieß umdrehte, die Kapverdianer freiließ und die Putschisten verhaften ließ. Das Schnellboot, mit dem der gefesselte *Aristides Perreira* auf dem Weg nach Bissau war, ließ er an der Grenze abfangen.

Für das faschistische Portugal bedeutete der Tod des charismatischen Widersachers mehr Niederlage als Triumph. Eine **Welle der Empörung** ging durch die demokratische Öffentlichkeit. Die UN hielten eine Sondersitzung ab, die Presse verabschiedete sich weltweit von *Cabral* mit ganzseitigen Titeln und Leitartikeln. *François Mitterand* schrieb: „Mit ihm verliert Portugal seinen herausragendsten Gegner mit höchst entwickelten Werten." Die Aufklärung des Verbrechens durch die Polizei *Sékou Tourés* und die PAIGC verlief nicht nach rechtsstaatlichen Regeln. Erpresste Geständnisse, falsche Zeugenaussagen in privaten Rachefeldzügen und die Hinrichtung von Schuldigen, weniger Schuldigen und Unschuldigen vertuschten die Hintergründe mehr als dass sie sie erhellten.

Die **Frage „Wer ließ Amílcar Cabral ermorden?"** bleibt bis heute offen. Die portugiesischen Archive der Armee und PIDE konnten in letzter Stunde geputzt werden. Nach Aussage alter Mitarbeiter *Cabrals* wie *Onésimo Silveira* bleiben die Hintergründe, dadurch dass die unmittelbaren Mörder beseitigt wurden, ähnlich nebulös wie bei *John F. Kennedy.* Nach den 2005 veröffentlichten Forschungen *Daniele Gansers* von der Forschungsstelle für Sicherheitspolitik an der Eidgenössischen Technischen Hochschule Zürich müssen hinter den Morden an *Humberto Delgado* (im Hinterhalt erschossen, 1965), *Eduardo Mondlane* (Briefbombe, 1969) und *Amílcar Cabral* Drahtzieher auf einer weit höheren strategischen Ebene in Form von NATO

Stay Behind Armies (Terrorgruppen in staatlichem Auftrag) vermutet werden.

Politisch und militärisch hatte der Mord an *Amílcar Cabral* einen völlig anderen als den erhofften Effekt. Die PAIGC mit *Aristides Perreira* als Generalsekretär verstärkte ihre Angriffe derart, dass binnen Monaten die Luftüberlegenheit der Kolonialisten beendet und 80% des Landes frei von portugiesischen Truppen waren. Der Aufbau einer Administration mit regionalem Parlament sowie Gesundheitsstationen und Schulen in den befreiten Gebieten machte rasche Fortschritte.

Am **23. September 1973** folgte die **einseitige Unabhängigkeitserklärung** Guinea-Bissaus, die zum diplomatischen Entsetzen Portugals von der Mehrzahl der UN-Mitglieder sofort anerkannt wurde.

Am **25. April 1974** beendete die „**Nelkenrevolution**" in Lissabon die 42-jährige traurige Karriere von *Salazar* und seinen Nachfolgern. Doch die lokalen Militärs in Cabo Verde wollten sich noch nicht geschlagen geben und hofften auf eine Wende rückwärts. So blieben die Gefangenen in Tarrafal, bis sie in einer spontanen Demonstration am 1. Mai von der Bevölkerung dort abgeholt wurden. Die neuen Machthaber in Portugal waren sich einig bezüglich der Unabhängigkeit der anderen Kolonien, doch Cabo Verde sollte weiter diskutiert werden. In Geheimdiplomatie waren Versprechungen an die NATO und USA gemacht worden, Cabo Verde als Stützpunkt mit Radar-Stationen zur Verfügung zu stellen. In Cabo Verde sollten weiterhin Rekruten auf die Fahne Portugals vereidigt werden, und Portugal schickte einen neuen „Governador". Dies und ähnliche Provokationen schufen eine zuvor nicht gekannte anti-portugiesische Haltung der Bevölkerung. Im Dezember 1974 endlich unterschrieb Portugal eine Vereinbarung zu einer **PAIGC-Übergangsregierung.** *Pedro Pires* und Pereira führten schwierigste Verhandlungen in Lissabon, Algier und London, in denen sie sich u.a. mit *Mario Soares* auseinanderzusetzen hatten, der gegen die Unabhängigkeit Cabo Verdes war und vorschlug, Cabo Verde als autonome Region bei Portugal zu behalten – mit NATO-Radar. Die geostrategischen Interessen in dieser Phase des Kalten Krieges konzentrierten sich jedoch über dem nördlichen Polarmeer. Der Zentralatlantik war wenig interessant, und die USA hatten in der Endphase des Vietnamkrieges andere Sorgen. So hielten sich die Weltmächte zurück, und mit Hilfe algerischer Völkerrechtler, die enorme Erfahrung aus den Unabhängigkeitsverhandlungen ihres Landes mitbrachten, gelang es den Verhandlungsführern, das historische „window of opportunity" zur Unabhängigkeit im richtigen Moment zu öffnen. Eine **erste Abstimmung zur nationalen Volksversammlung** am **30. Juni 1975** bestätigte die Kandidaten der **PAIGC** mit 92% der Stimmen, mehr als 80% der Kapverdianer waren zur Wahl gekommen. Somit erhielt die Partei alle Mandate der Nationalversammlung und war als **Einheitspartei** bestätigt.

◁ Parlamentsgebäude in Praia

Unabhängige Republik Cabo Verde

Am **5. Juli 1975** erklärte die República de Cabo Verde ihre **Unabhängigkeit.** Die Herrschaft über die älteste afrikanische Kolonie, die über fünf Jahrhunderte angedauert hatte, war beendet.

Erster Staatspräsident wurde Aristides Pereira, der Generalsekretär der PAIGC und Nachfolger *Cabrals*. Als Ministerpräsident wurde *Pedro Pires* ernannt. Im selben Jahr wurde Cabo Verde in die UNO aufgenommen.

Am 5. September **1980** wurde die **erste Verfassung** verabschiedet. 1981 wurden alle Artikel über einen eventuellen Zusammenschluss mit Guinea-Bissau gestrichen. Die PAIGC, und ab dem 20. Januar **1981** die kapverdische **PAICV,** hielt als einzige **Regierungspartei** die Macht. Die Partei vereinte drei größere Strömungen und Gruppierungen in sich, die sich vorwiegend aus der Biografie der Mitglieder ergaben:

Nationalisten und Demokraten, die in Cabo Verde für die Unabhängigkeit geworben und sich der portugiesischen Regierung widersetzt hatten. Einige von ihnen hatten sieben Jahre im Konzentrationslager gesessen. Diese Gruppe verschwand als erste aus den Regierungsämtern, teils wegen fehlender fachlicher Kompetenz, vermutlich aber mehr, weil sie mit den straff organisierten ehemaligen Militärs nur schwer zusammenarbeiten konnten.

Die **Träger des studentischen Protests** und des politischen Widerstands in Lissabon waren nach dem Ende des Studiums nach Cabo Verde gekommen, um den Neuaufbau voranzutreiben. Sie wurden schon 1978/79 als „Trotzkisten" diffamiert und mit teils wenig demokratischen Mitteln zur Aufgabe ihrer Ämter bewegt. Im Bild, das sich die Solidaritätsbewegungen und demokratischen Regierungen von der PAIGC machten, zogen die ersten düsteren Wolken auf.

Militärisch, diplomatisch und administrativ hocherfahrene **Rückkehrer aus dem Kolonialkrieg** setzten sich schon in den Verhandlungen um die Unabhängigkeit an die Spitze und hielten die Fäden in der Hand. Ihre Trümpfe waren straffe Organisation, weltweite Beziehungen und diplomatische Schläue.

„Dies ist das Land, das wir erbten. Wir haben kein anderes." Dieser Ausspruch *Pereiras* wurde zum geflügelten Wort. Die junge Republik stand vor einer schweren Aufgabe. Die Kolonialisten hatten die Tresore leer zurückgelassen. Die Jobs in der Kolonialverwaltung und -armee fielen weg. Häfen und Flughäfen hatten kaum Einnahmen. Und die Dürre war schlimmer als je zuvor. Die PAIGC musste um Unterstützung bitten, wo immer sie konnte, um eine Hungerkatastrophe zu verhindern, besser gesagt, um sie nicht bis zum Massensterben gedeihen zu lassen. Bei aller Tragik gibt es verrückte Geschichten aus diesen Tagen. So reise ein junges Parteimitglied zu *Sékou Touré*. Dieser empfing ihn am Vormittag und hieß ihn nach kurzer Audienz am Nachmittag zurückzukommen. In der Erwartung, vertröstet zu werden, kam er wieder und erhielt ein Köfferchen voll Dollarnoten; ohne Anschreiben, ohne Quittung, bar in die Hand. *Touré* hatte sein eigenes Weltbild, und in diesem war das Vertrauen in Banküberweisungen gleich Null. Präsident *Julius Nyerere* von Tansania legte auch einen Betrag in die Waagschale mit dem Hinweis: Wenn Tansania als das ärmste Land der Welt bereit sei, seinen Beitrag zu leisten für die letzte befreite Kolonie Afrikas, dann sollten dies die reichen Nationen auch tun – oder sich schämen.

Die **Arbeitslosigkeit** war auf 60% gestiegen. Wichtige Infrastruktur war nicht nur verrottet, sie fehlte. Um die eingehende Unterstützung möglichst effektiv zu nutzen und in der Erfahrung, dass die Verteilung von Lebensmitteln oder Bezahlung in Lebensmitteln (sog. Food-for-Work-Programs) gegen Grundprinzipien der Menschlichkeit und der Ökonomie verstoßen, wurden diese verboten. Es kostete die Entwicklungshilfeorganisationen einiges an Zeit und Geduld bis sie einsahen, dass die kapverdanische Praxis weitaus humaner und produktiver war: Bis heute wird **Nahrungsmittelhilfe** nicht verteilt, sondern **„konvertiert"**. Sie gelangt in den (ehemals nur staatlichen, inzwischen gemischten) Großhandel, und der Erlös wird vom Staat für Arbeitsprogramme verwendet. Diese werden „FAIMO" genannt, *Frentes de alta intensidade de mão de obra;* für deutsche Ohren klingt die Übersetzung „Arbeitsfront mit hohem Beschäftigungsgrad" nicht so erfreulich.

In den ersten Jahren verstand sich die Partei als „Befreiungsbewegung an der Macht", und innerhalb der Partei fanden lebhafte Debatten und Flügelkämpfe statt. Jeweils nach fünf Jahren erfolgten Neuwahlen. *Aristides Pereira* wurde 1981 und 1986 mit über 90% der Stimmen im Amt bestätigt. Es wäre falsch, die PAIGC/PAICV in diesen Jahren gleichzusetzen mit einer „kommunistischen" Einheitspartei stalinistischer Prägung. Richtig ist, dass es erhebliche

Mängel im Demokratieverständnis dieser Gruppierung gab. In allen schwierigen Entscheidungen jedoch, von den Verhandlungen um militärische Ausrüstungen im Kolonialkrieg über die Verhandlungen zur Unabhängigkeit bis zur Entwicklungszusammenarbeit mit allen Ländern, ließ sich die PAIGC/PAICV nie für einen Block vereinnahmen, insbesondere nicht für den sowjetischen.

Staatspräsident *Pereira* hatte das Land über 15 Jahre lang in die neue Freiheit geführt und bekräftigte: „Wir sind weder für den Osten noch für den Westen, aber für Cabo Verde". Ministerpräsident *Pires* ergänzte: „Der Weg wird dialektisch sein: Man darf weder die Wirklichkeit noch die Wahrheit noch den Irrtum fürchten." Auf diesen Grundlagen und mit dem unnachahmbaren Pragmatismus der kapverdischen Kultur gelang es auf Cabo Verde, ein **Klima des sozialen Friedens,** der Stabilität und der Sicherheit zu schaffen.

Demokratisierung und Reformpolitik

Aufgrund der politischen Stabilität des Landes, des wirtschaftlichen Pragmatismus und der Einhaltung von Grund- und Freiheitsrechten unter Staatspräsident *Pereira* und Ministerpräsident *Pires* genoss das Land **internationales Ansehen.** Cabo Verde war ein Beispiel dafür, dass Einparteiensysteme nicht unbedingt mit Diktaturen gleichzusetzen sind. Mit den Ereignissen in Osteuropa 1989 verstärkte die Opposition ihre Forderung nach Einführung eines Mehrparteiensystems. Akademische Kreise und die katholische Kirche brachten sich massiv ein in die Kritik. Dem Druck gab die Nationalversammlung im September 1990 mit einer Verfassungsänderung statt. Im selben Jahr wurde die **Demokratisierungsbewegung (MpD)** gegründet. Die in der Emigration seit langem aktive **Unabhängige und Demokratische Union Cabo Verdes (UCID)** konnte im Land aktiv werden. Bei den **ersten Mehrparteien-Wahlen** im Januar **1991** erlitt die PAICV eine beschämende Niederlage. Die MpD konnte 78% der Stimmen und 56 von 79 Parlamentssitzen auf sich vereinigen. Der MpD-Kandidat **António Mascarenhas Monteiro** wurde mit 73,5% zum **Staatspräsidenten** gewählt. Angesichts des vernichtenden Ergebnisses übergab die PAICV die Regierungsmacht vorzeitig an die MpD. Hatte die PAICV eine Politik der afrikanischen Einheit und des „kleinen Mannes" verfolgt, in der Ernährungssicherung, Infrastruktur, Bildung und präventive Gesundheitsfürsorge an vorderster Stelle standen, so setzte sich die **MpD-Regierung** nun eine Liberalisierung der Wirtschaft, die Kürzung der Staatsausgaben sowie die Förderung von Privatinvestitionen in der Fischerei, im Tourismus und in der Dienstleistungsindustrie zum Ziel. Weltwährungsfond, Weltbank und die katholische Kirche wurden nicht müde, die neoliberale Politik zu loben. Viele nationalistische Bürger, insbesondere Emigranten, sahen sich hingegen gedemütigt durch eine Politik, in der portugiesische Medien, Firmen und Politiker neuen Einfluss auf den Inseln gewannen. Selbst für viele Mitglieder der MpD und ihre kapverdische Identität war der Austausch der Staatssymbole (Wappen, Fahne und Na-

Zeittafel von 1415 bis 2017

1415: Beginn der Erkundung der afrikanischen Westküste durch die Portugiesen. Heinrich der Seefahrer (1394–1460) wertet Berichte portugiesischer Seeleute und arabischer Händler aus.
1419–56: Die von Heinrich dem Seefahrer agesandte Flotte erreicht Madeira, die Azoren und Cabo Verde.
1440: Beginn des portugiesischen Sklavenhandels in die Algarve.
1456: Der Venezianer Aloísio Cadamosto und der Portugiese Diogo Gomes erreichen nach eigenem Bericht erstmals die Kapverdischen Inseln.
1460: Der Genuese António da Noli entdeckt Cabo Verde erneut und erhält Santiago zum Lehen. Heinrich der Seefahrer stirbt.
1461: Erste Garnison in Rª Grande (Santiago). Diogo Afonso landet auf São Nicolau und Santa Luzia.
1462: Am 17. Januar landet Diogo Afonso auf Santo Antão, am 22. Januar auf São Vicente.
1466: Ein königlicher Freibrief gewährt den Siedlern das Recht, mit afrikanischen Sklaven und Waren von der Küste zu handeln. Franziskanermönche kommen auf die Inseln.
1468: Vertrag für den Export von Färberflechten (kreol.: *Urzella*)
1472: Der freie Handel mit Küstengütern wird für die Siedler eingeschränkt. Das Monopol hierfür erhält Fernão Gomes.
1473: Am 9. April wird Rodrigo Afonso Capitão von Santiago.
1475–1600: Zeit des großen Sklavenhandels der Portugiesen mit der Guinea-Küste.
1476: Der spanische Admiral Carlos de Valera überfällt Santiago mit 25 Schiffen und nimmt António da Noli gefangen. Als Folge verspricht da Noli seine Loyalität dem spanischen Königreich.
1483: Französische Segelschiffe erreichen Cabo Verde.
1490: Erste Besiedlung von Maio.
1491: Höhepunkt der Spanischen Inquisition. Der portugiesische König João II. schickt Hunderte Juden nach São Tomé, Guinea und Cabo Verde. Die Juden waren so zahlreich, dass in dieser Zeit der Begriff „Portugiese" oft mit „Jude" gleichgesetzt wurde.
1495: Bau der ältesten erhaltenen Kirche, Nossa Senhora do Rosário, in Rª Grande auf Santiago.
1497: Vasco da Gama macht Halt auf Sal und Santiago, von wo er nach Indien aufbricht. António da Noli stirbt.
1498: Christoph Kolumbus erreicht am 27. Juni auf seiner dritten Reise Boa Vista, Fogo und Santiago.
1533: Die katholische Kirche errichtet ein Bistum in Rª Grande (Santiago).
1542: Raubüberfall auf Rª Grande durch französische Piraten.
1545: Erweiterte Besiedlung von Fogo und Brava durch João da Fonseca.
1548: Frühe Besiedlung von Santo Antão durch ein System von Landeignern.
1550: Francisco da Cruz wird der erste Bischof, postiert in Rª Grande auf Santiago. 14.000 Sklaven werden auf Santiago gezählt.
1556: Baubeginn der Kathedrale in Cidade da Rª Grande (Santiago).
1564: Vulkanausbruch auf Fogo.
1578: Überfall und Plünderung der Hauptstadt Cidade da Rª Grande durch den englischen Piraten Sir Francis Drake.

▷ Glocke der Casa Serra in Engenhos/Santiago

1580–83: Erste ausgedehnte Dürre und Hungersnot auf den Inseln.
1580–1640: Die spanischen Habsburger regieren Portugal. Cidade da Rª Grande verliert seine herausragende Stellung im transatlantischen Sklavenhandel.
1583: Plünderung von Cidade da Rª Grande durch den Portugiesen Manuel Serradas im Auftrag von Dom António Prior de Cato, der im Erbstreit gegen die spanischen Habsburger (Philipp II.) unterliegt. Erneute Plünderung durch den englischen Piraten John Hawkins.
1585: Plünderung und Zerstörung von Cidade da Rª Grande, Praia und des Inselinneren von Santiago durch Sir Francis Drake.
1590: Ausbau der Befestigungen von Cidade da Rª Grande zur Fortaleza Real San Filipe.
1598: Engländer und Niederländer überfallen Cabo Verde, speziell Maio. Flämische Piraten greifen Santiago an.
1601: Juden erhalten das Recht zur Siedlung und zum Handel mit der Küste unter Autorität des Königs.
1613: Ausbruch des Pico de Fogo.
1620: Auf königliche Anordnung werden portugiesische weibliche Sträflinge nach Cabo Verde gebracht, um die „Bildung von Mulatten zu verhindern".
1640: Wiederherstellung (Restauração) einer vom spanischen Königshaus unabhängigen portugiesischen Monarchie. König Johann IV. erreicht eine zweite Blüte Lissabons und des portugiesischen Sklavenhandels. In den Jahren 1650–70 werden 150.000 Sklaven nach Brasilien „exportiert".
1652: Der Sitz der Regierung und des Bischofs wird von Cidade da Rª Grande nach Praia verlegt; Praia wird Haupthafen.
1655: Niederländer überfallen São Filipe auf Fogo.
1680: Gewaltiger Ausbruch des Pico de Fogo verursacht eine Flüchtlingswelle nach Brava.
1705: Die erste Indigo-Fabrik wird eingerichtet.
1712: Überfall und Plünderung von Cidade Velha durch den Franzosen Jacques Cassart mit zwölf Schiffen. Der überwiegende Teil der Ein-

wohner verlässt die Stadt und zieht in die geschütztere Bucht von Praia.

1730: 38.000 Bewohner werden auf den Inseln gezählt.

1734: Auf der menschenleeren Insel São Vicente wird ein kleines Fort errichtet, um Piraten den Porto Grande nicht weiter als Rückzugshafen zur Verfügung zu stellen.

1790: Erster Anbau von Kaffee auf São Nicolau. Erstbesiedlung von São Vicente.

1798: Franzosen überfallen Brava, an dessen Hafen die Walfangschiffe aus New England/USA Halt machten.

19. Jh.: Europäische Nationen beginnen mit der Abschaffung des Sklavenhandels.

1800–20: Wirtschaftsflaute wegen der napoleonischen Kriege und der Besetzung Portugals durch französische Truppen. Gleichzeitig bringt anhaltende Dürre verheerende Hungersnöte.

1802–82: Mindestens 2400 Sträflinge aus Portugal werden auf den Inseln abgesetzt.

1815: Der Wiener Kongress beschließt das Ende des Sklavenhandels auf der nördlichen Erdhalbkugel.

1817: Erste öffentliche Grundschule in Praia.

1820: Die portugiesischen Juden haben die Inseln weitgehend verlassen und sind den Befreiungskriegen gefolgt.

1832: Charles Darwin erreicht Cabo Verde an Bord der „Beagle" und unternimmt dreiwöchige Studien der Flora, Fauna und Geologie.

1834: Abschaffung der Sklaverei in britischen Kolonien.

1838: Per königlichem Dekret soll Mindelo als neue Hauptstadt auf São Vicente entstehen.

1843–45: Gemischte Komission zur Erarbeitung eines Anglo-portugiesischer Vertrag zur Abschaffung des Sklavenhandels in allen Übersee-Kolonien, Erlaubnis zum Einsatz bewaffneter Kontroll-Schiffe gegen den Sklavenhandel.

1846: Gelbfieber-Epedemie auf Boa Vista. Die Tochter des britischen Unterhändlers, Júlia Pettingal, stirbt.

1850: John Rendall baut eine Kohlebunkerstation am Porto Grande/São Vicente. Noch im gleichen Jahr folgen andere britische Kohlenhändler. In wenigen Jahrzehnten entsteht der historische Stadtkern von Mindelo.

1855–58: Mehrjährigen Cholera-Epedemien fallen 20.000 Menschen zum Opfer.

1858: Die Gesetze zur Abschaffung der Sklaverei in Cabo Verde werden ratifiziert. Sie treten nach einer Übergangsfrist von 20 Jahren (1878) in Kraft. Praia und Mindelo erhalten Stadtrecht.

1866: Gründung des Seminário Liceu in Vila Rª Brava in São Nicolau.

1871: Kaffeepflanzen werden auf Santo Antão eingeführt.

1874: Installierung der ersten Relaisstation für Transatlantik-Telegrafenkabel in der Bucht vor Mindelo.

1875: Sklavenbefreiung in den amerikanischen Südstaaten. Miller & Nephew und Cory Brothers & Co fusionieren zur beherrschenden Kohlehandelsgesellschaft Miller & Cory im Zentralatlantik.

1876: Erste nichtamtliche Zeitung.

1878: Offizielles Ende der Sklaverei auf Cabo Verde.

1879: Guinea-Bissau erhält erstmals eine eigene Kolonialverwaltung.

1886: Bau des Leuchtturms Fontes Pereira de Melo bei Janela auf Santo Antão.

1888: Etwa 2000 Schiffe pro Jahr bunkern Kohle und Wasser im Hafen von Mindelo.

1892: Cabo Verde wird „autonomer Distrikt".

1899: Erstmals Zwangsarbeiter nach São Tomé und Angola verschickt.

1902–22: 24.000 Hungernde werden als Zwangsarbeiter nach São Tomé geschickt. Auswanderungswellen führen ca. 20.000 Kapverdianer in die Emigration nach New England/USA.

1912: Erste Veröffentlichung der Zeitung „a Voz de Cabo Verde".

1914: Verschlechterung der wirtschaftlichen Situation infolge des Ersten Weltkriegs.

1924: Amílcar Cabral wird am 12. Sept. geboren.

1926: General Gomes da Costa putscht sich in Portugal an die Macht *(ditadura nacional)*.

1932: António de Oliveira Salazar wird Regierungschef der faschistischen Diktatur in Portugal *(estado novo)*.

1936: Die erste Ausgabe der Zeitschrift „Claridade" wird in Cabo Verde veröffentlicht.

1936–54: Auf Santiago unterhält die Salazar-Regierung das Konzentrationslager Tarrafal für politische Gefangene aus Portugal.

1941: Etwa 5000 portugiesische Soldaten werden nach Cabo Verde verlegt. In den folgenden zwei Jahren sterben etwa 20.000 Bewohner an Hunger, weitere 20.000 werden als Zwangsarbeiter nach São Tomé entsandt.

1943: Das Schiff „Matilde" verlässt Brava in Richtung Amerika und wird nie wieder gesehen.

1945: Internationaler ziviler Flughafen auf der Insel Sal.

1949: Errichtung der Strafkolonie (KZ) in Tarrafal, Santiago, für politische Gefangene aus den Kolonien.

1950–70: Weitere 34.000 Kapverdianer gehen teils mit Arbeitsverträgen, teils als Zwangsarbeiter „nach Süden".

1951: Cabo Verde wird offiziell von einer Kolonie zur portugiesischen „Überseeprovinz". Ausbruch des Fogo-Vulkans.

1956: Am 19. September formiert sich die Partei PAIGC in Bissau.

1961: Portugiesische Bürgerrechte für Kapverdianer mit nachgewiesener Bildung und Besitz.

1961–74: Das Konzentrationslager Tarrafal auf Santiago wird für politische Gefangene aus den Kolonien erneut eingerichtet.

1970: Schreckliche Dürrejahre vertreiben sehr viele Bewohner in die USA und nach Westeuropa. Frankreich und Portugal leisten erhebliche finanzielle Subventionen zur Förderung der Fischerei. Um die Hungersnöte zu lindern, liefern Japan und Frankreich Nahrungsmittel.

1972: Große Demonstration in Praia gegen die Kolonialregierung.

1973: Amílcar Cabral, der Führer der Unabhängigkeitsbewegung Cabo Verdes und Guinea-Bissaus, wird in Conakry ermordet. 24. Sept.: Einseitige Unabhängigkeitserklärung Guinea-Bissaus.

1974: 25. April: „Nelkenrevolution" in Portugal: Das faschistische Regime wird gestürzt. Am 1. Mai Befreiung der politischen Häftlinge aus dem Konzentrationslager von Tarrafal.

1975: 5. Juli: Unabhängigkeit der República de Cabo Verde. Eintritt in die UNO.

1976: Aristides Maria Pereira, der Generalsekretär der PAIGC, wird zum Präsidenten gewählt. 1. Juli: Bank, Flughafen, Fluggesellschaft, Schifffahrt und Häfen verstaatlicht.

1980: Die Verfassung wird verabschiedet, in der die PAIGC als einzige Regierungspartei benannt wird.

1981: Nach dem Putsch in Guinea-Bissau zerbricht das Bündnis mit Cabo Verde. Die PAIGC in Cabo Verde wird als PAICV neu gegründet. 31. Aug.: Die Landbevölkerung auf Santo Antão protestiert gegen die geplante Agrarreform.

1985: Kapverdische Botschaft in Bonn.

1987: Erarbeitung des Friedensabkommens für das südwestliche Afrika auf Sal unter Beteiligung von Südafrika, Angola, Kuba und den USA.

1989: Cabo Verde lehnt es ab, Industriemüll aus Europa, USA und Australien zwischenzulagern und verzichtet dadurch auf 65 Mio. US$.

1990: Im April gibt die PAICV die Zustimmung für Neuwahlen. Am 6. Oktober wird ein Gesetz zur Zulassung mehrerer Parteinen verabschiedet. Im November gibt die neue Partei MpD ihr politisches Programm bekannt.

1991: Am 13. Januar gewinnt die MpD die Neuwahlen mit 56 Sitzen. Premierminister wird Carlos Veiga, neuer Präsident António Monteiro. Am 15. Dezember gewinnt die MpD bei Bezirkswahlen in zehn von 14 Gemeinden; in São Vicente gewinnt ein unabhängiger Kandidat.

1992: Emigranten erhalten das Recht, sich an nationalen Wahlen zu beteiligen. Am 24. Juli werden Hymne und Staatsflagge ersetzt.

1992/93: Cabo Verde ist nichtständiges Mitglied des Weltsicherheitsrates.
1995: Vulkanausbruch auf Fogo. MpD in der Regierung bestätigt.
1996: Cabo Verde nimmt erstmals an Olympischen Spielen teil.
2001: Die PAICV gewinnt die absolute Mehrheit in der Assembleia Nacional zurück. Premierminister wird José Maria Neves.
2002/03: Mindelo ist Kulturhauptstadt der portugiesischsprachigen Länder.
2005: Cabo Verde verlässt die Gruppe der ärmsten Länder (LDC) und wird als Land mittleren Einkommens eingestuft.
2006: Großmanöver der NATO. Die erste Talsperre wird eingeweiht.
2006–10: Beschleunigter Ausbau der Infrastruktur, internationale Flughäfen auf Santiago, Boa Vista und São Vicente gehen in Betrieb.
2011: Die PAICV mit Premier José Maria Neves geht in die dritte Regierungszeit in Folge. Jorge Carlos Fonseca (MpD) wird in der Stichwahl zum Präsidenten gewählt.
2011: Cesária Évora stirbt 70-jährig am 17. Dezember 2011 in ihrer Geburtsstadt Mindelo.
2013: Die „Blauen Haie", die Fußballnationalmannschaft Cabo Verdes, erreichen das Viertelfinale des Africa Cup of Nations in Südafrika.
2014: Ausbruch des Pico de Fogo.
2015: Bischof Arlindo Gomes Furtado wird erster Kardinal in der Geschichte des Landes.
2016: In Präsidentschafts-, Parlaments- und Landkreiswahlen erreicht die MpD die absolute Mehrheit auf allen Inseln. Premier wird der Betriebswirtschaftler Ulisses Correia e Silva.
2017: Die spanische Binter CV wird alleinige Airline auf Inlandsflügen.

◁ Figur der Mandora
im Muséu da Tabanka auf der Insel Santiago

tionalhymne) zu viel des Guten. In der Gesundheitspolitik widmete sich die MpD vorrangig der Privatisierung der kurativen Medizin und vernachlässigte die präventive Medizin derart, dass in diesem Land, das über Jahre eine fast vollständige Impfabdeckung gehabt hatte, wieder Masern- und Polioepidemien auftraten. Zu den heute allgemein anerkannten Leistungen der MpD-Regierung zählt die administrative Dezentralisierung und Schaffung von autarken Landkreisen.

Ende 1993 kam es zur Spaltung der MpD, in deren Folge 30 Parteimitglieder die Wiederwahl von *Carlos Veiga* zum Anlass nahmen, die MpD zu verlassen. Sie schlossen sich **Eurico Monteiro** und dem ehemaligen Außenminister **Jorge Carlos Fonseca** an und gründeten die **PCD**, welche für einige Jahre zu einem Gegenspieler der MpD-Regierung werden sollte. Die Wahlen zur Assembleia Nacional im Dezember 1995 bestätigten die MpD. Damit war die **liberale Reformpolitik** der Regierung gestärkt und die Privatisierungen konnten beschleunigt weitergeführt werden.

2001 unterlag die MpD sehr knapp der PAICV, die sich ein sozialdemokratisches Profil gab. **Pedro Pires** wurde Präsident und beschränkte sich in seiner Amtsführung auf Aufgaben als Repräsentant und moralische Instanz. Die tägliche Politik wurde von **José Maria Neves** geleitet, einem Verwaltungsfachmann. Das Parlament wurde verkleinert, die Verwaltung verschlankt. Die Demokratie in Cabo Verde, wo die Reise eines Abgeordneten in die Hauptstadt in aller Regel einen Flug und Hotelkosten impliziert, ist relativ teuer für das kleine Land. Die PCD, ihrer Funktion als opponierender Zwilling der MpD beraubt, löste sich im Jahr 2006 wieder auf.

2006 und auch im Januar **2011** wurde die PAICV stärkste Partei in der Nationalversammlung. Ministerpräsident *José Maria Neves* ging in seine dritte Amtszeit in Folge.

Bei den **Präsidentschaftswahlen** im August **2011** lag die Wahlbeteiligung bei nur 53%; das Ergebnis: *Jorge Carlos Fonseca* (unterstützt von der MpD) 37%, *Manuel Inocêncio* (unterstützt von der PAICV) 32%, *Aristides Lima* 27%, *Joaquim Monteiro* (freier Kandidat) 2%. Im zweiten Wahlgang wurde der Verfassungsrechtler und ehemalige Außenminister **Jorge Carlos Fonseca** mit knapp 55% bei einer Wahlbeteiligung von 63% zum vierten Präsidenten gewählt. Bei seiner Wiederwahl im **Oktober 2016** fiel die Wahlbeteiligung auf unter 40%.

Ähnlich wie in vielen Staaten Europas wachsen auch in Cabo Verde **Zweifel und Kritik am parlamentarischen System,** dessen Entscheidungsfreiheit durch Überschuldung und neue Abhängigkeiten von Banken und ausländischen Investoren eingeschränkt wird. Die junge Generation rotiert nach der Ausbildung oder dem Studium in Praktikums-Warteschleifen, muss Taxi fahren oder unterbezahlte, ausbildungsferne Jobs übernehmen, um sich durchzuschlagen und ihre fürs Studium aufgenommenen Kredite abzustottern. Lehrer und Polizisten erfuhren über viele Jahre weder einen beruflichen Aufstieg noch wesentliche Gehaltserhöhungen. Die Wahlbeteiligungen sinken, der Gehaltsabstand zwischen Arbeitern und Direktoren, zwischen Berufseinsteigern und langjährig Beschäftigten wächst unaufhaltsam und unverhältnismäßig.

In der dritten Legislaturperiode der (sozialdemokratischen) PAICV-Regierung unter Premier *José Maria Neves* (2011–2016) gab es harsche **Kritik** wegen des Missmanagements beim groß angelegten sozialen Wohnungsbauprogramm „Casa Para Todos" (Häuser für alle), das in einer stattlichen Zahl leer stehender Neubauten endete. **Korruptionsvorwürfe** äußerten die nach dem Vulkanausbruch auf Fogo 2014 in Zelten und Notunterkünften untergebrachten Einwohner der Chã das Caldeiras und verwiesen auf die geringe Bereitschaft der Regierung zum Dialog und große Verzögerungen beim Wiederaufbau der Chã und der neuen Siedlungen der Vertriebenen; auf eine seit Jahrzehnten versprochene zweite Zugangsstraße warten die Menschen immer noch. Skandalös auch der **Untergang der Fähre „Vicente"** im Besitz der amateurhaft betriebenen Reederei Tuninha, bei dem zwölf Menschen vor Fogo zu Tode kamen. Den Behörden wird vorgeworfen, ihre Aufsichtspflicht verletzt zu haben, da das Schiff den Hafen mit Schlagseite und Überlast verlassen konnte und der Kapitän nicht das vorgeschriebene Diplom besaß.

Diese Punkte des Anstoßes und großzügig verteilte Wahlversprechen sorgten bei den **Parlamentswahlen** *(eleições legislativas)* im **März 2016** für einen Regierungswechsel zu Gunsten der neoliberalen MpD; mit 40 von 72 Abgeordnetensitzen und absoluter Stimmenmehrheit auf allen Inseln war sie der klare Sieger. Die Bipolarität der politischen Landschaft blieb erhalten, denn die PAICV kam auf 29 Sitze und die UCID nur auf drei; weitere Parteien sind im Parlament nicht vertreten.

Politik und Staat

Regierung, Parlament und Justiz

Zum **Staatspräsidenten** wurde im Oktober 2016 **Jorge Carlos Fonseca** (MpD) wiedergewählt (s.o.). **Premierminister** ist seit April 2016 **Ulisses Correia e Silva** (MpD), Betriebswirtschaftler mit Erfahrung als administrativer Direktor der Banco de Cabo Verde und als Finanzminister (1999/2000) der ersten MpD-Regierung (1990–2000). Die **Regierung** wurde anfangs auf zwölf Minister einschließlich Premier verschlankt, ist aber nach weniger als zwei Jahren wieder auf zwanzig angewachsen.

Cabo Verde ist eine **parlamentarische Demokratie.** Die erste Verfassung wurde am 5. September 1980 verabschiedet. Sie definiert Cabo Verde als „souveräne, demokratische, einheitliche, anti-kolonialistische und anti-imperialistische" Republik. Die Verfassung benennt Rechte und Pflichten der Staatsbürger, auch derer, die im Ausland leben, z.B. Meinungs-, Religions-, Demonstrationsfreiheit und Recht auf medizinische Versorgung, Ausbildung usw. Sie erklärt die Todesstrafe sowie lebenslange Haft für abgeschafft und macht das Land zu einem der wenigen, die nie in ihrer selbstbestimmten Geschichte die Todesstrafe kannten. 1990 erfolgte eine Verfassungsänderung weg vom System der Einheitspartei zu einem Mehrparteiensystem. Das Wahlrecht gilt weltweit für alle Kapverdianer ab 18 Jahren.

Die **Nationalversammlung (Assembleia Nacional)** wird vom Volk in freier, gleicher und geheimer Wahl *(eleições legislativas)* für fünf Jahre gewählt. Der **Premierminister** wird von der Nationalversammlung nominiert und vom Präsidenten ernannt. Auch der **Staatspräsident** wird für fünf Jahre direkt vom Volk gewählt *(eleições presidenciais)*; die Kandidaten legen ihre Parteiämter vor der Wahl nieder, um als formal freie Kandidaten anzutreten. Erreicht kein Kandidat die absolute Mehrheit, entscheidet die Stichwahl.

Die **Aufteilung der Kompetenzen** zwischen Präsident, Nationalversammlung, Regierung und Gerichtshof wird in der Verfassung geregelt.

In der **Nationalversammlung** wird das Volk Cabo Verdes durch die Abgeordneten vertreten. Sie entscheiden über grundsätzliche Fragen der Innen- und Außenpolitik und legen die wirtschaftlichen, politischen, sozialen und kulturellen Richtlinien fest. Die Auslandsgemeinden wählen jeweils zwei Abgeordnete für die Regionen Afrika, Amerika und Europa, wo in den konsularischen Vertretungen Wahllokale eingerichtet werden.

Der **Staatspräsident** repräsentiert Cabo Verde innerhalb und außerhalb des Landes, ist das Oberhaupt des Militärs und verantwortlich für die Einheit der Nation, die Integrität der Region, die nationale Unabhängigkeit. Er überwacht die Einhaltung der Verfassung und internationale Verhandlungen.

Der **Premierminister** ist Oberhaupt der Regierung und Exekutive und wird auf der Grundlage der nationalen Wahlen und der Vorschläge der Nationalversammlung vom Präsidenten der Republik ernannt. Er ernennt die vom Premierminister nominierten Minister und Staatssekretäre. Hierauf wird von der Regierung das detaillierte Regierungsprogramm ausgearbeitet. Dieses Programm wird vom Ministerkabinett geprüft und muss die Zustimmung der Nationalversammlung finden.

Die **Rechtsprechung** erfolgt durch unabhängige Gerichte nach geltendem Gesetz. Die Gerichtsbarkeit ist unterteilt in Verfassungsgericht, Oberstes Gericht, Rechnungshof, Militärgericht, Finanzgericht (Steuern und Zölle) und Familien- und Arbeitsgericht.

Die Regierung kontrolliert die **Polizei**, welche für die Einhaltung von Recht und Gesetz zuständig ist.

Der **Sitz der Regierung** und der Nationalversammlung ist die **Hauptstadt Praia**. Die Verwaltung der Inseln ist aufgeteilt in **22 Landkreise** oder **concelhos** (siehe Tabelle „Bevölkerung nach Inseln und Concelhos"). In Gemeinderatswahlen *(eleições autárcicas)* werden der Oberbürgermeister *(Presidente da Câmara)* und der Gemeinderat gewählt. In der Gemeinde ansässige Ausländer sind wahlberechtigt.

Nationalflagge

Dargestellt ist ein **Kreis von goldenen Sternen auf blauem Hintergrund.** Das obere blaue Feld symbolisiert den Himmel über dem Archipel, während das untere blaue Feld die unendliche Weite des Meeres rund um die Inseln darstellt. Die weißen Streifen stehen für den Frieden, der mittlere rote Streifen symbolisiert den Kampf für Freiheit. Zehn goldene Sterne stehen für die neun bewohnten Inseln sowie für die Diaspora des kapverdischen Volkes.

Von der Unabhängigkeit 1975 **bis ins Jahr 1992** war die Staatsflagge Cabo Verdes unter der PAICG/PAICV-Regierung **rot, gelb und grün,** verwendete also „klassische" Farben unabhängiger afrikanischer Staaten. Rot stand für das im Kampf vergossene Blut, Gelb für die Ernte sowohl an Nahrung als auch symbolisch für Fortschritt, Grün für das Wachstum der Natur, das die Inseln so sehr benötigen, der **schwarze Stern** als Symbol panafrikanischer Einheit. Mit dem Sieg der MpD 1991 wurde im August 1992 die Staatsflagge geändert. Nach Lesart der damaligen Opposition kopiert die neue Flagge die seemännische Signalflagge für „YES", was an Wahlkampfslogans der MpD erinnert, und nähert sich durch die Sterne auf blauem Grund der Fahne der EU an.

Mitgliedschaften

Cabo Verde ist **Mitglied** wichtiger **regionaler und internationaler Organisationen,** darunter:

- **AU** (African Union, Nachfolgerin der OAU)
- **ECOWAS** (franz.: CEDEAO, westafrikanische Wirtschaftsgemeinschaft)
- **CPLP** (Gemeinschaft portugiesischsprachiger Staaten)
- **CILSS** (interstaatliches Komitee für die Bekämpfung der Trockenheit im Sahel)
- **AKP/Lomé-Abkommen** (Afrikanische Charta der Rechte der Menschen und Völker)
- **UNO** (und Unterorganisationen)
- **UN-Menschenrechtskonventionen** (gegen Rassendiskriminierung, Diskriminierung der Frau, Zwangsarbeit; für das Recht auf Kollektivverhandlungen)
- **INTELSAT** und **INTERPOL**

Politische Parteien

- **MpD** *(Movimento Para a Democracia),* gegründet 1990.
- **PP** *(Partido Popular),* gegründet 2015.
- **PAICV** *(Partido Africano da Independência de Cabo Verde),* gegründet 1981, zuvor (seit 1956) PAICG.
- **PRD** *(Partido da Renovação Democrática),* gegründet nach dem ENACOL-Privatisierungsskandal.
- **PSD** *(Partido Social Democrata),* gegründet 1992.
- **PTS** *(Partido do Trabalho e da Solidariedade),* gegründet 1998 mit Schwerpunkt in São Vicente.
- **UCID** *(União Caboverdiana Independente e Democrática),* im Ausland aktiver als auf den Inseln.

Außenpolitik

Nach dem politischen Bekenntnis des Landes und angesichts seiner kargen Ressourcen ist Cabo Verde auf gute Außenbeziehungen mit vielfältigen Kooperationspartnern angewiesen. Die Politik war seit der Unabhängigkeit auf **Neutralität** bedacht, was dem von Auslandshilfe abhängigen Land ungeachtet der politischen Ausrichtung eine Unterstützung sowohl von westlicher als auch östlicher Seite ermöglichte. Junge Leute gingen zum Studium in verschiedenste Länder des politischen Ostens und Westens. Konsequent wurde trotz massiven Drucks, jetzt aus dem Osten, die Errichtung von militärischen Stützpunkten abgelehnt. Die **geostrategische Lage Cabo** Verdes, von maximaler Bedeutung bis in die 1970er Jahre hinein, ging mit der Erfindung des Langstreckenfunks, der Transkontinentalraketen, AWACs und Nachrichtensatelliten schrittweise zurück und spielt heute keine Rolle mehr.

Die Regierungen des unabhängigen Cabo Verde betreiben eine **nach allen**

Seiten offene **Außenpolitik** und betrachteten die Erweiterung der diplomatischen Beziehungen mit anderen Staaten, die Beziehungen mit den kapverdischen Emigrantengemeinden *(comunidades)* als wichtigen Bestandteil ihrer Politik. Bald nach der Unabhängigkeit wurden die Beziehungen zum ehemaligen Mutterland Portugal wieder aufgenommen.

Cabo Verde spielte eine **bedeutende Vermittlerrolle** bei der Beendigung bewaffneter Konflikte im südlichen Afrika. Mehrmals war es Austragungsort diplomatischer Verhandlungen, wie den ersten Treffen zwischen dem von Südafrika entsandten Generalverwalter für Namibia und Vertretern der namibischen Widerstandsbewegung SWAPO oder den Vertragsverhandlungen zwischen Südafrika, Angola, Kuba und Namibia.

Seit 1985 unterhält Cabo Verde eine **Botschaft in Deutschland,** und 1986 kam Außenminister *Silvino da Luz* als erster Staatsgast nach Bonn.

In Cabo Verde viel beachtet wurde der **Besuch des damaligen Bundestagspräsidenten Wolfgang Thierse** im Jahr **2004** und seine Rede in der Assembleia Nacional auf Einladung des damaligen kapverdischen Parlamentspräsidenten *Aristides Lima*. Der Staatsbesuch von Präsident *Pires* in Berlin im Oktober 2009 stach protokollarisch hervor aus den zur Routine gewordenen Konsultationen und Gesprächen, da der Empfang durch den damaligen Bundespräsidenten *Horst Köhler* „mit militärischen Ehren" im Schloss Bellevue erfolgte.

Besonders intensive Beziehungen bestehen mit den anderen **portugiesischsprachigen Ländern** Portugal, Brasilien, Guinea-Bissau, Angola, Mosambik und São Tome e Principe. Es wird nicht nur der Kulturaustausch gefördert, sondern Bürgern dieser Staaten werden auch erleichterte Visa- und Einbürgerungsbestimmungen eingeräumt. In Cabo Verde geborene Kinder lusophoner Eltern haben beispielsweise ein Anrecht auf die kapverdische Staatsbürgerschaft.

Cabo Verde ist weiterhin häufiger Gastgeber oder gar Initiator regionaler und internationaler Tagungen, wie der Ministerrunde der von der Saheldürre betroffenen Länder **(CILSS)** im Februar 2005 oder im Oktober 2008 der ersten **UNODC-Konferenz** westafrikanischer Minister gegen Drogenhandel und organisiertes Verbrechen. Wenn der UN-Sicherheitsrat als Reaktion auf das bewaffnete Eindringen von Soldaten in die UN-Gebäude in Guinea-Bissau am 1. April 2010 „Anstrengungen regionaler Führungspersönlichkeiten, insbesondere des Präsidenten von Cabo Verde, *Pedro Pires,* (…) begrüßt (…), um den konstruktiven Dialog mit den Machthabern in Guinea-Bissau aufzunehmen", dann darf man dies nicht nur als Zeichen weltweiten Vertrauens, sondern auch als Anerkennung diplomatischen Geschicks interpretieren.

Cabo Verde wird als ein **Land des Dialogs, des Friedens und der Rechtsstaatlichkeit** und als eine der vier stabilsten Demokratien Afrikas respektiert.

Wirtschaft

Trotz extrem schlechter Startbedingungen ist die wirtschaftliche Entwicklung des unabhängigen Cabo Verde eine Erfolgsgeschichte. Auch wenn weiterhin **80% der Nahrungsmittel eingeführt werden** und sich die Versorgung mit Energie, Wasser, Transport und anderem Grundbedarf wegen der Insellage extrem teuer gestaltet, werden positive Wachstumsraten geschrieben. Dabei regieren, wie zumeist in Cabo Verde, mehr die Ausnahmen als die Regeln. Trotz eines Import-Export Verhältnisses von 90 zu 10 ist die Zahlungsbilanz ausgeglichen. Trotz der Abhängigkeit von Importen besteht keine Devisenknappheit.

Es sind nicht die **Privatisierungen** zu Gunsten ausländischer Firmen mit Monopolbestrebungen, die den Erfolg ermöglichen. Der Aufkauf der kapverdischen Telecom und der Elektrizitäts- und Wasserwerke durch portugiesische Firmen, um Beispiele zu nennen, hat exzessive Preise, hemmungslosen Gewinntransfer und verpasste Chancen der Entwicklung nach sich gezogen. Die **soziale Ungleichheit** hat zugenommen. Verdiente der Staatspräsident vor 1990 das Fünffache einer Putzkraft im Krankenhaus – und niemand im Staatsdienst mehr als der Präsident –, wuchs der Abstand bis 2010 schon auf das 20fache. Der Direktor der Privatisierungsabteilung in der Ministerialbürokratie kam als erster Caboverdianer auf eine Million CVE pro Monat und damit auf ein Vielfaches des Präsidentenverdienstes. Selbst der portugiesische Direktor einer mit Staatsgeldern neu gegründeten Kreditbank zur Förderung von Mikro- und Kleinstunternehmen (Banco Novo) erhielt 2015 ein monatliches Salär von über einer Million CVE.

Der kräftigste Motor der wirtschaftlichen Dynamik sind die **Überweisungen der Emigranten,** die sich in den letzten 30 Jahren mehr als verdreifacht haben. Hinzu kommen Geld und Projekte in der Entwicklungszusammenarbeit, der wachsende Dienstleistungssektor und Einnahmen aus dem Tourismus.

Bausandgewinnung bei Porto de Fazenda auf Santiago

Das **Bruttoinlandsprodukt (BIP)** lag 2015 bei ca. 2,03 Mrd. US$. Die Zeiten des raschen Aufschwungs sind seit etwa 2010 vorüber. Das Wirtschaftswachstum von 3% in 2015/16 war fast ausschließlich dem **touristischen Sektor** bzw. einigen neu eröffneten Hotels auf Sal und Boa Vista zu verdanken, während alle anderen Sektoren stagnierten.

Cabo Verde ist am 1. Januar 2008 aus der Gruppe der ärmsten Länder (LDC) in die **ökonomische Mittelklasse** aufgestiegen, für die andere Regeln der Entwicklungszusammenarbeit und Kreditvergabe gelten; vieles, was für ein LDC-Land als Beihilfe gegeben wird, ist für Cabo Verde seither nur als Kredit zu bekommen.

Die Zukunft der ökonomischen und politischen Entwicklung wird in der **Annäherung an die Europäische Union und die NATO** gesehen. Cabo Verde ist auf die EU und Nordamerika angewiesen, wo sich die Mehrzahl der erfolgreichen Emigranten aufhält und von wo die meisten Importe und Touristen kommen. Aber auch der Westen braucht Cabo Verde als Bundesgenossen bei der **Bekämpfung des internationalen Drogenhandels.** Die Drogenkartelle Lateinamerikas sind der letzte Wirtschaftszweig, der die geostrategische Lage kap-

Käsen in Lagoa (Santo Antão)

verdischer Gewässer konsequent nutzt. So besteht eine Interessengemeinschaft zwischen den westlichen Bündnissen und Cabo Verde, die Flugüberwachung und Küstenwache des Landes zu befähigen, den Umschlag einzudämmen. In Zusammenarbeit mit der NATO wird die Küstenwache verstärkt.

Sehr viel härter sind die westafrikanischen Küstenstaaten betroffen. **Guinea-Bissau**, der ärmste, ist als „failed state" de facto in der Hand von Drogenkartellen. In der von Bürgerkrieg und Korruption gebeutelten Nation kontrastieren unverhohlen zur Schau gestellte Macht und Luxus mit der völligen **Verelendung der Bevölkerung** und dem **Zusammenbruch der Staatsorgane**. Polizeistationen mit unregelmäßig und schlecht bezahltem Personal, ohne Strom, ohne Computer, ohne Fahrzeuge und Treibstoff, Polizisten, die nie schwimmen oder den Umgang mit einer Schusswaffe gelernt haben, gibt es auch anderswo, doch Guinea-Bissau ist nach UN-Einschätzung der einzige Staat ohne funktionierendes Gefängnis. Polizei und Militär sind weit davon entfernt, das eigene Territorium kontrollieren zu können, und auf den Bijagos-Inseln betreiben die Kartelle eigene Landeplätze, die entlang dem 10. Längengrad über Brasilien mit Propellermaschinen mit bis zu 2500 kg harter Drogen angeflogen werden. Über diesen **„Highway 10"**, so schätzt das UNODC *(United Nations Office on Drugs and Crime),* wird eine Menge harter Drogen transportiert, deren Wert das Sozialprodukt Guinea-Bissaus deutlich übersteigt. Dass die in den kapverdischen Hoheitsgewässern umgeladenen Mengen hierdurch deutlich gesunken seien, wagt keiner sicher zu behaupten.

Auch stehen die Kapverdianer nach den Nigerianern an zweiter Stelle, was die Häufigkeit der bei der Einreise nach Europa festgesetzten Drogenkuriere betrifft.

Presse und Regierungsorgane in Cabo Verde sind sich einig, dass die Bedrohung durch den Drogenhandel zu den ernstesten Problemen der Region und des Landes zählt.

Die Frage, ob die besondere **Partnerschaft mit der EU** zu einem Status ähnlich dem der EU-Randterritorien Kanaren und Azoren führen kann, beschäftigt die Diplomaten. Portugal vertritt in der EU eine Initiative, Cabo Verde visafrei mit dem Schengen-Raum zu verknüpfen. Hierdurch würde die Einreise von Urlaubern genauso wie das Zusammenleben transnationaler kapverdischer Familien wesentlich erleichtert.

Erwerbstätigkeit

Rund 40% der Aktiven sind in der Landwirtschaft einschließlich Fischerei und Forstwirtschaft tätig, rund 30% im Handel, 25% finden im Dienstleistungssektor Beschäftigung, während die Industrie nur rund 5% Arbeit gibt.

Hohe **Arbeitslosigkeit** gehört zu den permanenten Problemen des Landes, rund **21%** der aktiven Altersgruppe sind ohne Arbeit. Die Grenzen zwischen formaler Arbeit, Arbeit im informellen Sektor, Mitarbeit im Familienbetrieb, offener und versteckter Arbeitslosigkeit sind allerdings fließend. Berücksichtigt man die **Unterbeschäftigung,** sind bis zu 50% der arbeitsfähigen Bevölkerung ohne regelmäßige Arbeit. In der Hauptstadt Praia ist fast die Hälfte der zunehmend besser ausgebildeten Jugendlichen arbeitslos, auf den peripheren Inseln sieht es nicht besser aus: Rª Grande, Paúl und Brava weisen Arbeitslosenraten von über 50% für die Altersgruppe von 15 bis 24 Jahren auf (2015). Die Erwerbsquote der Frauen liegt wesentlich niedriger als die der Männer. Zum einen sind sie im informellen Sektor aktiver, zum anderen sind sie schneller Opfer von Arbeitslosigkeit. Frauen, die sich für Beruf und Karriere entscheiden, wird nichts in den Weg gelegt.

In den letzten zehn Jahren wurden die **Arbeitsbeschaffungsprogramme** des Staates zunehmend durch **Programme zur Armutsbekämpfung** ersetzt. Über Kleinkredite, Weiterbildung von Kleinunternehmern, Beratung zur Firmengründung und Steuervergünstigungen sollen *micro-empresas,* ein portugiesisches Wort für die „Ich-AG", gefördert werden. Die Finanzierung der Programme erfolgt aus dem Nationalen Entwicklungsfond, der sich großteils aus der konvertierten Nahrungsmittelhilfe und Finanzhilfe der Entwicklungszusammenarbeit, nicht zuletzt aus dem Weltwährungsfond, speist.

Löhne und Renten

Arbeiter, Angestellte und Arbeitgeber sind gesetzlich verpflichtet, **Arbeitsverträge** abzuschließen; die Arbeitnehmer müssen sich beim INPS *(Instituto Nacional de Previdência Social)* versichern; dies schließt Kranken- und Rentenversicherung ein (Klein- und Kleinstunternehmer können sich freiwillig beim INPS versichern). Die **Krankenversicherung** umfasst auch die Familie, wenn auch in einem wenig kreolischen Regelwerk, das nur Kinder von verheirateten Partnern bzw. eine begrenzte Zahl an Kindern in der *união de facto* (siehe Kapitel „Familienstrukturen") erfasst. Das **Rentenalter** ist nach 35 Jahren Anstellung bzw. mit 65 Jahren erreicht.

Für den formellen Sektor ist ein **Mindestlohn** von 11.000 CVE (für 2018 waren 15.000 CVE angekündigt) pro Monat gesetzlich vorgeschrieben.

Eine Arbeitslosenversicherung gibt es nicht, doch haben Mitarbeiter bei Kündigung ein Anrecht auf eine **Abstandszahlung** (port.: *indemnisação*) in Höhe von zwei Monatsgehältern pro Anstellungsjahr.

Im **informellen Sektor** greift dies alles nicht, genauso wenig wie für die einst in den Arbeitsprogrammen beschäftigten Arbeiter. Sie erhalten im Alter vom Staat eine Sozialrente (port.: *pensão social*) in Höhe von 5000 CVE (7500 CVE waren für 2018 angekündigt).

Insgesamt sind die **Löhne** nach europäischen Maßstäben erschreckend niedrig. Ein Hilfsarbeiter auf dem Bau erhält 800 CVE (gut 7 Euro) pro Tag, ein Maurer 1500 bis 2000 CVE, wobei er seine eigenen Werkzeuge einsetzt.

Armut

Ein Drittel der Bevölkerung, d.h. über 170.000 Menschen, ist arm im Sinne der Einkommensstatistik. 11% sind „absolut arm", denn sie haben weniger als 40% des Durchschnittseinkommens zur Verfügung, die anderen 22% sind „relativ arm" mit weniger als 60%.

Die **ländliche Bevölkerung** ist besonders hart betroffen; der Anteil der Armen in den Landkreisen Porto Novo und Paúl auf Santo Antão, in São Filipe auf Fogo, in Tarrafal auf São Nicolau und São Laurenço dos Orgãos sowie Santa Cruz auf Santiago liegt zwischen 50 und 60%. Alleinerziehende und Haushalte mit mehr als sechs Personen bilden die Spitze. Auf Sal und Boa Vista sind die Einkommen deutlich besser, nicht jedoch die Wohnverhältnisse.

Landwirtschaft

Das **kultivierte Land** bedeckt etwa 40.000 ha oder rund **10% der Gesamtfläche Cabo Verdes.** Dieser geringe Anteil resultiert aus der Oberflächenbeschaffenheit der Inseln mit Gebirgen und wüstenhaften Landstrichen mit sehr geringen Niederschlagsmengen. Nur etwa **3600 ha** sind **bewässertes Kulturland.** Davon entfällt der größte Teil auf Zuckerrohrplantagen. Die Anbauflächen konzentrieren sich hauptsächlich auf die Inseln, die über einige Wasserreserven verfügen, vor allem Santiago, Santo Antão, São Nicolau und Fogo.

Die **Aufteilung des Landes von Generation zu Generation** hat dazu geführt, dass heute etwa 54% der Betriebe kleiner als 1 ha sind, nur 3% größer als 5 ha. Zur Ungleichheit des Besitzes kommt eine Übernutzung von kultivierbarem Land durch Monokulturen. Die Landwirtschaft ist durch die geografischen Begebenheiten so stark limitiert, dass sie nur etwa **6% des Bruttoinlandsprodukts (BIP)** erwirtschaftet.

Im Durchschnitt produziert Cabo Verde nur etwa ein Viertel seines jährlichen **Nahrungsmittelbedarfs.** 95% des Grundnahrungsmittels Mais für Mensch und Tier müssen importiert werden. Immerhin: Dank neuer Methoden im bewässerten Gartenbau steigt der Anteil der im Lande produzierten Frischgemüse und Früchte rasch an, während Getreide, Zucker, Öl und andere Grundnahrungsmittel weiter importiert werden müssen. Bis in die 1960er Jahre konnte sich Cabo Verde außerhalb der Dürrejahre selbst ernähren und exportierte Agrarprodukte.

Die wichtigsten Ziele, die mit ausländischer Unterstützung angestrebt werden, sind die **optimale Nutzung der kargen Wasserressourcen** und die **Einführung neuer Anbaumethoden.** Dazu gehören auch Aufforstung und Kampf gegen die Erosion mit Talverbauungen und Hangterrassierungen. Langfristig sollen sich die Städte aus Entsalzungsanlagen versorgen und das Quellwasser der Landwirtschaft überlassen. Künstliche Bewässerung auf vulkanischen Böden ermöglicht mehrere Ernten im Jahr. Mikro-Bewässerung und Hunderte von Bohrlöchern führen bereits zu erheblichen Produktionsausweitungen. Weniger erfolgreich waren portugiesische Architekturbüros und Bauunternehmer mit ihren Staudämmen; die Hälfte hat Probleme und verfehlte das Ziel, der Landwirtschaft das versprochene Wasser zur Verfügung zu stellen.

Auf **landwirtschaftlichen Versuchsanstalten** werden den Bauern neue Landbaumethoden demonstriert, darunter die Auswahl und Einführung ertragsintensiver Kulturen, neuer Gemüsesorten, die der Trockenheit widerstehen und kurze Vegetationszeiten haben, sowie geeignete Pflanzenschutzmethoden.

Landwirtschaftliche Nutzpflanzen

Mangels ausreichendem Regen wird in Cabo Verde **Bewässerungsfeldbau in Terrassenkultur** betrieben, allerdings kann diese kosten- und arbeitsintensive

◁ Intensiv bewässerte Kleinbauernwirtschaft auf Santo Antão

△ Die trockenen Jahre überwiegen

Methode nur sehr begrenzt und auch nur in den Hanglagen feuchter Täler eingesetzt werden. Das System der kleinen **Wasserkanäle** *(Levadas)* ist mindestens 2600 Jahre alt und beinhaltet außer der Technik ein ausgefeiltes Regelwerk zur Verteilung des Wassers nach Stunden. Entwickelt während Dürreperioden in Äthiopien, erlaubte es der Königin von Saba die Schaffung ihres Reiches. Mit den Arabern gelangte es auf die Iberische Halbinsel und von dort über Madeira und die Kanaren nach Cabo Verde. Auf etwa der Hälfte der bewässerten Flächen wächst **Zuckerrohr** (zur Geschichte des Zuckerrohrs vgl. den Exkurs „Eine kurze Geschichte des Zuckers"). Das Zuckerrohr wird direkt vor Ort zu weißem

Mais und Bohnen – eine intelligente Symbiose

Sementeira em Pó – Aussäen in den Staub ist die Antwort der Bauern auf widrige Umstände im Trockenfeldbau. Sie reinigen den staubtrockenen Boden von Steinen und heben Trichter von einer Armlänge Durchmesser aus. In den Grund der Pflanzgruben legen sie jeweils drei Maiskörner und eine Bohne und decken diese mit einem schweren Stein ab. So ist das Saatgut vor den Krähen geschützt und der Tau bringt es nicht zum Keimen. Die Felder warten über Wochen und Monate auf Regen. Kommt er und hat er den Boden gut durchfeuchtet, dann haben die Pflanzgruben das Wasser zum Saatgut gelenkt und die Erosion aufgehalten. Die Bauern heben die Steine an nur einem Tag ab, und wie durch ein Wunder sprießen gleichzeitig auf allen Hängen junge Maispflanzen.

Primeira Monda – zwölf Tage, nachdem die Pflänzchen aus dem Boden gekommen sind, reißt der Bauer das Unkraut (kreol.: *monda*) aus und häufelt die umgebende Erde um den Wurzelbereich an, um ihn vor Wind und Trockenheit zu schützen.

Segunda Monda – weitere 25 Tage später haben die Maispflanzen fast ihre endgültige Höhe erreicht. Die Bohne bedankt sich für die Rankhilfe, indem sie Stickstoff an den Boden abgibt. Der Mais gedeiht dank des natürlichen Düngers kräftiger. Es wird ein zweites Mal angehäufelt und gejätet.

Colheita – nach 100 Tagen, wenn es noch mindestens ein zweites Mal geregnet hat, werden die reifen Maiskolben geerntet. Das Maisstroh lässt der Bauer stehen und holt es nur nach Bedarf nach. Auf dem Feld verrottet es weniger schnell als am Haus und lockt keine Mäuse an.

Cachupa – das ist der letzte Schritt im schlauen Zusammenspiel zweier Pflanzen mit dem Menschen. Während dem Mais das schwefelhaltige Methionin im Eiweiß fehlt, haben die Bohnen mehr als genug davon, aber es fehlt Lysin und Tryptophan. Das Eiweiß jeder der Pflanzen hat nur eine biologische Wertigkeit von 50–60% im Vergleich zu tierischem Eiweiß. Zusammen gekocht gleicht eines den Mangel des anderen aus, und es werden fast 100% daraus. Die Hausfrau wirft einen Fisch in den Topf und die Wertigkeit steigt auf 123%. Wer kennt schon die Theorie, nach der die biologische Wertigkeit von vorwiegend pflanzlichem Eiweiß in Gemischen auf über 100% steigen kann? Cachupa-Köchinnen sicher nicht, doch sie machen es, Tag für Tag.

Rum *(Grogue)* verarbeitet. Die traditionellen, von Eseln, Maultieren oder Ochsen betriebenen Pressen *(Trapiche)* werden zunehmend von motorgetriebenen Pressen abgelöst, die die Rohrstängel entsaften. Neben Zuckerrohr werden vor allem **Bananen** gepflanzt. Einige Bananenplantagen auf Santiago exportieren nach Portugal.

Zunehmend wurde in zahlreichen Projekten eine **Diversifikation** der Anbauprodukte angestrebt, um die Bevölkerung mit Frischgemüse zu versorgen. So sieht man heute in bewässerten Tallagen liebevoll gepflegte Beete, auf denen Karotten, Tomaten, Zwiebeln und Weißkohl, Kürbisse, Melonen, Gurken und Paprika angebaut werden.

Ein sehr wichtiges Grundnahrungsmittel ist **Maniok,** der vorwiegend auf bewässertem Gebiet gepflanzt wird. Es wachsen bis zu 3 m hohe Sträucher mit gefingerten Blättern heran, deren längliche Wurzelknollen, zum Teil mehrere Kilogramm schwer, geerntet werden. Nach dem Kochen hat Maniok einen kartoffelähnlichen Geschmack.

Andere Stärkelieferanten sind **Süßkartoffeln** und **Kartoffeln,** die auch im Trockenfeldbau gedeihen.

In feuchteren Tälern wachsen **tropische Fruchtbäume,** darunter Mangos, Papayas, Brotfrüchte, Guaven, Feigen, Maracujas, Zitronen, Orangen sowie Dattel- und Kokospalmen. In kühleren Hochlagen findet man auch **Äpfel** und **Weintrauben.**

Tabak wird für den Eigenbedarf angebaut (Schnupf- und Pfeifentabak).

Der **Trockenfeldbau** nimmt 90% der bebaubaren Fläche ein und gibt erst ab 300 mm Jahresniederschlag in höheren Lagen eine Chance auf Ernte.

Die **Aussaat** erfolgt gegen Juli in Gruppen, die aus nachbarschaftlichen Hilfsgemeinschaften oder bezahlten Arbeitern gebildet werden. Die Felder werden von Unkraut und Steinen befreit und gegen Erosion gesichert. Fällt der Niederschlag aus oder ist er zu schwach, dann geht die Saat nicht auf oder die Jungpflanzen vertrocknen vollständig, was drei- bis viermal in fünf Jahren der Fall ist.

Kongobohnen (Straucherbsen) sind sehr trockenresistent und geben auch dann noch eine Ernte, wenn der umgebende Mais vertrocknet.

In hohen Luvlagen zwischen 500 und 1000 m Höhe trifft man auf **Kaffeepflanzungen.** Den besten Eindruck gewinnt man in Paúl im Aufstieg über Ribeirãozinho zum Pico da Cruz. Ende des 18. Jahrhunderts war Kaffee aus Cabo Verde ein Exportprodukt.

In der Chã das Caldeira von Fogo entwickelt sich der **Weinanbau** zu einem zunehmend wichtigen Wirtschaftszweig. Die Produktpalette wurde ausgeweitet, die Qualität verbessert, und die Weine gelangen zunehmend in den Export. Der geschäftstüchtige italienische Kapuzinerorden ist ins Geschäft eingestiegen und versucht den Erfolg der Genossenschaft der Chã in tieferen, bewässerten und mit Maschinen bebaubaren Lagen bei Mãe Chaves zu kopieren.

Fischerei

Fisch stellt für die Bevölkerung die **wichtigste tierische Eiweißquelle** dar. Der Fang wird nach der Anlandung im Hafen verkauft oder von Aluguers über die Insel verteilt, mancherorts auch eingesalzen und in der Sonne getrocknet (*peixe seco*).

Die **Fischbestände** sind mehr als ausreichend für den Bedarf des Landes. Dennoch täuscht man sich, wenn man meint, das Land sei unendlich reich an Fisch. Außerhalb der Uferzone senkt sich der Meeresboden zumeist steil ab, sodass die handwerkliche Fischerei am Meeresgrund und mit Netzen auf einen schmalen Ring rund um jede Insel eingeschränkt bleibt. Von den 45.000 Tonnen, die aus den **gut 735.000 km² Fischereigewässern** ohne Schaden für die Natur jährlich entnommen werden könnten, wird von Cabo Verde nur rund ein Viertel genutzt.

Gefischt wird das ganze Jahr über, doch während der **Fischfangsaison von April bis Oktober/November** ist der Ertrag erheblich höher als im restlichen Jahr. In stürmischen Wintermonaten ist das Fischen mit kleinen Booten oft völlig unmöglich. Das bis in die 1980er Jahre üblich Fischen mit Dynamit sowie der Fang von Meeressäugern und Schildkröten sind verboten. Der **Langustenfang** darf nur von Kapverdianern ausgeübt werden und unterliegt einer Schonzeit von Juli bis September, da die Bestände bereits sehr zurückgegangen sind.

Der **handwerkliche Fischfang** mit hölzernen Ruderbooten mit Außenbordmotor ist mit härtester Arbeit verbunden. Fisch ist im Vergleich zu durchschnittlichen Einkommen teuer. Etwa **6000 Fischer** setzen sich tagtäglich dem riskanten Tanz auf dem Atlantik aus, jedes Jahr kostet er mehrere Bootsmannschaften das Leben. Die Entwicklungszusammenarbeit, darunter auch die GTZ auf Fogo, trug in den 1990ern durch Ausstattungen, Schulung, Kreditsysteme, Vermarktung in Gebirgsgegenden usw. wesentlich zur Verbesserung der handwerklichen Fischerei bei.

Für den **Thunfischfang** ist moderne Technologie nötig, sodass Cabo Verde nur schwer gegen Nationen mit entwickelter Industrie antreten kann.

Exporte aus dem Fischfang könnten die Wirtschaft Cabo Verdes beleben. Die Konservenfabriken für Thunfisch in São Nicolau, Sal, Boa Vista und Santiago sind jedoch veraltet und die meisten ge-

◂ Auf dem Fischmarkt

schlossen. Der Export von Dosenthunfisch nach Italien war Ende der 1960er Jahre wegen Veränderungen im Konsumverhalten der Italiener (Hähnchenwelle) zusammengebrochen, und in der Zeit vor und nach der Unabhängigkeit folgten kaum noch Investitionen.

Dennoch findet kapverdischer Fisch in großen Mengen seinen Weg auf die Märkte Europas. Erst in jüngster Zeit konnte Cabo Verde ein **VMS-System** einrichten, das es erlaubt, Wege und Geschwindigkeiten der Schiffe in kapverdischen Gewässern zu dokumentieren. Beim Verdacht auf Raubfang oder Überschreiten der Fangzeiten und Fangquoten können nun endlich Kontrollen durchgeführt werden. Dies ist eine der späten Früchte des **Fischereiabkommens mit der EU,** das zuletzt im Jahr 2005 erneuert wurde und jetzt von einer späten und halbherzigen Hinwendung der EU zu nachhaltiger, Ressourcen schonender Fischereipolitik profitieren soll. Für die mit schwerem Gerät umgepflügten und seither nahezu sterilen Buchten und Seamounts kommt diese Politik um Jahrzehnte zu spät. Genutzt wird das Abkommen vorwiegend von spanischen Schiffen. Hierfür erhält Cabo Verde Geld für die Fischereirechte und die **Ausbildung, Modernisierung und Qualitätssicherung,** die die wichtigsten Vorbedingungen sind, um Cabo Verde durch den erneuten Export von Fertigwaren und nicht nur durch Verkauf von Rechten an der Nutzung seiner Fischgründe besser zu beteiligen. Es wird noch großer Anstrengungen bedürfen, bis von Cabo Verde exportierte Produkte nicht mehr hinter den von ausländischen Flotten in Cabo Verde gefangenen Mengen verschwinden.

Bodenschätze

Cabo Verde ist (glücklicherweise) **arm an Rohstoffen.** In der Vergangenheit wurde in industriellem Maßstab **Meersalz** in den Salinen von Sal, Boa Vista und Maio gewonnen und in die französischen und belgischen Kolonien sowie nach Südamerika exportiert. Vor der allgemeinen Einführung der Kühltechnik versorgten sich auch Schiffe mit dem „weißen Gold", um Nahrungsmittel haltbar zu machen. Doch zunehmende Konkurrenz und der abflauende Transatlantik-Schiffsverkehr dämmten den Export ein. Die Salzgewinnung belief sich 1983 noch auf 10.000 Tonnen und sank bis 1986 auf 5000 Tonnen. Danach wurde die Produktion wegen schlechter Exportaussichten und Über-alterung der Anlagen fast völlig eingestellt. In kleinen Läden begegnet man noch den 20-kg-Säcken mit grobem Pökelsalz, und eine Kooperative auf Maio produziert Badesalz für die Wellness-Industrie.

Auf den östlichen Inseln wird in geringem Umfang **Kalk** für die Bauindustrie gewonnen. Die gewaltig boomende Bauindustrie hat den Bedarf an Zement inzwischen derart in die Höhe getrieben, dass sich der Bau eines Zementwerkes auf Santiago bei Pedra Badejo rechnen könnte und alle Jahre als Projektvorschlag – zuletzt mit chinesischer Unterstützung – diskutiert wird.

Der Abbau von **Puzzolana** (Trass) in Porto Novo auf Santo Antão war mit der Unabhängigkeit zum Stillstand gekommen. Der hochreine Trass wird nach Pozzuoli (lat.: *puteoli*) benannt, dem Ort westlich von Neapel, wo Trass für riesige Betonbauten des Römischen Reichs abgebaut wurde. Die enthaltene Kieselsäure und Kalkhydrat sind in Verbindung mit Wasser bindefähig, und Puzzolana, feinst zermahlen und unter den Zement gemischt, verleiht diesem deutlich verbesserte Eigenschaften, insbesondere für Unterwasserbauten. Nachdem mehrere Projekte in Porto Novo in der Kolonialzeit und in den 1980er Jahren gescheitert waren, gab 2005 auch eine Fabrik in italienischem Besitz den Betrieb auf.

In Kreisen der Entwicklungstheoretiker ist man sich darüber einig, dass in unserer Zeit drei wesentliche Faktoren die **Entwicklung** afrikanischer Länder begünstigen: 1. die Abwesenheit von Bodenschätzen, 2. ein hoher Bildungsstand der Frauen, 3. die Abwesenheit von ethnischen Konflikten. Somit stehen die Chancen für Cabo Verde exzellent, und es ist erklärt, warum das Wirtschaftswachstum hier stabiler und rascher ist als sonstwo in Afrika.

Energiewirtschaft

Flüssiggas ist die wichtigste Energiequelle zum Kochen und hat selbst in abgelegenen Dörfern das **Holz** längst überholt. Die Bezeichnung „Holz" *(lenha)* ist sehr schmeichelhaft für die bestenfalls daumenstarken Ästchen, die nach stundenlanger Suche auf dem Kopf nach Hause balanciert werden. Auf ländlichen Straßen begegnet man Pick-ups, die, bis übers Dach mit solchen Bündeln bepackt, in die Städte ziehen. Die ländliche Bevölkerung ist gezwungen, alles was erreichbar ist, zu verkaufen. Der ökologische Druck, insbesondere auf die Federbuschvegetation mittlerer Höhenlagen, durch diese Art Brennholzwirtschaft ist enorm, kann aber, wie der Naturpark auf Fogo und die Forstverwaltung auf Santo Antão beweisen, eingedämmt werden. Wälder werden respektiert. Hierfür sorgen Forstwächter, in der Gegend verwurzelte Menschen, die ihre Rundgänge machen und schon von Weitem wissen, wessen Ziege sich im Wald „verirrt" hat oder welche der im Waldgebiet wohnenden Familien mehr als die drei pro Woche erlaubten Holzbündel sammelt.

Dank der **Erfolge der Wiederaufforstung** ist die Brennholzwirtschaft wieder erstarkt – und sie ist nachhaltig. Erstaunlicherweise hat das trockene São Vicente inzwischen genügend Wald, um seine Bäckereien mit Energie zu versorgen. Auch Maio war erfolgreich in der Wiederaufforstung und verschifft beachtliche Mengen Holz nach Praia. Hier gibt es auch Köhlereien, in denen Holzkohle für Grillrestaurants, Schmiedehandwerk und Privatkunden gebrannt wird. Im Sotavento sieht man noch häufig kleine Kohleherde zum Kaffeekochen, ähnlich den in Afrika und im arabischen Raum verwendeten.

Die **Stromversorgung** der Inseln hat sich erheblich verbessert und bleibt dennoch eines eines der größten und für die Entwicklung hinderlichsten Probleme, insbesondere in der Hauptstadt Praia. Einen enormen Entwicklungsschub hat die ländliche Elektrifizierung gebracht. Für das Handwerk, den Handel, die Ver-

▷ Eine der produktivsten Windkraftanlagen in Boca do Vento bei Aguada de Janela/Santo Antão

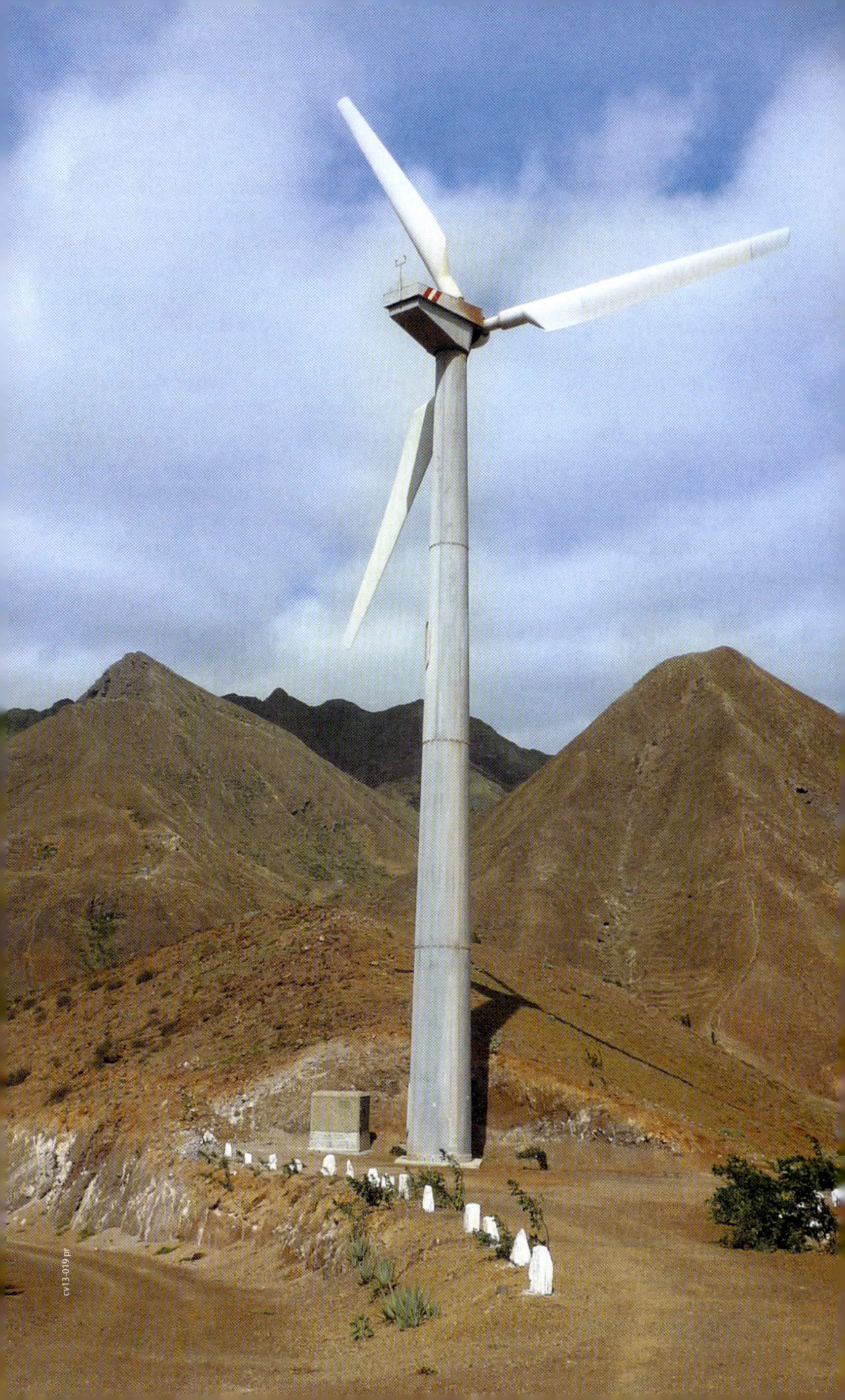
cv13-019 pr

waltung und moderne Medien ist Strom unabdingbar. Auch Schüler lernen mit elektrischem Licht besser. In den Dörfern sind laut brummende **Dieselgeneratoren** nur noch selten zu hören, da die Politik der „Central Única", nach der auf jeder Insel nur ein Elektrizitätswerk stehen soll, das alle Orte über Hochspannungsleitungen versorgt, weitgehend umgesetzt wurde.

Hauptprobleme im Energiesektor sind neben den **hohen Kosten** die rasch wachsende Nachfrage und die Abhängigkeit von Mineralölprodukten.

Erneuerbare Energien scheinen auf den ersten Blick wie geschaffen für ein Land mit kräftigem Wind und 350 Sonnentagen im Jahr. Allerdings dringen Salzluft und feinster Staub bis in die letzten Ritzen, verseifen Schmierstoffe, lassen Aluminiumteile zu Pulver zerfallen, und der kräftige warme Wind führt zu vorzeitiger Materialermüdung. Doch der Schatz an Erfahrungen und Kenntnissen wächst und neuere Anlagen beweisen, dass mit angepassten Modellen und verbesserter Wartung die Probleme beherrscht werden können. Im Dezember 2010 erhielt Cabo Verde einen Kredit von 45 Millionen Euro zum Bau von **Windkraftanlagen** auf Santiago, São Vicente, Sal und Boa Vista. Es folgte noch ein Kredit über 100 Millionen Euro zum Bau von **Solarenergieanlagen** in Praia, Sal, Fogo und Santo Antão, sodass bis 2020 über 50% der Energie aus erneuerbaren Ressourcen stammen wird. In Praia wird eine Photovoltaik-Farm in Palmarejo Trás betrieben.

Projekte in isolierten Gemeinden werden u.a. von der EU gefördert, wie das zu 100% mit **Photovoltaik** arbeitende Stromnetz im windarmen Fischerdorf Monte Trigo auf Santo Antão sowie auf der Hochebene in Norte. **Prepaid-Karten** für die Verbraucher beschränken die Tagesenergiemengen und fördern den sparsamen Gebrauch.

Auch **Mikro-Anlagen** mit nur einem Solarmodul am 12-Volt-Netz sind für Beleuchtung und Elektronik (Radio, Internet, TV, Telefon, Kleingeräte) in einem abgelegenen Haushalt ausreichend, zuverlässiger und weitaus günstiger als jede zentrale Versorgung.

Unabhängig von der Größe des Netzes versuchen alle Konzepte, die Spitzenzeiten der Sonneneinstrahlung ohne teure Zwischenspeicherung produktiv zu nutzen: in Praia z.B. für die **Entsalzung von Meerwasser,** in Monte Trigo für die Produktion von Flockeneis für die Fischer.

Infrastruktur

Häfen

Der **größte Wirtschaftshafen** liegt in Mindelo auf **São Vicente.** Er bietet Schiffen mit großem Tiefgang Anlegemöglichkeiten. In den 1990er Jahren kamen ein Containerterminal, ein gesonderter Hafen für die industrielle Fischerei, ein weiterer für die handwerkliche Fischerei und ein Fährhafen hinzu, sodass der Hafen allen Anforderungen entspricht und gegebenenfalls erweitert werden kann. Er beherbergt die einzige moderne Marina des Landes.

Die **Hauptstadt Praia** bekam 1986 erstmals einen modernen Handelshafen, der unter einem Steilhang gefangen unter ständigem Platzmangel litt und erst durch einen auf die Höhe des Plateaus verlegten Container-Lagerplatz und eine neue, längere Pier den Ansprüchen mit Mühe genügen kann.

Der Hafen von **Palmeira auf Sal** ist klein, aber er wird seiner Aufgabe zur Versorgung der Insel mit Gütern und des Flughafens mit Treibstoff gerecht.

Nur diese drei Häfen dürfen als Eintrittshäfen vom Ausland aus angesteuert werden. Die **peripheren Häfen** – außer dem in Tarrafal de São Nicolau – erfüllen ihre Aufgaben nur mit Einschränkungen. Auf Fogo und Brava wird gebaut und die neue Schnellfähre kann anlegen, was auf Boa Vista und Maio noch nicht möglich ist. In Sal Rei auf Boa Vista wurde ein neu gebauter Molenkopf Opfer der Wellen. Das kam auch bei anderen kapverdischen Hafenprojekten vor. Der Hafen von Porto Novo auf Santo Antão wurde in den letzten Jahren aufwendig erweitert, wobei das Ziel, ihn auch für große Kreuzfahrtschiffe nutzbar zu machen, nicht erreicht wurde und daher eine zweite Renovierungsphase angedacht ist.

Flughäfen

Der **Aeroporto Internacional Amílcar Cabral auf Sal** (Code SID) bewältigt die meisten internationalen Langstreckenflüge. Pro Jahr werden eine Million Passagiere abgefertigt.

Am Aeroporto Internacional Nelson Mandela in **Praia** (Code RAI) wurde die Landebahn auf 2100 m verlängert und die Zertifizierung für die Klasse 4D (Passagiermaschinen der Größenordnung Boeing 757, 737, 767 sowie Airbus 310, 321) verliehen. Er ist dabei, Sal hinsichtlich der Zahl der internationalen Flüge und Passagiere zu überholen.

Der Aeroporto Internacional Aristides Pereira in **Boa Vista** (Code BVC) wird entsprechend der rasch steigenden Gästezahlen der neuen Strandhotels von Ferienfluglinien bereits stärker genutzt als Sal und ist der einzige internationale Flughafen des Landes, der bereits 2012 mit positiver Bilanz abschließen konnte.

> São Vicente: Schuhschaft-Näherei

Der Aeroporto Internacional Cesária Évora in **São Vicente** (Code VXE) ist der jüngste für internationale Flüge ausgebaute Flughafen mit dem bisher geringsten internationalen Aufkommen.

Industrie

Produzierendes Gewerbe und Industrie erbringen etwa **16% des BIP** und beschäftigen etwa 5% der arbeitsfähigen Bevölkerung. Der Sektor besteht aus Anlagen für die Herstellung von Fischkonserven, Textilien, Schuhhalbfertigwaren, Teigwaren, Pharmazeutika und Baustoffen, Rum, Bier und Softdrinks. Der produktive Sektor ist aufgrund des begrenzten Marktes und des Mangels an natürlichen Ressourcen schwach entwickelt. Dabei nimmt das Holz verarbeitende Gewerbe (Tischlereien) einen hohen Stellenwert ein. Alle Fertigungsbetriebe sind von importiertem Rohmaterial abhängig.

Es gibt derzeit etwa **120 kleine und mittlere,** vorwiegend private **Industrieunternehmen.** Die meisten vormals im Staatsbesitz befindlichen Großbetriebe wurden privatisiert. Die Industrieunternehmen konzentrieren sich in Praia und Mindelo. Die Regierung glaubt, dass die geografische Situation, das Potenzial an ausgebildeten Arbeitskräften und niedrige Lohnkosten Cabo Verde für die Leichtindustrie prädestinieren und mehr ausländische Betriebe anlocken werden.

Die **Exporte aus Cabo Verde** gehen zu 55% nach Spanien, zu 22% nach Portugal, zu etwa 7% nach Marokko und zu knapp 3% nach Deutschland; sie verschwinden in ihrer wirtschaftlichen Bedeutung hinter dem Verkauf von Treibstoffen an die Luft- und Seefahrt und den touristischen Dienstleistungen.

Dienstleistungen

Der Dienstleistungssektor, im Wesentlichen mit durch Entwicklungszusammenarbeit und Emigrantengeldern aus dem Ausland finanzierten Investitionen, hält einen Anteil von **75% am BIP** und beschäftigt rund ein Viertel der Arbeitskräfte. Dazu gehören Handel, Transport (u.a. auch der Flughafen in Sal), öffentliche Arbeiten sowie der Tourismus.

Tourismus

Ganzjährig Sonne, herrliche Strände und Berge, ideale Wassersportbedingungen, Denkmäler von welthistorischem Rang und freundliche Menschen – kein Wunder, dass die Regierung den Tourismus zum **größten wirtschaftlichen Hoffnungsträger des Landes** auserkoren hat.

Im Rahmen der wirtschaftlichen Liberalisierung wurde beschlossen, die Aktivitäten im Tourismus vorwiegend dem privaten Sektor und ausländischen Investoren zu überlassen. **Cabo Verde Investimentos** wirbt und berät, und tatsächlich konzentrieren sich 80% der Direktinvestitionen aus dem Ausland in der Tourismusbranche.

Die **Zahl der Urlauber** stieg schon in den 1990er Jahren jährlich um etwa 10% und seit 2000 um 20%. 2007 stach mit einem Plus von 37% hervor und auch 2012 verzeichnete ein enormes Plus von 23%. Zu Weihnachten 2006 war Santa Maria auf Sal erstmals komplett ausgebucht,

Ostern 2013 war selbst auf der Wanderinsel Santo Antão kaum mehr ein Bett zu bekommen.

Im Jahr **2016** besuchten über **800.000 Touristen** die Inseln, die meisten davon aus dem Vereinigten Königreich (28,6% der Übernachtungen), gefolgt von den Niederlanden mit 13,7%, Frankreich (11,1%) und Deutschland (10,4%), wobei die vom Strand-Massentourismus bevorzugten Inseln Sal mit 55,1% und Boa Vista mit 35,8% den Löwenanteil der Übernachtungen auf sich vereinten. Die typischen Inseln des Bergtourismus – São Nicolau, Santo Antão, Fogo und Brava – sind mit weniger als 10% des Besucheraufkommens entsprechend ruhiger. Auch der Nationalitätenmix ist hier ein anderer, mit Franzosen an erster, den Ländern rund um die Alpen an zweiter und den Beneluxländern an dritter Stelle; die Briten spielen hier keine Rolle.

Der Tourismus trägt **26% zum BIP** bei und wird im Strategischen Tourismusentwicklungsplan als Schlüsselsektor für die Gesamtentwicklung benannt. Der Plan zielt auf die Bereitstellung der nötigen Infrastruktur, vor allem Wasser, Elektrizität, Müllentsorgung und Transport, um bis 2020 die Kapazität auf ca. 45.000 Betten zu erweitern. Der Ausbau der Flughäfen Santiago, São Vicente und Boa Vista für den internationalen Verkehr hat den Aufschwung beschleunigt.

Im **Sommer**, von Juli bis September, ist **Hochsaison**, und auch zu **Weihnachten** und während des **Karnevals** sind Unterkünfte knapp.

Reiseveranstalter bewerben Cabo Verde hauptsächlich mit Blick auf den Strandtourismus („5 Stunden Flug, 350 Tage Sonnenschein") und schwelgen in Hochglanzexotik, in der kaffeebraune Köche an weißen Stränden Langusten servieren und somit die Welt endlich in Ordnung ist. Schroffe Küsten, im Hang klebende Dörfchen und der majestätische Vulkankegel von Fogo locken Wanderer, während das historische und kulturelle Angebot, Kongress- und Wissenschaftstourismus noch wenig genutzt werden.

Nach dem Strategischen Tourismus-Entwicklungsplan soll kein billiger Massentourismus geschaffen werden, sondern **Qualitätstourismus** in guten Hotels auf den Strandinseln und in Privatpensionen auf den Wanderinseln. Auch soll sich der Tourismusbetrieb auf wenige Orte konzentrieren, um die Investitionen zu nutzen und die Natur an anderen Orten zu schonen.

Großhotelanlagen am Strand und Ferienhaussiedlungen sind zu 80% direkte Investitionen aus dem Ausland und bringen schnelles Baugeld, aber wenig dauerhaften Gewinn ins Land. Der Immobiliensektor boomt und mit ihm alle mehr oder weniger legalen Formen der Spekulation. Schon vor der Finanzkrise 2008/2009 kamen die Immobilien- und Grundstücksgeschäfte ins Stocken. Prozesse um Grundstücke ziehen sich lange hin, nicht zuletzt, weil ehemalige Weideflächen von den Besitzern nie in einer Form registriert waren, die vor einem modernen Gericht Bestand hat. Gemeinden haben Land veräußert, von dem der Staat meint, es gehöre ihm, und einzelne Bürgermeister und Käufer mussten vor Gericht erscheinen. So nimmt es nicht wunder, dass die Finanzministerin der Krise des Sektors auch etwas Gutes abgewinnen konnte: Sie trennt die Spreu vom Weizen, Spekulanten von Investoren.

Es fehlt nicht an **kritischen Stimmen** im Land, was den Tourismus und Immobiliensektor betrifft. Schweizer Experten schätzen, dass **zwei Drittel der Tourismusgewinne in die Herkunftsländer des Kapitals zurückfließen.** Auch der Traum der Planer, dass „nachhaltiger Qualitätstourismus" besser geschützte Arbeitsplätze und bessere Lebensbedingungen generiere, steht im Gegensatz dazu, dass der Großteil der Arbeitsverhältnisse im Tourismus auf

Ein Genuss:
Wandern in Paúl auf Santo Antão (Weg 101)

Sal formlos oder befristet sind und die Gewerkschaft sklavereiähnliche Arbeitsbedingungen anprangert.

In **Boa Vista,** dem deutlichsten Beispiel einer zurückgezogenen Mikrogesellschaft, die durch die Tourismusindustrie eine völlig neue Ausrichtung und Struktur erhielt, kamen auch neue **Probleme und Konflikte** zum Ausdruck: Monate vor Eröffnung des Internationalen Flughafens von Boa Vista standen enteignete Landbesitzer auf der Piste mit der Drohung, die Landung des ersten Jets durch Demonstrationen zu verhindern, weil die Entschädigungsverfahren sich hinzogen und sie am Wachstum nicht teilhatten. Soziale Unruhen blieben nicht aus. Die vorwiegend als Bauarbeiter und ungelernte Angestellte aus Santiago und vom afrikanischen Kontinent eingewanderte Bevölkerung von Barraca war 2008 bereits größer (4000 Ew.) als die Gesamtbevölkerung der Insel zehn Jahre zuvor. Sie fühlen sich ausgebeutet, diskriminiert und schutzlos (siehe Exkurs „Barraca" bei Boa Vista).

Die Gefahr, dass einheimische Kultur zur folkloristischen Vorführung für Touristen wird, ist nicht weniger real.

Staatshaushalt und Finanzen

Nach der Unabhängigkeit wuchs die Wirtschaft im Zeitraum von 1975 bis 1980 jährlich um rund 11% an. In den folgenden zehn Jahren ging diese Entwicklung auf 7% pro Jahr zurück, verursacht durch die verschlechterte landwirtschaftliche Situation, reduzierte Einkommen aus dem Hafen- und internationalen Flughafenbetrieb und den Rückgang der ausländischen Unterstützung. 1990 fiel das **Wirtschaftswachstum** sogar auf 2,4%, um 1995 immerhin wieder 4,7% zu erreichen. Seit 2000 wurden fast jedes Jahr 6% überschritten, im Rekordjahr 2006 waren es sogar mehr als 10%. In der Folge ging das Wirtschaftswachstum deutlich zurück, erreichte 2010 noch 4,5% und fällt seither weiter (2016: 3%). Im Krisenjahr 2014 litt die Landwirtschaft unter ausbleibendem Regen, die Touristen hatten Angst vor Ebola und blieben fern, der Ausbruch des Pico de Fogo sorgte für weiteres Ungemach. So blieb das wirtschaftliche Wachstum unter 2% und war damit geringer als das Bevölkerungswachstum.

Viele Jahre konnte die Regierung der PAICV das **Budget** ausgeglichen halten, die Ausgaben wurden durch die Einnahmen gedeckt. Die Investitionen mussten allerdings weitgehend aus externen Quellen (90% davon Geschenke) finanziert werden. Die folgende MpD-Regierung konnte die Investitionsausgaben durch einen massiven Anstieg der Entwicklungshilfeleistungen steigern. Die Ausweitung der **staatlichen Investitionen** führte zu einer Verringerung der Währungsreserven und vergrößerte das Budgetdefizit von Jahr zu Jahr. Um dieses Defizit zu verringern, führte die Regierung zusätzliche Importrestriktionen, Quoten und Zollerhöhungen ein. Die Staatsverschuldung betrug im letzten Jahr der MpD-Regierung (2000) 160% des BIP und konnte bis heute nicht signifikant gesenkt werden.

Mit der **Bindung des Cabo Verde Escudo an den portugiesischen Escudo** im Juli 1998 und später an den Euro verordnete sich die Regierung größere Budgetdisziplin. Geldwertstabilität gegenüber der Euro-Zone ist für Cabo Verde von höchster Bedeutung, da Emigranten nur dann größere Summen auf die kapverdischen Banken überweisen, wenn das Geld seinen Wert behält und eventuell leicht höhere Zinsen bringt.

Die **Inflationsrate**, die 1997 noch mit 8,6% ausgewiesen war, reduzierte sich auf unter 3% seit dem Jahr 2010.

Das **Bruttoinlandsprodukt (BIP)** betrug 2015 ca. 2,03 Mrd. US\$, d.h. knapp 4000 US\$ pro Kopf (zum Vergleich: In Deutschland waren es 45.000 US\$). Das überaus geringe durchschnittliche Pro-

Kopf-Einkommen bedingt eine niedrige Spar- und Investitionstätigkeit. Sich ein wenig Geld auf die Seite zu legen, ist für die Mehrzahl der Bewohner nicht möglich. Investitionen sind daher in erster Linie von außen finanziert, sei es durch Emigranten oder durch Projekte z.B. der Entwicklungszusammenarbeit.

Die **Auslandsschulden** Cabo Verdes sind von 21 Mio. Dollar im Jahr 1980 auf 344 Mio. Dollar im Jahr 2001 angestiegen und bis 2008 auf 325 Mio. zurückgegangen. Zumeist handelt es sich um langfristige Kredite, davon ein Großteil zu sehr günstigen Konditionen. 2012 stieg die Auslandsverschuldung auf 660 Mio. Dollar, vom Internationalen Währungsfond als Alarmzeichen gewertet, bis die Finanzministerin Cabo Verdes den internationalen Experten schlampiges Rechnen in einem fehlerhaften Modell nachwies. Das ändert aber nichts daran, dass die **Staatsverschuldung** zuletzt bei fast 150% des BIP lag – nach international gültigen Vorgaben sollte die Ziffer nicht über 60% liegen.

Mit der Bindung der Landeswährung an den portugiesischen Escudo hat die Regierung auch die meisten Restriktionen für Devisentransfers aufgehoben. Seit August 1998 können die Einwohner Fremdwährungskonten ohne Zustimmung der Zentralbank eröffnen und 10.000 US$ für Reisen ins Ausland erhalten. Die **Liberalisierung der Devisenkontrollen** erleichtert einerseits den Zahlungsverkehr zwischen den Einwohnern und den Emigranten im Ausland, andererseits wurde sie zur Geldwäsche missbraucht, bis 2013 die Beschränkung der anmeldefrei zulässigen Devisenmenge bei der Ausreise auf 2000 Euro eingeführt wurde.

Handel

Exportiert wurden im Jahr 2016 Waren im Gesamtwert von 63 Mio. US$, die meisten davon nach Spanien (64%) und Portugal (15%), vor allem Fisch(produkte), Bananen, Schuh- und Textilhalbfertigwaren. Tendenziell wird immer weniger exportiert.

Die **Importe** haben sich seit der Jahrhundertwende auf 713 Mio. US$ (2016) mehr als verdoppelt und kommen vorwiegend aus der EU (Portugal, Spanien, Niederlande) und China. Importiert werden über zwei Drittel der Nahrungsmittel sowie Treibstoffe, Maschinen, Apparate, Kraftfahrzeuge, Handwerksausrüstung, Bau- und Rohstoffe und industriell hergestellte Konsumgüter für den täglichen Bedarf (Textilien etc.).

Chinesischer Laden in São Filipe (Fogo)

"Unsichtbare Einnahmen" wie ausländische Unterstützungen und die Emigrantenüberweisungen helfen, das **Handelsbilanzdefizit** auszugleichen. So kommen in manchen Jahren fast bis zu 100 Mio. US$ Devisen durch Emigranten ins Land, die Entwicklungshilfezahlungen liegen ein Drittel niedriger.

Im Inland entwickelt sich **kaum ein Binnenmarkt,** da die nötige Kauf- bzw. Investitionskraft der Bevölkerung gering ist. Landeseigene Produkte sind, bedingt durch Zwischenhandel, ungleichmäßige Verteilung über die Inseln, Transportkosten und Zentralisierung auf Märkten, in manchen Gegenden überteuert oder gar nicht zu erhalten.

Produktivität

Die wirtschaftliche Produktivität des Landes ist **sehr gering.** Die Landwirtschaft ist fast ausschließlich Handarbeit, auch für die Fischerei oder handwerkliche Berufe gibt es kaum Maschinen und technische Hilfsmittel. Einige Manufakturen verfügen über Produktionsmaschinen, doch sind auch hier die Produktionszahlen nicht besonders hoch. Damit ist der Investitionsanreiz, sowohl in den Maschinenpark wie in die Ausbildung der Mitarbeiter, gering.

Privatisierung und internationale Investitionen

Das Privatisierungsprogramm ist ein Eckstein der **Politik der wirtschaftlichen Liberalisierung,** die im November 1997 durch eine Neufassung des Privatisierungsgesetzes von 1992 beschleunigt wurde. Ausländische Firmen sind willkommen und genießen Steuer- und Zollerleichterungen. Über 20 größere Staatsunternehmen wurden in Privatunternehmen umgewandelt. Unter dem Druck der Weltbank und des Weltwährungsfonds wurden die Verfahren beschleunigt durchgezogen, obwohl bekannt war, dass Privatisierungen in Mikrogesellschaften leicht in Monopolbildungen mit exorbitanten Preisen bei schlechter Qualität enden.

So wurde 1995 die Telefongesellschaft **Cabo Verde Telecom** zu großen Teilen an die portugiesische Telecom verkauft, als diese selbst noch Staatsbetrieb war. In der Folge wurden jährlich über 2 Mio. Euro pro Jahr an Gewinnen nach Portugal transferiert und Cabo Verde an die Weltspitze der Tarife katapultiert. Mit technisch vorgegebenen Ausfällen und Schneckentempo wurden die Internet-Nutzer gezwungen, auf DSL-Verbindungen umzusteigen und zu Beginn Monatstarife von 60 Euro für 1 GB hinzunehmen. Die Regierung konnte nur durch Abstandszahlungen den unhaltbaren Zustand eines vertraglich verbrieften Monopols beenden und weiteren Anbietern Zutritt zum Markt verschaffen. Seither sind die Preise der Telecom um bis zu 80% gesunken; 6 GB für Laptop oder Smartphone kosteten Ende 2017 nur noch 8 Euro.

1982 sind die **Elektrizitäts- und Wasserwerke** von den Stadtverwaltungen abgetrennt und die **Electra** als staatseigene Firma gegründet worden, die ihr Geschäft bis Anfang der 1990er recht gut im Griff hatte. Jeder zahlte seinen Strom pünktlich, oder er saß wenige Tage später im Dunkeln. Unter dem Druck der Ideologien der Globalisierung, die auch dann in der internationalen Politik mit religiösem Eifer vorgebracht werden, wenn sie in keinem Punkt durch wissenschaftliche Evidenz gestützt sind, sollte die Electra und somit die **Energie- und Trinkwasserversorgung** des ganzen Landes privatisiert werden. Ein erster Versuch misslang 2006. Die staatseigene Mineralölfirma ENACOL wurde 2007 privatisiert, der Staat hält noch 2,3%. Beide Vorgänge wurden breit diskutiert und als Ausverkauf des Landes kritisiert. Und wieder ging die Anteilsmehrheit an portugiesische Firmen, von denen niemand jemals gehört hat, dass sie besondere Qualifikationen in der Energieversorgung von Inselstaaten mitbrächten. Sie sorgten dann für genau das, was sie versprachen zu verhindern: Investitionen erfolgten verspätet oder nie, die Preise stiegen, die Nachfrage flog dem Angebot immer weiter davon, und im Sommer 2006 lagen Betriebe, Ministerien und Privathaushaltungen fast ständig lahm. Die Bürger demonstrierten gegen die **Energiepolitik,** vor dem Elektrizitätswerk, dem Wirtschaftsministerium und der portugiesischen Botschaft. Redeschlachten wogten durchs Parlament, und die Regierung entschloss sich, zusätzliche Kapazitäten notfallmäßig anzumieten und die Anteilsmehrheit der Electra zurückzukaufen, um selbst wieder über Wasser und Strom im eigenen Lande bestimmen zu können. Der Konflikt ging bis in die höchsten Ebenen bilateraler Politik, der Premierminister Portugals intervenierte bei den betroffenen Firmen, um eine Änderung der Verträge zu erreichen und, wie er es nannte, „außenwirtschaftspolitischen Schaden von Portugal abzuwenden." 2011 hielt der kapverdische Staat 64% der Electra-Aktien, die Gemeinden 9%, die Sozialversicherung INPS 27%.

Die Privatisierung der **staatlichen Luftfahrtgesellschaft TACV** schleppte sich seit den 1990er Jahren hin, bis die Regierung 2017 einschneidende Entscheidungen fällte. Auf der einen Seite galt die TACV als sichere Airline, die einzige Afrikas, welche die anspruchsvollen Voraussetzungen für Flüge in die USA erfüllte. Auf der anderen Seite war ein Netz von Niederlassungen auf allen Inseln mit viel Personal zu unterhalten. Mit Flügen auf die kleinen Inseln mit wenigen Passagieren war und ist kein Blumentopf zu gewinnen. Versuche, mit Verbindungen zu den Zentren kapverdischer Emigration (Lissabon, Paris, Amsterdam) den Ausgleich zu finden, schlugen in der Konkurrenz mit Billigfliegern und Charterlinien fehl. Schulden häuften sich an, groteske Gutachten wurden erstellt, absurde Vorschläge zur Rettung der Airline gemacht. Das Thema wurde zum Wahlkampfschlager, perfekt geeignet, um den politischen Gegner für einen Schuldenberg von zuletzt 100 Mio. Euro verantwortlich zu machen.

Die TACV-Schulden wurden zum alles beherrschenden Politikum, als die Weltbank 2017 die Auszahlung der zugesagten Budgethilfe für das Land von einer Lösung der Causa TACV abhängig machte. Nun zog die Regierung unter *Ulisses Coreia Silva* die Reißleine und zerschlug die Airline in **TACV Internacional,** die „strategischen" Partnern zur Übernahme angeboten wurde, um mit mehr Flugzeugen als bisher den internationalen Flughafen auf Sal (SID) aufzuwerten und die Zentren der kapverdischen und azorischen Emigration in den USA und in Kanada zu bedienen, und **TACV Maintenance** zur Wartung und Reparatur für eigene und Fremdmaschinen. Die bisherige Inlands-TACV gab den Betrieb zum 1. August 2017 auf.

An deren Stelle trat **Binter Airlines** von den Kanarischen Inseln, dort gut im Geschäft und mit gutem Ruf dank zuverlässigem Flugbetrieb und seit 2015 auf Cabo Verde aktiv als Binter Cabo Verde (Binter CV). Die kapverdische Regierung hatte sich in den Verhandlungen über die Flugrechte 49% des Aktienkapitals gesichert, wovon 19% aus dem Staatssäckel zu bezahlen und 30% „umsonst" sein soll(t)en. Der Deal war Anfang 2018 noch nicht umgesetzt und die Vertragstexte für die Parlamentarier nicht einsehbar.

Der Staatspräsident und der Bischof Cabo Verdes, Gewerkschaft und TACV-Mitarbeiter erfuhren erst spät von den Absprachen und äußerten ihre Zweifel an der Aufgabe der staatlichen Airline zugunsten eines **De-facto-Monopols für eine ausländische Airline.** Die Opposition forderte einen parlamentarischen Untersuchungsausschuss wegen mangelnder Transparenz – und der Staat wird den TACV-Schuldenberg von 100 Mio. Euro auch nicht los, bevor neue Partner die TACV Internacional nicht übernommen und dafür gezahlt haben. Entwicklungspartner wie die Weltbank sind auch nicht rundum zufrieden, und so wird das Thema wohl noch eine Zeit lang die politische Agenda bestimmen.

Es besteht kein Zweifel, dass Cabo Verde in- und ausländische Investoren benötigt, um seine Wirtschaft zu entwickeln. Der Prozess kann jedoch nur dann zum Erfolg führen, wenn die **Interessen des Landes** nicht hinter dem Gewinnanspruch und der Skrupellosigkeit von Spekulanten verschwinden, wenn eine demokratische Regierung eine Wirtschaftsethik zum Wohle der Allgemeinheit entwickelt und das Rechtssystem sich der Regulierung und Kontrolle der Vorgänge aktiv annimmt. Wenn zurzeit viele Landkreisverwaltungen ihr Budget hauptsächlich durch den Verkauf von Bauland decken, entstehen unweigerlich Interessenskonflikte und Abhängigkeiten. Nicht wenige der Verkäufe werden mit Korruptionsvorwürfen belegt, und einige Landkreisverwaltungen stehen vor Gericht. Gebäude von historischer Bedeutung wie das Kino EDEN Park in São Vicente und mehrere Strandresorts stehen aus dem gleichen Grunde leer, das emblematische einstige Britische Konsulat von *Luis Rendall* wurde ohne Rücksicht auf Erwägungen des Denkmalschutzes abgerissen.

Entwicklungszusammenarbeit

Cabo Verde weist sowohl für eine ausreichende Selbstversorgung als auch für die Schaffung von Infrastruktur extrem ungünstige Voraussetzungen auf. Vorrangiges Ziel der Regierungen war daher immer der **Kampf gegen Hunger und Armut:** durch Ernährungssicherung, integrierte ländliche Entwicklung, Förderung des Gesundheits- und Bildungswesens, Erwachsenenalphabetisierung, Wiederaufforstung, Erosionsschutz. Seit seiner Existenz hält das Land an **Natio-**

nalen Entwicklungsplänen fest, die früher im Fünf-, jetzt im Dreijahresrhythmus aufgelegt werden. In diese werden alle eigenfinanzierten wie aus der Entwicklungszusammenarbeit finanzierten Programme und Investitionen eingestellt, sodass sich ein koordiniertes Gesamtbild ergibt. Die Regierung hält trotz der Abhängigkeit vom Ausland das Steuer bei den Investitionen in der eigenen Hand. Zum Beweis des Vertrauens ist der Weltwährungsfond dazu übergegangen, seine Zuwendungen direkt in den Staatshaushalt einzuspeisen. Schwerpunkte der Entwicklungszusammenarbeit sind die Förderung des privaten Sektors, die Armutsbekämpfung, Berufsausbildungsprogramme sowie eine Verwaltungsreform und Reformen im Erziehungs- und Gesundheitswesen.

Formen der Entwicklungszusammenarbeit

Wer mit offenen Augen durch Cabo Verde reist, wird an Trinkwasserhochbehältern, Schulen und Krankenhäusern Aufschriften begegnen, aus denen hervorgeht, dass diese mit ausländischer Hilfe gebaut wurden. Man sieht Fahrzeuge mit dem Namen internationaler Organisationen, beispielsweise FNUAP, UN, OMS, LuxDevelopment, um nur einige zu nennen.

Entwicklungszusammenarbeit kennt ganz verschiedene, für den Reisenden vermutlich verwirrende Formen, und wir wollen uns bemühen, etwas Ordnung hineinzubringen, bevor wir ins Detail einzelner Projekte gehen. Wird in den Medien über Entwicklungshilfe berichtet, dann erscheint nicht selten das **stereotype Bild** des jungen Arztes, der sich um ein mangelernährtes Kleinkind kümmert. Der winzige Ausschnitt beherrscht die Wahrnehmung der Öffentlichkeit. Er rührt das Herz, aber inhaltlich verdeckt er mehr als er erläutert – und er ist ein Beispiel für zu spät einsetzende Hilfe.

Zwei Drittel des Finanzvolumens für internationale Entwicklungszusammenarbeit fließen in die **finanzielle Zusammenarbeit.** In den meisten Fällen sind dies Kredite zu besonderen Konditionen für große Aufgaben wie dem Bau von Häfen, Eisenbahnen, Staudämmen oder der Renovierung eines ganzen Netzwerks von Gesundheitseinrichtungen. Der ältere Begriff „Finanzhilfe" ist etwas in Misskredit gekommen, nachdem Länder wie die Bundesrepublik mehr Geld aus dem Schuldendienst der armen Länder einnehmen, als sie an „Entwicklungshilfe" ausgeben. Nur von den ämsten Ländern wird keine Rückzahlung verlangt. Ein jüngeres, für Cabo Verde wichtiges Beispiel war die Schaffung eines Trust Fund durch die EU und eine Reihe europäischer Länder. In den 1990er Jahren hatte der Staat hohe Inlandsschulden angehäuft, welche die Geldwertstabilität bedrohten. Die unterstützenden Länder zahlten in den Fund ein, und aus den Zinsen werden im Verlauf von 20 Jahren die Inlandsschulden vermindert. Dies ermöglichte ein anderes beispielhaftes Projekt der finanziellen Zusammenarbeit: Portugal akzeptierte, dass in der Vorbereitungszeit der Euro-Einführung der kapverdische Escudo auf einen festen Wechselkurs zum portugiesischen Escudo festgelegt wurde und damit in ein festes Wechselverhältnis zum

Euro kam. Für Portugal war dies ein riskantes Unternehmen, denn in Cabo Verde war die Inflationsrate auf fast 9% geklettert. Für Cabo Verde war das Andocken an den Euro eine der wichtigsten Entscheidungen des Jahrzehnts.

Die nächste große Form der Entwicklungszusammenarbeit ist die **technische Zusammenarbeit.** In Programmen und Projekten werden definierte Ziele verfolgt, die von der Stärkung eines ganzen Sektors wie beispielsweise der Bildung bis hin zu winzigen Zielen reichen wie die Sicherstellung der Trinkwasserversorgung für ein paar abgelegene Häuser. In Cabo Verde tummelt sich eine breite Vielfalt internationaler Agenturen der Technischen Zusammenarbeit. Der bekannteste Name im deutschsprachigen Raum ist die Deutsche Gesellschaft für Technische Zusammenarbeit **GTZ,** auch wenn diese 2010 mit dem Deutschen Entwicklungsdienst DED und InWEnt zusammengeführt wurde zur Deutschen **Gesellschaft für Internationale Zusammenarbeit GIZ,** einer gemeinsamen staatseigenen Entwicklungsagentur.

Die meisten Industriestaaten haben die Planung und Durchführung von Entwicklungsprojekten aus ihren Ministerien ausgegliedert und für diese Aufgaben staatseigene Firmen gegründet. Diese konkurrieren mit einer Vielzahl teils hochspezialisierter **privater Beraterfirmen** wie der luxemburgischen LuxDevelopment und der deutschen GOPA sowie **nichtstaatlichen Organisatonen (NGO)** wie den Entwicklungsagenturen der Kirchen.

In der **bilateralen Zusammenarbeit** tritt ein Staat einem anderen Staat gegenüber. Kein „Geber"-staat wird ohne einen Antrag von seiten des „Empfänger"-staates aktiv. Nach diplomatischen Vorbereitungen kommt ein Staatssekretär nach Praia und verhandelt mit dem dortigen Staatssekretär über die Oberziele und den Finanzrahmen für die nächsten zwei bis fünf Jahre. Am Ende steht ein zwischenstaatliches Abkommen. Das zuständige Ministerium des Geberlandes formuliert anschließend Projektvorschläge und schreibt diese aus. Innerhalb der EU muss EU-weit ausgeschrieben werden, sodass die staatlichen und privaten Agenturen Angebote abgeben können. Die **GIZ** zum Beispiel wird nicht vom Bundesministeri-

◁ Bewässerungsoase in Tabugal (Santiago)

um für Wirtschaftliche Zusammenarbeit und Entwicklung (BMZ) beauftragt, sondern sie muss auf eine Ausschreibung antworten – und sie kann sie gegen andere Anbieter verlieren.

Agenturen, die für staatliche Zusammenschlüsse oder die Vereinten Nationen aktiv werden, betreiben **multilaterale Zusammenarbeit.** Das nächstliegende Beispiel ist die **Europäische Union.** Sie unterhält ein Büro auf der Achada de Santo António in Praia, wo verschiedenste Projekte der Ernährungssicherung, Infrastrukturverbesserung oder zur Unterstützung eines Sektors wie der Gesundheit begleitet werden. Innerhalb des Staatenbundes sprechen sich die Ministerpräsidenten und Fachminister ab, wenn es um große Projekte oder Programme geht oder, salopp gesagt, „legen zusammen" bis das notwendige Budget gedeckt ist.

Mit dem Wachsen der EU geht die bilaterale zu Gunsten der multilateralen Zusammenarbeit zurück. Auch konzentrieren sich die einzelnen EU-Staaten in der bilateralen Zusammenarbeit auf weniger Empfängerländer, um Verwaltungskosten zu senken und die landesspezifische Kompetenz zu stärken. So hat die Bundesrepublik Deutschland Cabo Verde von ihrer Liste der bevorzugten Partnerländer gestrichen und mit Ausnahme von Nationalparkprojekten ihre Organisationen abgezogen. Luxemburg mit seiner aktiven kapverdischen Emigrantengemeinde ist entsprechend heftiger eingestiegen.

Nicht weit von der EU, ebenfalls auf der Achada de Santo António, findet man die **Vereinten Nationen.** Die Aufteilung in Einzelorganisationen wie WHO, UNICEF und UNESCO wurde aufgegeben, es gibt nur noch ein Büro für alles. Die Aufgabe der UN besteht darin, die Mitgliedsländer zu beraten. Für das Umsetzen ist der Mitgliedsstaat zuständig.

So vielfältig wie die Organisationen sind die **Güter und Dienstleistungen.** Sie reichen von der personellen Zusammenarbeit über Infrastruktur, Ausstattungen, Fahrzeuge, Nahrungsmittelhilfe und IEC *(Information, Education, Communication).* Die USA liefern meist selbst, die EU ebenfalls, während bilaterale Geber und Japan das Geld zur Verfügung stellen, sodass die Regierung

> 1981: Arztgespräch in den Überresten der Leprastation von Sinagoga (Santo Antão)

kaufen kann, wo und wann sie will. Dieser Mix ist überlebensnotwendig, denn wenn auch nur eine Großlieferung sich verspätet, steht die Krise ins Haus und der Staat muss einige Millionen in Devisen verfügbar haben, um unverzüglich reagieren zu können.

Nicht zu vernachlässigen sind Aufwendungen für **Aus- und Weiterbildung.** Ein Teil davon fällt in den Ländern an, ein anderer in den „Geberländern", wo Stipendien und spezielle Aufbaustudiengänge für Tausende von Studenten durch den Staat und private Organisationen finanziert werden.

Koordinierung

Die Entwicklungszusammenarbeit zu koordinieren, ist nicht einfach. Das kleine Cabo Verde schlägt sich hierbei besser als die meisten großen afrikanischen Staaten. Ein wichtiges Instrument ist der mit allen Fachministerien abgesprochene **Drei-Jahres-Entwicklungsplan.** Für die ausgewiesenen Einzelprogramme und -projekte werden dann die vielfältigen Organisationen angefragt, ob sie sich beteiligen können. So sollen Doppelungen vermieden und eine harmonische Entwicklung der verschiedenen Sektoren und Inseln sichergestellt werden. Die internationalen Organisationen schätzen Cabo Verde als **verlässlichen Partner** ein.

Ein weiteres Instrument sind **Master-Pläne,** in denen die langfristige Entwicklung eines Sektors vorgezeichnet wird. Nach meiner Erfahrung als Koordinator der strategischen Planung medizinischer Versorgung ist die Planung in einem so kleinen Land nicht einfacher, sondern eher schwieriger, weil auch winzige isolierte Bevölkerungen zu berücksichtigen sind. Round-Table-Gespräche mit den verschiedenen beteiligten Organisationen dienen der Absprache vor und während der Durchführung.

Erfahrungen

Cabo Verde konnte **in den ersten Jahren** nur dank ausländischer Unterstützung eine wirtschaftliche Katastrophe und den massenhaften Hunger verhindern und lag deshalb auf dem zweithöchsten Niveau aller Empfängerländer. Nach der Verelendung großer Bevölkerungsschichten im ehemaligen Ostblock und unter den aktuellen Sparzwängen der westlichen Regierungen sind die Budgets nicht nur vom Süden in den Osten geleitet worden, sondern insgesamt geschrumpft, im Falle Cabo Verdes um rund zwei Drittel.

Die Entwicklungszusammenarbeit ist ein kontinuierlicher Prozess. **In den 1970ern,** schon während der Übergangsregierung, waren viele kleine Organisationen mit Fachpersonal vor Ort. Es fehlten einheimische Fachleute, Ingenieure, Lehrer, Ärzte und andere, um alle Inseln abdecken zu können. Etwas größere Projekte wie das mit schwedischer Unterstützung aufgebaute **PMI/PF (Mutter-Kind-Vorsorge und Familienplanung)** waren in der Lage, die Po-

▷ Das Krankenhaus von Santo Antão in Rª Grande: in Zusammenarbeit mit Luxemburg konzipiert

litik bis heute zu prägen. Die Norweger gründeten in São Vicente das **ISEC MAR,** eine Schifffahrtschule, aus der eine gute Ingenieursschule geworden ist. Mit seinem kleinen, aber feinen Projekt kümmerte sich ein italienischer Kollege von *Roy Follerau* um die Lepra. Damals waren noch über 1000 Kranke registriert, heute sind es keine zehn mehr!

Die **1980er** waren durch **„Integrierte ländliche Entwicklungsprojekte"** bestimmt. In Cabo Verde wurden die Partnerschaften nach Inseln verteilt. Fogo und Brava arbeiteten mit der deutschen GTZ, Santo Antão mit den Holländern, São Nicolau mit den Franzosen, Santiago einige Zeit mit den Amerikanern, Boa Vista mit den Schweizern und das kleine Maio mit dem ebenso winzigen Weltfriedensdienst aus Berlin. In kurzer Zeit konnten viele wichtige Infrastrukturen geschaffen werden, die Bevölkerung hatte Arbeit in den Programmen, und doch war das Modell nicht ideal. Auf Fogo hatten die deutschen Planer die Fäden so straff in der Hand, dass die Kapverdianer nur Zuschauer waren – und schwer einsahen, weshalb ein Planungsbüro übernehmen sollte, was sonstwo auf der Welt von einem Bürgermeister mit Stadträten unter demokratischer Kontrolle erledigt wird. Auf Santo Antão wechselte das Personal so häufig, dass kaum eine kontinuierliche Linie gefunden wurde. Ende der 1980er war die Zeit der personellen Zusammenarbeit weitgehend beendet. Die Zahl einheimischer Ärzte war von einem guten Dutzend zur Zeit der Unabhängigkeit auf über 100 angewachsen. Nur die sowjetischen und kubanischen Fachärzte bildeten noch eine größere Gruppe. Einige sind geblieben.

In den 1990er Jahren wurden aus den integrierten Projekten Programme zur Entwicklung der lokalen Verwaltungen und gemeindeeigener Organisationen. **„Community Participation" und Dezentralisierung** standen im Vordergrund. Ökonomen, Verwaltungsfachleute, Curriculumplaner, Städteplaner und Sozialwissenschaftler trugen bei zur Gemeindeentwicklung. In der Schaffung moderner Infrastruktur wurde Luxemburg zu einem der wichtigsten Partner. England widmete sich dem Hafen von São Vicente. Im Widerspruch zu offiziellen Verlautbarungen und zur Dezentralisierung zu Gunsten der Gemeinden entstand ein zentralisierter Planungsapparat um den Finanzminister *Gualberto de Rosário* (MpD), der den Fachministerien und Bürgermeistern bei der Zuteilung von Kooperationsprojekten strikte Vorgaben machte. Diese Politik wurde von den Wählern nicht honoriert und die MpD 2001 abgewählt.

In **großen Einzelprojekten** hat sich in ganz Afrika die **VR China** hervorgetan, die das Parlamentsgebäude *(assembleia nacional)*, das große Regierungsgebäude *(palácio do governo)* sowie die erste Talsperre in Poilão auf Santiago gebaut und finanziert hat. Aus China kamen die Arbeiter, die auf der Baustelle wohnten und ihre Kohlsuppe kochten. Einige Chinesen blieben in Cabo Verde und bildeten die Keimzelle des inzwischen dominanten chinesischen Einzelhandels. Und China setzt seine Linie mit weiteren Talsperren fort. Selbst Großprojekte wie eine Zementfabrik und der Ausbau des Hafens von São Vicente zum Tiefhafen werden geprüft. Die Sowjets haben Häfen gebaut, die DDR die Polizei ausgebildet, die Amerikaner in Tarrafal eine landwirtschaftliche Station betrieben. Holland und Portugal stiegen zum Bau der Werft in São Vicente mit ins Boot.

Aus den letzten Jahren seien nur einige, teils noch aktive **Projekte** genannt, die dem Besucher möglicherweise ins Auge stechen:

- **FNUAP (UNFDP):** reproduktive Gesundheit (Mutter-Kind-Gesundheitsvorsorge, Familienplanung, AIDS-Prävention), Naturparks
- **UNICEF:** Wasserprojekte, diverse Gesundheitsprogramme
- **EU:** städtische Gesundheit in Praia, Abwassersystem von Praia, Straßenbau, erneuerbare Energien für isolierte Gemeinden
- **China:** Staudämme, Regierungsgebäude, Parlamentsgebäude, Geburthilfliche Abteilung Praia
- **Deutschland:** Naturschutz, Bergtourismus
- **Luxemburg:** Klimaschutz, erneuerbare Energien, Trinkwasserversorgung, Schulwesen, Gesundheitseinrichtungen, Budgethilfe, Landwirtschaft, Weiterbildung
- **Österreich:** Glasfaserkabel, regionale Entwicklung Santa Cruz
- **Spanien:** Restaurierung von Baudenkmälern in Cidade Velha
- **Portugal:** Restaurierung der Sé Catedral, Baudenkmäler, Museen, Kultureinrichtungen
- **USA:** Hafenerweiterung Praia, Trinkwasserversorgung, Straßenmodernisierung, Peace Corps

Die Vereinigten Staaten sind in den letzten Jahren mit ihrem **Millenium Challenge Account (MCA)** zu einem wichtigen Geber geworden. Die Vergabe der Mittel ist an Kriterien gebunden: 1. Gute Regierungsführung einschließlich Korruptionskontrolle; 2. das Investieren in Menschen durch Gesundheitsdienste und Bildung; 3. freie Wirtschaftsordnung. Von den von *George W. Bush* versprochenen 5 Milliarden Dollar hat der

Kongress nie mehr als die Hälfte in den Haushalt eingestellt. Die erhoffte Zunahme des Entwicklungsbudgets ist nicht eingetreten, auch wenn sich das kleine Cabo Verde respektable Stücke des Kuchens sichern konnte und mit dem Geld den Ausbau des Hafens von Praia (54 Mio. US-Dollar), Straßen- und Brückenbau sowie landwirtschaftliche Projekte vorantrieb. Zuletzt lag der Schwerpunkt auf der Wasserver- und -entsorgung in peripheren Stadtvierteln Mindelos sowie auf Fogo und Brava.

Der Bush-Administration lag seinerzeit erklärtermaßen die Verfahrensbeschleunigung für private Investoren am Herzen. Trotz des häufig behaupteten partnerschaftlichen Ansatzes bleibt die interessante Frage offen, wie es sich eigentlich mit der Anwendung der MCA-Kriterien auf die USA und andere Geber selbst verhält.

Die **Human Development Reports** der UNDP listen alle Länder der Welt auf, dabei erscheint Cabo Verde auf **Platz 123 von 187 Ländern** (2015). In diese Rangliste gehen nicht nur ökonomische Kennziffern wie das BIP ein, sondern auch Entwicklungskriterien wie der Zugang zu Bildung, eine funktionierende Rechtsordnung, Grundversorgung für alle und die Lebenserwartung. Um die **Ungleichverteilung** in einer Gesellschaft zu berücksichtigen, weisen die UN-Statistiken einen *Inequality-adjusted Human Development Index* aus, der regionale Unterschiede und die Benachteiligung von Lohngruppen und Minderheiten berücksichtigt. Cabo Verde mit einem Mindestlohn von 11.000 CVE = 100 Euro pro Monat (2016) und Lohngruppen, die wie die Waldarbeiter nur 249 CVE = 2,26 Euro pro Arbeitstag verdienen, sowie verbreiteter Arbeitslosigkeit verliert dann rund 20% des vergleichsweise guten Indexes von 0.648 und sinkt auf 0.518.

Entwicklungszusammenarbeit hatte immer ein **doppeltes Gesicht** und nutzte und schadete den Empfängern und Gebern gleichermaßen. Die Geber schauen nur zu oft auf ihren kurzfristigen Vorteil in der Öffnung von Märkten, der Subventionierung der eigenen Industrie durch indirekte Investitionshilfen und raschen Mittelrückfluss. Auch die Mehrheitsbeschaffung für internationale Gremien und die Ausweitung von Machtblöcken und Ideologien spielen eine Rolle. Die Nehmer lassen sich mitunter zu überhöhten Krediten und ungeeigneter Technologie überreden. Andere überlassen Ausländern das gesamte Management für die Projektlaufzeit, und anschließend geht kaum etwas weiter. All diese Schwächen gibt es, und man muss sie kritisieren. Sie sind jedoch kein Spezifikum der Entwicklungszusammenarbeit, sondern **schlechtes Management,** persönliches Versagen oder gar Korruption, wie sie in anderen Wirtschaftszweigen nicht weniger häufig vorkommen. Die Kunst liegt in **Kontrolle** und Förderung des inhaltlich und ethisch Korrekten. Es nutzt wenig, sich einige Beispiele, gut oder schlecht, herauszupicken, um auf diesen eine allgemeine Einschätzung aufzubauen. Sicher sind Gelder für einen Schlachthof in den Sand gesetzt, wenn dieser als Neubauruine in der Landschaft steht, weil er falsch und am Bedarf vorbei geplant wurde. Doch gleichzeitig wurden Gesundheitsprogramme unterstützt, ohne die 1000 Säuglinge pro Jahr allein in Cabo Verde sterben würden.

Aus Beispielen soll man lernen, in Zukunft besser zu arbeiten – und viele tun es. Der jugendliche Entwicklungshelfer früherer Jahrzehnte ist ein Auslaufmodell. Ein kritischer Geist, Elan und guter Wille sind gut und nützlich, genügen aber keineswegs, um **kompetent** in einer fremden Kultur arbeiten zu können. Das amerikanische Peace Corps als der letzte typische Freiwilligendienst im Lande hat für den Englischunterricht an Gymnasien und Fachhochschulen eine unverändert große Bedeutung. Doch grundsätzlich werden heute in der Entwicklungszusammenarbeit fast nur noch langjährig berufserfahrene und mehrsprachige Fachleute gesucht.

> Fußnote: Der hier verwendete **Begriff Minderheit (minority)** bezieht sich nicht auf die zahlenmäßige Stärke einer Gruppe, sondern auf ihren Rechtsstatus. Der Minderheit werden Rechte vorenthalten und sie werden unter Kontrolle gestellt, ähnlich Minderjährigen *(minors)*. Eine Minderheit kann somit zahlenmäßig gleich groß oder größer sein als die Mehrheit.

Bevölkerung

Wir mögen mit verschiedenen Schiffen angekommen sein, doch wir sitzen alle im selben Boot.

Viele Gesichter, ein Volk

Mit Erstaunen entdecken Reisende in Cabo Verde die **genetische Vielfalt** der Nation. Dunkelhäutige Kinder mit blondem Schopf und wasserblauen Augen, irisch-sommersprossige Gesichter mit indischem, glatt-blauschwarzem Haar, dunkelhäutige Männer mit klassisch iberischen Zügen und einer Drahtbürste von Moustache, weiße, braune, dunkelbraune Gesichter, schlanke und untersetzte Frauen mit Anklängen an alle Völker rund um den Atlantik – diesem bunten Mosaik begegnet man in einer kapverdischen Stadt binnen weniger Minuten. Die Obrigkeit hat ein **rassistisch vereinfachtes Schema** etabliert und zählt 70% Mischlinge *(mestiços)*, 29% *africanos* und 1% Weiße *(brancos)*. Das wird mit fleißiger Einfalt bis heute abgeschrieben.

Der Ursprung der kreolischen Kultur und Nation

Die Bezeichnungen, die eine herrschende Ideologie den Menschen nach **rassistischen Maßstäben** zuwies, sind einer genaueren Betrachtung kaum wert. Kann ein „Mischling" oder ein „Weißer" kein Afrikaner sein? Dennoch geben sie Auskunft über den Hintergrund, auf den die Ideologen ihre Ergebnisse und Rückschlüsse projizierten.

Mestiço leitet sich zweifellos von *mestiçagem* (dt.: Vermischung) ab. Das Wort **Mulato** trägt den Sinn von *Muwalladün* weiter, wie die Mauren ihre Nachfahren nannten, wenn ein Elternteil nicht Muslim war. Es hat somit die gleiche Bedeutung. Der Blick bleibt beschränkt auf die Abstammung, erklärt vielleicht die Vermischung, nicht jedoch die Kreolisierung einer Gesellschaft, die Schaffung einer eigenen, neuen Kultur.

Der wichtigste **Unterschied zwischen Vermischung und Kreolisierung** besteht darin, dass Mehrheit und Minderheit gemeinsame, kreolische Familien gegründet haben. Die Freien, anfangs nur Europäer, lebten mit einer oder mehreren Sklavinnen zusammen und hatten gemeinsame Kinder, die nicht in einer Sklavensiedlung, sondern in und am Haus des Besitzers aufwuchsen. Von diesen Kindern leitet sich das **Wort Crioulo** ab, eine Verkleinerungsform von **cria,** was so viel bedeutet wie Kleinvieh und Nutztiere aller Art, die in und um das Haus gehalten werden. Der Haus- bzw. Hofherr hatte aus dieser, nicht selten **polygamen Familienkonstruktion** diverse Vorteile. Durch seine Sklaven-Frauen und eine große Zahl von Kindern standen ihm nicht nur Arbeitskräfte für die Landwirtschaft zur Verfügung, sondern diese gehörten zur Familie und waren sichtbar verschieden von den gehandelten Sklaven. Man konnte sie unbeaufsichtigt im Handelskontor und auf den Schiffen beschäftigen ohne Gefahr, dass sie sich mit den Neuankömmlingen solidarisieren würden.

Zur Zeit der portugiesischen Expansion entlang der afrikanischen Küste bestanden mächtige **Königshäuser in Afrika,** denen die Europäer militärisch vor Ort nicht gewachsen waren. So bezahlten alle portugiesischen Forts an der Küste des Kontinents Tribute an die einheimischen Herrscher. **Sklaven** wurden nicht geraubt, sondern im Rahmen von Handelsverträgen zwischen den Königshäusern Afrikas und den Europäern gekauft. Die Kapitäne der portugiesischen Karavellen verdienten sich die Gunst ihrer Partner und einen Zusatzgewinn, indem sie – schon vor der Kolonisierung Amerikas – Sklaven zwischen den verschiedenen afrikanischen Reichen transportierten. Diese ackerbaulich organisierten Reiche befanden sich seit Jahrhunderten unter dem Druck islamischer Reitervölker, die den transsaharischen Sklavenhandel betrieben. Der Druck hatte zugenommen, auch dadurch, dass es diesen Völkern seit dem 15. Jahrhundert gelang, große Pferde südlich der Sahara zu züchten, sodass die Tiere nicht mehr durch die Sahara nach Süden gebracht werden mussten.

Der Historiker *Basil Davidson* weist nach, dass der antiafrikanische **Rassismus** um etwa 60 bis 100 Jahre jünger ist als die Versklavung von Afrikanern nach Portugal, Madeira, Cabo Verde und in die Neue Welt und erzählt hierzu eine interessante Geschichte: Zwei Neffen des Mali von Kongo sollten auf Einladung der englischen Königin zum Studium nach Kent reisen. Noch begegnete man sich mit Respekt auf gleicher Augenhöhe. Der Kapitän des Sklavenschiffs, auf dem sie mitfuhren, sah das anders und verkaufte die beiden in Jamaika. Daraufhin blockierte der Mali von Kongo den Handel mit Europa. Die englische Königin schickte Diplomaten mit ihrem schnellsten Schiff an den Hof des Mali, von dort nach Jamaika, um die jungen Männer wenige Wochen später in einem Empfang bei Hofe aufzunehmen. Nach zwei Jahren Blockade öffnete der Mali den Markt erneut. Aus späteren Dokumenten geht hervor, dass die beiden ihr Studium erfolgreich abschlossen und bei Hofe ein- und ausgingen. Auch findet sich ein Hinweis, dass sie sehr galant und gerne gesehen waren, vor allem bei den Hofdamen …

Im Zeitfenster zwischen dem Beginn der transatlantischen Sklaverei und dem antiafrikanischen Rassismus als staatlicher und religiöser Doktrin, das von 1460 bis höchstens 1540 reicht, entstanden **kreolische Kulturen.** Nach Cabo Verde folgten Handelsstationen rund um den afrikanischen Kontinent von Bissau über Freetown, Sierra Leone, Luanda, Moçambique, Kilwa und Mombasa. Erneut von Cabo Verde aus gelangten sie auf die Inseln der Karibik und nach Brasilien. Da die Portugiesen die ersten waren, waren sie stärker beteiligt als die später folgenden Kolonialmächte. Aber auch die Franzosen haben kreolisiert, u.a. in Lousiana. Die Spanier hingegen standen in der Tradition der Inquisition und waren schneller bei einer rassistischen Doktrin. Sie kreolisierten nicht, sondern erließen ein Sklavenhandelsgesetz, nach dem das Zusammenleben verboten war und männliche und weibliche Sklaven in gleicher Zahl eingekauft werden sollten. Die Engländer und Holländer kamen später.

Zu **Beginn des Formungsprozesses** der Kultur waren nur wenige Besitzer mit einer freien Frau verheiratet und hatten daneben Kinder mit Sklavinnen im Interesse der Firma, ihrer selbst oder aus Zuneigung. Die überwiegende Mehrheit lebte nur mit versklavten afrikanischen Frauen.

Da in Cabo Verde zu dieser Zeit **nur Santiago** (und in winziger Zahl Fogo) mit Europäern besiedelt war, stand die Wiege der kreolischen Gesellschaft de facto auf Santiago. Hier waren die **Vorbedingungen** zur Entstehung einer kreolischen Kultur und Sprache über lange Zeit gegeben: 1. Abwesenheit oder fehlende Kontrolle einer rassistischen Doktrin; 2. bunt zusammengewürfelte Minderheiten mit so großer Sprachvielfalt, dass sie sich untereinander nicht verstanden und nur über Sprachbrocken ihrer Herren verständigen konnten; 3. Isolation, die verhinderte, dass die ent-

Forte San Filipe in Cidade Velha/Santiago

stehende Kultur und Sprache sofort assimiliert wurden.

Für den Soziologen interessant ist das Phänomen, dass die ausschließliche Beziehung mit Sklavinnen den Besitzer **ohne freie Kinder** ließ. Bei allen kurzfristigen Vorteilen für ihn und seinen Betrieb war der Fortbestand des Betriebs, seine Ausweitung und die Versorgung im Alter nicht zu sichern. Auch dem menschlichen Bedürfnis, sich in einen bleibenden historischen Kontext, in eine Familie zu integrieren, widersprach dies. Ein Ausweg bestand nur in der **Freilassung**, und die Besitzer-Väter fanden Wege, sie durchzusetzen.

Leider ist bisher viel zu wenig Literatur zum **Selbstverständnis der ersten Generationen** aufgearbeitet. Was dachten die Siedler, Deportierten und Seeleute in der Zeit der kapverdischen Kreolisierung? Was bestimmte ihre Träume und Hoffnungen? Was fühlten sie? Bekannt ist, dass ein großer Teil **„Neue Christen"** waren. So nannte die Inquisition die zum Christentum gezwungenen **sefardischen Juden** (hebr.: *sefarad* = Spanien) und **maurischen Muslime**. Aus Spanien wurden im Jahr 1492 300.000, nach anderen Quellen 800.000, Juden binnen drei Monaten verbannt, von denen schätzungsweise ein Drittel nach Portugal floh. Diese Menschen kamen aus einer 750-jährigen Tradition des vergleichsweise toleranten maurischen Vielvölker- und Vielreligionenstaats und hatten zum Teil ein hohes Bildungsniveau. Selbst die Tradition der Skaverei, die sie mitbrachten, hatte wenig gemein mit dem völlig menschenverachtenden Umgang, der sich im transatlantischen Sklavenhandel ausbildete. Ein maurischer Sklave wurde als Mensch gesehen, hatte einige Rechte, die er auch gegenüber seinem Herrn einklagen konnte. Freilassungen waren häufig und ehrten den ehemaligen Besitzer in der Gesellschaft und vor Gott. Es gibt einige Beispiele ehemaliger Sklaven, die nach Freilassung in kurzer Zeit in hohe staatliche Ämter aufstiegen, was folgern lässt, dass sie zuvor nicht nur die Zuckermühle getreten haben.

Inwieweit war es möglich, der zunehmend **rassistischen Staats- und Kirchendoktrin** zu entgehen? Die Mächtigen und Reichen konnten es sich leisten, der Diskriminierung ihrer afrikanischstämmigen Verwandtschaft ungestraft zu widersprechen. Für die Armen mag es schwieriger gewesen sein, Liebe und Respekt offen zu zeigen. Gab es sie deshalb nicht?

Die gerne verbreitete Meinung, das portugiesische Kolonialsystem sei nicht rassistisch gewesen, ist schlechte Geschichtsklitterung. Spätestens seit dem Jahr 1500 waren koloniale Obrigkeit und Kirche zutiefst besorgt über die Tatsache, dass hier ein Mischvolk von *mulatos* heranwuchs und noch dazu eines, das sich in seiner vielfarbigen Eleganz gefiel. **Die faktische Polygamie, lockere Moral und das Zusammenleben der Rassen** wurden als die Sünden verstanden, für die Cabo Verde mit verheerenden Dürren, Piratenüberfällen und Epidemien gestraft wurde. Doch die kreolische Kultur war bereits stärker als die eilig eingeleiteten Gegenmaßnahmen. Wie wirksam ist ein Gesetz, wenn es sich der Großgrundbesitzer *Baltazar Correa* 1548 erlauben kann, seinen kreolischen Kindern *Baltazar, Laurenço, Maria* und *Bastiam* riesige Ländereien testamentarisch als Capela do Pico Vermelho zu überschreiben? Das Zusammenleben mit der kapverdischen Sklavin *Catrina* in Lissabon brachte ihm zwar zwei Jahre Verbannung ein, doch sein Testament wurde respektiert, hatte er doch auch die Kirche begünstigt durch die Verpflichtung seiner Kinder, regelmäßig Messen lesen zu lassen. Wie glaubhaft ist ein Dekret, wenn der Gouverneur *Zuzarte* (bis 1751) in der ersten Kirchenbank zwischen seiner afrikanischen Frau und den gemeinsamen Kindern sitzt, die er wie frei und ehelich behandelt? Wie glaubhaft ist die Moralpredigt, wenn der katholische Priester *Nicolau* aus Ribeira Grande sich tagtäglich als Frauenheld profiliert und entgegen des Zölibats 54 (bekannte) Kinder hinterlässt? Wie sündig ist die Polygamie, wenn der Richter und Vorsitzende des Christlichen Ordens, *Dr. José da Costa Ribeiro*, mit sechs Sklavinnen lebt, die er am Ende seiner Mission alle mit nach Lissabon nimmt? Und die weißen Frauen, die man aus den Gefängnissen Portugals schiffsladungsweise herangeschafft hatte, um noch mehr *mulatos* zu verhindern, was geschah mit ihnen? Sie waren aus der Unterschicht und für die weißen Siedler wenig attraktiv, sodass sie sich kreolische Partner suchten und genau das taten, was sie verhindern sollten – sie brachten *mulatos* auf die Welt.

Aus der Tatsache, dass die rassistischen Eingriffe in eine kreolische Kultur letztlich nie dauerhaft funktionierten, lässt sich nicht schließen, dass Kirche und Staat sie nicht versucht hätten. Bis 1961 durften auch in Mindelo nur die Weißen mit Schuhen auf dem erhöhten Podest der Praça Nova wandeln, während die barfüßigen Schwarzen unten zu bleiben hatten. Selbstverständlich waren einige der armen „Schwarzen" deutlich hellhäutiger als viele der reichen „Weißen". Das tat dem Prinzip keinen Abbruch.

Die **Jesuiten** kamen den antirassistischen Bedürfnissen der kreolischen Gesellschaft entgegen und halfen, sie zu stabilisieren. Sie widersprachen der kirchlichen und weltlichen Ideologie ihrer Zeit diametral in einem Ansatz, der viele Elemente moderner Menschenrechtsdiskussion vorwegnahm. Ihre Politik entschärfte die in Familien unerträglichen

◁ Karnevalstänzerin in Mindelo

sozialen Kontraste einer Sklaven haltenden Gesellschaft. In ihren Schulen, von denen sie mehrere in Cabo Verde gründeten, saßen freie und unfreie, weiße und dunkelhäutige Kinder und lernten gemeinsam lesen und schreiben. Sie setzten durch, dass alle Sklaven an den Messen teilnehmen konnten. Und das kreolische Zusammenleben ohne Rassismus muss ihnen gefallen haben. Der berühmte Jesuitenpater *António Vieira* schrieb 1652 in sein Kap-Verde-Tagebuch: „Sie sind schwarz, doch das ist auch alles, worin sie sich von Europäern unterscheiden. (…) Es gibt hier Pfarrer und Domherrn, so schwarz wie Pech; aber sie sind so ernsthaft, so glaubwürdig, so gelehrt, so gute Musiker, so zurückhaltend und so wohlerzogen, dass die (Pfarrer), die wir in unseren Kathedralen haben, vor Neid erblassen können." Unter dem Einfluss der Jesuiten wurde die **testamentarische Freilassung** zum gängigen Brauch auf Santiago. Ihr wagten sich weder Staat noch Kirche zu widersetzen.

Die Badios von Santiago

„Badio" leitet sich ab vom portugiesischen „vadio" (flüchtig, entlaufen), und die Badios stehen in der Tradition eines **„Volks von Flüchtlingen".** Sklaven und Gefangene, Verelendete und wer sonst noch ein Motiv zum Weglaufen sah, nutzten die Gelegenheiten von Piratenangriffen, Hunger und Dürre, um ins Inselinnere zu fliehen. Sie bildeten dort Gemeinschaften mit einem ausgeklügelten System von Fluchtwegen und Verhaltensweisen, die davor schützten, von Soldaten oder Sklavenfängern wieder eingefangen zu werden. Sie blieben beim christlichen Glauben, da ihnen aber die Kirchen verwehrt waren, hielten sie den Gottesdienst unter freiem Himmel ab. Laienprediger aus ihrer eigenen Mitte schienen ihnen glaubwürdiger als europäische Profi-Priester, die Teil des Systems des Sklavenhandels waren. Mit dem Ende der Sklaverei wurde die Badio-Kultur zur allgemeinen Kultur auf der Insel, und die gestandenen Einheimischen nannten sich mit einem gewissen Stolz alle Badios.

Die Kapverdianer wurden in der Kolonialzeit gelehrt, dass Afrika keine Geschichte vor der „Entdeckung" habe, und begannen, nach ihrer **Identität** zu suchen. Junge Intellektuelle beschäftigten sich ab den 1930er Jahren verstärkt mit der Kultur der Badios. Unterdrückt von der politischen und benachteiligt durch die wirtschaftliche Struktur, aber frei in ihrer Identität, wurden die Badios und ihre Musik zu einem Symbol kapverdischer Authentizität.

Die Badios sind bis heute der **Kern der Bevölkerung Santiagos.** Sie haben viele Elemente afrikanischer Kultur in die kreolische hinübergerettet und sehr bewusst bewahrt: Sklaven- und Pächterrebellionen umgaben sie mit einem Mythos, der zwischen Verachtung und Bewunderung schwankte. Die portugiesischen Autoritäten gingen soweit, ihnen den „afrikanisch primitiven" Batuco (Musik- und Tanzform) zu verbieten. In Unwissenheit über ihre eigenen Wurzeln, haben sie das „Colá São João" gleich mit verboten, obwohl die Figuren, der Rhythmus, die Pfeifen und Trommeln aus Portugal stammen und auch die Choreographie zu früheren Zeiten bereits in Portugal heimisch war. Die Identität

Die Rabelados – eine Glaubensgemeinschaft

Die Rabelados sind mit rund 2000 Mitgliedern eine **religiöse Minderheit im Norden von Santiago.** Betrachtet man Santiago als Wiege der kreolischen Sprache und Kultur, dann nimmt nicht wunder, dass auch in Religion und Seelsorge eigene, kreolische Formen entstanden.

Geschichte

Padres da terra, einheimische katholische Priester, die ihre Ausbildung zumeist am Seminar-Gymnasium auf São Nicolau (1866–1917) genossen hatten, versorgten die ländliche Bevölkerung bis zur abgelegensten Bergrippe. Sie ritten auf Eseln zu ihren Gemeinden und bildeten unter den Gläubigen Katechisten aus, um die abgelegenen Gemeinden jederzeit betreut zu wissen. Der Priester kam selten, doch blieb er für mehrere Tage, zelebrierte Taufen und Beerdigungen, Hochzeiten, Trauer- und Festgottesdienste.

Die *Padres da terra* lebten fast alle mit ihrer Frau als kinderreiche, sittenstrenge Familie. Die Kinder erhielten die bestmögliche schulische und musische Ausbildung. Die Ähnlichkeit mit evangelischen Pastorenfamilien der Zeit ist verblüffend, wie Kinder von Priestern wie der erste Staatspräsident *Aristides Pereira* berichten.

Die **Katechisten** alleine vertraten die römisch-katholische Kirche somit über Monate und Jahre. Sie tauften *(fazé cristom),* verheirateten, beerdigten nach liturgischen Regeln, welche sie von den *Padres da terra* erlernt hatten, in denen aber auch ältere Elemente des Kults und der ausgeprägten Volksfrömmigkeit der Badios ihren Platz hatten, z.B. Vespera, Ladainhas, Novenas und Staçons.

Der Trauergottesdienst **Vespera** wird am siebten Tag post mortem gefeiert und nach einem Monat und einem Jahr wiederholt. Die **Ladainhas** für einen Verstorbenen oder zum Lob eines Heiligen werden lange vorbereitet. Eine Familie lädt ein und versorgt die Gäste (mindestens sieben). Der Ablauf folgt einer für die Christianisierung der Sklaven überlieferten Folge von Gebeten und Wechselgesängen, die eine ganze Nacht dauern. Die katholische Kirche vor Ort hatte einen eigenen, lokal angepassten Weg eingeschlagen mit starker Partizipation der Katechisten, die meist die einzigen vor Ort waren, die Lesen und Schreiben beherrschten. Gedruckte Texte waren nur ausnahmsweise verfügbar: Bibeln, die ältesten aus dem 18. Jahrhundert, Gebete wie „Vater Unser", „Avé Maria", „Glória Patri" und einige nicht-religiöse Texte wie der im 19. Jahrhundert in Südeuropa weit verbreitete „Ewige Mondkalender".

Die Kolonialmacht Portugal und der Vatikan begriffen die **kreolische Realität** der Kirche in Cabo Verde als Problem. In den Zeiten der ersten portugiesischen Republik (1910–1926) mit klarer Trennung von Staat und Kirche verstärkte sich die Isolation der abgelegenen Gemeinden. Unter der *Ditadura Nacional* (1926–1933) wurde die Kirche 1928 zwar wieder in ihre alten Privilegien eingesetzt, dennoch waren Ende der 1930er Jahre zwei Drittel der Pfarreien unbesetzt und die meisten *Padres da terra* im Rentenalter. Tarrafal de Santiago hatte für drei Jahrzehnte keinen Priester.

So blieb es dem streng katholischen Diktator **Salazar** vorbehalten, für finanzielle Mittel und priesterliches Personal zu sorgen. Und sein Regime tat es zu zwei Anlässen, präzise zu Zeiten, als in Lissabon die Angst umging, die Badios könnten Agenten oder Revolutionäre sein, oder solche verstecken, oder versorgen oder …

Einmal ab 1940, als die Neutralität Portugals und seiner Kolonien im Zweiten Weltkrieg in Frage stand. Sowohl die (atheistischen) Nazis, mit denen *Salazar* nicht in den Krieg ziehen wollte, als auch die Briten und Amerikaner, von deren Märkten Portugal wirtschaftlich abhängig war, wollten die portugiesischen Atlantikinseln (Azoren und Cabo Verde) militärisch nutzen.

Und erneut Anfang der 1960er Jahre, als *Salazar* sein Reich durch die Unabhängigkeitsbewegungen bedroht sah. Erneut wurden Mittel und Personal bereitgestellt, um Santiago genauer zu überwachen.

Wie mit *Mussolini* und *Hitler* schloss der Heilige Stuhl auch mit *Salazar* einen Staatsvertrag, eine **Concordata.** Hatte die Kollaboration mit *Mussolini* es 1929 erlaubt, die sogenannte Römische Frage zu lösen und den 1870 in die italienische Republik übergegangenen Vatikanstaat wieder auf die Landkarte zu bringen, mag in den Verhandlungen um das Reichskonkordat mit *Hitler* (1933) außer der Unverträglichkeit der Kirche mit jedweden sozialistischen Bestrebungen auch eine Rolle gespielt haben, die katholischen Organisationen vor der Gleichschaltung zu schützen. Für *Salazar* (1940) kamen zur absoluten Loyalität gegenüber der katholischen Kirche noch kolonialpolitische Motive hinzu. Die Concordata gab Missionaren anderer Nationen das Recht, die Badios zu missionieren.

1941 trafen auf Santiago Priester ein, Angehörige der Missionsgesellschaft vom Heiligen Geist unter dem Schutz des Unbefleckten Herzens Mariens, kurz **Spiritaner.** Seit dem frühen 18. Jahrhundert war der Männerorden in der Seelsorge für Pflanzer und Sklaven in den französischen Kolonien und auch in Deutsch-Ostafrika aktiv und meinte, nach dem gleichen erzkonservativen Muster zwangsweiser Erstevangelisierung vorgehen zu müssen. Die Spiritaner sahen in den *Padres da terra* und den Katechisten Ungläubige *(increntes),* denen sie „heidnischen Aberglauben" unterstellten.

Als Missionsorden in den Tropen trugen die Spiritaner eine weiße Soutane *(batina branca)* und benutzten Pferde, Motorräder und Autos, für die Badios **Zeichen der Anmaßung** – nur der Papst geht weiß gekleidet – und des intimen Paktierens mit der seit Jahrhunderten argwöhnisch beäugten und zu meidenden Verwaltung und Polizei. Tausende der Badios im Norden Santiagos zogen die traditionellen religiösen Formen vor und lehnten es ab, die Messen der neuen Priester zu besuchen.

Ging es den *Padris di batina branca* um das Tragen von Amuletten, um das Sich-Bekreuzigen vor Alltagsverrichtungen, um das Ende der Angst vor Geistern? Oder war den Spiritanern die Laienpredigt, die selbstständige Organisation des Gottesdienstes durch die Gemeinden der eigentliche Grund, weshalb sie mit Zwang, Denunziation und der politischen Polizei gegen die *Increntes* vorgingen?

Nie hatten die verfolgten Badios eine Heiligenfigur zerbrochen oder einen Marsch auf Praia gewagt oder einen Priester angegriffen. Und doch wurden sie zu *rebelados* gestempelt, in amtlichen Berichten häufig als *rebeldes* (Rebellen) bezeichnet. Nur in der eigenen Gruppe nannten sie sich **Rabelados,** mit „a" geschrieben, was man sowohl mit „Die, die sich auflehnen" als auch mit „Die Erleuchteten" übersetzen kann. Menschen, die sich immer als Teil der römisch-katholischen Kirche verstanden hatten, wurden ausgegrenzt, verhaftet, gefoltert, auf andere Inseln verbannt.

Aus Katechisten hervorgegangene Chefs wie *Nhonhó Landim* aus Palha Carga, *Nho Fernando* und später dessen Sohn *Nho Agostinho* in Espinho Branco leit(et)en ihre Rabelado-Gemeinden ohne hierarchische Strukturen und Regeln. Ihren Entscheidungen gehen Gespräche mit allen Familien voraus, um einen **Konsens** zu finden. Hier mag noch die Tradition des afrikanischen Dorf-Palavers aufleuchten.

1962: Priester, PIDE und DDT

Mit großer Sorge hatten das Salazar-Regime und auch der konservative Kern der Kirche die **Dekolonisation Afrikas** beobachtet. Anfang 1958 hatten sich die Menschen in Guinea-Conakry per Volksentscheid für die Unabhängigkeit von Frankreich ausgesprochen und, in diesem Zusammenhang zu erwähnen, die Spiritaner ausgewiesen. 1960 wurden weitere 13 Länder Afrikas unabhängig.

In Cabo Verde begann eine **konzertierte Aktion gegen die Rabelados.** Eine Brigade zur Bekämpfung der Malaria ließ sich über die Priester ankündigen, nummerierte Häuser und wollte Namen notieren. Der Kern der Badios konnte nach bewährter Tradition, fünf Jahrhunderte diskriminiert und zwei Jahrzehnte als Rabelados verfolgt, nichts anderes antworteten als „Rabelado, Gottes Kind". Die Menschen wurden nicht informiert und aufgeklärt, stumpfer Gehorsam wurde eingefordert, mit dem Ergebnis, dass es zu Verdächtigungen kam: Wozu wollten die portugiesischen Wissenschaftler Blut von Menschen und von Affen abnehmen, wenn nicht für einen teuflischen Plan? **Priester, Politische Polizei und die Malariabrigade** traten gemeinsam an, um Häuser auf verdächtige Gegenstände, Waffen, Bücher und Propagandamaterial hin zu filzen. Danach wurden die Wohnstätten gegen den Willen der Bewohner innen mit DDT ausgesprüht. Priester bauten ihren Altar meist provokant vor dem Haus eines bekannten Rabelado auf; widersetzte er sich, wurde er bestraft. „Rädelsführer" wurden verhaftet und teils unter Folter verhört, auch in den Häusern der Spiritaner, die sich an den Misshandlungen beteiligten, indem sie Teufelsaustreibungen vorgaben. Rund 70 Rabelados mussten in Tarrafal Hunger, Hitze, Durst und Schlafenzug, Elektroschocks und das Stillstehen als „Statue" bis zu 52 Stunden über sich ergehen lassen.

„In unserem Dorf (...) wurde *Maninho* Anfang der 1960er Jahre von der PIDE, der portugiesischen politischen Polizei, öffentlich misshandelt. Sie banden ihn an einen Baum und besprühten ihn über und über mit DDT, mitten in der Anti-Malaria-Kampagne. In seinen verzweifelten Schreien beschuldigte *Maninho* sie als Teufelsanbeter. Da wurde auch ich zum Rabelado." (Interviewtext nach *Edith Muñiz*)

Die Rabelados mieden die Obrigkeit und lehnten alles Moderne ab, das sie für Teufelswerk hielten. Sie befolgten wieder strenger die **alten und bewährten Regeln:** bei Bedrohung Rückzug in Gebirgsverstecke, *Djunta Mon* (Nachbarschaftshilfe) bei Feldarbeit und Hausbau, keine Arbeits- oder Pachtverhältnisse, kein Schulbesuch, keine Namensnennung, keine Ausweise. In der Tradition entlaufener Sklaven schliefen sie nicht in Häusern von Nicht-Rabelados, tranken oder aßen dort auch nichts, denn dies waren Gelegenheiten, betrunken gemacht und überrumpelt zu werden. Die Rabelados haben die mit DDT „behandelten" Häuser nicht wieder bezogen, sondern wohnen seither in *funcos* aus Meerrohr *(cana de carice)* in Espinho Branco, Biscainho, Lagoa Gémea und Achada Bel-Bel.

Entwicklungen der Folgezeit

Salazars „Estado Novo" fand sein Ende mit der Nelkenrevolution am 25. April 1974 in Portugal. Der Weg zur parlamentarischen Demokratie war frei. Die **Katholische Kiche** vollzog im Zweiten Vatikanischen Konzil (1962–1965) eine Kursänderung: respektvolle Zusammenarbeit mit anderen christlichen Kirchen (Ökumene), Billigung demokratischer Grundrechte wie der Religionsfreiheit in staatlichen Verfassungen, Dialog mit Anders- oder Nichtgläubigen, Definition des Priesters mehr als Hirte denn als Herrscher.

Der oberste Spiritaner im sich dekolonisierenden Westafrika, **Marcel-François Lefebvre,** Erzbischof von Dakar seit 1955, begegnete den Neuerungen des Konzils mit fundamentalistischer Abscheu. Er bezeichnete *Salazar, Franco, Pinochet* und die argentinische Junta als „in religiösem Sinne vorbildlich", wetterte gegen Religionsfreiheit und Menschenrechte als Weg zur Hölle. Er gründete eine ultrakonservative Gegenorganisation, die **Piusbruderschaft.** Eine Kommission von Kardinälen befand die Ziele der Piusbruderschaft für unvereinbar mit der katholischen Lehre, und *Lefebvre* wurde von seinen kirchlichen Ämtern suspendiert. Als er dennoch weiter Priester und Bischöfe weihte, wurde er exkommuniziert.

Fidjos de Rabelado – eine neue Generation

Die **Annäherung** von Rabelados und offizieller Politik erfolgte langsam, vorsichtig und über Umwege. Als die Rabelados in den 1970er Jahren Opfer einer Polio-Epidemie wurden, verhandelten die Gesundheitsdienste über eine Teilnahme an Impfprogrammen. Der Staat kam ihnen entgegen, ermöglichte Personal- und Impfausweise ohne Nennung der Namen, und man fand auch für die Schwangerenvorsorge einen Weg für Frauen die sich als „Rabelada, Gottes Kind" oder „Maria Testemunha" bezeichnen.

Die Künstlerin *Misá,* im Alter von elf Jahren in die USA ausgewandert und 23 Jahre später nach Santiago zurückgekehrt, wandte sich den Rabelados zu, lernte viel über sie, die Badios und über ihre eigenen Wurzeln. Sie gründete eine „Schule des Lebens"; Lesen und Schreiben stand nicht auf dem Lehrplan aber Malen, Werken, Singen und Musizieren. In den 1990er Jahren freundeten sich Journalisten und Kameraleute mit Rabelados an. Mit einem Konzert in Praia und einer CD ihrer Litanias traten sie aus der Isolation. Selbstverständlich gab es Grundsatzdiskussionen, als 2007 junge Rabelados nach Madrid fliegen wollten, um ihre Werke auf der Messe für zeitgenössische internationale Kunst vorzustellen – doch sie flogen.

Der charismatische Chef der Gruppe von Espinho Branco, *Agostinho Gonçalves,* starb im November 2006; Nachfolger wurde sein Sohn **Tchetcho.** Er lud den Ministerpräsidenten ein, um zu sondieren, wie die Rabelados an der Entwicklung teilnehmen könnten, ohne ihren Glauben und ihren Gemeinsinn aufzugeben. Kunst als Ausdruck der historischen und spirituellen Identität war Teil dieser Strategie. Doch *Tchetcho* konnte die an ihn gestellten Erwartungen nicht erfüllen: Alkoholmissbrauch und fortgesetzte häusliche Gewalt brachten ihn hinter Gitter.

Heute führt die junge Generation der Fidjos de Rabelado ein Leben, das ihrer Geschichte als Verfolgte eines totalitären Regimes, ihrem Glauben und der modernen Gesellschaft gerecht wird. Nach Boa Vista oder Praia zu gehen, um dort zu arbeiten, ist kein Tabu mehr. Kinder gehen auf die Schule, wo sie überdurchschnittlich gut abschneiden. Die erste Fidja de Rabelado studiert an der Universität.

Weiterführende Literatur

■ **Monteiro, Júlio J.,** *Os Rebelados da Ilha de Santiago de Cabo Verde, Elementos para o estudo sócio-religioso de uma comunidade.* Lisboa 1974

■ **Ascher, Françoise,** *Os rabelados de Cabo Verde – Historia de una revolta.* L'Harmattan, Paris 2011

■ **Muñiz, Edith Lasierra/Bargados, Alberto López,** *Fidjos de Rabelado: Arte y lógicas de contestación en la isla de Santiago de Cabo Verde.* Edicions Bellaterra, Barcelona 2012

der Badios drückt sich in ihrer Musiktradition aus, in Batuco, Finançon, Funaná und Tabanca (s.a. „Kunst und Kultur/ Musik"). Die Gruppe der **„Rabelados"** steht am stärksten in dieser Tradition (siehe Exkurs).

Die Sampadjudos im Rest des Archipels

Erst dank der **Arbeitsprogramme** in Hungersjahren lernten die Badios Menschen von den anderen Inseln in größerer Zahl kennen und nennen sie bis heute „Sampadjudo". Mitunter hört man, dies sei eine Verballhornung von „são para ajudar", sprich „sie kamen, um zu helfen". Die Arbeitsprogramme waren sprachlich zu Hilfsprogrammen *(ajuda)* geschönt worden. Die Hungernden, insbesondere von São Nicolau, kamen nach Santiago zum Straßenbau, wo es noch etwas zu essen gab. Wahrscheinlicher ist, dass ein Verwalter dieser Programme, *Sr. Sampajo Ajuda,* seinen Namen für sie gegeben hat. Egal: Ein Kapverdianer, der kein Badio spricht, ist und bleibt ein Sampadjudo.

Demografie

Historische Demografie

An **kleinen Inselstaaten** mit bekannter Entdeckungsgeschichte wie Island und Cabo Verde pflegen Demografen die Prinzipien ihrer Wissenschaft zu vermitteln. Zwar können die Kapverdianer nicht wie die Isländer den ersten Bürger mit Namen benennen und die Entwicklung der Bevölkerung haarfein über 1200 Jahre verfolgen, aber der Name der ersten Besitzer und regelmäßige Zählungen über 550 Jahre sind noch immer eine ungewöhnlich gute Basis. Unter den Beispielen historischer Demografie finden sich andere **Sklaven haltende Staaten,** in denen das Zählen der Bevölkerung Teil der Kontrolle über die Sklaven und der auf den Besitz von Sklaven geforderten Steuern war.

In den Jahren vor der Entdeckung Amerikas und der Auslöschung des Maurenreiches in Spanien (1492) wuchs die Bevölkerung nur sehr langsam. Aus dem Dutzend Soldaten, die ab 1461 die Stellung in Ribeira Grande halten sollten, waren bis 1510 erst 190 Bewohner geworden, davon 30 Sklaven. Trotz des boomenden Sklavenhandels lebten auch 1580 nur etwa 2000 Freie mit 14.000 Sklaven auf den Inseln. Es sollte noch bis etwa 1800 dauern, bis 50.000 Einwohner erreicht waren.

Wie der oberen Grafik auf Seite 521 zu entnehmen ist, nahmen die **Hungersnöte** von Jahrhundert zu Jahrhundert in ihrer Häufigkeit und in der Zahl der Opfer stetig zu. Die schlimmsten fanden im 20. Jahrhundert statt, zu Zeiten, in denen Portugal technisch durchaus in der Lage gewesen wäre, das kleine Cabo Verde mit damals weniger als 200.000 Einwohnern zu ernähren. Stattdessen wurde das Problem vor anderen Staaten mit humanitärem Anspruch vertuscht und versteckt. Es wäre sicher nicht schwierig gewesen, Hilfe zu organisieren, wenn sie die Kolonialisten schon nicht selbst geben wollten, gab es doch schon die Erfahrung aus den Hungersjahren von 1830–32, in denen die Amerikaner 13 (!) Schiffe mit Lebensmitteln geschickt hatten. Stattdessen wurden mit ungeahn-

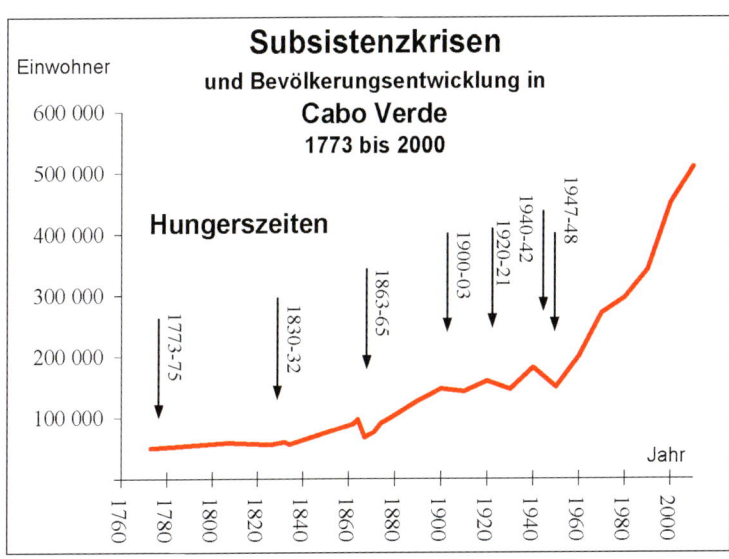

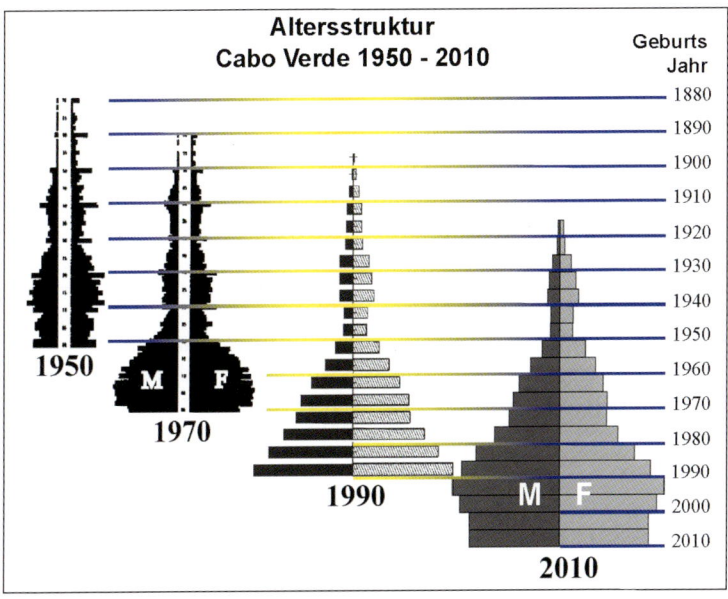

Subsistenzkrisen
und Bevölkerungsentwicklung in Cabo Verde
1773 bis 2000

Hungerszeiten

- 1773-75
- 1830-32
- 1863-65
- 1900-03
- 1920-21
- 1940-42
- 1947-48

Altersstruktur Cabo Verde 1950 - 2010

1950, 1970, 1990, 2010

Einwohnerzahlen und Altersstruktur in Korrelation zu Hungersnöten (© Reitmaier)

tem Zynismus kleine Haushaltsposten verabschiedet – um die Friedhöfe zu erweitern. Allein die Hungersnot um 1940 führte zum Tod von ca. 30.000 Kapverdianern.

1950 gleicht die **Alterspyramide** (siehe Seite 521, untere Grafik) der eines jungen Industrielandes. Die Kinder der 1940er waren zum größten Teil verhungert, die über 50-Jährigen ebenso. Verfolgt man die Altersgruppen über die folgenden Jahrzehnte, dann zeigt sich, dass es die am stärksten vom Hunger betroffenen Jahrgänge waren, die später emigriert sind – die der 1940er und 1950er Jahre. Zurück bleibt eine Gesellschaft, in der die 60- bis 70-Jährigen fast völlig fehlen. So nimmt es nicht Wunder, dass die Hälfte der Einwohner unter 22 Jahre alt ist. Der **Rückgang der Geburten** ist beeindruckend: Auf Santo Antão z.B. gibt es nur noch halb so viele Geburten wie in den 1980er Jahren. Die Zahl der Lebendgeburten pro Frauenleben insgesamt ist auf 2,5 gesunken (2010–2015). Die ländlichen Gegenden folgen etwas langsamer (2,9), die Städte gehen voran (2,4).

Aktuelle Demografie

Auf dem Land und in den Armenvierteln von Praia ist noch die Mehrgenerationenfamilie üblich, in den Städten des Barlavento hingegen dominiert die Nuklearfamilie: Mama, Papa, zwei Kinder.

Wie im Kapitel zur kapverdischen Familie ausgeführt wird, kennen kreolische Kulturen **viele Formen des Zusammenlebens von Mann und Frau.** Über die Hälfte der Erwachsenen bezeichnet sich als ledig, etwa ein Viertel lebt mit einem Partner, ohne verheiratet zu sein *(união de facto),* weniger als ein Fünftel ist verheiratet. Die Badio heiraten deutlich häufiger in jungen Jahren als die Sampadjudo.

Die **Säuglingssterblichkeitsrate** ist der häufigst zitierte Indikator für den Gesundheitszustand einer Gesellschaft. In den ersten fünfzehn Jahren der Unabhängigkeit ist sie erstaunlich rasch gefallen: auf Santo Antão von 130/1000 Lebendgeburten (1970–75) auf 32 in 1983. Das Sotavento folgte sehr viel langsamer. Seit 2000 stagnierte sie auf allen Inseln bei Werten knapp über 20/1000. Erst im Jahr 2015 wurde dank neuer Anstrengungen in der Neonatologie (Neugeborenenmedizin) ein Wert von 17,5/1000 erreicht. Über 50% der Kinder, die das erste Lebensjahr nicht überleben, versterben in den ersten sieben Tagen, vor allem als Folge der Frühgeburtlichkeit und erheblicher Qualitätsmängel bei der Geburtshilfe.

Die **Lebenserwartung** stieg in den ersten zehn Jahren nach der Unabhängigkeit um beeindruckende 15 Jahre – da meinte so mancher, wenn das so weitergehe, müssten die Kapverdianer ewig leben … Heute liegt sie bei 79,9 Jahren für die Frauen und 71,5 für die Männer.

Die **Verstädterung** ist rasant: Drei Viertel der Kapverdianer leben heute in Städten. Es ist zum einen der **Reiz der Stadt,** die Hoffung auf einen Job, die besseren Bildungschancen und auch der höhere Unterhaltungswert der Stadt für Jugendliche, der anzieht. Andererseits treibt die Dürre in die **Landflucht.** Für ehemalige Bauernfamilien im Trockenfeldbau gibt es dort nichts mehr zu tun. Hinzu kommt eine rasche **ländliche Urbanisierung.** Die Familien geben das

Bevölkerung nach Inseln und Concelhos (Landkreisen)

© Reitmaier / Fortes

Zählung 2010 und Projektion 2015 (INE CV)

Insel/Concelho	Hauptort	Gesamt 2010	Männer	Frauen	Zuwachs 2000-2015	Gesamt 2015 Schätzung
Cabo Verde		491.575	243.315	248.260	21%	524.833
Santo Antão		43.915	23.117	20.798	-14%	40.547
Ribeira Grande	Cid. da Rª Grande	18.890	9.858	9.032	-21%	17.017
Paúl	Cid. das Pombas	7.032	3.846	3.186	-27%	6.099
Porto Novo	Cid. do Porto Novo	17.993	9.413	8.580	1%	17.431
São Vicente	Cid. do Mindelo	76.107	38.347	37.760	19%	81.014
São Nicolau		12.817	6.622	6.195	-8%	12.424
Rª Brava	Cid. da Rª Brava	7.580	3.888	3.692	*	7.182
Tarrafal	Cid. de Tarrafal de SN	5.237	2.734	2.503	*	5.242
Sal	Cid. dos Espargos	25.657	13.791	11.866	128%	33.747
Boa Vista	Cid. de Sal Rei	9.162	5.424	3.738	245%	14.451
Maio	Cid. do Maio	6.952	3.368	3.584	4%	6.980
Santiago		273.919	131.433	142.486	25%	294.362
Tarrafal	Cid. de Tarrafal de ST	18.565	8.400	10.165	2%	18.341
Santa Catarina	Cid. da Assomada	43.297	20.272	23.025		45.123
Santa Cruz	Cid. Pedra Badejo	26.609	12.855	13.754		26.360
Praia	Cid. da Praia	132.317	64.924	67.393		151.436
São Domingos	Cid. São Domingos	13.686	6.651	7.035		14.037
São Miguel	Cid. Calheta de S. Miguel	15.648	7.025	8.623		14.671
São Salvador do Mundo	Cid. dos Picos	8.677	4.066	4.611	*	8.652
São Lourenço dos Órgãos	Cid. João Teves	7.388	3.571	3.817	*	7.127
Rª Grande St	Cidade Velha	7.732	3.669	4.063	*	8.415
Fogo		37.051	18.239	18.812	-4%	35.837
Mosteiros	Cid. dos Mosteiros	9.524	4.666	4.858		9.364
São Filipe	Cid. de São Filipe	22.228	10.977	11.251		21.194
Stª Catarina	Cid. Cova Figueira	5.299	2.596	2.703	*	5.279
Brava	Cid. Nova Sintra	5.995	2.974	3.021	-16%	5.698

* Nach dem Jahr 2000 gegründete Landkreise

Quelle: INE Instituto Nacional de Estatistica, 2010, 2016

Haus auf dem abgelegenen Bergrücken auf und ziehen an die Straße. Sie pendeln in die Stadt, um zu arbeiten, um zu handeln, um zur Schule zu gehen. Sie wohnen weiter im ländlichen Raum, aber sie leben ein städtisches Leben mit neuen Möglichkeiten. Ihr Verhalten und ihre Gesundheitsrisiken unterscheiden sich kaum von denen der Städter.

Brava, São Nicolau und Santo Antão stagnieren in ihrer **Bevölkerungsentwicklung** seit Jahrzehnten bzw. leiden sogar unter Abwanderung. São Nicolau und Brava haben die Einwohnerzahlen vor der Dürre der 1940er Jahre nie wieder erreicht. Boa Vistas Bevölkerungszahl ist wegen des Baubooms im Strandtourismus um mehr als das Doppelte angewachsen, und auch auf Sal nahm die Bevölkerung gewaltig zu. Gut die Hälfte der Bevölkerung lebt auf Santiago.

Emigration

In der Einleitung haben wir erklärt, wie wenig man den kapverdischen Schmetterling zu erkennen vermag, so lange man nur auf den unscheinbaren Körper der Inseln starrt.

Zu den **550.000 Einwohnern** Cabo Verdes (491.575 in der Volkszählung von 2010) kommen große Auslandsgemeinden hinzu. Was ein Kapverdianer ist, weiß nur der Kapverdianer selbst. An der Hautfarbe, am Pass, an der Sprache kann man ihn nicht erkennen. Bei den Nachfahren von Kapverdianern in Lissabon und noch mehr in Boston haben wir oft gehört, dass sie sich selbst als Portugiesen und Amerikaner verstehen. Andere sind der Meinung, Kapverdianer zu sein, auch wenn ihre Nationalität eine andere ist. Die Zahl der Menschen, die im Ausland leben und sich als Kapverdianer verstehen, wird auf mindestens **750.000** geschätzt. Damit gibt es weltweit rund 1,3 Millionen Kapverdianer.

Wann man den **Beginn der kapverdischen Emigration** ansetzt, ist eine **Frage der Definition**. Muss ein Mensch freiwillig seinen Wohn- und Arbeitsort wechseln, um ein Emigrant zu sein? Ist nicht auch ein Sklave, der von seiner Familie getrennt und aus seiner Kultur heraus verschleppt wird, ein Emigrant? Wie fließend sind die Übergänge zwischen einem Sklaven, der wegen der Dürre verkauft wurde, und einem, der aus „freier" Entscheidung dem Verhungern entging? Die Verhungernden von Maio haben den Unterschied kaum gesehen, als sie in die Sklavenschiffe nach Barbados stiegen. Denn es gab keinen Unterschied. Auch die Freien mussten sich für zehn Jahre in die Sklaverei verkaufen, um einen Platz zu ergattern. Sie wurden auf Barbados gegen Zuckerrohrmelasse eingetauscht, aus der in Boston Schnaps gebrannt wurde. Und in den letzten Tagen des Kolonialismus – wo war der Unterschied zwischen dem Zwangsarbeiter und dem, der mit knurrendem Magen einen Arbeitsvertrag unterschrieb für Plantagenarbeit in São Tomé? 50% des Lohns sollte er verbrauchen dürfen, 50% sollten auf ein Sparkonto fließen und ihm nach Rückkehr in Cabo Verde ausbezahlt werden. Freier Transport hin und zurück. Zigtausende haben 1974 auf den Rücktransport gewartet. Er kam bis heute nicht, genauso wenig wie die zweite Hälfte des Lohns. Auf eigene Faust sind sie geflohen bis in die Slums von Lissabon, als „Portugiesen" mit portugiesischen Arbeitspapieren aus der „Província". Jahre später hat man sie nach einem Pass gefragt und ihnen keinen gegeben, sondern an die Botschaft Cabo Verdes verwiesen mitsamt ihren Kindern, die nie kapverdischen Boden betreten hatten. Aus Kontrakt- und Zwangsarbeiterfamilien wurden „Illegale", während die „Legalität" der Umstände, unter denen ihre Odyssee begann, nie zur Debatte stand. Kein einziger Kommandant und Folterer von Tarrafal, keiner der brutalen PIDE-Geheimpolizisten in Cabo Verde wurde je von einem portugiesischen Gericht verurteilt. Immerhin hat Portugal die meisten „Illegalen" in den 1990ern legalisiert. Auch war die EU vergleichsweise großzügig bei der Finanzierung von Wohnraum, weil von Slums belegte Flächen für den Autobahnbau benötigt wurden. Kapverdische Historiker gehen ähnlich pragmatisch vor und sparen sich den zynischen Luxus der Unterscheidung, sodass der Beginn der Emigration und der kapverdischen Diaspora mit dem Ursprung der Nation zusammenfällt.

Die Verbreitung der kreolischen Kultur durch den Verkauf von Sklaven, die in Cabo Verde heimisch waren, ist bisher nicht genauer untersucht.

Sehr genaue Angaben hingegen gibt es über die Zahl der nach **São Tomé** und in andere Kolonien verbrachten Landarbeiter. 1863 gab die portugiesische Regierung die Anordnung, mindestens 1000 Frauen und Männer nach São Tomé zur Zwangsarbeit auf Kakao- und Kaffeeplantagen zu schicken. Die Entsendung erreichte in den 1940er Jahren

◁ Standbild zu Ehren der Emigranten in Porto Novo (Santo Antão)

ihren Höhepunkt und endete erst kurz vor der Unabhängigkeit, 1973.

Zwischen 1825 und 1875 legten rund 100 **Walfangschiffe** jährlich an den Inseln an, um sich mit Material, Lebensmitteln und Arbeitskräften zu versorgen. Junge Fischer aus São Nicolau und Brava, an den Tanz im Bug winziger Boote gewohnt, heuerten als Walfänger an. Mit ein paar Habseligkeiten und vielen Träumen im Gepäck kamen sie in die Häfen New Englands. Nordamerika suchte tüchtige und billige Arbeitskräfte. In der ersten Zeit kamen etwa 100 Kapverdianer jährlich. Später stieg ihre Zahl stark an und erfasste auch die Söhne wohlhabenderer Familien. Doch machte der Fortschritt auch um die Walindustrie keinen Bogen. Dampfgetriebene Spezialschiffe mit großen Harpunen verdrängten die Segelschiffe und Ruderboote und den tollkühnen Harpunier im Bug. Einige Kapverdianer ergriffen die Chance, kauften alte Walschoner und machten daraus **Cargo- und Passagierschiffe,** die mit Fracht, Post und Auswanderern zwischen Cabo Verde und den USA pendelten. So siedelten sich die Auswanderer um die Walfanghäfen New Bedford, Boston und Providence an und fanden Arbeit in der aufstrebenden **Textilindustrie** oder bei der **Pacific Railways.**

Zu Beginn des 20. Jahrhunderts verstärkten Dürreperioden den Druck zur Emigration. 1922 jedoch untersagten **restriktive Immigrationsgesetze** Farbigen die Einwanderung in die USA. Es führte zur **Trennung transnationaler Familien** für 44 Jahre. Die in Amerika lebenden Familienmitglieder, in der Angst nicht wieder einreisen zu können, trauten sich nicht mehr, auf Besuch zu kommen. Als die USA 1966 die Gesetze lockerten, folgte eine Nachzugswelle. In den Jahren, in denen die Tür nach Nordamerika geschlossen war, war auch die Emigration nach Europa schwierig. Es blieben nur die portugiesischen Kolonien und Dakar (Senegal), wo seit Beginn des 20. Jahrhunderts der Hafen ausgebaut wurde.

Anfang der 1950er Jahre begann die **Auswanderung nach Europa.** Einige Matrosen gelangten nach Rotterdam in den Niederlanden, fanden vergleichsweise gute Verhältnisse vor und vermittelten weitere Familienmitglieder. Wer in der Binnenschifffahrt Arbeit fand, verdiente weniger als auf hoher See, konnte aber die Familie nachziehen lassen und niederländische Bürgerrechte bekommen. 1968 öffnete Portugal die Grenzen für kapverdische „Ersatzgastarbeiter", nachdem Millionen junger Portugiesen dem Ruf nach Gastarbeitern aus Mitteleuropa gefolgt waren. Bis heute ist Paris die zweitgrößte portugiesische Stadt, gemessen an der Zahl portugiesischer Einwohner. Eine große Zahl Jugendlicher floh als Gastarbeiter vor dem damals dreijährigen Wehrdienst in der faschistischen Kolonialarmee, mit deren Zielen die wenigsten einverstanden waren. Die „Ersatzgastarbeiter" aus Cabo Verde blieben zum Teil nur kurze Zeit bei den ihnen zugedachten Aufgaben als ungebildete Bauarbeiter auf staatlichen Großbaustellen. Sie schlossen sich dem Zug der portugiesischen Jugend an und wanderten weiter nach Paris und Rotterdam, wo sie auf die Unterstützung durch Fa-

▷ Ouril-Spiel: Entspannung nach der Arbeit

milie und Landsleute rechnen konnten. In Luxemburg taten sich neue Möglichkeiten auf, nachdem Reifenindustrie und internationale Behörden angesiedelt wurden, um zu verhindern, dass das kleine Land durch den Verlust seiner Bergbauindustrie auf den Stand eines strukturschwachen Agrarlandes abrutscht. Was als Notprogramm gedacht war, führte zum kometenhaften Aufstieg der heute reichsten Nation der EU, in der mehr als die Hälfte der Arbeitsplätze mit Nicht-Luxemburgern besetzt ist. Die Kapverdianer bilden dort eine sehr selbstbewusste und gut integrierte Minderheit.

Den **Wohlhabenderen** hatte Portugal eine **Karriere** als Verwalter oder Techniker **im portugiesischen Kolonialreich** zugedacht. Begünstigte Familien und Großgrundbesitzer schickten ihre Kinder auf Schulen und Universitäten nach Portugal. Die faschistische Strategie, unbedingte Gefolgschaft im Kontrast zwischen fachlicher Bildung und politischer Verdummung, zwischen Bedrohung und Privilegien zu entwickeln, schlug fehl. Anstatt als Portugiesen zweiter Klasse „his master's voice" in den Kolonien abzugeben, verbündeten sich die Studenten und Akademiker mit den Nationalbewegungen ihrer Heimatländer und den antifaschistischen Kräften Portugals und spielten eine Schlüsselrolle beim Sturz der Diktatur am 25. April 1974.

Insgesamt verließen zwischen 1900 und 1973 über 267.000 Menschen das Land. Während 180.000 freiwillig auswanderten, wurden 87.000 zwangsrekrutiert. Die zahlenmäßig bei weitem

Das Museumsschiff „Ernestina-Morrissey"

Im Hafen von New Bedford (USA) liegt das Museumsschiff „Ernestina-Morrissey" **(www.ernestina.org).** Der Schoner wurde eingesetzt für Forschungsreisen in die Arktis und diente über Jahrzehnte der Seefahrt zwischen den USA und Cabo Verde. Seine bewegte Geschichte ließ das Schiff zum bewegenden Symbol der Identität und Kreativität beider Nationen werden und zum Kristallisationspunkt vieler Freundschaften.

1894: Stapellauf in Essex, Massachusetts für die Fischerfamilie *Morrissey* unter gleichem Namen.

1905: Verkauft nach Neu-Schottland.
1914: Verkauft nach Neu-Fundland.
1926: Erste Eismeer-Expedition.
1931: Eismeer-Expedition im Auftrag des *Smithonian Institute*.
1940: Das Schiff kommt dem Nordpol bis auf 600 Meilen nahe.
1941–45: Aufklärungs- und Versorgungsschiff der Navy in der Arktis.
1947: Weitgehende Zerstörung durch einen Brand in New York.
1948: Der Kapverdianer *Henriques Mendes* kauft den Schoner und tauft ihn „Ernestina".
1949: Erste Reise von Cabo Verde nach Amerika mit Passagieren und Fracht.
1950: Zweite Reise mit elf Passagieren und 14 Seeleuten.

Die „Ernestina-Morrissey", ein Museumsschiff mit bewegter Geschichte

1951: Ernestina verliert in schwerstem Sturm zwischen Santiago und Fogo den Hauptmast. *Henrique* wird um ein Haar erschlagen.
1953: Ohne Motor und ohne Funk gerät das Schiff 100 Meilen vor der amerikanischen Küste für 14 Tage in die Flaute, bevor ein Hurrikan es fast versenkt.
1958: Ankunft in Praia mit der Glocke für die Kirche St. Laurenço, einem 2½-t-Lkw und freilaufenden Hühnern auf Deck.
1965: Letzte Reise zwischen Cabo Verde und den USA.
1965–70: Kleiner Frachtverkehr zwischen São Vicente, São Nicolau und Santo Antão. *Henriques Mendes* stirbt 90-jährig.
1972–80: Verschiedene Versuche, die altersschwache „Ernestina" zu retten und zurück in die USA zu überführen.
1982: Cabo Verde schenkt dem amerikanischen Volk das renovierte Schiff. Letzte Reise von Mindelo nach New Bedford, um als Museum unter Segeln zu dienen.
1991: Von Massachusetts unter Denkmalschutz gestellt und generalüberholt.
1995: Projektunterricht für 650 Lehrer und 2500 Schüler – weiter unter Segeln.
1996: Erster Preis für Museumspädagogik.
2005: Die Zulassung für den Personentransport kann nicht verlängert werden, die Zeit der Unterrichtsfahrten für Schüler endet.
2015: Sponsoren haben 6 Mio. US$ zusammengetragen; die Restaurierung zum wieder seetüchtigen Schiff kann beginnen. Die Interessensgruppen der Familie *Morrissey*, der Polarforschung und der kapverdischen Emigranten tun sich zusammen zur Förderung ihres gemeinsamen nautischen Erbes: Das Schiff und das Museum werden entsprechend umbenannt in „Ernestina-Morrissey".
2017: Ein originalgetreuer neuer Rumpf mit schweren Mahagonispanten und -planken ist fast fertig, der Traum von einem sicheren Museumsschulschiff rückt näher.

größte Gruppe von Emigranten aus Cabo Verde lebt heute **in den USA**. Die sich (noch) als Kapverdianer identifizierende Gemeinschaft wird auf rund 350.000 Menschen geschätzt. Weitere rund 400.000 Kapverdianer leben in Europa, Südamerika und Afrika.

In Europa konzentrieren sich die Kapverdianer noch heute entsprechend der Wirtschaftszweige, die ihre Immigration befördert hatte. In **Portugal** leben schätzungsweise **70.000**, die meisten in Lissabon in allen sozialen Klassen, von vielen Slumbewohnern bis hin zum Universitätsprofessor. Die zahlenmäßig größten Gruppen jedoch arbeiten in der Bauindustrie und im Restaurantgewerbe. Auch in Setubal und an der Algarve leben größere Gruppen.

Ähnlich ist die Beschäftigungslage in **Frankreich (über 30.000),** während in **Holland (über 28.000)** der Hafen von Rotterdam der Hauptanziehungspunkt war und bleibt. Das kleine **Luxemburg** beherbergt die relativ zur Gesamtbevölkerung mit Abstand stärkste kapverdische Gemeinde von ca. **14.000** Menschen. Belgien, Deutschland, Norwegen, die Schweiz und Schweden haben nur kleine Gruppen von wenigen Hundert bis Tausend.

Besondere Formen der Frauen-Emigration haben sich in **Italien** entwickelt. Hier besteht in der städtischen Oberschicht noch der Brauch, Hausangestellte für Jahrzehnte in die Familie aufzunehmen. So geben seit Langem kapverdische Frauen ihre eigenen Kinder in die Obhut der Eltern oder Tanten und übernehmen die Verantwortung für Haushalt und Kinder wohlhabender Italiener. Einige von ihnen werden respektvoll behandelt und bleiben auch im Alter der

Gastfamilie eng verbunden und gesichert. Das entgegengesetzte Extrem ist der Handel mit kapverdischen Frauen, die unter Drogen und Zwang der Prostitution nachgehen müssen. Mit der Konzentration der Menschenhändler auf die Länder der ehemaligen Sowjetunion ist der Druck geringer geworden, doch sind die Zahlen immer noch erschreckend. Als Arzt begegnet man Frauen, die als psychische und körperliche Wracks mittellos zurückkommen und sich trotz des Entgegenkommens ihrer Familien und ländlichen Gemeinden nur selten reintegrieren können.

Ein in der Reiseliteratur immer wieder begierig aufgenommenes Thema ist der durch die Emigration erzeugte **„Frauenüberschuss"** auf den Inseln. Von Dörfern ohne Männer ist die Rede, von 40% alleinerziehenden Müttern und hübschen Mädchen ohne Chance auf einen Partner, wenn sie sich nicht den nächsten Touristen greifen. Die Fantasien der Autoren und Leser überschlagen sich, während die nüchternen Ziffern blasse Langeweile verbreiten: Cabo Verde hatte 2010 ein demografisches Geschlechterverhältnis Weiblich zu Männlich von 50,5% zu 49,5% (Deutschland 51,2% zu 48,8%). Seit Jahrzehnten hält die **weibliche Emigration** Schritt mit der männlichen. Ein wesentlicher Unterschied besteht nur im Alter bei der ersten Ausreise: Die emigrierenden Frauen sind jünger als die Männer.

Viele Kapverdianer arbeiten als **Seeleute** auf allen Weltmeeren ohne dauerhaft zu emigrieren. Auch wenn die Löhne bei Billigflaggen im Zweitregister armselig sind, so reicht es doch, um die Familie zu ernähren und die Kinder auf weiterführende Schulen zu schicken.

Für die Entwicklung eines Landes wie Cabo Verde ist die Emigration **Segen und Fluch.** Sie bringt den Familien und dem Land viel Geld, entzieht der Gesellschaft und Wirtschaft aber gleichzeitig viele junge Menschen mit überdurchschnittlicher Initiative. Wie die meisten armen Länder, leidet auch Cabo Verde unter der Abwanderung akademischer Eliten *(brain drain)*. Die Zahl kapverdischer Ärzte im Ausland ist weitaus höher als auf den Inseln.

Seit der Unabhängigkeit unterstützen die Regierungen die **Interessen der Emigranten und ihrer Familien** in vielfacher Weise:

- Eine rigorose Politik der **Geldwertstabilität** ist die wichtigste Unterstützung. Der im Kurs 1:1 zum portugiesischen Escudo eingeführte Cabo Verde Escudo hatte nach 25 Jahren den doppelten Wert und war somit weitaus stabiler als die portugiesische Währung. Heute steht der Cabo Verde Escudo in festem Wechselkurs zum Euro, wodurch der Wert der Spareinlagen der Emigranten und der Auslandsinvestitionen gesichert ist.
- Die **doppelte Staatsangehörigkeit** ist nach kapverdischem Recht erlaubt und gibt den Familien die Möglichkeit, alle Angebote der Integration im Ausland für sich und ihre Kinder nutzen zu können, ohne Rechte in Cabo Verde aufgeben zu müssen. Damit kommt das Recht einem der wichtigsten Wünsche qualifizierter Emigranten entgegen, denen unverständlich bleibt, weshalb die Gesetzgebung der EU-Länder ihnen entweder die völlig Integration (unter Verlust der Staatsangehörigkeit im Mutterland) oder den Status des ewigen Ausländers angedeihen lässt. Ihre Vorstellung ist, in mehr als einer Kultur kompetent leben zu können und den Mittelpunkt ihres Lebens je nach wirtschaftlichen oder privaten Motiven mehrmals verlegen zu können, genauso wie den ihrer Kinder. Sie leben in transnationalen Familien.

Bevölkerung

■ Das **Wahlrecht der Emigranten** wurde 1991 eingeführt. Abgeordnete vertreten die Kontinente: zwei für Amerika, zwei für Europa und zwei für Afrika und den Rest der Welt.

■ **Selbstvertretungsorganisationen der Gemeinden im Ausland** werden unterstützt und stehen im Kontakt mit den Botschaften und je nach Interesse und Problemen den verschiedensten gesellschaftlichen Einrichtungen im Land. In den Slums von Lissabon, aus denen glücklicherweise seit dem Eintritt in die EU zunehmend Einfachwohnviertel werden, stellen die Kapverdianer häufig die Gemeindevertreter. Sozial und politisch sind sie weitaus besser organisiert und stabiler als die armen Portugiesen, die wegen vielfältiger sozialer Probleme in die gleiche Wohnsituation abgeglitten sind. Zu Studienzwecken habe ich für einige Monate in einem dieser Viertel gewohnt und gearbeitet und war anfangs erstaunt, dass portugiesische Kinder dort nicht selten Kreol sprachen. Sie lebten von der Solidarität kapverdischer Familien, bei denen es regelmäßig etwas zu essen und Aufmerksamkeit gab, was zu Hause nicht geboten wurde. Die kapverdischen Gemeinschaften kapseln sich nicht ab und organisieren in ihren Vierteln erstaunlich starke Bewohnerkomissionen, Kulturgruppen, Sportvereine, spontane und offizielle Kindergärten und Kinderhorte mit Hausaufgabenbetreuung und weitere Glieder eine Kette, die es den Kindern der nächsten Generation erlauben, den Schritt aus dem Slum hinaus in ein normales Leben zu tun.

Die emotionalen Bande, die transnationale Familien und ihre atlantische Kultur insgesamt zusammenhalten, spiegeln sich in dem Wörtchen **Sodad'** (port.: *saudades*). Heimweh schwingt in ihm, aber es ist kein Heimweh nach einem festen Ort. Es ist ein großes Gefühl des Sehnens, so umfassend wie der Flügelschlag des kapverdischen Schmetterlings über den gesamten Atlantik. Es ist ein Sehnen in die Vergangenheit, nach den Orten der Kindheit, nach den Eltern, den Freunden, den Partnern und einer Familie, die über die Welt verstreut lebt. Hoffnung auf Rückkehr verquickt sich mit Fernweh und dem Wunsch, sich wieder zu treffen, eine Zukunft zu träumen, in der man zusammenbleiben kann, zurückfällt in altes Glück auf neuen Pfaden. Kinder fühlen Sodad' nach der Mutter, die sie wenige Wochen nach der Geburt zuletzt gesehen haben, bevor sie nach Italien ging. Eltern fühlen Sodad' nach Söhnen, die vor 20 Jahren nach Lissabon gingen und seither nicht geschrieben haben.

Das **Bild der Emigration** ist in der kapverdischen Wahrnehmung ins Positive verzerrt. Gesehen werden die erfolgreichen Emigranten, die ihre Familien regelmäßig besuchen und ein Haus bauen können. In Kleidung und Auftreten drückt sich ihr Erfolg aus. Wer mag es jemandem, der in harter Arbeit sein Geld verdient, verdenken, dass er zu Hause auf sich stolz ist, wenn im Ausland schon kaum einer seine Leistungen anerkennt? Die vielen, die gingen und von denen man nie wieder gehört hat, sie sieht man nicht.

Gesellschaft und Familie

Familienstrukturen

Kreolische Gesellschaften kennen **vielfältige Formen im Zusammenleben** der Geschlechter. Die historische Urform des Zusammenlebens des Besitzers mit seinen Sklavinnen in einer Zeit, als noch kein antiafrikanischer Rassismus als Staats- und Religionsdoktrin dies tabuisierte, ist im Kapitel zum Ursprung der kreolischen Kultur und der Nation dargelegt. Da eine Heirat in dieser Kombination kirchlich nicht geduldet wurde, entwickelten sich andere Bewertungen in der Gesellschaft. Ersparen wir uns die zahlreichen Beispiele, in denen katholische Priester mit überreichem Kindersegen an der Aufweichung der Regeln der katholischen Kirche mitgewirkt haben, und beschränken wir uns auf die Darstellung der wichtigsten Formen:

● Der **besuchende Vater** *(pai de visita)* ist vermutlich den historischen Urformen am nächsten. Auch heute leben viele Frauen im Haus der Eltern oder alleine, und ihr Partner kommt mehr oder weniger regelmäßig und bleibt über Nacht. Es sind nicht nur die Umstände wie in der Beziehung mit einem Seemann, sondern es ist eine anerkannte Form. Solange die Partner nicht in der Lage sind, eigenen Wohnraum zu finanzieren, bleibt kaum eine andere Wahl. Wir kennen aber auch Beispiele, wo im Falle schwerer Krankheit der Eltern oder eines der Partner bessere Versorgungsmöglichkeiten im Hause der Eltern gegeben waren und die Partner sich entscheiden, ihr festes Zusammenleben gegen eine Besuchsbeziehung zu tauschen.

Unverändert häufig haben Mädchen ihr erstes Kind sehr früh. Stammt es aus einer dauerhaften Beziehung, dann folgen Jahre der Freundschaft und Partnerschaft vom Typ „besuchender Vater", bis beide ihre Ausbildung abgeschlossen und sich ökonomisch vollwertige Positionen erarbeitet haben.

● Eine besondere Form des besuchenden Vaters ist die **„Tio-Beziehung"**, in der Karibik als „sugardaddy" bekannt. Sie verbindet junge Frauen mit meist sehr viel älteren Herren. Die Übergänge zur Prostitution mögen fließend sein, doch macht man es sich zu einfach, es nur so verstehen zu wollen. Wir beobachten in unserer Nachbarschaft Tio-Beziehungen in Familien ohne jede Nähe zum Milieu. Der alte Herr kommt auf Besuch oder holt seine Partnerin ab, unterhält sich mit deren Eltern, grüßt weitere Nachbarn, und jeder weiß Bescheid. Wie in afrikanischen Beziehungsgeflechten fließen etwas Geld oder Geschenke, die die junge Frau für ihre Schulbildung und den kleinen Luxus verwendet. Für sie ist es eine ausschließliche Beziehung und für manchen „Tio" auch.

● Die häufigste Form ist die **De-facto-Beziehung.** Ein Paar lebt ohne Trauschein unter einem Dach, und wenn alles gut geht, dann hält dies für ein Leben. Die Gesetzgebung in Cabo Verde hat sich diesem Brauch angeschlossen und stellt die De-facto-Beziehung nach drei Jahren der Ehe gleich.

● Die **bürgerliche und kirchliche Ehe** ist die seltenste aller Formen. Mit Ausnahme sehr religiöser Familien von Santiago und der reichen Oberschicht, deren Töchter und Söhne auch in jungen Jahren heiraten, ist die Ehe in Cabo Verde eher etwas für die reiferen Jahrgänge. Erst wird in harter Eigenleistung ein Häuschen gebaut, die Kinder aufs Gymnasium geschickt, ein Laden eröffnet oder der Traum von der Emigration verwirklicht, bevor man zum Traualtar schreitet.

In einer Zeit, als nur die Freien und Reichen heiraten konnten, entstand an der breiten Basis der sozialen Pyramide **neben der Ehekonvention die weitaus**

häufigere Companheira-Konvention. Sie kennt keine Zeremonie, sondern basiert auf Schwangerschaft und gemeinsamen Kindern. Die Armen sprechen über ihre Partner als „pai de fidji" und „mãe de fidji", was so viel bedeutet wie Kindesvater und -mutter. Historisch mag sich diese Beziehungsform aus den Regeln des Sklavenhandels ableiten, die, wenn auch sehr viel später, im Sklavenhandelsrecht „Codigo negro" festgehalten wurden. Paare sollten, so lange sie Kinder unter sieben Jahren hatten, nicht getrennt verkauft werden, um nicht das Überleben der Kinder als künftige Produktivkraft zu gefährden.

Polygamie wie in Westafrika gibt es in Cabo Verde nicht. Auch wenn der eine oder andere Mann in einer Familie de facto und in einer anderen als *pai de visita* auftritt, so ist doch keine Situation gegeben, wo er unter einem Dach mit mehreren Frauen rechtmäßig zusammenleben würde. Von der Polygamie der ersten Sklavenhalter ist heute nicht mehr übrig geblieben als eine allgemeine Toleranz in moralischen Fragen.

Die **Formen der Beziehungen** können sich mehrmals im Leben ändern. Ob Beziehungen in Cabo Verde heute noch wesentlich weniger stabil sind als in Europa, sei dahingestellt. In Europa wird weniger als je zuvor geheiratet. In Frankreich werden mehr „uneheliche" als „eheliche" Kinder geboren, über ein Drittel der Ehen in Deutschland werden geschieden. Völlig anders ist, dass die „Lebensabschnittspartnerschaft" in der kapverdischen Kultur eine seit Jahrhunderten gelebte Normalität darstellt. So hatten Frauen und Männer immer Kinder aus mehreren Beziehungen, und fast jeder hat eine große Zahl von Geschwistern, die teils aus der Beziehung der Eltern *(irmão de mãe e pai)* hervorgegangen oder Halbgeschwister sind *(irmão de pai* oder *irmão de mãe)* oder gemeinsam aufwuchsen, ohne verwandt zu sein *(irmão de criação)*. Die **Abwesenheit des Vaters** im Leben und in der Erziehung der Kinder ist entsprechend häufig. 14% der Neugeborenen werden vom Standesamt ohne den Namen eines Vaters registriert, 56% der unter 18-Jährigen leben ohne ihren Vater, 40% mit Vater und Mutter und 4% mit dem Vater, aber nicht mit der Mutter zusammen. Die Abwesenheit des Vaters ist ein Phänomen, das mit der ökonomischen Entwicklung der letzten Jahre nicht ab-, sondern weiter zunimmt.

Schwangerschaft und Kinder

Familienplanung gibt es in Cabo Verde seit den 1980er Jahren. Die Inseln Santiago und Santo Antão hinken dem regionalen Durchschnitt hinterher, doch auch hier folgt der Fortschritt dem rasch wachsenden Bildungsstand der jungen Frauen. **Schwangerschaftsabbruch** in den ersten drei Schwangerschaftsmonaten ist erlaubt, trotz heftigen Widerstands der katholischen Kirche. Die Zahl der registrierten Abbrüche in São Vicente entspricht zwei Dritteln der Lebendgeburten. Geht man davon aus, dass in einer katholischen Gesellschaft die Zahl der Abtreibungen üblicherweise in der gleichen Größenordnung liegt wie die der Lebendgeburten, dann erklärt sich auch hieraus der schnelle Rückgang der Müttersterblichkeit, denn die in Kliniken vorgenommenen Unterbrechungen sind sicher.

Kinder bedeuteten auf Cabo Verde lange Zeit **Glück, Reichtum und** eine **Absicherung** bei Krankheit und im Alter. Mit zunehmendem Bildungsniveau erlangen die mit Kindern verbundenen Kosten erhöhte Aufmerksamkeit, ein Argument, das heute nicht nur in reichen, sondern auch in armen Gesellschaften zu den stärksten gehört, die zur Familienplanung motivieren.

Etwa 5% der Kinder wohnen nicht in der eigenen Kernfamilie. Der **Austausch von Kindern** (child lending) innerhalb der Großfamilie und zwischen befreundeten Familien überbrückt nicht nur schwierige Phasen. Er ist auch Ausdruck des Beziehungsgeflechts und festigt die Solidarität zwischen den Familien. Afrikanische Gesellschaften pflegen das child lending genauso wie in der Karibik, sodass sich hierin vermutlich eine afrikanische Tradition erhalten hat.

Soziales Engagement für Kinder in Krisen oder dauerhaften Notsituationen hat in Cabo Verde, insbesondere in São Vicente, eine lange Tradition. Waisen im europäischen Sinn werden in der erweiterten Familie abgefangen. In einer unserer Studien zur Müttersterblichkeit hatten wir 273 Kinder identifiziert, die ihre Mutter verloren hatten. Ein gutes Drittel wohnte ohne den Vater, und doch sind nur zwei in einer sozialen Institution vorstellig geworden. Die Kinder zeigten nach dem Tod der Mutter überdurchschnittlich gute Gewichtsentwicklung und Betreuung. Europäischen Gebern und adoptionswilligen Paaren ist schwer zu vermitteln, dass ihre liebste Zielgruppe, die Waisen, nur ausnahmsweise einen wirklichen Bedarf darstellen. Fürchterlich schlecht geht es hingegen den „Sozialwaisen", Kindern lebender Eltern, die wegen Alkoholmissbrauchs, Trennung und psychischer Verelendung ihren elterlichen Aufgaben nicht nachkommen (können). Hier besteht ein enormer Bedarf nach „Fördern und Fordern", keinesfalls nach leicht erreichbaren Geschenken und einem Leben in vorübergehendem Luxus, den später kein nach Arbeit suchender Jugendlicher je wird aufrechterhalten können. Es gibt auch ein Zuviel an Hilfe, das die Wiedereingliederung in die gesellschaftliche Norm nach Ablauf einer Krise erschwert.

◁ Erstkommunion in Mindelo (São Vicente)

Rollenverteilung

Die **traditionellen Kompetenzen von Mann und Frau** auf dem Land sind klar: Die Frau ist allein verantwortlich für den Haushalt, für Kochen, Waschen, Wasserholen und für die Erziehung der Kinder. Die Hauptlast dieser Arbeiten im Haus und deren Delegation liegt bei ihr. Sie entscheidet über die Gestaltung des Wohnbereichs. Der Mann dagegen muss die finanzielle Versorgung gewährleisten. Er arbeitet auf dem Feld, in der Fischerei, beim Bau oder in anderen Bereichen. Wenn die Möglichkeit besteht, wird die Frau durch Tätigkeiten außerhalb des Hauses den Erwerb ergänzen, sei es durch Lohnarbeit, Handarbeiten, Straßenverkauf etc. In armen wie in reichen Familien sind beide Geschlechter gewohnt, voll zu arbeiten. Arme Familien, die früher in afrikanische Länder emigriert sind, berichten häufig, dass dies ihr wichtigster Vorteil war. Während die Männer dort eher gewohnt waren, ihre Frauen rackern zu lassen, haben sie beide sich ins Zeug gelegt. Kam dann noch die Kenntnis hinzu, wie man aus Zuckerrohr Rum brennt, waren sie gemachte Leute.

Die **Gleichstellung von Frau und Mann** ist in der Verfassung verankert, und auch im Alltag werden Frauen geachtet. **Gewalt gegen Frauen** kommt bedauerlicherweise wie in anderen Gesellschaften vor, wird aber weder in der öffentlichen Meinung noch von der Polizei und auch nicht vor Gericht kleingeredet. Das politische und soziale Bewusstsein für das Problem der *violência baseada no género* ist gestiegen; rechtlich wurde sie zum Offizialdelikt, sodass die geprügelte Partnerin ihre Klage nicht mehr unter dem Druck der Familie oder des Partners zurückziehen muss bzw. kann. Auch in Schulen und Medien wird das Thema behandelt.

Für **gebildete Frauen** besteht kein merklicher Unterschied zum modernen Europa. Sie haben ähnlichen Zugang zu politischen Ämtern und hohen Posten in der Wirtschaft und gegenüber ihren europäischen Schwestern den Vorteil, leichter jemanden zu finden, der die Hausarbeit übernimmt. Für **arme Frauen** hingegen sieht es weniger rosig aus. Für sie ist es deutlich schwerer, an gleichwertige Arbeit zu kommen, weshalb sie sehr viel stärker im informellen Sektor beschäftigt sind. Da Mädchen üblicherweise mit besseren Schulnoten abschließen als junge Männer, werden sie bei der notengebundenen Vergabe von Studienplätzen häufiger berücksichtigt als ihrer Zahl entspräche. In dem 2015 eingerichteten Studiengang Medizin an der Universität in Praia wurden zwanzig Studentinnen und fünf Studenten zugelassen.

Gesundheitswesen

Gesundheitsstand

Bedenkt man, dass Cabo Verde zur Zeit der Unabhängigkeit eine **Säuglingssterblichkeitsrate** von 108 (pro 1000 Lebendgeburten) hatte und sich in 40 Jahren heruntergearbeitet hat auf Werte unter 20, dann ist das respektabel und der Beweis für die Wirksamkeit gemeindenaher Primary-Health-Care-Strategien, die auf **Prävention** und **periphere Grundversorgung** bauen. Ich selbst habe im Landkreis Porto Novo, dem ärmsten Landkreis mit den schwierigsten Verkehrsverhältnissen, miterlebt, wie man in sieben Jahren die Säuglingssterblichkeit von weit über 100 auf 32 senken, die Lepra vollständig, Tuberkulose weitgehend und auch Mangelernährung in den Griff bekommen kann.

In der Analyse der **Müttersterblichkeit** jedoch, bei der die Qualität der Notfallmedizin stärker eingeht, zeigen sich deutliche Schwächen des Systems sowohl bei den Familien und Gemeinden, die sich mitunter sehr schwer tun mit der Entscheidung, professionellen Rat zu suchen, als auch bei der Organisation der Dienste und dem Management in den peripheren und zentralen Diensten.

Ein ungelöstes Problem der öffentlichen Gesundheitspflege sind die massenhafte Produktion und der Konsum des einheimischen Rums, des Grogue. **Alkoholismus** bei Männern und Frauen ist häufig und hat enorme medizinische und soziale Auswirkungen auf die Betroffenen und die Folgegeneration. Der Erhalt der Privilegien der Großgrundbesitzer und Schnapsbrenner ist wie zu *Bismarcks* Zeiten nicht nur mit der Produktion, sondern auch mit dem Konsum von Alkohol verbunden.

Im Prinzip garantieren Verfassung und „lei de base" jedem vollständigen Zugang zu den Diensten – und im Vergleich mit anderen Entwicklungsländern klappt das auch: Im harten Notfall bleibt keiner auf der Hospitaltreppe liegen, weil er die anstehende Operation oder Pflege im Krankenhaus nicht bezahlen könnte. Hierin unterscheidet sich Cabo Verde deutlich vom afrikanischen Kontinent. Auch nimmt das **Menschenrecht auf Gesundheit und Solidarität** in der Kultur einen hohen Stellenwert ein.

Finanzierung

Zur Finanzierung werden alle typischen Quellen genutzt. Hauptquelle ist der **Staatshaushalt**, aus dem etwa 9% in den Gesundheitssektor fließen.

Das **Instituto Nacional de Previdência Social (INPS)** ist eine Pflichtversicherung aller Arbeitenden im formalen Sektor nach ähnlichen Solidaritäts- und Subsidiaritätsprinzipien wie gesetzliche Krankenversicherungen in Europa. Abgedeckt werden 37% der Bevölkerung (Versicherte und Angehörige), die einen Teil der Behandlungs- und Medikamentenkosten ersetzt bekommen. Von den Beamten wird ein Gehaltsabzug einbehalten. Entsprechend dem unterschiedlichen Entwicklungsstand der Inseln variiert die Abdeckung massiv zwischen den Inseln (Sal über 90%, Landkreise im Inselinneren von Santiago nur wenig über 10%). Im regionalen Vergleich jedoch kann man sagen, dass es kein Land in Westafrika gibt, das auch nur entfernt an die Leistungen des INPS herankäme!

Out-of-pocket-Zahlungen spielen eine zunehmende Rolle und liegen heute schätzungsweise in der gleichen Größenordnung wie die staatlichen Ausgaben. Zum einen wurden Gebühren eingeführt, die für Arme durchaus nicht immer leicht zu tragen sind. Zum anderen fließt der breitere Strom der Medikamente nicht mehr durch die preisgünstigen Staatsapotheken, sondern durch die Privatapotheken, und somit geht die preisgünstige, ehemals Gratisversorgung der Armen mit Generica stetig zurück. Die zur Grundversorgung in den 1980er Jahren aufgebaute Arzneimittelmanufaktur wurde privatisiert und muss heute knallhartes Pharmamarketing betreiben. Im Prinzip springt für die ganz Armen das **Sozialamt** ein, auch für einen notwendigen Transport zwischen Inseln oder nach Portugal. Die Mittel sind beschränkt, und die Unterstützung der Ämter lässt sowohl im Lande als auch durch internationale Geber nach.

Netzwerk und Strukturen

Öffentliche Einrichtungen

Die **Zentralhospitäler in Praia und Mindelo** bieten die wichtigsten fachärztlichen Abteilungen: Allgemein- und Unfallchirurgie, Gynäkologie und Geburtshilfe, Pädiatrie, Innere Medizin, Nephrologie mit Hämodialyse, Kardiologie, HNO, Oftalmologie, Estomatologie, Imagologie, Zentrallabor, Krankengymnastik etc. und in Praia auch die Psychiatrie. Beide besitzen eine Krankenpflegeschule.

Die **Regionalhospitäler** entsprechen dem, was in größeren Ländern die Distriktkrankenhäuser sind. Sie bieten die stationäre Grundversorgung auf gutem allgemeinmedizinischem Niveau und zumeist Pädiatrie, Chirurgie, Gynäkologie und Geburtshilfe. Ihre Zahl konnte in den letzten Jahren deutlich gesteigert werden, sodass **Sal, Santo Antão, Santiago Norte** und **Fogo** über ein regelmäßig operierendes Krankenhaus mit Blutbank und Röntgeneinrichtung verfügen. Andere, im Volksmund „hospital" genannte Strukturen sind nach Definition der Weltgesundheitsorganisation WHO keine Krankenhäuser, da sie dieses Leistungsniveau noch nicht erlangt haben.

Boa Vista und **Maio,** zuvor versorgt durch Gesundheitszentren mit Bettenstationen, haben seit 2010 neue Gebäude, die zu **Insel-Krankenhäusern** ausgebaut werden.

Gesundheitszentren (Centros de Saúde) bieten ambulante und stationäre Versorgung auf nicht operierendem, allgemeinmedizinischem Niveau, immer mit mindestens einem Arzt besetzt. Die größeren haben ein klinisches Labor, eine Röntgenabteilung und einige Betten. *Centros de Saúde Reprodutiva* (früher PMI / PF / PAV = Mutter-und-Kind-Vorsorgeprogramm / Familienplanung / Erweitertes Impfprogramm) gibt es als gesonderte Einrichtungen in Praia und Mindelo. Die Zentren sind wichtig für Qualitätssicherung, Logistik und Weiterbildung. So können die Dienste in der Peripherie in der Erbringung von Präventivleistungen wie Schwangeren- und Kindervorsorge einschließlich Impfprogramm unterstützt werden.

Postos Sanitários sind mit mindestens einer Schwester/einem Pfleger besetzte Einrichtungen in der Peripherie.

Unidades Sanitárias de Base (Dorfgesundheitsposten) dienen der Gesundheitserziehung und der präventiven Arbeit. Die *Agentes Sanitários* sind seit Ende der 1970er Jahre in den Distrikten ausgebildet worden und übernehmen je nach Neigung und Fähigkeit auch Aufgaben der Kindervorsorge, die haushaltsnahe Betreuung chronisch Kranker und Erste Hilfe. Einige haben sich gut in die Sozialarbeit eingefunden.

Private Einrichtungen (for profit)

Die Privatisierung der Medizin entspricht in den meisten Fällen einer Kommerzialisierung mit nur mäßigem Zugewinn an technischer Kompetenz. Die Mehrzahl der Privatpraxen sind „moonlighting"-Praxen, in denen die staatlich angestellten Ärzte abends **ambulante Dienste auf eigene Rechnung** anbieten. Diesem aus Portugal wohlbekannten System kann man kein makelloses Zeugnis ausstellen, weil sich die privatwirtschaftlichen Interessen nur zu leicht mit beruflichen Entscheidungen im öffentlichen Dienst vermischen. Modernere Gemeinschaftspraxen und ein Zentrum mit Bettenstation, dessen ärztliches Personal ausschließlich im Privatsektor tätig ist, sind in den letzten Jahren entstanden.

Private Einrichtungen (not for profit)

Nur auf Fogo brachte die Katholische Kirche die Mittel auf, ein operierendes Krankenhaus zu eröffnen, periodisch unterstützt von italienischen Ärzten. Doch die Kirche hat das Hospital an den Staat abgegeben, als sie die Kosten nicht mehr tragen konnte.

Versorgung schwieriger Fälle

Portugal erbringt dank einer zwischenstaatlichen Vereinbarung für die portugiesischsprachigen Länder in Afrika (PALOP) Leistungen der **Quartärebene** (entspricht in Mitteleuropa den Universitäten und Fachkliniken). Hierbei übernimmt Portugal die stationäre Versorgung für etwa 200 schwerstkranke Patienten pro Jahr. Die Kosten ambulanter (Nach-)Behandlung, die Transport- und Unterhaltskosten für Patienten und Begleiter übernimmt der Staat Cabo Verde und bindet damit ein **Drittel des Budgets** des Gesundheitsministeriums. Die Notwendigkeit, Prioritäten zu setzen, etwa die Versorgung Schwerstkranker weniger schnell zu entwickeln als die Prävention im Mutter-Kind-Bereich oder die Kontrolle von AIDS und Tuberkulose im Land, ist ein niemals versiegender Quell heftiger politischer und auch am Einzelschicksal orientierter Auseinandersetzungen.

Organisation

Die Organisation der Dienste ist **verbesserungswürdig.** Die Aufsplitterung der Verwaltungseinheiten *(concelhos)* in immer mehr und kleinere Landkreise hat die Zahl unvollständiger Distrikte hochgetrieben, welche zu klein sind, um jemals sinnvoll ein operierendes Hospital unterhalten zu können. Damit sinken die Entwicklungschancen der Gesundheitszentren statt zu steigen. Weniger erfahrene Geberländer hat dies nicht davon abgehalten, massiv in solche Gesundheitszentren zu investieren mit dem Ergebnis, dass diese nicht richtig ins Laufen kommen können.

Die **räumliche Ausdehnung** des Netzwerks wird mit den Inselhospitälern auf Sal, Boa Vista und Maio vorerst abgeschlossen sein. Das Land steht in der schwierigen ersten Phase der Qualitätssteigerung. Als wesentliche Voraussetzung hierzu sind die Verwaltungs- und Regionalreform, die Leistungsfähigkeit des Gesundheitsministeriums und das Management auf allen Ebenen sowie die Fachweiterbildung zu fördern, um die personelle und technische Ausstattung wirksamer werden zu lassen.

Personelle Ausstattung

Im internationalen Vergleich mit wirtschaftlich ähnlich gestellten Ländern sind die Dienste personell nicht schlecht ausgestattet. Die Zahl einheimischer Ärzte, allesamt im Ausland ausgebildet, ist in den letzten 40 Jahren von gut 30 auf über 400 gestiegen, verstärkt durch Mediziner, die nach einer Zeit als Entwicklungshelfer als einheimische Ärzte weiterarbeiten.

Technische Ausstattung

Technische Ausstattungen finden ihren Weg in die zentralen und peripheren Einrichtungen vorwiegend als Investitionen durch ausländische Geber. Im Rückblick war es meist leichter für Cabo Verde an Ausstattungen zu kommen als an ein funktionierendes Wartungssystem. Lebenszeit, Produktivität, Qualität und Sicherheit der Ausstattungen schwinden deshalb schnell. Wie überall bringt auch in Cabo Verde ein Mehr an Ausstattung nur dann eine Leistungssteigerung, wenn Management und Wartung gewährleistet sind.

Krankentransport und -verlegung

Der **Krankentransport** vom Haushalt oder Unfallort zur Erstversorgung ist in Ländern, in denen ein Teil der Bevölkerung außerhalb des Einzugsbereichs von Fahrstraßen wohnt und wo es noch kein eindeutiges Adresssystem gibt, von eingeschränktem Wert. Geschwindigkeit zählt mehr als Qualität des Transports. Der Pritschenwagen mit einfacher Trage kann im Vergleich zu einem in der Stadt stationierten Krankenwagen durchaus die angepasstere und zuverlässigere Lösung sein.

So wurde in den letzten Jahren vorwiegend der **Sekundärtransport** zur Verlegung von einer peripheren Einrichtung ins Krankenhaus entwickelt. Hier ist von besonderer Bedeutung, dass die peripheren Einrichtungen ein funktionstüchtiges Fahrzeug rund um die Uhr verfügbar haben.

Zur **Verlegung zwischen den Inseln** werden die Linientransporte genutzt, sowohl Flugzeuge als auch Schiffe. Für den einzelnen Notfall organisierte Sondertransporte sind sehr selten.

Bildungswesen

Aprendam da vida, do povo, dos livros, aprendam com a experiência dos outros. Mas nunca parem de aprender. (Lernt vom Leben, von den Leuten, aus Büchern, lernt aus den Erfahrungen anderer. Und hört niemals auf zu lernen.)

Amílcar Lopes Cabral

Schon im Jahre **1866** entstand auf São Nicolau ein Priesterseminar mit angeschlossener weltlicher Schule. Auf diesem **ersten Seminar-Gymnasium Afrikas** wurden viele Missionare und Lehrer ausgebildet. Dennoch gab es im Jahr 1913 85% Analphabeten. Erst nach der Schulreform von 1917 und der anschließenden Verlegung des Gymnasiums nach São Vicente hatten auch weniger begünstigte Kapverdianer Zugang zu diesem Bildungsweg. Besonders diejenigen, die ins Ausland auswandern wollten, waren interessiert daran, lesen und schreiben zu lernen.

Insgesamt haben die **Portugiesen** während der Kolonialzeit, besonders unter der Regierung *Salazars* (1928–1968), die Einrichtung eines Schulwesens sehr einseitig gefördert. Die Kapazitäten im Gymnasialzweig waren vergleichsweise groß im Gegensatz zur **vernachlässigten Grundbildung.** Das kapverdische Bildungswesen sollte Leitungskader für die anderen Kolonien ausbilden und nicht die allgemeine Bevölkerung. So war bis zur Unabhängigkeit immenser Nachholbedarf entstanden und das Bildungssystem Cabo Verdes vor große Herausforderungen gestellt. Nach 1975 wurde systematisch ein Bildungswesen mit differenzierter Ausbildung in Primär- und Sekundarschulen, Berufsschulen, Erwachsenenbildung und Alphabetisierungskampagnen aufgebaut. Darüber hinaus gibt es Institute zur Lehrerausbildung sowie für Berufe in Wirtschaft, Industrie und Gesundheitswesen.

In São Vicente gab es schon zur Kolonialzeit einen **Kindergarten,** die *Casa de Criança,* während in der Hauptstadt Praia erst 1975 der erste Kindergarten eröffnet wurde. Die Vorschulerziehung wuchs zu einem flächendeckenden Angebot bis in die hintersten Landgemeinden für Kinder zwischen vier und sechs Jahren. Der Besuch der Kindergärten ist freiwillig, die Einrichtungen werden sehr gut angenommen. Die bezuschussten Kindergartenplätze stehen auch den Kindern bedürftiger Eltern zur Verfügung. Im gemeinsamen Spiel lernen die Kinder gegenseitigen Respekt und werden von den Betreuern auf die Grundschule vorbereitet. So wie in den Grundschulen wird auch hier eine Mittagsmahlzeit zur Verfügung gestellt. Die Kindergärten in Cabo Verde sind teils staatlich, teils privat und werden von den Sozialämtern, dem Roten Kreuz und anderen sozialen Vereinen betrieben.

Es besteht die sechsjährige **allgemeine Schulpflicht für Kinder ab 7 Jahren.** Das Schuljahr reicht von Oktober bis Juni. Mit massiver Unterstützung aus der Entwicklungszusammenarbeit wurde ein flächendeckendes Schulsystem geschaffen. In den Jahren der Schulpflicht ist der **Schulbesuch kostenlos.** Danach werden nicht allzu hohe Gebühren erhoben. Die Kinder tragen Schuluniformen, um die sozialen Unterschiede weniger herauszustreichen und zuletzt auch, um den global herrschenden Wettstreit der Kids um Markenkleidung zu dämpfen.

Die Eltern müssen für Schulmaterial wie Bücher, Papier und Stifte aufkommen. Die **Einschulungsrate** der schulpflichtigen Kinder ist enorm **hoch** und liegt bei etwa 97% für beide Geschlechter. In Anbetracht fehlender Spezialschulen für Kinder mit besonderem Erziehungsbedarf, Blinde, Gehörlose etc. ist dies eine vollständige Beschulung. Dank der Erfolge der Familienplanung sind die Zahlen der Erstklässler rückläufig. Noch kann man dies nicht in kleinere Klassengrößen umsetzen, da bei den Älteren noch viel Nachholbedarf besteht.

Unterrichtet werden Portugiesisch als erste und Englisch als zweite Fremdsprache, Sozialkunde, Physik, Biologie, Mathematik, Kunsterziehung, Musik und Sport. In den ersten beiden Jahren wird auch in Crioulo unterrichtet, sodass die Kinder nicht vom ersten Tag an nur mit einer Fremdsprache konfrontiert werden.

Die auf die Primarschule aufbauende **Sekundarstufe** dient der Vorbereitung für das Gymnasium *(Liceu)*; ein guter Abschluss ist Zugangsvoraussetzung. Unterrichtet werden die oben genannten Fächer sowie Geschichte und Geografie. Als dritte Fremdsprache kommt Französisch oder Chinesisch hinzu.

Das **Gymnasium** dauert sechs Jahre (gesamt zwölf), der Abschluss berechtigt zum Besuch von Hochschulen (auch international). Wer das Gymnasium nicht besucht, hat die Möglichkeit, auf ein Berufliches Gymnasium *(escola técnica)* zu gehen, das sich an die 6. Klasse der Grundschule anschließt und in sechs Jahren zum Fachabitur führt. Die Unterrichtsinhalte sind praxisnah und beziehen sich u.a. auf Bau, Elektrik, öffentliche Verwaltung und Handel.

Für die **Ausbildung zum Primarschullehrer** gibt es in Cabo Verde spezielle Lehranstalten. An eine dreijährige allgemeine Ausbildung schließt sich eine zweijährige praktische Vorbereitung an. Ebenso gibt es weiterführende Seminare für angehende Lehrer des Sekundarbereiches, die Fächerschwerpunkte beinhalten. 1995 erfolgte eine Schulreform, die vor allem einen praxisnäheren Unterricht, auch in der Lehrerausbildung, zum Ziel hatte. Alle Inseln verfügen über ein Gymnasium, die größeren auch über berufsbildende Fachgymnasien. Auf São Vicente und Santiago gibt es Institute zur Lehrerausbildung und Krankenpflegeschulen, Santiago hat auch ein Priesterseminar. Zudem gibt es Institute zur Schulung von Beamten, Verwaltungsangehörigen sowie Seeleuten.

Das Instituto Pedagógico zur Lehrerausbildung war die Keimzelle höherer Ausbildungen im Land. Aus der Seefahrtsschule in Mindelo und dem Polytechnikum in Praia sind Ingenieursschulen geworden. Mit dem **Institut Piaget** in Praia und dem **IESIG** in Mindelo wurden die **ersten Universitäten** gegründet, an denen man Sozialwissenschaften, Geowissenschaften usw. studieren kann. Die **öffentliche Universidade de Cabo Verde (UniCV)** mit Sitz in Praia und Mindelo kam vor wenigen Jahren hinzu. Die Universitäten kommen zur rechten Zeit, nachdem die Stipendien zum Auslandsstudium aus der Entwicklungszusammenarbeit fast völlig verschwunden sind und die Studenten zufrieden sein müssen, einen kostenpflichtigen Studienplatz zu finden.

In der **Alphabetisierung** wurden große Anstrengungen unternommen. 1975 lag die Analphabetenrate noch bei rund

65 %, heute ist sie unter 20 %, wobei in der Altersgruppe von 10 bis 20 Jahren nur etwa 5 % nicht lesen und schreiben können.

Erwachsenenbildung hat einen hohen Stellenwert in Cabo Verde. In einem interessanten politischen Wandel hat sich Cabo Verde von einer Philosophie der „Alpabetisierung" verabschiedet. Reduzierte Lehrpläne wurden abgeschafft zugunsten eines durchgängigen, exakt an den Ansprüchen der allgemeinen Schule orientierten Curriculums, das in erwachsenengerechter Form vermittelt wird. Damit kann jeder Erwachsene seine Schulbildung nachholen oder ergänzen; das System führt bis zur Hochschulreife. Wir haben Bekannte, die als Erwachsene Analphabeten waren und inzwischen einen Universitätsabschluss haben. Auch wurde von älteren Mitarbeitern, die mit unzureichenden Schulabschlüssen im Staatsdienst arbeiteten, verlangt, dass sie den heute geforderten Mindestabschluss nachholen. Entgegen ursprünglicher Vermutungen haben sich viele Frauen über diese Entscheidung gefreut, denn über die Verpflichtung ersparten sie sich die leidige Diskussion, ob sie als Mütter und Hausfrauen abends in die Schule gehen könnten. Sie mussten.

Medien

Für ein Volk, das zu mehr als zwei Dritteln im Ausland lebt, sind die Kommunikationsmittel Post, Telefon und besonders die Medien (Radio, TV, Zeitungen, Internet) ungemein wichtig, um den Informationsfluss über alle Inseln bis zu den Emigrantengemeinden zu sichern.

Radio

Das Radio bleibt **eines der wichtigsten Medien.** Wenig beeindruckt von zerklüfteten Landschaften und sozialem Gefälle, von unregelmäßiger Stromversorgung und Verkehrsverbindungen erreichen die Programme nahezu jeden Haushalt, rund um die Uhr, jeden Tag, mit all den Nachrichten, wie sie in Europa durch den Briefkasten kommen, als Tageszeitung, Briefe, Einladungen

‹ Was tut sich in Cabo Verde und dem Rest der Welt?

und Flut bunter Reklameblättchen. Was auf den Inseln passiert, wann das Frachtschiff erwartet wird, wer verstorben ist, welche Bewerbungsunterlagen nachzureichen sind, wann und wo die Impfsprechstunde, der Gottesdienst, eine Beerdigung stattfindet, Niederschlagsmengen, Unterbrechungen der Verkehrswege, Fährpläne, den Preis von Saatkartoffeln – alles erfährt man aus dem Radio.

RTC, Radio-Televisão de Cabo Verde, auch Radio Nacional genannt, bringt als öffentlich-rechtlicher Sender von 6 bis 9 Uhr früh die Sendung „Bom Dia Cabo Verde" mit all diesen Details. Lokale Reporter, live zugeschaltet aus allen Landkreisen, fassen zusammen, was am Vortag geschehen ist und den beginnenden Tag bestimmt. Kapverdische und moderne internationale Musik lockern die Sendung auf. Über Studios in Mindelo und Sal und das Hauptstudio in Praia teilen sich die Programme zeitweise regional auf, bringen stündlich Nachrichten und Bildungsprogramme.

Internationale Sender mit speziell auf Cabo Verde abgestimmtem und teils in Cabo Verde produziertem Programm von RTP (Portugal) und RF (Frankreich) werden auch in FM übertragen.

Private Sender haben Fuß gefasst durch das katholische **Radio Novo.** Ein gutes Dutzend kommerzieller Privatsender hat sich hinzugesellt mit einer Mischung aus Musik und Werbung.

Die Emigrantengemeinden in Holland, Luxemburg, USA und Portugal haben ihre eigenen Sendestudios bzw. Sendezeiten bei öffentlichen Sendern.

Online im Internet zu hören
- www.rtc.cv
- www.radiosonline.sapo.cv

Fernsehen

Ganz oben in der Gunst der Zuschauer stehen die **öffentlich-rechtlichen Sender** aus Cabo Verde (RTC) und Portugal (RTP). Daneben gibt es **private** portugiesische, brasilianische und französische **Programme.** Die Abendnachrichten bei RTC dauern bis zu einer Stunde, abhängig von den Vorkommnissen. Anschließend, zur besten Sendezeit, sind die Straßen wie leergefegt, wenn eine **Telenovela** ausgestrahlt wird. Die meist aus Brasilien stammenden und immer emotionsreichen Familien- und Gemeindedramen laufen in monatelanger Fortsetzung. Manche sind sehr geschickt mit Themen der Gesundheits- und Sozialerziehung angereichert, während andere wenig versteckt der Werbung dienen.

Diverse **Hotels** bieten **Satellitenfernsehen** an, das auch den Empfang deutscher Programme ermöglicht.

Zeitungen

Seit der Unabhängigkeit ist die Presselandschaft in ständiger Bewegung. Portugiesischsprachige Wochenzeitschriften finden ihren Absatz vorwiegend in den Städten, während der Markt (noch) zu klein für Tageszeitungen ist.

- „**A Semana**" verzichtet seit 2016 – man spricht von „vorübergehend" – auf die Printversion und existiert nur noch als Internetzeitung (www.asemana.publ.cv). Inhaltlich steht das Blatt der PAICV nahe, doch werden Opposition und Regierung gleichermaßen kritisiert.

- „**Expresso das Ilhas**" dient als Sprachrohr der MpD, nach unserem Geschmack zu häufig mit populistischen Untertönen.

- **„A Nação"** (www.anacao.cv) erscheint auf Portugiesisch und Englisch und konzentriert sich auf Themen der Auslandsgemeinden und deren Interessensvertretung in den Landkreisen. Besonders interessant sind die ausführlichen Leserbriefe und der Anzeigenteil mit Werbung für Firmen in den USA und Cabo Verde in bunter Mischung.
- **„A Voz"**, eine 2015 gegründete Wochenzeitung, soll auch die Auslandsgemeinden in Portugal und den USA erreichen.
- **„ArtiLetra"**, wie zuvor „Ponto e Vírgula" von Künstlern herausgegeben, bringt Kulturpolitik, Neues und Historisches aus der Literatur-, Theater- und Kunstszene gekonnt aufs Papier. Erscheint mehrmals im Jahr.
- **„Boletim Oficial"**, die „Mutter der kapverdischen Presse" erschien erstmals 1842 in Sal Rei, als der Regierungssitz sich auf Boa Vista befand. Bis heute wird das Boletim fleißig studiert von Rechtsanwälten, Firmen, Grundstücksbesitzern und -käufern, Amtsinhabern und den Interessenten an nationalen und internationalen Ausschreibungen.
- Die Presseagentur **Inforpress** arbeitet mit rund 20 Journalisten (www.inforpress.publ.cv).

Internet

Das World Wide Web ist **ideal für transnationale Familien und Kulturen.** Lange vorbei sind die Zeiten des wochenlangen Wartens auf einen Brief und der gehetzten Telefonate auf der Post.

In den **einheimischen Foren und Portalen** spielt Musik die erste Geige. Reiseforen wurden lange Zeit von versteckter Werbung für Reiseveranstalter bestimmt; inzwischen wissen sie sich gegen Hacker kaum mehr zu wehren und gehen langsam ein.

Die kapverdische Jugend ist fast vollständig von **Facebook** erfasst, die ältere Generation nicht viel weniger.

Internet-Cafés finden sich in jeder Kleinstadt.

Die Politik verbindet große Hoffnungen und Pläne in **Bildungswesen** und in der **Verwaltung** mit dem Internet. Öffentliche Plätze und internationale Flughäfen sind mit kostenlosem WLAN-Anschluss versorgt, und selbst auf Brava sind alle Schulen online.

Religion

Staat und katholische Kirche waren in Portugal über Jahrhunderte untrennbar verknüpft. Die Inquisition verlängerte die Politik des Handelskrieges gegen den Islam und das Judentum ins Spirituelle, und sie versorgte die kolonialistischen Abenteuer mit den notwendigen Geldern und Arbeitskräften. Religiös begründeter Rassismus wurde zur missionarischen Rechtfertigung für Sklavenhandel und weltweite Eroberungen.

So nimmt es nicht Wunder, dass der römisch-katholischen Kirche auch in Cabo Verde ein Monopol eingeräumt wurde bis zur Ausrufung der Republik am 5. Oktober 1910. Erst danach konnten sich andere Religionsgruppen ungestraft etablieren, und die Kirche gab administrative Aufgaben (Standesamt und Einwohnermeldeamt) an den Staat ab.

Die katholische Missionierung der Inseln begann mit der Ankunft der **Franziskaner** im Jahre 1466. Eine wesentliche Aufgabe bestand darin, Sklaven nach ihrer Ankunft zu taufen und dadurch ihren Wert zu erhöhen. 1604 begann die Mission durch die Jesuiten, deren Bedeutung für die Stabilisierung der kreolischen Gesellschaft im Kapitel zum Ursprung der kreolischen Kultur und Nation eingehender erläutert wird. 1941 nahm der Heilig-Geist-Orden seine Tätigkeit auf. Die heute bestimmende Kraft ist der italienisch dominierte **Kapuzinerorden,** der seit 1946 im Cabo Verde vertreten ist. Der Charakter einer von Südeuropa dominierten Missionskirche löst sich erst in den letzten Jahren auf.

Erst nach dem Tode *Salazars* setzten auch in der katholischen Kirche Bestrebungen zur Selbstständigkeit und Lockerung der Bevormundung aus Südeuropa ein. **1975** wurde der **erste kapverdische Bischof** geweiht, *Dom Paulino Évora* aus Boa Vista. Zu dieser Zeit gab es zehn Kapverdianer unter den rund 50 Priestern. Im Februar 2004 wurde ein weiterer Bischof in São Vicente eingesetzt. Bischof *Dom Arlindo Furtado* wurde 2015 der erste Kardinal in der Geschichte Cabo Verdes.

Zur Feier des 500. Jahrestages des Katholizismus auf Cabo Verde besuchte **Papst Johannes Paul II.** die Inseln im Januar 1990, woran eine 100-CVE-Gedenkmünze erinnert, die noch heute im Umlauf ist, obwohl sie die alten Staatssymbole der ersten Republik trägt. Bei Sammlern steigert das ihre Beliebtheit.

Politisch und gesellschaftlich will die katholische Kirche seit jeher den als unmoralisch verstandenen kreolischen Beziehungsformen entgegentreten. Die Erfolge halten sich seit 550 Jahren in engen Grenzen, und die Priester sehen in den Kapverdianern liebe Menschen mit einer wesentlichen Schwäche: Sie können das sechste Gebot nicht ehren.

Für den sonntäglichen **Kirchgang** nimmt die Landbevölkerung stundenlange Fußmärsche auf sich. Korrekte Kleidung unterstreicht das soziale Ereignis mit willkommener Abwechslung zum Alltag. Stadt und Land, entfernte Familienangehörige und Nachbarn finden zueinander.

Der konservative Ernst der katholischen Kirche verbindet sich mit kreolischer Fröhlichkeit und Lebenslust, die Kirchweihen *(festas de romaria)* werden feucht-fröhlich gefeiert.

In der innigen Verquickung mit dem Staat blieb die Kirche bis ins 20. Jahrhundert die treibende Kraft im **Bildungssektor.** Nach mehreren Schulgründungen der frühen Besiedlungszeit und dem Convento de São Francisco in Rª Grande (siehe Kapitel zu Cidade Velha) folgten Seminarschulen, die den Ka-

> Jesusfigur mit Echthaarperücke

techismus um moderne weltliche und humanistische Inhalte erweiterten, auch Schüler aus Guinea-Bissau hatten und zur formenden Kraft einer eigenen, kapverdisch-kreolischen Bewegung von Intellektuellen wurden. Dies gilt für die 1850 von Bischof *Moniz* eröffnete Schule auf Brava genauso wie für die 1866 in Cidade de Ribeira Brava (São Nicolau) gegründete Seminarschule mit weltlichem und religiösem Gymnasium. In der ersten portugiesischen Republik wurde der weltliche Zweig nach São Vicente verlegt und der religiöse geschlossen.

Der **Protestantismus** in Cabo Verde ist ein kulturelles Erbe der Auswanderung nach Neu-England, das sich der Verbote durch die Kolonialregierung erst nach der Ausrufung der Republik in Portugal erwehren konnte. So wurde *João José Diaz* sofort verhaftet, als er 1901 die erste Kirche der protestantischen Nazarener auf Brava eröffnete. Das Verbot hat die Protestanten in ihrer Gesinnung bestärkt; Diaz publizierte eines der ersten Bücher in kreolischer Sprache. So entstand eine Glaubensgemeinschaft, die der politischen und ideologischen Abhängigkeit von Portugal kritisch gegenüberstand. Als Diaz 1936 nach Amerika zurückkehrte, kam Reverend *Howard* nach Cabo Verde, um dessen Arbeit fortzusetzen. Die **Nazarener** erfreuen sich großer Beliebtheit, da sie mit regen Gemeindetätigkeiten und einer sehr volksnahen und weltoffenen Art junge Leute leichter ansprechen als die südeuropäischen Priester der katholischen Kirche. Ihre Messen werden in oft unscheinbaren Häusern und Kirchen gefeiert, aus denen lautstarker und fröhlicher Gesang zu hören ist. Der Protestantismus wurde dem Volk niemals aufgedrängt, die Mitgliedschaft in der vom Staat unabhängigen Kirche war frei von opportunistischen Motiven.

Die Kapverdianer in der amerikanischen Emigration sind seit über 100 Jahren stark in den **Baptistischen Kirchen** von Massachusetts vertreten, mit denen die einheimischen Kirchen zusammenarbeiten.

In den letzten Jahren haben selbst die **Mormonen** Cabo Verde „entdeckt"; man sieht junge Amerikaner in Zweiergruppe in dunkler Hose mit frisch gebügeltem weißem Hemd, Namensschildchen und Krawatte von Haus zu Haus gehen – mit erstaunlich guten brasilianischen Sprachkenntnissen.

Afrikanische **Naturreligionen** sind in das als katholisch verstandene Brauchtum eingegangen. So werden beispielsweise verstorbene Säuglinge nicht von den Eltern, sondern von einer Kindergruppe auf den Friedhof gebracht und begraben. Das soll verhindern, dass die Hexe, die das Kind gefressen hat, die Familie erneut ausfindig macht und sich ein nächstes Opfer sucht. Dies ist wie die noch häufig beachteten Muttermilchtabus pan-afrikanisches Brauchtum, das in kreolische Gesellschaften auch der Karibik und Brasiliens Eingang gefunden hat und Familien, die sich selbst als portugiesisch verstehen, nicht ausspart.

Etwa **80%** der Bevölkerung sind **katholisch** und **10% Protestanten,** von denen gut die Hälfte zu den Nazarenern gehören. Die übrigen Menschen bekennen sich zu anderen Religionen (Anglikaner, Mormonen, Zeugen Jehovas, Baha'i etc.).

In den Tempeln des **„Racionalismo Cristão"** wird regelmäßig mit den Geistern Verstorbener gesprochen, auch wenn das nicht immer reibungslos klappt. Vor wenigen Jahren gelang vor gut gefülltem Auditorium ein Direktinterview mit den Geistern verstorbener Fischer, die im offenen Ruderboot von Santiago abgetrieben wurden. Glücklicherweise war das Schicksal gnädiger, und sie riefen wenige Tage später überglücklich aus Brasilien an, wohin sie der Ozean getragen hatte. Die Mitgliedschaft in Sekten ist zumeist nicht exklusiv, sodass sich die Menschen bei den Volkszählungen als Katholiken identifizieren.

Kunst und Kultur

Die Wurzeln der Kultur

Die **kreolische Kultur** mit eigener Sprache, Musik und Literatur folgt den historischen Ursprüngen der Gesellschaft. Insbesondere die starke und formenreiche Kultur der Badios im Inneren Santiagos blieb den Kolonialherren und auch der Oberschicht im Barlavento verborgen. Erst im 20. Jahrhundert begann die nationalistische Bewegung an der Interpretation des Kreolischen als minderwertiger Ausgabe portugiesischer Tradition mit schändlich-primitiven afrikanischen Elementen zu zweifeln, sie zu studieren. Das Literaturjournal **„Claridade"** wurde zum Forum der Beschäftigung mit der eigenen Tradition und zur Bühne junger Kunst in selbstbewusster kreolischer Identität.

Das **Streben nach Autonomie,** so meinte die intellektuelle nationalistische Bewegung, sei ohne Kenntnis und Aufwertung, ohne Neubelebung der kreolischen Kultur weder möglich noch wünschenswert. Um die afrikanischen Wurzeln der vom faschistischen Kolonialstaat verfolgten „revolutionären" Strömung zum Ausdruck zu bringen, kleideten sich die Künstler und Intellektuellen mit afrikanischen Gewändern und Haartrachten. Unübersehbar sind die

Panos aus Baumwolle

Sklaven brachten die Kunst des Webens feiner Baumwolltücher **von der Guinea-Küste** nach Cabo Verde.

Weben war Männersache, während die Frauen die Baumwolle sammelten, vorbereiteten und zu feinen Fäden spannen. Die Fäden wurden teils gebleicht, teils mit Indigo dunkelblau bis schwarzblau gefärbt.

Auf einfach erscheinenden, aber raffiniert mit verschiedenfarbigen Fäden bestückten Webstühlen entstanden etwa schmale **Tücher mit geometrischen Mustern.** Als Kleidungs- und Schmuckstücke waren und sind sie nicht nur auf den Inseln begehrt.

Im 16. und 17. Jahrhundert fanden sie reißenden Absatz als dauerhafte, wertvolle **Tauschwaren im Sklavenhandel.**

Mit steigender Wertschätzung der kreolischen Identität und Kultur im späten 19. Jahrhundert wurden die Panos zum **Symbol der afrikanischen Wurzeln** und ihres Wertes. Die Muster – gewölbte Dreiecke und Quadrate in geometrischer Wiederholung – finden sich in vielen Variationen in der modernen Gebrauchsgrafik und -kunst, in Schreiner-, Schlosser- und Maurerarbeiten.

Museen wie die Casa Memória in São Filipe auf Fogo und das Museu da Arte Tradicional in Mindelo zeigen schöne alte Panos.

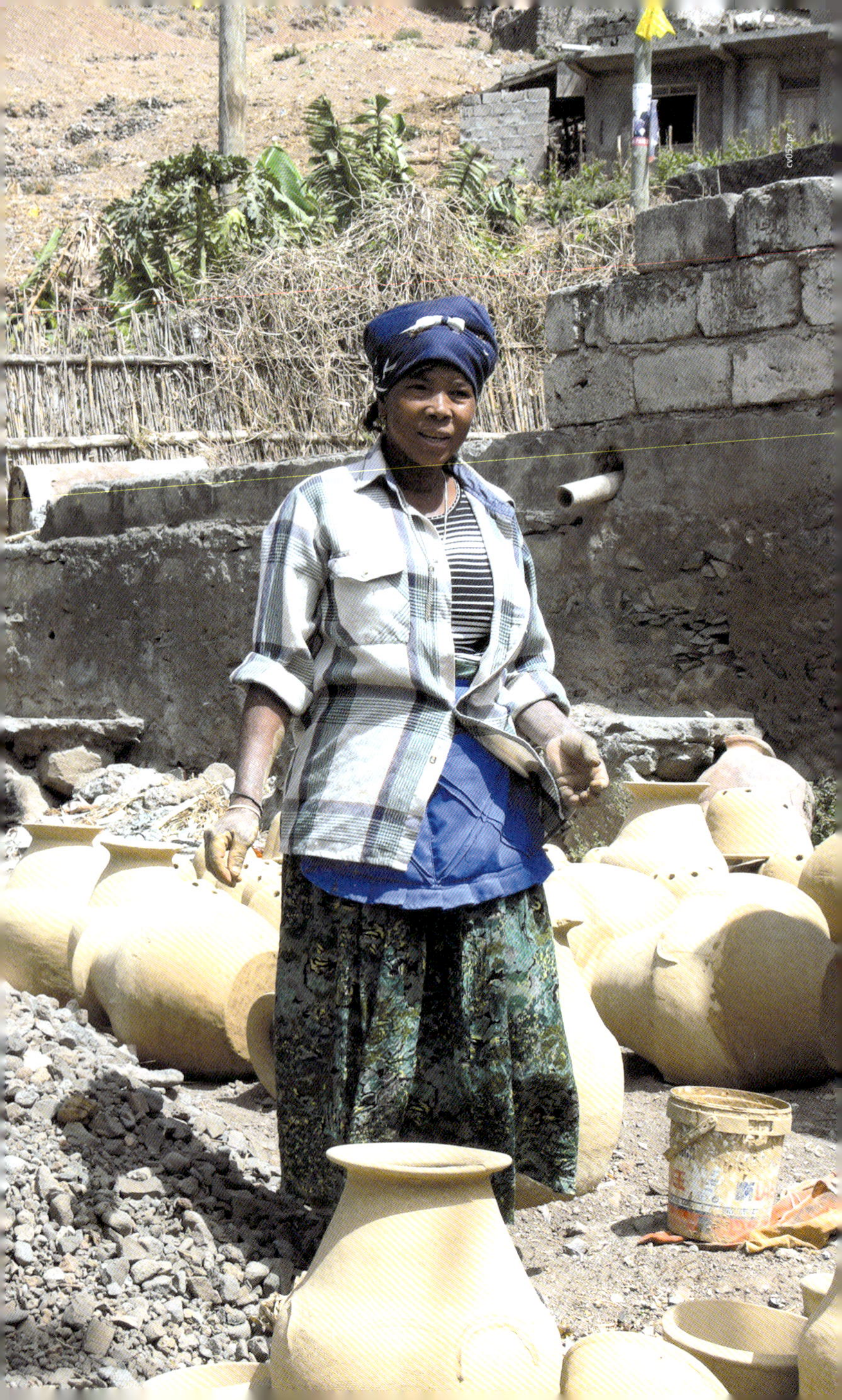

afrikanischen Ursprünge in den Musikrichtungen und Tänzen Santiagos. Aber auch im Alltag der anderen Inseln, in der im Hackbau betriebenen Landwirtschaft, im Gebrauch von Mörsern und Kalebassen, in der Art, wie Lasten auf dem Kopf und Kinder auf dem Rücken getragen werden, sind sie präsent.

Kunsthandwerk

Das Kunsthandwerk, Gebrauchs- wie dekoratives Kunsthandwerk, greift auf Formen und Traditionen der prägenden Kontinente zurück. Weber- und Töpferarbeiten ohne Drehscheibe zeigen deutlich afrikanischen Einfluss, während Stickereien und Häkelarbeiten portugiesischen Vorbildern zuzuordnen sind.

Auf einigen Inseln gibt es Handwerkskooperativen, in denen getöpfert, gemalt, gesponnen, gewebt, gehäkelt und geflochten wird. Das Kunsthandwerksmuseum **Muséu de Arte Tradicional** in Mindelo (siehe Kapitel zu São Vicente) zeigt schöne Töpfer- und Webarbeiten sowie Musikinstrumente aus verschiedenen Epochen. Nicht weniger eindrucksvoll und mit dem Besuch des historischen britischen Konsulats von *John Rendall* verbunden ist das Aufsuchen einer **Künstlerkooperative** an der Avenida Marginal. Im Internet finden sich einige ausgesuchte Motive beeindruckender Wandteppiche von *Cándida Maria da Luz Rocha,* einer taubstummen Künstlerin mit der Gabe, Alltagsmotive der Fischerei und Landwirtschaft in ihren Arbeiten festzuhalten (www.belavista.net/da-Luz.aspx). Für diese Webarbeiten wird auf traditionelle Art Schaf- und Baumwolle ausgekämmt, gesponnen und gefärbt. Anschließend wird die Wolle auf Webstühlen zu Bändern oder Teppichen verarbeitet. Etwa zwei Monate dauert die Fertigstellung eines größeren Wandbehanges. In früheren Jahrhunderten überwogen Webereien nach traditionellen Mustern in den lokal produzierten Farben Weiß, Indigoblau und Schwarz. Daneben gibt es verschiedene Gemälde, traditionelle Gebrauchsgegenstände, Töpferwaren, Batik, Holzschnitzarbeiten, Stickereien, Decken und Spitzen oder aus Stroh, Muscheln oder Kokosnüssen gefertigte Zierobjekte. Das Artisanat arbeitet eng mit Handwerkskooperativen auf anderen Inseln zusammen und bestückt auch Ausstellungen in Übersee.

Auf Boa Vista, Sal, São Vicente, Maio und Santiago werden schöne **Keramik und Töpferwaren hergestellt.** In den Werkstätten sind Besucher willkommen. Neben den großen bauchigen Wassertöpfen *(pote),* die noch heute in jedem armen Haushalt stehen, findet man kunstvoll verzierte Vasen und dekorative Tonplastiken. Viele Motive der Verzierungen sind den oftmals historischen Webmotiven aus Santiago entlehnt.

◁ Töpferin in Fonte Lima auf Santiago

Zum Gebrauchshandwerk zählen ebenfalls die in alter Tradition aus Schilf oder getrockneten Palmblättern geflochtenen **Körbe**, darunter die Balai, flache Körbe zum Ausputzen von Reis oder Mais. Meist wird dezentral auf dem Dorf in kleinen Höfen gearbeitet, oft nur auf Bestellung. Sehr selten geworden sind die Hersteller der großen **Holzmörser**, die in keinem Haushalt fehlen dürfen.

In ruhigen Stunden werden **Baumwolldeckchen** für die *sala de visita*, das Besucherzimmer, das zumindest in Andeutungen in jedem kapverdischen Haushalt erwartet wird, gehäkelt.

Als Repräsentanten **moderner kreolischer Malerei** sind *Manuel Figueira, Tchalé Figueira, Barros-Gizzi, Leão Lopes, Maria-Luisa Queirós, Maria Alice Fernandes, Kiki Lima* und *David Levy Lima* über Cabo Verde hinaus bekannt.

Musik – die Seele Cabo Verdes

In Zusammenarbeit mit
Stefan Birenheide (www.sodade.de)

Wer die Musik eines Landes nicht kennt, kennt seine Menschen nicht.

Die Liebe der Kapverdianer für die Musik ist unendlich und nicht wegzudenken aus ihrem Alltag. Was Essen und Trinken für den Körper ist, bedeutet Musik für die Seele. Von Musik kann kaum einer leben, aber **mit Musik lebt es sich leichter,** scheint die Devise zu sein. Denn wenn auch der tägliche Existenzkampf noch so groß ist, es wird ausgelassen und fröhlich gefeiert, getanzt, gesungen und musiziert. Musik verbindet die unterschiedlichsten sozialen Schichten und Generationen. Die kleinsten Kinder ahmen schon Tanzschritte nach oder singen im Chor, wenn sie barfüßig von der Schule nach Hause laufen. Ein Radio gehört in jedes Haus und Auto, und wenn es noch so blechern kreischt, Hauptsache es ist laut. Auch die Emigranten fern der Heimat bleiben ihrer Musik treu. Sie symbolisiert ihnen die Zusammengehörigkeit im neuen Land. Oft hält die Liebe zur Musik länger an als die Verbundenheit zur kreolischen Sprache. Dort, wo eine größere Gruppe Kapverdianer eine neue Heimat findet, öffnen schon bald Clubs mit „ihrer" Musik.

Musiker in Cabo Verde zu erleben, die sich spontan zu einer geselligen Runde formieren und in ihren Klängen aufgehen, ist ein Glücksfall. Im Grunde braucht es keinen Anlass, jede gute Stimmung ist Grund genug. Wer einmal dabei war, wenn Kapverdianer zu vorgerückter Stunde die Gitarren hervorholen und eine Session beginnen, spürt schnell, dass die Musiker so in ihre Lieder eintauchen, dass alles rundherum völlig vergessen scheint. Das ist dann die echte, die wahre Musik der Inseln.

Musik hat Tradition und ist Brauchtum. Da gibt es beispielsweise die Serenata, wo einige Musikanten am Fenster ein Ständchen spielen, sei es einem künftigen Paar in der Nacht vor ihrer Hochzeit, einem lieben Menschen zum Geburtstag, als Dankeschön oder einfach als nette Geste.

▷ Instrumentenbauer Luis Baptista in seiner Werkstatt in Monte Sossego (Mindelo/São Vicente)

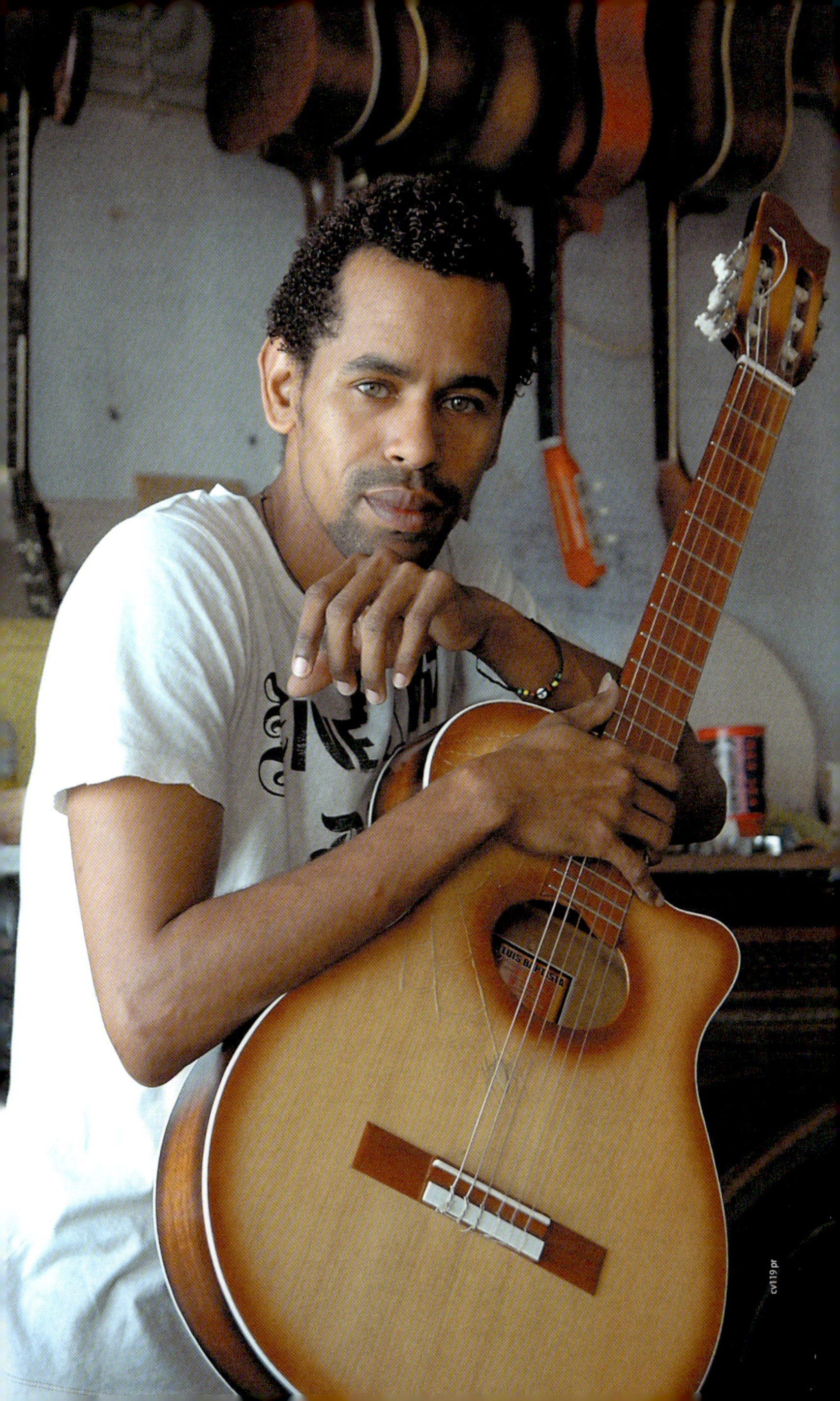

cv119 pr

Feste und Feiern ohne Musik sind nicht denkbar. Gäste sind immer willkommen. In ländlichen, ärmeren Regionen wird am überschwänglichsten gefeiert. Kleine Musikgruppen aus Familie, Freunden und Nachbarn bilden sich spontan. Man singt, tanzt und spielt nicht selten die ganze Nacht hindurch. Neben diesen spontanen Festas gibt es unzählige Anlässe, um zu musizieren.

Jede Insel hat ihre eigenen Tänze und Feste, jedes Fest seine eigenen Lieder und Melodien. Lokale Musikgruppen spielen bei allen größeren Anlässen, bei Eröffnungen, im Wahlkampf oder am Tag der Kirchweih. Musikalische Höhepunkte sind die **Musik-Festivals von Baia das Gatas** auf São Vicente und **Praia de Gamboa** in Praia. Zur **Zeit des Karnevals** lassen mitreißende Rhythmen, Tänze und Ausgelassenheit alle Sorgen vergessen.

Gitarren, Geigen und Trommeln dominieren, je nach Musikform kommen spezielle Begleitinstrumente hinzu. Blasinstrumente sind selten, außer bei offiziellen Anlässen oder im Karneval.

Die **Lieder** der Inseln sind ein wahres Füllhorn an Themen: Mal erzählen sie in getragenen Balladen von der Vergeblichkeit des Seins oder betrauern eine verlorene Liebe, mal intonieren sie mit an Zigeunermusik erinnernden Geigeninstrumentals oder mit nach Salonjazz klingenden Pianosoli zarte Melodien. Melancholische und historische Elemente wie das harte Leben auf den Inseln, der ausbleibende Regen, Unbill der Natur, Kampf gegen die Unterdrückung durch Sklaverei und Kolonialmacht, Emigration und Herzenskummer sind genauso enthalten wie positive Gedanken über die Hoffnung auf bessere Lebensumstände, das Lachen der Kinder oder eine gute Ernte. Vor allem aber verblüfft die Leichtigkeit und Eleganz, mit der Gesang, Rhythmus und Instrumente verschmelzen.

Im Laufe ihrer bewegten Geschichte haben Kapverdianer ihre **ganz einzigartige Musik** geschaffen. Woher stammt diese Musik, aus Afrika, Europa oder Lateinamerika? Wohl von diesen drei Erdteilen. Die Verschmelzung afrikanischer und europäischer Traditionen hat kreolische Mythen geschaffen, die sich mit nichts vergleichen lassen und auf die die Kapverdianer besonders stolz sind. Verschiedenste Einflüsse ergaben eine Komposition aus Musikformen, in der sich portugiesische Sprache, Dichtung, Lieder und Musikinstrumente genauso finden wie afrikanische und brasilianische Rhythmik. Doch wird es immer offen bleiben, wer wen beeinflusst hat. Wie selbstbewusst die Menschen mit ihrer Musik umgehen, zeigte sich in der Kolonialzeit, in der afrikanische Elemente der Musik verboten wurden. Sie wurden letztlich zum Symbol der Befreiung.

So verschieden die Geschichte des Sotavento und des Barlavento verlaufen ist, so verschieden ist auch ihre Musik.

Im **Barlavento** wird vorwiegend auf der Violine (*Rabeca*), zehn- oder sechssaitigen Gitarren und auf dem *Cavaquinho* (einem kleinen viersaitigen Instrument ähnlich der Ukulele) gespielt. Die Musiker legen mehr Gewicht auf Melodie als auf Rhythmus, der Gesang und die Harmonien sind denen in Portugal ähnlich. Die wichtigsten kreolischen Musikrichtungen sind Morna und Coladera. Europäische Siedler des 19. Jahrhunderts brachten Mazurka, Walzer, Marsch und Contradança mit, die teils

Kunst und Kultur

sehr nahe dem Original, teils in kreolischer Abwandlung Eingang in die Tradition fanden. Populäre Bands mit elektronischen Instrumenten modernisieren sie ohne sie zu verlassen.

Auf **Santiago und Fogo** steht die Musik dem afrikanischen Ursprung näher und spiegelt die Kultur einer breiten Palette afrikanischer Traditionen wider. In Batuco, Finaçon, Funaná und Tabanka übertrifft der Rhythmus die Melodie, es gibt Ruf- und Antwortstrukturen, viele Wiederholungen, einfache Harmonien und einen offenen, lauten Gesang ohne Vibrato. Auch die Tänze stehen Afrika und der Karibik näher als Europa, insbesondere der Batuco. Anders als die literarischen Morna-Texte sind die afrikanischen Lieder oft spontan improvisiert. Die Interpreten erzählen Geschichten mit sozialen Hintergründen und von dem, was die Leute auf den Dörfern bewegt. Jeder der Anwesenden beteiligt sich mit Singen, Klatschen und Tanzen. Anstelle von Saiteninstrumenten wird Batuco auf Trommeln gespielt, die zwischen den Knien gehalten und mit der flachen Hand geschlagen werden.

Morna und Coladeira sind die meistverbreiteten Musikformen auf allen Inseln. Von der **Morna** sagt man, sie drücke das Innerste der kapverdischen Seele aus, sie sei die **charakteristischste Musikrichtung Cabo Verdes** und musikalischer Ausdruck nationaler Kultur. Nirgends zeigen sich die Gefühle der Kapverdianer, ihre Sehnsucht, Sorgen und Träume mehr als in der Morna, die zugleich Gedicht, Ballade und Lied ist. Die Geschichte der Inseln mit Existenzkampf, Emigration, Hunger und Dürre bringt es mit sich, dass viele Melodien Cabo Verdes sehr melancholisch sind.

Die Melodien und gefühlvollen Texte der Morna sind voller *Tristeza,* **Traurigkeit,** und *Saudade,* dem ewigen Sehnen, und *Nostalgia,* der großen Heimatverbundenheit. Ein wenig wehmütig muten diese meist in Crioulo gesungenen Lieder mit ihren balladenhaften Texten an.

Morna wird in **mittlerem Tempo** von einem Solo-Vokalisten gesungen, begleitet von Saiteninstrumenten wie Violine, der gitarrenähnlichen Violão, Viola und dem Cavaquinho. Eine harmonische Struktur, häufig wechselnde Akkorde, die verschlungene Melodieführung und die besondere Rhythmik des Cavaquinho-Spiels sind ihre Charakteristika. Man sagt, dass die Morna Gitarren weinen lasse. So bringt die Morna das große Leid vergessener Generationen des 19. und 20. Jahrhunderts zum Ausdruck in ihrem nahezu hoffnungslosen Kampf gegen Hunger und Elend.

Über den **Ursprung der Morna** gibt es verschiedene Ansichten. So soll diese Musikrichtung Mitte des 19. Jahrhunderts in Boa Vista entstanden sein. Der berühmte Komponist und Nationaldichter *Eugénio Tavares* aus Brava komponierte zwischen 1870 und 1890 seine Mornas auf einer portugiesischen Gitarre. Er liebte den Fado und war ein großer Anhänger der portugiesischen Ultra-Romantik. So erklärt es sich vielleicht, dass die Morna oft mit dem Fado verglichen wird, jedoch ohne dessen schwere und dramatisch melodischen Elemente. Andere Theorien vermuten den Ursprung der Morna in einer afrikanischen Musikrichtung aus Angola, die Lundum genannt wird, oder stellen Verbindungen mit dem brasilianischen Liedgut der Modinha und dem argentinischen Tango her. In ihrer Vokalart, den Instrumenten und der Harmonie hat die Morna sicherlich eher europäischen als afrikanischen Charakter. Die neuzeitliche Morna entstand etwa um 1930 auf São Vicente, vor allem mit Melodien und Texten aus der Feder des Komponisten *B. Leza*. Seine Nichte, *Cesária Évora*, hob die Morna auf die Weltbühne (s.u.).

Interpreten wie *Luis Rendall, Luis Morais, Bau* und andere beliebte Musiker Cabo Verdes haben sich der Morna zugewandt und ein umfangreiches Repertoire bekannter Lieder geschaffen.

Die **Coladeira** ist eine Musikrichtung mit fröhlichen, bewegten Tanzliedern, die von Gitarren, Mandolinen und Geigen begleitet werden. Bei modernen Musikgruppen werden die akustischen von elektronischen Instrumenten und Schlagzeug abgelöst. Viel schwungvolle Rhythmik und Melodie geben der Musik die **Alegria,** in der sich, im Gegensatz zur schwermütigen Morna, **Lebensfreude und Ausgelassenheit** der Menschen ausdrücken und die die Tanzböden von Cabo Verde bis in die über die Welt verstreuten Emigrantengemeinden beherrschen. Ihre Popularität liegt in der Beschwingtheit, die förmlich zum Tanzen einlädt, sei es als Paar-, Gruppen- oder Reihentanz. Die eher einfachen Texte und Refrains, aktuell und positiv gestimmt, manchmal satirisch und humorvoll, fordern zum Mitsingen und -klatschen auf.

In Alt-Kreolisch bedeutet **colá** laut sprechen oder laut singen und bezeichnet den Wechselgesang, den die Frauen in improvisierten Strophen bei der Coladeira, der Colá und der Tabanka zu aktuellen Themen anstimmen. Noch heute drohen sich Frauen bei Meinungsverschiedenheiten spaßeshalber an: „Um tá coláb na coladeira!" (Ich werde über dich in der Coladeira singen!) Die Improvisation im Wechselgesang ist nur noch auf privaten Festen im kleinen Kreis zu beobachten.

Colá São João bezeichnet einen fröhlichen rituellen Tanz auf den traditionellen Johannisfesten. Die Choreografie und Musik des **Colá** sind von Insel zu Insel leicht verschieden festgelegt, doch immer geht der „Admiral" *(almirante)* mit Seemannsuniform voran, begleitet von infernalisch lauten Trommeln in scharfem Rhythmus. Ihm zur Seite tanzt der „Steuermann" *(navegador)* in einem Schiffsmodell. Der Rumpf ist in der Mitte offen. Der Träger steigt hinein und hängt sich das Schiffchen an einem Schulterriemen um den Leib, sodass es mit verblüffender Ähnlichkeit die Bewegungen eines Schiffs in schwerem Sturm nachahmt. „Frèt pèss nêv'zim!", „Frèt pèss nêv'zim!" (Fahrgeld für dieses Schiffchen!) rufen sie laut und bitten um Spenden. Wenn ein paar Escudos in der Tasche klingeln, hält der Admiral den Zug an, grenzt mit einem hölzernen Schwert einen Tanzplatz ab, und zwei Frauen springen in die Runde, tanzen sich in Laune und singen improvisierte Strophen zu aktuellen Themen in einer Art Ruf- und Antwortdarbietung. Mit stampfenden Schritten tanzen sie auseinander, aufeinander zu, erneut auseinander, um endlich mit erhobenem Arm in die Luft zu springen und sich mit den vorgestreckten Bäuchen zu berühren *(umbigada)*. Rasches Fingerschnippen ähnelt dem Klang von Kastagnetten. Der

▷ Kirchweih in Rª das Patas/Santo Antão

ganze Körper muss im Rhythmus des Partners schwingen, der Zusammenstoß soll exakt harmonieren, nicht zu kräftig und nicht zu leicht sein. Steigt die Stimmung, kommen zwei weitere Frauen dazu und tanzen über Kreuz, und die Trommler überbieten sich selbst. Die Gäste hängen sich Rosenkränze aus Popcorn *(pipocas),* grünen Kaffeebohnen und Kleingebäck um.

Mit der Arroganz und Dummheit kolonialer Macht wurde das Colá São João im 20. Jahrhundert als „afrikanisch", „primitiv" und „unanständig" verboten, genauso wie Batuco und Finaçon. Dabei ist es im 18. Jahrhundert in Portugal entstanden: Rhythmus, Fingerschnippen und Grundschritte stammen aus der maurischen Tradition und überlebten in der Kultur iberischer Zigeuner und des Flamenco. Die vor die Brust geklemmten kleinen Trommeln mit Ziegenfell und geraden Schlegeln aus Feigenholz dienten im ländlichen Nordportugal zum Vertreiben von Hexen und Geistern. Die Figuren sind der Zunfttradition der Epoche entlehnt. Allenfalls die umbigadas haben eine afrikanische Wurzel. Doch auch diese kam über Portugal nach Cabo Verde. Sie wurde aufgenommen im Rahmen der mit Staunen von den Lissaboner Bürgern beobachteten und bei Hof nachgeahmten *festas dos pretos* (Feste der Schwarzen) und exotisch brasilianischer Feste mit Verkleidung. So erklärt sich, weshalb die Colá im spät besiedelten Barlavento und kaum im Sotavento anzutreffen ist. Auf Brava wurde es traditionell ohne umbigadas getanzt. Auch die meisten der Hexen und Geister, der *Bjons* und *Gongongs,* die nächtens über Santo Antão fliegen und die Kinder in Schrecken versetzen, entstammen der iberischen Mythologie. Nachdem die Verbote der Lächerlichkeit preisgegeben sind, macht es Jungen wie Alten um so mehr Spaß, die Tradition hemmungslos auszuleben.

Unter allen musikalischen Ausdrucksformen Cabo Verdes hat der **Batuco** (Batuque, Batuko) die größte Ähnlichkeit mit traditioneller Musik des afrikanischen Festlandes. Es handelt sich um eine Musik- und Tanzform mit ganz rhythmischer Struktur und dem für Afrika so typischen Zuruf-Antwort-Sprechgesang. Der Batuco wird vorwiegend von Frauen in den ländlichen Badio-Gemeinden Santiagos ausgeübt. Eine Gruppe von Frauen sitzt im Halbkreis. Auf Trommeln, prall gefüllten Plastik- oder Stoffsäcken *(tchabeta)* oder den über die Knie gerollten Panos schlagen sie einen kontrastierenden Rhythmus, sodass eine Art Polyrhythmik entsteht. Lautstärke und Schnelligkeit steigern sich. Eine der Frauen – es darf aber auch ein Mann sein – fungiert als **Kantadeira** *(kantadeira profeta)* und stimmt die anderen des Chors *(terreiru)* zu einem Zuruf-Antwort-Gesang *(kantadeiras di kumpania)* ein.

Die **Lieder** beinhalten eine breite Palette an Themen, sind aber gewöhnlich beschränkt auf einige wenige Sätze, die sich wiederholen. Es gibt spontan improvisierten Batuco oder feste Melodien und Texte. Dann springt eine Tänzerin auf, tritt in die Mitte des Halbkreises, bewegt sich zunächst langsam zur Musik und steigert sich mit wachsendem Rhythmus in immer schnellere, energische Hüftbewegungen, genannt *Tchabeta*, bis zur Erschöpfung. Um ihre Hüften ist ein schmales Pano gelegt, das den stakkatoartigen Hüfttanz unterstreicht.

Aus den Reihen der Zuschauer kann sich ein Gast zur Tänzerin gesellen, sie eine Weile tanzend begleiten und ihr dann einen kleinen Obolus zustecken. Am Ende jedes Liedes sucht die Frau eine neue Tänzerin aus, indem sie ihr das Pano umlegt. Batuko ohne Gesang, rein auf den Rhythmus konzentriert, ist ebenso möglich.

Es gibt unterschiedliche Ansichten über die **Herkunft des Batuco.** Eine besagt, dass er ursprünglich dazu diente, den Gästen der Kolonialherren eine Auswahl von Sklavinnen für sinnliche Freuden darzubieten und ihnen mit dem Tanz die Auswahl zu erleichtern. Eine andere Theorie behauptet, dass die Frauen den Batuco als ein Mittel verstanden, die Trennung von ihrem Mann, sei es durch Tod, Emigration oder eine neue Partnerin, besser zu verkraften. Wieder andere sagen, dass die Badio-Frauen tanzen, um sich von Kummer zu befreien, und dass eine Nacht des Singens und Tanzens inneren Frieden und Glück verschaffe. Schon jungen Mädchen wurde der Tanz gelehrt, und es gibt beim Batuco keinerlei Altersbegrenzung.

Die Musikform des **Finaçon** steht dem Batuco sehr nahe und wird auch von vielen Batuco-Gruppen beherrscht. Beide Formen sind eine Tradition der Badios von Santiago, haben einen Anführer und eine trommelnde Frauengruppe. Der größte Unterschied besteht darin, dass es beim Finaçon keinen Tanz gibt. Es handelt sich hier um eine eher lyrische Musikform, bei der ein oder zwei Vokalisten in einer Art Sprechgesang aktuelle Geschichten erzählen, während die Gruppe eine trommelnde, polyrhythmische Begleitung bildet. Der Rhythmus kann sehr intensiv oder auch ganz sachte sein, sodass man den Finaçon-Interpreten gut verstehen kann. Gute Finaçon-Sänger benutzen oft Parabeln, um aktuelle Begebenheiten humorvoll oder satirisch zu umschreiben. Auf diese Weise fungieren sie als mündliche Geschichtenüberlieferer und halten die Erinnerung an besondere Ereignisse, interessante Familien und Leute am Leben. So manches Mal endet der Finaçon mit Fröhlichkeit und Gelächter in einer Art Gesangsduell. „Finaçon" ist übrigens auch der Name einer der beliebtesten Funaná-Bands Cabo Verdes, was nicht zur Verwechslung führen sollte.

Traditionell spielen **Batuco- und Finaçon-Gruppen** auch bei religiösen Festen, Taufen und beim „Abschied der Junggesellen" in der Nacht vor der Hochzeit. Moderne Gemeindefeste und die Wahlkämpfe sind eine weitere Gelegenheit, die Gruppen live zu erleben.

Auch der **Funaná** ist eine typische Musik der Badios. Schnelles Tempo, rein instrumental oder mit Gesang, ein vielschichtiger, galoppierender Rhythmus, auf den die Zuschauer klatschend mit einstimmen, sind seine besonderen Merkmale. Die Musik ist mitreißend und hat sehr afrikanischen Charakter.

In seiner traditionellen Form wird der Funaná auf der *Gaita*, einem zweireihigen Akkordeon, gespielt, begleitet von einem selbst gemachten Schlaginstrument, das *Ferrinho* oder *Ferro* heißt. Leicht erkennt man ein Funaná-Ensemble an diesem Metallstück, das auf der Schulter balanciert wird und auf dem der Musikant mit einem Messer kratzt.

◁ Arbeitspause in Águas Belas (Santiago)

Die bekannteste Funaná-Band der Inseln heißt „Ferro Gaita".

Obwohl Funaná oft spontan improvisiert wird, gibt es ein großes Repertoire an festen Texten und Melodien. **Themen** sind nostalgische Erinnerungen an eine Reise, Regenmangel, Liebesleid und Schwierigkeiten des Lebenserhaltes. Einige Lieder haben auch zeitgemäße Inhalte wie AIDS oder Politisches.

Zu Funaná tanzen die Paare sehr eng, vergleichbar dem Lambada, was erotisch wirkt und bei jungen Leuten in Discos entsprechend beliebt ist.

Während der Unabhängigkeitsbewegung begannen mehr und mehr junge Musiker aus Santiago, Interesse an Funaná zu finden und gründeten **Bands,** wobei sie Gaita und Ferrinho durch Keyboards, Gitarren und Schlagzeug ersetzten. Die kirchlichen Autoritäten protestierten mehrfach gegen den aufreizenden Tanzstil des Funaná, die politische Polizei gegen die nationalistischen Texte, und in den 1970er Jahren gab es vielfache Zensur. Mit der Unabhängigkeit wurde die moderne Musik der Badio zum Symbol kapverdischer Eigenständigkeit.

Eine neue Stufe der Qualität erreichte die Band **„Bulimundo",** die mit anderen Gruppen den Funaná weit über die Inseln hinaus und in allen Bevölkerungsschichten populär machten. Repertoires wurden von traditionellen Akustik-Gruppen entliehen und aufgearbeitet. Aus Bulimundo bildete sich in den 1980er Jahren die Gruppe **„Finaçon",** die auch international Erfolg errang und eine der wenigen kapverdischen Gruppen war, die schon damals von einer großen Plattenfirma auf den Markt gebracht wurde.

Tabanka bezeichnet sowohl ein traditionelles Gemeindefest, wie es auf Santiago intensiv gepflegt wird, als auch die Musik zu einem Tanz, der auf diesem Fest prozessionsartig auf der Straße aufgeführt wird. Der Tanz symbolisiert das Vorwärtsschreiten beim Marschieren in festgefügter Ordung und Choreografie (siehe auch Inselkapitel zu Santiago, Abstecher in die R^a do Engenho: Muséu da Tabanka in Chão de Tanque). Er wird mit Trommeln und Schellen gespielt und verquickt afrikanische Traditionen mit Formen von Zunft-Umzügen *(irmandades)* im Portugal des 18. Jahrhunderts. In Praia treten auch Batuco-Ensembles auf. Auch der Tabanka war unter der Kolonialherrschaft zeitweise verboten.

Eine alte Tradition auf Fogo ist der **Pilão,** eine Musikform, die dem Batuco ähnlich ist. Diese Musik begleitet die Vorbereitung eines Festessens, wenn der Mais in großen Holzmörsern gestampft wird – *Pilão* ist das Wort für Mörser.

Die kapverdische Musik gelangte nur schwer zu internationaler Popularität. Dies lag in erster Linie daran, dass keine Geldmittel für Plattenaufnahmen vorhanden waren. So mussten die Künstler ihre Musik in Europa oder den USA auf eigene Kosten und meist in nur sehr kleinen Auflagen aufzeichnen lassen. Es waren Mornas und Coladeras, die das Publikum im In- und Ausland am meisten faszinierten. Interpreten wie **„Bana"** und die Gruppe **„Voz di Cabo Verde"** machten in den 1960er Jahren als erstes auf sich aufmerksam. Natürlich sorgten auch die Emigranten-Gemeinschaften in den USA und Europa für eine Verbreitung der Musik. Im Folgenden werden einige der Musiker vorgestellt, die heute zu den bekanntesten gehören.

Cesária Évora

Cesária Évora wurde zur **Botschafterin kapverdischer Musik** und ist auch nach ihrem Tod 2011 weltweit populär. Die 1941 in Mindelo, São Vicente, geborene Sängerin begann mit 17 Jahren zu singen. Ihr Vater war Violinist und Cousin eines der größten Komponisten Cabo Verdes, *B. Leza;* er starb, als *Cesária* sieben Jahre alt war. Viele Jahre wurde ihr musikalisches Talent nicht ernst genommen. Bei ihren ersten Auftritten in Bars und Hafenkneipen bezahlte man ihr 25 Escudos pro Lied. Erst 1986 wurde sie von der kapverdischen Frauenorganisation ausgewählt und zu Plattenaufnahmen nach Portugal vermittelt. Dort traf sie den Sänger *Bana,* der ihr Talent erkannte. Die Plattenfirmen lehnten jedoch ab. Sie unternahm eine erste Tournee in die USA. In Frankreich bekam sie 1988, im Alter von 47 Jahren, ihren ersten Plattenvertrag. Ihren internationalen Durchbruch schaffte sie mit dem vierten Album „Miss Perfumado", das sich alleine in Frankreich über 200.000 Mal verkaufte. Als *Cesária Évora* am 17. Dezember 2011 im Alter von 70 Jahren in Mindelo starb, stand Cabo Verde unter Schock und Trauer. Sie veröffentlichte zu Lebzeiten elf Studioalben. Im März 2013 kam posthum „Mãe Carinhosa" mit bis dahin unveröffentlichten Songs auf den Markt.

Cesária wird bis heute von den Medien „Königin der Morna", „Stimme der Kapverden", „Schwarze Madonna" oder „Bessie Smith der Tropen" genannt. Unzweifelhaft war sie zur **Spitzeninterpretin Cabo Verdes** geworden. Mit ihrer warmen, tiefen und sanften Stimme besang sie Leid und Freud des Inseldaseins. Ihr Lied „Sodade", der Emigration gewidmet, ist die bekannteste Morna Cabo Verdes. Sie sang die Kompositionen des Meisters *B. Leza* ebenso wie die in Musik umgesetzte Lyrik eines der größten Poeten des Landes, *Eugénio Tavares*. Im Februar 2004 erhielt sie für ihr Studioalbum „Voz d'amor" den **Grammy,** die höchste Musikauszeichnung der Welt, in der Kategorie „Bestes zeitgenössisches Weltmusikalbum".

Cesárias Name als **bekannteste Kapverdianerin** und „Botschafterin" stand im Land für mehr als künstlerische Performance und internationale Erfolge. In der Nacht zum 1. Dezember 2008, dem Welt-AIDS-Tag, trat „Cise" auf die Bühne des größten Benefizkonzerts der kapverdischen Geschichte, gegen die Diskriminierung und für die Unterstützung seropositiver Bürger in Afrika. Der tobende Beifall – von der im Parlament ver-

---

„Dieses Land" (Lied von Cesaria Évora)

Komm, das kleine Mindelo kennenzulernen.
Komm, unser Land zu genießen.
Komm ins Paradies der Verliebten,
von dem unsere Dichter voller Liebe singen
in unsterblichen, kreolischen Versen.
Wer Mindelo nicht kennt,
kennt Cabo Verde nicht.
Genieße die Gastfreundschaft
dieses unvergleichlich offenen Volkes.
Wir haben keine Reichtümer.
Wir haben kein Gold und keine Diamanten.
Aber wir haben den Frieden Gottes,
den es sonst auf der Welt nicht gibt.
Komm, dieses Land kennenzulernen.

sammelten politischen Elite bis ins hinterste Dorf – belohnte einmal mehr den symbolischen Akt, barfuß aufzutreten, um Respekt und Solidarität für Menschen in Armut einzufordern.

CDs von Cesária Évora
Studioalben
- La Diva aux pieds nus (Lusafrica, 1988)
- Distino di Belita (Lusafrica, 1990)
- Mar Azul (Lusafrica, 1991)
- Miss Perfumado (Lusafrica, 1992)
- Cesária (Lusafrica, 1995)
- Cabo Verde (Tropical Music, 1997)
- Café Atlantico (Tropical Music, 1999)
- São Vicente di longe (Lusafrica, 2001)
- Voz d'amor (Lusafrica, 2003)
- Rogamar (Lusafrica, 2006)
- Nha sentimento (Lusafrica, 2009)
- Mãe Carinhosa (Lusafrica, 2013)

Compilations
- Sodade (Lusafrica, 1994)
- Best of (Lusafrica, 1998)
- Anthology – Mornas & Coladeras (Lusafrica, 2002)
- Radio Mindelo (Lusafrica, 2008)
- Cesária Évora & (Lusafrica/Sony Music, 2010)

Teofilo Chantre

In westlichen Medien wird oftmals nur über *Cesária Évora* geschrieben, wenn es um kapverdische Musik geht. Es gibt jedoch zahlreiche Musiker, die mindestens ebenbürtig sind, beispielsweise *Teofilo Chantre*. Er hat bis heute sechs Studioalben veröffentlicht und komponiert auch für andere Musiker.

Teofilo Chantre, 1964 auf São Nicolau geboren, verbrachte seine Kindheit in der Hafenstadt Mindelo auf São Vicente. 1977 gingen er und seine Familie nach

Ein Geburtstagsständchen

Paris (heute leben dort etwa 15.000 Kapverdianer), wo er sich das Gitarrespielen beibrachte und anfing zu komponieren, vor allem Mornas und Coladeiras. Seine Musik wurde durch **brasilianische Musik** beeinflusst, besonders durch den Bossa Nova, aber auch die europäische Salonmusik, Valses, Mazurka, afrikanische Rhythmen und Jazz prägten ihn und seine Musik. Seine Vorbilder waren die brasilianischen Sänger *Caetano Veloso* und *Gilberto Gil*, seine Texte verbinden kreolische Poesie und brasilianische Zitate. Gitarre, Cavaquinho, Geige und Piano sind die instrumentalen Grundlagen seiner Songs.

1993 veröffentlichte *Teofilo Chantre* sein erstes Album („Terra & Cretcheu"). Heute tritt er nicht nur in Paris vor kapverdischen Anhängern auf, sondern auch auf internationalen Bühnen. In Deutschland war er zum Beispiel im Rahmen der WDR-5-Veranstaltung „Matinee der Liedersänger" in Bochum und auf dem Stimmenfestival in Lörrach zu Gast.

CDs von Teofilo Chantre
- Terra & Cretcheu (Lusafrica, 1993)
- Di Alma (Lusafrica, 1997)
- Rodatempo (Lusafrica/Tropical Music, 2000)
- Live … (Lusafrica, 2002)
- Azulando (Lusafrica, 2004)
- Viajá (Lusafrica, 2007)
- Mestissage (Lusafrica, 2011)

Tito Paris

Tito Paris gehört zu den Musikern, die kapverdische Musik weltweit bekannt gemacht haben. Der **Gitarrist, Komponist und Sänger** lebt seit 2014 wieder in Mindelo. Wer sich dort aufhält, sollte sein Restaurant Casa da Morna besuchen. Hier finden am Wochenende häufig Konzerte kapverdischer Musiker statt, manchmal tritt *Tito* auch selbst auf.

Tito Paris, 1963 in Mindelo geboren, tritt früh in die Fußstapfen seiner musikalischen Familie und fängt an, Gitarre zu spielen. Bereits im Jugendalter gründet er nacheinander zwei Bands und tritt in Bars und Cafés auf. Mit 19 wird er von dem bekannten kapverdischen Sänger *Bana* nach **Lissabon** eingeladen, wo er in dessen Band „Voz do Cabo Verde" drei Jahre spielt. Danach setzt er seine Arbeit mit anderen Musikern fort und veröffentlicht 1987, als er bereits ein gefragter Musiker der kapverdischen Szene Lissabons ist, sein erstes Album „Tito Paris". Bis heute folgten weitere Studio- und Livealben.

CDs von Tito Paris
- Tito Paris (1987)
- Dança ma mi criola (1994)
- Graça de tchega (Lusafrica, 1996)
- Live in Lisbon (Lusafrica, 1998)
- Guilhermina (Lusafrica, 2002)
- Acústico – Aula Magna (Live-Album, 2005)
- Mozamverde (Key Productions, 2010)
- Mim ê bô (Ruela Music, 2017)

Lura

Lura ist eine der beliebtesten Sängerinnen Cabo Verdes. Den Durchbruch schaffte sie mit ihrem dritten Album „Di Korpu Ku Alma", das lange Zeit an der Spitze der kapverdischen Hitparade stand und auch die europäischen Worldmusic-Charts eroberte.

Lura, 1975 in Lissabon geboren, entdeckte den Reichtum der kreolischen Kultur, als sie als Jugendliche Kreol lernte. Mit 21 Jahren nahm sie ihr erstes Album, „Nha Vida", auf. Unzählige Auftritte und die Arbeit im Chor bei *Cesária Évora* ließen sie zur erfahrenen Künstlerin reifen.

Lura, gesegnet mit einer außergewöhnlichen Stimme, komponiert und schreibt ihre Songs meist selbst. Sie handeln oft vom Alltag ihrer Familie, von der ein großer Teil auf dem Archipel lebt. In *Luras* Musik klingt die Melancholie der Mornas nur selten an, lebendige, oftmals fröhliche Melodien überwiegen, beeinflusst durch Soul, Jazz, Pop und portugiesische Musik.

CDs von Lura
- Nha Vida (1996)
- In Love (Lusafrica, 2002)
- Di Korpu Ku Alma (Lusafrica, 2004)
- M'bem di fora (Lusafrica, 2006)
- Eclipse (Lusafrica, 2009)
- Best of Lura (inkl. DVD, Lusafrica, 2010)
- Herança (Lusafrica, 2015)

Elida Almeida

Elida Almeida ist der neue Stern am kapverdischen Musikhimmel. Geboren auf Santiago und auf Maio aufgewachsen, liegen ihr die Rhythmen des Batuque, Tabanka und Funaná im Blut und begleiteten sie durch eine nicht einfache Kindheit. Auf ihrem ersten Album „Ora Doci, Ora Margo" (kreol.: Süße Zeiten, bittere Zeiten) greift sie die **Sehnsüchte und Hoffnungen der jungen Generation** auf, die der insularen Isolation zu entkommen trachtet. Begleitet wird die Sängerin vom herausragenden Komponisten und Gitarristen *Hernani Almeida*. Von *Elida Almeida* möchte man noch sehr viele Aufnahmen hören!

CDs von Elida Almeida
- Ora Doci, Ora Margo (Lusafrica, 2015)
- Djunta Kudjer (Lusafrica, 2017)
- Kebrada (Lusafrica, 2017)

Mayra Andrade

Auch *Mayra Andrade* gehört zu den großen Musikerinnen Cabo Verdes. Auf Kuba geboren, wuchs sie auf den Kapverden, im Senegal, in Angola und Deutschland auf. Seit 2003 lebt sie in Frankreich. Schon mit ihrem ersten Album „Navega" schaffte sie den großen Durchbruch und gewann 2007 den **Preis der deutschen Schallplattenkritik** sowie 2008 den BBC Radio 3 Award für Weltmusik in der Kategorie „Newcomer". Ihre Musik spiegelt die Weltenbummlerin wider. *Mayra* verbindet kapverdische Musik mit brasilianischen Klängen, Flamenco, Latin sowie Jazz.

CDs von Mayra Andrade
- Navega (Sony Music, 2006)
- Stória, Stória (Sony Music, 2009)
- Studio 105, Live-CD mit DVD (Sony Music, 2010)
- Lovely Difficult (Sony Music, 2013)

Tcheka

Tcheka wurde 1973 auf Santiago geboren. Zusammen mit seinem Vater, einem bekannten Violinspieler, trat er schon früh auf. Mit 15 begann *Tcheka* seinen **eigenen Musikstil** zu entwickeln, der vor allem auf dem auf Santiago sehr populären Batuco basiert. Dabei übertrug er die Musik, die eigentlich sehr perkussiv ist, mehr und mehr auf die Gitarre. Den großen Durchbruch schaffte *Tcheka* mit seinem zweiten Album „Nu Monda", das durch den Nachfolger „Lonji" noch übertroffen wurde. *Tcheka* gehört inzwischen zu den wichtigsten Gitarristen, Komponisten und Sängern des Landes.

CDs von Tcheka
- Argui (Lusafrica, 2003)
- Nu Monda (Harmonia/Lusafrica, 2005)
- Lonji (Harmonia/Lusafrica, 2007)
- Dor de Mar (Harmonia/Lusafrica, 2011)
- Boka Kafé (Tcheka Music, 2017)

Weitere interessante Interpreten sind u.a.: *Hernani Almeida, Kim Alves, Tó Alves, Terezinha Araújo, Bana, Maria de Barros, Bau, Boy Gé Mendes, Amandio Cabral, Cabo Verde Show, Ceuzany, Cordas do Sol, Diva, Fantcha, Ferro Gaita, Finaçon, Ildo Lobo, Mario Lucio, Vasco Martins, Mendes Brothers, Gabriela Mendes, Mix Cultura, Luis Morais, Neuza, Celina Pereira, Sara Tavares, Simentera, Os Tubarões, Nancy Vieira* und *Paulino Vieira*.

Nelson Freitas

Nelson Freitas ist in den letzten Jahren zu einem der größten Musikstars Cabo Verdes aufgestiegen. Seine künstlerische Reise begann er als Breakdancer und Frontman der wenig bekannten Band „Quatro". Nach drei Alben entschied er sich, Solofade zu beschreiten, und veröffentliche sein erstes eigenes Album „Magic". Die Songs darauf sind ein gelungener **Mix aus Kizomba und Hip-Hop, R&B und House.** Den endgültigen Durchbruch schaffte *Nelson*, der in den Niederlanden geboren wurde, dort aufwuchs und lebt, 2013 mit seinem dritten Studioalbum „Elevate" und dem Hit „Bo tem mel". Inzwischen ist er regelmäßig auf Tournee und füllt sowohl in Europa als auch in Ländern wie Angola große Konzerthallen.

CDs von Nelson Freitas
- Magic (2006)
- My Life (2010)
- Elevate (2013)
- Live at Coliseu dos Recreios, Lisboa (CD + DVD, 2015)
- Four (2016)

Compilations
- Best of (2008)
- My Zouk Hits (2010)

Zouk/Kizomba – die moderne Musik Cabo Verdes

Ohne Frage: Die traditionelle Musik ist vor allem bei älteren Kapverdianern sowie Ausländern beliebt und wird von der internationalen Musikkritik stets hoch gelobt. Doch jungen Kapverdianern sollte man damit nicht unbedingt kommen – sie lieben Zouk (auch Kizomba genannt), **moderne Popmusik** mit elektronischen Klängen, Schlagzeug, Bass und E-Gitarre. Zouk begegnet einem auf dem Archipel fast immer und überall: in Radio und TV, im Taxi, auf der Straße, in den Bars und Diskotheken, am Strand.

Zouk entstand Anfang der 1980er Jahre auf den französischen **Karibikinseln Guadeloupe und Martinique** unter zahlreichen afrikanischen, karibischen und französischen Einflüssen. Mitte der 1980er Jahre machte die Band **„Kassav"** diese Musik über die Karibik hinaus bekannt. Seitdem hat sich Zouk als neues Genre der Popmusik in vielen Staaten West- und Zentralafrikas sowie in Südamerika und der Karibik etabliert.

Die bekannteste Zouk-Band Cabo Verdes ist die in Rotterdam lebende Gruppe **„Splash",** die 1990 gegründet wurde und in den ersten Jahren ihres Bestehens ausschließlich auf Festivals und zu ähnlichen Anlässen auftrat. Erst 1996 wurde die erste CD „Simplicidade" veröffentlicht. Auch die Musik von Splash enthält traditionelle kapverdische Musikstile wie Morna, Coladeira oder Funaná, ist aber vor allem für Elemente wie Zouk, Reggae und Salsa bekannt. Die Gruppe darf bei keinem größeren Musikfestival fehlen. Einige der aus neun Leuten bestehenden Band spielten bereits in den 1980ern in einer der ersten populären Zoukbands Cabo Verdes namens **„Livity".**

Die Splash-Musiker **Djoy Delgado,** gefragter Komponist und Keyboarder, **Grace Évora,** Schlagzeuger und auch mit Soloalben erfolgreich, der Gitarrist **Johnny Fonseca** sowie die Sängerin **Dina Medina** sind auch bei zahlreichen anderen Produktionen mit von der Partie.

Leider kann man die moderne Musik hierzulande nicht kaufen. Die nächsten Musikläden gibt es dort, wo viele Kapverdianer leben, z.B. in Luxemburg und Rotterdam.

CDs von Splash
- Simplicidade (1996, RB Records)
- Nha Terra K'Tchuva (1988, RB Records)
- Africana – The Best of Splash (1999, RB Records)
- Contradição (2001, RB Records)
- Celebra (2012, Splash Music)

Weitere interessante Zouk-Interpreten sind u.a.: *Calu Bana, Calú di Brava, Cabo-X, Kino Cabral, Zé Carlos, Edson Dany, Zé Delgado, Beto Dias, Elizio, Gil, Gilyto, Eunice, Heavy H, Isidora, Nhone Lima, Marizia, Phillip Monteiro, Jorge Neto, Yvone Paris, Roger, Suzanna Lumbrano* und *X-Treme.*

Musik im Nachtleben

Mindelo (São Vicente) und **Praia** (Santiago) sind die **musikalischen Zentren Cabo Verdes.** Hier existiert ein „städtisches" Nachtleben mit Bars, Discos und Nachtlokalen, auch werktags. Aber auch auf den anderen Inseln muss man am Wochenende nicht zu Hause bleiben, denn in den größeren Orten ist dann auch etwas los.

In den **Diskotheken,** die oft erst ab 23 Uhr öffnen, tanzt man hauptsächlich zu Zouk, aber auch populäre brasilianische und westliche Musik ist zu hören. Ab und zu treten in den „Boites" (kreol. = Disco) Gruppen mit kapverdischer Musik auf. Auf dem Land werden die Disco-Nächte auf den Flachdächern von Häusern oder größeren Terrassen abgehalten, besonders an Festtagen. **Kapverdische Nächte sind lang!**

Musikfestivals

In Cabo Verde gibt es zahlreiche Musikfestivals und diverse Feste, auf denen Livemusik nicht zu kurz kommt. Die **drei wichtigsten Festivals** sind:

■ **Baía das Gatas:** Seit Beginn der 1980er Jahre finden sich auf São Vicente jedes Jahr im August Tausende Musikbegeisterter von allen Inseln ein, um auf der Freilichtbühne am Strand Baía das Gatas kapverdische wie auch internationale Musikgruppen vom afrikanischen Kontinent, aus Europa, den USA oder Südamerika zu hören. Auch zahlreiche Touristen werden von diesem Musikfest angezogen, auf dem vor allem traditionelle, aber auch moderne Musik zu hören ist.

■ **Strandfestival Santa Maria:** Jedes Jahr im September verwandelt sich der Strand von Santa Maria auf Sal in ein riesiges Open-air-Festival, wenn vor allem Zouk-Künstler ihre neuesten Hits zum Besten geben.

■ **Festival de Praia da Gamboa:** Das größte Festival Santiagos findet jährlich im Mai in der Hauptstadt Praia am Strand Praia da Gamboa statt. Die besten modernen Gruppen aus Santiago und dem „Rest Cabo Verdes", aus Angola und Brasilien sind vertreten.

Musikläden

In den größeren Städten und an den Flughäfen gibt es Musikläden, die CDs mit kapverdischer Musik anbieten, z.B. **Harmonia** mit Filialen in Praia auf Santiago (Rua Visconde São Januário, Tel. 2618371), in Mindelo auf São Vicente (Praçinha da Igreja, zwischen Rathaus und Kirche, Tel. 2310059) und in Santa Maria auf Sal (Tel. 2421998). Auch auf dem Sucupira-Markt in Praia gibt es Musik-CDs zu kaufen.

Musik im Internet

Plattenfirmen/Labels
■ **Harmonia,** www.harmonia.cv
■ **Lusafrica,** www.lusafrica.com
■ **Malagueta Music** (Berlin), www.malagueta-music.com
■ **Tropical Music** (Marburg), www.tropical-music.com

Kapverdische Musiker
■ **Elida Almeida,** www.elidaalmeida.com
■ **Hernani Almeida,** www.hernanicv.net
■ **Mayra Andrade,** www.mayra-andrade.com
■ **Cesária Évora,** www.cesaria-evora.com
■ **Nelson Freitas,** www.nelsonfreitasonline.com
■ **Ildo Lobo,** www.ildolobo.com
■ **Mario Lucio,** www.mariolucio.com
■ **Lura,** www.luracriola.com
■ **Gil Semedo,** www.gilsemedo.com
■ **Sara Tavares,** www.saratavares.com
■ **Tcheka,** www.tchekamusic.com

Literatur

Die ersten Gedichte in Crioulo tauchten um 1890 im Druck auf und nahmen ihren Ausgang von São Nicolau, dem damaligen kulturellen Zentrum.

Mit dem **Nativismus** begann zwischen 1910 und 1926 eine erste Epoche reger literarischer Aktivität. Unter dem Druck der Zensur und des politischen Überwachungsstaates waren die Autoren immer mehr gezwungen, Kritik und neues kreolisches Selbstbewusstsein in Metaphern mit Girlanden klassischer portugiesischer Dichtkunst zu kleiden. **Eugénio Tavares** und *Pedro Cardoso,* der sich „Afro" nannte, bekannten sich zu panafrikanischen Ideen. Tavares' Gedichte sind als Liedtexte in zahlreiche Mornas eingeflossen.

Die neue Identität der Intellektuellen und Künstler, die „Caboverdianidade", fand ihren literarischen Niederschlag in der in nur neun Heften zwischen 1936 und 1969 erschienenen **Zeitschrift „Claridade"** (dt. Helle, Licht). Die Mitbegründer mit klingenden Namen wie *Baltasar Lopes Da Silva, Jorge Barbosa* und *Manuel Lopes* haben in ihren Werken einen Fundus klassisch kapverdischer Literatur geschaffen, der die Nachfolgegenerationen stark beeinflusst hat. Heute stehen die ehrenvoll als „Claridosos" bezeichneten Autoren regelmäßig auf dem Lehrplan der Gymnasiasten.

Baltasar Lopes da Silva (1907–1998)

Da Silva, bekannter unter seinem Namen *Lopes* und bei seinen Schülern als *Nho Balta*, ist einer der bedeutendsten kapverdischen Schriftsteller. Er wurde am 23. April 1907 in Ribeira Brava auf São Nicolau geboren und unterrichtete später in Lissabon. In den 1930er Jahren kehrte er nach Cabo Verde zurück und arbeitete am Gymnasium in São Vicente, wo er bis 1972 Direktor war.

Baltasar Lopes da Silva war einer der Mitbegründer der **literarischen Zeitschrift „Claridade".** Er wurde zu einer Leitfigur in der Entwicklung der modernen Literatur Cabo Verdes und verfasste Gedichte, Essays, Kurzgeschichten und Romane, teils unter dem Pseudonym *Osvaldo Alcantara*. Einer seiner bekannten Romane, „Chiquinho", erschien 1947 als eines der ersten Prosawerke des lusophonen Afrika und handelt von der Emigration. Als Novum verfasste *Lopes* sein **Buch in kreolischer Sprache.** Mit der Publikation „O dialecto crioulo de Cabo Verde" (1957) trieb er die Bewegung, Kriolu als eigene Sprache zu legitimieren, weiter voran. Obwohl ihm 1940 eine Fakultätsstelle an der Universität von Lissabon angeboten wurde, entschied er sich für den Verbleib in seiner Heimat Cabo Verde.

Lopes starb am 28. Mai 1998 und wurde auf dem Friedhof von Mindelo begraben.

Jorge Barbosa (1902–1971)

Dieser Schriftsteller, gebürtig aus Santiago, war ebenso wie *Baltasar Lopes* Mitbegründer der literarischen Claridade-Bewegung. In seiner ersten Gedichte-Sammlung „Arquipelago", die bereits ein Jahr vor Erscheinen der Zeitschrift veröffentlicht wurde, setzte er viele **soziale und kulturelle Akzente** der modernen kapverdischen Literatur. Er beschrieb darin die ganze Tragödie des Archipels: Den Wunsch zu gehen, während man gezwungen ist, zu bleiben – und den Wunsch zu bleiben, während man gezwungen ist, zu gehen.

Barbosa verbrachte viele Jahre seines Lebens in Mindelo, wo ihm zu Ehren eine Schule seinen Namen trägt. Er nimmt eine besondere Rolle in der Geschichte der kapverdischen Literatur ein, da er als erster Poet mit der klassischen Tradition brach und die **harte Wirklichkeit des Lebens** auf den Inseln be- bzw. umschrieb. Seine Gedichte waren der Anfang nationaler Lyrik und schafften die kulturelle Basis des Nationalismus der folgenden Jahre.

Barbosa starb im Alter von 69 Jahren in Lissabon, seine sterblichen Überreste wurden 1975 nach der Unabhängigkeit nach Praia überführt. Sein Grab ziert die Inschrift: „Homenagen de Povo Cabo-Verdiano, Ao Poeta do Arquipelago".

Neben die Claridade trat in den 1950er Jahren die **„Africanidade"**, eine Literaturgruppe mit direkterem, politischerem Tenor, welche die Claridosos als zu zurückhaltend, zu europäisch, als zu wenig authentisch kritisierte. Einer ihrer Vorreiter war *Ovidio Martins* (siehe Gedicht auf der ersten Seite dieses Buches), durch Folterungen der portugiesischen Geheimpolizei schwerhörig geworden. Der Gruppe stand auch *Amílcar Cabral* nahe, der seinen Wunsch nach einem gerechten Cabo Verde auch in einem Gedichtband zum Ausdruck brachte.

Nach der Unabhängigkeit erschien 1977 die literarische Zeitschrift „Raizes" (dt. Wurzeln).

Die **Prosa** Cabo Verdes ist zumeist in portugiesischer Sprache verfasst, während die **Lyrik** vorwiegend in Crioulo niedergeschrieben wurde und wird. Zahlreiche Gedichtbände sind erschienen. Wer im Internet surft, findet immer wieder Gedichte von Laienautoren, die (teils ins Englische übersetzt) in der Mehrzahl von Emigranten stammen. Auch sie sind Ausdruck der weltweiten Caboverdianidade und Saudade.

Die klassischen Werke kapverdischer Literatur sind meist nur antiquarisch zu bekommen, da dem Markt entsprechend die Auflagen sehr klein waren und Neuauflagen nur nach langen Pausen erscheinen. Die Interessierten kaufen Literatur ähnlich wie Obst auf dem Markt: Man nimmt mit, was jeweils verfügbar ist, auch wenn es nicht unbedingt das war, was man gesucht hatte. Entweder die Bücher beginnen einen dann doch zu interessieren oder man hat einen Grundstock, um durch Tausch dem näher zu kommen, was man suchte.

In deutscher Sprache sind erschienen

■ **Almeida, Germano,** Das Testament des Herrn Napumoceno. Erzählung aus Cabo Verde. Fischer-TB-Verlag, Frankfurt, 1997. Das Buch wurde auch verfilmt.

■ **Ahrens, Helga** u. **Ammann, Margret** (Hrsg.), Kapverdische Erzählungen. Die Auswahl vermittelt einen Eindruck von der kapverdischen Realität, wie sie in literarischen Texten verarbeitet wurde. IKO-Verlag für Interkulturelle Kommunikation, Pf 90 09 65, 60449 Frankfurt, 1994.

■ **Barreno, Maria** (Autorin) und **Hess, Renate** (Übersetzung), Der Herr der Inseln (*O Senhor das Ilhas*). Das Bild einer Kolonialepoche, gemalt in den Farben von Erde und Meer. Eine brillante Fiktion über das wirkliche Leben des Ururgroßvaters der Schriftstellerin, der als junger Kapitän auf Boa Vista Schiffbruch erlitt und zur Schlüsselfigur des Salzhandels wurde. Verlag Walter Frey, 2004.

Theater

Im Sommer findet **in Mindelo** ein **Theaterfestival** statt. Die meisten Stücke sind von jungen Leuten geschrieben und ein Ausdruck ihrer Interessen, Sorgen und Freuden. Während die Literatur eine Domäne des Bildungsbürgertums ist, sprechen die sehr lebensnahen Theaterstücke die Jugend an.

Große Aufmerksamkeit auf der Bühne zieht die Gruppe **Juventude em Marcha** aus Santo Antão auf sich. Sie greifen traditionelle Themen der Insel auf und verarbeiten sie, teils subtil, teils als donnerndes Bauerntheater zu Erfolgsstücken. Für die Städter sind die alten Erzählungen, Geistergeschichten um Hexen und traditionelle Medizin schon fern ihrer Realität – meinen sie. Juventude em Marcha belehrt sie eines Besseren.

Feste – soziales Ereignis und Ausdruck von Freude

Die Leute der Inseln lieben ihre Feste und wissen zu feiern. Anlässe gibt es viele, und dann bleibt keine Hüfte still und kein Fuß neben dem anderen. **„Wer singt, verscheucht seine Sorgen"**, sagt ein kapverdisches Sprichwort. Doch sie sind mehr als reine Vergnügung, mehr als reine Heiterkeit und Ausgelassenheit. Sie festigen und bestätigen soziale Bande und geben der Gemeinschaft die Kraft und Gelassenheit, sich mit der nicht nur gnädigen Wirklichkeit auseinanderzusetzen.

Familienfeste finden nicht so isoliert statt wie in industrialisierten Gesellschaften. Um dem Anspruch, die ganze Nachbarschaft und auf dem Land die ganze Gemeinde einladen zu können, werden Feste gerne zusammengelegt. **Taufen** finden für eine ganze Gruppe von Säuglingen statt, und auch bei **Hochzeiten** verabreden sich befreundete Paare gerne auf ein gemeinsames und entsprechend heftiges Fest. Die beste Stimmung herrscht, wenn ein älteres Paar als Krönung eines gemeinsamen Lebens vor den **Traualter** tritt, umgeben von einer Schar von Kindern und Enkeln. Das ist der Anlass, um einmal im Leben die ganze Familie aus der Emigration zusammen zu trommeln, tagelang zu feiern, zu lachen, zu essen, zu trinken, zu tanzen und zu musizieren, um Jahrzehnte der Trennung zu verarbeiten. Dafür lohnt es sich, Jahre zu sparen. Bei den Badios hilft die Nachbarschaft kräftig beim Sparen, und entsprechend wird aus Familienfesten häufig ein Fest des ganzen Dorfes.

In der Nacht des siebten Lebenstages eines Neugeborenen laden die Eltern Freunde und Nachbarn zum **Guarda Cabeça** ein. In dieser Nacht liegt das Kind nie alleine, sondern ruht im Schoße der Familie. Sein Kopf *(cabeça)* wird schützend *(guardar* = schützen) in der Hand gehalten. Die alte Vorstellung ist, dass vagabundierende Hexen in der siebten Nacht versuchen, das Kind zu fressen, und sie beginnen damit an der Fontanelle. Um Mitternacht wird ein Heidenspektakel gemacht, um mögliche Hexen zu vertreiben. Der reale Hintergrund war lange Zeit der typischerweise um den siebten Tag zum Tode führende Nabeltetanus. Dank guter Impfabdeckungen ist Guarda Cabeça als harmloser Spaß im Brauchtum verblieben.

Nur die **besten Kleider** und das **beste Essen** sind gut genug für Familienfeste, auch wenn es den letzten Escudo kostet. An diesen Tagen will man sich nicht arm fühlen. Während die Sampadjudos einen schmucklosen Anzug bevorzugen, bringen die Badios ihre Lebensfreude auch im extravaganten modernen Dress und mit schwerem Goldschmuck zum Ausdruck. Kinder haben viel Freude an den Festen, versuchen mitzusingen und mitzutanzen und werden integriert, sobald sie laufen gelernt haben. Wer zufällig in ein Familienfest platzt, findet sich zumeist überrascht mit einem übervollen Teller in der einen und einem Glas in der anderen Hand wieder.

> Karneval auf Cabo Verde – ein Fest der Lebensfreude

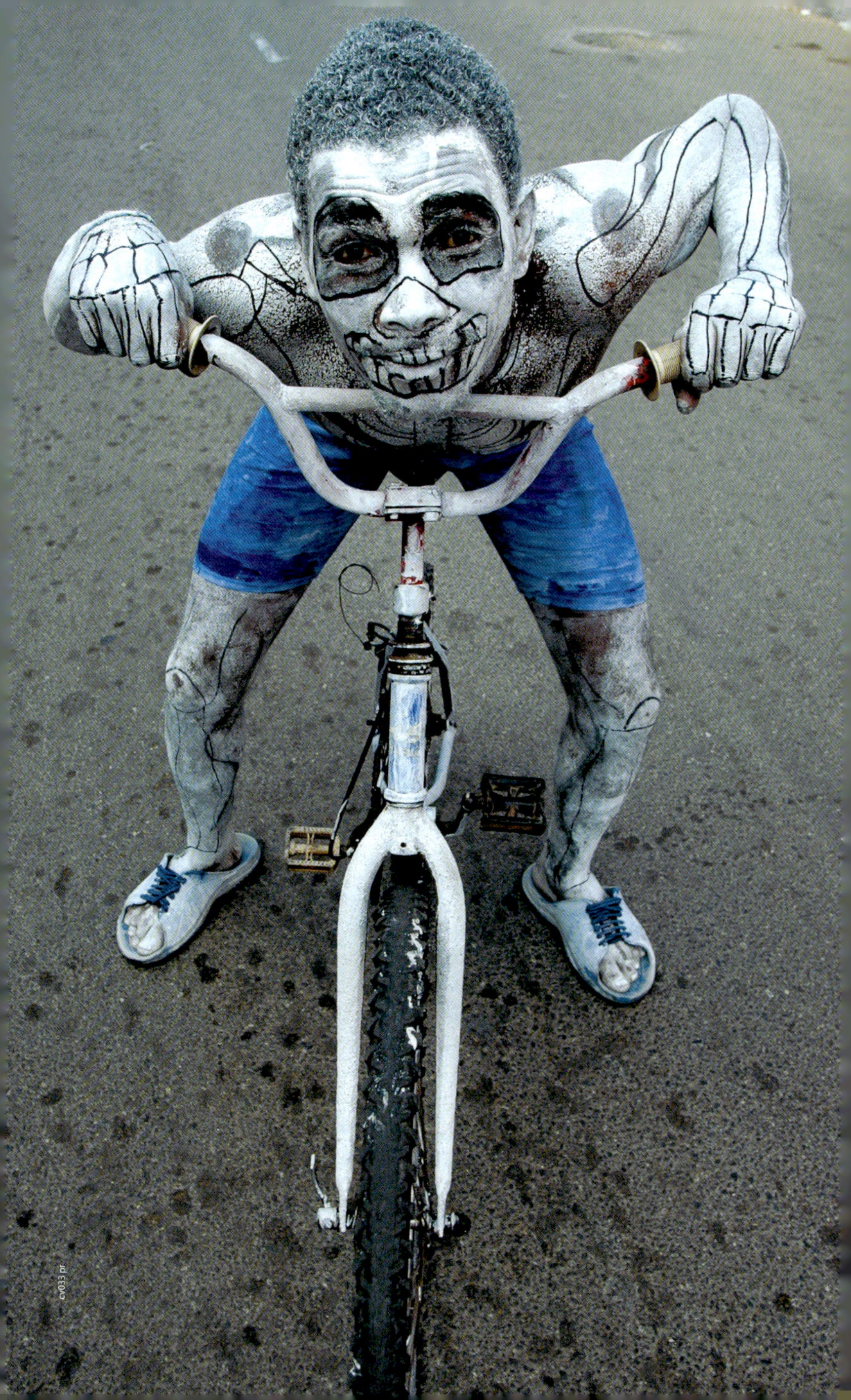

cv033 pr

Der Beginn der Familienfeiern läuft nach einem festgelegten Zeremoniell ab. Ein langer Tisch wird vorbereitet mit den Kuchen in der Mitte, Teller mit Käsestückchen, Wurststückchen, Oliven, Getränkeflaschen und bunten Verzierungen darum gruppiert. Erst wenn der Tisch übervoll garniert ist und die Hausherrin dazu auffordert, versammeln sich die Gäste. Dann muss der geschmückte Tisch mit den Gästen aus allen Richtungen fotografiert werden, bevor das Geburtstagskind, Kommunionskind oder das Brautpaar das große Messer im Kuchen versenkt. Wenn das Fest auf Hochtouren ist, werden übervolle Essensteller herumgereicht, einmal, mehrmals, auch für mehrere Tage.

Nationalfeiertage, Weihnachten und Neujahr, Karneval, Ostern usw. sind Feste, die auf allen Inseln gleichermaßen gefeiert werden. Sternsinger, **Canta Reis,** ziehen am Neujahrstag und nicht erst zu Drei Könige von Haus zu Haus. Meist erwachsene Musikanten spielen und singen. Auf ein spezielles Lied werden sie hereingebeten und bewirtet. Daneben aber hat jede Insel und jeder Kirchenbezirk sein Fest am Tag des Schutzpatrons, das durch die Prozesson zu Ehren von São João, Santo António, Santa Cruz, Santa Catarina, Nossa Senhora da Luz etc. pp. offiziell eröffnet wird. Der weltliche Teil des Festes aber macht sich selbstständig, und schon Tage vorher entstehen Buden aus Stangen und improvisierten Zeltplanen aus zusammengenähten Maissäcken. Hier kann man Büchsenpyramiden einwerfen, Glücksräder drehen oder würfeln. In kleinen Buden verkauft man Bier aus der Kühltruhe, während in wenig größeren sich die Gäste bei Cachupa und *Canja* (Suppe) drängen. Für die Besucher von Nachbarinseln werden Sonderfähren eingesetzt, die Aluguers fahren die ganze Nacht bis in die letzten Dörfer, und so trifft sich jeder mit jedem. Wochenlang haben die Trommler geübt, ihre Trommeln gespannt, um in scharfem Rhythmus, begleitet von Pfeifen, durch den Ort zu ziehen. Wo sie auftauchen, wird die Colá getanzt (siehe Colá São João im Kapitel zur Musik).

Erst in den letzten Jahrzehnten überschneiden sich die Formen des Nordens und des Südens auf den traditionellen Festen. Die afrikanisch geprägten **Batuco, Tabanka** und **Funaná** waren in Santo Antão und São Nicolau unbekannt; sieht man sie im Norden, darf man auch heute noch vermuten, dass einige Badios die Gruppe anleiten. Tabankas werden bis heute nur in Santiago ab Mai gefeiert. Das Wort hat ein Bedeutungsfeld wie das im islamischen Afrika gebräuchliche „Umma": Fest, Gemeinschaft, Dorf, Solidarität. Die kostümierten Teilnehmer musizieren fröhlich auf Trommeln und Hörnern.

Ein richtiges traditionelles Fest bedarf eines **Pferderennens.** Und das ist eine überaus professionelle Veranstaltung. Die zierlichen Araberpferdchen kommen per Schiff von allen Inseln angereist, begleitet von Pferdenarren, deren Leib und Seele im Rhythmus der Pferdebeinchen schwingt. Da wird gestriegelt und gewiegelt, gefüttert und massiert und tagelang gefachsimpelt.

Man beginnt den Wert ländlicher Tradition wiederzuentdecken. In Porto Novo ist ein **Kulturpark** im Stil eines Freilichtmuseums mit großer Bühne und strohgedeckten Häuschen entstanden, in dem Theateraufführungen und Tanzveranstaltungen stattfinden und zu São João auch die Arbeit zweier Stiere am *trapiche* (Zuckerpresse) gezeigt wird.

Nho São Filipe wird am 1. Mai in Fogo gefeiert und ist eines der ältesten Feste im Land. Die Feierlichkeiten werden auch *Bandeiras* (Fahnen) genannt, weil diese zum traditionellen Symbol des Festes wurden (siehe bei Fogo).

São João (Johannes der Täufer) ist ein besonders fleißiger Schutzheiliger, der auf allen Inseln anzutreffen ist (s.a. Colá São João im Kapitel zur Musik).

In **Brava** werden Votivgeschenke an einen Mast gebunden und zurückgelassen.

Karneval ist so richtig nach kreolischem Geschmack. Die bekanntesten Beispiele kreolischen Karnevals, Rio de Janeiro, Baía, Kariben und Louisiana, begeistern weltweit mit ihren farbenfrohen glitzernden Tanzgruppen und Motivwagen. Cabo Verde macht seiner Rolle als kreolischer Ursprungsnation alle Ehre mit einem Karneval, der natürlich kleiner ist, aber sonst in nichts dem der brasilianischen Metropolen nachsteht. Jung und Alt, Arm und Reich feiern Tage und Nächte in bunten Kostümen mit heiterer Musik. Aufwendige **Paraden und Umzüge** werden weit im Voraus geplant und geprobt. Am Faschingswochenende ziehen sie probeweise durch die Vorstädte. Kinder und Jugendliche organisieren ihre eigenen kleinen Umzüge mit wildem Trommeln auf Kanistern und Blechbüchsen in Verkleidungen, in denen man jede Menge eigener Fantasie erkennt und nur selten eine industrielle Vorgabe.

Am schönsten und größten ist der Karneval von **Mindelo.** Das beste Ereignis der letzten Jahre war die **mitternächtliche Samba-Parade** durch die Altstadt von Mindelo. Die Menschen flanieren schon Stunden zuvor in den verrücktesten Kostümen auf und ab und machen die Wartezeit zu einem nicht weniger interessanten Spektakel. Jeder will sehen und gesehen werden. Endlich kündigen Signalraketen über dem alten Zollgebäude die Ankunft der Tänzer an, und die Rua Lisboa gehört ihnen. In glitzernden Kostümen mit ausladendem Federschmuck tanzen alle Generationen. Vor allem die männlichen Zuschauer machen die Augen etwas weiter auf, wenn Vortänzerinnen in knappen Kostümen über vibrierenden Hüften die Stimmung anheizen. Gruppen junger Tänzerinnen und Tänzer flirren mit leichten Schritten die Straßen auf und ab. Die Älteren lassen ihren Schmuck gemessenen Schrittes harmonisch schwingen. Musik- und Trommlergruppen geben den munteren Rhythmus vor, und alle singen mit. Da es kühl ist und wegen der Taschendiebe niemand viel Geld einsteckt, fließt wenig Alkohol und die Stimmung bleibt ausgelassen und fröhlich bis in die frühen Morgenstunden.

Der große **Umzug durch die Innenstadt** folgt am Dienstagnachmittag, an dem jeder alleine oder in Gruppe teilnehmen kann. Auf überdimensionalen Festwagen tanzen Faschingsprinzessinnen in Pfauenfedern. Auch die Sambaschulen sind wieder dabei. Motivwagen greifen nur selten Politisches auf und legen mehr Wert auf Ästhetik. Da der Zug riesengroß und die Altstadt winzigklein ist, zieht er gleich zweimal durch.

Quartiere und Flüge in dieser Zeit muss man langfristig vorbuchen. Der Termin folgt dem kirchlichen Kalender und ist somit auf der ganzen Welt gleich.

- Die Autoren | 612
- Literaturtipps | 583
- Register | 599
- Reise-Gesundheits-
  informationen | 574
- Sprache | 575
- Video | 588
- Wanderführer & Karten | 587

12 Anhang

Disco Pirata in Santa Maria/Sal

Reise-Gesundheits-informationen

Stand: März 2018

Die nachstehenden Angaben dienen der Orientierung, was für eine geplante Reise in das Land an Gesundheitsvorsorgemaßnahmen zu berücksichtigen ist. Die Informationen wurden uns freundlicherweise vom Centrum für Reisemedizin zur Verfügung gestellt. Auf der Homepage **www.crm.de** werden sie stetig aktualisiert. Es lohnt sich, dort noch einmal nachzuschauen.

Einreise-Impfvorschriften
- **Bei einem Direktflug aus Europa sind keine Impfungen vorgeschrieben.**
- Bei einem vorherigen Zwischenaufenthalt (innerhalb der letzten 6 Tage vor Einreise) in einem **Gelbfieber-Endemiegebiet** (siehe dazu die Liste unter www.crm.de) wird bei der Einreise eine gültige **Gelbfieber-Impfbescheinigung** verlangt (ausgenommen sind Kinder unter 1 Jahr).
- Eine Gelbfieber-Impfbescheinigung ist auch erforderlich bei **Zwischenstopp oder Umstieg** (Transitverkehr), der länger als 12 Stunden dauert (zu den betroffenen Ländern siehe unter www.crm.de). Abweichend von der offiziellen Bestimmung kann der Impfnachweis auch bei kürzerem Transit-Aufenthalt verlangt werden.
- Ärztliche Bescheinigungen zur **Befreiung** von der Gelbfieber-Impfung werden bei der Einreise anerkannt.

Empfohlener Impfschutz
- **Allgemein zu empfehlenden Impfschutz überprüfen, ggf. ergänzen bzw. auffrischen.**
- Bei Reisen unter einfachen bzw. besonderen Bedingungen (zur Konkretisierung siehe unter www.crm.de) ist außerdem ein Impfschutz gegen **Typhus, Hepatitis A und B, Cholera** und **Meningokokken Serotypen A, C, W135, Y** zu erwägen.

Wichtiger Hinweis: Welche Impfungen letztendlich vorzunehmen sind, ist abhängig vom aktuellen Infektionsrisiko vor Ort, von der Art und Dauer der geplanten Reise, vom Gesundheitszustand sowie dem eventuell noch vorhandenen Impfschutz des Reisenden. Da im Einzelfall unterschiedlichste Aspekte zu berücksichtigen sind, empfiehlt es sich immer, rechtzeitig (etwa 4–6 Wochen) vor der Reise eine persönliche Reisegesundheits-Beratung bei einem reisemedizinisch erfahrenen Arzt oder Apotheker in Anspruch zu nehmen.

Malaria
- **Geringes Risiko von August bis November auf Santiago, die übrigen Inseln sind malariafrei.** Im Juli 2017, noch vor Beginn der Regenzeit, wurden 49 lokale Infektionen in der Hauptstadt Praia (Insel Santiago) gemeldet. Bis Mitte November war die Zahl der Fälle auf ca. 420 gestiegen, zwei Menschen sind verstorben. Es sind die höchsten Fallzahlen auf Cabo Verde seit 1991. Sehr guter Mückenschutz ist immer zu beachten, die Mitnahme einer Notfallmedikation ist während und nach der Regenzeit (August bis Oktober) sinnvoll. Zur Vorbeugung siehe unter www.crm.de.

Ratschläge zur Reiseapotheke
- Vergessen Sie nicht, eine kleinere oder größere Reiseapotheke mitzunehmen (wenigstens Medikamente gegen Durchfall, Fieber und Schmerzen sowie Verbandstoff, Pflaster und Wunddesinfektion), damit Sie für kleinere Notfälle gerüstet sind. Nicht vergessen: Medikamente, die der Reisende ständig einnehmen muss!

Aktuelle Meldungen unter www.crm.de

Die Angaben wurden nach bestem Wissen und sorgfältiger Recherche zusammengestellt. Eine Gewähr oder Haftung kann nicht übernommen werden.

© Inhalte: Centrum für Reisemedizin 2018

Sprache

Cabo Verde ist ein **zweisprachiges Land: Portugiesisch** und **Crioulo** (dt.: Kreol, Kreolisch) sind die offiziellen Landessprachen.

Das **Crioulo** Cabo Verdes ist die älteste afrikanisch-europäische Kreolsprache. Weitere werden in Haiti, Mauritius, auf den Seychellen und Réunion, in Guinea-Bissau, São Tomé e Príncipe, auf Aruba, Bonaire und Curaçao (Niederländische Antillen), in Surinam und Sierra Leone gesprochen. Sie alle sind aus Notsprachen (Pidgin) der frühen Kolonialgeschichte hervorgegangen, in der Sklaven mit völlig verschiedenen Muttersprachen gezwungen waren, Worte der Kolonialsprache(n) aufzunehmen, um sich untereinander und mit ihren Herren verständigen zu können. Da der Spracherwerb der kreolischen Kinder vorwiegend von der afrikanischen Mutter begleitet wurde, so meinen Linguisten, werden vor allem weibliche Pronomen und Adjektive verwendet. Noch heute sprechen die Kinder von „nha mãe ma nha pai", meine Mutter und meine Vater.

Als „portugiesisch basierte" Kreolsprache verwendet das kapverdische Crioulo zu rund 90% einen **altportugiesischen Wurzelwortschatz.** Die restlichen 10% stammen aus westafrikanischen und anderen europäischen Sprachen. Rhythmus, Metaphern und der spielerische Anklang an eine allgemein bekannte Mythologie kommen vorwiegend aus Afrika. Die Sprache Cabo Verdes hat große Übereinstimmungen mit dem Kreol von Guinea-Bissau und dem Papiamento von Curaçao. Auf Reisen in Kontinentalafrika waren wir erstaunt, in Händlersprachen wie Dioula in Westafrika und Kisuaheli in Ostafrika kreolisch klingende altportugiesische Worte in größerer Zahl zu hören. Selbst mit Studenten aus Haiti und von den Seychellen war eine Kommunikation über das kapverdische Kreol möglich. Hier ist noch viel zu erforschen.

Crioulo ist heute die ausschließliche **Sprache der Musik** der Inseln und eines Großteils **der Lyrik.** Prosa, Sachbücher, Romane und Novellen erscheinen meist in Portugiesisch. Eine Ausname bildet der Roman „Oju d'Agua" von *Manuel Veiga* aus dem Jahr 1987.

Aufgrund jahrhundertelanger Isolation hat **jede Insel** ihren **eigenen Dialekt.** Aus der Geschichte verständlich, ist das Kreol des Barlavento dem Portugiesischen näher. In São Vicente haben sich viele englische Worte gehalten. Santo Antão hat einige Anklänge mehr ans Französische bewahrt. Die Unterschiede zwischen den Dialekten sind ähnlich groß wie im deutschen Sprachraum. Um sich zwischen den Extremen verständigen zu können, weicht man aus auf eine Art inoffizielles **Amtscriulo de São Vicente,** das überall dort gesprochen wird, wo Kapverdianer aller Inseln zusammenarbeiten. Beispielsweise wissen die Leute aus Santo Antão, dass die dort übliche Form der Verneinung durch ein vorangestelltes „n" auf den anderen Inseln unverstanden bleibt *(Min n'sabe =* ich weiß nicht). Sie setzen das sonst übliche „ka" ein und werden mit „Um ka ta sabé" wunderbar verstanden.

Es gibt eine Hand voll **Grammatiken und Wörterbücher** zum kapverdischen

Kreol. Da es nie zur Schriftsprache erhoben wurde, muss man sich diese genau ansehen, da es wenig Sinn gibt, den Dialekt einer Insel zu erlernen, auf der man sich nicht aufhalten wird. Gut bedient ist man mit Ausgaben, die sowohl das Kreol von Praia als auch von São Vicente beinhalten.

Im ideologischen Rückzugskampf verabschiedete die Kolonialregierung **1971** noch schnell ein halbherziges Gesetz zur **Zweisprachigkeit,** in dem erstmals Kreol als „Sprache" erscheint und nicht nur als „Dialekt" von Menschen, denen man unterstellte, zu dumm zu sein, um Portugiesisch zu lernen. Damit durfte in den Grundschulen Kreol gesprochen werden.

Auch nach der Unabhängigkeit muss **Portugiesisch** eine offizielle Landessprache bleiben, die Sprache von Verwaltung, Recht, Finanzwesen, der Kirche, Schulen und Medien. Dies ist aus klug und unausweichlich, wenn man sich nicht in die Isolation begeben will. So ist zum Beispiel die portugiesische Rechtssprache eine alte Hochsprache, die sich in den letzten 400 Jahren nur wenig verändert hat. Es wäre unbezahlbar, diese Texte in modernes Kreol überführen zu wollen und für einen Kleinstaat eine eigene Rechtssprache zu begründen. Nur mit einer international weit verbreiteten Sprache kann der Anschluss an moderne Kommunikation und Wissenschaft erreicht werden. Auch wenn wissenschaftliche Bücher aus Portugal zumeist Übersetzungen veralteter französischer Ausgaben sind, so finden sich doch auf dem brasilianischen Markt aktuelle Ausgaben in guter Auswahl. Das letzte Argument, das wir hier anschließen wollen, ist vermutlich das wichtigste: Mit Portugiesisch erlernt jeder künftige Emigrant zumindest eine internationale Sprache, die ihm den Einstieg in weitere Fremdsprachen erleichtern wird.

Die technischen Voraussetzungen für die **Verschriftlichung des Kreol** sind in einem Regelwerk zur Rechtschreibung namens **ALUPEC** (*The Unified Alphabet for the Writing of Capeverdean Creole*) geschaffen worden. Danach werden zwei Varianten in den Schulen offiziell gelehrt, ein Kreol von Praia und eines von São Vicente.

Für Besucher und Reisende auf den Inseln ist es von Vorteil, einige Ausdrücke in portugiesischer Sprache zu erlernen. Wenn man sich dann unterwegs noch einige Sätzchen in Crioulo merkt, z.B. einen Gruß oder Dank, wird man große Anerkennung ernten. Oft kann man sich auch mit **Englisch** behelfen, es ist die erste Fremdsprache an den Schulen. **Französisch** als zweite Fremdsprache können weniger Leute, vor allem Remigranten. Die Zahl der **Deutsch** Sprechenden ist klein, doch wenn es gesprochen wird, dann zumeist sehr gut von Leuten, die in Deutschland studiert oder als Seeleute und Emigranten in Deutschland oder Basel gelebt haben.

Kleine Sprachhilfe Crioulo de Santiago

Crioulo ist eine selbstständige Sprache. Sie verwendet vorwiegend **altportugiesische Wortstämme.** Im Barlavento mehr als im Sotavento werden Endsilben verschluckt und Worte zusammengezogen. Die Ähnlichkeiten mit anderen romanischen Sprachen sind groß, doch nicht ausreichend, um beispielsweise Portugiesen ein sofortiges Verständnis zu erlauben. Mit Vorkenntnissen in romanischen Sprachen ist ein Niveau einfacher Verständigung schnell zu erlernen. Perfekt Crioulo zu sprechen, nimmt hingegen lange Jahre in Anspruch.

Herr (Anrede) – Senhor / Nho
Frau (Anrede) – Senhora / Nha
Guten Morgen, Guten Tag – Bom dia
Guten Nachmittag (ab mittag) – Boa tarde
Guten Abend (ab der Dunkelheit) – Boa noti
Hallo – Olá
Bis später – Até logo, até manha
Auf Wiedersehen – Adeus
Wie geht es der Frau / dem Herrn / Ihnen? –
    Coma nha / nho / bo 'sta?
Mein Name ist … – Nha nomi ê …
Wie ist Ihr Name? – Cuze nomi di bo?
Es freut mich, Sie kennen zu lernen –
    Prazer pa contra cu nha
Nehmen Sie Platz – Sinta, di favor
Grüßen Sie Ihren Vater / Ihre Mutter –
    Da nha lembrança pa bu pai / mai
Ja / nein – sim / não
Keine Ursache – de nada
vielleicht – talves
bitte – por favor
(vielen) Dank – (muito) obrigadu
Gestatten Sie – co'licença
Verzeihung – d'sculpa-m
Sprechen Sie Englisch / Französisch /
    Deutsch? – bu ta falá Inglês / Francès /
    Alemão?
Ich verstehe nicht – N ka ta konprende
Wieviel kostet das? – Kanté?
Warten Sie bitte – Spera un momentu
Warum? Wann? – Pamódi? Kuandu?
Wie? Wie lange? – Kumó? Kantu tempu?
Wer? Was? – Ken? Kuzé?
Ich spreche nur Englisch –
    N ta papia somenti Inglês

Kapverdisch, Portugiesisch –
    Kabuverdianu, Português
Meine Adresse ist … – Nha morada é …
Sie ist von … / aus … – El é di …
Bitte sprechen Sie langsam –
    Pur favor, papia dibagar
Wiederholen Sie bitte – Torna fla, pur favor
Noch einmal, wieder – novamenti
Schreiben Sie es auf, bitte –
    Skrebe-l, pur favor
Was wünschen Sie? – Kuzé ki bu kre?
Kommen Sie herein – Entra, ben li
Wo sind Sie? Wo ist er? – Ondé-bu? Ondé-l?
Toilette – Kuartu Banhu
Hier, dort – li, la
Geht (nicht) in Ordnung –
    Sta dretu (Ka sta dretu)
leer, voll – vaziu, xeiu
davor, dahinter – na frenti di, tras di
neben, innen, außen –
    na ladu di, dentu di, fóra di
viel, wenig – txeu, poku
gut / schlecht – bom, mau
mehr, weniger – mas, menus
heiß / kalt – quent / friu
ein bisschen – un poku
genug, zu viel – dja txiga, dimas
etwas, nichts – algun kuza / nada
gut, besser – bon, midjor
schlecht, schlechter – mau, pior
jetzt gleich – gosi li, gosin li, gurinha sin
bald, später – sedu, mas tardi
Es ist (zu) spät – dja sta tardi
Es ist (noch) früh – sta sedu
langsam, langsamer – dibagar, mas dibagar
schnell, schneller – dipresa, mas dipresa
Ich habe es nicht eilig – N ka sta ku presa
groß / klein – grand / piknin
viel / sehr – muito
Wo ist der Weg nach …? – Calê camin pa …?
Es ist mir warm (kalt) – N sta ku kalor (friu)
Ich bin hungrig (durstig, müde) –
    N sta ku fomi (sedi, sonu)

Ich bin beschäftigt (müde, krank) –
   N sta okupadu (kansadu, duenti)
Was ist los? – Kuzé ki sta fladu
Vorsicht – kudadu
Nimm's leicht – kudadu!
Hör zu, schau her – Obi, Djobe li
Können Sie mir helfen? – Bu pode djuda-m
Ich suche … – N sta djobe …
Ich möchte gerne … – N ta gostaba …
Können Sie mir … empfehlen? –
   Bu pode rakumenda un …?
Möchten Sie…? – Bu kre …
Es freut mich – Nsta kontenti
Tut mir leid – Diskulpa -m
Ich weiß nicht – N ka sabe
Ich denke ja (nein) – N ta pensa ki sin / nau
Wofür ist das? – E' pa kuzé?
Wie heißt das auf Kreolisch? –
   Kumó ki bu ta txoma-l na Crioulo?
Wie sagt man …? –
   Kumó ki bu ta fla / modi ki bu ta fla …?
Wie schreibt man …? – Kumó ki bu ta skrebe …?
Ich habe meinen Freund verloren –
   Dja N perde nhas amiga
Ich habe mein Geld (Schlüssel) vergessen –
   N diskise di nha dinheru / txabi
Ich habe meinen Flug verpasst –
   Dja N perde avion

Hilfreiche Begriffe und Redewendungen in Portugiesisch

Aussprache

Portugiesisch hat eine weiche Aussprache mit vielen Nasal- und Zischlauten. Einige kleine Regeln:
- rr = gerollt
- r = nur am Wortanfang gerollt
- lh = „lj"
- ch = „sch"
- qu = „kw" vor a, o, u; „k" vor e und i
- nh = „nj"
- c = „k" vor a, o, u; stimmloses „s" vor e und i
- ç = stimmloses „s" vor a, o, u
- g = normales „g" vor a, o, u; „sch" vor e und i
- gu = wie „g" vor e und i
- h = wird nicht gesprochen
- j = stimmhaftes „sch"
- s = am Wort- und Silbenende wie „sch"; in der Wortmitte wie „z"
- v = wie „w"
- z = am Wortanfang stimmhaftes „s", am Wortende wie „sch"
- x = „s" oder „sch"

Silben mit Akzent (´, ^) werden stets betont; Vokale mit Tilde (~) und Vokale, auf die ein „m" folgt, werden nasal ausgesprochen; viele Vokale werden verschluckt oder nur leicht angedeutet, z.B. e, u und o am Ende des Wortes oder e am Anfang des Wortes; männl. Endungen: -o, weibl. Endungen: -a.

Grammatik

Am einfachsten wird der Plural ausgedrückt, indem man ein -s oder -es an das Wort hängt.

Beispiel eines regelmäßigen Verbs
eu compro = ich kaufe
tu compras = du kaufst
ele /ela compra = er/sie/es kauft
nos compramos = wir kaufen
vocês compram = ihr kauft
eles compram = sie kaufen

Häufige Verben

ser = sein (sou = ich bin, é = er, sie ist, somos = wir sind, são = sie sind)

dar = geben (dou = ich gebe, dá = er, sie gibt, dão = sie geben)

ir = gehen (vou = ich gehe, vai = er, sie geht, vamos = wir gehen, gehen wir!)
ter = haben (tenho = ich habe, tem = er, sie hat, temos = wir haben, têm = sie haben)

Meist wird im Portugiesischen nur in der 3. Person gesprochen. Pronomen entfallen, außer wenn sie betont werden (z.B. „Ich gehe einkaufen, nicht du.").

Grüße

Guten Morgen – Bom dia
Guten Nachmittag (nach 12 Uhr mittags) – Boa Tarde
Guten Abend, gute Nacht (ab dem Dunkelwerden) – Boa Noite
Willkommen – Bemvindo
Auf Wiedersehen (bis später) – Até logo
Wie geht es Dir / Ihnen ? – Como esta?
Es geht mir gut – Estou bem

Nützliches

ja / nein – sim, não
bitte – por favor, faz favor
(vielen) Dank – (muito) obrigado
keine Ursache – de nada
Gestatten Sie? – com licença
Verzeihung – desculpe
Wie heißen Sie? – Como se chama?
Sprechen Sie Englisch / Französisch / Deutsch ? – Fala Inglês / Francês / Alemão?
Ich komme aus Deutschland / Österreich/ Schweiz – Sou de Alemanha / Austria / Suiça
Mein Name ist … – Chamo-me …
Ist es möglich, dass …? – É possível …?
Wie nennt man das? – Como se chama isso?
Das gibt es nicht, das haben wir nicht – Não hà
Zu viel – demais
So viel ist genug – Esta bom
Können Sie mir helfen, bitte? – Pode me ajudar, por favor?
Wie bitte? – Como?
Ich weiß nicht – Não sei
Ich verstehe nicht – Não compreendo
Wo? Wann? Wie? – Onde? Quando? Como?
Warum? Was? – Porque? Que?
Wo ist …? – Onde fica …?
groß / klein – grande / pequeno
viel, sehr – muito
mehr / weniger – mais / menos
Nicht zu viel, nicht zu wenig – mais ou menos
gut / schlecht – bom, boa / mau
heiß / kalt – quente / frio

Unterwegs

Abfahrt, Abflug – partida / Ankunft – chegada
Auto – carro
Dorf – aldeia
Ein- / Ausreise – entrada / saída
Eine Fahrkarte/Flugticket nach … – um bilhete para …
Flug – vol
Flughafen – aeroporto
Flugzeug – avião
Gepäck – bagagem
Geradeaus – em frente
Nach links – à esquerda / nach rechts – à direita
nichts zu verzollen – nada a declarar
Norden – norte
Osten – leste
reisen – viajar
Reisepass – passaporte
Sammeltaxi – Aluguer
Stadt – cidade, vila
Straße / Pfad – rua / caminho
Süden – sul
Westen – oeste
Wo ist der Weg nach …? – Qual é o caminho para …?

Visum – visto
Zollbehörde – alfândega
zurück – atrás

Unterkunft

abreisen – partir
Bett – cama
Einzel- / Doppelzimmer –
 um quarto individual / duplo
mit / ohne Bad – com / sem banho
für … Nächte – para … noites
Gästehaus, Pension – pensão
Haben Sie ein Zimmer frei? – Tem um quarto livre?
Hotel – Hotel
Kissen – almofada
Schlüssel – chave
Toilette – sanitário
Toilettenpapier – papel higiêne

Nationalitäten

Deutschland / Österreich / Schweiz –
 Alemanha / Austria / Suiça
der / die Deutsche – o alemão / a alemá
Österreicher(in) – o austríaco / a austríaca
Schweizer(in) – o suiço / a suiça

Essen und Trinken

Abendessen – jantar
Apfel – maca
Bier – cerveja
Bohnen – feijão
Bohneneintopf – feijoada
Brot – pão
Butter – manteiga
Dessert – sobremesa
die Rechnung, bitte – a conta, por favor
Eier – ovos
essen – comer
Essig – vinagre
Flasche – garrafa
Fleisch – carne
Frühstück – pequeno almoço
Frühstücken – tomar o café
Gabel – garfo
Gemüse – legumes
Getränk – bebida
Glas – copo
Honig, Melasse – mel
Hühnchen – frango
Kaffee – café
Kaffee trinken – tomar café
Kartoffeln – batata
Käse – queijo
Knoblauch – alho
Kuchen – bolo
Languste – lagosta
Mais – milho
Makrele – bacalhau
Maniok – mandioca
Melone – melão
Messer – faca
Milch – leite
Mittagessen – almoço
Moräne – moreia
Nudeln – massa
Olivenöl – azeite
Orange – laranja
Paprika – pimento
Pfeffer, Chilipfeffer – pimenta, piri-piri
Pudding mit Milch (Kokos, Käse) –
 pudim de leite (coco, queijo)
Reis – arroz
Reis mit Meeresfrüchten – arroz de marisco
Restaurant – restaurante
Rindfleisch – carne de vaca
Rum aus Cabo Verde – Grogue
Salz – sal
Schnitzel – escalope
Schweinefleisch – porco
Speisekarte – lista

Steak – bife
Süßkartoffeln – batata doce
Tee – chá
Teller – prato
Thunfisch – atum
Tintenfisch – polvo
Tischwein (trocken, süß) –
　　vinho de mesa (seco, doce)
Tomate – tomate
trinken – beber
Wasser – água
Wein (weiß, rot, grün) –
　　vinho (branco, tinto, verde)
Zucker – açúcar
Zwiebel – cebola

Tage/Monate/Zeiten

Sonntag – domingo
Montag – segunda-feira
Dienstag – terça-feira
Mittwoch – quarta-feira
Donnerstag – quinta-feira
Freitag – sexta-feira
Samstag – sábado

Januar – janeiro
Februar – fevreiro
März – março
April – abril
Mai – maio
Juni – junho
Juli – julho
August – agosto
September – setembro
Oktober – outubru
November – novembro
Dezember – dezembro

Datum / Tag – data / dia
Monat / Jahr – mes / ano
Vormittag – manhã
Nachmittag – tarde
Abend, Nacht – noite
heute – hoje
morgen – amanhã
gestern – ontem
früh / spät – cedo / tarde
Wie spät ist es? – que horas são?

Post/Telefon/Bank

Bank – banco
Brief / Postkarte – carta / postal
Briefmarken – selos
Geld wechseln – trocar dinheiro
Postamt – correio
Reiseschecks – cheques de viagem
schicken, senden – enviar
Telefon – telefone público
Telefonbuch – lista telefónica
Vorwahl – indicativo

Arzt/Apotheke/Notfall

Apotheke – farmácia
Arzt / Ärztin – médico / médica
Durchfall – diarréia
Fieber – febre
Husten – tosse
Kondom – preservativo, kreol: camisinha
krank – doente
Krankenhaus – hospital
Polizei – polícia
Schmerz – dor
Unfall – acidente (im Verkehr: desastre)
Unfallambulanz – banco de Urgência

Einkauf

Bäckerei – padaria
billig / (sehr) teuer – barato / (muito) caro

Geld – dinheiro
geöffnet – aberto
geschlossen – fechado
Ich möchte ... – Queria ...
kaufen – comprar
Laden, Geschäft – loja
Markt – mercado
Preis – preço
Supermarkt – supermercado
verkaufen – vender
Wie viel kostet das? – Quanto costa?

Häufige Wörter

alt – velho
arbeiten – trabalhar
auch – também
ausruhen – descansar
Batterie – pilha
Berg – montanha
Bruder – irmão
Buch – livro
Ehemann – marido
Film (für die Kamera) – película
Frau – mulher
früh – cedo
genug – bastante
groß – grande
Haus – casa
heiß – quente
hoch – alto/a
Hügel – colina
Huhn – galinha
Hund – cão
ich – eu
in – a, em
jetzt – agora
Junge – rabaz
Katze – gato
Kerze – vela
Kirche – igreja
klein – pequeno

Licht – luz
Mädchen – rapariga
Mann – homem
Meer – mar
Mutter – mãe
Nachtclub – boite
nichts – nada
niedrig – baixo/a
niemals – nunca
Platz (in der Stadt) – praça
Rathaus – câmara
Regen – chuva
schön – lindo
Schule – escola
schwer – pousado/a
Schwester – irmã
schwierig – difícil
schwimmen – nadar
Sonne – sol
später – depois de
sprechen – falar
Stift, Kugelschreiber – caneta
Strand – praia
und – e
Vater – pai
vielleicht – talvez
vorher – antes de
wenig – pouco
Wind – vento
Zeitschrift – revista
Zeitung – jornal
Ziege – cabra
Zündhölzer – fósforos

Zahlen

1 – um, uma
2 – dois, duas
3 – três
4 – quatro
5 – cinco
6 – seis

7 – sete
8 – oito
9 – nove
10 – dez
11 – onze
12 – doze
13 – treze
14 – catorze
15 – quinze
16 – dezasseis
17 – dezassete
18 – dezoito
19 – dezanovo
20 – vinte
21, 22 – vinte e um, vinte e dois (usw.)
30 – trinta
40 – quarenta
50 – cinquenta
60 – sessenta
70 – setenta
80 – oitenta
90 – noventa
100 – cem
134 – cento e trinta e quatro

200 – duzentos
300 – trezentos
400 – quatrocentos
500 – quinhentos
600 – seiscentos
700 – setecentos
800 – oitocentos
900 – novecentos
1000 – mil
1 Million – um milhão

Buchempfehlungen

■ **Portugiesisch – Wort für Wort**
und **Kapverdisch – Wort für Wort**
Zwei kompakte Sprachführer aus der Kauderwelsch-Reihe des Reise Know-How Verlags, die sich am typischen Reisealltag orientieren und didaktisch leicht verständlich sind. Begleitendes Tonmaterial auf Audio-CD oder als mp3-Download erhältlich.

■ **Dicionário do Crioulo**
da Ilha de Santiago (Cabo Verde)
Wörterbuch des Kreols von Santiago (Cabo Verde) in portugiesischer Sprache mit deutschen und portugiesischen Übersetzungsäquivalenten.

■ Grammatiken und Wörterbücher im Internet:
www.bela-vista.net/kreol.htm.

Literaturtipps

■ **Almeida, Germano**
Cabo Verde – viagem pela história das ilhas. Fotografias de José A. Salvador Ilheu Ediroa. Cabo Verde 2003

■ **Almeida, Germano**
Das Testament des Herrn Napumoceno. Erzählung aus Cabo Verde. Fischer-TB-Verlag, Frankfurt 1997

■ **Almeida, Germano**
O dia das calças roladas. São Vicente 1992

■ **Ascher, Françoise**
Os rabelados de Cabo Verde – Historia de una revolta. L'Harmattan, Paris 2011

■ **Barreno, Maria Isabel**
Der Herr der Inseln, Verlag Walter Frey, Berlin 2005; im Original: O Senhor das Ilhas, Lisboa 1994

■ **Borowczak, Winfried**
Agrarreform als sozialer Prozeß: Studien zum Agrarreformverhalten landwirtschaftlicher Produzenten in Portugal und Kap Verde. Verlag für Entwicklungspolitik Saarbrücken GmbH, 1987

■ **Cabral, Amílcar**
Politisches Handbuch der PAIGC. Hrsg. der deutschen Ausgabe: Komitee Südliches Afrika, Heidelberg. Sendler, Heidelberg 1974

■ **Cabral, Amílcar**
Die Revolution der Verdammten. Berlin 1974

■ **Cabral, Amílcar**
Die Theorie als Waffe. Bremen 1983

■ **Cardoso, Pedro**
Textos Jornalísticos e Literários. Praia 2008

■ **Carreira, António**
Cabo Verde, Classes Sociais, Estrutura Familiar, Migrações. Lisboa 1977

■ **Carreira, António**
The People of the Cape Verde Islands: Exploitation and Emigration. Hurst 1982

■ **Carreira, António**
Demografia Caboverdeana (1807–1983). Mem Martins, 1985

Literaturtipps

- **Carreira, António**
Notícia corográfica e cronológica do Bispado de Cabo Verde. Lisboa 1985
- **Carreira, António**
Cabo Verde, Formação e Extinção de uma Sociedade Escravocrata (1560–1878). Mem Martins, 1983
- **Castanheira, José Pedro**
Quem mandou matar Amílcar Cabral? Relógio D'Àgua Editores, 3. Auflage, Portugal 1999
- **Chantre, Maria de Lourdes**
Cozinha de Cabo Verde. Ed-Presença, Lisboa
- **Clarke, Tony**
Field Guide to the Birds of the Atlantic Islands: Canary Islands, Madeira, Azores, Cape Verde. Helm Field Guides, London 2006
- **Correia e Silva, António Leão**
Nos Tempos do Porto Grande do Mindelo, Praia 2005
- **Correia, Cláudia**
Presença de Judeus em Cabo Verde, Inventariação na documentação do arquivo histórico nacional (1840–1927), Praia 1997
- **Cousteau, Jacques-Yves/Dumas, F.**
Die schweigende Welt. Köln 1980
- **Davidson B.**
Vom Sklavenhandel zur Kolonialisierung. Afrikanisch-europäische Beziehungen zwischen 1500 und 1900. Hamburg 1966
- **Davidson B.**
The Fortunate Isles: A Study in African Transformation. Africa World Press, 1990
- **Darwin, Charles u.a.**
The Voyage of the Beagle: Charles Darwin's Journal of Researches. Penguin Books, 2003
- **Duncan, Bentley**
Atlantic Islands: Madeira, the Azores and the Cape Verdes in 17th Century Commerce and Navigation. University of Chicago Press, London 1972. Infos u.a. zum Sklavenhandel.
- **Duplessis**
Relation Journalière d'un voyage fait en 1699 aux Isles du Cap Vert. *François et Jean-Michel Massa* (Hrsg.), Patrimoine Lusographe Africain, Rennes 2004
- **Ferreira, José Manuel Silva Pires**
Ensaio da História do Paúl de Santo Antão. Edições Calabedotche, São Vicente 1999
- **Flaig, Egon**
Weltgeschichte der Sklaverei. Das Buch gibt einen hochinteressanten Einblick in die weltweiten Formen der Sklaverei im Altertum. Flaig weist Sklaverei zur Zuckerproduktion im Nahen Osten vor über 3000 Jahren nach und geht dem transsaharischen Sklavenhandel weit vor der portugiesischen Expansion nach. München, C.H. Beck, 2011
- **Friedländer, Immanuel**
Beiträge zur Kenntnis der Kapverdischen Inseln: Die Ergebnisse einer Studienreise im Sommer 1912. Forschungsreisebericht des ersten Direktors eines vulkanologischen Instituts in Europa, reich bebildert. Berlin, D. Reimer, 1913
- **Ganser, Daniele**
NATO's Secret Armies. Frank Cass Publishers, 2005
- **Hazevoet's, Cornelis J.**
Birds of Cape Verde Islands. British Ornithologist's Union 1995; Bezug über Natural History Book Service
- **Instituto de Investigação Científica Tropical, Lisboa – Direcção Geral do Patrimônio Cultural de Cabo Verde**
História Geral de Cabo Verde, Lisboa 1988
- **Koch, Ursa**
Im roten Schein des Nibiru. Eine Erzählung von den Kapverden. Albas Literatur, 2013
- **Koch, Ursa**
Das Kapverdenhaus. Roman. Albas Literatur, 2015
- **Koch, Ursa**
Die Strandgängerin. Roman. Albas Literatur, 2017
- **Kwasnitschka, Tom/Hansteen, Thor H./ Kutterolf, Steffen/Freundt, Armin/ Devey, Colin W.**
3D-reconstruction of recent volcanic activity from ROV video, Charles Darwin Seamounts, Cape Verde, in: AGU Fall Meeting 2011, 5.12.–9.12.2011, San Francisco, California, USA
- **Lobban, Dr. Richard A.**
Cape Verde: Crioulo Colony to Independant Nation. Westview Press, London 1995

- **Lobban, Dr. Richard A./Lopes, Marlene**
Historical Dictionary of the Republic of Cape Verde. Scarecrow Press, 1996
- **Lobin, Wolfram (Hrsg.)**
Beitrag zur Fauna und Flora der Kapverdischen Inseln. Senckenbergische Naturforschende Gesellschaft Frankfurt, 1982
- **Lopes, José Vicente**
Cabo Verde as causas da independência. Spleen-Edições, Praia 2003
- **Lopes, José Vicente**
Cabo Verde os Bastidores da Independência. Spleen-Edições, Praia 2002
- **Lopes, José Vicente/Pereira, Aristides**
Aristides Pereira: Minha vida, nossa história. Praia 2012. Die Rückschau des „elder statesman" *Pereira* auf sein Leben und Lebenswerk in vielen Gesprächen mit dem auf die Unabhängigkeitsgeschichte Cabo Verdes spezialisierten Historiker *Lopes*. Ein Füllhorn an historischen Details und übergeordneten philosophischen und strategischen Gedanken sowohl der Autoren als auch ihrer Weggefährten, darunter *Amílcar Cabral* und die politischen Leitfiguren der Unabhängigkeitsbewegungen in afrikanischen Ländern, ihrer Unterstützer und Gegner. Das Format eines „Interviewbuchs" ist dem üblicher Memoiren-Bände überlegen, da es Anregungen, Nachfragen und Kritik durch den Historiker einbindet in den Prozess der Erinnerung. Eine herausragende Publikation zu Cabo Verde!
- **Lopes Filho, João**
Cabo Verde, Subsídios para um Levantamento Cultural. Lisboa 1981
- **Lopes Filho, João**
Defesa do Património Sócio-Cultural de Cabo Verde. Lisboa 1985
- **Lopes Filho, João**
Ilha de São Nicolau, Cabo Verde, Formação da Sociedade e Mucança Cultural Ministério da Educação. Praia 1996
- **Lopes Filho, João**
A capela do Pico Vermelho em Santiago, Centro Cultural Português. Praia 2005
- **Loth, Heinrich**
Das portugiesische Kolonialreich. Deutscher Verlag der Wissenschaften, Berlin 1982
- **Martins, Vasco**
A Música Tradicional Cabo-Verdiana I (A Morna). Instituto Nacional do Livro, Praia 1989
- **Martins, Pedro**
Testemunho de um Combatente. Erinnerungen des damals minderjährigen Häftlings im Konzentrationslager Tarrafal. Praia 1995
- **Meyns, Peter**
Blockfreie Außenpolitik eines afrikanischen Kleinstaates: Das Beispiel Kap Verde. Institut für Afrika-Kunde, 1990
- **Mies, Bruno/Follmann, Gerhard**
Urzella – Flechten von den Kapverden zur Textilfärbung. Kiel, Zoologisches Museum, 1987
- **Monteiro, César Augusto**
Recomposição do espaço social cabo-verdiano. Im Selbstverlag, Mindelo 2001
- **Monteiro, César Augusto**
Manel d'Nova, Música, Vida, Caboverdianidade. Im Selbstverlag, Mindelo 2004
- **Monteiro, Júlio J.**
Os Rebelados da Ilha de Santiago de Cabo Verde, Elementos para o estudo sócio-religioso de uma comunidade. Lisboa 1974
- **Muñiz, Edith Lasierra/ Bargados, Alberto López**
Fidjos de Rabelado: Arte y lógicas de contestación en la isla de Santiago de Cabo Verde. Edicions Bellaterra, Barcelona 2012
- **Nascimento, Augusto**
O sul da diáspora. Cabo-Verdianos em planatções de S. Tomé e Príncipe e Moçambique. Praia 2003
- **Nogueira, Gláucia**
Batuku de Cabo Verde, Edições Silabo, Lisboa 2015
- **Nogueira, Gláucia**
Cabo Verde & a Música, Dicionário de Personagens, Editora Campo da Comunicação, Lisboa 2016
- **Oliveira, Emanuel Charles de**
Cabo Verde na rota dos naufrágios. Reich bebilderte Monografie zur Unterwasser-Archäologie und den

Schiffswracks in und nahe der kapverdischen Hoheitszone. Mit DVD. 2005

■ **Palmberg, Mai/Kirkegaard, Annemette**
Playing with Identities in Contemporary Music in Africa. Nordiska Afrikainstitutet, 2002

■ **Pereira, Daniel A.**
A Situação da Ilha de Santiago no Primeiro Quartel do Século XVIII. São Vicente 1984

■ **Pereira, Daniel A.**
Cidade da Praia no compasso do tempo. Praia 2012

■ **Pereira, Daniel A.**
Estudos da história de Cabo Verde. 2ª Edição, revista e aumentada, Praia 2005

■ **Pereira, Aristides**
O meu testemunho; uma luta, um partido, dois países. Notícias editorial, Lisboa 2003

■ **Plantas Endemicas de Cabo Verde**
Führer über endemische Pflanzen der Inseln, schöne Graphiken, portugiesischer Text.

■ **Ponto e Vírgula**
Revista de intercâmbio cultural, 1983–1987, facsimile das revistas editadas no Mindelo. Cabo Verde 2006

■ **Querido, Jorge**
Um demorado olhar sobre Cabo Verde. Lisboa 2011

■ **Rodrigues, G. Moacyr**
O papel da morna na afirmação da identidade nacional em Cabo Verde. Die ethnomusikologische Doktorarbeit des über 80-jährigen Musikers und Kulturpolitikers erarbeitet akribisch die Ursprünge der Morna auf Boa Vista aus dem jüdischen Kulturgut. Auf São Vicente als kreolische Volkslieder gefeiert, gelangte die Morna durch *Eugénio Tavares* nach Brava, wurde zu Kunstliedern und verbreitete sich als einzige Liedform schon zur Kolonialzeit über den gesamten Archipel und die Diaspora. Ausführliche Kapitel zum Lebensweg der Komponisten, der herausragenden Interpreten und zu den Inhalten des Liedguts in seiner Verknüpfung mit Elend, Unterdrückung, Emigration und der nationalen Identität Cabo Verdes. Universidade Nova de Lisboa 2015

■ **Rodrigues, G. Moacyr**
Cabo Verde – Festas de Romaria – Festas Juninas. Mindelo 1997

■ **Schleich, Hans Hermann & Karin**
Cabo Verde – Naturreiseführer Kapverdische Inseln. Als Reiseführer völlig veraltet, aber die Kapitel zu Geografie, Geologie und Botanik lohnen die Anschaffung! Naglschmid, Stuttgart 1998

■ **Semedo, José Maria/Turano, Maria R.**
Cabo Verde, o ciclo ritual das festividades da Tabanca. Praia, 1997

■ **Sena Barcellos, Cristiano José**
Subsídios para a história de Cabo Verde e Guiné. Praia 2003

■ **Sepher-Hermon Pr**
Jews of Cape Verde: A Brief History. 1997

■ **Soares Neves, Baltazar**
O Seminário-Liceu de S. Nicolau. Contributo para a história do ensino em Cabo Verde. Porto 2008

■ **Soares Sousa, Júlio**
Amílcar Cabral (1924–1973). Vida e Morte de um Revolucionário Africano. Praia 2013

■ **Sousa Carvalho, Maria Adriana**
O Liceu em Cabo Verde, um imperativo da cidadania 1917–1975. Edições UNI-CV, Praia 2011

■ **Vaughan, Megan**
Creating the Creole Island, Slavery in the 18th Century Mauritius. Durham & London 2005

■ **Veiga, Manuel**
Dicionário Caboverdiano-Português. 2ª Edição, Praia 2012

Wanderführer & Karten

Wanderführer

■ **Wanderführer Santo Antão**
Pitt Reitmaier, Lucete Fortes. Kartenausschnitte. AB-Kartenverlag, Karlsruhe 2018. 66 Wandervorschläge durch subtropische Täler, entlang wilder Küsten und durch vulkanische Berglandschaften. Insel-Umrundung zu Fuß und mehrtägiges Trekking. Klassifizierung der Wege für Wanderer und Mountainbiker. GPS-Daten-Download.

Ein Wanderführer zum gesamten Archipel:
■ **Kapverden. Die schönsten Küsten- und Bergwanderungen,** *Rasso Knoller, Christian Nowak.* Rother Bergverlag, 2. Auflage 2014, 46 Wanderungen, aber keine über mehrere Tage.

Wanderführertexte zu São Vicente, São Nicolau, Boa Vista und Maio stehen im Internet:
■ www.bela-vista.net/Sao-Nicolau-Wandern.aspx
■ www.bela-vista.net/Sao-Vicente-Wandern.aspx
■ www.bela-vista.net/Boa-Vista-Wandern.aspx

Übersichtskarten Cabo Verde

■ AB-Kartenverlag, **República de Cabo Verde 1:150.000,** *Attila Bertalan,* Touristikkarte, reißfest, jährlich neue Auflagen abgestimmt mit diesem Buch und den Wanderkarten des AB-Kartenverlags in größerem Maßstab, Pläne der größeren Städte.
■ Reise Know-How, world mapping project, **Cabo Verde 1:135.000.** Reiß- u. wasserfest, beschreibbar wie Papier, moderne Kartengrafik, ausführlicher Ortsindex und andere Features. Keine Stadtpläne.

Wander- und Wassersportkarten der einzelnen Inseln

■ **Fogo und Brava 1:50.000**
Attila Bertalan, Pitt Reitmaier, Lucete Fortes, 52 klassifizierte Wanderwege und Klettersteige. AB-Kartenverlag Karlsruhe
■ **Boa Vista 1:50.000**
Pitt Reitmaier, Lucete Fortes, Wander- und Freizeitkarte. AB-Kartenverlag Karlsruhe
■ **Santiago 1:50.000**
Pitt Reitmaier, Lucete Fortes, Wander- und Freizeitkarte mit 33 klassifizierten Wegen, Stränden und Tauchplätzen sowie Hinweisen für Moutainbiker. AB-Kartenverlag Karlsruhe
■ **Santo Antão 1:40.000**
Pitt Reitmaier, Lucete Fortes, Wanderkarte mit 56 klassifizierten Wanderwegen und Hinweisen für Moutainbiker; Tauchplätze und drei Stadtpläne. AB-Kartenverlag Karlsruhe
■ **São Nicolau** 1:50.000
Pitt Reitmaier, Lucete Fortes, Wanderkarte mit 21 klassifizierten Wanderwegen und Hinweisen für Moutainbiker; Tauchplätze und zwei Stadtpläne. AB-Kartenverlag Karlsruhe
■ **São Vicente** 1:35.000
Pitt Reitmaier, Lucete Fortes, Freizeit- und Wanderkarte mit 20 klassifizierten Wanderwegen, Tauchplätzen und großem Stadtplan von Mindelo. AB-Kartenverlag Karlsruhe

■ **Internet-Bookshop:**
www.bela-vista.net/buch-order.aspx
■ **Vertrieb in Cabo Verde:**
– São Vicente, Mindelo, Kiosk Avenida Marginal
Tel. 2324470, Mobil 9954013
– Santo Antão, Porto Novo, Gare Marítima
Tel. 2222517, Mobil 9954013

Video

Cabo Verde Insight

Alexander Schnoor ist in Deutschland geboren. Seine Mutter ist Kapverdianerin, sein Vater Deutscher. Er war noch nie auf den Kapverdischen Inseln und begibt sich mit diesem Film auf die Suche nach seinen Wurzeln, zunächst daheim in Deutschland, dann in Cabo Verde. In dem 35-minütigen Dokumentarfilm werden die einzigartige Vielseitigkeit des Landes und das Lebensgefühl der Kapverdianer hervorgehoben. www.vimeo.com/21441870

Wir bitten um Ihre Mithilfe

Dieser Reiseführer ist gespickt mit unzähligen Adressen, Preisen, Tipps und Infos. Nur vor Ort kann überprüft werden, was noch stimmt, was sich verändert hat, ob Preise gestiegen oder gefallen sind, ob ein Hotel, ein Restaurant immer noch empfehlenswert ist oder nicht, ob ein Ziel noch erreichbar ist oder nicht, ob es eine lohnende Alternative gibt usw.

Unsere Autoren sind zwar stetig unterwegs und erstellen ca. alle zwei Jahre eine komplette Aktualisierung, aber auf die Mithilfe von Reisenden können sie nicht verzichten.

Darum: Schreiben Sie uns, was sich geändert hat, was besser sein könnte, was gestrichen bzw. ergänzt werden soll. Nur so bleibt dieses Buch immer aktuell und zuverlässig. Wenn sich die Infos direkt auf das Buch beziehen, würde uns eine Seitenangabe die Arbeit sehr erleichtern. Gut verwertbare Informationen belohnen wir mit einem Sprachführer Ihrer Wahl aus der über 220 Bände umfassenden Reihe „Kauderwelsch". Bitte schreiben Sie an:

REISE KNOW-HOW Verlag
Peter Rump GmbH | Postfach 140666 | 33626 Bielefeld
oder per E-Mail an: info@reise-know-how.de
Danke!

Humorvolles bei REISE KNOW-HOW:
So sind sie, die ...

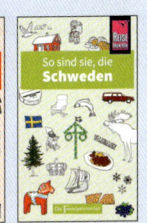

Die Fremdenversteher
Die Reihe, die kulturellen Unterschieden unterhaltsam auf den Grund geht.

Amüsant und sachkundig. Locker und heiter. Ironisch und feinsinnig. Über die Lebensumstände, die Psyche, die Stärken und Schwächen unserer europäischen Nachbarn, der Amerikaner und Japaner.

So sind sie eben, die Fremden!
Die Fremdenversteher: Deutsche Ausgabe der englischen Xenophobe's® Guides.

108 Seiten | 8,90 Euro [D]

www.reise-know-how.de   Reisen? We know how!

Das komplette Programm zum Reisen und Entdecken
Reise Know-How Verlag

- **Reiseführer** – alle praktischen Reisetipps von kompetenten Landeskennern
- **CityTrip** – kompakte Informationen für Städtekurztrips
- **CityTrip**^{PLUS} – umfangreiche Informationen für ausgedehnte Städtetouren
- **InselTrip** – kompakte Informationen für den Kurztrip auf beliebte Urlaubsinseln
- **Wohnmobil-Tourguides** – alle praktischen Reisetipps für Wohnmobil-Reisende
- **Wanderführer** – exakte Tourenbeschreibungen mit Karten und Anforderungsprofilen
- **KulturSchock** – Orientierungshilfe im Reisealltag
- **Die Fremdenversteher** – kulturelle Unterschiede humorvoll auf den Punkt gebracht
- **Kauderwelsch Sprachführer** – vermitteln schnell und einfach die Landessprache
- **Kauderwelsch plus** – Sprachführer mit umfangreichem Wörterbuch
- **world mapping project**™ – aktuelle Landkarten, wasserfest und unzerreißbar
- **Edition Reise Know-How** – Geschichten, Reportagen und Abenteuerberichte

www.reise-know-how.de

Zu Hause und unterwegs – intuitiv und informativ

▶ **www.reise-know-how.de**

- **Immer und überall** bequem in unserem Shop einkaufen
- Mit **Smartphone, Tablet** und **Computer** die passenden Reisebücher und Landkarten finden
- **Downloads** von Büchern, Landkarten und Audioprodukten
- Alle **Verlagsprodukte** und **Erscheinungstermine** auf einen Klick
- **Online** vorab in den Büchern **blättern**
- Kostenlos **Informationen, Updates** und **Downloads** zu weltweiten Reisezielen abrufen
- **Newsletter** anschauen und abonnieren
- Ausführliche **Länderinformationen** zu fast allen Reisezielen

Reisen? We know how!

Pitt Reitmaier & Lucete Fortes
**unsere Wanderkarten Serie
der Kapverden**
AB-Kartenverlag Karlsruhe

erhältlich im Buchhandel und in:
Porto Novo, St° Antão - Gare Marítima tel +238 222 23 17
Mindelo,　São Vicente - Av. Marginal tel +238 232 44 70
Internet: www.bela-vista.net/Santo-Antao-Karte.aspx

Täglicher Versand ab Karlsruhe, günstige Versandkosten.

das gesamte Wegenetz
- Spaziergänge und Rundwege
- Tageswanderungen
- mehrtägiges Trekking
- die große Inselumrundung

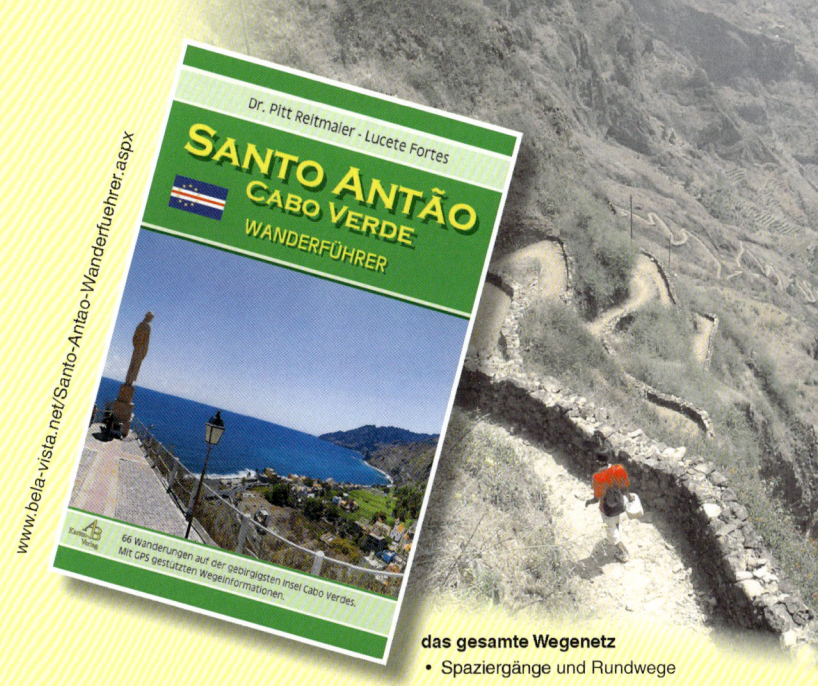

**Pitt Reitmaier & Lucete Fortes
Wanderführer Santo Antão**
AB-Kartenverlag Karlsruhe
ISBN: 978-3-934262-24-9

Ein professionelles Buch
- Detaillierte Wegbeschreibungen
- GPS Wegpunkte in Text und Karte
- GPS Tracks zum download für Leser
- 37 Kartenausschnitte, 175 Farbfotos
- Stichwortverzeichnis, übereinstimmend mit der Wanderkarte Santo Antão 1:40.000

66 Wanderwege
- Durch subtropisch grüne Täler
- entlang der Strände und wilder Steilküsten
- über vulkanisch-wüstenhafte Hochebenen
- zum höchsten Gipfel, dem Tope de Coroa
- durch schattige Wälder am Pico da Cruz

Klassifizierung
- nach Gehzeit und Höhenunterschieden
- nach Navigation und Qualität des Weges
- für Mountain-Biker nach single trail skala

Ein Insider- Buch
- Jahrzehnte Lebens- und Wandererfahrung in Cabo Verde
- Historische und landeskundliche Exkurse
- Reisevorbereitung, Reisen auf der Insel, Unterkünfte, Ausstattung und Sicherheit.

erhältlich im Buchhandel und in:

Porto Novo, St° Antão - Gare Marítima tel +238 222 23 17
Mindelo,   São Vicente - Av. Marginal tel +238 232 44 70
Internet: www.bela-vista.net/Santo-Antao-Wanderfuehrer.aspx
Täglicher Versand ab Karlsruhe, günstige Versandkosten.

WF-Santo Antao

Westafrika *selbst erleben...*

Kapverden – Höhepunkte des „Grünen Kaps"
15 Tage Kultur- und Wanderreise ab 2920 € inkl. Flug

Kapverden – Trekkingparadies Santo Antao und Fogo
16 Tage Trekking- und Naturreise ab 2890 € inkl. Flug

Elfenbeinküste – Im Land des Kakao
12 Tage Natur- und Kulturrundreise ab 2540 € inkl. Flug

Sao Tome – Das Juwel Afrikas
10 Tage Wander- und Naturrundreise ab 2440 € inkl. Flug

Lassen Sie sich inspirieren. Unsere Experten beraten Sie gern!

Ihre Kleingruppenreise oder individuelle Reise finden Sie online sowie in unseren Katalogen. Natur- & Kulturreisen, Trekking, Safaris, Fotoreisen, Familienreisen, Kreuzfahrten und Expeditionen in mehr als 120 Länder weltweit

ⓥ Dresden
DIAMIR Erlebnisreisen GmbH
Berthold-Haupt-Str. 2
01257 Dresden
☏ 0351 31207-0
dresden@diamir.de

ⓥ Leipzig
DIAMIR Erlebnisreisen
Paul-Gruner-Str. 63 HH
04107 Leipzig
☏ 0341 96251738
leipzig@diamir.de

ⓥ München
DIAMIR Reiselounge
Hohenzollernplatz 8
80796 München
☏ 089 32208811
muenchen@diamir.de

ⓥ Berlin
DIAMIR Reiselounge
Wilmersdorfer Str. 100
10629 Berlin
☏ 030 79789681
berlin@diamir.de

☏ 0351 31207-0   www.diamir.de

WANDERN MIT LOKALEM GUIDE ODER MIT ROADBOOK

kapverden WANDERN

WWW.KAPVERDENWANDERN.DE

UND AUCH RUNDREISEN OHNE WANDERUNGEN

AUF ALLEN INSELN

KAPVERDEN-SPEZIALIST SEIT 2004

WWW.KAPVERDENWANDERN.DE

ECHTE ERLEBNISSE

REISEN MIT SINNEN

- Spektakuläre Wanderpfade: Steilküste, Vulkan und grünes Paúl-Tal
- Begegnungen in kleinen Dörfern und auf bunten Märkten
- Kapverdische Rhythmen bei mitreißender Live-Musik erleben
- Exklusive Weinprobe am Fuße des Vulkans
- Afrikanische Wurzeln entdecken

KAPVERDENREISEN MIT DEM SPEZIALISTEN
in Kleingruppen oder individuell

REISENMITSINNEN.DE
Katalog kostenlos anfordern
info@reisenmitsinnen.de
0049 (0)231 589 792-0

IM HERZEN KAP VERDE

Entdecken Sie die Natur und die Kultur von Kap Verde!

- Experten für Erlebnisreisen seit 40 Jahren
- Individuelle & flexible Reiseplanung a la carte
- Private Wander- & Trekking Touren
- Strandaufenthalte

Thürmer Reisen KG - Ekkehartstr. 15 - D-85630 Grasbrunn
info@thuermer-tours.de - www.thuermer-tours.de
Tel.: +49 (0)89 43748290 - Fax: +49 (0)89 437482929

THÜRMER TOURS

Notizen

Register

Die Buchstaben nach den Stichworten stehen für: **BR** = Brava, **BV** = Boa Vista, **FG** = Fogo, **MA** = Maio, **SA** = Santo Antão, **SL** = Sal, **SN** = São Nicolau, **ST** = Santiago, **SV** = São Vicente.

Achada 408
Achada de Meio (ST) 128
Achada de Santo António (ST) 108
Achada Falcão (ST) 126
Achada Furna (FG) 165
Achada Leite (ST) 126
Achada Lém (ST) 126
Achadas 95
Aeroporto Internacional Amílcar Cabral (SL) 22
Afonso, Diogo 442
Africanidade 567
Agrarreform 455
Água das Caldeiras (SA) 267
Aguada de Janela (SA) 255
Águas Belas (ST) 126
Águas Verdes (ST) 113
AIDS 352
Alcatraz (MA) 87
Algodoeiro (SL) 32
Alkoholismus 536
Almeida, Elida 562
Aloe vera 413
Alphabetisierung 541
Alterspyramide 522
Alto Mira (SA) 243, 269
Aluguer 361, 362
Andrade, Mayra 562
Angeln 381
Anreise 323
Antragsformular 332
Apotheken 354
Aranhas (SA) 279
Arbeitslosigkeit 482
Armut 483
Ärzte 354
Assembleia Nacional 476
Assimilados 461
Assomada (ST) 121
Assomada Mançepo (SN) 307
Astrolabium 442
Atalaia (FG) 163
Atlantikflug 218
Ausfuhrbestimmungen 400
Auslandskrankenversicherung 355
Auslandsschulden 499
Ausrüstung 326
Außenpolitik 478
Auswärtiges Amt 357
Autofahren 362

Bäckereien 331
Baden 371
Badios 515
Baía da Fontana (SL) 28
Baía das Gatas (SV) 221, 224
Bairro da Boa Esperança (BV) 50
Bananen 457, 487
Bangaeira (FG) 168
Banken 341
Baptistische Kirchen 546
Barbosa, Jorge 566
Barlavento 404
Barraca (BV) 50
Barreiro (MA) 87
Barril (SN) 305
Batuco 556
Ben O'Liel 49
Bergführer (SA) 290
Besiedlung 443, 456
Betteln 320
Bevölkerung 510
Bewässerungsfeldbau 270, 485
Bila Baxo (FG) 158
Bildungswesen 540

Binter CV (Airline) 324, 358, 502
Boa Entrada (ST) 123
Boa Vista 43
Boca de Ambras Ribeiras (SA) 262
Boca de Coruja (SA) 262
Boca de Vento (SA) 255
Bocais 447
Bodenrecht 454
Bodenschätze 489
Bofareira (BV) 63
Bohnen 486
Bombadeira 417
Bordeira de Norte (SA) 243, 268
Bordeira do Fogo (FG)
 156, 164, 174, 176
Botschaften 329
Brandão (FG) 161
Brava 187
Briefmarken 395
Brot 331
Bruttoinlandsprodukt 481, 498
Brutvögel 424
Buckelwale 381, 431
Buracona (SL) 28

Cabaças-Naturschutzgebiet (SN) 302
Cabeça Carreira (ST) 126
Cabeçadas de Garça (SA) 263
Cabeçalinho (SN) 306
Cabeço dos Tarafes (BV) 53, 62
Cabo de Ribeira (SA) 277
Cabo Santa Maria (Wrack) (BV) 65
Cabo Verde Escudo (CVE) 341
Cabral, Amílcar 126, 462, 465
Cabral, Luis 459
Cabral, Pedro Alvares 440, 443
Cabral, Sacadura 218
Cachaço (BR) 192
Cachaço (SN) 306
Cachupa 335, 336
Cadamosto, Aloísio 437
Caldera 407
Caldo de peixe 337

Calejão (SN) 296, 306
Calhau (SV) 222
Calheta (MA) 85
Calheta de São Miguel (ST) 134
Camões, Luís Vaz de 106
Campanas de Baixo (FG) 163
Camping 399
Campo de Cão (SA) 277
Campo do Chão Bom (ST) 131
Campo Redondo (SA) 272
Cancelo (ST) 134
Canja de galinha 337
Canto de Cagarra (SA) 266
Canto de Fajã (SN) 307
Canyon 408
Canyoning 389
Capelas 454
Carberinho (SN) 305, 307
Carne guisado 338
Carriçal (SN) 302, 308
Carvoeiros (SN) 303
Casa da Memória (FG) 160
Casa de João Serra (SA) 259
Casa Florestal (SA) 251, 278
Casa Presidente (FG) 177
Casa Serra (ST) 122
Casas Velhas (MA) 87
Cascabulho (MA) 86
Castilhano (SN) 302
Cavoc d'Tarref (SA) 263
Centro de Saúde 537
Chã 408
Chã d'Areia (ST) 105
Chã d'Orgeiro (SA) 269
Chã das Caldeiras (FG) 151, 156, 164
Chã de Igreja (SA) 266
Chã de Igreja de Cima (SA) 263
Chã de Lagoa (SA) 242
Chã de Manuel Santos (SA) 277
Chã de Norte (SA) 268, 272
Chã de Porto Novo (SA) 268
Chantre, Teofilo 560
Chão Bom (ST) 128, 129

Chão de Tanque (ST) 123
Check-in 359
China 508
Choróró de Fonte Ana (ST) 123
Christentum 513
Cidade da Cova Figueira (FG) 162
Cidade da Ribeira Brava (SN) 301
Cidade da Ribeira Grande (SA) 257
Cidade das Pombas (SA) 252
Cidade de Sal Rei (BV) 55
Cidade do Porto Inglês (MA) 85
Cidade do Porto Novo (SA) 241, 247
Cidade dos Espargos (SL) 23
Cidade dos Mosteiros (FG) 162
Cidade Nova Sintra (BR) 191
Cidade Velha (ST) 109
Claridade 566
Coculi (SA) 262
Colá 554
Colá São João 554
Coladeira 554
Colectivo 362
Colónia Penal do Tarrafal (ST) 129
Convento de São Francisco (ST) 113
Cook, James 443
Corda (SA) 251
Coroa (SA) 276
Correia e Silva, Ulisses 476
Corvo (SA) 261, 279
Costa da Fragata (SL) 32
Costa de Boa Esperança (BV) 67
Coutinho, Gago 218
Cova de Paúl (SA) 242, 251
Cova do Engenheiro (SA) 251, 278
Cova Matinho (FG) 162
Cova Rodela (BR) 192
Cova Tina (FG) 165, 174
Covão (SA) 272
Crioulo 511, 575
Crioulo de Santiago 576
Cruz de Papa (ST) 109
Cruz de Pedra (SN) 302
Cruzinha da Garça (SA) 266, 279

Curral Velho (BV) 61
Curraletes (SA) 249, 256
CVE (Cabo Verde Escudo) 341

Dacabalaio (FG) 162
Darwin, Charles 441
Degredados 444
Delfine 384
Delgadim (SA) 251
Demografie 520
Demokratisierung 469
Dengue-Fieber 350
Desserts 338
Dias, Bartolomeu 438
Dias, Dr. Júlio José 314
Dienstleistungen 494
Diplomatische Vertretungen 329
Doce de Coco 339
Doce de Papaya 339
Drachenbaum 417
Drake, Sir Francis 112, 118, 449
Drogenhandel 481
Dünen 408
Duplessis 450
Durchfall 347

EC-Karte 342
Ehe 532
Einfuhr(bestimmungen) 400
Einkaufen 331
Einreiseformalitäten 332
Eito (SA) 278
Elisabeth I. 448
Emigration 318, 524, 530
Endriene (SA) 263
Energiewirtschaft 490
England 448
Englisch 576
Entdeckungen 436
Entwicklungszusammenarbeit 502
Erg Deserto Viana (BV) 67
Ernestina-Morrissey
 (Museumsschiff) 528

Erneuerbare Energien 492
Eruptionshöhlen (FG) 168
Esel 430
Espadaná-Krater (SA) 242, 267
Espigão (FG) 162
Espingueira (BV) 63
Espongeiro (SA) 251, 267
Essen 333
Euro 341
Europäische Union 481
Évora, Cesária 559
Exporte 494, 499

Fábrica da Chave (BV) 63
Fähren 34, 137, 360
Fahrrad 389
Fahrradverleih 393
Fajã 408
Fajã (SN) 307
Fajã d'Água (BR) 190, 192
Fajã de Baixo (SN) 303
Fajã de Cima (SN) 303
Fajã de Janela (SA) 253
Fajã de São Nicolau (SN) 299
Familie 532
Familienplanung 533
Färberflechte 419, 456
Fateixa-Gebirge (SV) 211
Fátima-Kapelle (BV) 63
Fátima-Kapelle (SL) 30
Fauna 421
Feiertage 340
Feijoada 338
Feijoal (FG) 163
Feijoal Preto (SV) 223
Ferdinand von Aragón 442
Fernão Gomes (FG) 176
Fernsehen 543
Festa Nhô São Filipe (FG) 185
Feste 340, 568
Figueira da Horta (MA) 87
Figueira das Naus (ST) 128
Figueira Seca (MA) 87

Finaçon 557
Finanzen 341
Fisch 334
Fischarten 431
Fischerei 487
Fledermäuse 421
Flora 413
Flughäfen 22, 323, 324, 493
Flugzeug/Fluggesellschaften 323, 358
Fogo 149
Fonsaco (FG) 162
Fonseca, Jorge Carlos 475, 476
Fontainhas (BR) 190, 196
Fontainhas (SA) 261
Fonte Aleixo (FG) 162
Fonte Lima (ST) 122
Fonte Pereira de Melo (SA) 255
Forminguinhas (SA) 279
Forte Real São Filipe (ST) 115
Fotoausrüstung 344
Fotografieren 322, 344
Fragata (SN) 307
Franco, Francisco 130
Franziskaner 544
Französisch 576
Frauen 535
Frête 362
Frigideira 130
Frösche 422
Früchte 335, 487
Frühstück 397
Funaná 557
Funcos 154
Fundo das Figueiras (BV) 53, 62
Fundo Grande (BR) 197
Fundura (ST) 126
Furna (BR) 191

Gama, Vasco da 440
Garça de Baixo (SA) 263
Garça de Cima (SA) 263
Geburten 522
Gecko 422

Geflügel 430
Gelbfieber 574
Geld 341
Geldautomaten 342
Geldnot 343
Geografie 404
Geologie 406
Gepäck 324, 326, 327, 359
Geschäfte 331
Geschichte 435
Geschichte (BR) 189
Geschichte (BV) 46
Geschichte (FG) 151
Geschichte (MA) 79
Geschichte (SA) 239
Geschichte (SL) 20
Geschichte (SN) 295
Geschichte (ST) 97
Geschichte (SV) 205
Gesellschaft 532
Gesundheit 346, 574
Gesundheitswesen 354, 536
Gesundheitszentren 537
Getränke 339
Golf 387
Gom Gom (ST) 129
Gomes, Diego 442
GPS 387
Graukopfliest 425
Greifvögel 425
Grogue 264, 339
Großgrundbesitz 454
Grüne Meerkatze 421
Gudo de Banderola (SA) 251, 278
Guinea-Bissau 459

Häfen 492
Handel 499
Handy 396
Harmattan 412
Hauswurz 416
Heinrich der Seefahrer 436
Hitler, Adolf 130

Hochsaison 495
Hochseefischen 312, 367, 381, 431
Höhen-Naturparks 433
Homosexualität 356
Honorarkonsulate 329
Horta da Garça (SA) 263
Hortelã (SL) 25
Hotels 397
Hundertfüßler 422
Hundertwasser, Friedensreich 395
Hungersnöte/-katastrophen 457, 520

Igreja (FG) 162
Ilhas de Cabo Verde 404
Ilhas Desertas 314
Ilhéu Branco 315
Ilhéu de Boi (SA) 253
Ilhéu de Cima 201
Ilhéu de Curral Velho (BV) 66
Ilhéu de Losna (FG) 165
Ilhéu de Sal Rei (BV) 54
Ilhéu de Santa Maria (ST) 107
Ilhéu dos Pássaros (SV) 211
Ilhéu Grande 201
Ilhéu Luiz Carneiro 201
Ilhéu Razo 315
Ilhéus Secos ou do Rombo 201
Impfungen 346, 574
Importe 499
Industrie 494
Inflation 498
Inlandsflüge 359
Inquisition 442
Insekten 422
Instituto Nacional de
   Previdência Social (INPS) 483, 536
Internet 544, 565
Investitionen 500
Isabella von Kastilien 442

Jahreszeiten 410
Janela (SA) 253
Jesuiten 453, 514

João de Nole (BR) 196
João Gago (ST) 126
João Galego (BV) 53, 62
João Teves (ST) 120
Johannes Paul II. 109
Jorge Luís (SA) 272
Juden 444, 513
Juncalinho (SN) 302

Kaffee 334, 457, 487
Kaffee-Pudding 338
Kameras 345
Kapuzinerorden 545
Kapverdenmilan 425
Kapverdenrohrsänger 425
Kapverdische Glockenblume 417
Karneval 571
Karten 587
Katholizismus 544
Keramik 549
Kinder 533, 540
Kindergarten 540
Kirche 544
Kizomba 563
Kleidung 322, 326
Kleinbauerntum 454
Klettern 389
Klima 409
Knuckle Bump 319
Kochbücher 339
Kohle 206
Kolumbus, Christoph 438
Kondome 352
Konsulate 330
Konzentrationslager Tarrafal (ST) 129
Krankenhäuser 354, 537
Kreditkarten 342
Kreol 320, 575
Kriminalität 369
Küche 334
Kultur (kreolische) 512, 547
Kunst 547
Kunsthandwerk 549

Ladinos 447
Lagedos (SA) 268
Lagoa (BR) 198
Lagoa (SA) 267
Lagoinhas (SA) 272
Lajes (SA) 272
Landvögel 424
Landwirtschaft 484
Langusten 28
Lapas 338
Lavadura (BR) 198
Lebenserwartung 522
Lesben 356
LGBT 356
Lima Doce (BR) 197
Literatur 565, 583
Löhne 483
Lombo Comprido (SA) 277
Lombo de Figueira (SA) 251
Lombo de Pico (SA) 266
Lombo Vermelho (SA) 278
Luftfeuchte 413
Lura 561
Lusiaden 106
Luv-Lee-Effekt 411
Luzia Nunes (FG) 161

Madeiral-Massiv (SV) 211, 222
Maestro-Karte 342
Magalhaes, Fernando de 443
Maio 77
Mais 486
Makkaronesien 404
Malaria 349, 574
Malayalam 255
Malerei 550
Manecon 167
Mangue de Sete Ribeiras (ST) 133
Maniok 338, 487
Maria Chaves (FG) 164
Märkte 331
Maroços (SA) 242, 267
Martiene (SA) 272

Martins, Manuel António 25
Mato Inglês (SV) 222
Maultiere 430
Medien 542
Meeresfrüchte 334
Meeresschildkröten 431, 434
Meeresvögel 424, 426
Mercado 331
Mesa (SA) 250
Mestiço 511
Mietwagen 362
Milho Branco (ST) 135
Mindelo (SV) 213
Minderheit 510
Mindestlohn 483
Miradouro do Alto Espigão (FG) 162
Mobiltelefon 396
Monte Arranha Pernas (SA) 272
Monte Batalha (MA) 85, 87
Monte Branco (MA) 87
Monte Cara (SV) 211, 213
Monte Cruz (FG) 165
Monte Curral (SL) 25
Monte Estância (BV) 53
Monte Genebra (FG) 161
Monte Gordo (SN) 299, 307
Monte Graciosa (ST) 132
Monte Grande (Santa Luzia) 314
Monte Grande (SL) 23
Monte Leste (SL) 23
Monte Miranda (BR) 192
Monte Penoso (MA) 86
Monte Preto (FG) 168
Monte Tchôta (ST) 120
Monte Trigo (SA) 268, 275
Monte Velha (FG) 163, 165, 176
Monte Verde (SV) 211, 221
Monteiro, António Mascarenhas 469
Monumento ao Desastre
  da Assistência (ST) 105
Morgados 454
Mormonen 546
Morna 553

Morrinho (MA) 86, 88
Morro (MA) 85
Morro do Tubarão (SA) 256
Mosteiros Tras (FG) 162
Mountainbiking 389
MPD 469
Mulato 511
Murdeira Village (SL) 29
Muséu da Resistência (ST) 131
Muséu da Tabanka (ST) 123, 125
Museu de Arte Tradicional (SV) 220
Museu Municipal de São Filipe (FG) 160
Musik 550
Musikfestivals 564
Musikinstrumente 552
Musikläden 565
Muslime 513
Müttersterblichkeit 536

Nachtleben 564
Nachtleben (BR) 200
Nachtleben (BV) 74
Nachtleben (FG) 184
Nachtleben (SA) 290
Nachtleben (SL) 40
Nachtleben (ST) 145
Nachtleben (SV) 232
Nahrungsmittel 484
Nationalflagge 477
Nativismus 565
NATO 481
Naturais 447
Naturschutz 432
Nazarener 546
Nebelwälder 412
Nelkenrevolution 466
Neves, José Maria 475
Niederlande 448
Niederschläge 411
Noite Caboverdeana 221, 229
Noli, António da 46, 79, 437
Nordostpassat 412
Norte (BV) 62

Norte (SA) 268
Nossa Senhora do Monte (BR) 192
Nossa Senhora do Monte (SN) 303
Nossa Senhora do Socorro (FG) 162
Notfall/Notrufnummern 356, 357
Nutzpflanzen 485
Nutztiere 429

Obst 335
Odjo d'Água (SN) 307
Odjo d'Mar (BV) 53, 62
Öffnungszeiten 357
Ökologie 432
Olho Azul (SL) 28
Orgãos (SA) 243
Orseille-Paste 420

Pai António (FG) 163, 177
PAICV 459
PAIGC 459
Palha Carga (SV) 224
Palmeira (SL) 28
Panos 547
Paris, Tito 561
Parque Natural de Fogo (FG) 158, 433
Parque Natural Monte Gordo 433
Parque Natural Serra da Malagueta 433
Parteien 478
Passagem (SA) 277
Patim (FG) 162
Paúl (SA) 240, 242
Paúl de Baixo (SA) 252
PCD 475
Pedra Badejo (ST) 134
Pedra da Nossa Senhora (SA) 254
Pedra de Lume (SL) 25
Pedro Vaz (MA) 86
Pensionen 397
Pereira, Aristides 467
Pero Dias (SA) 278
Pettingall, Julia Maria 48
Pflanzen 413
Philipp II. 447

Phönizier 435
Photovoltaik 492
Physalis physalis 422
Pico 2014 (FG) 165, 175
Pico d'Antónia (ST) 95, 120
Pico da Cruz (SA) 242, 251
Pico de Fogo (FG) 169, 170
Pico Pequeno (FG) 165, 168
Pico Santo António (BV) 53
Pico Vígia (BV) 65
PIDE 461
Pilão 558
Piraten 295
Pires, Pedro 467, 475
Platô/Plateau (ST) 99
Plurim 331
Poilão (Talsperre) (ST) 135
Poilão de Boa Entrada (ST) 123
Poilon (ST) 123
Politik 476
Polizei 356, 357
Polvo 338
Polygamie 513, 533
Ponta Antónia (BV) 67
Ponta Cais (MA) 86
Ponta da Salina (FG) 163, 178
Ponta do Léme Bedje (SL) 32
Ponta do Sinó (SL) 32
Ponta do Sol (BV) 64, 67, (SA) 259
Ponta Preta (ST) 133
Pontão (SL) 30
Pontche 339
Ponte de Trás (FG) 162
Ponte do Canal (SA) 262
Pontinha de Janela (SA) 253
Portela (FG) 168
Porto da Furna (BR) 191
Porto da Ribeira da Barca (ST) 126
Porto do Portete (BR) 198
Porto Formoso (ST) 133
Porto Inglês (BV) 46, 55
Portugal 106, 436, 458, 461
Portugiesisch 320, 575, 576, 578

Portuguese Raid 464
Post 395
Posto Sanitário 538
Povação da Cruz (SA) 240
Povação Velha (BV) 61
Prachtfregattvogel 426
Praia (ST) 98
Praia Baixo (ST) 135, 136
Praia Branca (SN) 305, 307
Praia da Bila (FG) 158
Praia da Boca de Salina (BV) 66
Praia da Calhetinha (MA) 86, 88
Praia da Chave (BV) 59, 66
Praia da Gamboa (ST) 105
Praia da Luz (SN) 305
Praia da Ponta Preta (MA) 88
Praia da Varandinha (BV) 66
Praia da Vila (MA) 87
Praia das Gatas (BV) 62, 66
Praia debaixo da Rocha (SN) 308
Praia de Cabral (BV) 59
Praia de Carlota (BV) 59, 66
Praia de Curral Velho (BV) 66
Praia de Estoril (BV) 59, 66
Praia de Galeão (MA) 86, 88
Praia de Gi (SA) 253
Praia de João Barrosa (BV) 61, 66
Praia de Laginha (SV) 224
Praia de Lisboa (SA) 279
Praia de Santa Mónica (BV) 61, 66
Praia de Santana (MA) 86
Praia de São Francisco (ST) 136
Praia de Varandinha (BV) 61
Praia do Derrubado (BV) 67
Praia do Fundo (MA) 87
Praia do Sobrado (BV) 65
Praia dos Pescadores (SA) 248
Praia Flamengo (MA) 87
Praia Francês (SN) 308
Praia Gonçalo (MA) 86, 88
Praia Grande de Calhau (SV) 224
Praia Lagoa (MA) 87
Praia Real (MA) 88

Prainha (ST) 107, 136
Praiona (MA) 88
Preguiça (SL) 25
Preguiça (SN) 303
Preise 343
Premierminister 476
Privatisierung 500
Privatzimmer 397
Protestantismus 546
Pudim de Queijo 338
Purgiernuss 417, 456
Puzzolana 269, 489
PVDE 461

Quebra Canela (ST) 107, 136

Rabelados 134, 516, 520
Rabil (BV) 61
Radio 542
Ramarela (MA) 87
Rassismus 511
Recife Jão Valente 406
Reformpolitik 469
Regen 411
Regierung 476
Reis, Manuel dos 130
Reiseapotheke 354, 574
Reisebüros (SN) 311
Reisebüros (SL) 40
Reisebüros (ST) 145
Reisebüros (SV) 233
Reisedokumente 332
Reisen auf Boa Vista 68
Reisen auf Brava 198
Reisen auf Fogo 179
Reisen auf Maio 89
Reisen auf Sal 34
Reisen auf Santiago 137
Reisen auf Santo Antão 280
Reisen auf São Nicolau 309
Reisen auf São Vicente 226
Reisen im Land 358
Reisepass 332

Reiseplanung 364
Reiseveranstalter 366
Reiseversicherungen 368
Reisezeit 366
Religion 544
Relva (FG) 162
Rendall, John 49
Renten 483
Reptilien 421
Republik Cabo Verde 467
Reservierungen 398
Restaurants 333
Restaurants (BR) 199
Restaurants (BV) 72
Restaurants (FG) 182
Restaurants (MA) 90
Restaurants (SA) 288
Restaurants (SL) 37
Restaurants (SN) 311
Restaurants (ST) 142
Restaurants (SV) 229
Revolta da Marinha Grande 130
Revolta dos Marinheiros 130
Rezepte 336
Ribeira 407
Ribeira Alta (SA) 243
Ribeira Boa Entrada (ST) 123
Ribeira Brava (SA) 256
Ribeira Brava (SN) 299
Ribeira Caibros (SA) 262
Ribeira Chão de São Pedro (SV) 211
Ribeira da Água Margosa (SA) 244
Ribeira da Barca (ST) 126
Ribeira da Bicha (SA) 244
Ribeira da Chã das Pedras (SA) 243
Ribeira da Cruz (SA) 243, 270, 272
Ribeira da Garça (SA) 243, 263
Ribeira da Martiane (SA) 244
Ribeira da Prata (SN) 306
Ribeira da Prata (ST) 126, 128, 136
Ribeira da Torre (SA) 243, 251, 257, 266
Ribeira das Patas (SA) 242, 268
Ribeira de Caibros (SA) 243
Ribeira de Calhau (SV) 211
Ribeira de Chã das Pedras (SA) 262
Ribeira de Cuba (ST) 128
Ribeira de Duque (SA) 243, 251, 262
Ribeira de Figueiral (SA) 243, 262
Ribeira de Figueiras (SA) 243
Ribeira de Janela (SA) 243, 253
Ribeira de Jorge Luis (SA) 267
Ribeira de Paúl (SA) 243, 251
Ribeira de Penede (SA) 243, 253, 254
Ribeira de Santa Cruz (ST) 95, 134
Ribeira de Tarrafal
  de Monte Trigo (SA) 244
Ribeira do Alto Mira (SA) 267
Ribeira do Morro (MA) 85
Ribeira do Norte (BV) 53, 62
Ribeira do Tarrafal (SA) 273
Ribeira Dom João (MA) 87
Ribeira dos Bodes (SA) 267
Ribeira dos Engenhos (ST) 122
Ribeira dos Ferreiros (BR) 190
Ribeira dos Flamengos (ST) 95, 134
Ribeira Fria (SA) 267
Ribeira Grande (BV) 66
Ribeira Grande (SA)
  242, 243, 250, 257, 262
Ribeira Grande (ST) 95
Ribeira Grande de Santiago (ST) 109
Ribeira Mato Sancho (ST) 123
Ribeirão Chiqueiro (ST) 117
Ribeiras 95
Riffe (BV) 48
Rizinus-Strauch 417
Rocha d'Estância (BV) 53, 61
Rocha da Salina (SL) 23
Rocha Scribida (SN) 306, 435
Rocheteau-Serra (Villa) (SA) 259
Rochinha (BV) 63
Rosário-Kapelle (MA) 86
Rua Banana (ST) 111
Rui Vaz/Pico da Antónia (ST) 120, 433
Rum 264
Rundfahrten 364

Sal 17
Salamansa (SV) 222
Salazar, António de Oliveira 461
Saline (MA) 82
Saline (SL) 25
Salto (FG) 162
Salto Preto (SA) 269
Sammeltaxi 361
Sampadjudos 520
Santa Bárbara (BR) 193
Santa Bárbara (SA) 253
Santa Luzia 314
Santa Maria (SL) 28
Santiago 93
Santo Antão 237
Santo António (MA) 86
São Domingos (ST) 117
São Filipe (FG) 158
São João dos Orgãos (ST) 120
São Jorge (FG) 163
São Lourenço (FG) 164
São Nicolau 293
São Pedro (SV) 223, 224
São Tomé (SA) 272
São Vicente 203
Säugetiere 421
Säuglingssterblichkeitsrate 536
Schafe 430
Schiff (Anreise) 325
Schiff (zwischen den Inseln) 360
Schmetterlinge 422
Schnorcheln 377
Schule 540
Schwangerschaft 533
Schweine 430
Schwule 356
Sé Catedral (ST) 113
Seeigel 422
Segelboot (Anreise) 326
Segeln 385
Selada de Baleia (SV) 223
Selada de Jorge Luís (SA) 243, 269
Senghor Seamount 406

Serra (ST) 127
Serra do Pico d'Antónia (ST) 120
Serra Malagueta (ST) 95, 127
Serra Negra (SL) 32
Serrada, Manuel 152, 449
Sextourismus 322, 352
Sexualität 356
Sicherheit 369
Silva, Baltasar Lopes da 566
SIM-Karte 396
Sinagoga (SA) 252, 279
Sklaverei 47, 81, 83, 445, 452, 511
Skorpion 422
Smartphone 396
Sobrado 103, 153, 158
Sodad' 531
Solarenergie 492
Sonnenschutz 352
Sotavento 404
Sousa, Henrique Teixeira de 155
Souvenirs 331, 434
Spanien 442
Spatz 425
Spenden 321
Sperr-Notruf 343
Spinnen 422
Spínola, António 464
Sport 32, 67, 371
Sprache 320, 575
Sprachhilfe 576
Staatshaushalt 498
Staatspräsident 476
Strände 408
Strände (BR) 198
Strände (BV) 66
Strände (FG) 178
Strände (MA) 87
Strände (SA) 279
Strände (SL) 32
Strände (SN) 308
Strände (ST) 136
Strände (SV) 224
Strandhotels 397

Strandurlaub 371
Straßenkinder 369
Straßenverkehr 363
Strom 395, 490
Sucupira-Markt (ST) 108, 331
Sul (SA) 272
Surfreviere/-stationen 379, 380

Tabanka 124, 558
TACV Internacional (Airline) 323, 501
Taiti (ST) 107
TAP Portugal (Airline) 323
Tarrafal (ST) 131, 136
Tarrafal de Monte Trigo (SA) 273
Tarrafal de São Nicolau (SN) 305
Tauchen 373
Tauchreviere 374
Tauchzentren 376
Taumelkäfer 266
Tausendfüßler 245
Tavares, Eugénio da Paula 194
Taxi 362
Tcheka 562
Tee 334
Teilpacht 454
Telefon 396
Temperaturen 410
Tempo das Brisas 410
Tempo das Chuvas 410
Tennis 386
Terra Boa (SL) 22
Theater 567
Thunfisch 338
Tiere 421
Tope de Caixa (SV) 211
Tope de Chuva (SN) 302
Tope de Coroa (SA) 242, 267, 268, 276
Tope de Miranda (SA) 266
Tope Matin (SN) 305
Tope Moca (SN) 305
Tope Simão (SN) 302
Topona (SN) 305
Tordesillas (Vertrag von) 442

Torre de Belém (SV) 215
Tourismus 494
Touristenvisum 332
Transatlantikkabel 208
Trass 269, 489
Trinken 333
Trinkgeld 397
Trinkwasser 334, 347
Trockenfeldbau 487
Trockenfisch 338
TUIfly 323

U-Boote 274
UCID 469
Ultramarathon (BV) 68
Unabhängigkeit 460, 467
Unfälle 353
Unidad Sanitária de Base 538
Universitäten 541
Unterkunft 397
Unterkunft (BR) 198
Unterkunft (BV) 69
Unterkunft (FG) 179
Unterkunft (MA) 89
Unterkunft (SA) 282
Unterkunft (SL) 34
Unterkunft (SN) 309
Unterkunft (ST) 138
Unterkunft (SV) 226
Urzela 419
Urzeleiros (SN) 302, 456
USA 508

Varandinha-Kap (BV) 66
Varianta dos Orgãos (ST) 120
Várzea (ST) 107
Vater 532
Vegetarier 334
Vegetation 413
Verkehrsmittel 363
Verstädterung 522
Vertrag von Tordesillas 443
Viana-Wüste (BV) 54

Vieira, João Bernardo 459
Vila Cantor (ST) 123
Vila dos Mosteiros (FG) 162
Vinagre (BR) 193
Visum 332
Vögel 423, 426
Vorwahlen 396
Vulkanhöhlen (FG) 168
Vulkanismus 406

Wahlen 475
Währung 341
Walbeobachtung 67, 381
Wale 67, 296, 381, 431, 526
Walfang 296, 526
Wanderführer 587
Wandern 387
Wandern (BV) 68
Wandern (BR) 191, 196
Wandern (BV) 63, 75
Wandern (FG) 165, 169, 174
Wandern (SA) 276
Wandern (SN) 306
Wasser 334, 347
Wasserrecht (SA) 270
Wassersport 32, 67, 371
Wattvögel 426
Wechselkurs 341
Wein 166, 334, 456, 487
Western Union 343
Whale watching 67, 381
Winde 412
Windkraft 492
Windsurfen 224, 377
Wirtschaft 480, 498
WLAN 544

Xôxô (SA) 266

Zahnarzt 352
Zeitungen 543
Zeitunterschied 399
Ziegen 429
Zika-Virus 350
Zoll 400
Zouk 563
Zucker(rohr) 262, 264, 446, 457, 486
Zugvögel 426

Die Autoren

Lucete Fortes ist auf Santo Antão geboren und in Tabulerin im Süden der Insel aufgewachsen, von wo die Familie dann wegen der Dürre vor vielen Jahren nach Porto Novo fliehen musste. Heute bietet sie Reisenden unabhängige touristische Informationen, unbeeinflusst von Werbung durch Hotels, Veranstalter oder Transportunternehmer: In ihrem Kiosk in der Avenida Marginal (Praça Aurélio Gonçalves) in Mindelo auf São Vicente und im Hafengebäude von Porto Novo hat sie die Finger beständig am Puls der Reisenden, kennt ihre Fragen und die Antworten.

Pitt Reitmaier ist Allgemeinmediziner und Tropenarzt. 1981 kam er als *Delegado de Saúde* (Distriktsarzt) in den Landkreis Porto Novo, als es darum ging, Konzepte und Gesundheitsdienste zu entwickeln, die auch die abgelegensten Orte von Santo Antão mit akzeptierten und möglichst nachhaltigen Problemlösungen erreichen. Als Berater des Gesundheitsministeriums in Praia, als Koordinator neuer Master-of-Science-Studiengänge in Heidelberg und Dar es Salaam und in Studien lag sein Hauptaugenmerk auf der Verbesserung der Mutter-Kind-Fürsorge, der Schwangerenvorsorge und der Geburtshilfedienste in Cabo Verde, Tansania und Südafrika.

Lucete Fortes und *Pitt Reitmaier* sind Bergenthusiasten mit langer Wandererfahrung in Cabo Verde, Ost- und Südafrika, den Pyrenäen und den Alpen. Da es von Cabo Verde keine wandertauglichen Karten gab, begannen sie, eigene Aufzeichnungen zu machen, woraus ein faszinierendes Hobby wurde. Als Ergebnis sind präzise Wanderkarten erschienen sowie Wanderführer als Buch, Kartenbeilage und online.

■ **rkh@bela-vista.net**

Danksagung

Für Zusammenarbeit und Informationen zur 9. Auflage danken wir *Stefan Birenheide, Juliette Brinkmann, Mustafa Eren, Sabine Hille, Elisabeth Herdtweck, Marijeke Katsburg, Stefan Klapheck, Gudrun Müller, Cecílio Montrond, Osvaldo Santos Sousa, Alcindo Pina Silva, Andreas Schäfer, Kai Andrea Sauthoff, Sibylle Schellmann, Michael Luck* und vielen anderen.